한 권으로 끝내는
DELE

기 본 부 터 실 전 까 지
영역별 완벽 대비!

B1

한 권으로 끝내는
DELE B1

초판 1쇄 발행 2018년 4월 6일
개정 3쇄 발행 2024년 5월 2일

지은이 BONA(박선애)·시원스쿨스페인어연구소
펴낸곳 (주)에스제이더블유인터내셔널
펴낸이 양홍걸 이시원

홈페이지 www.siwonschool.com
주소 서울시 영등포구 영신로 166 시원스쿨
교재 구입 문의 02)2014-8151
고객센터 02)6409-0878

ISBN 979-11-6150-634-0
Number 1-510404-25252500-04

스페인어 능력시험 대비

한 권으로 끝내는
DELE

기본부터 실전까지
영역별 완벽 대비!

B1

S 시원스쿨닷컴

머리말

¡Hola!

시원스쿨 스페인어 강사 BONA입니다.

국내에서 스페인어를 공부하는 많은 사람들을 만나 이야기를 나누어 보면 학습 목적이나 학습법이 각기 다양합니다. 스페인어 문법에 큰 관심이 있는 사람, 회화 위주로 연습하는 사람, 스페인어권 국가에 가고 싶어 하는 사람, 이미 스페인어권 국가에서 여행이나 체류를 해 본 사람 등 확실히 스페인어는 영어와 같이 필요에 의해 억지로 공부하기보다 자발적인 관심과 흥미로 시작하는 사람들이 많다는 것을 느꼈습니다.

하지만 스페인어 능력을 평가하는 DELE 시험의 경우는 다릅니다. 이 시험의 원리와 득점의 기술은 여러분 모두에게 같은 방식으로 적용됩니다. 스페인뿐만 아니라 남미에서 사용되는 스페인어에 대한 지식과 문화에 대해 알고 있어야 합니다. 또한 다른 언어 시험에 비해 시험 문제의 성격이 반복적인 문법 공식에 기반을 둔 문제가 아니라는 것이 큰 특징입니다. 다시 말해, DELE는 단순 암기법으로는 공부할 수 없으며 각 영역에서의 다양한 문제와 글의 내용을 해석함과 동시에 출제 의도를 정확히 파악해야 하는 시험입니다.

자, 그렇다면 해석을 잘 하기 위해서 우리에게 가장 중요한 요소는 무엇일까요?
바로 **Vocabulario, 어휘**입니다.

그런데 DELE 시험을 준비하는 학생들과 함께 하며 알게 된 사실이 하나 있습니다.
어휘를 암기할 때 '인쇄된 활자를 보고 의미를 아는 어휘', '귀로 들었을 때 의미가 들리는 어휘', '직접 글로 쓸 수 있는 어휘' 그리고 '직접 소리 내어 말할 수 있는 어휘'로 구분된다는 것입니다.

DELE 시험은 독해, 듣기, 작문, 회화 각 영역이 모두 합격선 이상의 점수를 받아야만 '합격 (APTO)'을 받을 수 있는 시험입니다.

여기에서 가장 중요한 것은 어휘임을 우리는 이미 알고 있습니다. 단어를 읽어서 해석할 뿐 아니라 귀로 듣고 해석해야 하며, 직접 글에 쓸 수 있고 직접 말할 수 있어야 합니다. 이처럼 사용할 수 없는 단어는 죽은 단어와 마찬가지입니다.

DELE 시험의 합격 점수 구성에서 네 개 영역의 비중과 점수 비율이 같음이 의미하는 바는 분명 확실합니다. **시험을 위한, 독해 능력에 치우친 언어 능력이 아닌, 실제로 구사할 수 있는 언어, 듣고 이해하며 말로 할 수 있는 스페인어 능력을 요구하는 것입니다.** <한 권으로 끝내는 DELE B1>를 통해 DELE B1를 준비하는 모든 학생들이 부디 실용적이며 살아 있는, 구사에 있어 자신 있는 스페인어 학습을 한다는 목표를 갖길 바랍니다.

여러분들의 스페인어 공부를 응원합니다!

¡Ánimo!

DELE B1 목차 📋 B1

CHAPTER 1. DELE B1 영역별 문제 공략

PRUEBA 1. 독해 Comprensión de lectura

PRUEBA 2. 듣기 Comprensión auditiva

PRUEBA 3. 작문 Expresión e interacción escritas

PRUEBA 4. 회화 Expresión e interacción orales

CHAPTER 2. DELE B1 모의테스트

PART 1. 모의테스트 1

PART 2. 모의테스트 2

<부록> DELE B1 단어장(핸드북)

<온라인 제공> 모의테스트 3

DELE에 대해 알아보자

DELE
자격증 소개

Diplomas de Español como Lengua Extranjera(이하 DELE)는 전세계에서 시행되고 있는 스페인어 자격증 시험으로 스페인어를 모국어로 사용하지 않는 사람들의 스페인어 실력을 공식적으로 인정하기 위해 만들어졌습니다. DELE는 전세계적으로 통용되는, 공신력 높은 자격증입니다.

DELE
시험 시행기관

DELE 시험은 스페인 교육부 주관으로 스페인의 살라망카 대학교(Universidad de Salamanca)에서 시험 문제를 출제 및 평가, 채점하고 세르반테스 문화원(Instituto Cervantes)이 수여 및 관리하고 있습니다.

DELE
자격증 유효 기간

현재 스페인을 포함한 전세계 73개국에서 DELE 자격증 시험이 시행되고 있으며, 특히 자격증 유효 기간이 없기 때문에 시험 합격 후 갱신할 필요가 없습니다.

DELE
자격증 활용도

DELE 시험 증명서는 국내외 대학 진학 시에 스페인어 실력을 증명할 수 있는 공식 증명서로의 활용 외에, 국내에서의 스페인어 관련 혹은 스페인 및 중남미 관련 정부 기관, 공공 기관, 대기업에서의 입사, 승진 및 해외 파견 여부 등에 반영되고 있으며, 스페인어권 국가의 대부분의 대학교 및 대학원 진학에 필수적인 자격증으로, 시간이 흐를수록 DELE의 중요성은 해마다 높아지고 있습니다.

DELE 레벨

DELE는 유럽어 공통 평가기준 MCER(Marco común europeo de referencia para las lenguas)에 따라 레벨이 6단계인 A1, A2, B1, B2, C1, C2로 분류되어 독해, 듣기, 작문, 회화 영역을 평가합니다.

DELE ESCOLAR는 12세에서 17세의 학생들을 대상으로 하는 시험이며 한국에서는 5월에만 이 시험에 응시할 수 있습니다. 응시 레벨은 A1과 A2/B1입니다.

DELE Nivel A1 **(Acceso)**	유럽어 공통 평가 기준에 따라 분류된 6단계 중 가장 초급인 1단계에 해당한다. 스페인어권 국가에서 자주 쓰이는 일상적인 표현을 이해하고 활용하는 능력을 평가한다.
DELE Nivel A2 **(Plataforma)**	유럽어 공통 평가 기준에 의해 분류된 6단계 중 2단계에 해당한다. 자신과 관련 있는 특정 경험(자기 자신 및 가족, 쇼핑, 관심 분야, 직업 등)에 관해 자주 쓰이는 일상적인 구문과 표현을 이해하는 능력을 평가한다.
DELE Nivel B1 **(Umbral)**	유럽어 공통 평가 기준에 의해 분류된 6단계 중 3단계에 해당한다. 자주 발생하는 일상의 상황에서 올바르게 이해하고 응답할 수 있고, 기본적으로 바라는 것이나 필요한 것에 대하여 대화할 수 있는 능력을 평가한다. 일부 대학의 스페인어학과는 이 등급을 최소 요건으로 걸고 있다.
DELE Nivel B2 **(Avanzado)**	유럽어 공통 평가 기준에 따라 분류된 6단계 중 4단계에 해당. 일상생활에서 벌어질 일과 전문적인 언어 능력을 요구하지 않는 일반적인 의사소통 상황에서 대응할 수 있는 능력을 평가한다. 보통 대학에서 스페인어를 전공하는 학생들이 B1과 더불어 이 레벨을 가장 많이 본다.
DELE Nivel C1 **(Dominio Operativo Eficaz)**	유럽어 공통 평가 기준에 따라 분류된 6단계 중 5단계에 해당한다. 대화 주제에 특별한 제한을 두지 않고 명료하게 표현할 수 있는 능력을 평가한다. 응시자는 관용 표현 및 구어체 표현을 포함한 폭넓은 어휘 레퍼토리를 이용한 언어 능력을 필요로 한다.
DELE Nivel C2 **(Maestría)**	유럽어 공통 평가 기준에 따라 분류된 6단계 중 6단계에 해당. '마스터 과정(C2)'에 해당하는 언어학적 능력을 인정. 대화 주제에 특별한 제한을 두지 않고 명료하게 표현할 수 있는 능력을 평가한다. 응시자는 관용 표현 및 구어체 표현을 포함한 폭넓은 어휘 레퍼토리를 이용한 언어 능력을 필요로 한다. 모든 주제와 상황에서 언어학적으로 효과적으로 적절하게 대처할 수 있는 능력과 어떤 상황에서도 유창하고 자연스럽게 언어를 구사할 수 있는 능력이 있음을 인정한다.

DELE B1에 대해 알아보자

점수 기준

DELE B1 시험은 총 4개의 평가가 2그룹으로 나뉘어 진행됩니다.
- ➡ **1 그룹(읽고 쓰기 능력 평가)**   독해(70분)와 작문(60분)
- ➡ **2 그룹(듣기, 말하기 능력 평가)**   듣기(40분)와 회화(30분)

합격하기 위해서는 각 그룹별로 최소 30점씩을 받아야 합니다. 시험 최고 점수는 100점이며(각 그룹당 50점), 최종 성적은 합격(APTO)와 불합격(NO APTO)으로 표기되어 나옵니다. 회화 시험 시간은 Tarea 1과 2의 준비 시간 15분 포함입니다.

시험 구조

시험 종류 및 시간	시험 구조	최대 점수
Prueba 1: Comprensión de lectura (영역 1: 독해)		
70분 과제 5개 (30문항)	과제 ①(6 문항) / 과제 ②(6 문항) / 과제 ③(6 문항) / 과제 ④(6 문항) / 과제 ⑤(6 문항)	25점
Prueba 2: Comprensión auditiva (영역 2: 듣기)		
40분 과제 5개 (30문항)	과제 ①(6 문항) / 과제 ②(6 문항) / 과제 ③(6 문항) 과제 ④(6 문항) / 과제 ⑤(6 문항)	25점
Prueba 3: Expresión e interacción escritas (영역 3: 작문)		
60분 과제 2개	·과제 ① 서신 작성 ·과제 ② 간단한 글 작성	25점
Prueba 4: Expresión e interacción orales (영역 4: 회화)		
30분 (준비시간 15분포함) 과제 4개	·과제 ① 한 주제에 대해 발표하기 ·과제 ② 과제 1 관련 문답 ·과제 ③ 사진 묘사 및 문답 ·과제 ④ 감독관과 상황극	25점

접수부터 성적 확인까지 🖊

시험 일정

2024년 대한민국에서 실시되는 DELE 시험은 1월부터 원서 접수가 가능하며, 정확한
날짜는 2024년 1월 이후 http://seul.cervantes.es/ko에서 문의하시기를 권장합니다.

2024년 DELE 시험 일정

2024년 한국 DELE		시험 날짜	접수 기간
인천	A1, A2, B1, B2, C1	필기시험:04/13(토) 말하기시험:04/13(토) 혹은 04/14(일)	~2024/02/21일까지
서울 **대구**	A1, A2, B1, B2, C1, C2 *A1 ESCOLAR, A2/B1 ESCOLAR A1, A2, B1, B2	필기시험:05/18(토) 말하기시험:05/18(토), 05/19(일) 혹은 그 다음주 주말. *DELE ESCOLAR 필기/말하기시험: 05/17(금)	~2024/04/03일까지
서울 **대구**	A2, B1, B2, C1 A2, B1, B2	필기시험: 07/13(토) 말하기시험:07/13(토) 혹은 07/14(일)	~2024/05/15일까지
인천	A2, B1, B2	필기시험: 10/19(토) 말하기시험: 10/19(토) 혹은 10/20(일)	~2024/09/04일까지
서울 **대구**	A1, A2, B1, B2, C1, C2 *A2/B1 ESCOLAR A1, A2, B1, B2	필기시험: 11/23(토) 말하기시험:11/23(토), 11/24(일) 혹은 그 다음 주말 *DELE ESCOLAR 필기/ 말하기시험: 11/22(금)	~2024/10/09일까지

* 출처: 쎄르반떼스 문화원 DELE 공식 사이트 https://examenes.cervantes.es/es/dele

시험 접수

DELE 시험은 반드시 각 회차의 접수 기간 안에 시험 기관을 통해 접수해야 합니다.

서울 접수

한국외국어대학교 홈페이지(dele.hufs.ac.kr)를 통해서 온라인 접수합니다. 접수하고
자 하는 레벨에 해당하는 응시료를 계좌로 입금한 후 홈페이지에서 온라인 접수를 신
청합니다. 접수 시 필요한 서류는 사진이 첨부된 신분증 사본과 응시료 입금 확인증입
니다.

대구 접수

대구가톨릭대학교 (대구 DELE 센터) 홈페이지(http://daegudele.cu.ac.kr)를 참조합
니다. 접수하고자 하는 레벨에 해당하는 응시료를 계좌로 입금합니다. 접수 시 필요한
서류는 사진이 첨부된 신분증 사본(앞뒤로 한 부씩)과 응시료 입금 확인증 그리고 응시
원서입니다. 준비한 서류를 대구가톨릭대학교 (대구 DELE 센터) 이메일(daegudele@
cu.ac.kr)로 전송하는 방법이 있습니다. 방문 접수도 가능합니다.

접수부터 성적 확인까지

시험 진행

시간	진행 사항
08:30 ~ 08:50	입실 및 응시 방법 소개
09:00 ~ 10:10	독해 시험 진행
10:20 ~ 11:00	듣기 시험 진행(입실 불가)
11:00 ~ 11:10	휴식
11:10 ~ 12:10	작문 시험 진행

- 시험장마다 진행 시간이 약간씩 다를 수 있습니다.
- 회화 시험은 당일 오후 또는 필기시험 다음 날 진행됩니다. 회화 시험 일정은 수험표에 표기되어 있습니다.

응시료

2024년 기준 응시료는 다음과 같습니다.

레벨	응시료
A1	166,000 ₩
A2	215,600 ₩
B1	254,000 ₩
B2	282,000 ₩
C1	309,500 ₩
C2	331,500 ₩
A1 Escolar	166,000 ₩
A2/B1 Escolar	254,000 ₩

시험 결과 공지

세르반테스 문화원은 시험일로부터 약 3개월 후 홈페이지(diplomas.cervantes.es)를 통해 시험 결과를 발표합니다. 합격(APTO)한 응시자들은 스페인 교육부의 이름으로 세르반테스 문화원이 수여하는 자격증을 받게 되며, 자격증은 시험 기관이 우편으로 발송합니다. 공식 시험 결과 발표 이전에는 개인적으로 결과를 알 수 없습니다. 응시자는 DELE 시험과 관련된 서류 일체를 받기 전에 우편 주소와 연락처가 바뀔 경우 반드시 해당 시험 기관에 그 사실을 알려야 합니다.

필기시험 당일 주의 사항

꼭 기억해 두세요!

☑ 신분증을 꼭 챙겨야 합니다. 신분증이 없으면 시험을 볼 수 없습니다. 수험표도 반드시 인쇄해 가야 합니다.

☑ 입실 시간은 8시 반부터이며 시험은 9시에 시작됩니다. 당일 고사장 인근 교통 상황이 좋지 않을 수 있으니 최소 30분의 여유 시간을 두고 출발하길 바랍니다. 미리 도착해 마음의 준비를 차분히 하고 입실하는 것이 좋습니다.

☑ 시험 주관사에서 필기도구(연필, 볼펜, 지우개, 연필깎이)를 제공하며 개인 소지품(필통, 휴대폰, 음료 등)은 일절 반입할 수 없습니다. 가방이나 겉옷 역시 고사장의 한 구석에 따로 보관하라는 안내를 하는 편입니다.

☑ 필기시험은 모두 원어민(스페인 또는 중남미 국적)이 담당하여 진행하므로 시험 안내는 한국어로 설명을 듣지 못합니다.

☑ 고사장 내 칠판에는 시험 시간, 쉬는 시간 등의 공지가 쓰여 있습니다. 시계도 늘 앞에 놓여 있으니 남은 시간을 확인할 수 있습니다.

☑ 나누어 주는 시험지와 답안지 중에서 답안지에는 이미 응시자 이름이 인쇄되어 있습니다.

☑ 받은 답안지에는 자필 서명을 해야 합니다.

☑ 시험지 및 답안지는 일절 반출 불가합니다.

☑ 독해 시험에는 경우에 따라 늦어도 입실시켜 주기도 하지만, 듣기 시험 중에는 절대로 입실할 수 없습니다.

☑ 답안지의 모든 OMR 마킹은 연필로 해야 합니다.

☑ 작문 영역의 답안지는 볼펜으로만 작성해야 합니다. 글을 수정해야 할 경우, 수정액이나 수정 테이프를 사용할 수는 있지만 작문 영역 답안지는 차후 스페인으로 보내져 채점되므로, 이 과정에서 수정 표시를 한 부분의 잉크나 테이프가 떨어지게 될 가능성이 생깁니다. 따라서 알아볼 수만 있도록 검정 볼펜으로 위에 덧칠해서 수정할 것을 권합니다.

☑ 본인의 시험이 모두 끝나도 각자 퇴실할 수 없으므로, 자리에서 조용히 감독관의 시험 종료 안내를 기다립니다.

책의 구성 및 특징 ◉

책의 구성

STEP 1. 출제 가이드

각 영역의 출제 가이드를 제공합니다. 최신 출제 경향을 파악하고 과제별 유형을 익힌 다음 완전 분석을 통해 해당 영역을 이해하고 스스로 전략을 짜서 문제를 풀 수 있게 합니다.

STEP 2. 완전 공략 및 실전 연습문제

저자가 수년간 분석한 데이터를 토대로 과제별 핵심 전략과 빈출 주제를 제공합니다. 또한 지령 파악법, 구체적인 전략 그리고 주의할 사항까지 담았습니다.

공략법을 익혔으니 과제당 2개의 실전 연습문제를 통해 문제를 공략합니다. 해석뿐 아니라 친절하면서도 핵심만 쏙쏙 담아낸 해설, 스크립트(듣기), 필수 어휘 및 필수 표현 그리고 모범 답안(작문 및 회화)까지 제공합니다.

STEP 3. 종합 연습문제

모든 과제별 실전 연습문제를 공략했다면 이제는 한 영역 전체를 풀어 보며 중간 실력을 점검합니다. 시간을 체크하며 한 영역 전체를 풀면서 실전 감각을 키워 봅시다.

STEP 4. 실전 모의테스트

CHAPTER 2 실전 모의테스트에서는 DELE B1 전체 시험을 2세트 제공합니다. CHAPTER 1에서 쌓았던 실력을 마음껏 발휘해 봅시다! 본 책의 문제들은 최신 경향을 반영하였으며 해석 및 해설, 스크립트, 어휘 그리고 모범 답안까지 모두 제공합니다.

책의 특징

지령 파악
지령만 제대로 파악해도 오답률을 줄일 수 있습니다. 다양한 지령을 완벽하게 파악할 수 있는 저자만의 노하우 및 주의 사항을 제공합니다.

풀기 전략
스페인 원서에도 없는 풀기 전략으로 문제를 더 효율적으로 풀 수 있습니다. 상세하면서 날카로운 풀이 전략을 과제별로 공개합니다.

명품 해설
핵심만 짚어 내는 명쾌한 해설을 제공합니다. 정답을 빨리 찾고 함정에는 걸리지 않는 풀이법을 이해하기 쉽게 설명합니다.

필수 어휘 및 필수 표현
DELE B1 시험의 관건은 바로 어휘! 문제 및 스크립트 속 필수 어휘와 필수 표현을 제공합니다. 작문 영역은 해당 주제에 맞는 추가 어휘까지 제공해 폭넓게 글을 쓸 수 있습니다.

모범 답안
작문과 회화 영역의 모범 답안을 제시하여 실전에 구체적으로 대비할 수 있도록 하였습니다.

실제 시험 훈련
실제 회화 시험을 그대로 시뮬레이션 할 수 있게끔 훈련용 스크립트를 제공합니다. 응시자와 감독관의 대화를 직접 써보고 답안을 보면서 연습할 수 있습니다.

부록 - B1 필수 어휘 핸드북

본 책에 나온 2천 여 필수 단어를 그때그때 찾아 보기 쉽게 알파벳 순으로 정리했습니다. 핸드북 사이즈로 언제 어디서든 편하게 들고 다니면서 암기할 수 있습니다.

FAQ: 회화 시험

 Q 배정된 회화 시험 일정에 중요한 일이 있는데 바꿀 순 없나요?

A 회화 시험 일정은 원칙적으로는 바꿀 수 없습니다. 하지만 아주 부득이한 경우라면 시험을 접수한 해당 기관에 정중히 문의해 보는 것이 좋습니다.

Q 원어민 감독관에게는 Tú로 말해야 하나요? Usted으로 말해야 하나요?

A 사실 이 부분에 대해서는 정해진 것은 없습니다. 원어민 감독관 역시 각자의 방식으로 응시자를 대할 수 있습니다. 감독관의 말에 귀를 기울여, tú 사용을 하고 있는지 usted 사용을 하고 있는지 먼저 들어 보는 것도 방법입니다. 또는 직접 물어보는 것도 좋습니다. ¿Puedo tutearte? ¿Le puedo hablar de tú? ¿Le puedo hablar de tú o de usted? 등의 질문으로 물어볼 수 있습니다. 만일 그래도 마음이 놓이지 않는다면 감독관이 나에게 tú를 사용하여 대화해도 나는 계속해서 usted으로 말하는 방법이 있겠죠. 감독관과 응시자라는 관계에서 응시자가 감독관의 눈치를 지나치게 볼 필요는 없습니다. 오히려 너무 위축된 말투나 자세는 자제해야 합니다.

Q 감독관의 질문이 이해되지 않으면 어떻게 해야 하나요?

A 단순히 감독관의 질문을 못 들어 놓친 경우라면 ¿Me podría repetir la pregunta, por favor?라고 말해서 질문을 다시 들을 수 있습니다. 질문을 반복해서 들었음에도 불구하고 질문이 이해가 가지 않는다면 최대한 질문의 내용을 유추해 봅니다. 대화의 흐름이 깨지지 않는 선에서 최대한 가장 자연스러운 내용으로 대화를 유도해 이끌어 나가보면 어떨까요? 묻고 답하는 대화 방식의 회화 시험이니만큼 나름의 금기어가 있습니다. 그건 바로 No lo sé(모르겠습니다), No entiendo(이해가 안 갑니다)입니다. 기억해 두세요.

 Q 내가 발표하는데 감독관이 아무 말도 하지 않으면 어떻게 해야 하나요?

A 회화 시험 방식 중에 응시자의 독백 형식의 발표 시간에는 감독관이 지시를 주기 전까지는 끊임 없이 계속해서 발표를 이어 가는 것이 좋습니다. 물론 감독관은 자연스럽게 응시자의 말을 들으며 표정이나 제스처로 반응할 수 있습니다.

Q 감독관의 표정이 다소 어둡고 분위기가 좋지 않을 때는 어떻게 해야 하나요?

A 사람과 사람의 대화로 직접 회화를 구술하는 시험이므로 아무래도 상대방 대화자 즉, 감독관의 분위기나 말투, 표정 등에 영향을 받는 것은 분명한 사실입니다. 감독관이 아주 친절한 태도로 응시자를 맞춰 주면 더할 나위 없이 좋은 경우겠지만, 반드시 그래야 하는 것은 아니므로 형식적인 태도나 차가운 반응이 있더라도 개의치 말아야 합니다. 굳이 감독관의 눈치를 살피거나 내 인상을 좋게 보이게 하려는 과한 제스처는 부자연스러워 보입니다. 위축되지 않고 덤덤하게, 나의 발표를 마치고 나오겠다는 생각으로 마인드컨트롤을 해야 합니다.

 Q 회화 시험에 있어 가장 중요한 것은 뭘까요?

A 좋은 발표 내용과 문법 오류 최소화가 당연히 회화 시험 점수에 가장 중요합니다. 하지만 발표 내용이 좋아도 목소리가 너무 작거나 자신감 없는 태도로 발표하면 그 내용은 그리 좋은 구성으로 들리지 않을 수 있습니다. 앞서 말했듯, 감독관도 사람이므로 응시자가 보여주는 태도에서 적지 않은 영향을 받을 것입니다. 회화 시험을 보는 적합한 태도에 대해 반드시 다음 사항을 기억하기 바랍니다.

① **큰 목소리!** 바른 자세로 앉아 허리와 어깨를 펴고 고개를 들면, 시험을 보는 여러분의 마음 또한 펴집니다. 자신감을 더 얻고 당당해져야 합니다. 평소 목소리보다 조금 더 높은 톤으로, 조금은 더 크게 말해 보세요. 대화에 활기가 생기며 분위기가 고조됩니다.

② **스마일** 환하게 웃어 보세요. 일부러 애써 더 웃으려고 노력해 보세요. 사실, 이렇게 긴장되는 순간에는 웃음은 있다가도 없어지겠죠. 하지만 일부러 웃어야 긴장한 마음도 풀릴 것이며, 감독관에게 더 좋은 인상으로 다가갈 것입니다.

③ **적극성** 감독관의 질문에 마지 못해 몇 마디 답변을 주는 듯한 태도는 좋지 않습니다. 시험을 떠나서 실제로 사람과 소통하고 있다는 것을 잊지 마세요! 시험을 보기 위해 감독관 앞에 착석하면서 동시에 웃는 얼굴로, 큰 목소리로 인사를 먼저 건네세요! ¡Hola! ¿Qué tal?

FAQ: 점수

Q 턱걸이라도 합격 점수를 받을 수 있는 전략이 있을까요?

A DELE B1의 합격 점수는 독해와 작문의 합산 점수, 그리고 듣기와 회화의 합산 점수 두 가지가 합격선을 넘어야 합니다. 즉, 결과적으로는 4개의 영역별 점수가 아닌, 2개 영역의 합산 점수가 중요한 것이죠. 그 때문에 사실 독해와 듣기 영역은 객관식 문항으로 구성되어 있어도, 30개의 문항 중에 '합격선을 넘길' 최소한의 정답 개수를 계산할 수 없습니다. 한 가지 분명한 것은 두 가지의 합격 점수 즉, 독해/작문, 듣기/회화의 경우, 총 합산 점수가 30(합격점)이면 된다는 것입니다. 합산되는 영역 중에 한 영역의 점수가 매우 높고 다른 영역은 매우 낮아도 그것은 중요하지 않습니다.

Q 독해와 듣기에서는 총 몇 개를 맞춰야 합격선인가요?

A 앞서 언급했듯이 작문과 회화 점수를 알 수 없으므로 독해와 듣기 영역의 최소 정답 수를 계산할 수 없습니다. 다만 작문(만점 25점)과 회화(만점 25점)에서 70%에 해당하는 17.5점을 각각 획득한다고 가정하면 독해와 듣기에서 필요한 최소 점수는 각 12.5점이 됩니다. 이 점수에 해당하는 정답 개수는 영역당 15개입니다. 따라서 독해와 듣기 각 30문항 중 절반만 맞췄다 해도 작문과 회화에서 70% 이상의 점수를 얻는다면 합격할 수 있습니다.

Q 작문과 회화 점수는 어떻게 올릴 수 있나요?

A 작문과 회화 두 영역 모두, 정답이 정해져 있지 않은 서술형의 시험입니다. 응시자의 생각과 소신이 반영되는 만큼, 실제 시험에서 나의 생각을 최대한 간결하고 이해하기 쉽도록 쓰고 말해야 합니다. '쓰고 싶거나 말하고 싶은 내용'을 발표하는 것보다는 '읽는 사람이나 듣는 사람 입장에서 이해하기 좋은 내용'을 발표한다는 마음가짐이 필요합니다. 주어진 지령에 따라 올바른 내용을 쉽고 간결히 쓰고 말하기만 하면 됩니다. 아주 인상 깊고 놀랄 만한 내용을 굳이 떠올려 주제로 삼지 않는 것이 중요합니다. 작문과 회화 시험은 자칫 잘못하면 응시자 스스로가 시험 내용을 어렵게 만들 수 있다는 것을 잊지 마세요. 작문에 쓰는 내용과 회화에서 말하는 내용으로 채점자에게 감명을 주려고 하는 것은 시험을 어렵게 만드는 일입니다.

Q 합격 증빙을 해야 하는데 아직 성적표가 나오지 않았어요.

A 세르반테스 문화원의 홈페이지를 통해 합격 여부를 확인했다면, 이후 자격증을 받기까지는 실제로 꽤 오랜 시간이 걸립니다. 혹시 합격 증빙을 해야 하는 경우라면 시험을 접수 한 기관에 문의해서 증빙용 서류를 요청하면 됩니다.

 Q 생각했던 것과 다르게 점수가 너무 낮게 나온 것 같아요.

A 시험 결과의 발표 후, 점수 재확인이 필요하다는 판단이 드는 경우에는 세르반테스 문화원 홈페이지(examenes.cervantes.es/es/dele/calificaciones)에서 Revisión de calificaciones 를 요청할 수 있습니다. 홈페이지에서는 재확인 요청 후 최장 3개월 이내에 결과를 받을 수 있다고 안내하고 있습니다.

CHAPTER 1
DELE B1

영역별 문제 공략

DELE B1 영역별 문제 공략에서는 DELE B1 문제를 영역/과제로 분류하여 각 과제별 공략법을 다룹니다. 영역별로 제시된 지령 파악법과 주의 사항을 비롯해 체계적인 풀이법까지 학습한다면 난이도가 높은 문제라도 독학으로 어렵지 않게 풀 수 있습니다.

PRUEBA DE COMPRENSIÓN DE LECTURA

La prueba de **Comprensión de lectura** contiene cinco tareas.
Usted debe responder a 30 preguntas.
Duración: 70 minutos.
Marque sus opciones únicamente en la **Hoja de respuestas**.

독해 평가

독해 평가는 5개의 과제로 구성됩니다.
당신은 30개의 문제에 답해야 합니다.
시간: 70분
선택한 보기를 **답안지**에만 표기하시오.

COMPRENSIÓN DE LECTURA 독해

출제 가이드

1 출제 경향

DELE B1 독해 영역은 일상 관련 안내문, 공지, 광고, 알림 및 전문 분야 관련 글을 통해 응시자의 독해 능력을 파악합니다. 짧은 글을 읽고 동일한 맥락의 메시지를 연결할 수 있는지, 긴 글을 읽고 내용과 관련된 객관식 문제를 풀 수 있는지 등을 평가합니다. 이에 대비해 긴 글 또는 짧은 글의 문맥 및 핵심 내용에 대한 이해와 분석 능력을 키워야 합니다.

2 유형 파악

문항 수	30문항		
시험 시간	70분		
Tarea 과제	유형	단어 수	문항 수
1	짧은 글 10편 읽고 해당되는 인물과 연결하기	40~60	6
2	긴 글 읽고 객관식 6문항 풀기	400~450	6
3	3편의 글 읽고 해당 인물 연결하기	100~120	6
4	긴 글 내 빈칸에 알맞은 문장 고르기	400~450	6
5	긴 글의 빈칸에 알맞은 단어 고르기	150~200	6

3 독해 완전 분석

DELE B1 독해 영역은 5개 과제, 총 30문항으로 구성되어 있습니다. 주어진 시간은 70분입니다. 과제별 문제 형식이 모두 다르므로 각 과제의 특성과 전략을 잘 이해하고 있어야 합니다. 특히 독해는 시험의 첫 영역인 만큼 고도의 집중력이 필요합니다. 제한 시간 안에 30문항을 풀어야 하므로, 자신 있는 과제부터 풀면 시간 안배에 더 효과적입니다. 풀이법이 비교적 단순한 Tarea 2부터 풀거나, 문법에 대해 자신 있다면 Tarea 5부터 먼저 풀 수 있습니다. B1 독해 영역은 어휘 난이도가 A2에 비해 상당히 어렵게 느껴질 수 있으므로 주요 어휘를 반드시 암기하고 실전 훈련을 충분히 해야 합니다.

Tarea 1 짧은 글 10편 읽고 해당되는 인물과 연결하기

- 주어진 짧은 글 10편은 서로 다른 내용이되 한 가지 공통된 주제에 속합니다.
- A부터 J까지 훑어보며 공통 내용 및 각기 구별되는 정보까지 파악합니다.
- 각 말하는 사람마다 상황, 필요한 것, 기호, 관심사, 희망 사항, 목적 등을 파악합니다.

빈출 주제

- **안내문**   구인 광고, 직업 소개, 수업 안내 등
- **소책자**   공연, 영화, 텔레비전 프로그램, 여가 활동 알림 등
- **광고문**   상품, 영업 장소, 각종 시설 광고 등

Tarea 1 완전 공략

1 어떻게 푸나요?

순서	지령 파악 → EJEMPLO 제거 → 주제 파악 → PERSONA & TEXTO 분석 → 정답 선택

A부터 J까지 총10편의 짧은 글이 주어집니다. 10편 중 0번의 예시를 제외한 나머지 9개의 글을 읽고 공통 주제 및 특징적 정보를 파악합니다. 이를 1부터 6까지의 사람들이 원하는 내용과 연결하면 됩니다.

2 고득점 전략

- 지령 내용에서 먼저 A부터 J까지의 짧은 글 및 1부터 6까지의 말하는 사람들 관련 정보를 확인합니다.
- 각 인물들의 필요한 것, 관심사, 목적 등을 표시해 둡니다.
- 예시를 제외한 각 글들의 제목을 먼저 확인한 뒤, 각기 구별되는 정보를 확인합니다.
- 각 인물에 해당하는 글은 무엇인지 확인하며 선택 또는 제거하는 방식으로 정답을 가려냅니다.

3 잠깐! 주의하세요

- 반드시 지령에 나타난 공통된 주제를 먼저 파악합니다.
- 각 인물이 원하는 바를 주의 깊게 읽고, 만약 짧은 글 한 편에 연결될 수 있는 인물이 여러 명 보인다면 우선 모두 선택해 놓았다가 최종적으로 비교하여 더 확실한 인물을 정답으로 결정합니다.
- 엇비슷한 내용과 핵심 어휘들이 반복하여 등장할 수 있으므로, 정답을 섣불리 선택해서는 안 됩니다.

Tarea 1 Ejercicios 실전 연습

Step 1 공략에 따라 Tarea 1 연습 문제를 풀어 보세요.

문제 1

INSTRUCCIONES

Usted va a leer seis textos en los que unas personas hablan de lo que quieren para sus vacaciones y diez textos que informan sobre algunos hoteles. Relacione a las personas (1-6) con los textos que informan sobre los hoteles (A-J).

HAY TRES TEXTOS QUE NO DEBE RELACIONAR.

Marque las opciones elegidas en la **Hoja de respuestas**.

	PERSONA	TEXTO
0.	AURORA	D
1.	ISABEL	
2.	ÓSCAR	
3.	TINA	

	PERSONA	TEXTO
4.	ADRIÁN	
5.	EVA	
6.	DAVID	

0. AURORA	Lo que quiero para mis vacaciones es descanso y tranquilidad en armonía con la naturaleza. Aunque, claro, cuando ya haya descansado lo suficiente, me gustaría poder hacer algunas actividades. Me voy a llevar la bicicleta de montaña que me acabo de comprar.
1. ISABEL	En nuestra ciudad hace demasiado frío y el cielo está nublado siempre. Así que tenemos ganas de ir a la playa, ¡a disfrutar del calor! Pero buscamos un hotel donde mis tres niños también puedan pasárselo de maravilla. Y, para aprovechar, queremos practicar el kayak de mar.
2. ÓSCAR	Me han encargado la organización de la asamblea general de accionistas de este año. Necesito un buen lugar para poder realizar esta reunión y, también, para poder ofrecerles un buen ambiente y una exquisita cena.
3. TINA	Esta es la primera vez que visito España, así que, antes que nada, necesito conocer la capital. Siempre me han atraído los alojamientos singulares, pero no tanto los ordinarios. Algo de lo que no puedo desistir tampoco es de una sauna privada.
4. ADRIÁN	Yo soy fanático del deporte. Para estas vacaciones, ¡quiero un poco de todo! Estaría muy bien poder jugar al tenis, por ejemplo, o aprender algún deporte acuático. En cambio, mi mujer quiere algo más tranquilo. Así que estamos buscando un hotel adecuado para los dos.
5. EVA	A mí me gusta lo dinámico y lo arriesgado, pero no quiero un hotel cercano al mar porque vivo muy cerca de la playa. ¡Estoy soñando con hacer un deporte de aventura!
6. DAVID	Para estas vacaciones, desearía descansar en un lugar agradable, en una habitación donde pueda contemplar el mar. Es que, al lado del mar, mi mente se vacía de pensamientos. Por otro lado, me gustaría poder practicar mi deporte favorito, el golf.

HOTELES PARA DISFRUTAR

Hacienda la Boticaria; Sevilla

A

Situado a 10 kilómetros de Sevilla, combina la excelente cocina con un ambiente selecto y un entorno natural de gran belleza. Es un lugar ideal para reuniones de negocios y celebraciones.

Meliá Sancti Petri; Cádiz

B

Todas las habitaciones de este hotel tienen vistas al mar. El mayor orgullo de este establecimiento es su patio de columnas típicamente andaluz. El hotel está rodeado por cinco campos de golf.

Alhambra Palace; Granada

C

Este hotel fue inaugurado por el rey Alfonso XIII en 1910. Su arquitectura es de inspiración árabe y desde su terraza se puede contemplar el impresionante paisaje de Sierra Nevada.

Palacio de San Benito; Sevilla

D

Muy cerca de Sevilla y Córdoba, este típico palacio andaluz se encuentra en pleno parque natural de la Sierra Norte de Sevilla. Paseos a caballo, senderismo y ciclismo son algunas de las ofertas de este hotel.

Kempinski Hotel; Málaga

E

El hotel, abierto hace dos años en la Costa del Sol, se integra en un jardín tropical de 70.000 metros cuadrados y posee un centro de deportes náuticos y pistas de tenis. Dispone de un club infantil y de biblioteca para los más pequeños.

NH Almenara; Cádiz

F

Un partido de polo o de tenis, un paseo a caballo, clases de windsurf o una sesión de gimnasia, son las ofertas de este hotel para los clientes más activos. Para los demás, un masaje relajante en su centro de belleza.

Habana; Asturias

G

Este hotel, rodeado de un verde paisaje, ofrece distintas actividades en plena naturaleza: descensos de ríos y rutas a caballo o senderismo por las cercanas montañas.

Hesperia Lanzarote; Lanzarote

H

En este modernísimo hotel se puede disfrutar de cuatro piscinas y de un completo centro de salud y belleza que incluye sauna finlandesa, baño de vapor, hidromasaje, ducha escocesa, chorros cervicales y lumbares.

Hacienda Benazuza; Sevilla

I

Palacio árabe magníficamente restaurado. Lo que más destaca de su oferta gastronómica es el desayuno, preparado con todo lujo de detalles. Para ceremonias religiosas cuenta con una capilla privada dentro del hotel.

Claris; Madrid

J

Este palacio neoclásico, situado en el corazón de Madrid, alberga en su interior una colección única de arte egipcio y se asoma a un jardín japonés. Todas las habitaciones son distintas y algunas tienen sauna propia.

Step 2 문제 1의 내용을 해석해 보세요.

지령

당신은 어떤 휴가를 원하는지 말하는 여섯 사람의 텍스트와, 열 곳의 호텔에 대한 정보를 제공하는 텍스트를 읽을 것입니다. (1번부터 6번까지) 사람에 (A부터 J까지) 텍스트를 서로 연결시키세요.

연결이 되지 않는 텍스트가 3개 있습니다.

선택한 보기를 **답안지**에 표기하세요.

	사람	텍스트
0.	아우로라	D
1.	이사벨	
2.	오스깔	
3.	띠나	

	사람	텍스트
4.	아드리안	
5.	에바	
6.	다빗	

0. 아우로라	휴가에 있어 내가 원하는 건 바로 휴식을 취하는 것과, 자연과 조화되는 평온함이다. 물론, 충분히 쉰 후에는 여러 가지 활동을 하는 것을 원하지만 말이다. 나는 최근에 구매한 산악 자전거를 가져갈 것이다.
1. 이사벨	내가 사는 도시는 날씨가 너무도 춥고 하늘은 늘 구름이 껴 있다. 그래서 우리는 바닷가에 가고 싶은 것이다. 더위를 즐기기 위해! 하지만 우리는 우리 세 아이들 역시 아주 즐겁게 보낼 수 있을 호텔을 찾고 있다. 또한, 이번 기회에 우리는 바다 카약을 연습해 보고 싶다.
2. 오스깔	올해 나는 주주 총회의 조직을 위임받았다. 이 모임을 실행하고, 또한 그들에게 좋은 분위기와 맛있는 저녁 식사를 제공할 수 있는 좋은 장소가 필요하다.
3. 띠나	나는 이번이 스페인 첫 방문이다. 그래서, 무엇보다도 수도를 잘 알고 싶다. 나는 늘 특이한 숙소에 끌렸지만, 평범한 숙소에는 끌리지 않았다. 또한 내가 절대로 포기할 수 없는 것은 바로 개인용 사우나이다.
4. 아드리안	나는 운동 광팬이다. 이번 휴가에 나는 모든 것을 조금씩 다 해 보고 싶다! 예를 들면, 테니스를 치거나 수상 스포츠를 배우는 것도 좋을 것이다. 반면, 내 아내는 조금은 더 평온한 것을 원한다. 그렇기 때문에, 우리는 우리 둘 모두에게 적절한 호텔을 찾고 있다.
5. 에바	나는 활동적이고 모험적인 것을 좋아한다. 그렇지만, 난 해안 근처에 살기 때문에 바다 가까이에 있는 호텔을 원하지는 않는다. 나는 모험적인 스포츠를 꿈꾸고 있다!
6. 다빗	이번 휴가에 나는 쾌적한 곳에 있고 바다를 바라볼 수 있는 방에서 휴식을 취했으면 좋겠다. 바다 가까이에서는 내 머릿속 생각을 비울 수 있기 때문이다. 또 한편, 나는 내가 가장 좋아하는 운동인 골프를 연습하고 싶다.

즐길 수 있는 호텔들

A — **아씨엔다 라 보띠까리아; 세비야**
세비야로부터 10킬로미터 지점에 위치한 이 호텔은 멋진 분위기와 매우 아름다운 자연환경이 훌륭한 식사와 조화를 이룹니다. 비즈니스 모임이나 각종 행사를 위한 이상적인 장소입니다.

B — **멜리아 상띠 뻬뜨리; 까디쓰**
이 호텔의 모든 객실은 바닷가 전망을 갖고 있습니다. 이곳의 가장 큰 자부심은 바로 안달루시아 전통 방식의 기둥이 있는 정원입니다. 이 호텔은 다섯 개의 골프장으로 둘러싸여 있습니다.

C — **알람브라 펠러스; 그라나다**
이 호텔은 1910년 알폰소 13세 왕이 개관하였습니다. 호텔의 건축은 아랍 건축 양식에서 영감을 받은 것이며, 호텔 발코니에서는 네바다산맥의 감동적인 경치를 볼 수 있습니다.

D — **빨라씨오 데 산 베니또; 세비야**
세비야와 코르도바에서 매우 가까운 곳에 위치한 이 호텔은 안달루시아 전통 궁전 양식으로, 세비야 북쪽 산맥의 자연 보호 구역 한가운데에 위치합니다. 말 타고 산책하기, 하이킹, 자전거 타기 등의 활동을 제공합니다.

E — **껨삔스끼 호텔; 말라가**
2년 전 '꼬스따 델 쏠' 해변에 지어진 이 호텔은 70,000제곱미터 면적의 열대 정원으로 이루어져 있으며, 수상 스포츠 센터와 테니스 코트를 가지고 있습니다. 유아 전용 클럽과 아이들을 위한 도서관을 갖추고 있습니다.

F — **NH 알메나라; 까디쓰**
폴로나 테니스 경기, 말 타고 산책하기, 윈드서핑 수업, 체조 시간 등은 이 호텔에서 매우 활동적인 고객들에게 제공하는 것입니다. 그 외 다른 분들에게는, 호텔의 미용 센터에서 편안한 마사지가 준비되어 있습니다.

G — **아바나; 아스뚜리아스**
녹색 풍경으로 둘러싸인 이 호텔은, 자연 한가운데에 위치하며 래프팅, 승마 코스, 가까운 산을 활용한 하이킹 등 다양한 활동들을 제공합니다.

H — **에스뻬리아 란싸로떼; 란싸로떼**
매우 현대적인 이 호텔에는 네 개의 수영장 그리고 핀란드식 사우나, 한증 사우나, 물 마사지, 스코틀랜드식 샤워, 목과 허리 마사지 물줄기를 갖춘 미용 건강 센터가 있습니다.

I — **아씨엔다 베나쑤싸; 세비야**
완전하게 복원된 아랍 궁전. 호텔의 요리에서 가장 부각되는 것은 바로 호화로운 디테일을 겸비한 아침 식사입니다. 종교적 의식을 위해 호텔 안에 작은 예배당을 갖고 있습니다.

J — **끌라리스; 마드리드**
신고전주의식 궁전인 이 호텔은 마드리드의 중심지에 위치하며, 호텔 내에는 이집트 예술의 독특한 컬렉션을 소장하였고 밖에는 일본식 정원이 보입니다. 모든 객실은 형태가 다르며, 일부 객실에는 개인 사우나가 있습니다.

Step 3 문제 1의 필수 어휘를 익혀 보세요.

tranquilidad	f. 평온, 안정, 안심	en armonía con	~와(과) 조화되어
pasárselo de maravilla	(시간을) 아주 잘 보내다	kayak	m. 카약
asamblea	f. 모임, 집회, 회의	accionista	m.f. 주주
exquisito	훌륭한, 맛 좋은	capital	f. 수도 m. 자본, 자산
singular	m. 단수 / 단 한 개의, 특이한	desistir	단념하다, 체념하다
dinámico	활동적인	arriesgado	위험한, 모험적인
contemplar	눈여겨보다, 심사숙고하다	ambiente	m. 분위기, 주변 환경, 공기
selecto	극상의, 특선의, 선발된	establecimiento	m. 영업소, 시설
columna	f. 기둥, 기사(칼럼)	andaluz	m.f. 안달루시아 사람 / 안달루시아의
rodear	둘러싸다	inaugurar	개업하다, 시작하다
sierra	f. 산맥, 톱	pleno	중심부의, 완전한, 가득한
senderismo	m. 하이킹	integrarse	구성되다, 통합되다, 동화되다
metros cuadrados	m. pl. 제곱미터	poseer	소유하다
náutico	수상의, 항해의	pista	f. 트랙, 경기장, 도로, 단서
disponer de	소유하다, 자유롭게 사용하다	polo	m. 폴로(운동 종목), 극
sesión	f. 수업, 회의, (일의) 시간	gimnasia	f. 체조, 체육
descenso	m. 하강, 내리막길	finlandés	m.f. 핀란드 사람 m. 핀란드어 / 핀란드의
vapor	m. 증기, 수증기	escocés	m.f. 스코틀랜드 사람 / 스코틀랜드의
chorro	m. 물줄기	cervical	m.f. 경부, 목덜미 / 경부의
lumbar	허리의, 요추의	magníficamente	뛰어나게, 완전하게
restaurar	복원하다, 되찾다, 회복하다	destacar	강조하다, 부각시키다
contar con	~을(를) 갖다	capilla	f. 작은 예배당
neoclásico	m.f. 신고전주의자 / 신고전주의의	corazón	m. 심장, 애정, 중심부
albergar	숙박시키다, 수용하다	único	유일한, 특이한
egipcio	m.f. 이집트 사람 m. 이집트어 / 이집트의	asomarse	들여다보다, 나타나다

Step ❹ 문제 1의 해설을 확인해 보세요.

0. AURORA	중시하는 조건으로 '자연에서의 휴식과 평온함', '산악 자전거를 탈 수 있는 곳'을 먼저 제시하였다. **D**에 따르면 해당 호텔은 'parque natural 자연 보호 구역'의 'pleno 중심부'에 위치하며 호텔에서 제공하는 활동 중 'ciclismo 자전거 타기'가 있으므로 Aurora가 제시한 조건에 부합한다. 그러므로 정답은 **D**.
1. ISABEL	'playa 해변'과 'calor 따뜻한 날씨'를 원한다고 강조하였다. 이어서 다른 인물의 희망 사항과 구분되는 중요한 조건으로 'los niños 아이들'에 대해 언급하였다. 마지막으로 'kayak de mar 바다 카약'에 대한 관심을 나타냈다. 오직 **E**의 호텔만이 '유아 및 어린이 전용 시설'에 대해 언급하고 있기에 정답을 선택하기 쉽다. 그러므로 정답은 **E**.
2. ÓSCAR	여섯 명 중 유일하게 업무와 관련하여 호텔을 찾고 있다. 'asamblea general de accionistas 주주 총회'라는 단어를 몰랐더라도 'reunión 모임'을 위한 장소를 찾고 있음을 토대로 **A**에 언급된 'ideal para reuniones de negocios 비즈니스 모임에 적합한 호텔'이 Óscar에게 부합함을 알 수 있다. 그러므로 정답은 **A**.
3. TINA	'la capital de España 스페인의 수도' 즉, 마드리드에 위치한 호텔을 희망한다고 밝혔다. 또한 독특함이 있으면서 개인 사우나를 갖춘 숙소를 선호하였다. A에서 J까지 중 마드리드에 위치한 호텔은 **J**뿐이다. 독특한 이집트 예술품, 일본식 정원, 다양한 객실, 개인 사우나 보유 조건까지 모두 충족시키므로 정답이 된다. 그러므로 정답은 **J**.
4. ADRIÁN	본인은 테니스나 수상 스포츠를 원하며 부인은 평온한 활동과 즐길 거리를 원하므로 두 가지 조건에 모두 부합하는 호텔을 찾아야 한다. **F**에 언급된 호텔은 Adrián이 원하는 'tenis 테니스', 'clases de windsurf 윈드서핑 수업'이 모두 가능하면서 'activo 활동적인' 성향이 아닌 고객을 위하여 'masaje 마사지'도 제공하기 때문에 모든 조건에 부합한다. 그러므로 정답은 **F**.
5. EVA	'lo dinámico 활동적인 것', 'lo arriesgado 모험적인 것'을 원하며 'deporte de aventura 모험적인 스포츠'를 꿈꾼다고 강조하였다. 또한 바닷가 근처는 원치 않는다고 밝혔다. 따라서 바다 가까이에 위치한 B와 E는 우선 제거된다. 정답은 **G**로, 바다에 접해 있지 않으면서 모험적인 스포츠에 해당하는 'descensos de ríos 래프팅'을 할 수 있기 때문이다. 그러므로 정답은 **G**.
6. DAVID	먼저 눈에 띄는 희망 사항이 바로 'el mar 바다'이다. 바다를 바라보면 머릿속 생각이 비워진다고 말하며 가장 좋아하는 운동인 골프를 하고 싶다고 덧붙이고 있다. **B**의 도입부에 등장한 'vistas al mar 바닷가 전망', 이어지는 표현 'campos de golf 골프장', 'estar rodeado 둘러싸여 있다'를 통해 **B**가 정답임을 알 수 있다. 그러므로 정답은 **B**.

Step **1** 공략에 따라 Tarea 1 연습 문제를 풀어 보세요.

문제 2

INSTRUCCIONES

Usted va a leer seis textos en los que unas personas hablan de sus gustos cinematográficos y diez resúmenes de películas extraídos de la cartelera. Relacione a las personas (1-6) con los textos de la cartelera (A-J).

HAY TRES TEXTOS QUE NO DEBE RELACIONAR.

Marque las opciones elegidas en la **Hoja de respuestas**.

	PERSONA	TEXTO
0.	SARA	D
1.	EDGAR	
2.	ALBERTO	
3.	PEDRO	

	PERSONA	TEXTO
4.	JESÚS	
5.	RAÚL	
6.	MÓNICA	

0. SARA	A mí me encanta leer a Agatha Christie. ¿Y sobre las películas? Obviamente, las más escalofriantes y terroríficas.
1. EDGAR	Quiero que mis hijos vean esta película para que puedan aprender a apreciar la vida de los animales. Aunque puede que sea un poco seria, será una buena lección.
2. ALBERTO	Soy músico, así que siempre mis películas favoritas son musicales. Esta vez busco una película musical y que sea un drama romántico. Quiero una peli que me haga salir del cine cantando y bailando, pero no me gustan las fantasías.
3. PEDRO	A mí me entretienen las películas de fantasía que tratan sobre animales monstruosos y enormes. Ahora ponen una muy buena con el clásico personaje que tanto me gusta.
4. JESÚS	Me encantan las películas japonesas de animación. He visto que se va a estrenar una película donde los protagonistas son animales muy lindos y parece muy entretenida.
5. RAÚL	Estoy un poco cansado de lo romántico y lo cursi. Me apetece ver mucho espectáculo, peleas y acción extravagante.
6. MÓNICA	Quiero ver una película de suspense y a mí siempre me impresionan más las películas basadas en hechos reales.

PELÍCULAS EN LA CARTELERA ESPAÑOLA

A | **'xXx: reactivado' (Estados Unidos / Acción, aventuras, thriller)**
Una fantástica película para los amantes de la acción y la aventura. Podrán ver cómo el protagonista se enfrenta con un letal guerrero y sus secuaces, en una lucha a muerte por recuperar la Caja de Pandora.

B | **'La bella y la bestia' (Estados Unidos / Fantasía, romance, musical)**
Adaptación en imagen real del clásico de Disney "La bella y la bestia", que cuenta la historia de una joven que, para salvar a su padre decide ir a un castillo y quedarse allí atrapada junto a una bestia hechizada.

C | **'Los Hollar' (Estados Unidos / Melodrama)**
John Hollar es un aspirante a artista que debe dejar su cómoda vida en Nueva York y alejarse de su hermosa novia para poder así regresar a su ciudad natal del medio oeste y ayudar a su familia a salir adelante cuando su madre necesite una cirugía cerebral.

D | **'La chica desconocida' (Bélgica / Drama psicológico, crimen)**
Una noche, después del cierre de su consultorio, Jenny, una joven médica generalista, escucha el timbre, pero no va a abrir. Al día siguiente, se entera por la Policía de que han encontrado, no lejos de allí, a una joven muerta sin identidad.

E | **'Imperium' (Estados Unidos / Thriller, policíaca)**
Un agente del FBI trabaja encubierto para encontrar y detener a un grupo de personas que creen en la supremacía blanca. Este grupo es peligroso y buscará el caos por medio de una bomba. La historia está basada en la vida de Michael German, quien pasó muchos años dentro de grupos neonazis estadounidenses.

F | **'Safari' (Austria / Documental)**
El director sigue a turistas austriacos que viajan a África para cazar cebras y jirafas tratando de entender y hacernos entender qué pasa por la cabeza de esta gente y por qué matan animales como jirafas.

G | **'Kong: la isla de la calavera' (Estados Unidos / Aventuras, fantasía)**
En los años 70, un variopinto grupo de exploradores y soldados es reclutado para viajar a una misteriosa isla del Pacífico. Pero al adentrarse en esta bella pero traicionera isla, los exploradores encontrarán algo absolutamente sorprendente. Sin saberlo, estarán invadiendo los dominios del mítico Kong, el gorila gigante que es el rey de esta isla.

H | **'Gatos: un viaje de vuelta a casa' (Japón / Animación, aventuras, comedia)**
Un gato llamado Rudolf se separa de su amado dueño e, inesperadamente, se despierta en un camión que lo transporta hasta Tokio. Allí, conoce a Ippai-attena, un gato jefe que es temido por todos en la ciudad. Incapaz de regresar a su casa, Rudolf comienza una nueva vida llena de aventuras junto a Ippai-attena, quien en realidad no es como aparenta.

I | **'Moonlight' (Estados Unidos / Drama)**
Chiron es un joven afroamericano con una difícil infancia y adolescencia, que crece en una zona conflictiva de Miami. A medida que pasan los años, el joven se descubre a sí mismo intentando sobrevivir en diferentes situaciones. Durante todo ese tiempo, Chiron tendrá que hacer frente a la drogadicción de su madre y al violento ambiente de su colegio y de su barrio.

J | **'La ciudad de las estrellas' (La La Land) (Estados Unidos / Musical, romance, drama)**
Mia, una joven aspirante a actriz que trabaja como camarera mientras acude a procesos de selección, y Sebastian, un pianista de jazz que se gana la vida tocando en sórdidos tugurios, se enamoran, pero su gran ambición por llegar a la cima en sus carreras artísticas amenaza con separarlos.

 **Tarea 1 · Ejercicios**

지령

당신은 자신의 영화 취향을 말하는 여섯 사람의 텍스트와, 상영 일정에서 발췌한 열 편의 영화에 대한 요약글을 읽을 것입니다. (1번부터 6번까지) 사람에 (A부터 J까지) 텍스트를 서로 연결시키세요.

연결이 되지 않는 텍스트가 3개 있습니다.

선택한 보기를 **답안지**에 표기하세요.

	사람	텍스트
0.	사라	D
1.	에드가르	
2.	알베르또	
3.	뻬드로	

	사람	텍스트
4.	헤수스	
5.	라울	
6.	모니까	

0. 사라	나는 애거사 크리스티의 작품 읽는 것을 무척 좋아한다. 그리고 영화에 관련해서는? 당연히 아주 오싹하고 공포감을 주는 영화들이 좋다.
1. 에드가르	나는 내 자녀들이 동물의 목숨을 존중하는 것을 배울 수 있도록 이 영화를 보길 원한다. 조금은 진지한 영화일 수 있으나, 좋은 교훈이 될 것이다.
2. 알베르또	나는 음악가다. 그러므로 내가 가장 좋아하는 영화는 뮤지컬 영화다. 이번에 나는 뮤지컬 영화이면서도 로맨틱한 드라마를 찾고 있다. 극장에서 나갈 때 노래 부르고 춤출 정도로 나를 신나게 만들어 줄 영화를 찾고 있다, 하지만 판타지는 좋아하지 않는다.
3. 뻬드로	내가 재미있게 보는 영화는 기괴하고 거대한 동물에 대한 판타지 영화다. 내가 좋아하는 그런 고전적인 등장인물이 나오면서 이번에 개봉하는 아주 좋은 영화가 있다.
4. 헤수스	나는 일본 애니메이션 영화를 아주 좋아한다. 아주 귀여운 동물들이 주인공인 영화가 개봉할 예정이라고 들었는데, 무척 재미있을 것 같다.
5. 라울	나는 로맨틱하고 낮간지러운 게 지겹다. 스펙터클한 광경, 싸움, 무법적인 액션 등이 많이 나오는 영화가 당긴다.
6. 모니까	나는 서스펜스 영화를 보고 싶다. 그리고 나는 늘 실화를 바탕으로 한 영화들이 더 감동적이다.

	스페인 영화 게시판의 영화들
A	**'트리플 엑스 리턴즈' (미국 / 액션, 모험, 스릴러)** 액션과 모험을 사랑하는 사람들을 위한 판타지 영화. 주인공이 판도라의 상자를 되찾기 위해 살인용 전사가 그의 추종자들과 함께 필사의 투쟁을 하는 모습을 볼 수 있을 것이다.
B	**'미녀와 야수' (미국 / 판타지, 로맨스, 뮤지컬)** 디즈니 고전 작품 '미녀와 야수'의 실사판. 아버지를 구하기 위해 어느 한 성으로 가고 마법에 걸린 야수와 함께 그곳에 남기로 결심하는 한 젊은 여성에 관한 이야기이다.
C	**'더 홀라스' (미국 / 멜로드라마)** 존 홀라는 뉴욕에서의 편안한 그의 삶을 버리고 아름다운 그의 연인을 떠나서 그가 태어난 중서부 도시로 돌아가, 뇌 수술을 받아야 하는 어머니와 그의 가족이 역경을 딛고 살 수 있도록 도와야 하는 예술가 지망생이다.
D	**'언노운 걸' (벨기에 / 심리 드라마, 범죄)** 어느 날 밤, 젊은 일반의인 제니는 그녀의 진료소가 끝난 후, 벨 소리를 듣게 되지만 문을 열지 않는다. 다음 날, 그곳에서 멀지 않은 곳에서 신원을 알 수 없는 한 젊은 여성이 경찰에게 발견된다.
E	**'임페리엄' (미국 / 스릴러, 탐정)** 한 FBI 요원이 백인 우월주의 조직을 찾아내 체포하기 위해 위장 수사를 펼친다. 매우 위험한 이 조직은 폭탄을 이용해 혼란을 일으키려 한다. 이 영화는, 미국 네오 나치 조직 안에서 수 년을 보낸 마이클 저먼의 삶을 바탕으로 한 스토리이다.
F	**'사파리' (오스트리아 / 다큐멘터리)** 감독은 얼룩말과 기린을 사냥하기 위해 아프리카로 여행하는 오스트리아 관광객들의 뒤를 따라 이 사람들의 머릿속은 어떤 생각이며 왜 기린과 같은 동물들을 죽이는지에 대해 관객들에게 이해시키기 위해 노력한다.
G	**'콩: 해골 섬' (미국 / 모험, 판타지)** 70년대, 다양한 탐험가와 군인들로 결성된 한 그룹은 태평양의 미스터리한 섬에 가는 일에 모집된다. 하지만 이 아름답고도 이면이 있는 섬에 들어간 후, 탐험가들은 도저히 믿을 수 없는 무언가를 발견하게 된다. 그들도 모르는 사이, 전설로 전해 내려오는 이 섬의 왕인 거대한 고릴라 '콩'의 영역을 침범하고 있었다.
H	**'고양이들: 집으로 가는 여행' (일본 / 애니메이션, 모험, 코미디)** 루돌프라는 이름의 한 고양이가 어느 날 갑자기 사랑하는 주인과 떨어져 도쿄로 가는 트럭 안에서 눈을 뜨게 된다. 그곳에서 도시 전체가 무서워하는 대장 고양이, 입빠이 이떼나를 만난다. 집으로 돌아올 수 없는 상태로 루돌프는 입빠이 아떼나와 함께 모험으로 가득한 새로운 삶을 시작하게 되는데, 사실 그 대장 고양이는 보이는 것처럼 그리 무서운 존재는 아니었다.
I	**'문라이트' (미국 / 드라마)** 샤이론은 마이애미의 한 분쟁 지역에서 아주 어려운 어린 시절과 청소년기를 보내며 성장하는 아프리카계 미국 흑인 젊은이다. 해를 거듭할수록 이 청년은 다양한 상황에서 살아남는 법을 꾀하며 스스로의 정체성을 찾아 간다. 그동안, 샤이론은 어머니의 마약 중독 문제와 그의 학교 및 동네의 폭력적인 환경에 맞서야 할 것이다.
J	**'라라랜드' (미국 / 뮤지컬, 로맨스, 드라마)** 배우를 꿈꾸며 캐스팅에 참가하고 웨이트리스로 일하는 미아와, 열악한 빈민가에서 연주하며 생계를 유지하는 재즈 피아니스트 세바스티안은 서로 사랑에 빠진다. 하지만 예술적 커리어의 정상에 도달하겠다는 그들의 큰 야망은 그들이 헤어지게 만드는 위험한 요소가 되고 만다.

cinematográfico	영화의, 영화에 관한	resumen	m. 요약, 개요
cartelera	f. 전시 알림판, 게시판	escalofriante	소름 끼치는, 무서운
peli	(=f. película) 영화	monstruoso	괴물 같은, 거대한
estrenar	개봉하다, 처음으로 사용하다	cursi	낮간지러운, 우아한 체하는
extravagante	m.f. 괴짜 / 엄청난	hecho real	m. 사실, 실화
reactivar	복구시키다, 되살리다	thriller	m. 스릴러(=m. suspense)
enfrentarse	맞서다, 대결하다	letal	치명적인, 죽음을 초래하는
guerrero	m.f. 전사 / 전쟁의, 싸우는	secuaz	m. 추종자, 충복 / 추종하는, 따르는
a muerte	필사적인, 격렬한	bestia	f. 야수, 짐승
adaptación	f. 각색, 적응	castillo	m. 성, 성채
atrapar	잡다, 얻다	hechizar	마법을 걸다, 매혹시키다
aspirante	m.f. 지원자, 지망생 / 빨아들이는	médico generalista	m.f. 일반의
timbre	m. 초인종, 우표	identidad	f. 신원, 동일함
policíaco	경찰의, 수사물의	encubrir	숨기다, 감추다
supremacía	f. 주권, 패권, 최고위	neonazi	m.f. 네오 나치주의자 / 신나치주의의
austriaco	m.f. 오스트리아 사람 / 오스트리아의	cebra	f. 얼룩말
jirafa	f. 기린	calavera	f. 해골, 두개골
variopinto	다양한, 가지각색의	explorador	m.f. 탐험가 / 탐험의
reclutar	모집하다, 징병하다	Pacífico	m. 태평양
adentrarse	안으로 들어가다	traicionero	이면이 있는, 배신하는(=traidor)
invadir	침입하다, 엄습하다	mítico	신화의, 신화적인
conflictivo	분쟁의, 분쟁을 일으키는	hacer frente	직면하다, 맞서다
drogadicción	f. 마약 중독	acudir	쫓아가다, 참가하다
ganarse la vida	생활비를 벌다	sórdido	추접한, 불결한
tugurio	m. 작고 누추한 주거 공간	cima	f. 정상, 정점

Step 4 문제 2의 해설을 확인해 보세요.

0. SARA	저명한 추리 소설 작가 애거사 크리스티에 대한 배경 지식을 바탕으로 **D**에 언급된 'escalofriante 무서운, 소름 끼치는'과 'terrorífico 공포감을 주는'의 의미를 파악하여 영화를 선택해야 한다. 소개된 영화 중 무서운 범죄와 관련된 소재를 다루며 심리적으로 오싹함을 자아내는 영화로는 **D**가 가장 적당하다. 그러므로 정답은 **D**.
1. EDGAR	본인이 아니라 자녀들이 볼 만한 영화를 찾고 있다. 아이들이 'aprender a apreciar la vida de los animales 동물의 목숨을 존중하는 것을 배울 수 있도록' 하는 것이 영화 관람의 목적이다. 'animales 동물'이 등장하는 F, G, H 중에서 재미만이 아니라 교훈까지 느낄 수 있는 영화는 **F**이다. 그러므로 정답은 **F**.
2. ALBERTO	음악가인 Alberto는 '뮤지컬' 영화를 찾고 있기에 영화의 장르만으로 우선 정답 후보는 B와 J로 추려진다. 'fantasía 판타지' 영화는 싫다고 명백히 진술하므로 B는 제외된다. 그러므로 정답은 **J**.
3. PEDRO	Pedro가 재미있어하는 영화 장르는 판타지이며 그중에서도 'animales monstruosos y enormes 기괴하고 거대한 동물'이 등장하는 영화를 좋아한다고 밝혔다. Pedro의 언급 중 핵심어는 'el clásico personaje 그런 고전적인 등장인물'로, 엄청나게 큰 동물인 '킹콩'을 암시한다는 사실을 유추해 내야 한다. 그러므로 정답은 **G**.
4. JESÚS	일본 애니메이션 영화를 무척 좋아한다고 진술했는데 보기 중 일본 애니메이션 영화는 **H**가 유일하다. 영화 설명 첫머리에 언급된 어휘 'Animación 애니메이션', 'aventuras 모험', 'comedia 코미디'를 독해할 수 있다면 정답은 매우 쉽게 고를 수 있다. Jesús가 원하는 'entretenida 즐거운' 영화 조건과도 부합한다. 그러므로 정답은 **H**.
5. RAÚL	Raúl은 보고 싶지 않은 영화를 먼저 밝히고 있다. 이제는 '지겹다'고 말하는 영화 장르는 'romántico 로맨틱'이므로 B, J를 먼저 제외시킨다. 자신이 희망하는 영화는 'espectáculo 스펙터클한 광경', 'pelea 싸움', 'acción 액션'이 등장해야 하는데, 보기 중 **A**만이 큰 스케일의 전투나 액션 장면과 관련이 있다. 그러므로 정답은 **A**.
6. MÓNICA	Mónica가 원하는 영화의 조건은 크게 두 가지이다. 첫 번째는 서스펜스가 있어야 하며, 두 번째는 실화를 바탕으로 하여야 한다. 보기 **E**의 'thriller 스릴러'는 긴장감과 공포감을 불러일으키는 장르이므로 서스펜스를 원한다는 조건과 부합한다. 결정적으로 'basado en hechos reales 실화를 바탕으로 한'이 Mónica가 원하는 조건과 정확히 일치한다. 그러므로 정답은 **E**.

Tarea 2 긴 글 읽고 객관식 **6문항** 풀기

핵심 포인트

- 객관식 6문항은 삼지선다형으로, 주어진 긴 글의 내용에 따라 풉니다.
- 글의 전체적인 주제를 빠르게 파악하고, 글의 흐름에 공감하며 읽습니다.
- 전체 내용과 문단별 세부 내용을 머릿속에 정리해 가며 읽습니다.

빈출 주제

- **특정 분야** 뉴스, 신문 기사, 소개글 등
- **특정 인물** 전기, 보도, 일상, 일기 등
- **문학 작품** 주로 현대 문학 등

Tarea 2 완전 공략

1 어떻게 푸나요?

순서	지령 및 제목 파악 → TEXTO 1차 독해 → 정답 1차 선택 → TEXTO 최종 확인 → 정답 최종 선택

제목이 있는 한 편의 긴 글과 삼지선다형 객관식 6문항이 주어집니다. 1차 독해에서 파악한 글의 논지에 따라 1차로 정답을 선택한 다음, 다시 한 번 글의 내용에서 근거를 찾아 최종적으로 정답을 선택하면 됩니다. 다른 독해 과제에 비해 풀이 과정이 수월한 편이어서, 독해 영역 중 가장 먼저 풀기도 합니다.

2 고득점 전략

- 지령과 제목을 확인하며 글의 유형 및 주제를 확인합니다.
- 긴 글을 읽어 내려가며 주요 정보를 파악하고, 요점에 표시해 둡니다.
- 질문의 요지에 집중하여 읽습니다. 자신의 주관적 판단이 개입되지 않도록 주의합니다.
- 글에서 질문 관련 내용이 언급된 부분으로 돌아가 정보를 확인하며 정답을 선택합니다.

3 잠깐! 주의하세요

- 질문의 보기항에 함정 내용이 숨어 있으므로, 질문을 먼저 읽고 글을 읽으면 자칫 글 내용을 잘못 이해할 수 있습니다. 반드시 글을 먼저 읽도록 합니다.
- 제목 해석이 안 되는 경우 시간을 들이지 말고, 곧바로 본문 독해에 돌입합니다.
- 질문과 보기를 정확하게 파악한 후, 글에서 어느 부분에 언급되었는지 최종적으로 확인합니다.

Step 1 공략에 따라 Tarea 2 연습 문제를 풀어 보세요.

문제 1

INSTRUCCIONES

Usted va a leer un texto sobre una actriz. Después, debe contestar a las preguntas (7-12). Seleccione la respuesta correcta (a / b / c).

Marque las opciones elegidas en la **Hoja de respuestas.**

EL ÉXITO DE TESSIE SANTIAGO

Muchos actores jóvenes desearían saber el secreto del éxito repentino de Tessie Santiago, una bella cubano-americana de 25 años. En diciembre de 1999, esta miamense, completamente desconocida, fue elegida para hacer el papel de Tessa Alvarado en la nueva serie de televisión *The Queen of Swords*. Y lo que es más sorprendente aún es que interpreta este importantísimo papel escrito especialmente para una latina. Como la atractiva salvadora de los mexicanos humillados por los españoles en la California del siglo XIX, hace de una aristócrata coqueta que viste de seda blanca y manipula al malvado *Coronel Montoya*. Y vistiendo un corsé de terciopelo negro y una máscara de bordado, lucha contra los malos con una espada en la mano, por lo que han comenzado a llamarla "la Zorra".

David Abramowitz, el productor ejecutivo del programa, dice que de las quinientas actrices que entrevistaron para el papel, Santiago fue la única que despedía una luminosidad interior y enseguida supo que había encontrado a su heroína. Pero a pesar de que se la está reconociendo como estrella, Santiago sigue con los pies bien puestos sobre la tierra. Tessie acababa de obtener un título de cine y teatro de la *University of Miami* cuando fue tragada por la industria de la televisión. Llegó a España después de pasar dos meses de entrenamiento riguroso en Los Ángeles aprendiendo a luchar, manejar la espada y bailar flamenco.

¿Qué nos dices sobre la experiencia de filmación? - "Agotadora. Estoy en casi todas las escenas, el lugar está lleno de polvo y siempre estoy sucia. Tengo que usar trajes de la época con un calor tremendo hasta 13 horas al día, y además hago casi todas mis peleas".

Pero el apoyo de su familia la ayuda a sobrevivir. En uno de sus momentos de reflexión nos explica: "Mis abuelos son más cubanos que yo, puesto que nací en los Estados Unidos. Iba a una escuela donde las clases eran en inglés, y cuando llegaba a casa mi abuela me gritaba en español. Me sentía mitad americana y mitad cubana".

¿Quién te impulsó a convertirte en una estrella: la Tessie yanqui o la Tessie latina? - "Fue una combinación de las dos. Mi madre es artista y una mujer fuerte, y comparte mis sueños. Mi abuelo también me apoya. En Cuba era escultor y cuando vino aquí, tuvo que dejar todo lo que amaba para sobrevivir. ¿Cómo no voy a respetar y aprovechar las oportunidades que me brindó para vivir mi vida y hacer lo que él no pudo hacer?", dice. La joven actriz está muy decidida a pasarles su cultura cubana a sus hijos cuando los tenga.

PREGUNTAS

7. Según el texto, cuando seleccionaron a Tessie Santiago para el papel de Tessa Alvarado...

    a   ella no aceptó el papel al principio.

    b   ella no era muy conocida.

    c   ella no lo supo por mucho tiempo.

8. Según el texto, ahora que Tessie Santiago es reconocida como estrella, ella...

    a   parece no haber cambiado mucho.

    b   entrena a otros actores.

    c   demanda un sueldo más alto.

9. En el texto se dice que Tessie se preparó para el programa de televisión en...

    a   Miami.

    b   España.

    c   Los Ángeles.

10. Para Tessie Santiago, la experiencia de la filmación es...

    a   placentera.

    b   deprimente.

    c   fatigosa.

11. Según el texto, Tessie Santiago aprendió español...

    a   en su hogar en los Estados Unidos.

    b   en una escuela en los Estados Unidos.

    c   en una academia en España.

12. En el texto se informa de que el abuelo de Tessie Santiago...

    a   murió cuando Tessie era joven.

    b   se quedó a vivir en Cuba.

    c   no pudo continuar con su profesión.

지령

당신은 한 여배우에 대한 텍스트를 읽을 것입니다. 이어서, (7번부터 12번까지) 질문에 답하세요. 정답을 선택하세요 (a, b 또는 c).

선택한 보기를 **답안지**에 표기하세요.

떼씨 산티아고의 성공담

많은 젊은 배우들은 매우 아름다운 25세 쿠바계 미국인인 떼씨 산티아고의 갑작스러운 성공의 비밀을 알고 싶어할 것이다. 1999년 12월, 전혀 알려지지 않았던 마이애미 출신의 이 여성은 새로운 텔레비전 시리즈 The Queen of Swords에서 떼싸 알바라도 역할로 뽑혔다. 한 가지 더욱 놀라운 사실은 바로 그녀가 라틴계 여성을 위해 쓰인 이 아주 중요한 역할을 연기한다는 것이다. 19세기 캘리포니아에서 스페인 사람들에게 굴복당한 멕시코인들의 매력적인 구원자로서, 그녀는 그 사악한 몬또야 대령을 조종하는, 흰색 비단옷을 입은 요염한 귀족 역할을 맡은 것이다. 동시에 검은색 벨벳 코르셋과 자수를 놓은 가면을 쓴 상태로 손에는 검을 들고 악당들과 싸운다. 이 때문에 사람들은 그녀를 '여우'라고 부르기 시작했다.

그 프로그램의 책임 프로듀서인 데이비드 에이브러모위츠는 그 역할을 위해 인터뷰한 500명의 여배우들 중 유일하게 산티아고만이 내면의 빛을 발산하는 사람이었기에, 곧바로 그가 자신의 여주인공을 발견했다는 사실을 알 수 있었다고 말한다. 하지만 현재 사람들이 그녀를 인기 스타로 인정하고 있는 이 시점에서도 산티아고는 현실 감각을 유지하는 태도를 보이고 있다. 떼씨가 텔레비전 산업에 처음 발을 들였을 때, 마이애미대학에서 연극영화학과 학위를 막 따낸 상황이었다. 로스앤젤레스에서 전투하는 것, 검 다루는 것, 플라멩코 추는 것을 배우는 아주 혹독한 훈련을 두 달 동안 받은 후 스페인으로 간 것이다.

촬영 경험에 대해 어떤 말씀을 해 주실 수 있을까요? – "힘들었어요. 저는 거의 모든 장면에 등장하지요. 그곳은 먼지로 가득해서 저는 항상 매우 지저분했어요. 하루 열세 시간까지 과거 시대 의상을 입어야만 했고, 거의 모든 싸움 장면을 제가 직접 연기했어요."

하지만 가족들의 지원은 그녀가 살아남도록 도왔다. 과거를 회상하며 그녀는 말했다: "제 할아버지 할머니는 저보다 더 쿠바인의 피가 강합니다. 전 미국에서 태어났기 때문이죠. 전 영어로 수업하는 학교를 다녔고, 집에 가면 할머니께서는 제게 스페인어로 소리치셨어요. 저는 반 미국인 반 쿠바인처럼 느꼈습니다."

당신을 스타로 만든 건 누구죠? 미국인 테시인가요 라틴계 떼씨인가요? – "그 둘의 조합이었습니다. 제 어머니는 예술가이며 강인한 여성입니다. 저와 꿈을 함께 나누죠. 할아버지 역시 절 지원해 주십니다. 할아버지는 쿠바에서 조각가였는데, 이곳에 오셨을 땐 살아남기 위해서 예전에 사랑했던 모든 걸 그만둬야 했어요. 내 삶을 살며 할아버지가 할 수 없던 모든 걸 할 수 있는, 할아버지가 주신 기회들을 내가 어떻게 소중히 여기지 않고 유용히 쓰지 않을 수 있겠어요?"라고 밝힌다. 이 젊은 여배우는 나중에 자녀를 갖게 되면 그들에게 쿠바 문화를 전승할 결심이 확고해 보인다.

문제

7. 텍스트에 따르면, 떼씨 산티아고가 떼싸 알바라도 역할로 뽑혔을 때...

   a 처음에 그녀는 그 역할을 수락하지 않았다.

   b 그녀는 잘 알려지지 않았다.

   c 그녀는 오랜 시간 동안 그 사실을 알지 못했다.

8. 텍스트에 따르면, 떼씨 산티아고가 인기 스타로 알려진 시점인 지금 현재 그녀는...

   a 많이 변하지 않은 듯 보인다.

   b 다른 배우들을 훈련시킨다.

   c 더 높은 급료를 요구한다.

9. 텍스트에서는 떼씨가 ...에서 그 텔레비전 프로그램을 준비했다고 말한다.

   a 마이애미

   b 스페인

   c 로스앤젤레스

10. 떼씨 산티아고에게 있어, 촬영 경험은 ... 것이었다.

    a 즐거운

    b 우울한

    c 피곤한

11. 텍스트에 따르면, 떼씨 산티아고는 스페인어를 ...에서 배웠다.

    a 미국에 있는 그녀의 집

    b 미국에 있는 그녀의 학교

    c 스페인에 있는 한 학원

12. 텍스트에서는 떼씨 산티아고의 할아버지가 ...고 전한다.

    a 떼씨가 젊었을 때 돌아가셨다

    b 쿠바에 남겨져 사셨다

    c 자신의 직업을 지속할 수 없었다

Step 3 문제 1의 필수 어휘를 익혀 보세요.

éxito	m. 성공	repentino	갑작스러운
miamense	m.f. 마이애미 사람 / 마이애미의	papel	m. 종이, 역할
serie	f. 연속, 연속극, 연속 드라마	interpretar	해석하다, 통역하다, 연출(연기)하다, 연주하다
salvador	m.f. 구원자 / 구원하는, 구조하는	humillar	굴복시키다, 망신을 주다
aristócrata	m.f. 귀족, 특권층	coqueto	m.f. 아양 떠는 사람 / 요염한, 아양 떠는
seda	f. 비단, 명주	manipular	조종하다, 다루다
malvado	m.f. 사악한 사람 / 악질의	corsé	m. 코르셋
terciopelo	m. 벨벳	máscara	f. 가면, 마스크
bordado	m. 자수 / 자수를 놓은	espada	f. 검, 스페이드 (카드놀이에서)
zorra	f. 암여우	ejecutivo	m. 집행자, 행정관 / 집행하는, 행정의
despedir	작별하다, 해고하다, 분출하다	luminosidad	f. 광명, 발광
heroína	f. 여자 영웅, 여주인공	tener los pies sobre la tierra	현실을 파악하다
tragar	삼키다, 급히 먹다	entrenamiento	m. 훈련, 연습
riguroso	혹독한, 정확한	manejar	다루다, 경영하다
filmación	f. 촬영, 제작	agotador	고갈시키는, 피곤하게 만드는
escena	f. 무대, 연극, 희곡, 장면	tremendo	무서운, 지독한
reflexión	f. 숙고, 반성	mitad	f. 절반, 중간
impulsar	자극하다, ~하게 작용하다	convertirse en	~이(가) 되다
yanqui	m.f. 미국인	combinación	f. 결합, 조합
escultor	m.f. 조각가	respetar	존경하다, 존중하다
aprovechar	유익하게 사용하다	brindar	건배하다, 제공하다
al principio	처음에는, 최초에는	entrenar	훈련하다, 조련하다
demandar	요구하다, 고소하다	placentero	즐거운, 쾌적한
deprimente	우울한, 의기소침한	fatigoso	피곤한, 힘든

Step 4 문제 1의 해설을 확인해 보세요.

7. 주인공이 과거 '떼싸 알바라도' 역할을 처음 맡았던 당시에 대해 묻고 있다. 주인공이 스타가 되기 전 시절에 대한 묘사를 찾아내야 한다. 해당 부분은 첫 문단 두 번째 문장 'En diciembre de 1999, esta miamense, completamente desconocida, fue elegida para hacer el papel de Tessa Alvarado...'이며, 단서가 되는 단어는 바로 'desconocido 무명의'이다. 따라서 정답은 보기 **b**이다. 보기 a는 텍스트에 드러난 사실 관계와 반대되며, 보기 c는 텍스트에 언급된 바 없는 내용이므로 오답이다.

8. 질문의 요지는 유명세를 얻은 현재 시점에서 주인공의 행동이 어떤지 파악하라는 것이다. 정답의 결정적 포인트는 관용 표현 'seguir con los pies bien puestos sobre la tierra 현실을 직시하다, 현실감을 잃지 않다'로, 주인공은 유명해진 후에도 전과 다르게 굴지 않았음을 알려 준다. 따라서 보기 **a**의 '많이 변하지 않은 듯 보인다.'가 정답이 된다. 다른 배우들을 훈련시켰다거나 더 높은 임금을 요구했다는 내용은 언급되지 않았다.

9. 주인공이 어디에서 TV 프로그램을 위한 사전 준비를 했는지 묻고 있다. 텍스트 중 구체적인 지명이 언급된 부분을 살펴보자. 보기 a의 마이애미는 주인공이 대학을 다닌 곳이므로 제외된다. 마이애미에서 대학을 졸업한 후 로스앤젤레스에서 훈련 기간을 거쳐 두 달 후 스페인으로 갔다고 설명하고 있다. 따라서 프로그램을 준비한 곳은 보기 **c**의 Los Ángeles가 정답이다.

10. 주인공에게 촬영 경험은 어떤 느낌이었는지 질문한다. 정답은 3문단 인터뷰 내용에 등장한다. '¿Qué nos dices sobre la experiencia de filmación? 촬영 경험에 대해 어떤 말씀을 해 주실 수 있을까요?'라고 묻자 바로 'Agotadora 힘들었어요'라며 답변을 이어 간다. agotador는 '피로한, 힘든, 바닥난'의 의미로 동의어는 cansado, difícil, fatigoso 등이 있다. 따라서 정답은 보기 **c**이다.

11. 주인공이 스페인어를 배운 배경을 파악해야 하는 문제이다. 3문단에 따르면 촬영 과정은 힘들었지만 그녀의 가족이 큰 힘이 되었다고 말하며, 가족들이 어떻게 도움이 되었는지 설명하고 있다. 주인공은 미국에서 태어나 학교 수업은 영어로 이루어졌으며, 집에 가면 할머니는 그녀에게 스페인어로 소리쳤다고 언급했으므로 스페인어를 익힌 장소는 집임을 알 수 있다. 그러므로 정답은 **a**이다.

12. 주인공의 할아버지에 대한 질문이기에 'abuelo 할아버지'가 등장하는 부분에 집중해서 풀어야 한다. 마지막 문단의 두 문장을 보면 'Mi abuelo también me apoya. En Cuba era escultor y cuando vino aquí, tuvo que dejar todo lo que amaba para sobrevivir. 할아버지 역시 절 지원해 주십니다. 할아버지는 쿠바에서 조각가였는데, 이곳에 오셨을 땐 살아남기 위해서 예전에 사랑했던 모든 걸 그만둬야 했어요.' 라고 하므로 할아버지는 조각가라는 원래 직업을 그만두었음을 알 수 있다. 따라서 정답은 보기 **c**이다.

Tarea 2 **Ejercicios** 실전 연습

문제 2

INSTRUCCIONES

Usted va a leer un texto sobre los auriculares inteligentes. Después, debe contestar a las preguntas (7-12). Seleccione la respuesta correcta (a / b / c).

Marque las opciones elegidas en la **Hoja de respuestas.**

UN MUNDO SIN BARRERAS IDIOMÁTICAS

"Un mundo sin barreras idiomáticas", es el lema que eligió la compañía Waverly Labs para presentar su proyecto vanguardista: 'The Pilot'. Se trata de un auricular que promete una verdadera revolución en lo que respecta a los traductores, ya que puede llegar a traducir hasta cuatro idiomas de manera simultánea y sin la necesidad de una conexión a Internet.

El funcionamiento es tan sencillo como sorprendente. Solo habrá que vincular el audífono con una aplicación específica en el celular y seleccionar de una lista el idioma en que vamos a comunicarnos. Eso sí, todo aquel que participe de la conversación deberá llevar un Pilot, por lo que no será sencillo poder utilizarlo comúnmente en la calle.

En caso de que hubiera otra persona que no llegara a tener un auricular, esta podría utilizar la aplicación por medio de un teléfono celular inteligente y así unirse a una conversación políglota.

Actualmente, los idiomas disponibles para la traducción son el inglés, español, francés e italiano de manera simultánea, pero se espera que poco a poco vaya incluyendo idiomas como alemán, hebreo, ruso y eslovaco. Es más, si el producto tiene éxito en el mercado se incluirán el hindú, árabe y algunas lenguas de Asia Oriental.

Andrew Ochoa, uno de los creadores del dispositivo, dijo: "Se me ocurrió la idea de un traductor cuando conocí a una chica francesa". Fue así como nació el concepto de crear o de perseguir un "mundo libre de las barreras del lenguaje".

¿Y cómo funciona? El dispositivo utiliza micrófonos de cancelación dual de ruido para eliminar los sonidos del ambiente y poder captar lo dicho por las personas. Entonces, el discurso grabado pasa por una aplicación o 'app' y por un sistema de reconocimiento del habla, solo para ser traducido y sintetizado. Al final del proceso, la frase traducida pasa al oído. Esto sucede de manera simultánea y sin interrupciones, según aseguran sus creadores.

Sin embargo, asegura Waverly Labs, al dispositivo le toma un par de segundos traducir una conversación, por lo que existe un ligero desfase temporal entre lo que se habla y lo que se traduce. En ese sentido, la empresa asegura que con el tiempo irá eliminando ese pequeño retraso.

El paquete de 'Pilot' incluirá dos audífonos (en rojo, blanco o negro), un cargador portátil y una aplicación, donde se descargan los idiomas. Si la campaña de financiación colectiva que empieza este 25 de mayo y el desarrollo progresan favorablemente, la compañía espera poner 'Pilot' a la venta a a mediados de 2017. Actualmente, su costo ronda los 200 dólares y ya está en preventa en línea.

PREGUNTAS

7. Según el texto, este auricular...

   a   es una innovación.

   b   es capaz de traducir cualquier idioma de manera simultánea.

   c   siempre requiere de una buena conexión a Internet.

8. Si alguien no tiene este auricular...

   a   no puede unirse a la conversación.

   b   puede conversar a través de una aplicación.

   c   tiene que comprar uno inmediatamente.

9. Según el texto, el idioma que todavía no está disponible para la traducción es el...

   a   español.

   b   italiano.

   c   hebreo.

10. La idea de crear este dispositivo fue por...

    a   una reunión de negocios.

    b   una relación amorosa.

    c   un problema de idiomas en una familia.

11. Según el texto, al traducir una conversación...

    a   se interrumpe mucho.

    b   se tarda unos minutos.

    c   hay una pequeña demora.

12. Según el texto...

    a   se puede elegir entre audífonos de tres colores.

    b   su campaña de financiación ha progresado favorablemente.

    c   ahora el producto ya se vende en las tiendas.

Tarea 2 · **Ejercicios**

Step 2 문제 2의 내용을 해석해 보세요.

지령

당신은 '스마트 이어폰'에 대한 텍스트를 읽을 것입니다. 이어서, (7번부터 12번까지) 질문에 답하세요. (a, b 또는 c) 정답을 선택하세요.

선택한 보기를 **답안지**에 표기하세요.

언어 장벽이 없는 세상

"언어 장벽이 없는 세상", 이것이 바로 '웨이버리 랩스'(Waverly Labs)사가 그들의 첨단의 프로젝트인 '파일럿'(The pilot)을 소개하기 위해 선택한 슬로건이다. 이것은 이어폰으로, 번역기에 있어서는 진정한 혁명을 예고하는 것이다. 그 이유는 바로, 인터넷을 연결할 필요도 없이 동시에 4개 언어까지 통역이 가능하기 때문이다.

기능은 아주 간단하면서도 매우 놀랍다. 이어폰을 휴대 전화 내 특정 어플리케이션과 연결하고 소통할 언어 리스트 중 선택하기만 하면 된다. 한 가지 중요한 것은, 대화에 참여하는 모든 이가 '파일럿'을 가지고 있어야 하므로, 길에서 통상적으로 사용하기는 간단하지 않을 것이다.

이 이어폰을 소지하고 있지 않은 사람이 있다면, 이 사람은 스마트폰을 통해 어플리케이션을 사용함으로써 다국어 대화에 함께할 수 있게 된다.

현재 동시통역이 가능한 언어는 영어, 스페인어, 프랑스어, 이탈리아어지만 독일어, 히브리어, 러시아어, 슬로바키아어 등의 언어들이 차츰 포함되어 갈 것으로 예상된다. 더 나아가, 이 상품이 시장에서 성공을 거둔다면 힌디어, 아랍어를 비롯한 동아시아의 일부 언어가 포함될 것이다.

이 기기를 만든 사람 중 하나인 앤드류 오초아는 이렇게 말했다. "통역기에 대한 아이디어가 떠오른 건 제가 한 프랑스 여성을 처음 알게 되었을 때였어요." "언어 장벽이 없는 세상"을 만들고 추구한 생각은 이렇게 처음 생긴 것이었다.

그럼 이 기기는 어떻게 작동하는 것일까? 이 장치는 이중 소음 제어 마이크를 사용하여 주변의 소음을 제거하며 사람들이 말하는 것을 포착한다. 그다음, 녹음된 대화가 통역되어 합성되기 위해 어플리케이션 또는 '앱', 그리고 언어 인식 시스템을 거친다. 그 과정이 끝나면, 통역된 문장이 귀로 전달된다. 이 모든 것은 동시에, 끊김 없이 이루어진다고 기기를 만든 사람들은 확언한다.

하지만 '웨이버리 랩스'가 밝힌 바에 따르면 말하는 내용과 통역된 내용 사이에는 약간의 시간차가 존재하므로 이 장치가 대화 하나를 통역하는 데 2초의 시간이 걸린다고 한다. 이러한 부분에 있어 회사는 시간이 지나면 그 작은 지연마저도 없어질 것이라 확언한다.

'파일럿' 패키지는 두 개의 이어폰 (빨간색, 하얀색 또는 검은색), 휴대용 충전기 그리고 언어를 다운로드할 수 있는 어플리케이션을 포함한다. 이번 5월 25일에 시작되는 크라우드 펀딩 캠페인과 상품 개발이 순조롭게 진행된다면, 이 회사는 '파일럿'을 2017년 중순에 발매할 것으로 예상하고 있다. 현재 이 상품의 가격은 200달러 징도이며 온라인을 통해 사전 판매 중이다.

문제

7. 텍스트에 따르면, 이 이어폰은 ...

    a 하나의 변혁이다.

    b 어떤 언어라도 동시통역 가능하다.

    c 확실한 인터넷 연결이 항시 필요하다.

8. 만일 누군가 이 이어폰을 가지고 있지 않다면 ...

    a 대화에 참여할 수 없다.

    b 어플리케이션을 통해 대화할 수 있다.

    c 즉시 이어폰 하나를 구입해야 한다.

9. 텍스트에 따르면, 아직 통역이 불가능한 언어는 ...이다.

    a 스페인어

    b 이탈리아어

    c 히브리어

10. 이 장치를 만들려는 생각은 ... 때문에 생겨났다.

    a 업무 회의

    b 연인 관계

    c 가족 내 언어 문제

11. 텍스트에 따르면, 한 대화가 통역될 때 ...

    a 많이 끊긴다.

    b 몇 분이 걸린다.

    c 약간 지체된다.

12. 텍스트에 따르면 ...

    a 세 가지 다른 색의 이어폰 중에 선택 가능하다.

    b 상품의 자금 모금 캠페인은 순조롭게 진행되었다.

    c 이 상품은 현재 상점에서 판매된다.

Step 3 문제 2의 필수 어휘를 익혀 보세요.

auricular	m. 이어폰 / 청각의	barrera	f. 장벽, 차단기
idiomático	언어적 특징의, 관용적인	lema	m. 표어, 슬로건
vanguardista	첨단의, 전위적인, 혁신적인	prometer	약속하다, 약혼하다
en lo que respecta a	~에 관하여	traductor	m.f. 번역가, 통역가
simultáneo	동시의	funcionamiento	m. 기능, 작동
vincular	걸다, 결부시키다	comúnmente	일반적으로, 보통
celular	m. (중남미) 휴대 전화 (=m. móvil) / 세포의	polígloto	m.f. 여러 나라말을 하는 사람 / 여러 나라말의
disponible	자유로이 사용 가능한	dispositivo	m. 장치 / 처리하는
perseguir	추적하다, 추구하다	libre de	~이(가) 없는, ~을(를) 면제 받은
cancelación	f. 취소, 해약	dual	두 개의, 이중의
ambiente	m. 공기, 자연환경, 분위기	captar	포착하다, 획득하다
grabar	조각하다, 녹음하다	reconocimiento	m. 식별, 승인
habla	f. 언어, 언어 능력	sintetizar	종합하다, 요약하다
interrupción	f. 중단, 끊김	ligero	민첩한, 경쾌한
desfase	m. 엇갈림, 시간 차	retraso	m. 늦음, 지연
cargador	m. 충전기, 탄창	descargar	내려받다, 다운로드하다
financiación	f. 융자, 자금 조달	colectivo	m. 집단 / 집단의, 공동의
favorablemente	순조롭게, 호의적으로	rondar	주위를 돌다, ~정도가 되다
preventa	f. 사전 판매	innovación	f. 혁신, 변혁
inmediatamente	즉시, 즉각	amoroso	사랑의, 다정다감한
demora	f. 지연, 지체	progresar	진보하다, 향상하다

Step 4 문제 2의 해설을 확인해 보세요.

7. 시험장 환경에서 지문의 모든 내용을 요약해 보기항과 대조하기는 불가능하므로, 보기에 등장한 내용을 빠르게 찾아 판단해야 한다. 첫 문단 두 번째 문장 뒷부분 'ya que puede llegar a traducir hasta cuatro idiomas de manera simultánea y sin la necesidad de una conexión a Internet. 인터넷을 연결할 필요도 없이 동시에 4개 언어까지 통역이 가능하기 때문이다.'에 따르면 보기 b와 같이 'cualquier idioma 어떤 언어라도' 통역이 가능하지는 않으므로 b는 오답이 된다. 보기 c 역시 지문에서 언급된 '인터넷 연결 없이도 통역이 가능하다'라는 내용에 위배되므로 오답이다. 정답은 **a**로, 1문단 2번째 문장 앞부분에 등장한 'verdadera revolución 진정한 혁명'과 일맥상통한다.

8. 이어폰을 소지하지 않은 사람이 대화에 참여할 경우에 대해 묻고 있다. 3문단 'En caso de que hubiera otra persona que no llegara a tener un auricular, ésta podría utilizar la aplicación por medio de un teléfono celular inteligente y así unirse a una conversación políglota. 이 이어폰을 소지하고 있지 않은 사람이 있다면, 이 사람은 스마트폰을 통해 어플리케이션을 사용함으로써 다국어 대화에 함께할 수 있게 된다.' 중에서 주어 esta는 이어폰이 없는 사람을 의미한다. 따라서 이어폰이 없는 사람은 스마트폰의 어플리케이션을 사용해 대화할 수 있다고 밝힌 보기 **b**가 정답이다.

9. 9번 문제의 핵심은 no로, 통역 불가능한 언어는 무엇인지 골라야 한다. 4문단에서 통역 가능한 언어로 영어, 스페인어, 프랑스어, 이탈리아어가 등장하였다. 따라서 보기 a와 b는 오답이 된다. 히브리어는 향후 통역 가능해질 언어이므로 현재는 통역 불가능한 상태다. 따라서 보기 **c**가 정답이 된다.

10. 처음에 어떤 생각으로부터 통역 장치를 만들게 되었는지를 묻고 있다. 5문단에 따르면 'creador 창시자, 창안자'인 Andrew는 'cuando conocí a una chica francesa 한 프랑스 여성을 알게 되었을 때' 처음 아이디어를 품게 되었다고 밝힌다. 그러므로 정답은 보기 **b**가 된다.

11. 질문에 직접 등장하였듯이 'al traducir 통역될 때' 관련 정보를 찾아야 하며, 보기에 따르면 통역에 걸리는 시간을 묻고 있음을 알 수 있다. 7문단 첫 번째 문장 중 'al dispositivo le toma un par de segundos traducir una conversación 이 장치가 대화 하나를 통역하는 데 2초의 시간이 걸린다고 한다' 부분이 핵심이다. 끊김 횟수는 언급되지 않았으므로 보기 a는 오답이 되며, 보기 b는 '몇 분'을 의미하므로 오답이 된다. 정답은 보기 **c**이며, '지연', '지체'를 뜻하는 단어 demora가 관건이다.

12. 주어진 보기 관련 내용은 결말부에 제시되었다. 마지막 문단 첫 문장에서 이 제품의 구성을 설명하며, 이어폰은 세 가지 다른 색상 중 선택할 수 있다고 밝히므로 정답은 보기 **a**가 된다. 두 번째 문장에 따르면 크라우드 펀딩과 상품 개발은 진행 예정 상태이므로 동사 'progresar 진보하다'가 완료형으로 제시된 보기 b는 오답이 된다. 보기 c 역시 현재 시점의 상황을 전제로 서술하므로, 지문에서 시간 흐름에 따른 내용을 잘 파악해야 한다. 맨 마지막 문장에서 온라인 사전 판매 중이라고 밝혔으므로 현재 (오프라인) 상점에서 판매가 이루어지고 있다고 한 보기 c는 정답이 될 수 없다.

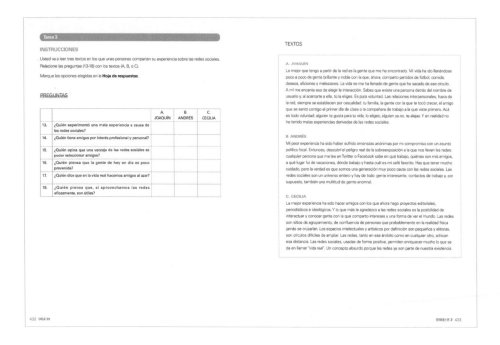

핵심 포인트

- 한 가지 주제에 대한 3명의 의견 또는 경험을 읽습니다.
- 인물들이 진술한 내용 간 일치하는 부분과 상이한 부분을 구분하여 파악합니다.
- 어떤 인물이 말한 내용에 대해 질문하고 있는지 정확히 파악합니다.

빈출 주제

- **특정 사건** 관련 경험, 일화, 일기 등
- **특정 분야** 인물 관련 전기 등
- **특정 주제** 관련 의견 등

Tarea 3 완전 공략

1 어떻게 푸나요?

순서	지령 파악 → 질문 키워드 파악 → TEXTOS 1차 독해 → 정답 1차 선택 → TEXTO 최종 확인 → 정답 최종 선택

3명의 인물이 한 주제와 관련하여 각각 자신의 상황, 경험, 의견 등을 진술합니다. 인물들이 말하는 주제가 무엇인지 먼저 파악합니다. 이어서 서로 구별점이 되는 각자만의 내용을 정확히 판별하며 읽어야 합니다. 텍스트를 비교·대조하며 읽은 후, 각 질문에 해당하는 인물을 답안지에 표기합니다.

2 고득점 전략

- 지문을 읽기 전, 지령에서부터 인물들이 어떤 상황에 처해 있으며 무엇에 대해 말하는지 짚고 갑니다.
- 질문의 요지에 해당하는 핵심어를 빠르게 파악합니다.
- 각 인물의 상황, 경험, 의견 차이에 집중하여 읽습니다.

3 잠깐! 주의하세요

- 제목이 별도로 제시되지 않습니다. 지령을 반드시 확인해 주제를 파악하세요.
- '¿Quién...? 누가 ~을(를) 하는가?', '¿A quién...? 누구에게(를) ~하는가?' 등 여러 형태의 질문이 등장하므로 의문사를 정확히 읽고 해석해야 합니다.
- 문제가 짧기 때문에, 질문에 등장한 어휘를 명료하게 해석하지 못하면 크게 불리해집니다. 질문의 요지를 정확히 파악하면서 지문과 신중히 연결해야만 정답을 선택할 수 있습니다.

Tarea 3 **Ejercicios** 실전 연습

Step 1 공략에 따라 Tarea 3 연습 문제를 풀어 보세요.

문제 1

INSTRUCCIONES

Usted va a leer tres textos en los que unas personas hablan sobre qué querían ser. Relacione las preguntas (13-18) con los textos (A, B o C).

Marque las opciones elegidas en la **Hoja de respuestas**.

PREGUNTAS

		A. RAÚL	B. JORGE	C. ANA
13.	¿Quién dice que hubo esfuerzo y sacrificio por parte de su familia?			
14.	¿Quién admiraba muchas profesiones?			
15.	¿Quién tuvo su primer sueño provocado por un juguete de infancia?			
16.	¿Quién maneja su propio negocio?			
17.	¿Quién considera entretenido su trabajo?			
18.	¿Quién tuvo que renunciar a su sueño por su físico?			

TEXTOS

A. RAÚL

Desde los tres años quería ser piloto. Mientras mis amigos me llamaban para jugar, yo prefería estar con mi simulador de vuelo. Me apasiona el mundo de la aviación. Yo quise ser piloto de aviones comerciales, y lo conseguí. Desde que piloteo un avión siempre quiero estar en el cielo. Aunque, para estudiar, no fue tan fácil. Nosotros somos una familia de clase media y cuando les dije a mis padres que quería ser aviador, fueron incondicionales conmigo. Se endeudaron, vendieron su carro, hipotecaron la casa... Así que yo, por mi parte, tuve que echar muchas ganas a mis estudios y gané una beca de 9 mil dólares. Ahora me siento muy, muy realizado, y alegre por haber conseguido mi sueño, un sueño que es mucho mejor y mayor de lo que me esperaba, y ¡también más divertido!

B. JORGE

Solo he tenido una ambición en mi vida: ser carnicero. De niño, cuando iba con mi madre a la carnicería, me fascinaba la manera de cortar la carne que tenía el carnicero. Parecía un cirujano, todo vestido de blanco y con largos cuchillos afilados. Y él siempre hablaba conmigo como si supiera que yo compartía el placer de cortar la carne. Al final, trabajé con él como aprendiz durante cinco años antes de conseguir mi empleo. Decidí seguir formándome más, al lado de reconocidos profesionales del sector y conociendo toda la cadena de producción. A los veinticinco años me convertí en empresario con mi primera carnicería. A partir de ahí mi mayor ambición siempre ha sido seleccionar las mejores razas de vacuno y madurar la carne con método y rigor.

C. ANA

Yo siempre quise ser doctora, desde que me compraron un set de "Doctor Matasanos". Aún lo recuerdo... Después quise ser veterinaria, pero cuando me picó una avispa decidí serlo solo con animales de juguete. Después quería ser bombera. El tiempo fue pasando y yo creciendo... Bueno, creciendo interiormente porque en altura no crecí mucho. Ese fue el principal motivo por el que abandoné mi sueño: con mi estatura no llegaría nunca a ser bombera. A medida que iba creciendo, mi mente se confundió totalmente. Pasaba días pensando entre Medicina y Psicología, Letras e Idiomas, ¡para terminar en Ciencias Estadísticas! Si pudiera hacerlo todo, con gusto lo haría.

Step 2 문제 1의 내용을 해석해 보세요.

지령

당신은 예전에 무엇이 되고 싶었는지에 대해 말하는 사람들의 텍스트 3편을 읽게 될 것입니다. (13번부터 18번까지의) 질문에 (A, B 또는 C) 텍스트를 연결하세요.

선택한 보기를 **답안지**에 표기하세요.

문제

		A. 라울	B. 호르헤	C. 아나
13.	누가 본인 가족의 노력과 희생이 있었다고 말하는가?			
14.	누가 많은 직업을 동경하였는가?			
15.	누가 어린 시절의 장난감에 자극 받아 첫 번째 꿈을 가지게 되었는가?			
16.	누가 본인의 사업을 경영하는가?			
17.	누가 자신의 직업을 즐겁다고 여기는가?			
18.	누가 자신의 체격 때문에 꿈을 포기해야만 했는가?			

텍스트

A. 라울

나는 세 살 때부터 비행사가 되고 싶었다. 나의 친구들이 놀자고 부를 때에도, 나는 모의 비행 장치를 가지고 노는 게 더 좋았다. 나는 비행의 세계에 열광한다. 민간 항공 비행기의 비행사가 되고 싶었고 그것을 이루었다. 비행기를 조종하기 시작하면서 나는 늘 창공에 있기를 원한다. 비록 공부하는 건 결코 쉽지 않았지만 말이다. 우리 가족은 중산층 가족이었으나 내가 부모님께 비행사가 되길 원한다고 말했을 때 부모님은 나를 위해 지원을 아끼지 않으셨다. 빚을 졌고, 자동차를 팔았으며, 집을 저당 잡혔다... 그렇기에 나는 학업에 전력을 다해야만 했고 9,000달러의 장학금을 받았다. 현재 나는 나의 꿈을 달성해 낸 것에 대해 아주 만족스럽고 기쁘게 느낀다. 그것은 내가 예상했던 것보다 훨씬 더 좋고 크며 또한 더 즐거운 꿈이지 않은가!

B. 호르헤

나는 평생 단 하나의 포부가 있었다. 바로 정육점 주인이 되는 것이었다. 어렸을 때, 어머니와 함께 정육점에 가면 정육점 주인이 고기를 자르는 방식에 빠져들곤 했다. 흰색 옷을 입고, 날이 선 긴 칼을 가진 그는 외과 의사 같았다. 또한 그는 마치 고기를 자르는 즐거움을 내가 공유한다는 사실을 알고 있다는 듯 늘 내게 말을 걸곤 했다. 결국 나는 일을 시작하기 전에 그와 함께 견습생으로 5년간 일했다. 그 후 나는 그 분야의 알려진 전문가들 옆에서 전 생산 라인을 알아 가며 더 많이 배우기로 결심했다. 나는 25세 나이에 나의 첫 정육점을 가진 사업가가 되었다. 그때부터 늘 나의 가장 큰 야망은 최고의 소 품종을 선별해서 그 고기를 체계적이며 엄격하게 숙성시키는 것이다.

C. 아나

나는 '돌팔이 의사' 세트를 선물 받았을 때부터 늘 의사가 되고 싶었다. 여전히 기억한다... 그 후에는 수의사가 되고 싶었지만, 말벌에 한 번 쏘인 이후로 장난감 동물들만 대상으로 삼기로 결심했다. 그다음엔 소방관이 되고 싶었다. 시간은 흘렀고 나는 성장해 갔다... 실은, 내면적으로 성장했다고 볼 수 있겠다. 왜냐하면 키는 그렇게 많이 자라지 않았기 때문이다. 그것이 바로 내가 꿈을 포기한 가장 주된 이유였다: 내 키로는 절대로 소방관이 될 수 없었을 것이다. 나이를 먹을수록 내 마음은 완전히 혼란스러워졌다. 몇 날 며칠을 의학과와 심리학과 사이에서 고민하고 문학과와 언어학과 사이에서 고민했지만, 결국은 통계학과를 선택했다! 만약 모든 걸 할 수 있었다면 기꺼이 그리했을 것 같다.

Step 3 문제 1의 필수 어휘를 익혀 보세요.

esfuerzo	m. 노력, 수고	sacrificio	m. 희생
por parte de	~(으)로부터, ~측에서	admirar	바라보다, 동경하다
provocar	자극하다, 유발하다	infancia	f. 유년기, 어린이
manejar	다루다, 작동시키다	propio	고유의, 자기 자신의
renunciar	포기하다, 버리다	físico	m. 체격 / 신체의
piloto	m.f. 비행사, 파일럿	simulador	m. 재현 장치 / 모의의
vuelo	m. 비행, 항공 편명	aviación	f. 항공, 비행
comercial	m. 상점 / 상업의	pilotear	(=pilotar) 운전하다, 조종하다
aviador	m.f. 비행사 / 비행기를 조종하는	incondicional	무조건의, 무한의
endeudarse	빚지다	hipotecar	저당 잡히다
por mi parte	나로서는	echar ganas	열심히 하다, 전력을 다하다
ambición	f. 야심, 포부	carnicero	m.f. 정육점 주인 / 육식의
carnicería	f. 정육점	cirujano	m.f. 외과 의사
afilado	예리한, 날카로운	aprendiz	m.f. 견습생, 제자
formarse	양성되다, 만들어지다	reconocido	인정 받는, 승인된
cadena	f. 연속, 프랜차이즈, 체인, 사슬	raza	f. 인종, 종
vacuno	m. 소 / 소의	madurar	익히다, 숙성시키다
rigor	m. 엄격함, 엄밀함	set	m. 세트
veterinario	m.f. 수의사	picar	물다, 쏘다, 찌르다, 잘게 썰다
avispa	f. 말벌	bombero	m.f. 소방관
interiormente	내면적으로, 마음속으로	altura	f. 높이, 신장
abandonar	버리다, 단념하다	estatura	f. 신장, 키
llegar a ser	되어 가다, 되다	a medida que	~함과 동시에, ~함에 따라
confundirse	혼란스럽다, 섞여 들어가다	terminar en	마침내 ~이(가) 되다
estadística	f. 통계, 통계학	con gusto	기꺼이, 즐거이

Step **4** 문제 1의 해설을 확인해 보세요.

13.	질문의 핵심어는 'esfuerzo y sacrificio 노력과 희생' 그리고 'familia 가족'이다. 가족의 노력과 희생을 언급한 인물과 연결해야 하므로 정답은 **A**이다. Raúl은 꿈을 이루는 과정이 쉽지만은 않았으며 이때 부모님이 'Se endeudaron, vendieron su carro, hipotecaron la casa... 빚을 졌고, 자동차를 팔았으며, 집을 저당 잡혔다...'라고 진술하고 있다. 따라서 가족의 노력과 희생이 있었던 인물은 Raúl로 연결된다.
14.	인물들 중 다양한 직업에 대해 동경했던 사람은 누구인지 찾아야 한다. 3명의 인물 중 Ana만이 의사, 수의사, 소방관 등 여러 직업에 관심을 가졌던 경험을 진술하고 있으므로 정답은 **C**이다.
15.	질문에 제시된 'juguete de infancia 어린 시절의 장난감' 관련 내용에 집중해서 텍스트를 읽어야 한다. 하지만 3편의 텍스트 어디에도 jueguete라는 단어가 직접 언급되지 않아 다소 난이도가 있는 유형이다. Raúl이 유년 시절의 경험을 진술하는 과정에서 'jugar 놀다'가 등장하며 'simulador de vuelo 모의 비행 장치'를 갖고 노는 것이 친구들과 노는 것보다 더 좋았다고 회상하나, 이 내용은 함정이다. 질문에 등장한 juguete de infancia는 어린 아동이 가지고 노는 장난감을 의미하기 때문이다. 정답은 **C**로, 첫 번째 문장에서 정답의 근거가 등장한다. Ana는 'Un set de "Doctor Matasanos" "의사 놀이" 세트'를 받았을 때부터 장래 희망으로 의사를 꿈꾸었다고 언급하고 있다. 의사 놀이, 병원 놀이, 시장 놀이, 엄마아빠 놀이 등 역할 놀이는 유치원 이하 아동 연령대에 적합하므로 질문에 등장한 juguete de infancia에 부합한다.
16.	질문에 등장한 동사 manejar는 '운용하다, 경영하다'의 뜻이 있다. 또한, 3인칭 소유격 형용사 su에 'propio 고유의'가 결합하여 '그(녀) 자신만의'라는 의미가 되었다. 즉, 자신만의 사업체를 경영하는 사람은 누구인지 묻고 있다. 정답은 **B**로, 글의 결말부에서 Jorge는 'A los veinticinco años me convertí en empresario con mi primera carnicería 나는 25세 나이에 나의 첫 정육점을 가진 사업가가 되었다.'라고 언급하고 있다.
17.	정답의 관건이 되는 핵심어는 'entretenido 즐거운, 재미있는'이다. 동의어로는 divertido, agradable, ameno가 있음을 알아 두자. 본인의 직업이 즐겁고 재미있다고 묘사하는 인물을 찾아내야 한다. 정답은 **A**로, 마지막 문장이 정답의 단서가 된다. Raúl은 꿈을 이루고 보니 'un sueño que es mucho mejor y mayor de lo que me esperaba, y ¡también más divertido! 그것은 내가 예상했던 것보다 훨씬 더 좋고 크며 또한 더 즐거운 꿈이지 않은가!'라고 명확히 밝히고 있다.
18.	체격 때문에 꿈을 포기한 인물을 찾아야 한다. 정답은 **C**로, Ana는 'Ese fue el principal motivo por el que abandoné mi sueño: con mi estatura no llegaría nunca a ser bombera. 그것이 바로 내가 꿈을 포기한 가장 주된 이유였다: 내 키로는 절대로 소방관이 될 수 없었을 것이다.'라고 하였다. estatura '신장, 키'를 뜻하며 이는 질문에 등장한 'físico 신체, 체격'과 일맥상통한다.

Step **1** 공략에 따라 Tarea 3 연습 문제를 풀어 보세요.

문제 2

INSTRUCCIONES

Usted va a leer tres textos en los que unos oyentes hablan sobre su opinión de la radio actual. Relacione las preguntas (13-18) con los textos (A, B o C).

Marque las opciones elegidas en la **Hoja de respuestas**.

PREGUNTAS

		A. NATALIA	B. LUISA	C. FERNANDO
13.	¿Quién dice que le encantaba la radio cuando era niño?			
14.	¿Quién dice que ciertas radios promueven a sus artistas preferidos?			
15.	¿Quién dice que escuchar la radio puede ser una manera de relajarse?			
16.	¿Quién piensa que en el pasado, las emisoras de radio tomaban su trabajo más en serio?			
17.	¿Quién dice que es mejor escuchar música en la red si buscas más variedad musical?			
18.	¿Quién dice que las emisoras se interesan mucho en hacer publicidad?			

TEXTOS

A. NATALIA

Me gustaba más la radio como era antes. Mucha gente estaba trabajando y pensando para ver qué era lo que le agradaba más al público. Se notaba mucha dedicación, mucha entrega. Hoy en día, se reduce a un locutor con micrófono y consola que va pasando la música según sus intereses. Si hablamos de información, bueno, la misma historia de siempre: los medios manejados por las grandes cadenas y las grandes cadenas manejadas por los políticos para manejar, a su vez, la opinión de la población. Eso quiere decir, que en cuanto a informar, las emisoras están bajo el control de las autoridades.

B. LUISA

En mi caso, soy más de dejar encendida la radio solo porque sí; cuando voy conduciendo por la mañana y hay atasco de tráfico o cuando estoy limpiando la casa, solo para escuchar algo de música. Por otro lado, tal vez la radio sea la vía de escape del estrés diario de las personas. Sin embargo, muchas de estas emisoras, ya sean informativas, de música, culturales, o religiosas, se basan en un mismo objetivo: conseguir una audiencia fija de oyentes para poder dar pausas comerciales. Si bien esto es su objetivo, no entiendo por qué las emisoras siempre están repitiendo las mismas veinte canciones, las cuales aburren a sus oyentes, y no reconocen la capacidad de escucha de otros artistas.

C. FERNANDO

Por desgracia, como ocurre en la mayoría de los sitios, las principales emisoras de radio pertenecen a las mismas empresas y ya no es como antes, cuando aún podías escuchar algo más distinto. Y esa es la razón por la que, la radio, que siempre había sido mi mejor amiga durante mi niñez, dejó de acompañarme en mi vida diaria. Además, esto hace que las emisoras de radio puedan manipular mucho el mercado musical. La mayoría de los grupos musicales se hacen famosos por las emisoras. Si estas deciden que esos grupos no van, no venden ningún disco. Yo, como muchos otros usuarios, he decidido "abrir un poco más mis horizontes" y dedicarme a buscar en Youtube y por Internet grupos y cantantes que merezcan la pena, y ¡hay muchísimos!

Tarea 3 · Ejercicios

Step **2** 문제 2의 내용을 해석해 보세요.

지령

당신은 현재의 라디오에 대한 자신의 의견을 말하는 청취자들의 텍스트 3편을 읽게 될 것입니다. (13번부터 18번까지의) 질문에 (A, B 또는 C) 텍스트를 연결하세요.

선택한 보기를 **답안지**에 표기하세요.

문제

		A. 나딸리아	B. 루이사	C. 페르난도
13.	누가 어린 시절 라디오를 무척 좋아했다고 말하는가?			
14.	누가 어떤 몇몇 라디오들은 자기들이 선호하는 음악인들을 홍보한다고 말하는가?			
15.	누가 라디오를 듣는 것은 긴장을 푸는 방법이 될 수 있다고 말하는가?			
16.	누가 과거에는 라디오 방송국들이 그들의 일을 더 진지하게 받아들였다고 생각하는가?			
17.	누가 음악적인 다양성을 찾고 있다면 인터넷을 통해 음악을 듣는 것이 더 낫다고 말하는가?			
18.	누가 방송국들은 광고하는 데 많은 관심이 있다고 말하는가?			

텍스트

A. 나딸리아

나는 예전 라디오가 더 마음에 들었다. 많은 사람들은 대중들이 무엇을 좋아하는지 보기 위해 일하고 생각했다. 많은 열정과 헌신이 눈에 띄었다. 오늘날엔 마이크를 갖고 있는 아나운서와 그의 관심사에 따라 음악을 트는 콘솔일 따름이다. 정보의 보도에 대해 이야기하자면, 늘 그러하듯 매체들은 대형 방송사들에 지배당하고 동시에 대형 방송사들은 국민의 의견을 조종하기 위한 정치인들에게 이용당하는 것이다. 다시 말해, 정보를 알리는 데 있어서 방송국들은 권력의 통제하에 있는 것이다.

B. 루이사

내 경우에는, 그저 이유 없이 라디오를 켜 놓는 편이다. 오전에 운전을 하며 이동하는데 교통 체증이 있을 때 또는 집을 청소할 때 그저 음악을 좀 듣기 위해서다. 한편, 어쩌면 라디오는 사람들의 일상 스트레스로부터의 탈출로일 수도 있겠다. 하지만 많은 방송국들은 뉴스 방송이든, 음악 방송이든, 문화 또는 종교 방송이든 동일한 한 가지 목적에 근거를 두고 있다. 그것은 다름 아닌, 중간 광고를 하기 위해 고정 청취자를 확보하는 것이다. 비록 이것이 그들의 목표라 해도, 나는 방송사들이 왜 항상 청취자들을 지루하게 만드는 같은 노래 스무 곡을 반복적으로 재생하면서, 다른 음악인들을 들어 볼 가치가 있음을 인식하지 않는지 이해할 수 없다.

C. 페르난도

불행하게도 대부분의 지역에서 그렇듯이 주요 라디오 방송국들은 같은 기업에 속하며, 뭔가 새로운 걸 들을 수 있었던 예전과는 다르다. 그것이 바로 어린 시절 늘 나의 가장 친한 친구였던 라디오가 이제는 일상에서 더 이상 나와 함께 하지 않는 이유다. 더욱이, 그러한 사실은 바로 라디오 방송국들이 음악 시장을 조종하도록 만들고 있다. 대부분의 음악 그룹들은 방송국들에 의해 유명해진다. 만일 방송국들이 어떤 그룹이 적합하지 않다고 결정하면 그들은 음반을 판매할 수도 없다. 나는 다른 많은 이용자들과 마찬가지로 "나의 시야를 조금 더 열기"로 결심했으며 유투브나 인터넷을 통해 찾을 가치가 있는 그룹들과 가수들을 찾는 데 전념하기로 했다. 그런 그룹과 가수는 아주 많다!

Tarea 3 · Ejercicios

Step **3** 문제 2의 필수 어휘를 익혀 보세요.

oyente	m.f. 청취자 / 듣는	cierto	확실한, (명사 앞) 어떤 몇몇
promover	촉진하다, 승진시키다	pasado	m. 과거 / 예전의
emisora	f. 방송국 / 송신하는	red	f. 그물, 인터넷
publicidad	f. 광고, 선전	notar	알아차리다, 인식하다
público	m. 대중 / 공공의	dedicación	f. 헌신, 전념
entrega	f. 인도, 인계, 수여, 헌신, 제출	reducir	축소하다, 줄이다
locutor	m.f. 아나운서, 앵커	consola	f. 콘솔
cadena	f. 체인, 프랜차이즈, 연속, 사슬	a su vez	동시에
población	f. 인구, 시민	en cuanto a	~에 관해서
autoridad	f. 권력, 당국	encendido	불붙은, (전자 제품이) 켜진
vía	f. 길, 수단	escape	m. 탈출, 도망
ya sea	~이거나 ~이다	informativo	m. 뉴스 프로그램 / 정보를 주는
objetivo	m. 목표 / 객관적인	audiencia	f. 청취자, 법정 심문
fijo	고정된, 일정한	pausa	f. 중단, 중간 휴식
si bien	비록 ~일지라도	reconocer	인정하다, 감별하다
escucha	f. 듣기, 청취	desgracia	f. 불운, 재난
pertenecer a	~ 소유이다, 관계가 있다	niñez	f. 유년기, 어린 시절
manipular	취급하다, 조종하다	disco	m. 레코드, 음반, 디스크
usuario	m. 사용자, 이용자	horizonte	m. 지평선, 시야
dedicarse a	헌신하다, 전념하다	merecer la pena	~할 가치가 있다

Step **4** 문제 2의 해설을 확인해 보세요.

13.	어렸을 때 라디오를 많이 좋아했다고 진술하는 인물을 찾아야 한다. A에서 Natalia가 '예전 라디오가 더 마음에 들었다'고 했지만 이는 응시자의 실수를 유도하는 함정이다. 예전이라는 시점이 반드시 Natalia가 '어렸을 때'라고는 확신할 수 없기 때문이다. 어린 시절을 명시하여 진술하는 인물은 **C**의 Fernando이다. 'Y esa es la razón por la que, la radio, que siempre había sido mi mejor amiga durante mi niñez, dejó de acompañarme en mi vida diaria.'를 통해 'durante mi niñez 나의 어린 시절' 라디오는 늘 가장 친한 친구였다고 명확히 언급하고 있다.
14.	질문의 핵심어는 'promover 촉진하다, 홍보하다'와 'artistas preferidos 더 선호하는 음악가들'이다. 정답 문장은 **C**에서 Fernando의 진술 중 'Además, esto hace que las emisoras de radio puedan manipular mucho el mercado musical. La mayoría de los grupos musicales se hacen famosos por las emisoras. 더욱이, 그러한 사실은 바로 라디오 방송국들이 음악 시장을 조종하도록 만들고 있다. 대부분의 음악 그룹들은 방송국들에 의해 유명해진다. 만일 방송국들이 어떤 그룹이 적합하지 않다고 결정하면 그들은 음반을 판매할 수도 없다.'에 따르면 Fernando는 라디오 방송국이 자신들의 선호에 따라 음악 시장에 개입한다고 생각하고 있음이 드러난다.
15.	동사 'relajarse 완화하다, 해소하다'를 해석할 수 있다면 정답을 고르는 데 무리가 없다. **B**에서 Luisa에 따르면 'Por otro lado, tal vez la radio sea la vía de escape del estrés diario de las personas. 한편, 어쩌면 라디오는 사람들의 일상 스트레스로부터의 탈출로일 수도 있겠다.'라고 말하며 사람들이 라디오를 통해 일상의 스트레스를 '완화', '해소'할 수 있다는 의견을 나타낸다. escape는 huida, fuga 등과 동의어로 '탈출', '도주', '도망'을 의미한다.
16.	라디오 방송국들이 오늘날보다 예전에 더 진지하게 일했다고 언급하는 인물을 선택해야 한다. 라디오에 대해 예전과 현재를 비교, 평가하는 인물은 **A**의 Natalia이다. 'Mucha gente estaba trabajando y pensando para ver qué era lo que le agradaba más al público. Se notaba mucha dedicación, mucha entrega. 많은 사람들은 대중들이 무엇을 좋아하는지 보기 위해 일하고 생각했다. 많은 열정과 헌신이 눈에 띄었다.'에 따라 16번 문제와 연결되는 인물은 Natalia로 연결할 수 있다.
17.	정답의 관건은 문제에 등장한 단어 'red 인터넷, 네트워크'이다. 인터넷을 통한 음악 듣기에 대해 언급하는 인물은 **C**의 Fernando가 유일하다. 'Yo, como muchos otros usuarios, he decidido "abrir un poco más mis horizontes" y dedicarme a buscar en Youtube y por Internet grupos y cantantes que merezcan la pena, y ¡hay muchísimos! 나는 다른 많은 이용자들과 마찬가지로 "나의 시야를 조금 더 열기"로 결심했으며 유투브나 인터넷을 통해 찾을 가치가 있는 그룹들과 가수들을 찾는 데 전념하기로 했다. 그런 그룹과 가수는 아주 많다!'로 보아 Fernando는 인터넷을 통해 다양한 음악을 발견했음을 알 수 있다.
18.	질문의 핵심어는 'hacer publicidad 광고하다, 선전하다'이다. 라디오에 대한 여러 가지 의견 중 광고 관련 언급에 집중해야 한다. 정답은 **B**이다. 'Sin embargo, muchas de estas emisoras, ya sean informativas, de música, culturales, o religiosas, se basan en un mismo objetivo: conseguir una audiencia fija de oyentes para poder dar pausas comerciales. 하지만 많은 방송국들은 뉴스 방송이든, 음악 방송이든, 문화 또는 종교 방송이든 동일한 한 가지 목적에 근거를 두고 있다. 그것은 다름 아닌, 중간 광고를 하기 위해 고정 청취자를 확보하는 것이다.'에 따르면 방송국이 광고에 관심이 많다고 말하는 인물은 Luisa다.

Tarea 4 긴 글 내 빈칸에 알맞은 문장 고르기

Tarea 4

INSTRUCCIONES

Lea el siguiente texto, del que se han extraído seis fragmentos. A continuación, lea los ocho fragmentos propuestos (A-H) y decida en qué lugar del texto (19-24) hay que colocar cada uno de ellos.

HAY DOS FRAGMENTOS QUE NO TIENE QUE ELEGIR.

Marque las opciones elegidas en la **Hoja de respuestas**.

COMUNICACIÓN EFECTIVA Y AFECTIVA ENTRE PADRES Y HIJOS

19. _____ . Esta puede ser verbal, por ejemplo cuando dos personas conversan, o puede ser no verbal, como la información que percibimos a través de la expresión en la cara de una persona que gestualmente le hará saber si está enfadada o alegre. Dentro de la comunicación no verbal, la comunicación física tiene gran importancia: un beso, un apretón de manos o un abrazo transfieren mucha cantidad de información. La comunicación puede ser positiva, negativa, efectiva o inefectiva.

La comunicación en la familia tiene una función más importante que la pura información, ya que es un puente de doble vía que conecta los sentimientos entre padres e hijos. La comunicación familiar es básica para ayudar a los niños a desarrollar una sólida autoestima. 20. _____

Es importante que los padres se puedan comunicar abierta y efectivamente con sus hijos por varios motivos. La comunicación efectiva y afectiva beneficia de por vida a los niños y a cada miembro de la familia. 21. _____
Si la comunicación entre padres e hijos es buena, sus relaciones serán buenas también. Los niños empiezan a conformar sus ideas y opiniones sobre sí mismos en base a la comunicación que reciben de los padres.

22. _____ . Los niños empiezan a sentir que sus padres los escuchan y los comprenden, lo cual les aumenta su amor propio.
Si los padres se comunican bien con sus hijos, es más probable que sus niños estén más dispuestos a hacer lo que se les pide porque estos niños saben lo que sus padres esperan de ellos, y es más probable que lo puedan cumplir. 23. _____

Si, por el contrario, la comunicación entre padres e hijos es inefectiva o negativa, esto puede hacer que sus hijos piensen que, en primer lugar, ellos no son importantes, que nadie los escucha y nadie los comprende. 24. _____

FRAGMENTOS

A. Es decir, una personalidad saludable y unas buenas relaciones sociales.

B. Aunque también se puede observar una buena autoestima entre los niños más callados.

C. La comunicación es el intercambio de información entre dos o más personas.

D. Para que ellos puedan aprender a cumplirlo, un poco de castigo es imprescindible.

E. Y en segundo lugar, también pensarán que sus padres no son de gran ayuda y no generan confianza.

F. Cuando los padres se comunican efectivamente con sus hijos, les demuestran respeto.

G. Las relaciones entre padres e hijos mejoran mucho cuando existe una comunicación efectiva.

H. Además, estos niños se sienten más seguros de su posición en la familia y es posible que sean más cooperativos.

핵심 포인트

- 빈칸 6개를 포함한 긴 지문이 주어집니다.
- 주어진 8개의 보기 문장 중 각 빈칸에 적합한 6개 문장을 선택해야 합니다.
- 정답 문장을 도출하는 단서를 정확히 가려 읽을 수 있어야 합니다.

빈출 주제

- **특정 사건**   상품 및 서비스 설명, 지침 등
- **보도**   뉴스, 기사, 논평 등
- **기타**   조리법, 제품 카탈로그, 공공 장소, 시설 안내 등

Tarea 4 완전 공략

1 어떻게 푸나요?

순서	제목 파악 → TEXTO 1차 독해 → 순차 대조 → 정답 1차 선택 → TEXTO 2차 독해 → 정답 최종 선택

긴 지문 안에 6개의 빈칸이 포함되어 있습니다. 글의 흐름에 맞도록 각 빈칸에 알맞은 보기 문장을 골라야 합니다.
주어진 문장은 총 8개로, 그중 6개만 정답이며 나머지 2개 함정 문장이 섞여 있습니다. 함정 문장을 가려낼 근거까지
정확하게 파악하며 독해해야 합니다.

2 고득점 전략

- 우선 제목을 읽고 글의 내용을 유추합니다.
- 지문을 1차로 읽으며 전반적인 글 내용을 파악합니다.
- 보기 문장을 순서대로 읽으며 키워드에 표시합니다.
- 지문을 2차로 읽으며 최종적으로 정답 빈칸을 보기에 연결합니다.

3 잠깐! 주의하세요

- 전체 지문에 대해 전반적으로 파악하지 못한 채 보기 문장을 먼저 읽는 것은 무의미합니다. 반드시
  지문을 먼저 읽습니다.
- 빈칸을 기준으로 앞뒤 문장 간 순접, 역접, 반전 등 의미 흐름에 주의합니다.
- 보기 문장에 등장한 단어의 특징에 따라서도 어느 빈칸에 위치해야 할지 판단할 수 있습니다.

Tarea 4 **Ejercicios** 실전 연습

Step 1 공략에 따라 Tarea 4 연습 문제를 풀어 보세요.

문제 1

INSTRUCCIONES

Lea el siguiente texto, del que se han extraído seis fragmentos. A continuación, lea los ocho fragmentos propuestos (A-H) y decida en qué lugar del texto (19-24) hay que colocar cada uno de ellos. HAY DOS FRAGMENTOS QUE NO TIENE QUE ELEGIR.

Marque las opciones elegidas en la **Hoja de respuestas**.

'EL QUIJOTE DE LA MANCHA' YA ESTÁ EN LENGUAJE DE SEÑAS EN CALI

19. _____ . Rubén es asesor y promotor de lectura en la Sala Consentidos del Centro Cultural Comfandi, un lugar donde la comunidad sorda y ciega de la ciudad acude para, entre otras cosas, leer un libro en su idioma o informarse de las noticias que suceden en el mundo.

20. _____ : a propósito del 400° aniversario de El Quijote de la Mancha, ¿por qué no festejarlo adaptándolo al lenguaje de los sordos para que puedan, por fin, conocer esta historia universal?

El libro adaptado, que en realidad es un vídeo de una hora y treinta minutos, efectivamente se realizó y fue presentado el pasado 23 de abril, Día del Idioma, en las bibliotecas de todo el departamento.

Para adaptar el libro al lenguaje de señas participaron Ana María Gallardo, intérprete de señas; Rubén Darío Cachiotis y Jairo Prieto, promotores de lectura y talleristas, además de Juan Miguel Mejía, un artista sordo, quién se encargó de ilustrar los capítulos.

Durante seis meses se reunieron para leer la obra. Aunque primero Ana María Gallardo, la intérprete, intentó adaptarla al lenguaje de señas utilizando audiolibros. **21.** _____ _____ . El vocabulario que utilizaba el narrador era el mismo de la obra original, es decir que es un lenguaje tan antiguo que hay palabras que ni siquiera los oyentes entienden.

En el lenguaje de señas no existe el doble sentido, no funcionan las metáforas. Es un idioma literal. "22. _____" continúa explicando Rubén Darío.

"El lenguaje de señas es limitado. No existen señas para las miles de palabras del español. Eso hace que el acceso a la información, a los libros, a la cultura en general, sea una barrera para la comunidad sorda." 23. _____: disfrutan de la novela tanto como quien la lee. Los sordos que lo vieron giraron su índice una y otra vez: el Quijote, decían carcajeándose, definitivamente está loco.

Uno de los aspectos más importantes de este proceso es que hubo un trabajo de investigación muy profundo por parte de todo el equipo, lo que permitió fortalecer su vocabulario. Además, es un proyecto de inclusión que les permite a las personas sordas disfrutar de las grandes obras de la literatura. El Quijote adaptado al lenguaje de señas es el primero en Colombia, dice Milena Londoño. 24. _____.

FRAGMENTOS

A. Fue ahí donde hace unos meses se les ocurrió la idea.

B. Y funcionó perfectamente.

C. Se acaba de lanzar una versión de El Quijote de la Mancha, adaptada al lenguaje de señas.

D. Lo que hicimos entonces fue construir un glosario y crear nuevas señas para algunas palabras.

E. No obstante, se anhela que en el futuro se pueda acceder a otras obras universales.

F. Al parecer, están ya resignados a lo de siempre.

G. Fue imposible.

H. En esta ocasión, con El Quijote, sonríen.

Tarea 4 · Ejercicios

Step 2 문제 1의 내용을 해석해 보세요.

지령

다음의 텍스트를 읽으세요. 텍스트에서 6개 문장이 빠져 있습니다. 이어서 (A부터 H까지) 주어진 8개 문장을 읽고, (19번부터 24번까지) 텍스트의 빈칸에 문장을 배치할 곳을 정하세요.

<u>선택하지 말아야 하는 문장이 2개 있습니다.</u>

선택한 보기를 **답안지**에 표기하세요.

깔리에서 '라 만차의 끼호테' 작품을 수화로 옮기다

19. _____. 루벤은 청각 장애인과 시각 장애인들이 그들의 언어로 책을 읽거나 세상에서 일어나는 소식에 대해 정보를 얻기 위해 방문하는 꼼판띠 문화센터 돌봄실의 독서 컨설턴트이자 지도자이다.

20. _____: '라 만차의 끼호테' 출간 400주년을 맞이해서 청각 장애인들이 드디어 이 세계적인 작품을 접할 수 있도록 수화로 번역하여 기념하면 어떨까?

번역된 책은 실제로는 한 시간 반 분량의 비디오로, 정확히는 '스페인어의 날'이었던 지난 4월 23일 모든 주의 도서관에서 소개되었다.

그 책을 수화로 번역하기 위해서는 책 내용을 삽화로 그린 청각 장애인 예술가 후안 미겔 메히아 외에도 수화 통역사인 아나 마리아 가야르도, 독서 주도자 겸 워크샵 진행자인 루벤 다리오 까치오띠스와 하이로 쁘리에또가 참여했다.

여섯 달 동안 그들은 책을 읽기 위해 모였다. 처음에는 수화 통역사인 아나 마리아 가야르도가 오디오북을 사용해 수화로 번안하려고 시도했지만 **21.** _____.
화자가 사용하는 어휘는 원작과 동일한 어휘였다. 즉, 듣는 사람들이 이해하지도 못하는 오래된 단어들이 존재하는 고어였던 것이다.

수화에는 이중적 의미가 없으며 은유법이 통하지 않는다. 글자 그대로의 언어인 것이다. "**22.** _____" 루벤 다리오는 계속 설명한다.

"수화는 제한적입니다. 스페인어의 수천 단어를 위한 수신호가 전부 존재하지 않습니다. 그것이 바로 청각 장애인들에게 있어 정보와 책과 일반 교양으로 접근하는 데 장벽이 되는 것입니다. **23.** _____: 그들은 그 책을 읽는 사람과 다름없이 소설을 마음껏 즐긴다. 청각 장애인들은 책의 목차를 몇 번이고 다시 보았다. 그들은 '라 만차의 끼호테'가 미친 게 분명하다고 큰 소리로 웃으며 말했다.

이 과정에서 가장 중요한 점 중 하나는 팀 전체가 매우 심층적으로 진행한 연구가 있었다는 것이며, 그것이 바로 어휘를 풍성하게 만들어 준 요소였다. 또한, 이것은 청각 장애인들이 세계적인 문학 작품을 즐길 수 있도록 하는 길을 여는 프로젝트인 것이다. 밀레나 론도뇨는 '라 만차의 끼호테'가 콜롬비아에서 수화로 번역된 첫 번째 작품이라고 말한다. **24.** _____ .

문장

A. 바로 그곳이 몇 달 전 그 아이디어가 떠오른 장소이다.

B. 그리고 그것은 완벽히 기능을 발휘했다.

C. 수화로 번역된 버전의 '라 만차의 끼호테' 작품이 이제 막 나왔다.

D. 그래서 우리가 한 것은 바로 용어집 만들기와 몇몇 단어를 위한 새로운 수신호 만들기다.

E. 그렇지만, 나중에는 다른 세계적인 작품들에도 다가갈 수 있기를 희망해 본다.

F. 아마도 그들은 늘상 같은 것에 이미 단념한 상태인 듯하다.

G. 그것은 불가능했다.

H. 이번 경우에는 끼호테 작품으로써 그들의 얼굴에 미소가 떠올랐다.

Step 3 문제 1의 필수 어휘를 익혀 보세요.

seña	f. 신호, 몸짓, 수신호	asesor	m.f. 컨설턴트 / 조언하는
promotor	m.f. 촉진자, 주도자	sordo	m.f. 청각 장애인 / 듣지 못하는
ciego	m.f. 시각 장애인 / 장님의, 눈먼	acudir	가다, 쫓아가다, 참가하다
a propósito de	~을(를) 위하여, ~에 관해서	adaptar	적합하게 하다, 각색하다
efectivamente	실제로, 효과적으로	intérprete	m.f. 통역, 통역사
tallerista	m.f. 워크샵 진행자	encargarse	~에 대해 전담하다, 떠맡다
ilustrar	삽화를 넣다, 분명히 하다	intentar	의도하다, 시도하다
audiolibro	m. 오디오북	narrador	m.f. 서술자, 화자 / 말하는
ni siquiera	~조차도 (아니다)	doble sentido	m. 이중 의미
metáfora	f. 은유(법), 비유	literal	글자 그대로의
limitado	제한이 있는, 아주 적은	acceso	m. 접근, 통행
barrera	f. 장벽, 차단기	girar	돌다, 회전하다
índice	m. 색인, 목차	carcajear	큰 소리로 웃다
investigación	f. 연구, 조사	profundo	m. 깊이 / 깊은
equipo	m. 팀, 도구	fortalecer	단련하다, 강화하다
inclusión	f. 포함, 함유	lanzar	(상품을) 출시하다, 던지다, 뛰어들다
construir	건축하다, 건설하다	glosario	m. 용어 사전, 어휘집
no obstante	그렇지만	anhelar	갈망하다, 열망하다
al parecer	겉으로 보아, 외관에는	resignado	체념한, 단념한
sonreír	미소를 짓다		

Step ④ 문제 1의 해설을 확인해 보세요.

19.	첫 문장이 빈칸이면 정답 찾기가 어렵지 않다. 빈칸 앞은 제목뿐이므로 첫 문장은 텍스트 전체 내용을 요약한 도입부 성격인 경우가 많다. 정답은 **C**로, 제목을 동어반복하며 전체 글 내용을 이끄는 도입 문장으로 알맞다. 보기 문장 내 'acabar de'의 해석은 '이제 막 ~하다'로, 일어난 지 얼마 안 된 과거의 사건에 대해 현재 시제의 동사를 사용한 경우이다.
20.	스페인어에서 문장 부호 ':(콜론)'이 쓰인 경우, 콜론 뒤 내용은 콜론 앞 내용을 뒷받침하는 설명으로 쓰인다. 정답은 **A**. 보기 문장 내 ahí가 의미하는 몇 달 전 '바로 그 곳에서'를 구체적으로 먼저 설명한 장소가 바로 1문단에서 언급한 'Sala Consentidos del Centro Cultural Comfandi'가 된다. 'la idea 그 아이디어' 또한 어떤 내용의 아이디어인지 콜론 뒤 내용에서 구체적인 설명이 이어지므로 콜론의 용법 및 내용 흐름에 모두 부합한다.
21.	문단 한가운데 빈칸이 위치한 경우, 전체적인 내용 흐름을 잘 파악해야 하며 특히 빈칸 앞뒤 의미 관계에 집중해야 한다. 빈칸 앞에서는 작품을 번역하는 작업에 대해 설명했다. 통역사가 우선 무엇을 시도했는지 말했으며 빈칸 뒤에서는 시도의 결과가 좋지 못했던 이유를 나열하고 있다. 따라서 빈칸의 문장은 역접을 이끄는 내용이어야 하며 정답은 **G**가 된다.
22.	빈칸 앞 상당 부분에 걸쳐 통역사의 시도가 실패한 이유를 나열하였다. 그렇다면 빈칸은 같은 논지에서 이유에 대한 설명을 이어 가거나, 반대로 다른 방법을 취했더니 가능하게 되었다는 내용을 제시해야 알맞다. 정답은 **D**. 기존의 'lenguaje 언어'나 'palabras 말'로는 불가능했기에 새로운 방식으로 가능케 했다는 맥락 연결이 핵심이다. 보기 문장 내 entonces를 '그러하기에', '그러므로'로 해석하여 내용의 반전을 이끌 수 있음을 파악해야 한다.
23.	빈칸 앞에서는 수화의 한계 때문에 청각 장애인들이 여러 가지 정보에 접근하기 어렵다고 하였다. 그런데 빈칸 뒤에는 이와 상반되는 뉘앙스의 'disfrutar 즐기다'가 눈에 띈다. 빈칸의 내용을 기점으로 수화의 한계를 뛰어넘어 긍정적인 내용으로 전환됨을 암시한다. 정답은 **H**. 보기 문장 내 'En esta ocasión 이번 경우에는'이 빈칸 앞에 나열된 부정적인 다른 '경우들'과 구분하기 위해 쓰였으며, 동사 sonreír는 만족스러운 결과를 비유하므로 빈칸에 H 문장을 대입했을 때 흐름이 가장 적합하다.
24.	맨 마지막 문장이 빈칸일 경우 전체 내용을 다시 한 번 요약하는 내용, 앞으로를 전망하는 내용, 전체 내용을 바탕으로 새로운 예측을 제시하는 내용이 정답일 확률이 높다. 빈칸 바로 앞에서 Milena라는 인물에 따르면 엘 끼호테는 콜롬비아에서 수화로 번역된 첫 작품이라고 하였다. 이어지는 문장으로 적합한 보기는 **E**. 접속사 'no obstante 그러나'가 앞 내용과 전환되는 의미를 이끄는 용법임에 중점을 두어야 한다. 지금은 엘 끼호테 한 작품밖에 번역되어 있지 않으나, 앞으로는 더 많은 작품이 번역되기를 희망한다는 연결이 된다.

Tarea 4 **Ejercicios** 실전 연습

Step 1 공략에 따라 **Tarea 4** 연습 문제를 풀어 보세요.

문제 2

INSTRUCCIONES

Lea el siguiente texto, del que se han extraído seis fragmentos. A continuación lea los ocho fragmentos propuestos (A-H) y decida en qué lugar del texto (19-24) hay que colocar cada uno de ellos. HAY DOS FRAGMENTOS QUE NO TIENE QUE ELEGIR.

Marque las opciones elegidas en la **Hoja de respuestas**.

LA MÚSICA DE LOS INDÍGENAS

En América existe y existió una enorme diversidad de pueblos, cada uno de ellos con sus propios valores y maneras de entender el mundo, por lo que es difícil hablar de las culturas nativas de este continente como un conjunto homogéneo. **19.** _____. Uno de estos es la importancia que estas culturas dan a la música.

20. _____. Además, ha estado muy presente en muchos actos sociales, políticos y laborales y es un elemento clave en la mayoría de las actividades cotidianas.

La música acompaña a los indígenas para coordinar su trabajo en grupo en actividades diarias como construir herramientas, ir a pescar, recoger fruta y lavar, entre otras. Asimismo, utilizan la música como medio de comunicación de una aldea a otra o para enviarse mensajes de amor, teniendo así un importante valor seductor: **21.** _____ _____.

22. _____. Utilizados para dormir a los niños, son considerados un importante elemento educativo, ya que a través de ellos transmiten al niño las normas sociales y los roles que deberán cumplir al llegar a adultos.

Siempre que se celebra una boda los habitantes de un pueblo se sientan en torno a una plaza o en la parte más grande de una casa y suenan los tambores, flautas y otros instrumentos.

---

23. _____. En ocasiones se pintan las caras y el cuerpo de color rojo y, mientras, los hombres tocan los instrumentos. Las mujeres tienen un papel fundamental en el canto y la voz es considerada tan importante o más, incluso, que los instrumentos.

24. _____. Para entonces no existía la escritura y es, por tanto, la que ha permitido que conozcamos, no sólo su maravilloso ritmo, sino también su cultura.

FRAGMENTOS

A. Se puede decir que entre estas culturas nativas no existe ninguna característica semejante.

B. Una persona hace que otra se enamore profundamente de ella simplemente cantando o tocando un instrumento.

C. Luego, detrás de ellos, llegan las mujeres con sus mejores vestidos y joyas hechas de oro y hueso.

D. Sin embargo, existen ciertos rasgos generales comunes a la mayoría de los pueblos indígenas.

E. Por otro lado, existen los libros que hablan sobre la vida de los grandes músicos.

F. Actualmente esta música creada por los indígenas sigue teniendo gran valor, pues a través de ella nos han transmitido su historia.

G. A lo largo de la historia del mundo indígena americano la música ha jugado un papel muy importante.

H. Otro ejemplo serían los cantos de cuna.

Step **2** 문제 2의 내용을 해석해 보세요.

지령

다음의 텍스트를 읽으세요. 텍스트에서 6개 문장이 빠져 있습니다. 이어서 (A부터 H까지) 주어진 8개 문장을 읽고, (19번부터 24번까지) 텍스트의 빈칸에 문장을 배치할 곳을 정하세요.

선택하지 말아야 하는 문장이 2개 있습니다.

선택한 보기를 **답안지**에 표기하세요.

원주민들의 음악

지금 아메리카 대륙에는 민족 간 엄청난 다양성이 존재하며 과거에도 그러했다. 그들은 저마다의 가치관과 세상을 이해하는 방식을 가지고 있는데, 그렇기에 이 대륙의 원주민 문화를 마치 하나의 동질적 집단인 것처럼 말하기는 어렵다. 19. _____. 그중 한 가지는 바로 이 문화들이 음악에 부여하는 중요성이다.

20. _____. 더욱이 많은 사회, 정치, 노동 행위에서 확실하게 존재하며 대부분 일상 활동의 중요한 코드이다.

원주민들에게 음악은 특히 연장을 만들거나, 낚시를 가거나, 과일을 채집하거나, 빨래를 하는 등과 같은 그들의 일상 활동에서 집단 노동에 어울리도록 하기 위해 수반하던 것이다. 더욱이, 그들은 음악을 마을 간 소통의 수단으로 사용하거나 사랑의 메시지를 전하기 위해 이용했는데, 따라서 음악은 이성을 유혹하는 중요한 효력이 있었다: 21. _____.

22. _____. 아이들을 재우기 위해 쓰이는 그것들은 매우 의미 있는 교육적 요소로 여겨졌는데, 그 이유는 바로 그것들을 통해 사회적 규범과 성인이 되어 지켜야 할 역할이 아이들에게 전달되었기 때문이다.

결혼식이 열릴 땐 마을의 주민들이 광장 주변에 둘러앉거나 집에서 가장 넓은 공간에 앉아 북, 피리 그리고 다른 악기들을 연주한다. 23. _____. 때로는 얼굴과 몸을 붉은색으로 칠하고, 그동안 남자들은 악기를 연주한다. 여자들은 노래하는 데 매우 중요한 역할을 맡으며, 그 목소리는 악기만큼 심지어 더 중요하게 간주되기도 한다.

24. _____. 그 당시에는 문자가 존재하지 않았으며, 바로 그 점이 지금 우리가 그들의 훌륭한 음률뿐만 아니라 그들의 문화까지도 알게 되도록 한 것이다.

문장

A. 이러한 원주민 문화들 사이에 어떤 비슷한 특징은 존재하지 않는다고 할 수 있다.

B. 한 사람이 단지 노래하거나 악기를 연주하여 다른 사람이 자기와 깊은 사랑에 빠지게 한다.

C. 그다음엔, 그들 뒤에서 여자들이 최고의 의복으로 갖춰 입고 금과 뼈로 만든 장신구를 걸치고 등장한다.

D. 하지만, 대부분의 원주민 마을들에 공통된 일반적 특징 몇 가지가 존재한다.

E. 반면, 위대한 음악가들의 삶에 대한 책들이 존재한다.

F. 원주민들이 만든 이 음악은 그들의 역사에 대해 우리에게 전달해 주기 때문에 지금도 계속해서 높은 가치를 지닌다.

G. 아메리카 원주민 사회의 역사 이래 음악은 매우 중요한 역할을 해 왔다.

H. 자장가들이 또 다른 예가 될 수 있을 것이다.

Step 3 문제 2의 필수 어휘를 익혀 보세요.

indígena	m.f. 원주민 / 토착의	diversidad	f. 다양성, 차이
valor	m. 가치, 가치관	conjunto	m. 집합, 악단
homogéneo	동종의, 동질의	presente	m. 현재, 출석자 / 존재하는
acto	m. 행동, 행사	laboral	노동의, 직업의
elemento	m. 성분, 구성원	clave	f. 암호, 비결
cotidiano	일상의, 매일의	coordinar	정리하다, 통합하다
herramienta	f. 연장, 도구	asimismo	역시, 마찬가지로
aldea	f. 마을, 작은 촌	seductor	유혹하는, 매력적인
transmitir	전달하다, 방송하다	norma	f. 규범, 표준
rol	m. 역, 역할	cumplir	완수하다, (나이) 만 ~살이다
siempre que	~할 때는 언제나	habitante	m. 주민, 인구 / 거주하는
entorno a	~의 주변에, ~에 대해서	tambor	m. 북, 장구
flauta	f. 피리, 플루트	papel	m. 종이, 역할
voz	f. 목소리, 말	escritura	f. 문자, 쓰기
característica	f. 특징	semejante	닮은, 유사한
profundamente	깊게, 깊이	joya	f. 보석, 장신구
hueso	m. 뼈, 씨	rasgo	m. (글자의) 획, 특징
cuna	f. 요람, 출생지		

Step 4 문제 2의 해설을 확인해 보세요.

19.	빈칸 앞 문장을 우선 확인하자. 핵심어는 'diversidad 다양성', 'homogéneo 동질적인'이다. 민족 간 다양성이 매우 크며, 결코 동질적 집단으로 볼 수 없다고 말하고 있다. 빈칸 뒷 문장에서 간과할 수 없는 표현은 바로 'Uno de estos es'이다. 이를 통해 빈칸에는 estos에 부합하는 남성 명사 복수형이 등장해야 함을 알 수 있다. 정답은 **D**. 보기 문장 내 접속사 'Sin embargo 그럼에도 불구하고'를 매개로 '민족 간의 이질성이 있으나 동시에 공통적으로 해당되는 특징이 존재한다'라는 논지가 완성된다. 또한 D 문장에 언급되는 rasgos는 남성 명사 복수형으로, 빈칸 뒷 문장에 제시된 'Uno de estos'와 문법적으로 부합한다.
20.	2문단부터는 본격적으로 음악이 원주민들에게 어떤 의미였는지 설명한다. 빈칸 바로 뒤에 등장한 표현 'además 더욱이', 'estar muy presente 확실하게 존재하다'에 주목하자. 많은 일상 활동에서 음악이 확실히 존재한다고 언급하므로 앞선 문장에서는 '음악이 그들의 삶에 분명 존재했으며 매우 중요한 역할을 했다'는 내용이 등장해야 전개가 매끄럽다. 따라서 정답은 **G**이다.
21.	3문단에서는 음악의 쓰임에 대해 보다 구체적으로 언급한다. 스페인어에서 문장 부호 ':(콜론)'은 콜론의 위치를 기준으로 뒷 내용이 앞 내용을 뒷받침하는 용법으로 쓰인다. 빈칸 바로 앞에서 'valor seductor 이성을 유혹하는 효력'을 언급하므로 이와 관련된 부연 설명으로 가장 적절한 보기는 'enamorarse 사랑에 빠지다'가 언급된 **B**이다.
22.	새로운 문단의 도입이면서도 앞 문단 내용과 긴밀히 연결된 경우로, 다소 난이도가 높은 유형에 속한다. 앞 문단에서 원주민들이 음악을 활용한 예시를 열거했는데 뒷 문단을 살펴보니 여전히 음악을 활용한 예시를 들고 있다. 이와 같은 흐름에 위배되지 않으면서 빈칸 바로 뒷 문장 내 'utilizados para dormir a los niños 아이들을 재우기 위해 쓰이는 그것들'을 의미할 수 있는 정답은 **H**에 등장한 'cantos de cuna 자장가'이다. 더불어 son considerados에 따라 빈칸에는 남성 복수형 명사가 위치해야 함을 놓쳐서는 안 된다.
23.	마을에 결혼식이 열리는 상황을 묘사하고 있다. 특정 상황을 묘사하는 경우 배경, 분위기, 순서 등을 폭넓게 파악하며 읽어야 한다. 빈칸 앞 문장에서는 사람들이 모여 앉아 악기를 연주하는 절차를 설명했다. 따라서 뒤이은 절차로 **C**를 연결시키기 어렵지 않다. 의복과 장신구에 대한 내용을 빈칸에 대입하면, 이어지는 하장법 관련 내용까지 무리 없이 연결된다.
24.	빈칸에 알맞은 문장을 선택하기 위해서는 바로 뒷 문장의 주어가 여성 명사 단수형임을 놓쳐서는 안 된다. 정답은 **F**. 보기 문장의 주어 'esta música creada por los indígenas 원주민들이 만든 이 음악'이어야 문법적으로 타당하며 바로 그 음악이 지금 현재까지도 높은 가치를 지닌다는 흐름으로 이어질 수 있다. 결론적으로 훌륭한 음률뿐만 아니라 그들의 문화에 대해서도 파악할 수 있는 고마운 존재라고 강조하고 있다.

01 Tarea 5 긴 글의 빈칸에 알맞은 단어 고르기

- 한 편의 긴 글을 읽으며, 빈칸에 알맞은 단어를 삼지선다형 객관식으로 선택합니다.
- 내용의 흐름 못지않게 문장 구조 등 문법적 요소 파악이 중요합니다.
- 어휘의 고유 용법, 동사 변형, 대명사·관계사·접속사 등 주요 품사, 시제 등 기본 문법을 충분히 익혀 두어야 합니다.

빈출 주제

- 공적·사적   폭넓은 주제
- 서간문   기초 난이도 수준
- 편지·이메일 개인적 내용 위주

Tarea 5 완전 공략

1 어떻게 푸나요?

순서	제목 파악 → TEXTO 1차 독해 → 순차적 대조 및 1차 선택 → TEXTO 2차 독해 → 최종 답안 선택

주로 편지나 이메일 형식의 긴 글이 주어지며, 총6개의 빈칸이 있습니다. 문제는 삼지선다형 객관식으로 출제됩니다. 빈출 문법 요소를 반복 훈련하여 유형에 익숙해진다면 생각보다 부담 없이 정답을 선택할 수 있습니다.

2 고득점 전략

- 제목이 주어진다면 글의 전체 내용을 유추해 봅니다.
- 서간문 즉, 편지글 형식인 경우 보내는 사람과 받는 사람의 관계부터 파악합니다.
- 글 전체를 우선 1차 독해하여 내용 흐름을 빠르게 파악하고, 2차 독해에서 문법적으로 타당한 보기를 정답으로 선택합니다.

3 잠깐! 주의하세요

- 세부 내용까지 정확하게 이해하느라 시간을 들이기보다는 빈칸이 포함된 문장 구조를 파악하는 것이 중요합니다.
- 응시자를 혼동에 빠뜨리기 위한 함정 보기가 포함되므로, 실수하지 않도록 집중력을 유지해야 합니다.
- 다른 과제에 비해 출제자의 의도 파악이 무엇보다 중요합니다.

Step 1 공략에 따라 Tarea 5 연습 문제를 풀어 보세요.

문제 1

INSTRUCCIONES

Lea el texto y rellene los huecos (25-30) con la opción correcta (a / b / c).

Marque las opciones elegidas en la **Hoja de respuestas**.

Bilbao, 18 de enero de 2016

Querido Antonio:

Te escribo para informarte que **25.** _____ he llegado a Bilbao. Llegué el pasado lunes y ahora ya estoy instalado en un departamento que rentaré con un compañero de la maestría **26.** _____ es francés. Estoy muy contento porque próximamente comenzaré a estudiar. Además ya conocí la universidad y me encantó. Es muy moderna y grande.

En verdad estoy muy **27.** _____ con esta nueva experiencia que estoy a punto de iniciar. Creo que ha sido la mejor decisión que he tomado en mi vida. Espero que todo salga bien y que pronto puedas venir a visitarme. Mis papás me han dicho que les gustaría mucho venir el próximo verano. Espero que puedan.

Me gustaría saber **28.** _____ ti. Espero que tu trabajo vaya bien y que te guste lo que estés haciendo. Mis papás me comentaron que trabajas **29.** _____ una importante empresa japonesa que está abriendo mercado en México.

Sin más por el momento, solo escribía para decirte que ya estaba aquí. Espero que todos estén bien por allá. Les mando muchos saludos, en especial a mis sobrinos que me imagino ya **30.** _____ muy grandes.

Un abrazo y espero tu respuesta.

Saludos

Daniel

OPCIONES

25.	a desafortunadamente		b por casualidad		c por fin
26.	a cual		b quien		c que
27.	a insatisfecho		b entusiasmado		c exhausto
28.	a de		b en		c a
29.	a de		b por		c para
30.	a serán		b estarán		c parecerán

Step 2 문제 1의 필수 어휘를 익혀 보세요.

informar	알리다, 정보를 주다	instalar	설치하다, 장착하다, 정착시키다
departamento	m. 부, 학과, 아파트	rentar	빌리다, 수익을 올리다
maestría	f. 교묘함, 솜씨 좋음, 석사 과정	próximamente	곧, 머지않아
en verdad	실로, 참으로	iniciar	시작하다, 개시하다
comentar	해설하다, 논평하다	mercado	m. 시장, 장
mandar	보내다(=enviar), 명령하다	en especial	특히
sobrino	m.f. 조카	desafortunadamente	불운하게, 불행히도
por casualidad	어쩌다가, 우연히, 문득, 혹시	por fin	마침내, 결국
insatisfecho	불만의, 만족하지 못한	entusiasmado	열광한, 감격한, 흥분한
exhausto	고갈된, 쇠약해진, 지친		

Step **3** 문제 1의 해설을 확인해 보세요.

25.	a는 '불행히도', b는 '우연히', c는 '드디어'라는 의미이다. 빈칸은 'llegar 도착하다'를 수식하는 표현이 자리해야 한다. 글쓴이는 빌바오에 학업이라는 분명한 목적을 가지고 기쁜 마음으로 도착한 상황이므로 가장 적합한 수식어는 **c** '드디어'가 알맞다.
26.	관계사를 넣어야 할 땐 선행사의 성격을 면밀히 살펴보아야 한다. 선행사는 'compañero 남자 동료'이다. 보기 a의 cual은 전형적인 함정 보기이다. 스페인어에서 cual은 단독 형태로 관계사가 될 수 없으며, 반드시 'el cual', 'la cual', 'los cuales', 'las cuales'와 같이 정관사와 함께 쓰여야 관계사가 될 수 있음을 명심하자. 보기 b의 quien 역시 선행사가 사람인 경우에 자주 등장하는 함정이다. 선행사와 관계사 사이 ',(콤마)'를 사용했다면 설명적 용법으로써 quien이 가능하나, 지문에서와 같이 선행사 바로 뒤에 관계사가 이어진 경우는 제한적 용법이므로 quien을 쓸 수 없다. 따라서 사용 가능한 관계사는 **c**의 que가 유일하다.
27.	모든 보기항이 남성 단수형 형용사다. 문장의 주어인 Yo 즉, Daniel의 상태와 부합하는 의미의 보기항을 연결해야 한다. a의 insatisfecho는 satisfecho의 반의어로 '불만의, 만족하지 못한', c의 exhausto는 cansado의 동의어로 '고갈된, 쇠약해진, 지친'이라는 의미이다. 글쓴이는 이제 막 시작하려는 새로운 경험으로 인해 다소 흥분될 정도로 기뻐하고 있다. 따라서 정답은 **b** '열광한, 감격한, 흥분한'이 알맞다. 'contento 기쁜' 마음을 여러 번 언급하고 있으며 빈칸 문장 바로 뒤에서도 자신의 인생에서 택한 가장 최고의 결정이라고 매우 긍정적으로 서술하고 있다.
28.	동사 'saber 알다'와 결합할 전치사를 찾아야 한다. '~에 대해' 알고 싶다고 말할 때 saber와 결합할 수 있는 전치사는 **a**의 de이다. 보기 b의 en이 인칭대명사 ti를 받으려면 'pensar en ti 네 생각을 하다'와 같이 활용되어야 한다. 보기 c의 a는 saber와 결합하면 'Este vino sabe a chocolate. 이 와인은 초콜릿 맛이 난다.'처럼 '마치 ~와(과) 같은 맛이 나다'의 의미가 되므로 맥락에 부합하지 않는다.
29.	빈칸 앞 동사 trabajar와 빈칸 뒤 명사 empresa를 연결할 전치사를 찾아야 한다. a는 '~로써', b는 '~때문에, ~(으)로 인해'를 의미하므로 빈칸에 넣었을 때 흐름이 매끄럽지 않다. 정답은 **c**. trabajar para는 소속된 회사, 단체, 고용주 등을 나타내는 표현이다.
30.	모든 보기항이 3인칭 복수 미래 시제 변형으로 등장하였다. 주어 sobrinos와 보어 grandes를 먼저 파악해야 한다. 보기 c의 parecerán을 대입하면 '그들은 커 보일 것이다'의 의미가 되어 연결이 자연스럽지 않다. 조카들을 직접 보고 말하는 상황이 아니기 때문이다. 그렇다면 ser 동사와 estar 동사 중 어느 것이 정답일지 가려내야 한다. ser 동사는 주어의 본질적 성격을, estar 동사는 주어의 현재 상태를 나타낸다. 핵심어는 바로 부사 'ya 이제는'이다. 조카들이 화자가 못 본 사이 '이제는' 꽤 성장했겠다고 표현하므로 현재 상태를 서술하는 estar 동사가 위치해야 한다. 그러므로 정답은 **b** estarán이다.

Step **4** 문제 1의 내용을 해석해 보세요.

지령

텍스트를 읽고 (25번부터 30번까지) 빈칸에 (a / b / c) 보기를 채우세요.

선택한 보기를 **답안지**에 표기하세요.

2016년 1월 18일 빌바오

친애하는 안또니오

내가 드디어 빌바오에 도착했다는 것을 알리기 위해 너에게 편지를 써. 나는 지난 월요일에 도착했고, 석사 과정을 함께 하는 프랑스인 동료와 함께 살 아파트에 입주해 있어. 이제 곧 공부를 시작한다는 게 나는 무척이나 기뻐. 게다가 나는 대학교에 이미 가 보았는데 학교가 너무도 마음에 들었어. 아주 현대적이고 큰 학교야.

사실 나는 이제 막 시작할 이 새로운 경험에 대해 굉장히 흥분해 있어. 내 삶에서 내렸던 결정 중에 가장 최고의 결정이었다고 생각해. 나는 모든 일이 순조롭게 진행되기 바라며 또한 네가 머지않아 나를 방문해 주길 바라고 있어. 나의 부모님들은 다음 여름에 오시길 희망하신다고 하셨어. 꼭 그렇게 하실 수 있길 바라.

네 소식을 더 알고 싶구나. 네 일이 잘되어 가길 바라고 네가 하고 있는 일이 마음에 들길 바라. 부모님이 말씀하시기로는 넌 멕시코에 시장을 개척하고 있는 한 일본 기업에서 일한다고 하시더라고.

내가 이곳에 와 있다는 말을 전하고 싶었던 거였고 이만 줄일게. 그곳의 모든 사람들이 잘 있길 바라고. 모든 분들께 안부를 전하고 특히 이제는 꽤 성장했을 나의 조카들에게 안부를 전해.

포옹을 전하며 네 답장 기다릴게.

작별 인사를 전하며

다니엘

문제 2

INSTRUCCIONES

Lea el texto y rellene los huecos (25-30) con la opción correcta (a / b / c).

Marque las opciones elegidas en la **Hoja de respuestas**.

Querida abuela:

¿Qué tal? Espero que estés muy bien.

Te **25.** _____ que llegamos bien a Santiago.

Cuando el avión estaba bajando, vimos la linda cordillera de Los Andes. En este momento tiene un poco de nieve en la **26.** _____.

Santiago es una ciudad muy grande y hay muchas cosas que se puede ver y hacer. Ayer fuimos a un cerro que se llama San Cristobal. La vista de la ciudad **27.** _____ ahí es impresionante.

Esta mañana fuimos caminando por el Parque Forestal y almorzamos en el Mercado Central. Comimos pescado frito con ensalada **28.** _____ la chilena. ¡Me encanta la comida chilena! Creo que voy a tener que buscar algún restaurante de comida chilena cuando vuelva a casa.

Mañana vamos a ir a Valparaiso y caminaremos por los cerros, y por la tarde vamos a subir a un bote para **29.** _____ la bahía.

Ya te escribiré otro correo cuando **30.** _____ al hotel.

Te mando un gran saludo,

Diego

OPCIONES

25.	a hablo	b cuento	c escribo
26.	a nube	b cima	c pico
27.	a por	b de	c desde
28.	a a	b en	c por
29.	a recorrer	b correr	c nadar
30.	a volveré	b vuelva	c volvería

Step 2 문제 2의 필수 어휘를 익혀 보세요.

lindo	예쁜, 사랑스러운	cordillera	f. 산맥
Los Andes	안데스산맥	cerro	m. 언덕
vista	f. 시각, 풍경	impresionante	경이적인, 놀랄 만한
forestal	삼림의, 숲의	frito	기름에 튀긴
bote	m. 보트, 작은 그릇	bahía	f. 만 (바다)
nube	f. 구름	cima	f. 꼭대기, 정상
pico	m. 산꼭대기, (새의) 부리	recorrer	돌아다니다, 투어하다

Tarea 5 · Ejercicios

Step 3 문제 2의 해설을 확인해 보세요.

25. 가장 먼저 제외되는 동사는 a의 hablo이다. 스페인어 문법에서 hablar는 절대 que 절을 이끌 수 없기 때문이다. c의 escribo는 명사 목적어가 올 순 있으나 que 절을 연결하여 '~라고 쓰다' 형태로는 거의 사용하지 않는다. 특히 편지글에서는 쓸 수 없는 표현이다. 정답은 **b**. 동사 contar와 동사 decir는 '~(이)라고 전하다'라는 의미로 많이 쓰인다.

26. 문맥상 적절히 연결되는 명사 목적어를 찾아야 한다. 글쓴이가 산티아고에 착륙하며 보았음직한 광경을 떠올려 보자. 안데스산맥의 아름다운 모습을 보았다고 앞서 언급한 후, '요즘엔 산 (빈칸) 에 눈이 조금 쌓여 있었어요.'라고 설명한다. 구름 위에 눈이 쌓일 순 없으므로 a는 가장 먼저 제외된다. b와 c는 동의어로, 이런 경우는 반드시 빈칸 앞에 제시된 문장에서 명사의 성별을 유추할 수 있는 단서를 찾아야 한다. 빈칸 앞 정관사가 여성형이므로 c의 pico는 정답이 될 수 없다. 따라서 정답은 **b**이다.

27. 자주 출제되는 유형인 전치사 문제이다. 빈칸에 앞서 변형 동사가 없으므로 명사와 이어지는 표현 연결을 눈여겨보자. 빈칸 앞 명사는 vista로 '시각', '시력', '전망', '풍경' 등을 의미하며 이어지는 ahí는 장소 부사로 '그곳', '그쪽'을 의미한다. 앞 문장에서 언급한 'cerro 언덕'에서 바라본 풍경을 서술하고 있기에 '~(으)로부터 바라본 풍경'으로 연결해야 매끄럽다. 정답은 **c**. 전치사 desde는 시작이 되는 때나 장소를 나타낸다. 함정 보기 b 역시 '~(으)로부터'의 의미로 사용될 수 있으나 반드시 'de algo a algo'의 구조로 쓰인다.

28. 전치사 문제는 단골로 출제되므로 반드시 용법을 정확하게 구분하여 암기해 두어야 한다. 빈칸 앞 명사로 'ensalada 샐러드'가 제시되었다. 정답은 **a**로, 특정 국가나 지역 방식의 요리를 뜻하는 고정 문형 '요리명+a+여성형 지명 형용사'를 통으로 암기해 두자. 'paella a la valenciana 발렌시아식 빠에야'와 같이 응용할 수 있다. 빈칸을 채우면 a la chilena는 '칠레식 요리'를 의미하게 된다.

29. 빈칸 앞에서 'bote 보트'에 오른다고 말하였으므로 그 후에 'bahía 바다'를 어떻게 한다는 단어가 와야 적합할지 의미 흐름을 고려해야 한다. 보기 c의 'nadar 수영하다'는 정답에서 제외되는데, nadar를 쓰려면 bahía 앞에 전치사 en 연결이 있어야만 하기 때문이다. 보기 b의 'correr 달리다' 역시 correr la bahía 연결이 불가능하므로 제외된다. 정답은 **a**. recorrer 동사는 '걸어서 돌아다니다, 투어하다'의 의미이며 배를 탄 채로 '돌아다니다'라는 표현으로 쓰일 수 있다.

30. 접속사 'cuando ~할 때'가 사용되었을 때 동사 변형 형태를 묻는 문제이다. 과제 5에서 대단히 자주 등장하는 유형이다. 스페인어 문법에서 cuando는 미래 시제나 가능법 변형을 절대 연결할 수 없다. 아직 이루어지지 않은 사실 즉, 나중에 '~하게 될 때'라는 표현은 반드시 접속법 변형과 연결되어야 한다. 따라서 정답은 **b**의 vuelva이다.

Step 4 문제 2의 내용을 해석해 보세요.

지령

텍스트를 읽고 (25번부터 30번까지) 빈칸에 (a / b / c) 보기를 채우세요.

선택한 보기를 **답안지**에 표기하세요.

할머니께

안녕하세요? 잘 지내고 계시기 바랍니다.

저희가 산티아고에 잘 도착했다는 사실을 알려 드려요.

비행기가 하강할 때, 저희는 아름다운 안데스산맥을 보았어요. 요즘엔 산 정상에 눈이 조금 쌓여 있었어요.

산티아고는 아주 큰 도시이고 볼 것과 할 것이 아주 많은 곳이에요. 어제 저희는 산 끄리스또발이라는 언덕에 올랐어요. 그곳에서 본 도시의 풍경은 아주 놀라웠어요.

오늘 아침 저희는 포레스딸 공원에 걸어갔고, 쎈뜨랄 시장에서 점심을 먹었어요. 칠레식 샐러드를 곁들인 생선 튀김을 먹었습니다. 저는 칠레 요리가 아주 좋아요! 나중에 집에 돌아가면 칠레 식당을 찾아봐야 할 것 같아요.

내일은 발파라이소 만에 가서 언덕을 산책할 거예요. 오후에는 보트를 타고 바다를 돌 거예요.

호텔로 돌아가서 다시 편지 쓸게요.

안부를 전하며,

디에고

PRUEBA DE COMPRENSIÓN DE LECTURA

La prueba de **Comprensión de lectura** contiene <u>cinco tareas</u>.
Usted debe responder a 30 preguntas.
Duración: 70 minutos.
Marque sus opciones únicamente en la **Hoja de respuestas**.

독해 평가

독해 평가는 5개의 과제로 구성됩니다.
당신은 30개의 문제에 답해야 합니다.
시간: 70분
선택한 보기를 **답안지**에만 표기하시오.

INSTRUCCIONES

Usted va a leer seis textos en los que unas personas hablan de lo que quieren para sus hijos este verano y diez programas o actividades de un campamento de verano. Relacione a las personas (1-6) con los textos (A-J).

HAY TRES TEXTOS QUE NO DEBE RELACIONAR.

Marque las opciones elegidas en la **Hoja de respuestas**.

	PERSONA	TEXTO
0.	FLAVIO	D
1.	ADELA	
2.	INÉS	
3.	PERLA	

	PERSONA	TEXTO
4.	IVÁN	
5.	ADRIÁN	
6.	PETRA	

0. FLAVIO	Queremos que nuestro hijo Enrique participe en alguna actividad fuera de la ciudad, para sentir un poco la naturaleza. Buscamos alguna excursión o caminata porque a Enrique no le gusta mucho lo dinámico.
1. ADELA	Sofía, mi hija mayor, es un poco despistada y se pierde con frecuencia. Estoy buscando algún método o práctica que pueda ayudar a mejorar su habilidad a la hora de moverse en un espacio determinado.
2. INÉS	A Juanito le encantan las actividades que le hacen experimentar y sentir la naturaleza. Últimamente está muy enganchado a todo lo relacionado con el cosmos, el universo... No deja su telescopio ni un momento.
3. PERLA	En casa, los pequeños ya tienen interés por tener alguna mascota y me la piden a diario. Lo que quiero es que, antes de tener una, ellos se den cuenta de lo responsables que tienen que ser. Que no es solo cuestión de tener a alguna cría en casa, sino de tener toda la responsabilidad de cuidarla.
4. IVÁN	Mis dos hijas van a asistir a unos cursos de matemáticas e inglés que se realizan por la mañana y la tarde durante el campamento. Así que busco alguna otra actividad que se realice por la noche, para que puedan meditar un momento.
5. ADRIÁN	Mi hijo Jorge, es todo un deportista. Creo que ha practicado casi todos los deportes de balón, así que buscamos algo nuevo para este campamento de verano. Una actividad que lo ayude a centrar la atención.
6. PETRA	Con este calor que hace, quiero que mis hijos se lo pasen realmente bien jugando y participando en programas muy divertidos. Y a ellos no les importa mojarse.

CAMPAMENTO DE VERANO EN CANARIAS

A · JUEGOS TRADICIONALES

Se realizarán actividades teórico-prácticas de los diferentes juegos y deportes tradicionales canarios (juego del palo, salto del pastor, lucha canaria, etc.).

B · JUEGOS ACUÁTICOS

Realizamos diferentes juegos fuera y dentro del agua, tales como lanzamiento de disco de playa o disco volador, palos de playa, pelota canasta, colchonetas, etc. Son juegos en los que el agua es la protagonista o el medio principal del juego.

C · ORIENTACIÓN

Se llevará a cabo una introducción a la orientación, explicando a los niños diferentes métodos para orientarse y llevándolos luego al campo para que puedan practicar jugando lo que se les ha enseñado con diferentes técnicas.

D · SENDERISMO

Se realizarán diferentes rutas ya establecidas para caminar por lugares de gran interés por las diferentes variedades de animales y plantas que allí conviven en plena naturaleza: ardillas, ciervos, pinares, bosque de laurisilva, etc. Es necesario incluir en la mochila o equipaje unas buenas botas para andar por el campo.

E · TIRO CON ARCO

Se hará una introducción para principiantes a este singular deporte, utilizando dianas, arcos y flechas, para desarrollar habilidad y destreza en una especialidad bien acogida por los niños. Un deporte de precisión y su práctica desarrolla la capacidad de concentración.

F · BUCEO

Nuestros monitores acompañarán a los niños a zonas donde podrán nadar libremente disfrutando de los fondos del mar de la isla de El Hierro, donde encontrarán abundante flora marina y variada fauna.

G · VELADAS

Normalmente, en la playa y al final del día, las reuniones se prestan a la convivencia, a los comentarios de lo sucedido a lo largo del día y a realizar diferentes juegos que hacen más enriquecedora cada jornada de campamento.

H · ACAMPADA EN TIENDA DE CAMPAÑA

Pasarán una noche al aire libre en la zona de acampada, donde experimentarán un mayor contacto con el medio, aprovechando la oscuridad y la transparencia del cielo de la isla de El Hierro para ver la Vía Láctea, las galaxias y las estrellas que en esta época se ven fácilmente.

I · JUEGOS DE CAMPAMENTO

Se trata de los clásicos y populares juegos que más interés despiertan en los niños, tanto juegos para todo un grupo como por equipos.

J · LA GRANJA

Los niños convivirán diariamente con animales, compartirán sus cuidados, atenciones y sonidos característicos, recreando de este modo un ambiente rural en los alrededores del campamento. Habrá diferentes animales como: burros, ponis, cerdos, cabras, ovejas, conejos, ocas, patos y gallinas.

INSTRUCCIONES

Usted va a leer un texto sobre el sector turístico español. Después, debe contestar a las preguntas (7-12). Seleccione la respuesta correcta (a / b / c).

Marque las opciones elegidas en la **Hoja de respuestas.**

EL TURISMO ESPAÑOL BUSCA LA RENOVACIÓN DEL SOL Y PLAYA

El aumento de la oferta, los nuevos hábitos de los turistas más informados, y la competencia de otros destinos del Mediterráneo, obligan a renovar el tradicional sol y playa español con una oferta complementaria de más extras.

El turista busca ofertas y, cada vez más, huye de los paquetes turísticos ofrecidos por las agencias y prepara los viajes con detenimiento de forma personal y acomodada a sus necesidades; para ello, echa mano de la mayor información que le dan las nuevas tecnologías: el turista extranjero avanzado y conocedor de las ventajas de Internet, sabe cómo ahorrar más.

El producto clásico de sol y playa, típicamente español y que es uno de los mejores del mundo, ya no les vale, si no viene con un valor añadido notable en calidad de servicio para el turista (guarderías, transporte, flexibilidad en la estancia, dotación tecnológica, seguridad, etc.), y con una oferta complementaria (deportes, turismo cultural, gastronomía, diversión, etc.) convincente y a buen precio.

Por ello, los empresarios del sector turístico español están esforzándose para poder ofrecer todo esto a sus clientes en breve, aunque, como señalan, necesitan hacer una ampliación y remodelación de sus instalaciones para que el servicio sea de calidad.

En agosto del año pasado, llegaron a las costas españolas nada menos que medio millón de extranjeros menos, en el mes de más alta temporada, con lo que el balance del verano (julio, agosto y septiembre), fue de un 3% menos. El comportamiento de este año en ese mes será clave para ver si la tendencia a la baja del sol y playa español de los últimos dos años se confirma.

El caso es que a España llegarán este año casi 53 millones de turistas extranjeros, un nuevo récord y un techo que puede alcanzar ya incrementos fuertes. Eso es algo en lo que está de acuerdo todo el sector, pero tiene un dato añadido: la mayoría de esos turistas foráneos pagan en euros, y es la tercera o cuarta vez que vienen al sol y playa español, con lo que ya saben cuándo se les cobra de más y pueden calcular la calidad y el precio de lo que disfrutan mejor que antes. Y lo que es más peligroso, compararlo con otros destinos del Mediterráneo. Turquía, Egipto, las islas griegas, el Adriático, Túnez, Malta o Chipre son opciones cada vez más atractivas y con menor coste para muchos turistas europeos que siempre han veraneado en España.

PREGUNTAS

7. Según el texto, la necesidad de innovación del turismo español se debe...

   a   a la reducción de la oferta.

   b   al cambio de preferencias de los turistas.

   c   a que hay más lugares que visitar.

8. La tendencia de los turistas extranjeros es que...

   a   les parecen interesantes los paquetes turísticos organizados.

   b   preparan sus viajes con la ayuda de agencias de viajes.

   c   saben beneficiarse de Internet.

9. Algo que los turistas que visitan España esperan es...

   a   un viaje típicamente español.

   b   algo más que un servicio.

   c   un precio más económico.

10. Según el texto, el sector turístico español...

   a   está ofreciendo todo lo que los turistas esperan.

   b   ha hecho una gran ampliación y remodelación de sus instalaciones.

   c   está trabajando para mejorar la calidad del servicio.

11. El viaje de sol y playa a España...

   a   ha aumentado en verano.

   b   se ha reducido en temporada alta.

   c   confirma una baja considerable.

12. Si hay algo de lo que España debería preocuparse es que los turistas extranjeros...

   a   quieran visitar España solo una vez.

   b   se interesen por visitar otros destinos del Mediterráneo.

   c   puedan estar ya hartos de pasar el verano en España.

INSTRUCCIONES

Usted va a leer tres textos en los que unas personas cuentan cómo empezaron a leer y qué piensan sobre la lectura.

Relacione las preguntas (13-18) con los textos (A, B, o C).

Marque las opciones elegidas en la **Hoja de respuestas**.

PREGUNTAS

		A. LUIS	B. ISRAEL	C. JOSÉ
13.	¿Quién cuenta que leyó sus primeros libros de una vez?			
14.	¿Quién dice que buscaba entretenerse con la lectura?			
15.	¿Quién sintió, al leer, como si viviera otra vida?			
16.	¿Quién dice que los padres ejercen cierta influencia en la lectura en los niños?			
17.	¿Quién cree que es importante leer lentamente?			
18.	¿Quién advierte del peligro de la imposición de la lectura?			

TEXTOS

A. LUIS

Me enganché a la lectura con las novelas del Oeste y el libro 'Mil mejores poesías de la lengua castellana.' De las novelas, me encantaba la posibilidad de habitar en otro mundo durante unas horas, y de la poesía, la magia de las palabras y del ritmo o lo que es lo mismo: la belleza. Propongo que las clases de Literatura, y muchas de las de Lengua, se dediquen mayormente a leer y a comentar lo leído. Que se trate de inculcar en los niños y jóvenes el placer de la lentitud. Que se les enseñe a distinguir entre lo que es cultura y lo que es mero entretenimiento. Que la sociedad haga suyos algunos de los valores propios de la escuela, y que los lleve a la práctica.

B. ISRAEL

No recuerdo muy bien si el primer libro que leí fue 'Momo' de Michael Ende o 'El Hobbit' de Tolkien. Lo que sí recuerdo es que leí los dos de un tirón y, a partir de ahí, decidí leer toda la obra de ambos autores. Debía tener ocho o nueve años. Estoy convencido de que es fundamental adquirir ese hábito desde pequeños, y creo que los padres tienen tanta responsabilidad como los profesores. Si los padres tienen el hábito de la lectura, normalmente los hijos también leen. Elegir bien cuáles son los primeros acercamientos es importante para que no arraigue esa sensación de que leer es algo pesado y arduo. Creo que obligar a un chaval de 13 o 14 años a leer un clásico puede ser contraproducente.

C. JOSÉ

Cuando era niño, librarme del aburrimiento era lo que me llevaba a la lectura. Recuerdo que devoraba las novelas de colecciones populares como las de Marcial Lafuente Estefanía. Para fomentar la lectura me parece imprescindible reconocer que la lectura es una actividad difícil y lenta, que compite con medios potentes y rápidos como el cine o los videojuegos. En cada edad el fomento de la lectura debe hacerse de diferente manera. La familia juega un papel importante, pero no obvio. Ver a los padres leer puede producir gusto por la lectura (para imitarles) o rechazo (porque es una competidora). La solución es que los padres lean, pero que sobre todo, hablen de lo que leen.

INSTRUCCIONES

Lea el siguiente texto, del que se han extraído seis fragmentos. A continuación, lea los ocho fragmentos propuestos (A-H) y decida en qué lugar del texto (19-24) hay que colocar cada uno de ellos. HAY DOS FRAGMENTOS QUE NO TIENE QUE ELEGIR.

Marque las opciones elegidas en la **Hoja de respuestas**.

CORTEJO

Si estás soltero y quieres salir con alguien, hoy las redes sociales te ayudan bastante. A través de sitios de citas en línea o algunas aplicaciones que hacen que invitar a salir a alguien no sea tan difícil. **19.** _____ .

Y fue así como fue introducida en América la "tarjeta de invitación" o de "acompañamiento". "Querida señorita: usted es sensible y buena, tiene todos los encantos de una mujer, sus ojos resaltan como las estrellas que se encuentran en el cielo y seré miserable si no puedo amarla". "¿Puedo tener el placer de verla en su hogar esta tarde? Si es así, guarde esta tarjeta; si no, por favor devuélvala".

20. _____ . Todo comenzaba cuando una dama era accesible al cortejo. Esto significaba que una mujer joven había terminado su educación y que estaba oficialmente disponible en el mercado del matrimonio. Las circunstancias financieras o familiares podían retrasar o adelantar el debut de una muchacha, aunque normalmente se la presentaba cuando llegaba a los diecisiete o dieciocho.

21. _____ . Así, un joven y una joven eran presentados el uno al otro en un evento social, por ejemplo, en un baile o una fiesta.

22. _____ . Cuando se veían, a la salida de misa, durante el intermedio de una obra de teatro o en el paseo de la tarde, intercambiaban cartitas amorosas.

La mujer joven informaba al pretendiente de la hora en la que ella saldría al balcón para verse o hablarse calladamente. **23.** _____ .

Una vez que la joven pareja decidía casarse, el joven hacía una cita con los padres de la novia y les pedía la mano de su hija en matrimonio. **24.** _____ . Pero, por supuesto, la novia siempre iba acompañada de una hermana mayor, una tía, una dueña, un hermano u otra persona mayor hasta el día de la boda.

FRAGMENTOS

A. En la España del siglo XIX, en particular en la clase media, existían ciertas costumbres muy tradicionales que se observaban durante el cortejo.

B. Por lo tanto, los jóvenes solteros pueden invitar a salir a alguien cuando quieran y como quieran.

C. Pero en el siglo XIX, los jóvenes solteros tenían que ser un poco más creativos con su juego de seducción.

D. O también, cuándo iría al paseo, por quién estaría acompañada, dónde se sentaría y las demás señas necesarias.

E. A partir de ese momento, se les permitía a los novios verse más a menudo.

F. Cortejar es pretender en matrimonio a una señorita.

G. Porque solamente se les permitía verse en los bailes o en las fiestas.

H. Si ellos se gustaban y querían verse otra vez, tenían que buscar una ocasión para un nuevo encuentro.

INSTRUCCIONES

Lea el texto y rellene los huecos (25-30) con la opción correcta (a / b / c).

Marque las opciones elegidas en la **Hoja de respuestas**.

Queridísimo Antonio:

Apenas de regreso a casa, te escribo estas líneas para felicitarte por el espléndido éxito que has obtenido.

Has tocado maravillosamente y has sido el primero de todos. A mi lado había un señor mayor, profesor de piano, que ha dicho estas palabras: "Ese muchacho siente profundamente la música. Si 25. _____ estudiando, llegará a ser un gran pianista."

Me he alegrado de oírlo hablar así, y estaba verdaderamente 26. _____. Has trabajado con 27. _____ y lo has logrado. Sin una gran fuerza de voluntad, no se va a ninguna parte. Mi abuelo dice que los de nuestra generación no sabemos querer. Has 28. _____ que eso no es verdad, y te mando mis más cariñosas felicitaciones.

29. _____ de buena gana a darte un abrazo, pero había tanta gente felicitándote y tu mamá te abrazaba con tanto afecto que no he querido turbar su alegría.

Mañana por la tarde te visitaré 30. _____ saludarte personalmente.

Recibe un afectuoso saludo,

Francisco

OPCIONES

25.	a	siga	b	sigue	c	siguiera
26.	a	conmovido	b	emocionante	c	nervioso
27.	a	fastidio	b	desgana	c	ahínco
28.	a	investigado	b	demostrado	c	dudado
29.	a	Habré ido	b	Había ido	c	Hubiera ido
30.	a	por	b	para	c	a

1 해석

지령

당신은 올 여름 자녀들을 위해 희망하는 것을 말하는 여섯 사람의 텍스트와, 한 여름 캠프의 프로그램 또는 활동에 대한 열 개의 텍스트를 읽을 것입니다. (1번부터 6번까지) 사람에 (A부터 J까지) 텍스트를 서로 연결시키세요.

연결이 되지 않는 텍스트가 3개 있습니다.

선택한 보기를 **답안지**에 표기하세요.

	사람	텍스트
0.	플라비오	D
1.	아델라	
2.	이네스	
3.	뻬를라	

	사람	텍스트
4.	이반	
5.	아드리안	
6.	뻬뜨라	

0. 플라비오	우리는 우리 아들 엔리께가 자연을 좀 느끼도록 도시 밖에서 어떤 활동에 참여하길 바란다. 우리는 하이킹이나 산책 같은 것을 찾고 있는데, 엔리께는 활동적인 걸 많이 좋아하지는 않기 때문이다.
1. 아델라	나의 큰딸인 소피아는 조금 덤벙거리는 편이며 자주 길을 잃는다. 내가 찾는 것은 아이가 정해진 공간 안에서 이동하는 능력을 개선하는 데 도움이 될 만한 방법이나 훈련이다.
2. 이네스	후아니또는 자연을 체험하고 느끼게 해 주는 활동들을 매우 좋아한다. 최근에 그는 우주나 은하계 등과 연관 있는 모든 것에 큰 관심을 갖고 있다. 그의 망원경을 잠시도 놓아두지 않는다.
3. 뻬를라	우리 집 아이들은 이제 애완동물을 갖고 싶다는 관심이 있으며 내게 그걸 매일 요구한다. 내가 원하는 바는, 그들이 애완동물을 갖기 전 얼마나 책임감이 있어야 하는지에 대해 알았으면 한다. 단지 집에 동물의 새끼를 갖는 것이 문제가 아니라, 그것을 돌보는 모든 책임도 갖게 된다는 사실이다.
4. 이반	나의 두 딸들은 여름 캠프 동안 오전과 오후에 이루어지는 수학과 영어 강좌에 참석할 것이다. 그렇기 때문에 내가 찾는 것은, 아이들이 밤에 잠시 명상에 잠길 수 있을 만한 활동이다.
5. 아드리안	내 아들 호르헤는 대단한 운동가이다. 공으로 하는 거의 모든 운동을 훈련한 것 같다. 그러므로, 우리는 이번 여름 캠프에서 무언가 새로운 것을 찾고 있다. 아이가 주의를 집중하는 데 도움을 줄 수 있는 활동.
6. 뻬뜨라	난 이렇게 더운 날씨에는 아이들이 놀며 즐거운 프로그램에 참여하고 재미있게 보내길 바란다. 그리고 아이들은 물에 젖는 것은 상관하지 않는다.

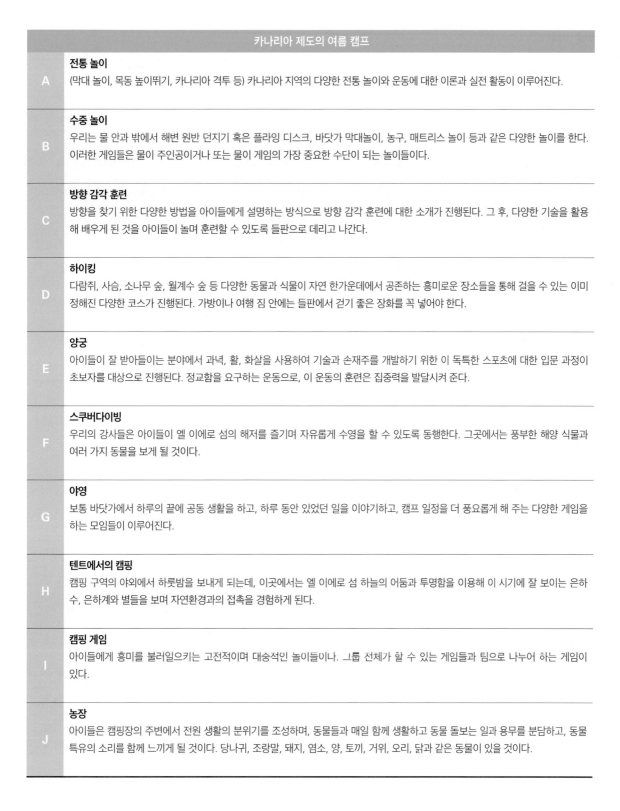

카나리아 제도의 여름 캠프	
A	**전통 놀이** (막대 놀이, 목동 높이뛰기, 카나리아 격투 등) 카나리아 지역의 다양한 전통 놀이와 운동에 대한 이론과 실전 활동이 이루어진다.
B	**수중 놀이** 우리는 물 안과 밖에서 해변 원반 던지기 혹은 플라잉 디스크, 바닷가 막대놀이, 농구, 매트리스 놀이 등과 같은 다양한 놀이를 한다. 이러한 게임들은 물이 주인공이거나 또는 물이 게임의 가장 중요한 수단이 되는 놀이들이다.
C	**방향 감각 훈련** 방향을 찾기 위한 다양한 방법을 아이들에게 설명하는 방식으로 방향 감각 훈련에 대한 소개가 진행된다. 그 후, 다양한 기술을 활용해 배우게 된 것을 아이들이 놀며 훈련할 수 있도록 들판으로 데리고 나간다.
D	**하이킹** 다람쥐, 사슴, 소나무 숲, 월계수 숲 등 다양한 동물과 식물이 자연 한가운데에서 공존하는 흥미로운 장소들을 통해 걸을 수 있는 이미 정해진 다양한 코스가 진행된다. 가방이나 여행 짐 안에는 들판에서 걷기 좋은 장화를 꼭 넣어야 한다.
E	**양궁** 아이들이 잘 받아들이는 분야에서 과녁, 활, 화살을 사용하여 기술과 손재주를 개발하기 위한 이 독특한 스포츠에 대한 입문 과정이 초보자를 대상으로 진행된다. 정교함을 요구하는 운동으로, 이 운동의 훈련은 집중력을 발달시켜 준다.
F	**스쿠버다이빙** 우리의 강사들은 아이들이 엘 이에로 섬의 해저를 즐기며 자유롭게 수영을 할 수 있도록 동행한다. 그곳에서는 풍부한 해양 식물과 여러 가지 동물을 보게 될 것이다.
G	**야영** 보통 바닷가에서 하루의 끝에 공동 생활을 하고, 하루 동안 있었던 일을 이야기하고, 캠프 일정을 더 풍요롭게 해 주는 다양한 게임을 하는 모임들이 이루어진다.
H	**텐트에서의 캠핑** 캠핑 구역의 야외에서 하룻밤을 보내게 되는데, 이곳에서는 엘 이에로 섬 하늘의 어둠과 투명함을 이용해 이 시기에 잘 보이는 은하수, 은하계와 별들을 보며 자연환경과의 접촉을 경험하게 된다.
I	**캠핑 게임** 아이들에게 흥미를 불러일으키는 고전적이며 대중적인 놀이들이나. 그룹 전체가 할 수 있는 게임들과 팀으로 나누어 하는 게임이 있다.
J	**농장** 아이들은 캠핑장의 주변에서 전원 생활의 분위기를 조성하며, 동물들과 매일 함께 생활하고 동물 돌보는 일과 용무를 분담하고, 동물 특유의 소리를 함께 느끼게 될 것이다. 당나귀, 조랑말, 돼지, 염소, 양, 토끼, 거위, 오리, 닭과 같은 동물이 있을 것이다.

2 어휘

campamento	m. 캠프, 캠핑, 야영 (=f. acampada, m. camping)	excursión	f. 여행, 투어, 탐사, 하이킹
caminata	f. 소풍, 하이킹	dinámico	활동적인, 역학의
despistado	덤벙거리는, 덜렁대는	habilidad	f. 기술, 능력, 기량
a la hora de INF	~하는 시간에, ~할 때에	experimentar	실험하다, 시험해 보다, 체험하다
enganchar	잠그다, 걸다, 매다, 중독시키다	cosmos	m. 우주, 우주 공간, (식물) 코스모스
telescopio	m. 망원경	a diario	일상의 (=de diario)
cría	f. 동물의 새끼, 사육, 기르기, 양육	meditar	사색에 잠기다, 명상하다, 곰곰이 생각하다
centrar	중심에 두다, 집중시키다, 맞추다	canario	카나리아 제도의, 카나리아 제도 태생의
palo	m. 막대기, 방망이	salto	m. 뛰기, 점프, 추락
pastor	m.f. 목동, 목자, 목사	lanzamiento	f. 던지기, 투하, (제품) 런칭
disco	m. 레코드, 원반	volador	날아가는
canasta	f. 바구니, 트럼프 놀이	colchoneta	f. 얇은 매트리스
orientación	f. 방향, 지향, 예비 교육	orientarse	방향을 정하다, 향하다, 진로를 정하다
senderismo	m. 하이킹	establecer	설립하다, 창설하다, 확립하다, 분명하게 하다, 수립하다
variedad	f. 여러 가지, 갖가지, 종류	pleno	한가운데의, 완전한, 가득한, 한창 때의
ardilla	f. 다람쥐	ciervo	m. 사슴
pinar	m. 소나무 숲	laurisilva	f. 월계수 숲
tiro	m. 발사, 탄흔, 총격, 사격	arco	m. 활, 아치
introducción	f. 소개, 도입, 삽입	singular	m. 단수 / 단일의, 특이한, 독특한, 단수의
diana	f. 과녁, 과녁의 중심	flecha	f. 화살, 화살표
destreza	f. 손재주, 솜씨	acoger	받아들이다, 맞아들이다, 숙박시키다
precisión	f. 정확함, 정밀함	monitor	m. 코치, 강사, 지도자, 모니터 장치
fondo	m. 바닥, 깊이, 제일 깊숙한 곳, 자금, 자본, 배경	flora	f. 식물
fauna	f. 동물	velada	f. 밤샘, 철야, 야회
prestarse	도와주다	convivencia	f. 동거, 공동 생활, 합숙

enriquecedor	풍부하게 하는, 부유하게 하는	jornada	f. 하루, 1일, 노동 시간
acampada	f. 캠프, 캠핑, 야영 (=m. camping, m. campamento)	tienda	f. 가게, 텐트, 천막
recreativo	재미나는, 즐거운, 오락의	oscuridad	f. 어둠, 암흑
transparencia	f. 투명, 투명도	Vía Láctea	f. 은하수
granja	f. 농장, 농원, 가축 사육장	recrear	다시 만들다, 즐겁게 하다
rural	시골의, 전원의	alrededor	m. 주위, 근교 / 주위에, 주위를
burro	m. 당나귀	poni	m. 조랑말, 포니
cabra	f. 염소, 산양	oveja	f. 양, 암양
conejo	m. 토끼	oca	f. 집거위

3 해설

0. FLAVIO	Flavio는 아들인 엔리께가 자연을 느끼는 활동에 참여하길 바란다고 말한다. 직접적으로 정답과 연관되는 핵심은 두 번째 문장에서 말하는 Buscamos alguna excursión o caminata인데, 'excursión 여행, 하이킹, 나들이'와 'caminata 걷기, 하이킹'의 해석이 매우 중요하다. 보기 D의 제목인 senderismo 역시 '하이킹'을 의미한다. 그러므로 정답은 **D**.
1. ADELA	자신의 딸이 자주 길을 잃는 편이라고 언급하였다. Adela가 말한 두 번째 문장에서 'mejorar su habilidad a la hora de moverse en un espacio determinado'가 가장 중요한 단서가 된다. **C**에서는 동사 'orientarse 방향을 정하다'의 의미 해석이 핵심이다. 동의어로는 dirigirse가 있다.
2. INÉS	두 번째 문장 'está muy enganchado a todo lo relacionado con el cosmos 우주나 은하계 등과 연관 있는 모든 것에 큰 관심을 갖고 있다'와 이어지는 'No deja su telescopio ni un momento 망원경을 잠시도 놓아두지 않는다'가 결정적 단서가 된다. 정답은 **H**로, 마지막 줄에 등장하는 para ver la Vía Láctea, las galaxias y las estrellas que en esta época se ven fácilmente의 정확한 해석이 관건이다.
3. PERLA	첫 번째 문장에 등장하는 'mascota 애완동물'만 정확히 해석해도 정답을 쉽게 연결할 수 있다. 마지막 문장의 'cría 동물의 새끼' 또한 놓쳐서는 안 될 핵심어이다. A부터 J까지의 보기 중 '동물'을 포함하는 텍스트는 D와 J. 그중 D는 동물들이 있는 곳에서 'caminar 걷다'가 주요 활동이므로 초점이 다르다. 정답은 **J**. 활동 내용으로 동물에게 필요한 'cuidado 돌봄'과 'atenciones 주의'를 포함하므로 Perla가 원하는 내용에 부합한다.
4. IVÁN	'cursos de matemáticas e inglés 수학과 영어 강좌'가 오전 및 오후에 진행되므로 밤 시간에 진행할 다른 프로그램을 찾는다고 언급하였다. 활동의 조건은 'para que puedan meditar un momento 잠시 명상을 할 수 있는' 것이어야 하므로 정답은 **G**가 된다. 야영을 통해서 하루의 일과를 마치며 'comentar lo sucedido a lo largo del día 하루 동안 있었던 일을 이야기'한다고 연결할 수 있다.
5. ADRIÁN	Adrián의 아들은 공으로 하는 거의 모든 운동을 해 보았고, 새로운 것을 찾고 있는 중이다. 마지막 문장 'Una actividad que lo ayude a centrar la atención. 아이가 주의를 집중하는 데 도움을 줄 수 있는 활동.'이 정답의 단서이다. **E**에서 양궁을 하게 되면 좋은 점을 열거하면서 마지막에 'desarrolla la capacidad de concentración 집중력을 발달시키다'라고 하므로, Adrián이 희망하는 내용과 일맥상통한다.
6. PETRA	Petra는 더운 날씨에 아이들이 즐겁게 놀 수 있는 활동을 찾고 있다. 마지막 문장에서 'no les importa mojarse 젖어도 상관없음'을 명확하게 언급함으로써 수중 활동을 원하고 있음이 드러난다. 보기 중 수중 활동은 B와 F인데, F는 동식물을 관찰하는 등 다소 학습적 요소가 첨가된 활동이므로 제외된다. Petra는 구체적으로 'jugar 놀기'와 'programas divertidos 재미있는 프로그램'을 희망하므로 정답은 **B**가 된다.

Tarea2 독해 종합 연습문제 정답 및 해설

1 해석

지령

당신은 스페인의 관광 분야에 대한 텍스트를 읽을 것입니다. 이어서, (7번부터 12번까지) 질문에 답하세요. (a, b 또는 c) 정답을 선택하세요.

선택한 보기를 **답안지**에 표기하세요.

스페인 관광은 '태양과 바다'의 개혁을 추구한다

공급의 증가, 더 많은 정보를 가진 관광객들의 새로운 경향 그리고 지중해 다른 관광 명소들과 경쟁의 이유로, 스페인의 전통적인 태양과 바다 관광은 더 추가적인 요소를 갖는 상품을 갖춰 새롭게 교체될 수밖에 없다.

관광객은 특가 상품을 찾는데, 가면 갈수록 그들은 더 여행사가 제공하는 관광 패키지 상품에서 벗어나 신중하게 개인적이며, 그들의 필요성에 맞추어 여행을 준비한다. 이를 위해 새로운 기술이 주는 더 많은 정보의 힘을 빌린다. 진보적이며 인터넷의 장점을 잘 아는 외국인 관광객들은 어떻게 하면 더 절약할 수 있는지 알고 있다.

고전적인 태양과 바다 관광 상품은 전형적인 스페인 상품으로 세상에서 가장 우수한 상품 중 하나이지만 유아 놀이방, 교통수단, 체류 유연성, 기술적 기반, 치안 등과 같이 관광객을 위한 서비스 질에 있어서 두드러지는 추가적 가치와 스포츠, 문화 관광, 미식, 오락 등과 같은 결정적이면서도 가격이 훌륭한 보완 상품 제공이 함께 따라오지 않는다면 더 이상 관광객들에게 유익하게 여겨지지 못한다.

따라서 스페인 관광 분야의 기업가들은 머지않아 그들의 고객에게 이 모든 것을 제공할 수 있도록 노력하고 있다. 비록, 그들의 언급에 따르면 양질의 서비스가 되도록 하기 위해서는 시설의 확장과 개조가 필요하지만 말이다.

가장 성수기인 작년 8월에 스페인 해안에 도착한 외국인 수는 50만 명이나 더 줄었다. 7월, 8월, 9월을 기준으로 하는 여름 관광객 수에 비교했을 때, 3% 감소한 것이다. 올해 8월의 움직임이 바로 최근 2년간 스페인의 '태양과 바다' 관광 수요 감소 경향이 확실해지는지 볼 수 있는 열쇠가 될 것이다.

사실 올해 스페인에 거의 5,300만 명의 외국인 관광객들이 올 것이며, 이는 신기록이자 아주 두드러진 성장에 도달할 수 있는 최고 한도인 것이다. 이 사실은 이미 모든 관광 분야 종사자들이 동의하는 부분이다, 하지만 한 가지 덧붙여지는 사실이 있다. 그것은 바로 이 외국인 관광객들의 대부분은 유로화로 지불하며, 스페인의 태양과 바다 관광만 벌써 세 번째 또는 네 번째여서 이미 그들은 언제가 더 비싼지 알고 있으며 예전보다 가성비를 훨씬 잘 계산할 수 있다는 것이다. 그리고 더 위험한 것은 바로 지중해의 다른 행선지들과의 비교다. 터키, 이집트, 그리스 섬들, 아드리아해, 튀니지, 몰타, 키프로스 등은 점점 더 매력적인 관광지이자 항상 스페인에서 여름 휴가를 보내던 많은 유럽 관광객들에게는 더 저렴한 가격으로 갈 수 있는 곳이다.

문제

7. 텍스트에 따르면, 스페인 관광의 혁신에 대한 필요성은 ... 때문이다.

   a 공급의 감소

   b 관광객들의 선호도 변화

   c 방문할 곳이 더 많이 있다는 점

8. 외국인 관광객들의 경향은 ...는 것이다.

   a 패키지 관광 상품에 관심을 갖는다

   b 여행사의 도움을 얻어 여행을 준비한다

   c 인터넷을 활용할 줄 안다

9. 스페인을 방문하는 관광객들이 기대하는 것은 ...이다.

   a 전형적인 스페인 여행

   b 서비스 이상의 무언가

   c 더 저렴한 가격

10. 텍스트에 따르면, 스페인 관광 분야는 ...

    a 관광객들이 바라는 모든 것을 제공하고 있다.

    b 대대적인 시설 확장 및 개조를 했다.

    c 서비스 질을 개선하기 위해 노력하고 있다.

11. 스페인의 태양과 바다의 여행은 ...

    a 여름에 많이 증가했다.

    b 성수기에 감소했다.

    c 상당한 하락이 확증되었다.

12. 만일 스페인이 우려해야 하는 것이 있다면 그것은 바로 외국인 관광객들이 ...는 것이다.

    a 스페인을 단 한 번만 방문하길 원한다

    b 지중해의 다른 행선지들을 방문하는 데 관심을 보인다

    c 스페인에서 여름을 보내는 것이 이미 싫증 났을 수 있다

2 어휘

renovación	f. 갱신, 혁신	aumento	m. 증대, 증가, 인상, 개선
oferta	f. 제안, 특매품, 공급	hábito	m. 습관, 습성
informar	알리다, 보고하다, 정보를 주다	destino	m. 목적지, 운명
complementario	보충하는, 메우는	extra	f. 특별 수당, 덤 / 특별의, 특별한
huir de	도망치다, 도주하다, 멀어지다	con detenimiento	신중히, 주의하여
acomodar	놓다, 배치하다, 마련하다, 갖추다	echar mano de algo o alguien	~의 힘을 빌리다, ~을(를) 사용하다, 이용하다
avanzar	전진시키다, 앞당기다, 진보하다	valor	m. 가치, 가격
notable	현저한, 주목할 만한, 두드러진	guardería	f. 유치원, 유아원, 유아 놀이방
dotación	f. 지급, 인원	convincente	설득력이 있는, 수긍할 수 있는
esforzarse	힘쓰다, 애쓰다, 노력하다	en breve	곧, 바로, 즉시
remodelación	f. 개조, 개편, 보수, 리모델링	instalación	f. 정착, 설치, (항상 복수) 시설
costa	f. 해안, 연안	nada menos que	~만큼이나, ~까지도
balance	m. 비교 검토, 결산, 대차 대조	comportamiento	m. 행동, 움직임, 추이, 태도
clave	f. 암호, 풀이, 키, 비결 / 중요한	tendencia	f. 경향, 추세, 성향
confirmar	확인하다, 확고히 하다, 확정하다	récord	m. (결과를 나타내는) 기록
techo	m. 지붕, 천장, 한도, 정점	incremento	m. 증가, 증식
foráneo	m. 외국의, 타국의	de más	다른, 그 밖의, 나머지의, 여분으로
Adriático	m. 아드리아해	Túnez	m. 튀니지
Malta	f. 몰타	Chipre	m. 키프로스 공화국
veranear	여름을 보내다, 피서를 보내다	innovación	f. 혁신
reducción	f. 축소, 절감, 감소	preferencia	f. 편애, 우선
organizar	조직하다, 편성하다, 준비하다	beneficiarse	이득을 보다, 은혜를 입다
ampliación	f. 확장, 확대	considerable	상당한, 상당히 중요한
harto	싫증이 난, 지긋지긋한		

Tarea 2 · 독해 종합 연습문제 정답 및 해설

3 해설

7.	글의 주제이기도 한 'innovación del turismo español 스페인 관광의 개혁'이 왜 필요한지 묻고 있다. 제목에 등장한 'renovación 개혁, 갱신'과 맥락이 통하는 어휘 및 표현을 빠르게 확인해야 한다. 첫 번째 문단에서 세 가지의 이유로 'renovar 바꾸다, 일신하다'의 필요성이 있다고 말하는데, 스페인 외에 다른 관광할 곳들이 있다는 사실이 원인 중 하나로 부각된다. 따라서 정답은 보기 **c**. 주의해야 할 보기는 b이다. 관광객들이 'los nuevos hábitos de los turistas más informados' 즉, 정보를 더 쉽게 얻어 새로운 경향을 띠게 된 것 뿐, 관광지에 대한 선호도가 실제로 변화하였는지는 언급되지 않았다.
8.	질문에서 주의해야 할 단어는 'tendencia 경향, 추이'이다. 외국인 관광객들이 예전과 달리 현재는 어떤지 확인해야 한다. 정답은 두 번째 문단에 등장한다. 'cada vez más, huye de los paquetes turísticos ofrecidos por las agencias 가면 갈수록 그들은 더 여행사가 제공하는 관광 패키지 상품에서 벗어나'에 따르면 보기 a와 b가 모두 제거된다. 그러므로 정답은 **c**. 'nuevas tecnologías'와 'Internet'이 핵심어이며, 보기항에 등장한 동사 'beneficiarse de algo ~(으)로부터 이득을 보다' 표현이 매우 중요하다.
9.	질문은 이해하기 어렵지 않으나 각 보기항의 뉘앙스 파악이 관건인 유형이다. 스페인 관광객들이 원하는 포인트에 대해 3문단의 문장을 주의 깊게 해석하면, 'sol y playa 태양과 바다' 관광 상품은 추가 요소가 제공되지 않으면 더 이상 가치가 없을 것이라 언급한다. '전형적인 관광 상품'은 이제 큰 매력이 없다고 하므로 a가 먼저 오답으로 간주된다. 보기 c에 제시된 'precio más económico 더 저렴한 가격'을 지문에 등장한 'a buen precio 좋은 가격으로'와 혼동해서는 안 된다. 지문에 따르면 관광객들은 무조건 저렴한 가격을 원하는 것이 아니라, 양질의 서비스를 제공하면서도 훌륭한 가격의 상품을 원하기 때문이다. 정답은 **b**로, más que를 '~그 이상'으로 해석해야 하며, 서비스뿐만 아니라 그 이상의 추가 부분에 대해 높은 기대치를 가지고 있다고 강조한다.
10.	4문단에서는 현재 스페인 관광 업계의 상황에 대해 묘사하고 있다. 'Por ello, los empresarios del sector turístico español están esforzándose para poder ofrecer todo esto a sus clientes en breve, aunque, como señalan, necesitan hacer una ampliación y remodelación de sus instalaciones para que el servicio sea de calidad.'에 따르면, 스페인 관광 분야의 기업가들이 고객들이 원하는 모든 것을 제공하기 위해 노력하고 있다고 말하므로, 10번의 보기 a와 같이 '지금 현재 제공하고 있다'로 표현된 문장은 틀리다. 이어서 정답 문장에서는 '시설의 확충과 개조가 필요하다'고 말하므로 보기 b 역시 틀린 답이 된다. 정답 문장의 내용과 일치하는 보기는 **c**. 서비스 질을 향상시키기 위해 현재 노력 중이라는 것이다.
11.	5문단을 꼼꼼히 해석해야 한다. 'En agosto del año pasado, llegaron a las costas españolas nada menos que medio millón de extranjeros menos, en el mes de más alta temporada, con lo que el balance del verano (julio, agosto y septiembre), fue de un 3% menos.'에 따르면 작년 여름, 그중에서도 8월의 기록에 대해 말하는데 50만 명이나 더 적게 방문했으므로 관광객이 'aumentar 증가하다'라고 한 a는 오답이다. 함정이 되는 보기는 c이다. 'El comportamiento de este año en ese mes será clave para ver si la tendencia a la baja del sol y playa español de los últimos dos años se confirma.'를 정확히 해석해야 한다. 올해 8월의 동향을 파악해 보아야 확실해질 것이라 하였으므로 아직은 보기 c와 같이 confirmar를 현재형으로 쓰면 오답이 된다. 그러므로 정답은 **b**.
12.	스페인이 관광 산업에서 가장 우려해야 할 점을 묻고 있다. 마지막 문단에서 정답 문장 'Y lo que es más peligroso, compararlo con otros destinos del Mediterráneo. Turquía, Egipto, las islas griegas, el Adriático, Túnez, Malta o Chipre son opciones cada vez más atractivas y con menor coste para muchos turistas europeos que siempre han veraneado en España. 그리고 더 위험한 것은 바로 지중해의 다른 행선지들과의 비교이다. 터키, 이집트, 그리스 섬들, 아드리아해, 튀니지, 몰타, 키프로스 등은 점점 더 매력적인 관광지이자 항상 스페인에서 여름 휴가를 보내던 많은 유럽 관광객들에게는 더 저렴한 가격으로 갈 수 있는 곳이다.'에 따르면, 이미 스페인에서 여름을 보낸 이들에게 새로운 여행지 선택지가 늘어났음을 알 수 있다. 따라서 정답은 보기 **b**. 보기 a와 c는 언급된 바 없는 내용이다.

1 해석

지령

당신은 본인들이 어떻게 독서를 하기 시작하였으며 독서에 대해 어떻게 생각하는지 이야기하는 사람들의 텍스트 3편을 읽게 될 것입니다. (13번부터 18번까지) 질문에 (A, B 또는 C) 텍스트를 연결하세요.

선택한 보기를 **답안지**에 표기하세요.

문제

		A. 루이스	B. 이스라엘	C. 호세
13.	누가 본인이 처음 읽은 책들을 단숨에 읽었다고 말하는가?			
14.	누가 독서를 통해 즐거움을 추구했는가?			
15.	누가 독서를 하며 마치 다른 삶을 사는 듯이 느꼈는가?			
16.	누가 부모님들은 아이들의 독서에 어느 정도의 영향을 준다고 말하는가?			
17.	누가 천천히 독서하는 것이 중요하다고 생각하는가?			
18.	누가 독서 강요에 대한 위험을 경고하는가?			

텍스트

A. 루이스

나는 서부 소설들과 '카스티야어 최고의 시 1,000편' 이라는 책을 통해 독서에 빠지게 되었다. 소설에서는 몇 시간 동안이고 다른 세상에서 사는 듯한 가능성이 무척 좋았으며 시에서는 단어의 마법과 아름다움이기도 한 운율이 좋았다. 문학 수업과 많은 국어 수업들이 주로 독서하며 읽은 것에 대해 평하는 데 할애될 것을 제안한다. 아이들과 젊은이들에게 느림의 즐거움을 심어 주기를 원한다. 그들에게 문화라는 것과 순수한 즐거움 사이를 구분하기를 가르치길 권한다. 학교만의 가치관 중 일부를 사회가 떠안아 그것들을 실행에 옮기길 바란다.

B. 이스라엘

내가 처음 읽은 책이 미하엘 엔데의 '모모'였는지 또는 톨킨의 '호빗'이었는지 잘 기억이 나지 않는다. 하지만 분명히 기억 나는 것은 바로 그 두 권의 책을 단숨에 읽었다는 것이고, 그때부터 나는 두 작가의 모든 작품을 읽기로 결심했다. 그때 아마 나는 여덟 살이나 아홉 살이었을 것이다. 독서하는 습관을 어린 시절부터 들이는 게 중요한 것은 확실하다. 그리고 부모님들은 선생님들만큼이나 큰 책임감을 가진다. 만일 부모님에게 독서 습관이 있다면 일반적으로 그 자녀들 역시 독서를 한다. 처음 접근하는 방식의 선택은 독서가 아주 지루한 것이거나 힘든 것이라는 인상을 갖지 않도록 하는 데 매우 중요하다. 열세 살 혹은 열네 살의 아이에게 고전 작품을 읽도록 강요하면 역효과가 날 수 있다고 생각한다.

C. 호세

어린 시절, 지루함에서 벗어나려던 것이 나를 독서로 이끌었다. 마르씨알 라푸엔떼 에스떼파니아와 같은 대중적인 전집 소설들을 섭렵했던 기억이 난다. 독서 장려를 위해서는 독서가 영화나 비디오 게임과 같이 강력하고 빠른 수단과 경쟁하는, 어렵고도 느린 활동이라는 것을 인식할 필요가 있다. 독서 권장은 각 연령에 따라 다른 방식으로 행해져야 한다. 가족의 역할은 매우 중요한 것은 사실이나 그렇다고 아주 당연한 것은 아니다. 독서를 하는 부모님을 보는 것은 독서의 즐거움을 만들거나 (그들을 모방하기 위함) 또는 거부감을 만들 수도 있다 (경쟁 상대가 되기 때문). 해결책은 부모님들이 독서를 하되 특히 읽는 내용에 대해 이야기해 주면 좋을 것이다.

2 어휘

lectura	f. 독서, 읽기	de una vez	단번에, 한 번에
entretenerse	즐기다, 기분 전환을 하다	ejercer	종사하다, 일하다, 하다, 행하다
imposición	f. 강압, 강요, 과함, 과세	engancharse	~에 걸리다, 중독되다
Oeste	m. 서(西), 서쪽	poesía	f. 시, 서정시
habitar	살다, 거주하다, 서식하다	magia	f. 마법, 마술, 마력
mayormente	특히, 주로, 일반적으로, 대체로	inculcar	주입시키다, 심어 주다, 고취시키다
lentitud	f. 느림, 더딤, 완만함	distinguir	구별하다, 특징 짓다, 식별하다, 높이 평가하다
potente	힘이 있는, 강대한, 부유한	mero	단순한, 바로 그 / 곧, 즉시, 바로
entretenimiento	m. 오락, 즐거움	llevar a la práctica	실행에 옮기다
de un tirón	한 번에, 단번에, 단숨에	convencido	확신한, 납득이 된
fundamental	근본적인, 중요한, 기초의, 기본적인	hábito	m. 습관, 습성
acercamiento	m. 접근, 가까이함, 화해, 친선	arraigar	매우 견고히 되다, 뿌리를 박다, 심다, 정착시키다
arduo	힘든, 험한	chaval	m.f. 어린아이, 젊은이 / 어린, 젊은
contraproducente	역효과의	librarse	해방되다, 도망치다
aburrimiento	m. 권태, 싫증, 피로	devorar	걸신 들린 것처럼 먹다, 집어삼키다, 파괴하다, 부수다
fomentar	자극하다, 조장하다, 촉진하다, 장려하다	imprescindible	묵과할 수 없는, 꼭 필요한
competir	경쟁하다, 경합하다, 겨루다	fomento	m. 장려, 조성, 조장, 도움, 조력
obvio	매우 분명한, 명백한, 당연한	imitar	모방하다, 모사하다, 모조하다
rechazo	m. 거절, 격퇴	competidor	m.f. 경쟁자, 경쟁 상대 / 경쟁하는

3 해설

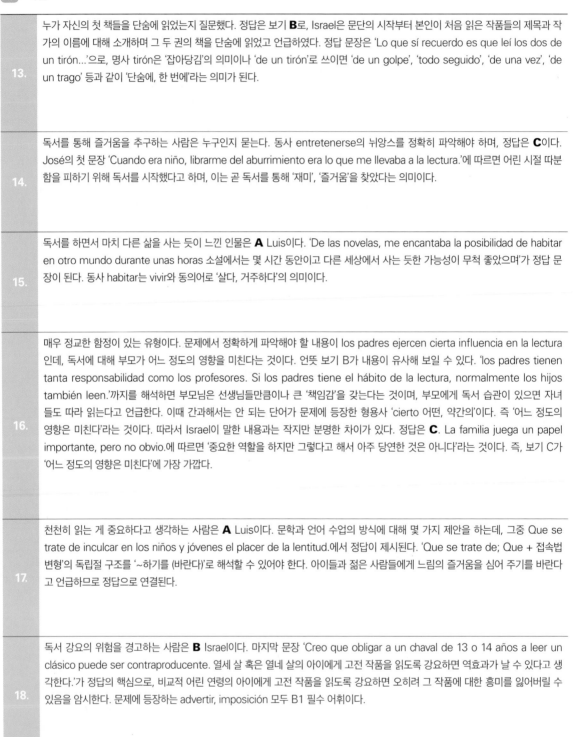

13.	누가 자신의 첫 책들을 단숨에 읽었는지 질문했다. 정답은 보기 **B**로, Israel은 문단의 시작부터 본인이 처음 읽은 작품들의 제목과 작가의 이름에 대해 소개하며 그 두 권의 책을 단숨에 읽었고 언급하였다. 정답 문장은 'Lo que sí recuerdo es que leí los dos de un tirón...'으로, 명사 tirón은 '잡아당김'의 의미이나 'de un tirón'로 쓰이면 'de un golpe', 'todo seguido', 'de una vez', 'de un trago' 등과 같이 '단숨에, 한 번에'라는 의미가 된다.
14.	독서를 통해 즐거움을 추구하는 사람은 누구인지 묻는다. 동사 entretenerse의 뉘앙스를 정확히 파악해야 하며, 정답은 **C**이다. José의 첫 문장 'Cuando era niño, librarme del aburrimiento era lo que me llevaba a la lectura.'에 따르면 어린 시절 따분함을 피하기 위해 독서를 시작했다고 하며, 이는 곧 독서를 통해 '재미', '즐거움'을 찾았다는 의미이다.
15.	독서를 하면서 마치 다른 삶을 사는 듯이 느낀 인물은 **A** Luis이다. 'De las novelas, me encantaba la posibilidad de habitar en otro mundo durante unas horas 소설에서는 몇 시간 동안이고 다른 세상에서 사는 듯한 가능성이 무척 좋았으며'가 정답 문장이 된다. 동사 habitar는 vivir와 동의어로 '살다, 거주하다'의 의미이다.
16.	매우 정교한 함정이 있는 유형이다. 문제에서 정확하게 파악해야 할 내용이 los padres ejercen cierta influencia en la lectura 인데, 독서에 대해 부모가 어느 정도의 영향을 미친다는 것이다. 언뜻 보기 B가 내용이 유사해 보일 수 있다. 'los padres tienen tanta responsabilidad como los profesores. Si los padres tiene el hábito de la lectura, normalmente los hijos también leen.'까지를 해석하면 부모님은 선생님들만큼이나 큰 '책임감'을 갖는다는 것이며, 부모에게 독서 습관이 있으면 자녀들도 따라 읽는다고 언급한다. 이때 간과해서는 안 되는 단어가 문제에 등장한 형용사 'cierto 어떤, 약간의'이다. 즉 '어느 정도의 영향은 미친다'라는 것이다. 따라서 Israel이 말한 내용과는 작지만 분명한 차이가 있다. 정답은 **C**. La familia juega un papel importante, pero no obvio.에 따르면 '중요한 역할을 하지만 그렇다고 해서 아주 당연한 것은 아니다'라는 것이다. 즉, 보기 C가 '어느 정도의 영향은 미친다'에 가장 가깝다.
17.	천천히 읽는 게 중요하다고 생각하는 사람은 **A** Luis이다. 문학과 언어 수업의 방식에 대해 몇 가지 제안을 하는데, 그중 Que se trate de inculcar en los niños y jóvenes el placer de la lentitud.에서 정답이 제시된다. 'Que se trate de; Que + 접속법 변형'의 독립절 구조를 '~하기를 (바란다)'로 해석할 수 있어야 한다. 아이들과 젊은 사람들에게 느림의 즐거움을 심어 주기를 바란다고 언급하므로 정답으로 연결된다.
18.	독서 강요의 위험을 경고하는 사람은 **B** Israel이다. 마지막 문장 'Creo que obligar a un chaval de 13 o 14 años a leer un clásico puede ser contraproducente. 열세 살 혹은 열네 살의 아이에게 고전 작품을 읽도록 강요하면 역효과가 날 수 있다고 생각한다.'가 정답의 핵심으로, 비교적 어린 연령의 아이에게 고전 작품을 읽도록 강요하면 오히려 그 작품에 대한 흥미를 잃어버릴 수 있음을 암시한다. 문제에 등장하는 advertir, imposición 모두 B1 필수 어휘이다.

1 해석

지령

다음의 텍스트를 읽으세요. 텍스트에서 6개 문장이 빠져 있습니다. 이어서 (A부터 H까지) 주어진 8개 문장을 읽고, (19번부터 24번까지) 텍스트의 빈칸에 문장을 배치할 곳을 정하세요.

<u>선택하지 말아야 하는 문장이 2개 있습니다.</u>

선택한 보기를 **답안지**에 표기하세요.

구애 활동

당신이 만약 미혼이라면, 그리고 누군가와 교제하고 싶다면 오늘날엔 소셜 네트워크가 많은 도움이 된다. 누군가에게 데이트를 제안하기가 그리 어렵지 않은 온라인 데이트 웹 사이트 또는 몇몇 어플리케이션을 통해서 말이다. **19.** _____ _____ .

그렇게 해서 미국에 처음 '초대장' 혹은 '동행 제안장'이 도입된 것이다. "친애하는 아가씨. 당신은 세심하고 착하며 여성의 모든 매력을 갖고 있습니다. 당신의 두 눈은 하늘에 떠 있는 별과 같이 빼어납니다. 당신을 사랑할 수 없다면 나는 불행한 사람일 것입니다." "당신의 집에서 오늘 오후에 당신을 볼 수 있는 기쁨을 주시겠어요? 만일 그렇다면 이 카드를 간직해 주세요. 만일 아니라면 카드를 다시 돌려주십시오."

20. _____ . 아가씨 한 명이 구애의 대상이 되었을 때 모든 것은 시작되었다. 그것은 바로 이 젊은 여성이 모든 교육을 마치고 공식으로 결혼 시장에 나와 있다는 것을 의미했다. 보통은 17세 혹은 18세에 가능했지만 재정 상황 또는 가족의 상황은 여성의 데뷔를 늦추거나 당길 수 있었다.

21. _____ . 그래서, 젊은 남자와 젊은 여자는 댄스나 파티와 같은 사교 모임에서 서로를 소개 받곤 했다.

22. _____ . 그들은 미사가 끝난 후, 연극의 막간 휴식 시간 동안 또는 오후의 산책 시간에 다시 만나면 서로 연애 편지를 주고받았다.

그 둘이 다시 보거나 또는 조용히 대화를 나누기 위해, 여성은 본인이 발코니로 나갈 시간을 구애하는 남자에게 알려 주었다. **23.** _____ .

이 젊은이 커플이 결혼을 하기로 결심하면 남자가 약혼녀의 부모님들과 약속을 잡고 그들에게 딸과의 결혼을 청했다. **24.** _____ . 하지만 물론 약혼녀는 결혼식 전까지는 항상 더 나이 많은 언니, 이모, 여주인, 남자 형제 또는 다른 나이가 더 많은 사람과 늘 함께 다녔다.

문장

A. 19세기 스페인에서는 특히 중산층의 경우, 구애 활동에서 볼 수 있었던 매우 전통적인 습관들이 일부 존재했다.

B. 그러므로, 미혼인 젊은이들은 언제 어떻게든 누군가에게 데이트할 것을 제안할 수 있다.

C. 하지만 19세기에 미혼 젊은이들은 그들의 유혹 게임에서 더 창의적이어야만 했다.

D. 또는 언제 산책을 갈지, 누구와 함께 나갈지, 어디에 앉을 것인지 등 그 밖에 다른 필요한 신호들을

E. 그때부터 이 연인들은 더 자주 만나 보는 것이 허락되었다.

F. 구애한다는 것은 바로 아가씨에게 결혼을 바라는 것이다.

G. 왜냐하면 그들은 오직 댄스 모임이나 파티에서만 만날 수 있었기 때문이다.

H. 만일 그들이 서로 마음에 들어 다시 만나기를 원하면, 새로운 약속을 위한 기회를 엿봐야만 했다.

2 어휘

cortejo	m. 설득함, 구애, 사랑의 호소	soltero	m.f. 독신자 / 독신의, 미혼의
redes sociales	f.pl. 소셜 네트워크 그룹, 집합	introducir	끼워 넣다, 삽입하다, 안내하다
acompañamiento	m. 동반, 동행	sensible	감각 능력이 있는, 다감한, 정밀한, 예리한
encanto	m. 매력, 환희	resaltar	두드러지게 하다, 돌출하다, 빼어나다, 분명하게 하다
cortejar	사랑을 구하다, 호소하다	accesible	접근할 수 있는, 도달할 수 있는, 손이 닿는
circunstancia	f. 상황, 정황	retrasar	지연시키다, 연기하다
debut	m. 데뷔, 첫 등장, 초연, 첫 공연	intermedio	m. 사이, 틈 / 중간의, 중급의
intercambiar	교환하다	pretendiente	m.f. 바라는 사람, 구혼자, 구애자 / 바라는, 지망하는, 지원하는
balcón	m. 발코니, 베란다	pedir la mano	청혼하다
en particular	특히, 유난히, 그중에서도	creativo	m.f. 전문 창안자 / 창의적인
seducción	f. 유혹, 매력, 매혹	seña	f. 표, 신호, 몸짓, 징후
pretender	바라다, 희구하다, 되고 싶다, 얻고 싶다		

3 해설

19.	빈칸 앞 내용에서 요즘 시대에는 '소셜 네트워크' 또는 '어플리케이션' 등의 활용으로 이성과 교제하기가 더 쉽다는 사실을 전하였다. 정답은 **C**. 'pero 하지만'으로 시작하는 보기 문장에서 가장 결정적인 단서는 '오늘날에는 ~하다. 하지만 과거 19세기에는 ~했다.'의 논리 흐름으로, 빈칸의 앞뒤 내용 모두를 매끄럽게 연결 가능하다. 언뜻 보기 B도 연결이 가능해 보이나 C와는 달리 빈칸 뒤의 내용과 흐름이 맞지 않는다.
20.	중간 문단의 시작이 빈칸인 경우, 글의 전체적인 구조와 흐름을 파악하여 정답 문장을 선택해야 한다. 첫 문단에서는 '오늘날과 과거의 비교'를, 2문단에서는 '구애 활동의 사례'를 제시하였다. 하지만 정확하게 cortejo가 무엇인지 밝히는 내용은 등장하지 않았다. 3문단 빈칸 뒤쪽에 이르러서야 글의 주제인 cortejo가 어떤 방식으로 전개되는지 본격적으로 묘사한다. 따라서 빈칸에 들어갈 정답은 **F**. Cortejar es pretender en matrimonio a una señorita. '구애한다는 것은 바로 아가씨에게 결혼을 바라는 것이다.'가 가장 부합한다.
21.	3문단에서 cortejo의 개념을 제시했다면, 4문단부터는 보다 상세하게 설명하는 내용이 등장할 차례이다. 빈칸을 포함해 단 2문장으로 구성되어 있으므로 상대적으로 쉽게 정답을 찾을 수 있는 유형이다. 빈칸 뒤의 문장에서 댄스나 파티 등과 같은 사교 모임에서 서로를 소개 받는다고 구체적인 예시를 들고 있으므로 정답은 **A**. 'En la España del siglo XIX, en particular en la clase media, existían ciertas costumbres muy tradicionales que se observaban durante el cortejo. 19세기 스페인에서는 특히 중산층의 경우, 구애 활동에서 볼 수 있었던 매우 전통적인 습관들이 일부 존재했다.'가 가장 자연스럽다. 핵심어는 'ciertas costumbres tradicionales'로서, 빈칸 뒤 문장에 제시된 댄스나 파티 등의 사교 모임이 바로 '전통적인 습관들'에 해당된다.
22.	5문단은 4문단 내용과 계속 연결되므로 주제인 cortejo의 전개를 머릿속으로 상상하며 읽어 나가야 한다. 바로 앞에서 처음으로 소개 받는 단계를 설명했으므로, 이어지는 알맞은 정답 문장은 **H**. 만일 그들이 서로 마음에 들어 다시 만나기를 원하면, 'nuevo encuentro 새로운 약속'을 위한 기회를 엿본다는 흐름이 자연스럽게 연상된다.
23.	빈칸 앞에서는 본격적으로 만남을 이어 가는 방식에 주목한다. 빈칸 앞 문장은 '여자가 남자에게 ~할 것이라고 말한다'의 구조로, 빈칸 문장 역시 동일하게 'informaba 알렸다 + ~할 것이라고'의 가능법 구조를 사용한 **D**가 정답이 된다. 상대적으로 수동적인 입장이었던 여성이 남성에게 본인의 일과나 계획 등을 넌지시 알림으로써 구애하는 남자가 여자를 만날 수 있도록 협조하는 내용이므로 의미의 흐름 역시 부합한다.
24.	마지막 문단에서는 비로소 이들이 결혼을 허락 받는 결말에 이르는데, 첫 번째 문장에서는 남자가 여자의 부모님들을 만나 결혼 승낙을 요청하였다. 이 흐름을 연결시킨다면 빈칸에는 **E**. A partir de ese momento, se les permitía a los novios verse más a menudo.를 배치해야 자연스럽다. E에서 말하는 ese momento를 눈여겨보고, 비로소 이들이 떳떳이 만날 수 있게 허락되는 '그 때'를 의미함을 파악할 수 있어야 한다.

독해 **117**

Tarea 5 독해 종합 연습문제 정답 및 해설

1 어휘

apenas	겨우, 고작, 단지, ~하자마자	espléndido	멋진, 화려한, 훌륭한
lado	m. 옆, 측면, 옆구리, 장소	lograr	달성하다, 성취하다
fuerza de voluntad	f. 의지력	parte	f. 부분, 장소
generación	f. 세대, 어떤 시대의 사람들	cariñoso	사랑스러운, 애정이 깊은, 다정한
de buena gana	흔쾌히, 기꺼이	afecto	m. 사랑, 애정, 호감
turbar	어지럽히다, 혼란하게 하다, 방해하다	personalmente	자신이, 개인적으로
afectuoso	친애하는, 사랑하는, 발랄한	emocionante	감동적인, 감격적인, 감동시키는
calmado	가라앉은, 평정된, 진정된	fastidio	m. 불쾌함, 노함, 성남, 피곤
desgana	f. 식욕 부진, 싫은 마음, 싫증	ahínco	m. 열심, 열의, 열렬함
investigar	조사하다, 수사하다, 연구하다	demostrar	증명하다, 분명하게 드러내다, 입증하다
dudar	의심하다, 믿지 못하다, 주저하다		

2 해설

25.	Si 조건절에 들어갈 seguir 동사의 알맞은 변형에 대한 문제이다. Si 조건절의 경우 절대 접속법 현재형을 취하지 않는다. 즉, '~(이)라면'과 같은 단순 가정의 경우 접속법 현재가 아닌 직설법 현재를 써야 한다. 이에 따라 보기 a의 siga가 먼저 탈락된다. b의 sigue 직설법 현재와 c의 siguiera 접속법 과거는 모두 Si 조건절에서 사용 가능하지만, 접속법 과거를 쓰는 경우는 '혹시라도 ~(이)라면'과 같이 현재 사실에 반대되는 가설을 나타내며, 주절 내 동사는 가능법 변형이 연결되어야 하므로 정답은 보기 **b**가 된다. 이어지는 단순 미래 llegará를 통해서도 b를 정답으로 연결시킬 수 있다. 그러므로 정답은 **b**.
26.	estar 동사와 함께 주어의 상태를 표현하는 올바른 형용사를 선택해야 한다. 빈칸 문장에서 글쓴이는 피아노 연주회에서 안또니오의 성공에 대해 말하는 의견을 듣고 'Me he alegrado de oírlo hablar así'라고 언급하였다. 동사 'alegrarse 기뻐하다'의 맥락과 보기 c의 'nervioso 긴장한'은 어울리지 않는다. 보기 b의 emocionante는 함정으로, 사람이 기쁜 상태에 있는 경우는 '감동시키는, 감격 스럽게 하는'을 뜻하는 emocionante가 아니라 동사 emocionar의 과거 분사형 형용사 emocionado를 써야 한다. 그러므로 정답은 conmover 동사의 과거 분사 형용사인 conmovido, 보기 **a**이다.
27.	글쓴이는 친구에게 계속해서 축하를 전한다. 빈칸은 바로 앞 'trabajar con'에 연결되면서 '네가 ~했고 그리하여 지금의 목표를 달성해 냈다'라는 내용으로 연결되어야 한다. 또한 계속해서 긍정적인 평가를 전달해야 전체 편지 내용에 부합한다. 따라서 보기 a의 'fastidio 화남, 불쾌함' 및 보기 b의 'desgana 싫은 마음, 싫증'은 제외된다. 보기 c에 제시된 ahínco는 '열심'을 의미하며, trabajar con ahínco는 '열심히 일하다'가 된다. 그러므로 정답은 **c**.
28.	빈칸 앞 내용의 해석에 따라 흐름을 연결해 가며 적절한 동사를 선택해야 한다. 앞 문장에서 글쓴이는 본인의 할아버지가 '우리 세대의 사람들이 열의를 갖지 않는다'고 말했다고 밝혔다. 그러나 안또니오가 노력하고 성공을 거둠으로써 '그것이 사실이 아니라는 것을 네가 ~했다'라는 내용으로 연결되는 흐름이다. 동사 investigar는 '조사하다', demostrar는 '증명하다', dudar는 '의심하다'를 나타 낸다. 그러므로 정답은 **b**.

29.	ir 동사의 올바른 완료형을 채워야 하는 문제이다. 우선 보기 a는 완료 미래, b는 직설법 과거 완료, c는 접속법 과거 완료임을 염두에 두자. 같은 문장에서 이어지는 내용을 주의 깊게 해석해야 한다. 'pero había tanta gente felicitándote y tu mamá te abrazaba con tanto afecto que no he querido turbar su alegría 하지만 널 축하하는 사람이 무척 많았고 너의 어머니가 애정을 다해 네게 포옹하고 계셔서 그분의 기쁨을 방해하고 싶지 않았어.'를 통해 글쓴이는 마음은 있었지만 실제로 포옹을 전하러 가지 않았음을 알 수 있다. 따라서 완료된 과거 사실의 반대 즉, '~했겠지만 (그렇게 하지 않았다)' 용법인 접속법 과거 완료 변형을 사용해야 한다. 그러므로 정답은 보기 **c**.
30.	어김없이 등장한 전치사 문제이다. 빈칸 앞 내용은 'visitaré'였으며 이어지는 내용은 동사 원형 saludar이다. '인사하기 위해 방문할 것이다'라고 정확하게 해석해야 한다. 보기 a의 por는 '~때문에' 즉, 이유나 동기를 나타낸다. 보기 c 의 a 는 '~(으)로' 즉, 방향이나 도착지를 이끈다. 정답은 목적을 나타내는 보기 **b**이다. 'Te visitaré para saludarte'의 구조를 정확히 파악해야만이 정답을 선택할 수 있다.

3 해석

지령

텍스트를 읽고 (25번부터 30번까지) 빈칸에 (a / b / c) 보기를 채우세요.

선택한 보기를 **답안지**에 표기하세요.

매우 친애하는 안또니오

네가 거둔 멋진 성공을 축하하기 위해 나는 집에 도착하자마자 네게 이 몇 줄을 쓴다.

너의 연주는 정말 훌륭했고 넌 모든 사람들 중에서 일등을 했지. 내 옆에는 피아노 교수인 중년의 신사가 한 분 계셨는데 '저 청년은 음악을 아주 심도 있게 느끼고 있군. 계속해서 공부한다면 아주 위대한 피아니스트가 될 거야.' 라고 말했어.

그의 그 말에 나는 너무 기뻤고 진심으로 감격했어. 넌 열심히 노력해서 성공을 거두었지. 엄청난 의지가 없다면 도달할 수 있는 것은 아무 것도 없어. 나의 할아버지는 우리 세대의 사람들이 열의를 갖지 않는다고 말씀하셔. 넌 그게 사실이 아니라는 것을 증명해 보인 거야. 그래서 애정 어린 축하를 보내.

기꺼이 네게 포옹을 하러 갔을 테지만, 널 축하하는 사람이 무척 많았고 너의 어머니가 애정을 다해 네게 포옹하고 계셔서 그분의 기쁨을 방해히고 싶지 않았어.

내일 오후에 직접 인사를 전하기 위해 널 방문할 거야.

애정 어린 인사를 받아 줘.

프란씨스꼬

PRUEBA DE COMPRENSIÓN AUDITIVA

La prueba de **Comprensión auditiva** contiene <u>cinco tareas</u>.
Usted debe responder a 30 preguntas.
Duración: 40 minutos.
Marque sus opciones únicamente en la **Hoja de respuestas**.

듣기 평가

듣기 평가는 5개의 과제로 구성됩니다.
당신은 30개의 문제에 답해야 합니다.
시간: 40분
선택한 보기를 **답안지**에만 표기하시오.

COMPRENSIÓN AUDITIVA 듣기

출제 가이드

1 출제 경향

DELE B1 듣기 영역은 일상에서 접하는 메시지, 안내 음성, 공지, 광고, 라디오 뉴스 및 특정 전문 분야에 관련된 음성 지문을 통해 응시자의 듣기 능력을 파악합니다. 짧은 글 듣기부터 긴 지문 듣기, 대화 내용 듣기 등 다양한 유형이 출제 됩니다. 문제와 보기항이 시험지에 기재되어 있으므로 듣기와 읽기를 동시 진행하며 답을 선택해야 합니다. 스페인어를 사용하는 여러 나라의 어휘와 억양이 고루 출제됩니다. 음성 재생 속도는 다소 빠른 편이므로 충분한 듣기 훈련과 예상 대본 독해 훈련이 필요합니다.

2 유형 파악

문항 수	30문항		
시험 시간	40분		
Tarea 과제	유형	단어 수	문항 수
1	6개의 메시지 듣고 삼지선다형 문제 풀기	텍스트당 40~60	6
2	하나의 긴 지문을 듣고 삼지선다형 문제 풀기	400~450	6
3	6편의 짧은 뉴스 듣고 삼지선다형 문제 풀기	350~400	6
4	6명이 말하는 내용과 부합하는 문장 선택하기	텍스트당 50~70	6
5	두 사람의 대화를 듣고 해당되는 화자와 연결하기	250~300	6

3 듣기 완전 분석

순서	지령 파악 ➔ 문제와 보기 읽기 ➔ 1차 듣기&풀이 ➔ 2차 듣기&정답 선택 ➔ 다음 과제 시험지 파악

DELE B1 듣기 영역은 5개의 과제, 총 30문항으로 구성되어 있습니다. 주어진 시간은 40분입니다. 과제 순서대로 풀게 되며 가장 관건은 시험지에 표기된 지령, 문제, 보기항 등을 빠르게 훑으면서 앞으로 들려 줄 내용을 예측하는 실력입니다. 모든 듣기 지문은 두 번 들려 주므로, 1차 듣기에서는 시험지에 답을 표시했다가 2차 듣기에서 최종 선택한 답을 답안지에 표기 하도록 합니다. 문제 파악이 매우 중요한 만큼, 한 과제를 모두 푼 후 놓치는 시간 없이 다음 과제의 문제를 읽도록 합니다.

Tarea 1   6개의 메시지 듣고 삼지선다형 문제 풀기

핵심 포인트

- 6개의 짧은 음성 메시지를 듣고, 각 메시지당 한 문항씩 객관식 문제를 풀게 됩니다.
- 자동 응답기에 남겨진 독백 형식의 음성으로 개인 간의 용건이나 광고, 알림 등이 주어집니다.
- 각 음성 메시지의 내용은 이어지지 않으며 서로 관련이 없습니다.

빈출 주제

- 자동 응답기   개인 또는 업체 광고 메시지
- 라디오   짧은 광고
- 안내 방송   공공 장소, 기관 등

Tarea 1 완전 공략

1 어떻게 푸나요?

개인 간의 메시지나 짧은 광고 등 총6개의 서로 다른 음성 메시지를 듣습니다. 음성을 듣기 전 문제와 보기를 미리 읽으며 메시지의 유형, 내용, 등장인물 등을 예측해 봅니다. 짧은 메시지에서 핵심이 되는 내용을 놓치지 말고 파악해야 합니다.

2 고득점 전략

- 지령 내용에 메시지의 유형 및 내용 관련 정보가 있는지 먼저 파악합니다.
- 1차 듣기 전, 반드시 문제를 미리 읽으며 어떤 메시지가 나올지 예상해 봅니다.
- 문제와 보기를 함께 읽으며 메시지의 핵심 내용이 무엇일지 미리 예측합니다.
- 메시지를 들으며, 실제로 메시지를 받는 이의 입장에서 생각해 봅니다.
- 듣기가 시작되면 시험지의 문제를 응시하면서, 정답이 아닌 보기부터 탈락시키는 소거법으로 최종 정답을 선택합니다.

3 잠깐! 주의하세요

- 메시지 내용 흐름에 주의하여 듣습니다. 내용에 따라 달라지는 어투에도 유의합니다.
- 1차 듣기 전, 문제와 보기를 반드시 미리 읽어 요약해 두어야 합니다. 다 읽을 시간이 부족하다면 부분적으로라도 자신이 읽을 수 있는 최대의 문제와 보기를 읽어 둡니다.
- 전체 메시지의 내용을 예측해 보고 관련 어휘를 시험지에서 미리 읽음으로써 메시지를 훨씬 더 정확히 듣고 파악할 수 있습니다.

Tarea 1 **Ejercicios** 실전 연습

문제 1   🎧 Track 1-1

INSTRUCCIONES

Usted va a escuchar seis mensajes del buzón de voz de un teléfono. Escuchará cada mensaje dos veces. Después debe contestar a las preguntas (1-6). Seleccione la opción correcta (a / b / c).

Marque las opciones elegidas en la **Hoja de respuestas**.

Ahora tiene 30 segundos para leer las preguntas.

PREGUNTAS

Mensaje 1

1. Pedro le pide a Marta que ...

   a limpie la oficina.

   b no lo espere.

   c vaya a recoger a Belén.

Mensaje 2

2. ¿Qué le sugiere a Ana la mujer que llama?

   a Que se encargue de organizar algunas actividades.

   b Que inscriba a sus hijos en algunas actividades.

   c Que aprenda a jugar al ajedrez, fútbol y balonmano.

Mensaje 3

3. ¿Qué es lo que no tiene Rosa?

   a Un vestido rojo.

   b Un traje azul.

   c Un televisor.

Mensaje 4

4. ¿Qué ha hecho Felipe estos días?

   a Ha visitado a sus primos en Argentina.

   b Ha hecho de guía turístico.

   c Ha ido de viaje al sur de España.

Mensaje 5

5. ¿Por qué no pueden ir al restaurante que le gusta a Carlos?

   a Porque no saben dónde está.

   b Porque es caro.

   c Porque está cerrado.

Mensaje 6

6. ¿Qué es lo que deben llevar los niños al viaje?

   a Una sábana.

   b Ropa gruesa.

   c Alguna tarjeta de crédito.

TRANSCRIPCIÓN

Mensaje 1	30초 Hola Marta, soy Pedro. Te llamo porque tengo que pedirte un gran favor. Me dicen que hoy me toca limpiar la oficina. No me lo esperaba. Así que... pienso que llegaré unas dos horas más tarde. ¿Serías tan amable de recoger a Belén? Hoy ella sale a las tres, pero tienes que llegar unos diez minutos antes. ¡Nos vemos! 5초 반복 재생 10초
Mensaje 2	¡Hola, Ana! Te llamo porque este año también vamos a organizar en el barrio una serie de actividades y a lo mejor quieres apuntar a tus hijos. Ya sabes, les vamos a enseñar a jugar al ajedrez, haremos pruebas de atletismo, competiciones de fútbol, baloncesto, balonmano... Acuérdate de que tienes de plazo desde el 5 hasta el 10 de julio, que es el último día. 5초 반복 재생 10초
Mensaje 3	Hola, soy Roberta. Supongo que ya tienes todo preparado para la boda de Rosa. ¿Te has comprado el vestido rojo que te gustaba? Yo, al final, voy a llevar el traje azul de la boda de mi hermana. Ah, oye, ¿qué les vas a regalar? Te aconsejo que les compres una televisión porque he oído que no tienen ninguna. Un beso. Adiós. 5초 반복 재생 10초
Mensaje 4	Hola María. Soy Felipe. Perdona por no haberte llamado antes, pero he estado muy ocupado estos días. Han venido mis primos a visitarme, ya sabes, los de Argentina. No conocían Barcelona, así que he estado enseñándoles la ciudad y todo eso... Ahora se han ido de viaje al sur de España. Bueno, hasta luego. 5초 반복 재생 10초
Mensaje 5	Hola, Carlos. Te llamo porque todavía no sabemos a dónde ir a cenar mañana. El "Pandora", ese que tanto te gusta a ti, dicen todos que es muy caro y que no les gusta. Y el "Merlín" está cerrado, así que no sé. Mira a ver si se te ocurre algún otro sitio. Bueno, llámame. 5초 반복 재생 10초
Mensaje 6	Hola, buenos días. Le llamo del colegio de sus hijos para informarle que, para el viaje de fin de curso, es imprescindible que lleven sus cosas de aseo personal y ropa de verano, pero también algo de abrigo y dinero, preferiblemente en cheques de viaje. La próxima reunión para concretarlo todo será dentro de un mes. Si tiene alguna duda, por favor, llámenos. 5초 반복 재생 10초

Complete ahora la Hoja de respuestas.

30초

Step 2 문제 1의 내용을 해석해 보세요.

지령

당신은 자동 응답기 메시지 6개를 들을 것입니다. 각 메시지는 두 번씩 듣게 됩니다. 이어서 (1번부터 6번까지) 질문에 답하세요. (a / b / c) 정답을 선택하세요.

선택한 보기를 **답안지**에 표기하세요.

지금부터 문제를 읽을 수 있는 시간을 30초간 갖게 됩니다.

문제

메시지 1

1. 뻬드로는 마르따에게 ... 부탁한다.

   a 사무실 청소할 것을
   b 그를 기다리지 말 것을
   c 벨렌을 데리러 갈 것을

메시지 2

2. 전화를 건 여성은 아나에게 무엇을 권유하는가?

   a 몇 가지 활동의 편성을 전담할 것
   b 몇 가지 활동에 자녀들을 등록시킬 것
   c 체스, 축구, 핸드볼을 배울 것

메시지 3

3. 로사가 가지고 있지 않은 것은 무엇인가?

   a 붉은색 원피스
   b 파란색 정장
   c 텔레비전

메시지 4

4. 펠리뻬는 요즈음 무엇을 했는가?

   a 아르헨티나에 살고 있는 사촌들을 방문했다.
   b 관광 가이드 역할을 했다.
   c 스페인 남부로 여행을 했다.

메시지 5

5. 그들은 왜 까를로스가 좋아하는 식당에 갈 수 없는가?

   a 어디에 있는지 모르기 때문에
   b 비싸기 때문에
   c 닫았기 때문에

메시지 6

6. 아이들이 여행에 가지고 가야 하는 것은 무엇인가?

   a 이불
   b 두꺼운 옷
   c 신용 카드

스크립트

메시지 1	30초 마르따 안녕, 나 뻬드로야. 네게 전화한 이유는 너한테 아주 큰 부탁을 하려고란다. 오늘 내가 사무실 청소를 할 차례라는 이야기를 들었어. 난 예상하지 못했는데... 그래서, 오늘은 두 시간 정도 늦게 도착할 것 같아. 벨렌을 데리러 가는 호의를 베풀어 줄 수 있겠니? 오늘 벨렌은 세 시에 나올 거야. 하지만 네가 10분 정도는 더 먼저 도착해야 한단다. 나중에 보자! 5초 반복 재생 10초
메시지 2	안녕하세요 아나! 내가 전화를 거는 이유는 우리 동네에서 올해에도 역시 몇 가지의 활동들을 편성할 건데, 어쩌면 당신의 자녀들을 등록시키고 싶을 거라 생각해서예요. 당신도 이미 알다시피 우리는 아이들에게 체스를 가르칠 것이고, 육상 경기를 할 것이며, 축구, 농구, 핸드볼 시합을 할 것입니다. 7월 5일부터 마지막 날인 10일까지 등록할 수 있다는 것을 잊지 마세요. 5초 반복 재생 10초
메시지 3	안녕, 나 로베르따야. 로사의 결혼식을 위해서 이미 모든 준비를 끝냈다고 생각해. 네가 마음에 들어했던 그 붉은색 원피스 샀니? 나는 결국 여동생 결혼식에서 입었던 파란색 정장을 입을 거란다. 아, 그런데 너는 그들에게 무엇을 선물할 거니? 텔레비전을 사 주길 권할게. 그들에게 텔레비전이 없다고 들었거든. 키스를 보낸다. 안녕. 5초 반복 재생 10초
메시지 4	마리아 안녕. 나 펠리뻬야. 미리 전화 못 해서 미안한데, 내가 요즈음 너무 바빴어. 내 사촌들이 나를 방문하러 왔단다. 너도 알지, 아르헨티나의 사촌들 말이야. 그들은 바르셀로나를 처음 와 본 거라서 내가 도시를 구경시켜 주는 등의 일을 했어. 지금 그들은 스페인 남부로 여행을 갔어. 어쨌든, 다음에 보자. 5초 반복 재생 10초
메시지 5	까를로스 안녕. 네게 전화한 이유는 내일 우리가 저녁을 먹으러 어디로 가야 할지 아직 모르기 때문이야. 네가 그렇게나 좋아하는 '빤도라'는 모두들 너무 비싸다 말하고 마음에도 안 든다고 해. 그리고 '메를린'은 휴업이라서 어떻게 해야 할지 모르겠구나. 혹시 다른 곳이 생각나는지 한번 봐. 그럼, 전화 주렴. 5초 반복 재생 10초
메시지 6	안녕하세요. 좋은 아침입니다. 아이들의 학교에서 다음과 같이 전달하고자 전화 드립니다. 수학여행을 가기 위하여 아이들은 반드시 개인 세면 도구와 여름옷, 뿐만 아니라 외투와 돈을 가져야 합니다. 돈은 가급적 여행자 수표로 가져가는 것이 좋습니다. 관련한 모든 사항을 확실히 정하기 위해 향후 한 달 내에 회의가 있을 예정입니다. 질문이 있으시면 저희에게 전화 주십시오. 5초 반복 재생 10초

답안지를 작성하세요.

30초

Step 3 문제 1의 필수 어휘를 익혀 보세요.

buzón	m. 우체통, 우편함, 사서함	recoger	다시 잡다, 줍다, 찾으러 가다
sugerir	제안하다, 권유하다	encargarse de	전담하다, 떠맡다
organizar	조직하다, 편성하다	inscribir	기입하다, 등록하다, 신청하다
ajedrez	m. 체스	traje	m. 양복, 의복, 드레스
sábana	f. 홑이불, 시트	grueso	굵은, 두꺼운
tocar	만지다, 연주하다, 순번이 되다	barrio	m. 동네, 지역
apuntar	적다, 등록하다, 조준하다	atletismo	m. 운동 경기, 체육
plazo	m. 기한, 기간, 할부 결제	aconsejar	충고하다, 조언하다
sitio	m. 장소, 곳	imprescindible	묵과할 수 없는, 없어서는 안 되는
aseo	m. 세면, 화장실, 청소	preferiblemente	우선적으로
cheque de viaje	m. 여행자 수표	concretar	구체화시키다

Step ④ 문제 1의 해설을 확인해 보세요.

1.	뻬드로가 마르따에게 무엇을 부탁했는지 묻고 있다. 메시지에서 뻬드로는 사무실 청소 때문에 늦는 상황을 설명하며 마르따에게 한 가지 부탁을 한다. 핵심 표현은 '¿Serías tan amable~ ~하는 호의를 베풀어 줄 것인가?'로, 부탁할 때 많이 쓰는 관용 표현이다. 이어지는 recoger a Belén이 구체적인 부탁 내용이며, 동사 recoger는 '다시 잡다, 찾으러 가다' 즉, '데리러 가다'라는 의미로 쓰였다. 따라서 정답은 **c**이다.
2.	전화를 건 여성이 권유하는 내용이 무엇인지 정확히 들어야 한다. 함정을 피하려면 반드시 보기를 미리 읽으며 핵심 표현을 미리 확인해 두자. 문제에 등장한 동사 sugerir와 각 보기항을 이끄는 문형 'que+접속법 변형' 구조를 조합하여 '아나가 ~할 것을 권유한다'라고 파악할 수 있어야 한다. 보기 a의 경우 'organizar algunas actividades 몇 가지 활동을 편성하다'라는 내용이 메시지에서 언급되긴 하지만 아나가 'encargarse 전담하다, 떠맡다'라고는 하지 않았다. 보기 c의 경우 역시 메시지에서 체스, 축구, 핸드볼을 나열하는 내용이 있으나 'aprender 배우다'의 주체는 수신자인 아나가 아니라 아이들이므로 오답이다. 정답은 보기 **b**. 단서 문장은 'a lo mejor quieres apuntar a tus hijos' 그중에서도 '적다, 등록하다'의 의미가 있는 동사 apuntar가 핵심이다. 보기 b에 등장한 inscribir가 바로 '등록하다'의 의미를 나타내는 동사이다. 유의어로 matricular까지도 알아 두자.
3.	로사는 메시지의 송신자도 수신자도 아닌 제3의 인물이라는 점에 유의해야 한다. 옷을 고르는 내용이 메시지의 중간 이후까지 언급되었지만 결국은 하객들 즉, 메시지의 송신자와 수신자가 로사가 아닌 자신들과 관련된 사항을 의논하는 내용일 뿐이다. 핵심 문장은 메시지 말미에 등장하는 'Te aconsejo que les compres una televisión porque he oído que no tienen ninguna. 그들에게 텔레비전이 없다고 들었거든.'으로, 정답은 **c**.
4.	메시지의 시작에서 펠리뻬는 최근 바빴다고 말하며 사촌들이 방문했다고 전한다. 따라서 보기 a가 가장 먼저 제외된다. 뒤이은 내용 중 'he estado enseñándoles la ciudad y todo eso 그들에게 도시를 구경시켜 주는 등의 일을 했어'가 정답의 핵심으로, 바르셀로나에 처음 방문한 사촌들을 위해 가이드 역할을 했다고 진술하므로 정답은 **b**가 된다. 보기 b의 'hacer de ~ 역할을 맡다'를 해석할 수 있어야 한다. 메시지에 따르면 스페인 남부 여행을 간 주체는 펠리뻬가 아니라 사촌들이므로 보기 c는 오답이다.
5.	'그들'이 식당에 갈 수 없는 이유를 골라야 한다. 메시지에서 식당 여러 곳을 언급하므로 정확히 구분해 가며 들어야 한다. 문제에서 질문한 '까를로스가 좋아하는 식당'에 갈 수 없는 이유가 먼저 제시된다. 'El "Pandora", ese que tanto te gusta a ti, dicen todos que es muy caro y que no les gusta. 네가 그렇게나 좋아하는 '빤도라'는 모두들 너무 비싸다 말하고 마음에도 안 든다고 해.'를 통해 정답은 보기 **b**가 된다. 보기 a는 언급되지 않은 내용이다. 보기 c의 내용은 '메를린'이라는 아예 다른 식당의 경우이므로 혼동해서는 안 된다.
6.	아이들이 여행에 가져가야 하는 것이 무엇인지 묻는다. 메시지의 내용 중 'Es imprescindible ~이(가) 반드시 필요하다'부터 각별히 집중해서 들어야 한다. 'cosas de aseo personal 개인 세면 도구', 'ropa de verano 여름옷', 'algo de abrigo 외투', 'y dinero 돈'을 언급한다. 보기 a의 이불은 언급되지 않았으며, 돈은 가급적 여행자 수표로 가져가는 것이 좋다고 하였으므로 보기 c의 신용 카드 역시 오답이다. 보기 **b**의 'ropa gruesa 두꺼운 옷'이 메시지에 등장한 'algo de abrigo 외투'와 부합하므로 정답이다.

Tarea 1 **Ejercicios** 실전 연습

Step 1 공략에 따라 Tarea 1 연습 문제를 풀어 보세요.

문제 2   🎧 Track 2-1

INSTRUCCIONES

Usted va a escuchar seis anuncios. Escuchará cada anuncio dos veces. Después debe contestar a las preguntas (1-6). Seleccione la opción correcta (a / b / c).

Marque las opciones elegidas en la **Hoja de respuestas**.

Ahora tiene 30 segundos para leer las preguntas.

PREGUNTAS

Anuncio 1

1. En esta tienda, no venden...
   a ropa para hombres.
   b ropa para bebés.
   c ropa interior.

Anuncio 2

2. El restaurante...
   a está cerca de un puerto.
   b cobra por aparcar.
   c le lleva la comida a su casa.

Anuncio 3

3. Este concurso es para las personas que...
   a quieran escribir libros infantiles.
   b tengan experiencia previa.
   c trabajen en una empresa.

Anuncio 4

4. Según la audición, este negocio...
   a tiene un sistema de pago adaptado a la necesidad del cliente.
   b regala algo especial para todos los clientes de este mes.
   c cierra una vez al mes.

Anuncio 5

5. Para comprar un billete con esta agencia, usted debe...
   a enviar un correo electrónico.
   b llamar a la agencia.
   c visitar la agencia.

Anuncio 6

6. Este anuncio informa sobre un curso...
   a para el uso de ordenadores.
   b gratis.
   c de clases presenciales.

TRANSCRIPCIÓN

Anuncio 1	30초 Nueva temporada en el "Vestidor de Mery". Vas a encontrar las últimas tendencias en moda de señora y caballero, y ahora también para los peques de la casa. Moda para niño y niña de cero a siete años. Viste a la última para esa celebración tan especial, como un bautizo o una comunión, en el "Vestidor de Mery". Estamos en la calle San Bernardo, número cinco. 5초 반복 재생 10초
Anuncio 2	Cantina "Puerto del aire argentino". Para revivir el placer de sentirse a gusto. Ambiente climatizado. Estacionamiento sin cargo. Comidas especiales para eventos. Servicio a domicilio. Avenida del Valle, 65, Santa Fe. 0342-460-7551. 5초 반복 재생 10초
Anuncio 3	La "Casa de los cuentos" convoca, el décimo Concurso de Diseño de Libros Infantiles. Los interesados deberán enviar, a la atención del señor director, los documentos siguientes. Documentos que demuestren su experiencia con este tipo de libros. Descripción del trabajo que piensan realizar. Calle Atacama, 13, Santiago de Chile. 5초 반복 재생 10초
Anuncio 4	"El velador", muebles y decoración. Financiación a su medida. Servicio a domicilio gratuito. Presupuestos de decoración sin compromiso. Amplio aparcamiento. Durante este mes, por compras superiores a cien euros, llévese un original regalo para su casa. De lunes a sábado, de 10.00 a 20.30 horas. 5초 반복 재생 10초
Anuncio 5	Envíenos un correo electrónico a maracaiboviajes@venezuela.ve y haga su reserva. "Viajes Maracaibo" se compromete a enviarle su billete en un período razonable de tiempo. En caso de no recibir una respuesta en el tiempo esperado, contacte con la agencia a través del número de teléfono 91 446 02 21. 5초 반복 재생 10초
Anuncio 6	¡Encendé tu computadora y prepará tu examen teórico de conducir de manera gratuita y sin moverte de casa a través de nuestra autoescuela virtual! Nuestra página web es tan sencilla como un libro: presenta partes teóricas, test de autoescuela, modelos de exámenes, cuestionarios y nociones complementarias, pero con toda la potencia de la red: animaciones, foros, estadísticas, etc. www.escuelamonaco.com.ar 5초 반복 재생 10초

Complete ahora la Hoja de respuestas.

30초

Tarea 1 · Ejercicios

Step 2 문제 2의 내용을 해석해 보세요.

지령

당신은 광고 6개를 들을 것입니다. 각 광고는 두 번씩 듣게 됩니다. 이어서 (1번부터 6번까지) 질문에 답하세요.
(a / b / c) 정답을 선택하세요.

선택한 보기를 **답안지**에 표기하세요.

지금부터 문제를 읽을 수 있는 시간을 30초간 갖게 됩니다.

문제

광고 1

1. 이 상점에서는 ...을 팔지 않는다.

a 남성 옷

b 아기 옷

c 속옷

광고 2

2. 이 식당은 ...

a 항구 가까이에 있다.

b 주차 비용을 받는다.

c 당신의 집으로 음식을 갖다준다.

광고 3

3. 이 대회는 ...사람들을 위한 것이다.

a 동화책 쓰기를 원하는

b 사전 경험이 있는

c 기업에서 일하는

광고 4

4. 음성에 따르면, 이 영업점은 ...

a 고객의 필요성에 맞춘 지불 시스템을 갖고 있다.

b 이번 달의 모든 고객에게 특별한 무언가를 증정한다.

c 한 달에 한 번 문을 닫는다.

광고 5

5. 이 여행사를 통해 표를 구입하기 위해 당신은 ...를 해야 한다.

a 이메일 보내기

b 여행사에 전화 걸기

c 여행사를 방문하기

광고 6

6. 이 광고는 ... 강좌에 대해 알린다.

a 컴퓨터 활용을 위한

b 무료

c 출석하는 수업의

스크립트

광고 1	30초
	'메리의 옷방'의 새로운 시즌. 여성과 남성 또한 어린아이들을 위한 최신 유행의 패션을 만나볼 수 있습니다. 0세부터 7세의 남자아이 여자아이들을 위한 옷이 있습니다. 세례식 혹은 첫 영성체와 같은 아주 특별한 행사를 위해 '메리의 옷방'에서 최신 유행하는 옷으로 입으세요. 산 베르나르도 길 5번지에 있습니다. 5초 반복 재생 10초

광고 2	'아르헨티나 분위기의 항구' 선술집. 편안하게 즐거움을 다시 회상하기 위한 곳. 냉난방 완비. 무료 주차장. 이벤트용 특별 음식. 배달 서비스. 델 바예 길 65번지, 싼따 페. 0342-460-7551. 5초 반복 재생 10초

광고 3	'이야기의 집'에서 제10회 '동화책 디자인 대회'를 공모합니다. 관심 있는 분들은 매니저 앞으로 다음 서류를 보내셔야 합니다: 이러한 종류의 책에 대한 경험을 증명하는 문서. 진행하려는 일에 대한 묘사. 아따까마 길 13번지, 칠레 산티아고. 5초 반복 재생 10초

광고 4	가구와 장식 판매점 '머리맡 탁자'. 맞춤형 비용. 무료 배달 서비스. 부담 없이 인테리어 예산을 받아 보세요. 넓은 주차장. 이번 한 달간 100 유로 이상을 구매하시고, 집을 위한 특별한 선물을 가져가세요. 월요일부터 토요일까지, 오전 10시부터 오후 8시 30분까지. 5초 반복 재생 10초

광고 5	maracaiboviajes@venezuela.ve로 이메일을 보내서 예약하세요. '마라카이보 여행사'는 당신에게 합리적인 기간 내에 표를 보내 드릴 것을 약속합니다. 예상 시간 내에 답변을 받지 못할 시 91 446 02 21번으로 전화 주시기 바랍니다. 5초 반복 재생 10초

광고 6	컴퓨터를 켜고 저희 가상 운전 학원을 통해 집에서 움직일 필요 없이 운전면허 이론 시험을 무료로 준비하세요! 우리의 웹 사이트는 책만큼이나 간단합니다. 이론 부분, 운전 학원 시험, 모의고사, 문제집, 추가 개념을 소개하며 애니메이션, 게시판, 통계 등 인터넷 능력을 모두 활용하게 됩니다. www.escuelamonaco.com.ar 5초 반복 재생 10초

답안지를 작성하세요.

30초

Step 3 문제 2의 필수 어휘를 익혀 보세요.

puerto	m. 항구	aparcar	주차하다
infantil	유아의	previo	앞선, 사전의, 예비적인
adaptado	맞춘, 적당한, 적합한	billete	m. 표, 탑승권, 지폐
presencial	어떤 장소에 있는, 현존하는	vestidor	의류 방, 옷 방
tendencia	f. 경향, 추세, 성향, 트렌드	moda	f. 유행, 패션
peque	어린, 작은 (=pequeño)	bautizo	m. 세례, 세례식
comunión	f. 첫 영성체	cantina	f. 주점, 술집, 선술집
aire	m. 공기, 대기, 분위기	revivir	회상하다, 소생하다, 되살아나다
climatizado	냉난방 완비의	estacionamiento	m. 주차장 (=m. aparcamiento, f. plaza de garaje)
cargo	m. 지위, 담당, 하중, 부담	domicilio	m. 자택, 거주지
convocar	모집하다, 응모하다	interesado	m.f. 관심 있는 사람, 이익 차리는 사람
a la atención de	(누구)씨 앞	demostrar	증명하다, 보이다
descripción	f. 묘사, 서술	velador	m. 머리맡 탁자, 나무 촛대
financiación	f. 금융, 재무, 융자	medida	f. 사이즈, 측정, 대책
presupuesto	m. 예산, 견적	compromiso	m. 서약, 약혼, 약속, 선약
original	본원의, 본래의, 독창적인	reserva	f. 예약, 비축, 매장량
comprometerse	약속하다, 약혼하다	razonable	적당한, 이성이 있는
autoescuela	f. 운전 학원	virtual	가상의, 허상의
cuestionario	m. 문제집, 질문 사항	noción	f. 관념, 개념, 기초 지식
complementario	보충의, 추가적인	potencia	f. 힘, 능력, 권력, 동력
foro	m. 포럼, 공개 토론회, 게시판	estadística	f. 통계, 통계학

Step **4** 문제 2의 해설을 확인해 보세요.

1.	문제와 보기를 미리 읽어 옷가게에서 온 광고임을 파악해 두자. 팔지 않는 옷의 종류를 묻고 있으므로 판매되는 옷의 종류가 들릴 때마다 오답을 하나씩 제거해 나가면 유리하다. a의 hombre는 음성에서 동의어 'caballero 신사'로 등장했으므로 제거된다. 이어서 들리는 los peques는 'pequeños 어린아이들'의 줄임 표현이므로 보기 b도 제거된다. 속옷은 음성에서 언급된 바 없으므로 정답은 **c**.
2.	식당 겸 선술집의 광고 메시지이다. 음성에서 'puerto 항구'를 듣자마자 보기 a를 선택했다면 함정이다. puerto는 식당 이름의 일부였을 뿐 식당 위치와는 상관없다. 이어서 'Estacionamiento sin cargo. 무료 주차장.'이라 하였으므로 동사 'cobrar 돈을 받다'가 쓰인 보기 b도 오답이 된다. '주차하다'를 나타내는 동사 'estacionar', 'aparcar' 및 주차장을 의미하는 명사 'estacionamiento', 'aparcamiento'를 모두 알고 있어야 한다. Sin cargo는 'gratis', 'gratuitamente'의 부사적 표현과 의미가 같다. 맨 마지막에 언급되는 'servicio a domicilio 배달 서비스'에 따라 정답은 **c**가 된다. servicio a domicilio는 다양한 주제에서 등장할 수 있으므로 반드시 암기해 두자.
3.	참가자 모집 중인 대회의 참가 자격과 특징을 묻고 있다. 우선 이 대회는 '동화책 디자인 대회'이므로 보기 a가 가장 먼저 제거된다. 이어서 참가 희망자가 제출해야 하는 서류에 대해 안내하며, 그중 첫 번째로 'Documentos que demuestren su experiencia con este tipo de libros. 이런 종류의 책에 대한 경험을 증명하는 문서'를 요구하므로 경험이 없는 사람은 참여할 수 없다. 따라서 정답은 보기 **b**. c의 내용은 메시지에서 언급된 바 없는 오답이다.
4.	광고 중인 가구 업체의 전반적인 특징을 빠짐없이 듣고 면밀히 대조해 가며 풀어야 하는 유형이다. 정답의 단서는 'Financiación a su medida.' 중 'a su medida 맞춤형'이다. 이를 풀어서 설명하면 보기 **a**의 '고객의 필요성에 맞춘' 지불 제도이므로 정답이 된다. 이달의 '모든 고객'에게 선물을 증정한다고 언급한 b는 음성에서 제시한 'por compras superiores a cien euros 100유로 이상 구매 고객 조건과 일치하지 않으므로 오답이 된다. 또한 이 가게의 영업은 'De lunes a sábado 월요일부터 토요일까지'이므로 매주 일요일은 휴무이다. 따라서 한 달에 한 번 휴무라고 한 보기 c도 오답이 된다.
5.	여행사의 광고 메시지이다. 첫머리부터 이메일 주소를 불러 주며, 이메일을 통해 예약을 하고 표를 받을 수 있다고 말하였다. 문제에서 표를 사려면 무엇을 해야 하는지 질문하므로 정답은 **a**. 전화로 연결을 시도해야 하는 경우는 '예상 시간 내에 답변을 못 받은 경우'지 예약을 위해서가 아니므로 b는 오답이다. 여행사에 직접 방문하라는 내용은 등장하지 않으므로 c 역시 제외된다.
6.	문제와 보기를 미리 읽어서 어떤 교육이나 강좌에 대한 메시지임을 예상해야 한다. '¡Encendé tu computadora'를 듣자마자 보기 a를 선택했다면 함정이다. 컴퓨터를 켜는 것은 과정일 뿐 실제 목적은 운전면허 시험 준비지, 컴퓨터를 배우기 위함이 아니기 때문이다. 보기 c 역시 음성에서 'Sin moverte de casa a través de nuestra autoescuela virtual...' 문장을 통해 '가상' 공간인 온라인 교육임을 언급하므로 오답이다. 따라서 정답은 **b**이다. 아르헨티나 특유의 억양 및 동사의 명령법 변형(encendé / prepará)을 숙지해 두자.

Tarea 2 하나의 긴 지문을 듣고 삼지선다형 문제 풀기

핵심 포인트

- 독백 형식의 긴 지문을 듣고 6개의 삼지선다형 문제를 풉니다.
- 문제 및 보기항 텍스트의 양이 많으므로, 지문을 들려 주기 전 반드시 미리 읽어야 합니다.
- 지문이 긴 만큼 끝까지 집중력을 유지해서 들어야 합니다.

빈출 주제

- **독백**　　일반 개인 또는 유명인의 진술
- **경험담**　개인 신변 및 전문 직업 관련
- **기타**　　자전적 기반 내용의 지문

Tarea 2 완전 공략

1 어떻게 푸나요?

독백 형식의 긴 지문을 듣게 됩니다. 자신의 경험, 직업, 살아온 인생 등 다양한 주제의 에피소드가 등장할 수 있으며, 총6개의 객관식으로 글 전반의 내용 또는 특정 정보에 대해 질문합니다. 문제는 글 내용의 순서에 따라 순차적으로 출제되는 편입니다.

2 고득점 전략

- 지령을 먼저 읽으며 들려줄 내용, 글의 유형, 화자 관련 정보 등을 확인합니다.
- 1차 듣기 전, 반드시 문제를 미리 읽고 관련 어휘를 되새겨 봅니다. 시간이 부족하더라도 포기하지 말고 읽을 수 있는 만큼 최대한 읽어 둡니다.
- 지문의 길이가 긴 만큼, 내용에 공감하면서 상황 전개에 따른 흐름을 이해하도록 노력합니다.
- 핵심 어휘와 표현을 시험지에 표기해 둡니다.
- 듣기가 시작되면 시험지의 문제를 응시하면서, 정답이 아닌 보기부터 탈락시키는 소거법으로 최종 정답을 선택합니다.

3 잠깐! 주의하세요

- 지령, 문제, 보기항을 통해 지문 관련 정보를 최대한 파악합니다. 세부적인 분야 관련된 글일 경우, 관련 어휘를 미리 읽어 두지 않으면 정답의 단서를 놓치기 십상입니다.
- 지문이 길기 때문에, 듣기를 모두 마치고 문제를 풀려 하면 앞에서 들려준 내용은 잊혀집니다. 음성을 들으며 동시에 풀어 가야 합니다.
- 출제 순서는 글 내용 순서에 따르는 경우가 일반적이지만, 간혹 예외적인 경우도 있습니다.

문제 1   🎧 Track 1-2

INSTRUCCIONES

Usted va a escuchar un fragmento en el que Martina, una cantante española, cuenta cómo es su vida. Escuchará la audición dos veces. Después debe contestar a las preguntas (7-12). Seleccione la respuesta correcta (a / b / c).

Marque las opciones elegidas en la **Hoja de respuestas**.

Ahora tiene 30 segundos para leer las preguntas.

PREGUNTAS

7. Cuando tenía diez años, Martina...
   a componía sus primeras canciones.
   b participaba en concursos televisivos.
   c grababa sus discos.

8. Según la audición, el idioma que más habla Martina es...
   a el castellano.
   b el catalán.
   c el inglés.

9. Martina cuenta que sus padres...
   a son policías.
   b se conocieron en un viaje.
   c se encontraron de manera inesperada

10. Según Martina, la persona que siempre la acompaña es...
    a su padre.
    b su madre.
    c su abuela.

11. Martina cuenta en la grabación que su abuela...
    a prohibía cantar por las noches.
    b la motivó a ser cantante.
    c cantaba mal.

12. Según la audición, Martina...
    a interpreta el personaje principal.
    b nunca antes había sido actriz.
    c siempre ha querido ser actriz.

TRANSCRIPCIÓN

30초

Soy Martina y nací el 9 de julio de 1988 en Barcelona, Cataluña. Soy cantante y actriz.

Con diez años empecé a escribir cancioncillas y a participar en pequeños concursos de karaoke y en algunas ferias de mi ciudad. Hasta que, un poco más mayor, en un concurso televisivo, el cual no gané, un productor me vio y me propuso un contrato con una discográfica. He lanzado ya, tres álbumes que han tenido mucho éxito. En los dos primeros, canto en catalán, la lengua que hablo más frecuentemente y la que considero mi lengua, y en el último en inglés, la lengua de mi padre. Él es de Estados Unidos y conoció a mi madre en un viaje de trabajo. Es policía y hacía un viaje para conocer los métodos policiales de aquí. Y en ese viaje encontró a mi madre por casualidad, en una fiesta, y se enamoraron. Él se mudó a vivir aquí y se instalaron en Poblesa.

Yo creo que mi madre es la persona que más me apoya y la que siempre me sigue adonde voy. De su familia, solo puedo decir cosas de mi abuela y de mis tíos. Mi abuelo murió cuando yo tenía dos años y mi hermana acababa de nacer, así que no me acuerdo de él. Al morir él, mi abuela vino a vivir con nosotros. Al vivir con nosotros mi abuela ha sido como una segunda madre. Por las noches, antes de irnos a dormir siempre nos contaba cuentos y cuando la ayudábamos con las tareas de la casa siempre inventábamos canciones y ella nos las cantaba para hacer el trabajo menos pesado. De ella he sacado mi pasión por la música. Al escucharla pensaba que cuando fuera mayor quería cantar como ella. Ahora está mucho más mayor y yo ya no vivo con ellos, pero siempre que llamo y hablo con ella le cuento lo que estoy haciendo y ella me aconseja.

Ahora estoy trabajando para una cadena de televisión que me ha propuesto el papel protagonista de una serie semanal. Había hecho de actriz cuando era niña en la escuela, pero nunca pensé que lo volvería a hacer hasta que me lo propusieron y creí que era un buen momento para hacerlo y me lo tomé como un reto. Creo que lo puedo hacer y que puedo hacerlo bien.

10초
반복 재생
10초

Complete ahora la Hoja de respuestas.
30초

Step 2 문제 1의 내용을 해석해 보세요.

지령

당신은 스페인 여가수 마르띠나가 자신의 인생에 대해 이야기하는 텍스트를 듣게 됩니다. 텍스트는 두 번 듣게 됩니다. 이어서 (7번부터 12번까지) 질문에 답하세요. (a / b / c) 정답을 선택하세요.

선택한 보기를 **답안지**에 표기하세요.

이제 문제를 읽을 수 있는 시간을 30초간 갖게 됩니다.

문제

7. 마르띠나가 열 살이었을 때 ...

   a 처음으로 노래를 작곡하기 시작했다.

   b 텔레비전 경연 대회에 참가했다.

   c 앨범을 녹음했다.

8. 듣기 내용에 따르면, 마르띠나가 가장 많이 쓰는 언어는 ...이다.

   a 카스티야어

   b 카탈루냐어

   c 영어

9. 마르띠나는 본인의 부모님이 ...(라)고 말한다.

   a 경찰이다

   b 각자의 여행에서 처음 만났다

   c 우연히 만나게 되었다

10. 마르띠나가 말하는 내용에 따르면, 그녀를 항상 동행하는 사람은 ...이다.

    a 그녀의 아버지

    b 그녀의 어머니

    c 그녀의 할머니

11. 마르띠나는 듣기 내용에서 그녀의 할머니가 ...고 말한다.

    a 밤에 노래하는 것을 금지하셨다

    b 가수가 되는 동기가 되었다

    c 노래를 잘 못하셨다

12. 음성에 따르면, 마르띠나는 ...

    a 주연을 맡아 연기한다.

    b 예전에는 배우를 해 본 적이 한 번도 없었다.

    c 늘 배우가 되길 원했다.

스크립트

30초

나는 마르띠나이고 카탈루냐 바르셀로나에서 1988년 7월 9일에 태어났습니다. 나는 가수이자 배우입니다.

나는 열 살 때 짧은 노래를 쓰기 시작했고 작은 노래 경연 대회와 도시의 몇몇 축제에 참가하기 시작했어요. 그러다가 조금 더 자란 후 어느 텔레비전 대회에서, 비록 우승하지는 못했으나 한 제작자가 나를 보게 되었고 앨범 판매에 대한 계약서를 제안했습니다. 이제 나는 세 장의 앨범을 발매했으며 그 앨범들은 매우 성공적이었습니다. 처음 두 장의 앨범에서는 내가 가장 많이 사용하며 내 언어라고 여기는 카탈루냐어로 노래했고 마지막 앨범에서는 아버지의 언어인 영어로 노래했습니다.

아버지는 미국인이며 출장 중에 나의 어머니를 만나게 되었어요. 아버지는 경찰이었으며 이곳 경찰의 체계를 알아보기 위해 여행 중이셨지요. 그 여행의 한 파티에서 우연히 나의 어머니를 만나셨고 두 분은 사랑에 빠졌습니다. 아버지는 이곳으로 살러 오셨으며 두 분은 뽀블레사에 정착하셨습니다.

나를 가장 많이 지원해 주는 사람은 어머니라고 생각해요. 또한 내가 가는 곳에 늘 함께 가 주십니다. 어머니의 가족에 대해서는 할머니와 삼촌들에 대해서만 이야기할 수 있죠. 할아버지는 내가 두 살이었을 때 돌아가셨는데, 그때는 내 여동생이 막 태어났을 때예요. 그래서 할아버지는 기억이 나지 않습니다. 할아버지가 돌아가신 후, 할머니는 우리와 함께 살기 위해 오셨습니다. 할머니가 우리와 함께 지냈던 그때 할머니는 제2의 어머니와도 같았어요. 밤에 잠자리에 들기 전 항상 우리에게 이야기를 들려 주셨으며 우리가 집안일을 도와드리면 그 일이 덜 힘들도록 항상 노래를 지어서 불러 주셨습니다. 나의 음악에 대한 열정은 할머니로부터 얻은 것이죠. 할머니의 노래를 들으며 나는 내가 크면 그분처럼 노래하고 싶다는 생각을 했습니다. 지금은 훨씬 더 고령이시고 난 더 이상 가족들과 함께 살지 않아요. 하지만 할머니께 전화를 드리고 이야기를 나눌 때에는 내가 하고 있는 것에 대해 말씀드리고, 할머니는 내게 조언을 해 주십니다.

현재 나는 주간 연속극의 주인공 역을 제안한 한 텔레비전 방송국에서 일합니다. 어렸을 때 학교에서 배우 역할을 한 적은 있지만 그들이 내게 그 역을 제안했을 때까지도 나는 내가 다시 배우를 할 것이라고 생각하지 못했습니다. 하지만 그렇게 하기에 좋은 때라는 생각을 했고 하나의 도전으로 받아들였어요. 나는 내가 할 수 있다고, 그것도 아주 잘할 수 있다고 믿습니다.

10초
반복 재생
10초

답안지를 작성하세요.

30초

 **Tarea 2· Ejercicios**

Step 3 문제 1의 필수 어휘를 익혀 보세요.

componer	작곡하다, 작사하다, 구성하다
grabar	녹음하다, 녹화하다, 조각하다, 새겨 넣다
inesperado	예상 밖의, 우연의, 돌연의
acompañar	함께 있다, 수반하다, 동행하다
grabación	f. 녹음, 녹화, 각인
motivar	동기를 주다
interpretar	해석하다, 설명하다, 연기하다, 연주하다, 노래하다
personaje	m. 인물, 배역
cancioncilla	f. 짧은 노래 'f. canción(노래)'의 축약형
feria	f. 장, 축제, 박람회, 휴일
productor	m.f. 제작자, 생산자 / 제작하는, 생산하는
proponer	제안하다, 제기하다
discográfica	f. 음악 디스크, 레코드 제작 및 관리 회사 / 디스크의, 레코드의
lanzar	던지다, 뛰어들다, 팔기 시작하다, 런칭하다
método	m. 방식, 체계적인 방법
instalarse	자리 잡다, 정착하다
apoyar	기대다, 기대어 놓다, 의지하다
cuento	m. 이야기
tarea de la casa	f. 집안일 (=f. tarea doméstica)
inventar	발명하다, 만들어내다, 창안하다, 고안하다
pesado	무거운, 힘든
sacar	꺼내다, 빼다, 추출하다
aconsejar	충고하다, 조언하다
cadena de televisión	f. 텔레비전 방송국
protagonista	m.f. 주인공, 주연
serie	f. 연속, 연속극
semanal	매주의
reto	m. 도전

Step 4 문제 1의 해설을 확인해 보세요.

7.	질문에 등장한 cuando tenía diez años를 미리 읽어 두었다면, 지문에서 'Con diez años 열 살 때'로 시작하는 두 번째 문장을 듣자마자 정답의 단서에 집중할 수 있다. 열 살 때 노래를 쓰기 시작했으며 소규모의 경연 대회에도 참가했다고 진술했으므로 정답은 **a**이다. 이어지는 문장 역시 중요하다. 'Hasta que, 좀더 후에,'로 시작하므로 질문에 등장한 열 살 때보다는 더 높은 연령이 된 후에 b의 '텔레비전 경연 대회 참가'와 c의 '앨범 녹음'이 이루어졌음을 알 수 있다.
8.	마르띠나가 주로 어떤 언어를 쓰는지 묻는다. 정답 문장 'En los dos primeros, canto en catalán, la lengua que hablo más frecuentemente y la que considero mi lengua, y en el último en inglés, la lengua de mi padre.'에 따르면 본인이 가장 많이 사용하며 자신의 언어라고 생각하는 것은 카탈루냐어이다. 따라서 정답은 **b**. 영어를 모국어로 쓰는 사람은 마르띠나가 아닌 그녀의 아버지이므로 함정 보기 c를 잘 피해야 한다. 보기 a의 카스티야어는 언급된 바 없다. 참고로 카스티야어(castellano)는 스페인이 왕국이었던 시절 수도였던 Castilla(카스티야)의 언어를 나타내며 현재 스페인에서 사용되는 표준 스페인어를 뜻한다.
9.	얼핏 쉬워 보이나 아주 꼼꼼히 분석해서 들어야만 정답을 맞힐 수 있는 질문이다. 질문의 주어는 'sus padres 그녀의 부모님' 즉, 복수형으로 제시되었기에 보기 a를 대입하면 부모님 두 분이 모두 경찰이라는 의미가 되어 오답이다. b의 경우도 마찬가지이다. 두 분 모두 각자 여행 중이었고 여행 도중에 만나게 되었다는 의미가 되어 지문의 내용과 일치하지 않는다. 정답은 보기 **c**로, 'de manera inesperada'는 지문에 등장한 inesperadamente와 동일한 의미로서 부모님이 '우연히', '뜻하지 않게' 만났다는 서술에 부합한다.
10.	마르띠나와 항상 동행하는 사람은 누구인지 질문한다. 정답 문장은 'Yo creo que mi madre es la persona que más me apoya y la que siempre me sigue adonde voy. 나를 가장 많이 지원해 주는 사람은 어머니라고 생각해요. 또한 내가 가는 곳에 늘 함께 가 주십니다.'이다. 문제에서는 동사 acompañar로 질문하지만, 지문에서는 동사 seguir로 들려준다. 따라서 정답은 **b**이다.
11.	마르띠나는 어머니에 이어 할머니에 대한 기억을 전한다. 할머니와 함께 살게 되는 부분부터 주의 깊게 들어야 하며, 들리는 내용 모두를 메모할 수 없으므로 들려주는 정황을 머릿속에 떠올려 가며 이해해야 한다. 할머니가 노래를 'prohibía 금지했다'는 내용은 없으므로 보기 a는 오답이다. 정답은 'De ella he sacado mi pasión por la música. Al escucharla pensaba que cuando fuera mayor quería cantar como ella. 나의 음악에 대한 열정은 할머니로부터 얻은 것이죠. 할머니의 노래를 들으며 나는 내가 크면 그분처럼 노래하고 싶다는 생각을 했습니다.' 문장에서 유추할 수 있다. 마르띠나는 할머니처럼 노래하고 싶어했으므로 보기 c는 오답이 된다. 정답은 보기 **b**. motivar a algo는 '~에 대한 동기를 부여하다'라는 의미이다.
12.	마지막 질문으로 마르띠나의 현재 상황과 관련해 묻고 있다. 지문의 말미에 정답 문장이 등장한다. 'Ahora estoy trabajando para una cadena de televisión que me ha propuesto el papel protagonista de una serie semanal. 현재 나는 주간 연속극의 주인공 역을 제안한 한 텔레비전 방송국에서 일합니다.' 중 핵심어 'papel protagonista 주인공 배역'이 정답 보기 **a**의 personaje principal과 일치한다. 이어서 마르띠나는 어린 시절 학교에서 배우를 해 보았지만, 그 후에는 다시 배우 활동을 할 것이라는 생각을 하지 못했다고 설명하므로 보기 b와 c는 오답이 된다.

문제 2   🎧 Track 2-2

INSTRUCCIONES

Usted va a escuchar un fragmento en el que Héctor, un profesor, cuenta sobre su vida. Escuchará la audición dos veces. Después debe contestar a las preguntas (7-12). Seleccione la respuesta correcta (a / b / c).

Marque las opciones elegidas en la **Hoja de respuestas**.

Ahora tiene 30 segundos para leer las preguntas.

PREGUNTAS

7. Según la audición, cuando era niño Héctor...
   a lo pasaba mal.
   b hacía muchas actividades.
   c no le gustaba participar en concursos ni competiciones.

8. Héctor dice que, al hablar con adultos...
   a ellos desconocían lo que él sabía.
   b ellos no aceptaban lo que él les decía.
   c ellos siempre le enseñaban bien.

9. Héctor pudo entender el mundo y entenderse a sí mismo porque...
   a pudo comenzar a pintar en el taller de su abuelo.
   b su abuelo era filósofo.
   c hablaba con su abuelo sobre lo que leía.

10. Cuando se hizo vendedor de enciclopedias...
    a tardó muchos años en tener éxito.
    b trabajó en la ciudad de México.
    c le concedieron algunos premios.

11. Según la audición, para el año 2001 Héctor...
    a fundó su empresa.
    b se convirtió en el vendedor de ordenadores más exitoso de todo el mundo.
    c terminó de construir la página de "Proyecto Salón Hogar".

12. La página de "Proyecto Salón Hogar"...
    a habla sobre el hogar y las casas.
    b es muy conocida solamente entre los portorriqueños.
    c es visitada por una gran cantidad de personas de Latinoamérica.

TRANSCRIPCIÓN

30초

Me llamo Héctor García. Aunque ya tengo 53 años, todavía me siento como si fuera un niño de 12 años, pues esa fue mi edad favorita. Mis padres me matricularon en ligas de béisbol y de baloncesto cuando era niño. Con apenas 12 años, fui campeón de natación ganándoles incluso a los estudiantes de cuarto año. También participé en competiciones de ajedrez.

Siempre fui un buen estudiante, desde siempre me gustaba la lectura y casi me devoraba los libros. En mi casa había tres distintas enciclopedias y cada vez que veía una película de carácter histórico yo buscaba más información en las enciclopedias para entender el contexto. Luego, salía a compartir esa información y conocimiento con los adultos y me di cuenta de que en la gran mayoría de los casos ellos no estaban informados y yo terminaba enseñándoles. Aquello me llevó a entender que ya llevaba dentro de mí las características de un maestro.

El saber las cosas correctamente y el aprender, para mí es el mayor deleite de mi vida. Mi abuelo, que era un gran artista, tenía un taller en su casa y mientras él pintaba, yo le leía libros de filosofía, materia que a él le encantaba. Ello ayudó a que mi mente se fuera nutriendo de mucho conocimiento, el cual compartía con mi abuelo, que me explicaba las cosas y me ayudó a entender el mundo en el que vivía y también a conocerme más a mí mismo.

Me inicié en el campo de las ventas de enciclopedias para finales de 1995. Rápidamente me comenzó a ir muy bien y monté una oficina. En 1998 fui a representar a Puerto Rico ante el primer Congreso de Ventas que se celebró en Ciudad de México. Entonces para mi sorpresa, obtuve el trofeo y la placa como mejor vendedor de toda Latinoamérica, ganándoles precisamente a 6.000 vendedores de Latinoamérica.

En 2001 monté mi propio negocio de venta de computadoras con 32 vendedores y me convertí en el vendedor independiente de computadoras más grande de todo Puerto Rico. Para ese mismo año, comencé a aprender cómo se hace una página de Internet y, poco a poco, fui construyendo a 'Proyecto Salón Hogar'.

Hoy en día, me dedico a hacer todos los días la página de 'Proyecto Salón Hogar', que es la página educativa más importante de todo Puerto Rico y diariamente entre 80.000 y 110.000 visitantes entran a ella, no solo de Puerto Rico sino también de otros países. Para que tengas una idea, de México entran cerca de 120.000 visitantes mensuales, de Colombia y de Perú unos 90.000.

10초
반복 재생
10초

Complete ahora la Hoja de respuestas.

30초

Step **2** 문제 2의 내용을 해석해 보세요.

지령

당신은 교수인 엑또르가 자신의 인생에 대해 이야기하는 텍스트를 듣게 됩니다. 텍스트는 두 번 듣게 됩니다. 이어서 (7번부터 12번까지) 질문에 답하세요. (a / b / c) 정답을 선택하세요.

선택한 보기를 **답안지**에 표기하세요.

이제 문제를 읽을 수 있는 시간을 30초간 갖게 됩니다.

문제

7. 음성에 따르면, 엑또르는 어렸을 때...

 a 잘 지내지 못했다.

 b 많은 활동들을 했다.

 c 대회나 경기에 참가하기를 좋아하지 않았다.

8. 엑또르는, 어른들과 대화를 할 때 ...고 말한다.

 a 그들은 엑또르가 알던 것을 모르고 있었다

 b 그들은 엑또르가 말하던 것을 받아들이지 않았다

 c 그들은 항상 엑또르에게 잘 가르쳐 주었다

9. 엑또르는 ... 덕분에 세상과 자기 자신을 이해할 수 있었다.

 a 할아버지의 작업실에서 그림을 그리기 시작한 것

 b 할아버지가 철학자였던 것

 c 그가 읽던 것에 대해 할아버지와 대화를 나눈 것

10. 백과사전 판매원이 되고 난 후 ...

 a 성공하는 데 오랜 시간이 걸렸다.

 b 멕시코시티에서 근무했다.

 c 몇 가지의 상을 받았다.

11. 음성에 따르면, 엑또르는 2001년에 ...

 a 그의 회사를 설립했다.

 b 전 세계에서 가장 성공한 컴퓨터 판매원이 되었다.

 c '살론 오가르 프로젝트' 사이트 개설을 끝냈다.

12. '살론 오가르 프로젝트'는 ...

 a 가정과 집에 대해 말하는 사이트다.

 b 푸에르토리코 사람들 사이에서만 알려진 사이트다.

 c 많은 수의 라틴 아메리카 사람들이 방문하는 사이트다.

스크립트

30초

내 이름은 엑또르 가르씨아입니다. 나이는 비록 53살이지만 아직 나는 내가 가장 좋았던 나이인 12살인 것처럼 느껴져요. 내 부모님은 내가 어렸을 때, 나를 야구와 농구 리그에 등록시키셨습니다. 불과 12살밖에 안 되었을 때, 나는 4학년 학생들을 제치고 수영 챔피언이 되었지요. 또한 체스 경기에 참가했습니다.

나는 항상 좋은 학생이었습니다. 항상 독서를 좋아했으며 거의 책을 삼킬 정도였어요. 나의 집에는 세 권의 다른 백과사전이 있었는데, 역사 영화를 볼 때마다 나는 백과사전에서 더 많은 정보를 찾아서 배경을 이해하곤 했습니다. 그러고는 그 정보와 지식을 어른들과 공유하기 위해 나섰는데, 나는 대부분의 경우 그들이 잘 모르고 있다는 것을 알아차렸고 결국은 내가 그들에게 가르쳐 주게 되곤 했습니다. 그러한 사실은, 내가 선생님의 특징을 내면에 지니고 있다고 알게 해 줬습니다.

내게 있어서 모든 것을 정확히 아는 것과 배우는 것은 인생의 가장 큰 즐거움입니다. 위대한 예술가였던 나의 할아버지는, 집에 작업실을 갖고 계셨습니다. 할아버지께서 그림을 그리시는 동안 나는 할아버지가 가장 좋아하시던 분야인 철학에 대한 책을 읽어 드리곤 했어요. 그 덕분에 나는 지식으로 마음의 양식을 채울 수 있었으며, 그 지식을 할아버지와 함께 나누었던 것입니다. 할아버지는 내게 모든 일들을 설명해 주셨고 또한 이 세상을 이해하고 나 자신을 더 잘 알 수 있도록 도와주셨습니다.

1995년 말경 나는 백과사전 판매 분야를 시작했습니다. 얼마 지나지 않아 일은 굉장히 잘 풀렸으며 사무실을 차렸지요. 1998년에는 멕시코시티에서 열린 제1회 판매 대회에서 푸에르토리코를 대표해 참가했습니다. 예상 밖으로 정확히 라틴 아메리카의 6,000명 판매원들을 제치고 최고의 판매원 트로피와 상패를 거머쥐었습니다.

2001년에는 32명의 판매원을 가진 내 소유의 컴퓨터 판매 회사를 설립함으로써 푸에르토리코에서 가장 큰 컴퓨터 독립 판매처가 되었습니다. 같은 해에 나는 웹 사이트를 어떻게 만드는지 배우기 시작했고 조금씩 '살론 오가르 프로젝트'를 만들어 갔습니다.

요즈음 나는 매일 '살론 오가르 프로젝트'를 만드는 데에 전념하고 있는데, 이 사이트는 푸에르토리코에서 가장 중요한 교육 사이트입니다. 매일 8만 명에서 11만 명 사이의 방문자들이 접속하며 접속자는 푸에르토리코뿐만 아니라 다른 국가의 사람들도 포함합니다. 이해를 돕기 위해 설명하자면, 멕시코 방문자들이 한 달에 12만 명, 콜롬비아와 페루의 방문자들이 9만 명 정도입니다.

10초
반복 재생
10초

답안지를 작성하세요.

30초

Tarea 2· Ejercicios

Step 3 문제 2의 필수 어휘를 익혀 보세요.

desconocer	모르다, 부인하다, 몰라보다, 기억을 못하다
sí mismo	자기 자신
taller	m. 일터, 작업장, 수리 공장, 실습
filósofo	m.f. 철학자 / 철학의, 철학적인
enciclopedia	f. 백과 사전
conceder	주다, 인가하다
premio	m. 상, 상금
fundar	창립하다, 설립하다, 세우다
hogar	m. 가정, 집, 보호소
portorriqueño	m.f. 푸에르토리코 사람 / 푸에르토리코의 (=puertorriqueño)
matricular	등록시키다
liga	f. 연맹, 리그
apenas	고작, 단지, 간신히
incluso	게다가, ~까지도, ~조차
devorar	게걸스럽게 먹다, 집어삼키다
contexto	m. 문맥, 전후 상황, 배경
deleite	m. 즐거움, 기쁨, 쾌락
materia	f. 물질, 물체, 재료, 교과, 과목
nutrir	음식, 영양분을 주다
iniciar	시작하다, 개시하다
campo	m. 시골, 농촌, 영역, 분야
montar	타다, 조립하다, 장치하다, 설립하다
trofeo	m. 트로피
placa	f. 판, 표찰, 훈장
precisamente	확실히, 정확히
independiente	독립의, 자립적인
mensual	매달의, 달마다의

Step ④ 문제 2의 해설을 확인해 보세요.

7.	엑또르는 열두 살 무렵 어렸을 때를 이야기하며 'edad favorita 가장 좋았던 나이'라고 묘사하므로 보기 a는 가장 먼저 제외된다. 부모님의 가르침에 따라 각종 스포츠와 체스 등을 했다고 언급하므로 정답은 **b**이며, 이러한 활동이 싫었다고는 언급되지 않으므로 c는 정답이 될 수 없다.
8.	어린 엑또르의 시각에 당시 어른들은 어떠했는지 듣고 답을 선택해야 한다. 놓치지 말아야 할 정답 문장은 'Luego, salía a compartir esa información y conocimiento con los adultos y me di cuenta de que en la gran mayoría de los casos ellos no estaban informados y yo terminaba enseñándoles. 그러고는 그 정보와 지식을 어른들과 공유하기 위해 나섰는데, 나는 대부분의 경우 그들이 잘 모르고 있다는 것을 알아차렸고 결국은 내가 그들에게 가르쳐 주게 되곤 했습니다.'로, 그중에서도 핵심인 no estaban informados와 같은 의미를 전달하는 동사는 정답인 **a**에 등장하는 'desconocer 모르다'이다. 엑또르가 어른들에게 오히려 가르쳐 주었다고 언급하므로 c는 오답이 된다.
9.	할아버지와의 경험을 언급하는 부분을 잘 듣고 풀어야 하는 문제이다. 'Mi abuelo, que era un gran artista, tenía un taller en su casa y mientras él pintaba, yo le leía libros de filosofía, materia que a él le encantaba.'를 통해 엑또르는 그림을 그린 게 아니라 철학에 관한 책을 읽었다는 것, 엑또르의 할아버지가 철학자인 게 아니라 철학에 관한 책을 읽었다는 사실을 알 수 있다. 따라서 보기 a와 b는 제거된다. 이어지는 문장에서는 엑또르는 책에서 읽은 내용과 지식에 대해 할아버지와 함께 이야기했으며 할아버지는 여러 가지 설명을 해 주셨다는 사실을 알 수 있다. 정답은 보기 **c**.
10.	'enciclopedias 백과사전' 관련 내용에 주의를 기울여야 한다. 'Rápidamente me comenzó a ir muy bien y monté una oficina. 얼마 지나지 않아 일은 굉장히 잘 풀렸으며 사무실을 차렸지요.'를 통해 보기 a를 먼저 제거할 수 있다. 이어서 멕시코시티와 관련해서 엑또르가 한 'congreso 행사'에 참가했다고 설명하므로 보기 b의 내용은 오답이 된다. 정답은 보기 **c**. 정답 문장은 'Entonces para mi sorpresa, obtuve el trofeo y la placa como mejor vendedor de toda Latinoamérica, ganándoles precisamente a 6.000 vendedores de Latinoamérica.'로, 핵심어 'trofeo 트로피', 'placa 상패'가 보기 c에 등장한 'premio 상'과 일맥상통한다.
11.	2001년의 상황에 대해 질문하므로 'dos mil uno'가 들리자마자 더욱 집중해야 한다. 'En 2001 monté mi propio negocio de venta de computadoras con 32 vendedores y me convertí en el vendedor independiente de computadoras más grande de todo Puerto Rico.'에 등장하는 동사 montar는 '(교통수단을) 타다, 설치하다' 외에 회사를 '설립하다'의 의미로도 쓰이는 것이 핵심이다. 즉, 정답인 **a**에 등장하는 'fundar 설립하다'와 같은 뜻이 된다. b는 'todo el mundo 전 세계' 표현을 이용한 함정 보기이며, 2001년은 웹 사이트 '살론 오가르 프로젝트'를 조금씩 만들기 시작한 시점이므로 c도 오답이 된다.
12.	엑또르가 개설하여 운영하는 웹사이트에 대한 구체적인 질문이다. 지문의 말미에서 우선 이 사이트는 'la página educativa más importante 가장 중요한 교육 사이트'라고 전한다. 따라서 보기 a는 제외된다. 사이트명에 'hogar 가정'이 포함된 것을 이용한 함정일 뿐이다. 또한 접속자 수가 매우 많다는 설명을 덧붙이는데, 'no solo de Puerto Rico sino también de otros países 푸에르토리코뿐만 아니라 다른 국가의 사람들도'에 따라 b도 오답임을 알 수 있다. 마지막 문장에서도 역시 다른 라틴 아메리카 국가 사람들이 이 사이트에 많이 방문한다는 사실을 언급한다. 따라서 정답은 보기 **c**.

Tarea 3   6편의 짧은 뉴스 듣고 삼지선다형 문제 풀기

Tarea 3

INSTRUCCIONES

Usted va a escuchar en un programa radiofónico seis noticias. Escuchará el programa dos veces.
Después debe contestar a las preguntas (13-18). Seleccione la respuesta correcta (a / b / c).

Marque las opciones elegidas en la **Hoja de respuestas**.

Ahora tiene 30 segundos para leer las preguntas.

PREGUNTAS

Noticia 1
13. Según la noticia...
   a Colombia es el país más húmedo del mundo.
   b en Colombia hay una montaña en la costa que tiene nieve.
   c Colombia es el país que más café produce en el mundo.

Noticia 2
14. La noticia dice que...
   a en Chile hay un desierto donde nunca ha llovido.
   b en la ciudad de Santiago el cielo siempre está despejado.
   c Chile es un país montañoso.

Noticia 3
15. Según la noticia, ...
   a Ciudad de México tiene más habitantes que Tokio.
   b en la ciudad de Ciudad de México hay mucha polución.
   c México es un país limpio.

Noticia 4
16. La noticia sobre Panamá dice que...
   a se puede ver salir el sol en la costa del océano Pacífico.
   b el famoso sombrero Panamá no se inventó en Panamá.
   c El Canal de Panamá no ha sido bueno para la economía.

Noticia 5
17. En esta noticia sobre Perú se dice que...
   a en Perú hay una ciudad que se llama La Rinconada y está en La Paz.
   b Perú tiene la ciudad más alta del mundo.
   c la capital de Perú es la más alta del mundo.

Noticia 6
18. En la noticia se dice que Argentina...
   a tiene la avenida más estrecha del mundo.
   b tiene una avenida de 140 metros.
   c tiene la avenida más larga del mundo.

440 DELE B1

핵심 포인트

- 6편의 짧은 뉴스를 듣고, 각 뉴스당 한 문항씩 객관식 문제를 풀게 됩니다.
- 특정 국가 또는 지역 소식 관련 뉴스가 주어집니다.
- 각 뉴스의 내용은 이어지지 않으며 서로 관련이 없습니다.

빈출 주제

- 뉴스   텔레비전 또는 라디오
- 메시지   주로 비상업적 성격, 아나운서 멘트
- 주제별   사회, 경제, 보건, 생활, 교육, 정치, 문화
- 지역   특정 국가 및 지역 소식, 날씨

Tarea 3 완전 공략

1 어떻게 푸나요?

각기 다른 짧은 뉴스를 연속하여 청취합니다. 각 뉴스의 사이에는 뉴스 시작과 끝을 구분하는 짧은 음악이 삽입됩니다. 각 뉴스에 대응하는 한 문항씩 문제를 풀면 됩니다. 모든 뉴스를 한 아나운서의 목소리로 들려주지만 연결되는 내용은 아니므로 혼동하지 않도록 유의합니다. 문제와 보기는 반드시 미리 읽어 해당 뉴스 내용을 예측해 본 다음 듣기를 시작할 수 있도록 합니다.

2 고득점 전략

- 지령에서 먼저 뉴스의 분야, 배경 국가 및 지역, 뉴스 관련 정보에 대한 단서를 파악합니다.
- 1차 듣기 전, 반드시 문제를 미리 읽고 관련 어휘를 미리 읽어 둡니다.
- 각 뉴스 내용을 문제와 보기에서 최대한 예측, 파악해 봅니다.
- 듣기가 시작되면 시험지의 문제를 응시하며 듣고, 오답을 하나씩 제거하는 방법으로 정답을 선택합니다.

3 잠깐! 주의하세요

- 뉴스이기에 어휘 및 표현이 다른 과제에 비해 다소 형식과 격식이 있는 편입니다.
- 등장할 수 있는 분야의 전문 용어를 충분히 암기해야 합니다.
- 각 뉴스가 두 번씩 반복 재생되는 것이 아니라, 처음부터 끝까지 한 번 들은 후 다시 처음부터 2차 듣기를 진행하는 방식입니다.

Tarea 3 **Ejercicios** 실전 연습

Step 1 공략에 따라 Tarea 3 연습 문제를 풀어 보세요.

문제 1   🎧 Track 1-3

INSTRUCCIONES

Usted va a escuchar en un programa radiofónico colombiano seis noticias. Escuchará el programa dos veces. Después debe contestar a las preguntas (13-18). Seleccione la respuesta correcta (a / b / c).

Marque las opciones elegidas en la **Hoja de respuestas**.

Ahora tiene 30 segundos para leer las preguntas.

PREGUNTAS

Noticia 1

13. Estas medidas de prevención son para...

     a las mujeres.

     b los padres de familia.

     c todos los ciudadanos.

Noticia 2

14. El restaurante *El Cielo*...

     a está en Madrid.

     b es el mejor restaurante de Latinoamérica.

     c es muy reconocido.

Noticia 3

15. A causa de las fuertes lluvias...

     a se inundaron calles.

     b no funcionó el sistema de atención telefónica de emergencias.

     c cayeron más de 70 árboles.

Noticia 4

16. Planean mejorar...

     a la protección a la infancia.

     b la educación.

     c la economía.

Noticia 5

17. En Bogotá, estos días...

     a ha subido la temperatura.

     b llueve mucho.

     c casi no hay nubes.

Noticia 6

18. Este barco es...

     a de Colombia.

     b muy pequeño.

     c elegante y lujoso.

TRANSCRIPCIÓN

30초

La Secretaría de Salud lanza una nueva estrategia para fortalecer las acciones de prevención contra las Infecciones Respiratorias Agudas en la capital de la República. La estrategia enfoca sus esfuerzos en el fortalecimiento de las medidas de prevención que debe tener en cuenta la ciudadanía, especialmente la comunidad educativa, los padres, madres, cuidadores de menores de cinco años y los mayores de sesenta años, quienes deben seguir las recomendaciones.

음악

Juan Manuel Barrientos lleva a Madrid lo mejor de la alta gastronomía del país sudamericano. Barrientos, cuyo restaurante "El Cielo" ocupa el puesto 30 de la lista de "los 50 Mejores Restaurantes de Latinoamérica", es uno de los cocineros más reconocidos dentro y fuera de su país. "El Cielo Bogotá" fue el restaurante escogido para celebrar el pasado febrero una cena con diez premios Nobel de la Paz.

음악

La tarde de este miércoles se registraron fuertes lluvias que causaron afectaciones en el sur del Valle de Aburrá y se ocasionaron inundaciones en vía pública y sótanos. Por su parte, el director del Departamento de Gestión del Riesgo de Medellín, confirmó que en el sistema de atención telefónica de emergencias 123, se recibieron más de 70 llamadas con casos de caídas de árboles e inundaciones.

음악

El alcalde de Bogotá, Enrique Peñalosa, anunció que se fortalecerá la seguridad en los entornos escolares de 40 colegios y planteles educativos de la ciudad. El alcalde dio a conocer algunas de las acciones puntuales que se llevarán a cabo para hacer más seguros los entornos escolares, las cuales serán coordinadas por las secretarías de Educación y de Seguridad.

음악

Bogotá alcanzó una temperatura de 25,1 grados centígrados, la más alta en la historia, debido a que febrero es la temporada menos lluviosa del año y se ha visto afectada por vientos en superficie y altura. El Instituto de Pronósticos hace un llamado para que los colombianos eviten el sol y se protejan con protector solar, pues esta temporada tiene el mayor ingreso de rayos ultravioleta.

음악

El crucero "Seven Seas Explorer" llegó hoy al puerto colombiano de Cartagena. El barco tiene capacidad para transportar a 738 pasajeros y en los interiores de la nave el visitante encuentra obras de Pablo Picasso y piezas de vajilla diseñadas por Versace. La gastronomía a bordo ha sido cuidadosamente seleccionada y se utilizan productos locales frescos que reflejan la cultura de cada región que el barco visita. El barco fue bautizado el mes de julio de 2016 en Mónaco.

10초
반복 재생
10초

Complete ahora la Hoja de respuestas.

30초

Tarea 3 · Ejercicios

Step 2 문제 1의 내용을 해석해 보세요.

지령

당신은 콜롬비아의 한 라디오 프로그램에서 여섯 편의 뉴스를 듣게 됩니다. 프로그램은 두 번 듣게 됩니다. 이어서 (13번부터 18번까지) 질문에 답하세요. (a / b / c) 정답을 선택하세요.

선택한 보기를 **답안지**에 표기하세요.

이제 문제를 읽을 수 있는 시간을 30초간 갖게 됩니다.

문제

뉴스 1
13. 이 예방 조치들은 ...을 위한 것들이다.

   a 여성들

   b 가정 내 부모님들

   c 모든 시민들

뉴스 2
14. '엘 씨엘로' 식당은...

   a 마드리드에 있다.

   b 라틴 아메리카 최고의 식당이다.

   c 매우 알려진 식당이다.

뉴스 3
15. 강한 비로 인해 ...

   a 도로가 침수되었다.

   b 긴급 전화 시스템이 작동하지 못했다.

   c 70그루 이상의 나무들이 쓰러졌다.

뉴스 4
16. ...(을)를 개선할 계획이다.

   a 아동 보호

   b 교육

   c 경제

뉴스 5
17. 요즘 보고타에서는 ...

   a 기온이 상승했다.

   b 비가 많이 내린다.

   c 구름이 거의 없다.

뉴스 6
18. 이 배는 ...

   a 콜롬비아 배다.

   b 아주 작다.

   c 고급스럽고 화려하다.

스크립트

30초

건강부에서는 보고타 시에서의 급성 호흡기 질환 예방 활동을 강화하기 위한 새로운 전략을 시작하고 있습니다. 이 전략은 모든 국민들, 특히 권장 사항을 따라야 하는 교육 단체, 학부모, 5세 이하 아이들을 돌보는 사람들과 60세 이상의 고령자들이 염두에 두어야 할 예방책을 강화시키는 노력에 중점을 둡니다.

음악

후안 마누엘 바리엔또스가 남아메리카 국가 최상의 고급 요리를 마드리드로 가지고 갑니다. 라틴 아메리카 최고의 식당 50개 리스트 중 30번째 자리를 차지한 '엘 씨엘로' 식당을 소유한 바리엔또스는 국내외 가장 인정 받는 요리사 가운데 한 명입니다. '엘 씨엘로 보고타'는 지난 2월 10인의 노벨 평화상 수상자 만찬을 개최하기 위해 선발된 식당입니다.

음악

수요일 오후에 기록된 강한 비는 바예 데 아부라 남부 지역에 영향을 미쳤으며 거리와 지하층에 침수를 일으켰습니다. 한편, 메데인 재해관리부장은 쓰러진 나무와 홍수에 대한 70여 건 이상의 전화가 123 긴급전화 시스템으로 발신되었다고 확인했습니다.

음악

엔리께 뻬냘로사 보고타 시장은 시의 40개 학교 및 교육 시설의 주변 환경의 안전을 강화할 것이라고 발표했습니다. 시장은 학교 주위 환경을 더 안전하게 만들 목적으로 교육부와 안보부가 통제하게 될 몇 가지 정확한 활동들을 공표했습니다.

음악

2월은 한 해의 가장 비가 적게 내리는 기간인데다가 지표면과 상공의 바람의 영향을 받음으로 인해 보고타 시는 역사상 가장 높은 25.1도의 기온을 기록했습니다. 기상청은 이때 자외선이 가장 강하기 때문에 콜롬비아인들이 햇빛을 피하고 자외선 차단제로 피부를 보호할 것을 요청했습니다.

음악

'세븐 시즈 익스플로러' 크루저가 오늘 콜롬비아의 까르따헤나 항구에 도착했습니다. 738명의 승객을 수송할 수 있는 수용력이 있고 배 내부에는 파블로 피카소의 작품들과 베르사체가 디자인한 식기를 볼 수 있습니다. 선내 식사는 아주 신중히 선택된 것이며 그 배가 가는 각 지역의 문화를 반영한 신선한 지역 산물들을 사용합니다. 그 배는 2016년 7월 모나코에서 이름이 지어졌습니다.

10초
반복 재생
10초

답안지를 작성하세요.

30초

Step 3 문제 1의 필수 어휘를 익혀 보세요.

medida	f. 조치, 대책, 크기, 치수, 측정	prevención	f. 예방, 방지, 편견
reconocido	인정 받는, 감사하는, 공인의	inundarse	침수되다, 물에 잠기다
emergencia	f. 긴급 상황, 비상 사태	planear	계획하다
lanzar	던지다, 뛰어들다, 팔기 시작하다	fortalecer	강하게 하다, 강화시키다
infección	f. 감염, 전염	respiratorio	호흡의
agudo	(질병) 급성의, 예리한, 뾰족한, 총명한, 고음의	enfocar	초점을 맞추다, 주의를 집중하다
fortalecimiento	m. 강화, 요새	ciudadanía	f. 국적, 시민권, 국민
gastronomía	f. 요리법, 미식	registrar	등록하다, 기록하다
afectación	f. 영향, 작용, 가장, 가식	ocasionar	야기하다, 초래하다
inundación	f. 홍수, 침수, 범람	vía	f. 길, 도로
sótano	m. 지하실, 지하	gestión	f. 수속, 처리, 관리, 경영, 직무
riesgo	m. 위험, 재해	caída	f. 낙하, 넘어짐, 붕괴, 저하, 경사
alcalde	m. 시장	entorno	m. 환경, 주위의 상황
escolar	m.f. 학생 / 학교의, 학생의	plantel	m. 교습소, 회원, 멤버
dar a conocer	알리다, 공표하다	secretaría	f. 비서과, 사무국, 사무실, 부(部), 성(省)
alcanzar	닿다, 도달하다	superficie	f. 표면, 지면, 면적
pronóstico	m. 예상, 예측, 예보, 조짐, 전조	solar	태양의, 해의
ingreso	m. 들어감, 들어옴, 입회, 입학, 소득	rayo	m. 광선, 복사선, 방사선, 벼락
ultravioleta	자외선의	crucero	m. 크루즈 여객선, 십자로
nave	f. 배, 우주선	vajilla	f. 식기, 도기
a bordo	선내(기내)에서	bautizar	세례를 주다, 이름을 붙이다

Step 4 문제 1의 해설을 확인해 보세요.

13.	예방 조치의 대상이 누구인지 묻고 있다. 호흡기 질환에 대응하기 위한 전략은 'medidas de prevención que debe tener en cuenta la ciudadanía, especialmente...' 문장에 등장한다. 'ciudadanía 국민' 전체를 대상으로 하되 'especialmente 특히'로 좀 더 강조하고자 하는 대상을 언급하는데, 바로 '교육 단체, 학부모, 5세 이하 아이들을 돌보는 사람들과 60세 이상의 고령자들'이다. 결과적으로 예방 조치 대상이 '전 국민'이라는 대전제는 그대로이므로 정답은 보기 **c**.
14.	뉴스는 요리사에 대한 언급으로 시작하나, 문제는 식당에 대한 정보를 질문한다. El Cielo 식당은 최상위 50곳 중 30번째 순위를 차지하므로 보기 b는 답이 될 수 없다. '가장 좋은', '가장 훌륭한'을 의미하는 'el / la mejor'는 DELE 질문으로 자주 등장하므로 반드시 숙지하자. 또한 이 식당은 보고타에 위치하므로 a 역시 오답이다. 정답은 **c**로, 'reconocido 잘 알려진, 유명한'이 핵심이다. 요리사도 유명하고 식당 평가 순위도 높으며 노벨상 만찬 장소로 낙점되었다고 언급됐으므로 매우 유명한 식당임을 알 수 있다.
15.	기상 정보 뉴스로, 폭우로 일어난 상황을 잘 듣고 답해야 한다. 정답 문장은 'se ocasionaron inundaciones en vía pública y sótanos 거리와 지하층에 침수를 일으켰습니다'이다. 보기 **a**에 등장한 calle는 vía의 동의어이며, 동사 inundarse는 '침수되다'라는 의미로 정답이 된다. 나무가 쓰러지고 침수가 발생한 상황에 대해 많은 전화가 발신되었다고 언급하므로, 보기 b에서 말하는 'no funcionó 작동하지 못했다'는 틀린 사실이다. 이때 숫자 70은 'llamadas 발신' 횟수를 말하므로 보기 c에서처럼 쓰러진 나무의 수로 혼동하지 말아야 한다. 기상 정보 관련 어휘를 반드시 암기하도록 하자.
16.	무엇을 개선할 것인지 질문하고 있다. 정답 문장은 'se fortalecerá la seguridad en los entornos escolares ... y planteles educativos 학교 및 교육 시설의 주변 환경의 안전을 강화할 것' 관련 언급이다. 이는 교육이나 경제 개선과는 거리가 있는 주제이므로 보기 b와 c는 오답이 된다. 학교 주위의 안전을 더욱 보강하겠다는 메시지를 통해 정답은 보기 **a**로 확정할 수 있다. 동사 'fortalecer 강화하다'는 반드시 암기해야 할 어휘이다.
17.	날씨 관련 뉴스이다. 첫 번째 문장 중 'Bogotá alcanzó una temperatura de 25,1 grados centígrados, la más alta en la historia 보고타 시는 역사상 가장 높은 25.1도의 기온을 기록했습니다'에서 바로 정답은 보기 **a**임을 알 수 있다. 이어서 'febrero es la temporada menos lluviosa del año 2월은 한 해의 가장 비가 적게 내리는 기간'에 따르면 'más 많이'가 아닌 'menos 적게'라고 언급하므로 보기 b는 답이 될 수 없다. c의 'nubes 구름' 관련 내용은 등장한 바 없다.
18.	지문에서 설명하는 크루즈 여객선에 해당하는 보기를 선택하여야 한다. 듣기가 시작되자마자 콜롬비아가 언급되어 a로 정답을 속단해서는 안 된다. 콜롬비아의 까르따헤나 항구에 도착했다는 소식이므로 '콜롬비아 소유의 배'라는 보기 a는 함정이다. 또한 738명의 승객이 탑승 가능한 크기이므로 배가 'pequeño 작은'이라고 한 보기 b 역시 오답이다. 'En los interiores de la nave el visitante encuentra obras de Pablo Picasso y piezas de vajilla diseñadas por Versace. 배 내부에는 파블로 피카소의 작품들과 베르사체가 디자인한 식기를 볼 수 있습니다.'를 통해 여객선은 고급스럽고 호화롭게 꾸몄음을 알 수 있다. 따라서 정답은 **c**.

Tarea 3 **Ejercicios** 실전 연습

문제 2   🎧 Track 2-3

INSTRUCCIONES

Usted va a escuchar en un programa radiofónico seis noticias. Escuchará el programa dos veces.

Después debe contestar a las preguntas (13-18). Seleccione la respuesta correcta (a / b / c).

Marque las opciones elegidas en la **Hoja de respuestas**.

Ahora tiene 30 segundos para leer las preguntas.

PREGUNTAS

Noticia 1

13. La noticia informa sobre...

 a un perro que sabe tocar un instrumento musical.

 b una banda musical de Rusia.

 c un músico callejero y su perro.

Noticia 2

14. Según la noticia, ¿qué ha ocurrido en Nueva Zelanda últimamente?

 a Las olas de un maremoto han golpeado la costa sur.

 b Se ha producido un fuerte sismo.

 c Un temblor ha causado muchos muertos.

Noticia 3

15. Según la noticia...

 a se tiene que pagar para comprar la aplicación de Gmail.

 b esta nueva aplicación solo funciona en la página web.

 c antes no era posible enviar y recibir dinero con una aplicación entre particulares.

Noticia 4

16. Según la noticia, en Nueva York...

 a ha llovido mucho.

 b el transporte público ha dejado de funcionar.

 c se han cancelado muchos vuelos.

Noticia 5

17. Según la noticia, en India...

 a tener guardería será obligatorio para las empresas.

 b la situación para las madres va empeorando.

 c la baja por maternidad son más de 26 semanas.

Noticia 6

18. Según la noticia, este periódico...

 a se acaba de fundar.

 b está en seis diferentes localidades de España.

 c va a premiar con algunas entradas para un musical.

TRANSCRIPCIÓN

30초

En Rusia, un mendigo tiene que vivir por las calles junto a su mejor amigo, un perro muy talentoso que no lo deja de acompañar donde sea. A este hombre se le ocurrió la idea de tocar su instrumento musical preferido, mientras su perro lo acompañaba cantando. La mayor parte de la gente presente en el local, contribuyó con algo de dinero para este mendigo y su perro.

음악

Nueva Zelanda emitió el lunes una alerta de tsunami en zonas de la costa sur del país, tras producirse en torno a la medianoche un poderoso terremoto de una magnitud de 7,4 cerca de Christchurch. El temblor ocurrió a las 23 horas en la Isla del Sur, donde un sismo de una magnitud de 6,3 causó 185 muertos en febrero de 2011. No ha sido señalada por ahora ninguna víctima.

음악

Gmail permite enviar y recibir dinero. Su aplicación ya permite el envío y recepción de dinero, tanto a través de una aplicación para Android como a través de su página web. De momento, solo funciona en Estados Unidos, pero es el primer paso del buscador para hacer transacciones entre particulares.

음악

La nieve paraliza Nueva York y obliga a cancelar más de 8.000 vuelos en aeropuertos del Este de los EEUU. El transporte público ha funcionado pero con un servicio reducido al mínimo. Las aerolíneas, por su parte, han cancelado este martes más de 8.200 vuelos en diferentes aeropuertos de la zona afectada.

음악

India duplica la baja por maternidad y obliga a las empresas a tener guarderías. "La nueva ley nos sitúa entre los países con mejor legislación para las madres", afirma la ministra para las Mujeres y los Niños. El Parlamento de India ha aprobado una ley que duplicará el tiempo de baja por maternidad hasta las 26 semanas.

음악

Te ofrecemos la oportunidad de ver El Rey León desde uno de los palcos del Teatro Lope de Vega. Con motivo del centenario de nuestra fundación, queremos premiarte con un palco completo de 6 localidades, para que disfrutes de este maravilloso musical en compañía de tus familiares o amigos. Participa contestando a una sencilla pregunta sobre El rey León y consigue un palco completo en www.elpais.com

음악

10초
반복 재생
10초

Complete ahora la Hoja de respuestas.

30초

Step 2 문제 2의 내용을 해석해 보세요.

지령

당신은 한 라디오 프로그램에서 여섯 편의 뉴스를 듣게 됩니다. 프로그램은 두 번 듣게 됩니다. 이어서 (13번부터 18번까지) 질문에 답하세요. (a / b / c) 정답을 선택하세요.

선택한 보기를 **답안지**에 표기하세요.

이제 문제를 읽을 수 있는 시간을 30초간 갖게 됩니다.

문제

뉴스 1

13. 이 뉴스는 ...에 대해 알린다.

　a 악기를 연주할 줄 아는 한 강아지

　b 러시아의 한 음악 밴드

　c 거리의 악사와 그의 강아지

뉴스 2

14. 뉴스에 따르면, 최근에 뉴질랜드에서 어떤 일이 있었는가?

　a 해일이 남부 해안을 강타했다.

　b 아주 강한 지진이 발생했다.

　c 지진이 많은 사망자를 초래했다.

뉴스 3

15. 뉴스에 따르면 ...

　a 지메일 어플리케이션을 구매하기 위해 돈을 지불해야 한다.

　b 이 새 어플리케이션은 웹 사이트에서만 기능한다.

　c 이전에는 어플리케이션을 통해 개인 간에 돈을 주고받는 것이 불가능했다.

뉴스 4

16. 뉴스에 따르면, 뉴욕에서는 ...

　a 비가 많이 내렸다.

　b 대중교통이 기능을 멈추었다.

　c 많은 비행편이 취소되었다.

뉴스 5

17. 뉴스에 따르면 인도에서는 ...

　a 기업들에게 있어 어린이집을 운영하는 것이 의무화될 것이다.

　b 자녀를 둔 어머니들에게 있어 상황은 악화되어 가고 있다.

　c 출산 휴가는 26주 이상이다.

뉴스 6

18. 뉴스에 따르면 이 신문사는 ...

　a 이제 막 창립했다.

　b 스페인의 6개 지역에 있다.

　c 상품으로 뮤지컬 입장권을 증정할 것이다.

스크립트

러시아에서는 한 걸인이 그가 가는 곳이라면 어디든 함께하는, 아주 재능 넘치는 강아지인 그의 가장 친한 친구와 함께 거리를 떠돌며 살고 있습니다. 이 남자는 자기가 가장 좋아하는 악기를 연주하고 그의 강아지는 노래를 하며 반주 맞추는 것을 생각해 냈습니다. 그 장소에 있는 대부분의 사람들은 이 걸인과 그의 강아지를 위해 얼마간의 성금을 냈습니다.

음악

뉴질랜드는 지난 월요일, 크라이스트처치 인근에서 자정경에 발생한 규모 7.4의 강한 지진 이후 남해안 지역에 쓰나미 경보를 발령했습니다. 지진은 2011년 2월 6.3 규모의 지진으로 185명의 사망자가 발생한 곳인 남섬에서 밤 11시에 발생했습니다. 현재까지 희생자는 나오지 않았습니다.

음악

지메일을 통해 돈을 주고받기가 가능합니다. 안드로이드용 어플리케이션 혹은 웹 사이트를 통해 돈을 보내고 받는 것이 이제 가능해진 것입니다. 현재로서는 미국 내에서만 가능하나 이는 인터넷 검색 엔진을 통한 개인 간 거래의 첫걸음입니다.

음악

눈이 뉴욕을 마비시키고 미국 동부 공항의 8,000개 이상의 비행편을 취소시켰습니다. 대중교통은 작동을 했지만 최소한으로 제한된 서비스로 운영되었습니다. 한편 항공사들은, 이번 화요일에 피해 지역의 여러 공항 내 8,200편 이상의 항공편을 취소했습니다.

음악

인도에서 출산 휴가가 두 배로 길어지며 기업 내에 어린이집 운영이 의무화됩니다. 여성아동부 장관은 이 새로운 법안으로 인해 인도는 자녀를 둔 어머니들에게 있어 최고의 법을 가진 국가들 중 하나가 된다고 확언합니다. 인도 국회는 출산으로 인한 휴가 기간을 최대 26주까지 늘리는 법안을 인준하였습니다.

음악

로뻬 데 베가 극장의 특별 관람석에서 '라이온 킹'을 볼 수 있는 기회를 제공합니다. 우리의 창립 100주년을 맞이하여 당신이 가족들 또는 친구들과 함께 이 멋진 뮤지컬을 볼 수 있도록 6매의 특별 관람석 입장권을 상품으로 드립니다. www.elpais.com 에서 '라이온 킹'에 관한 간단한 질문에 답하는 형식으로 참여하시고 입장권을 획득하세요.

답안지를 작성하세요.

Step 3 문제 2의 필수 어휘를 익혀 보세요.

instrumento musical	m. 악기	callejero	거리의
maremoto	m. 해일, 해저 지진	golpear	때리다, 두들기다, 치다
sismo	m. 지진	temblor	m. 진동, 떨림, 지진, 약진
particular	m.f. 일개인, 사인 / 특별한, 특수한, 독특한, 개별의, 개인의	guardería	f. 탁아소, 어린이집
empeorar	악화시키다, 악화되다	baja por maternidad	f. 출산 휴가
localidad	f. 지역, 지방, 관람석, 좌석	premiar	상을 주다, 표창하다
mendigo	m. 거지, 걸인	talentoso	재능이 있는
local	m. 장소, 시설, 점포 / 장소의, 지방의	contribuir	공헌하다, 기여하다
emitir	방출하다, 표명하다, 방송하다	alerta	f. 경계, 경보, 주의
tsunami	m. 쓰나미	en torno a	~의 주위에, 주변에
poderoso	m. 힘 있는 사람, 권력자 / 힘 있는, 권력이 있는, 강력한, 강대한	terremoto	m. 지진
magnitud	f. 크기, 중요성, 지진 단위	señalar	표시하다, 지적하다, 가리키다
envío	m. 발송, 송부	recepción	f. 접수, 수령, 응접, 접수처
paso	m. 걸음, 발, 보폭, 통과, 통행	buscador	m. 검색자 / 찾는, 구하는
transacción	f. 거래, 매매	paralizar	마비시키다, 못 쓰게 만들다
reducido	좁은, 작은, 제한된	al mínimo	최소로 (=a lo mínimo)
duplicar	두 배로 하다	ley	f. 법안, 법률, 법, 법칙
situar	배치하다, 두다, 위치하다	legislación	f. 제정법, 법령
ministro	m.f. 장관	parlamento	m. 의회, 국회
aprobar	승인하다, 승낙하다, 합격하다	palco	m. 특별석, 귀빈석
centenario	m. 100세, 백년제 / 100의	fundación	f. 창립, 설립, 법인, 조직
en compañía de	~와(과) 함께		

13.	무엇에 대해 알리는 뉴스인지 질문한다. 첫 번째 문장에서 'mendigo 걸인, 거지'가 악기를 연주하고 그의 개는 노래를 한다고 언급했는데, 보기 a는 반대로 개가 악기를 연주한다고 하므로 오답이 된다. 보기 b의 경우, 'banda musical'은 정식 구성을 갖춘 '음악 밴드'를 말하므로 뉴스의 내용과 어긋난다. 정답은 보기 **c**. 형용사 callejero는 '거리를 방황하는', '떠돌이'를 의미한다.
14.	뉴질랜드에서 일어난 사건들을 집중해서 듣되 질문에 등장한 부사 'últimamente 최근에, 최후에'에 유념해야 한다. 뉴스 내용은 이미 발생한 사건, 아직 일어나지 않았지만 예상되는 사건, 한참 전에 일어났던 사건을 모두 언급하고 있다. 따라서 집중하지 않으면 함정에 빠지기 쉽다. 또한 지진 관련된 어휘를 정확히 해석할 수 있어야 한다. 첫 번째 문장에 따르면 쓰나미는 앞으로 일어날 것이 예상되기에 경보를 내린 상태이다. 따라서 이미 해일이 해안을 강타했다고 서술한 a는 오답이 된다. 지진 해일을 나타내는 쓰나미의 동의어 'maremoto'까지 알아야 정답을 맞출 수 있다. 규모 7.4의 강한 지진이 발생하여 쓰나미 경보를 발령했으므로 정답은 **b**가 된다. 지진을 의미하는 단어 'terremoto', 'temblor', 'sismo' 등을 숙지하는 것이 중요하다. c는 2011년에 일어난 지진을 인용한 부분에서 함정을 유도한 오답이다.
15.	어플리케이션을 통한 개인 간의 돈 거래 관련 내용이다. a에 언급된 'comprar la aplicación 어플리케이션을 구매하기'는 뉴스에 등장한 적 없는 내용이다. 'Tanto a través de una aplicación para Android como a través de su página web' 구간의 핵심 문형 'tanto A como B A만큼이나 B 또한'에 따르면 이 어플리케이션은 웹 사이트로도 이용이 가능하므로 b도 오답이 된다. 마지막 문장에서 'es el primer paso del buscador para hacer transacciones entre particulares 이는 인터넷 검색 엔진을 통한 개인 간 거래의 첫걸음입니다.' 부분에 따르면 예전에는 불가능했던 기능이 이제 가능해진 상황이므로 정답은 **c**가 된다.
16.	'La nieve paraliza Nueva York 눈이 뉴욕을 마비시키고'로 뉴스를 시작하고 있다. 'llover 비가 내리다' 정도가 아닌 엄청난 기상 악화 상황을 전하고 있으므로 a는 오답이다. 두 번째 문장에서 대중교통 운행에 대해 언급하며 'al mínimo 최소한으로' 운영했다고 말한다. 이는 아예 대중교통 기능을 멈춘 것은 아니므로 b 역시 오답이다. 정답은 보기 **c**. 첫 번째, 세 번째 문장에 걸쳐 비행편 취소 뉴스를 전하고 있다.
17.	인도에서 새로이 추진되는 법안에 관한 문제이다. 첫 번째 문장 'India duplica la baja por maternidad y obliga a las empresas a tener guarderías. 인도에서 출산 휴가가 두 배로 길어지며 기업 내에 어린이집 운영이 의무화됩니다.'에 따르면 정답은 보기 **a**이다. 'baja por maternidad 출산 휴가', 'guardería 어린이집' 등 관련 어휘를 알고 있어야 한다. 새로운 법안으로 인해 인도는 자녀를 둔 어머니들에게 있어 최고의 법을 가진 국가들 중 하나가 된다고 확언하므로, b는 오답이다. 출산 휴가가 최대 26주까지 늘어나는 상황은 앞으로의 예상이지 현재는 그보다 짧은 상황이므로 c도 오답이 된다.
18.	듣기 시작 전 시험지에 적힌 periódico를 미리 읽었다면 신문사에서 공표하는 소식임을 파악할 수 있다. 두 번째 문장에서 명사 'centenario 100주년 기념일'을 통해 보기 a는 제거된다. 정답은 보기 **c**로, 뉴스에서 'palco completo de 6 localidades 6매의 특별 관람석'이 경품이라는 사실을 알려 주고 있다. localidad은 '지역'의 의미도 있음을 이용한 함정 보기 b를 오답으로 제거할 수 있어야 한다. 참고로 'El País'는 스페인의 대표적인 신문 중 하나이다.

핵심 포인트

- 6명의 사람들이 한 가지 주제에 대해 각자의 경험, 생각, 의견 등을 말합니다.
- 각 사람의 진술 내용에 부합하는 보기 문장을 선택합니다.
- 말하는 사람 간에 서로 구별점이 되는 내용 및 특별히 강조하는 부분에 유의합니다.

빈출 주제

- 비격식적   독백 혹은 대화 등
- 공통 주제   관련 경험담, 주장 등
- 기타   특정 분야 에피소드 및 인물의 발언

Tarea 4 완전 공략

1 어떻게 푸나요?

다른 과제와 달리 보기 문장을 먼저 듣게 되며, 이미 연결된 예시 보기가 하나 있습니다. 실제 시험에서는 지령과 함께 소개되는 예시는 들을 필요가 없으므로, 10개 문장 중 예시와 연결된 문장부터 제거합니다. 남은 9개의 보기 문장을 미리 정확히 읽고 요약해 둡니다. 6명이 말하는 경험이나 생각을 잘 듣고 연결될 내용을 선택해야 합니다.

2 고득점 전략

- 먼저 지령에서 글의 유형 또는 말하는 사람 관련 정보가 있는지 파악합니다.
- 예시와 연결된 문장을 제거한 9개의 보기 문장과 지령을 분석합니다.
- 보기 문장을 읽고 요약하며 중요한 핵심 요소들은 시험지에 표기해 둡니다.
- 1차 듣기에서 각 사람이 말하는 내용을 듣는 동시에, 보기 문장을 눈으로 훑어 가며 답안을 선택합니다.

3 잠깐! 주의하세요

- 예시는 듣지 않아도 됩니다. 곧바로 보기 문장 분석을 시작하도록 합니다.
- 보기 문장이 짧다고 대강 해석했다간 지문을 모두 잘 들었는데도 연결을 못 시킬 수 있습니다.
- 보기 하나를 잘못 연결하기 시작하면 다른 문제들까지 연쇄적으로 오답을 고를 위험이 있습니다.
  각 사람의 진술을 들을 때 앞서 이미 선택한 문장도 배제하지 말고 고려해 풀어야 합니다.

문제 1 | 🎧 Track 1-4

INSTRUCCIONES

Usted va a escuchar a seis personas que recuerdan a algún profesor o maestro inolvidable. Escuchará a cada persona dos veces. Seleccione el enunciado (A-J) que corresponde al tema del que habla cada persona (19-24). Hay diez enunciados, incluido el ejemplo. Seleccione solamente seis.

Marque las opciones elegidas en la **Hoja de respuestas**.

Ahora escuche el ejemplo:

Persona 0

La opción correcta es el enunciado F.

0   A B C D E **F** G H I J

Ahora tiene 20 segundos para leer los enunciados.

ENUNCIADOS

A.	Tuvo influencia en la selección de su profesión actual.	F.	No era muy buen estudiante.
B.	Pudo aprender a prestar atención.	G.	Recibía visitas de su maestra en su casa.
C.	Odiaba tener tantos exámenes.	H.	Aprendió mucho fuera de clase.
D.	No ha podido seguir estudiando.	I.	Es capaz de superar los obstáculos.
E.	Antes no le gustaba lo que hace bien ahora.	J.	Guarda un buen recuerdo de su maestra de música.

OPCIONES

	PERSONA	ENUNCIADO
0.	Persona 0	F
19.	Persona 1	
20.	Persona 2	
21.	Persona 3	
22.	Persona 4	
23.	Persona 5	
24.	Persona 6	

TRANSCRIPCIÓN

Persona 0	A mis trece años de edad y mal estudiante, solo recuerdo su nombre: Don José, pero quedaron en mí para toda la vida, 58 años hoy, su forma de enseñar, su paciencia, su dulzura y su dedicación a los que no éramos "los primeros de la fila". No cayeron en saco roto sus historias más allá de las clases ordinarias. Y su tiempo extra contándonos cosas, aún las tengo muy presentes. 20초
Persona 1	Sí, tenía una maestra de inglés, Sara, que nos tenía mucho cariño. Siempre nos escuchaba y planeaba clases considerando nuestros gustos, pero con enseñanzas. Ahora que soy gerente de una empresa, soy más considerada con mis empleados. Los escucho, como ella. 5초 반복 재생 10초
Persona 2	Creo que me han cambiado la vida... pero, ¡para mal! Mis maestros de la escuela primaria eran tan autoritarios que he renunciado a la educación. Nos pegaban en las manos, y creo que sus ideas exageradas de orden y disciplina me han traumatizado para siempre. Desde entonces, no he podido estudiar nada. 5초 반복 재생 10초
Persona 3	No creo que una persona pueda cambiarte, pero siempre recuerdo a mi profesor Miguel, el de Física y Química. ¡Qué hombre tan recto y justo! Un verdadero ejemplo. A lo largo de nuestra vida, puede haber momentos de crisis y un poco de coraje, enfado, etc. Cada vez que me pasa algo malo, trato de recordar qué paciencia tenía ese profesor y hago todo lo posible para ser como él. Nunca lo olvidaré. 5초 반복 재생 10초
Persona 4	Nunca voy a olvidar a mi maestra de primer y segundo grado, Alicia de Torres. Ella le dijo a mi mamá "este chico es feliz con un lápiz y un papel, no necesita nada más". Así, la visitaba todas las tardes en su casa para escribir redacciones. Hoy soy escritor. Si no fuera por la señorita Alicia, ahora sería otra persona. 5초 반복 재생 10초
Persona 5	Mi profesora favorita fue Mercedes Blázquez, profesora de francés. A mí no se me daba nada bien el francés, y consiguió que me gustara y que lo aprendiera. La recuerdo mucho porque siempre hacía valoraciones positivas de nuestro trabajo. Gracias a ella, he logrado mejorar mi francés, y ahora es uno de los idiomas que hablo con fluidez. 5초 반복 재생 10초
Persona 6	No puedo olvidar a mi profesora de latín y de las asignaturas de letras del bachillerato superior. Sus clases, excelentes, no se limitaban al temario, se preocupó de nuestra formación y nos dedicó su tiempo libre. Ella me llevó a mi primer concierto de música clásica, al teatro, a museos, a conferencias... y todo eso antes de los 17 años. Y a ella le debo el haber ido a la universidad, mi curiosidad intelectual. 5초 반복 재생 10초

Complete ahora la Hoja de respuestas.

30초

> **Step 2** 문제 1의 내용을 해석해 보세요.

지령

당신은 여섯 명의 사람들이 잊을 수 없는 선생님을 회상하는 이야기를 듣게 됩니다. 각 사람에게 두 번씩 듣게 됩니다. (19번부터 24번까지) 각 사람이 말하는 주제에 연관되는 (A부터 J까지) 문장을 선택하세요. 예시를 포함한 10개의 문장이 있습니다. 여섯 개만 선택하세요.

선택한 보기를 **답안지**에 표기하세요.

이제 예시를 듣습니다.

사람 0

정답 문장은 F입니다.

이제 보기를 읽을 시간 20초가 주어집니다.

문장

A.	지금의 직업 선택에 영향을 받았다.	F.	아주 좋은 학생은 아니었다.
B.	경청하는 방법을 배울 수 있었다.	G.	선생님이 집으로 방문해 주셨다.
C.	시험이 너무 많은 것을 싫어했다.	H.	수업 외 시간에 많은 것을 배울 수 있었다.
D.	학업을 이어 나갈 수 없었다.	I.	난관을 극복할 수 있다.
E.	현재에는 잘하는 일을 예전에는 좋아하지 않았다.	J.	음악 선생님에 대해 좋은 추억을 가지고 있다.

옵션

	사람	문장
0.	사람 0	F
19.	사람 1	
20.	사람 2	
21.	사람 3	
22.	사람 4	
23.	사람 5	
24.	사람 6	

스크립트

사람 0	내가 열세 살이고 그리 공부를 잘하는 학생이 아니었을 때예요. 지금은 호세라는 그분의 이름밖에 기억나지 않지만, 지금 58세인 내 나이에 평생 잊지 못하는 건 그가 가르치는 방식, 그의 인내심, 온화함 그리고 '맨 앞자리 모범생들'이 아니었던 우리에게 보여 주신 헌신이죠. 보통의 수업을 뛰어넘은 그의 이야기들은 헛된 게 아니었습니다. 수업 외 시간에 우리에게 많은 일들을 이야기해 주었고, 나는 아직도 그 이야기들을 잘 간직하고 있습니다. 20초
사람 1	그래요. 학생들에게 아주 많은 애정을 가지셨던 영어 선생님 사라가 계셨지요. 항상 우리의 말을 경청하셨으며 우리의 성향을 고려하여 수업을 기획하셨고 가르침을 주셨습니다. 내가 한 회사의 경영자가 된 지금, 나는 직원들에게 더 사려 깊게 대할 수 있는 사람이죠. 그분이 그러하셨듯이 직원들의 말에 귀를 기울입니다. 5초 반복 재생 10초
사람 2	내 인생을 바꾼 이들이 있었어요... 하지만 좋지 않은 방향으로 말이에요! 나의 초등학교 선생님들은 내가 교육을 포기하게 만들 정도로 권위적이었습니다. 손바닥을 때렸으며, 그분들의 규칙과 규율에 대한 생각들은 나를 영원히 상처받게 만든 것 같아요. 그때부터 나는 아무것도 공부할 수 없었습니다. 5초 반복 재생 10초
사람 3	한 사람이 다른 사람을 변화시킬 수 있다고 생각하진 않지만 물리 화학 선생님이었던 미겔 선생님을 항상 기억합니다. 어쩌면 그렇게도 올바르고 공정한 분이셨는지! 우리 인생에는 위기의 순간들, 화나고 분한 일들 등이 있을 수 있죠. 내게 뭔가 안 좋은 일이 생기면 나는 그 선생님이 얼마나 인내심이 많으셨는지 기억하려고 애쓰며 그분처럼 되기 위해 최선을 다합니다. 난 그분을 절대 잊지 못할 거예요. 5초 반복 재생 10초
사람 4	나의 1학년과 2학년 때 선생님 알리씨아 데 또레스를 절대 잊지 못할 겁니다. 선생님은 나의 어머니께 "이 아이는 연필 한 자루와 종이 한 장으로도 행복해합니다."라고 말씀해 주셨지요. 그렇게 해서 나는 매일 오후 글짓기를 하기 위해 그분 댁으로 갔어요. 지금 난 작가입니다. 알리씨아 선생님 덕이 아니었다면 나는 지금 다른 사람이었겠죠. 5초 반복 재생 10초
사람 5	내가 가장 좋아했던 선생님은 프랑스어 선생님이었던 메르쎄데스 블라스께쓰 선생님입니다. 나는 프랑스어에 소질이 없었는데, 그분은 내가 프랑스어를 좋아하고 배울 수 있게 하셨어요. 그분이 많이 기억나는 이유는 바로 우리의 학업에 대해 늘 아주 긍정적으로 평가하셨기 때문입니다. 그분 덕에 나는 프랑스어를 더 잘할 수 있게 되었고 지금은 내가 가장 유창하게 구사하는 언어 중 하나랍니다. 5초 반복 재생 10초
사람 6	나는 내 고등학교 라틴어와 문학 과목 선생님을 결코 잊지 못합니다. 그분의 완벽했던 수업들은 교과 프로그램에만 제한되지 않았죠. 우리들의 성장에 신경 쓰셨고 본인의 여가 시간까지도 할애하셨습니다. 그분은 나를 처음으로 클래식 음악 콘서트에 데려가 주셨으며 연극, 박물관, 강연 등에 데려가셨어요. 이 모든 게 내가 17살 때 일입니다. 또한 나는 그분 덕에 내 지적 호기심이기도 했던 대학에 간 거죠. 5초 반복 재생 10초

답안지를 작성하세요.

30초

Step 3 문제 1의 필수 어휘를 익혀 보세요.

inolvidable	잊을 수 없는, 기억에 남을	prestar atención	주의를 기울이다, 주목하다
superar	능가하다, 뛰어넘다, 극복하다	obstáculo	m. 방해, 장애, 장애물
paciencia	f. 인내, 인내심, 끈기	dulzura	f. 단맛, 감미로움, 온화함
dedicación	f. 헌신, 전념, 열중, 직업	fila	f. 줄, 열
caer en saco roto	쓸모없어지다, 노력이 헛되다	ordinario	보통의, 평범한, 정기적인, 교양 없는
presente	m. 현재, 선물 / 현재의, 출석한	gusto	m. 맛, 미각, 즐거움, 취미, 기호
gerente	m.f. 지배인, 경영자, 지점장	considerado	사려 깊은, 신중한, 덕망 있는
autoritario	m.f. 권위주의자 / 권위주의의	renunciar	체념하다, 포기하다, 버리다
exagerado	과장된, 과도한, 지나친	orden	m. 순서, 차례, 정돈, 순위, 규칙 / f. 명령, 주문
disciplina	f. 규율, 통제, 학과	traumatizar	상처를 입히다, 충격을 주다
recto	곧은, 직선의, 정직한	justo	올바른, 공평한, 정확한, 꼭 들어맞는
crisis	f. 위기, 고비, 공황	coraje	m. 용기, 화, 분함
darse bien / mal a alguien	~에 소질이 있다 / 서툴다	valoración	f. 평가, 견적, 고려
lograr	달성하다, 성취하다	fluidez	f. 유동성, 유창함
asignatura	f. 과목, 학과목, 교과	letras	f. (항상 복수) 문학, (문학 기반의) 인문학
temario	m. 테마, 주제, 프로그램	formación	f. 형성, 양성, 교육
intelectual	지적인, 지능의, 마음의		

Step 4 문제 1의 해설을 확인해 보세요.

0 Persona 0 **F** No era muy buen estudiante.

첫 문장에서 'mal estudiante'라고 정답 표현이 등장하므로 '아주 좋은 학생은 아니었다'라는 내용의 보기 **F**가 정답이 된다. 또한 본인과 몇몇 학생들은 'los primeros de la fila 맨 앞자리 모범생들'이 아니었다고 언급하므로 공부를 잘하거나 학구열이 강한 학생은 아니었음을 알 수 있다.

19 Persona 1 **B** Pudo aprender a prestar atención.

주요 어휘를 정확하게 인지한 후 같은 의미의 표현을 보기 문장에서 찾아내야 한다. 정답 문장 'Ahora que soy gerente de una empresa, soy más considerada con mis empleados. Los escucho, como ella.'에서 현재 본인의 업무 성향이 선생님의 영향을 받았음을 진술하는데, 주요 표현은 'soy más considerada'와 'los escucho'이다. ser considerado/considerada는 '사려 깊은', '신중한' 사람을 의미한다. 동사 escuchar는 '듣다'라는 의미이므로 본인은 직원들의 의견을 수렴하고 그들의 말을 경청한다는 진술이다. 보기 **B**에서 선생님 덕분에 prestar atención 즉, 경청하는 방법을 배울 수 있었다고 언급하므로 정답이 된다.

20 Persona 2 **D** No ha podido seguir estudiando.

유일하게 안 좋은 기억을 떠올리고 있다. 'renunciar a la educación 교육을 포기하다'와 더불어 'Desde entonces, no he podido estudiar nada. 그때부터 나는 아무것도 공부할 수 없었습니다.'가 핵심이다. 따라서 정답은 **D**의 'seguir estudiando 계속해서 학업을 이어가다'가 불가능했다는 내용과 같은 맥락이다.

21 Persona 3 **I** Es capaz de superar los obstáculos.

살면서 'momentos de crisis y un poco de coraje, enfado, etc 위기의 순간, 분한 일, 화 등'은 늘 있다고 말하며 'algo malo 뭔가 안 좋은' 일이 있을 때마다 선생님의 인내심을 떠올리며 대처한다고 하였으므로 보기 **I**가 정답이다. 'ser capaz ~할 능력이 있다', 'superar los obstáculos 난관을 극복하다' 표현을 암기해 두자.

22 Persona 4 **A** Tuvo influencia en la selección de su profesión actual.

자신은 종이와 연필만 있으면 행복해했으며, 선생님의 집을 방문해 글쓰기를 배웠고 현재는 작가가 되었다고 밝혔다. 'Si no fuera por la señorita Alicia, ahora sería otra persona. 알리씨아 선생님 덕이 아니었다면 나는 지금 다른 사람이었겠죠.'라고 언급한 정답 문장은 바로 보기 **A**와 부합한다.

23 Persona 5 **E** Antes no le gustaba lo que hace bien ahora.

정답 문장은 'A mí no se me daba nada bien el francés, y consiguió que me gustara y que lo aprendiera. 나는 프랑스어에 소질이 없었는데, 그분은 내가 프랑스어를 좋아하고 배울 수 있게 하셨어요.'이다. 동사 dar를 이용한 표현 'darsele bien algo a alguien ~에 소질이 있다', 'darsele mal algo a alguien ~에 서툴다'를 알아 두자. 정답은 **E**. 현재는 프랑스어를 잘하지만 전에는 그렇지 않았다는 연결이 된다.

24 Persona 6 **H** Aprendió mucho fuera de clase.

마지막 인물이 진술하는 선생님의 특징은 'Sus clases, excelentes, no se limitaban al temario, se preocupó de nuestra formación y nos dedicó su tiempo libre.' 즉, 여가 시간까지 할애하며 학생을 위해 노력했다는 점이다. 보기 **H**에서 'fuera de clase 수업 외 시간' 언급을 통해 정답임을 확인할 수 있다. 함정은 J로, 음악 콘서트를 언급하긴 했으나 선생님의 수업 과목은 라틴어와 문학이었으므로 오답이다.

문제 2

🎧 Track 2-4

INSTRUCCIONES

Usted va a escuchar a seis personas que hablan sobre las agencias de viajes por Internet. Escuchará a cada persona dos veces. Seleccione el enunciado (A-J) que corresponde al tema del que habla cada persona (19-24). Hay diez enunciados incluido el ejemplo. Seleccione solamente seis.

Marque las opciones elegidas en la **Hoja de respuestas**.

Ahora escuche el ejemplo:

Persona 0

La opción correcta es el enunciado F.

Ahora tiene 20 segundos para leer los enunciados.

ENUNCIADOS

A.	Opina que una agencia en línea no es buena opción porque se corren demasiados riesgos.	F.	Le agradó poder comparar entre varias opciones.
B.	Organiza todo el viaje de manera individual por su cuenta.	G.	Recomienda no realizar pagos antes de comprobar la identificación de la agencia.
C.	Su mayor prioridad fue el precio económico.	H.	La agencia que contrató hace publicidad engañosa.
D.	Su agencia le hizo el favor de cambiar el trayecto de su viaje.	I.	Piensa que es más barato contratar un viaje con una agencia en línea.
E.	Se muestra indiferente ante el tema.	J.	Dice que ha pasado hambre y frío por una mala agencia.

OPCIONES

	PERSONA	ENUNCIADO
0.	Persona 0	F
19.	Persona 1	
20.	Persona 2	
21.	Persona 3	
22.	Persona 4	
23.	Persona 5	
24.	Persona 6	

TRANSCRIPCIÓN

Persona 0	Hace un par de meses hice mi primera reserva a través de una agencia en línea, en trotalia.com para ser más exacto, y me quedé bastante contento con ella la verdad. Reservé un hotel en Castellón, pero antes, había tenido la opción de elegir entre diversos hoteles, y elegí el de mejor relación calidad-precio. Además, el trato que me dieron fue maravilloso. Así que os la puedo recomendar. 20초
Persona 1	Como todo estos días, corres tus riesgos... Lo mejor es verificar si tiene alguna aprobación del Gobierno federal o local, o si están certificadas por los Departamentos de Turismo del país. Nunca pagar o hacer nada con una agencia que no esté en el destino que planeas visitar. Trata de no pagar depósitos y si te dan la opción de pagar a la llegada, ¡aún mejor! 5초 반복 재생 10초
Persona 2	¡Yo también hice una reserva con una agencia en línea! También me quedé bastante contenta, la verdad. Todo nos fue genial. Fui con un par de amigos a Mallorca, y de precio genial. Cuando llegamos allí, el hotel estaba bastante bien para lo que nos había costado, la verdad. Es que, antes del viaje, estuvimos tratando de elegir la mejor opción, pero la más barata. 5초 반복 재생 10초
Persona 3	¡Pues en mi caso, mi experiencia fue desastrosa! Acabo de volver de Tailandia y ha sido la peor experiencia de mi vida. La agencia que elegí, a través de una simple búsqueda en Internet, me prometió cosas que nunca cumplió. Después de haber pagado el viaje, empezaron a cambiar lo que contraté, pidiéndome nuevos suplementos... Al final, al llegar al destino, me alojan en un hotel que en nada se parecía al hotel que describían. ¡Una porquería de hotel que me costó tanto! 5초 반복 재생 10초
Persona 4	Yo no confío en las agencias de viaje, y me armo mi propio paquete de manera impecable. Me lleva meses organizar mis vacaciones, hago muchas consultas, mando miles de mails, me documento con todo, y llevo una carpeta con toda la documentación. Leo todos los foros posibles y pregunto hasta el mínimo detalle. Es que los foros no mienten. 5초 반복 재생 10초
Persona 5	Contraté mi viaje de novios a Vietnam. En Vietnam, estuvimos 15 días, y hablando con amigos nos recomendaron ver los túneles de Cuchí que no estaban incluidos. Mandé un email a la agencia y, al día siguiente, ya me tenían modificado el itinerario. Y cuando he tenido dudas he llamado por teléfono y me han atendido estupendamente. Te tratan como si estuvieras en una agencia de calle sin la molestia de ir a ella. 5초 반복 재생 10초
Persona 6	Solo soy una viajera. Una peregrina apasionada. He pasado en mis viajes de todo. Hambre, frío, calor, sed, etc... Malos hoteles, malos restaurantes, malos vuelos, malos guías. A veces, todo se ha vuelto al revés. Pero no cambiaría mi pasión por viajar por nada del mundo. Que nada os haga perder la ilusión de ser un trotamundos. Hay que recordar solo los momentos maravillosos de un viaje. ¡Ánimo y a viajar! Online o como sea. 5초 반복 재생 10초

Complete ahora la Hoja de respuestas.

30초

지령

당신은 여섯 명의 사람들이 온라인 여행사에 대해 말하는 이야기를 듣게 됩니다. 각 사람에게 두 번씩 듣게 됩니다. (19번부터 24번까지) 각 사람이 말하는 주제에 연관되는 (A부터 J까지) 문장을 선택하세요. 예시를 포함한 10개의 문장이 있습니다. 여섯 개만 선택하세요.

선택한 보기를 **답안지**에 표기하세요.

이제 예시를 듣습니다.

사람 0

정답 문장은 F입니다.

```
    A   B   C   D   E   F   G   H   I   J
0  ▭   ▭   ▭   ▭   ▭   ▬   ▭   ▭   ▭   ▭
```

이제 보기를 읽을 시간 20초가 주어집니다.

문장

A.	온라인 여행사는 너무 많은 위험을 감수해야 하므로 좋은 방법이 아니다.	F.	다양한 옵션들 가운데 비교할 수 있었던 것이 좋았다.
B.	모든 여행을 스스로 개인의 방식으로 계획한다.	G.	여행사 등록을 확인하기 전에는 대금을 지불하지 말 것을 권장한다.
C.	가장 높은 우선 순위는 저렴한 가격이었다.	H.	계약한 여행사는 거짓 광고를 한다.
D.	여행사는 여행 일정을 바꾸는 호의를 베풀어 주었다.	I.	온라인 여행사를 통해 여행을 계약하는 것이 더 저렴하다고 생각한다.
E.	주제에 대해 무관심한 태도를 보인다.	J.	나쁜 여행사 때문에 배고픔과 추위를 겪었다.

옵션

	사람	문장
0.	사람 0	F
19.	사람 1	
20.	사람 2	
21.	사람 3	
22.	사람 4	
23.	사람 5	
24.	사람 6	

스크립트

사람 0	두 달 전에 나는 처음으로 온라인 여행사, 정확히는 trotalia.com이라는 사이트를 통해 예약을 했고, 사실 매우 만족스러웠어요. 까스떼욘에 있는 한 호텔을 예약했는데, 그에 앞서 다양한 호텔들 가운데 선택할 수 있는 기회를 가졌고, 가격 대비 가장 좋은 호텔을 선택했습니다. 또한, 사이트 측의 응대가 아주 훌륭했고요. 그러므로 나는 이 여행사를 추천합니다. 20초
사람 1	요즘 무슨 일이든 그렇듯이, 항상 위험을 무릅쓰게 되죠... 가장 최선은 연방 정부 또는 지방 정부의 승인을 받았는지, 또는 국가의 관광 부처를 통해 보증되는 곳인지 확인하는 거예요. 당신이 방문할 계획인 목적지에 소재하지 않는 여행사에는 절대로 돈을 지불하거나 다른 어떠한 것도 하지 말아야 할 겁니다. 선불로 결제하지 말고, 도착한 후에 결제할 수 있는 옵션을 준다면 더 좋고요! 5초 반복 재생 10초
사람 2	나도 온라인 여행사를 통해 예약했어요! 그리고 정말 난 기뻤어요. 모든 게 훌륭했죠. 두 명의 친구들과 너무 좋은 가격으로 마요르카에 갔습니다. 그곳에 도착해서 간 호텔은 정말 우리가 낸 비용에 비해 아주 훌륭한 곳이었습니다. 사실 우리는 여행을 떠나기 전, 가장 좋으면서도 가장 저렴한 호텔을 선택하려고 노력했거든요. 5초 반복 재생 10초
사람 3	내 경우는 말이죠, 매우 참담한 경험이었답니다. 나는 최근 태국을 여행하고 왔는데, 내 인생에서 최악의 경험이었어요. 인터넷에서 손쉽게 검색해 선택한 그 여행사는 결코 지키지 않은 것들을 내게 약속했습니다. 여행 비용을 지불한 후에 그들은 계약 사항을 바꾸기 시작했고 추가 요금을 요구하기 시작했습니다. 결국, 목적지에 도착하고 그들이 나에게 제공한 호텔에 가 보니, 앞서 설명했던 호텔과는 전혀 비슷하지도 않았지요. 그리 형편없는 호텔에 그렇게 비싼 가격을 주다니! 5초 반복 재생 10초
사람 4	나는 여행사들을 믿지 않아서 내 스스로 완벽하게 여행을 구성합니다. 휴가를 갈 때면 준비하는 데 몇 달씩 걸리죠. 많은 문의를 하고, 수천 통의 이메일을 보내며, 모든 자료를 빠짐없이 갖추어 문서철을 만들어 갖고 다녀요. 가능한 모든 게시판을 읽고 아주 사소한 것까지도 질문합니다. 토론 게시판은 거짓을 말하지 않으니까요. 5초 반복 재생 10초
사람 5	나는 베트남으로 신혼여행을 했어요. 베트남에서 우리는 15일을 머물렀는데, 친구들과 이야기하다 보니 그들이 원래 여행에는 포함되어 있지 않던 꾸치 터널을 추천해 주더군요. 나는 여행사로 이메일을 한 통 보냈고 다음 날 그들은 이미 내게 변동된 여정을 준비해 줬어요. 또한 내가 궁금한 게 있을 때 전화를 걸었는데 그들이 아주 잘 응대해 주었습니다. 직접 가야 하는 번거로움 없이도 그들은 마치 오프라인 여행사에 가 있는 것처럼 대해 줍니다. 5초 반복 재생 10초
사람 6	나는 여행을 즐기는 사람일 뿐이에요. 열정적인 순례자 말이죠. 난 여행하면서 모든 일을 다 겪었어요. 배고픔, 추위, 더위, 갈증 등... 나쁜 호텔, 나쁜 식당, 나쁜 항공사, 나쁜 가이드. 때로는 모든 게 다 의도와는 다르게 될 때도 있었습니다. 하지만 나는 여행에 대한 열정을 세상 무엇과도 바꾸지 않을 거예요. 여러분들 역시 세계 여행자가 되길 꿈꾸는 걸 포기하지 말길 바랍니다. 여행에 있어서 좋았던 순간들만을 기억해야 해요. 기운 내서 여행하자고요! 온라인이든 어떤 방식이든요. 5초 반복 재생 10초

답안지를 작성하세요.

30초

Step 3 문제 2의 필수 어휘를 익혀 보세요.

en línea	온라인으로	correr	뛰다, 흐르다, (위험 등에) 직면하다
riesgo	m. 위험	individual	개인의, 단독의
por su cuenta	자신의 책임으로, 각자가, 제 힘으로	prioridad	f. 우선, 우선 순위
trayecto	m. 여정, 구간	indiferente	중요하지 않은, 무관심한
ante	(~의) 앞에(서), ~에 관하여	comprobar	확인하다, 증명하다
identificación	f. 신원을 증명하는 것, 식별, 감식	contratar	계약하다
publicidad	f. 광고, 선전, 전단	engañoso	속이는, 혹하게 하는
reserva	f. 예약, 비축, 매장량	verificar	확인하다, 검사하다, 입증하다
aprobación	f. 승인, 합격	federal	연방의, 연방제의
local	m. 시설, 점포 / 장소의, 지방의	certificar	증명하다, 보증하다
depósito	m. 예금, 맡기기, 위임, 보관물	llegada	f. 도착
desastroso	참담한, 매우 나쁜	búsqueda	f. 수색, 탐구, 검색, 추구
cumplir	수행하다, 실행하다, (나이가) 만 ~살이다	suplemento	m. 추가, 보충, 추가 요금
alojar	숙박시키다, 재우다	porquería	f. 쓰레기, 가치가 없는 것
confiar	신뢰하다, 믿다	armarse	구성하다, 갖추다, 무장하다
impecable	완벽한, 흠 없는	consulta	f. 문의, 진찰, 진찰소
carpeta	f. 파일, 서류철, 폴더	foro	m. 포럼, 공개 토론회
viaje de novios	m. 신혼 여행 (=f. luna de miel)	túnel	m. 터널
modificar	수정하다, 변경하다	itinerario	m. 여정, 여행 일정
estupendamente	훌륭히, 멋지게	molestia	f. 귀찮음, 폐, 불쾌감
peregrino	m.f. 순례자 / 순례하는, 이주하는	al revés	반대로, 거꾸로
ilusión	f. 착각, 환상, 기대, 기쁨	trotamundos	m.f. 세계 여행가

Step 4 문제 2의 해설을 확인해 보세요.

0 Persona 0 F Le agradó poder comparar entre varias opciones.

정답 문장은 'había tenido la opción de elegir entre diversos hoteles, y elegí el de mejor relación calidad-precio'이다. 가격 대비 최고의 호텔을 선택했으며 다양한 호텔들 중 고를 수 있었다고 말하므로 보기 **F**에 언급된 'comparar entre varias opciones 다양한 옵션들 가운데 비교하기'가 정답이 된다.

19 Persona 1 G Recomienda no realizar pagos antes de comprobar la identificación de la agencia.

첫 문장에서 온라인 여행사 예약은 위험을 무릅쓰는 일이 될 수 있다고 하지만, 보기 A를 정답으로 속단해서는 안 된다. 글 전반에 걸쳐 어떻게 하면 위험을 피하고, 만약의 사태를 방지할 수 있는지 매우 구체적인 요령을 설명하고 있기 때문이다. 지문에 제시된 요령 내용과 부합하는 보기는 **G**. 'comprobar la identificación de la agencia'가 지문에서 말한 'verificar si tiene alguna aprobación del Gobierno'와 부합하는 내용이 된다.

20 Persona 2 C Su mayor prioridad fue el precio económico.

마지막 문장에서 가장 저렴하면서도 좋은 옵션을 선택하는 것이 중요하다고 강조했으므로 정답은 **C**. 해당 인물이 가장 중요시한 'prioridad 우선 순위'는 다름 아닌 'precio económico 경제적인 가격'이었다. 함정을 유도하는 보기는 I. 오프라인 여행사와 비교했을 때 온라인 여행사가 상대적으로 저렴하다는 내용이므로 초점이 어긋난다.

21 Persona 3 H La agencia que contrató hace publicidad engañosa.

'desastroso 불운한, 참담한', 'la peor experiencia 최악의 경험' 등의 언급을 통해 온라인 여행사에 대해서 부정적인 의견임을 파악할 수 있다. 'prometer 약속'한 부분을 'cumplir 이행하'지 않았고, 돈을 지불했는데 추가 비용을 요구했으며, 'Me alojan en un hotel que en nada se parecía al hotel que describían. 앞서 설명했던 호텔과는 전혀 비슷하지도 않았다.'라고 설명하고 있다. 따라서 정답은 **H**로, 지문에서 설명한 모든 부정적 상황이 핵심어 'publicidad engañosa 거짓 광고'로 요약되었다. 'engañosa 속임수의'의 유의어 'mentirosa 거짓말을 하는', 'falsa 거짓의'까지 알아 두자.

22 Persona 4 B Organiza todo el viaje de manera individual por su cuenta.

어떻게 여행사를 통하지 않고 여행을 준비하는지 설명한다. 정답은 **B**. 'Organiza todo el viaje de manera individual por su cuenta. 모든 여행을 스스로 개인의 방식으로 계획한다.'이며, 핵심어는 'por su cuenta 자기 스스로'이다. 지문의 첫 문장에서 동사 armarse는 '무장하다' 외에 '갖추다', '준비하다'로 쓰임을 기억해 두자.

23 Persona 5 D Su agencia le hizo el favor de cambiar el trayecto de su viaje.

베트남 신혼여행 중 예정에 없던 장소 방문을 계획했을 때 여행사에서 어떻게 대처했는지 주의 깊게 들어야 한다. 'Mandé un email a la agencia y, al día siguiente, ya me tenían modificado el itinerario. 나는 여행사로 이메일을 한 통 보냈고 다음 날 그들은 이미 내게 변동된 여정을 준비해 줬어요.'가 결정적인 단서로, 진술자는 이러한 경험으로 인해 온라인 여행사에 대한 긍정적인 이미지를 갖게 되었다. 따라서 정답은 **D**. 단서 문장에서 등장한 'itinerario 여정'이 보기 D의 trayecto와 유의어이며, 'hacer el favor de ~하는 호의를 베풀다' 역시 핵심 표현이다.

24 Persona 6 E Se muestra indiferente ante el tema.

좋지 않은 경험도 있었지만, 그 때문에 여행에 대한 열정을 잃어서는 안 된다고 조언한다. 함정 보기 J를 조심하자. 들리는 어휘가 겹친다고 무조건 정답이라고 여겨서는 안 된다. 나쁜 여행사 하나 때문에 배고픔과 추위를 겪은 것은 아니었으므로 J는 정답이 아니다. 맨 마지막 '¡Ánimo y a viajar! Online o como sea. 기운 내서 여행하자고요! 온라인이든 어떤 방식이든요.'에 따르면 온라인 여행사든 뭐든 간에, 여행 자체가 중요하다는 조언으로 마무리했다. 즉, 'Agencia en línea o por Internet 온라인 여행사'라는 주제 자체에는 정답 **E**에서 표현하듯 'indiferente 무관심한, 중요하지 않은' 반응을 보인다.

Tarea 5 　두 사람의 대화를 듣고 해당되는 화자와 연결하기

핵심 포인트

- 주어진 상황에서 두 사람이 대화를 나눕니다.
- 문제 25번에서 30번까지의 내용을 말하는 사람을 찾습니다.
- 해당되는 화자가 둘 중 누구인지 또는 아무에게도 해당되지 않는지 선택합니다.

빈출 주제

- **일상 대화**　　특정 상황, 에피소드
- **다양한 배경**　　가족, 친구, 학교, 일터, 공공장소 등
- **주제별**　　　　안부 묻기, 근황 설명, 부탁, 잘못, 사죄, 초대 등

Tarea 5 완전 공략

1 어떻게 푸나요?

두 사람의 대화를 듣고, 해당되는 내용의 화자를 찾는 6개의 문제를 풉니다. 예시 0번을 제외하고 실제로 풀어야 하는 25번부터 30번까지, 각 문제의 내용을 말한 사람을 선택하면 됩니다. 만약 두 사람 모두 말하지 않은 내용이면 보기 C를 답으로 선택합니다.

2 고득점 전략

- 먼저 어떤 대화가 주어질지 지령을 통해 파악 또는 예상해 봅니다.
- 화자의 이름을 숙지하고, 두 사람의 상황별로 나누어 들을 준비를 합니다.
- 예시 0번을 미리 읽어, 예시 정답 화자 외에 다른 한 사람의 입장을 예측해 봅니다.

3 잠깐! 주의하세요

- 예시 0번의 정답을 통해 앞으로 듣게 될 대화 내용을 조금이라도 더 유추해야 합니다.
- 각 화자가 본인 상황에 대해서만 말하지 않습니다. 서로에게 말하는 질문에도 힌트가 숨어 있습니다.
- 구어체 표현 이해가 중요합니다. 스페인어를 사용하는 여러 나라의 억양과 관용 표현이 다양하게 등장하므로 대비 훈련은 필수입니다.
- 6문항의 정답 화자 분포는 무작위이므로, 정답을 선택할 때 분포를 고려할 필요는 없습니다.

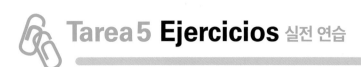

Tarea 5 **Ejercicios** 실전 연습

Step 1 공략에 따라 **Tarea 5** 연습 문제를 풀어 보세요.

문제 1   🎧 Track 1-5

INSTRUCCIONES

Usted va a escuchar una conversación entre dos amigos, Esteban y Alejandro. Indique si los enunciados (25-30) se refieren a Esteban (A), a Alejandro (B) o a ninguno de los dos (C). Escuchará la conversación dos veces.

Marque las opciones elegidas en la **Hoja de respuestas**.

Ahora tiene 25 segundos para leer los enunciados.

		A ESTEBAN	B ALEJANDRO	C NINGUNO DE LOS DOS
0.	Se encuentra cansado.	☐	✓	☐
25.	Normalmente, se levanta tarde.	☐	☐	☐
26.	Se despertó al amanecer.	☐	☐	☐
27.	Obtiene buenas calificaciones.	☐	☐	☐
28.	Sus padres son permisivos.	☐	☐	☐
29.	Propone salir con una amiga.	☐	☐	☐
30.	Debe estar con su familia.	☐	☐	☐

TRANSCRIPCIÓN

25초

Esteban	¡Hola Alejandro! ¿Qué tal? ¿Cómo pasaste el fin de semana?
Alejandro	Bien... Pero estoy cansado porque me levanté temprano tanto el sábado como el domingo.
Esteban	¿Y eso? ¿No se te quedaron pegadas las sábanas como de costumbre?
Alejandro	Fue por culpa de mi padre, que me despertó al amanecer. Dice que soy un perezoso y que me ha criado como a un vago.
Esteban	¿Por qué es tan duro contigo? No hay nada de malo en dormir hasta tarde los fines de semana... Además, sacas muy buenas notas siempre. Has sido el primer lugar del grupo este mes también, ¿no?
Alejandro	Ya conoces a mi padre... es anticuado e impone sus normas. ¡Tengo que obedecerle y punto!
Esteban	¿Y tu madre? ¿Qué piensa de eso? ¿Está de acuerdo con él?
Alejandro	Mi madre es indulgente y no se preocupa demasiado por nuestra relación...
Esteban	¡Qué mala suerte tienes! Yo, en cambio, tengo unos padres supersimpáticos. Puedo hacer lo que quiera sin problema.
Alejandro	Si pudiera cambiar de padres.... ¡No sabes la suerte que tienes! ¿Y tú? ¿Qué hiciste el fin de?
Esteban	Casi nada. Estuve en casa, vi la tele, salí a comer con mi familia... ¡Ah! ¿Sabes quién me llamó? ¡Ana! Dijo que vendría a verme hoy después de mis clases. ¿Quieres venir con nosotros? Quizás vayamos al cine. ¡Venga! ¡Hace mucho tiempo que no salimos los tres!
Alejando	Me encantaría... Pero hoy por la tarde me toca cuidar a mi hermanita. No puedo.
Esteban	¡Hombre! ¿Por qué no le pides a tu hermana mayor que te ayude?
Alejandro	Pues porque a mi hermana mayor le toca pasear al perro y limpiar la casa.
Esteban	Vale. Pues, no hay remedio. Me parece que van a tocar... Te veo en el recreo.
Alejandro	De acuerdo. Hasta luego Esteban.
Esteban	¡Hasta luego!

10초
반복 재생
10초

Complete ahora la Hoja de respuestas.

30초

La prueba ha terminado.

지령

당신은 에스떼반과 알레한드로, 두 친구 사이의 대화를 들을 것입니다. (25번부터 30번까지) 문장들이 (A) 에스떼반, (B) 알레한드로에 대한 내용인지 또는 (C) 둘 다 해당되지 않는지 선택하세요. 대화는 두 번 듣게 됩니다.

선택한 보기를 **답안지**에 표기하세요.

이제 문장들을 읽을 수 있는 25초의 시간이 주어집니다.

		A 에스떼반	B 알레한드로	C 둘 다 아님
0.	피곤한 상태다.	☐	✓	☐
25.	보통 늦게 일어난다.	☐	☐	☐
26.	새벽에 일어났다.	☐	☐	☐
27.	성적이 좋다.	☐	☐	☐
28.	부모님이 관대하시다.	☐	☐	☐
29.	친구(여)와 함께 외출하자고 제안한다.	☐	☐	☐
30.	가족과 함께 있어야 한다.	☐	☐	☐

TRANSCRIPCIÓN

25초

에스떼반	알레한드로 안녕! 주말 어떻게 보냈어?
알레한드로	잘 보냈어... 하지만 토요일, 일요일 모두 일찍 일어났기 때문에 너무 피곤해.
에스떼반	어떻게 된 거야? 평소처럼 늦잠 자지 않았어?
알레한드로	새벽에 날 깨운 우리 아빠 때문이야. 아빠는 내가 게으르다면서 나를 너무 게으름뱅이로 키웠다고 하시지.
에스떼반	왜 그렇게나 엄격하신 거니? 주말에는 늦잠 자는 건 전혀 나쁠 게 없는 것 같은데. 그리고 너는 늘 성적이 좋잖아. 이번 달에도 우리 반에서 1등을 했지? 안 그래?
알레한드로	너 우리 아빠 알잖아... 정말 고리타분하고 본인의 규칙을 강요하시는 분이야. 난 그저 복종하기만 하면 된다는 거지!
에스떼반	그럼 너희 어머니는? 이런 상황 어떻게 생각하셔? 아버지와 의견이 같으셔?
알레한드로	우리 어머니는 아주 관대하셔. 그런데 아버지와 나의 관계에 대해선 그리 크게 신경 쓰시지 않아.
에스떼반	참 운도 없네! 반면에 나에게는 아주 좋은 부모님이 계시지. 내가 하고 싶은 건 문제없이 할 수 있어.
알레한드로	부모님을 바꿀 수만 있다면... 네가 얼마나 운이 좋은지 넌 모를 거야. 너는? 넌 주말에 뭘 했니?
에스떼반	거의 아무것도 안 했어. 집에 있으면서 텔레비전 보고, 가족들이랑 식사하러 나갔어... 아! 누가 전화했는 줄 아니? 아니야! 오늘 수업 마치는 시간에 날 보러 올 거라고 했어. 우리랑 같이 갈래? 아마 극장에 갈 것 같은데. 가자! 우리 셋이 함께 논 지 너무 오래됐잖아!
알레한드로	나도 그럴 수 있다면 너무 좋겠어... 하지만 오늘 오후에 내가 여동생을 돌보는 날이란다. 갈 수 없어.
에스떼반	아이고! 누나한테 도와달라고 하는 건 어때?
알레한드로	누나는 강아지 산책시키고 집 청소할 차례야.
에스떼반	알겠어. 뭐, 어쩔 수 없지. 수업 시작할 것 같다... 쉬는 시간에 만나.
알레한드로	알겠어. 잘 가 에스떼반.
에스떼반	잘 가!

10초
반복 재생
10초

답안지를 작성하세요.

30초

시험이 끝났습니다.

Tarea 5 · Ejercicios

Step 3 문제 1의 필수 어휘를 익혀 보세요.

normalmente	정상적으로, 보통은
amanecer	m. 여명 / 날이 밝아 오다, 동이 트다
permisivo	관대한, 묵인하는, 용인하는
calificación	f. 평가, 성적, 등급
proponer	제안하다, 추천하다, 제기하다
pegar	붙이다, 부착하다, 때리다
sábana	f. 홑이불, 시트
de costumbre	항상, 늘, 여느 때
culpa	f. 실수, 잘못, 죄
perezoso	m. 나무늘보 / 게으른, 나태한
criar	기르다, 키우다, 사육하다
vago	m.f. 게으름뱅이 / 게으른
duro	단단한, 엄격한, 냉혹한
sacar	꺼내다, 빼다, 추출하다
nota	f. 기록, 메모, 성적
anticuado	케케묵은, 고리타분한, 유행·시대에 뒤떨어진
imponer	강요하다, 강제되다
norma	f. 규정, 규칙 (= f.regla, m.reglamento)
obedecer	복종하다, ~에 따르다, (명령을) 준수하다
indulgente	하고 싶은 대로 놔두는, 너그러운, 관대한
remedio	m. 대책, 방법, 약
recreo	m. 쉬는 시간, 오락, 레크리에이션

Step 4 문제 1의 해설을 확인해 보세요.

0　B Se encuentra cansado.

정답은 **B**로, 주말을 어떻게 보냈는지 묻는 Esteban에게 Alejandro가 'Bien... Pero estoy cansado porque me levanté temprano tanto el sábado como el domingo. 잘 보냈어... 하지만 토요일, 일요일 모두 일찍 일어났기 때문에 너무 피곤해.'라고 대답한 문장이 핵심이다. encontrarse는 '~한 상태에 있다'라는 의미이다.

25　B Normalmente, se levanta tarde.

'보통 늦게 일어나는 편'인 사람은 누구인지 선택해야 한다. 토요일과 일요일 모두 일찍 일어났다는 Alejandro에게 Esteban은 ¿No se te quedaron pegadas las sábanas como de costumbre?라고 농담조로 말한다. 관용 표현 'quedarse pegadas las sábanas 이불이 몸에 붙어 떨어지지 않다'는 늦잠을 잤다는 의미이며 'como de costumbre 평소처럼, 늘 그렇듯이'를 통해 Alejandro가 보통 늦게 일어나는 편임을 알 수 있다. 따라서 정답은 **B**.

26　B Se despertó al amanecer.

Esteban이 주말에 늦잠 안 잤냐고 묻자 Alejandro가 'Fue por culpa de mi padre, que me despertó al amanecer. 새벽에 날 깨운 우리 아빠 때문이야.'라고 대답했으므로 정답은 **B**. 'al+동사 원형'은 '~할 때'를 의미한다.

27　B Obtiene buenas calificaciones.

우수한 성적을 거둔 사람은 누구인지 들어야 한다. 관련 주제는 Esteban이 언급하고 있지만, 내용에 부합하는 화자는 Alejandro이다. 정답 문장은 'Además, sacas muy buenas notas siempre.'로, 이때 notas는 calificaciones와 동의어로써 '성적, 점수'를 의미한다. 따라서 정답은 **B**.

28　A Sus padres son permisivos.

두 사람이 각자의 부모님에 대해 이야기하는 내용에 집중해야 한다. Alejandro는 아버지가 'anticuado 고리타분하다'고 묘사하며 Esteban은 부모님에 대해 'Yo, en cambio, tengo unos padres supersimpáticos. 반면에 나에게는 아주 좋은 부모님이 계시지.'라고 말한다. 형용사 simpático 앞에 사용된 접두어 super는 '아주, 매우'와 같은 강조를 나타낸다. 정답은 **A**.

29　A Propone salir con una amiga.

친구(여)와 함께 만날 것을 제안하는 이는 누군지 파악해야 한다. Esteban은 주말에 Ana라는 친구의 전화를 받았다고 전한다. 이어서 Ana와 만나기로 약속이 되어 있으니 Alejandro에게 합류하자고 제안한다. 따라서 정답은 **A**.

30　B Debe estar con su familia.

Ana와 함께 만나자는 Esteban의 제안에 Alejandro는 'Pero hoy por la tarde me toca cuidar a mi hermanita. No puedo. 하지만 오늘 오후에 내가 여동생을 돌보는 날이란다. 갈 수 없어.'라고 거절한다. tocarle는 '~을(를) 할 차례다'라는 의미로, Alejandro는 가족과 함께 있어야 하는 상황이 된다. 그러므로 정답은 **B**.

문제 2   🎧 Track 2-5

INSTRUCCIONES

Usted va a escuchar una conversación entre Roberto y Claudia, que se están preparando para salir de viaje. Indique si los enunciados (25-30) se refieren a Roberto (A), a Claudia (B) o a ninguno de los dos (C). Escuchará la conversación dos veces.

Marque las opciones elegidas en la **Hoja de respuestas**.

Ahora tiene 25 segundos para leer los enunciados.

		A ROBERTO	B CLAUDIA	C NINGUNO DE LOS DOS
0.	Lo que menos le gusta es hacer la maleta.	✓	☐	☐
25.	Se preocupa de que no quepa todo en el coche.	☐	☐	☐
26.	Decide dejar la sombrilla en casa.	☐	☐	☐
27.	No tiene ganas de salir por la noche.	☐	☐	☐
28.	Dice que ha pagado demasiado.	☐	☐	☐
29.	Le parece mejor asegurarse que gastar dinero.	☐	☐	☐
30.	Propone quitarlo todo del frigorífico.	☐	☐	☐

TRANSCRIPCIÓN

25초

Roberto	Esto de hacer las maletas para irnos a la playa, ¡siempre es lo peor, eh! Porque no se nos puede olvidar nada, que luego allí, pues... o lo echas de menos o tienes que comprar algo y sale más caro...
Claudia	Sí, la verdad es que para mí es un poco agobiante porque, por un lado, pienso que me tengo que llevar muchas cosas que luego van a ser necesarias, pero por otro tampoco quiero cargar demasiado las maletas porque luego no nos van a caber en el coche.
Roberto	Bueno, vamos a ver si lo llevamos todo: el bañador...
Claudia	Sí, yo llevo de hecho dos bañadores por si me tengo que cambiar a lo largo del día... Prefiero llevarme dos.
Roberto	...las chanclas, la crema solar, la toalla...
Claudia	Sí, todo eso está. ¡Oye! ¿La sombrilla nos la llevamos o la dejamos en casa?
Roberto	La sombrilla, yo creo que mejor llevarla.
Claudia	Vale, vale, muy bien...
Roberto	Luego, hay que llevarse también ropa para salir porque luego no estamos todo el día en la playa, sino que habrá que quedar por la noche, o algo...
Claudia	Sí, sí... Luego si nos vamos a tomar algo, vamos a necesitar ropa un poco más formal. Oye, Roberto, ¿has tenido la precaución de llevar el coche al taller para que lo revisen?
Roberto	Sí, lo he llevado precisamente esta semana y es un robo. Le han cambiado el aceite, le han mirado los frenos y el agua del radiador, y me han cobrado casi trescientos euros. ¡Es que son unos ladrones!
Claudia	Ya, bueno, pero no hay más remedio que llevarlo porque así nos quedamos más tranquilos y nos vamos de viaje sabiendo que el coche está en buenas condiciones.
	Oye, Roberto, tenemos que tener cuidado antes de irnos, y asegurarnos de que hemos cerrado el agua, que hemos apagado todas las luces y que hemos desconectado la electricidad general.
Roberto	Sí, hay que desconectar también la nevera, y sacar todas las cosas del congelador, no vaya a ser que se estropeen.
Claudia	Sí, bueno, ¡y el gas! Que no se nos olvide cerrar la toma del gas.
Roberto	Sí... los equipos electrónicos y eso, es mejor apagarlos todos.
Claudia	Sí, sí. Porque consumen innecesariamente.

10초
반복 재생
10초

Complete ahora la Hoja de respuestas.

30초

La prueba ha terminado.

Tarea 5 · Ejercicios

Step 2 문제 2의 내용을 해석해 보세요.

지령

당신은 여행을 떠나기 위해 준비하고 있는 로베르또와 끌라우디아 두 사람 사이의 대화를 들을 것입니다. (25번부터 30번까지) 문장들이 (A) 로베르또, (B) 끌라우디아에 대한 내용인지 또는 (C) 둘 다 해당되지 않는지 선택하세요. 대화는 두 번 듣게 됩니다.

선택한 보기를 **답안지**에 표기하세요.

이제 문장들을 읽을 수 있는 25초의 시간이 주어집니다.

		A 로베르또	B 끌라우디아	C 둘 다 아님
0.	가장 싫어하는 건 짐 싸는 것이다.	✓	☐	☐
25.	차에 다 들어가지 않을까 걱정이다.	☐	☐	☐
26.	파라솔을 집에 두고 가기로 결정한다.	☐	☐	☐
27.	밤에 외출할 마음은 없다.	☐	☐	☐
28.	돈을 너무 많이 냈다고 말한다.	☐	☐	☐
29.	분명하게 하는 게 돈 쓰는 것보다 낫다고 생각한다.	☐	☐	☐
30.	냉동실에 있는 모든 것을 꺼내자고 제안한다.	☐	☐	☐

TRANSCRIPCIÓN

25초

로베르또	바닷가에 가자고 짐 싸는 이런 일은 정말 항상 최악이야! 왜냐하면 그 무엇도 잊어버리면 안 되잖아. 혹시라도 뭔가 빠뜨리면 그게 없어서 아쉬워지거나 아니면 새로 구입을 하게 되면 더 비싸니 말이야...
끌라우디아	맞아. 내가 봐도 그건 좀 귀찮은 일이지. 왜냐하면 한편으론 필요할 것 같아서 많이 가져가야 할 것 같은데, 다른 한편으로는 차에 다 들어가지도 않기 때문에 지나치게 짐 많이 가져가긴 싫으니까.
로베르또	좋아, 이제 우리 다 챙겼는지 확인해 보자. 수영복은...
끌라우디아	응, 나는 사실 수영복 두 벌 가져가. 혹시라도 하루 종일 있다가 갈아입어야 될까 봐... 두 개를 가져가는 게 나을 것 같아.
로베르또	...슬리퍼, 선크림, 수건...
끌라우디아	응, 모두 있어. 얘! 파라솔은 가져갈까 집에 둘까?
로베르또	파라솔은 가져가는 게 더 좋을 것 같아.
끌라우디아	응, 그래, 좋아...
로베르또	그리고 외출하기 위한 옷도 가져가야 해. 왜냐하면 우리는 바닷가에 하루 종일 있을 건 아니니까, 밤에는 약속을 잡든지 해야 할 거야...
끌라우디아	맞아, 맞아... 혹시 한잔 하러 간다면 조금 더 격식 있는 옷이 필요할 거야. 로베르또, 정비소에 차 점검하러 가는 대비는 했니?
로베르또	응, 정확히는 이번 주에 맡겼는데 정말 도둑질이라니. 오일 교환하고, 브레이크랑 냉각수 좀 확인하더니 거의 300유로를 받았어. 그들은 정말 날도둑이야!
끌라우디아	맞아, 그래도 차를 맡기는 것 말고는 다른 방법이 없어. 그렇게 해야만 우리가 마음 놓고 차의 상태가 좋다는 걸 알고 여행 갈 수 있잖아. 참, 로베르또, 우리 출발하기 전에 신경 써서 수도 잠갔는지, 불 다 껐는지, 집 전체 전기 차단했는지 확인해야 해.
로베르또	맞아, 그리고 냉장고도 꺼야 하고 냉동실에 있는 것 모두 꺼내야만 해. 혹시 부패할지 모르니까.
끌라우디아	맞아. 그리고 가스도! 가스 밸브 잠그는 것 잊으면 안 돼.
로베르또	그래... 전기 제품이랑 그런 것들 다 끄는 게 좋겠어.
끌라우디아	맞아, 맞아. 쓸데없이 전기를 소비하니까.

10초
반복 재생
10초

답안지를 작성하세요.

30초

시험이 끝났습니다.

Step 3 문제 2의 필수 어휘를 익혀 보세요.

caber	들어가다, 수용하다
sombrilla	f. 우산, 양산, 파라솔
asegurarse	안심하다, 확실시하다, 확인하다
frigorífico	m. 냉장고, 냉동실 / 냉장의, 냉동의
echar de menos	보고 싶다, 아쉬워하다
agobiante	귀찮은, 성가신, 괴로운
cargar	싣다, 지다, 매다, 부과하다
bañador	m. 수영복 / 목욕하는, 적시는
de hecho	사실, 실제로
por si	만일에 대비해서
chancla	f. 실내화, 슬리퍼
solar	해의, 태양의
toalla	f. 수건
precaución	f. 조심, 주의, 경계, 대비
taller	m. 일터, 공장, 제작소, 자동차 수리 공장
revisar	다시 보다, 점검하다, 수리하다
robo	m. 도둑질, 강탈
aceite	m. 기름, 오일
freno	m. 브레이크, 제동기
radiador	m. 난방기, 히터, 라디에이터, (차량, 항공기의) 냉각기
ladrón	m.f. 도둑, 도적
desconectar	전원을 끊다, 교제를 끊다
congelador	m. 냉동고 / 냉동하는
estropear	파손시키다, 부패하다
toma	f. 쥐기, 잡기, 취득, 복용, 공기 구멍
innecesariamente	불필요하게

Step 4 문제 2의 해설을 확인해 보세요.

---

0   A Lo que menos le gusta es hacer la maleta.

정답은 **A**로, 짐 싸기를 싫어하는 사람을 찾아야 한다. 첫 문장에서 'Esto de hacer las maletas para irnos a la playa, ¡siempre es lo peor, eh! 바닷가에 가자고 짐 싸는 이런 일은 정말 항상 최악이야!'라고 강조한 화자는 Roberto이다.

---

25   B Se preocupa de que no quepa todo en el coche.

동사 caber의 접속법 현재 변형 quepa 해석이 관건이다. 차에 짐이 다 안 들어갈까 봐 걱정하는 사람은 **B**. Claudia이다. 'tampoco quiero cargar demasiado las maletas porque luego no nos van a caber en el coche.'라는 언급에 따르면 Claudia는 너무 많은 짐을 가져 가면 차에 다 들어가지 못할 것이라 생각하고 있다.

---

26   C Decide dejar la sombrilla en casa.

대화 도중 'sombrilla 파라솔'이 언급되는 부분을 들어 보면 Claudia가 먼저 '¿La sombrilla nos la llevamos o la dejamos en casa? 파라솔은 가져갈까 집에 둘까?' 라고 묻자 Roberto는 'La sombrilla, yo creo que mejor llevarla. 파라솔은 가져가는 게 더 좋을 것 같아.'라고 답한다. 즉, 파라솔을 집에 두고 가자고 하는 사람은 없다. 따라서 정답은 **C**.

---

27   C No tiene ganas de salir por la noche.

밤에 외출하고 싶지 않다고 하는 사람은 누구인지 파악해야 한다. Roberto 가 먼저 'luego no estamos todo el día en la playa, sino que habrá que quedar por la noche, o algo...'라며 '밤에는 약속을 잡든지 해야 할 것'이라고 말한다. Claudia 역시 동의하면서 밤에 'tomar algo 한잔 하러' 외출할 계획을 언급한다. 따라서 밤에 나가고 싶지 않은 화자는 아무도 없으며, 정답은 **C**가 된다.

---

28   A Dice que ha pagado demasiado.

핵심 문장은 Roberto가 토로한 'Sí, lo he llevado precisamente esta semana y es un robo. Le han cambiado el aceite, le han mirado los frenos y el agua del radiador, y me han cobrado casi trescientos euros. ¡Es que son unos ladrones!'에 있다. 'es un robo 도둑질이다' 및 '¡Es que son unos ladrones! 그들은 정말 날도둑이야!'와 같은 표현에서 정답은 **A**임을 알 수 있다. 차량 정비소를 의미하는 단어 'taller'와 'mecánico'를 기억하자.

---

29   B Le parece mejor asegurarse que gastar dinero.

'차가 안전함을 확인하는 것'이 돈을 쓰더라도 더 낫다는 문제 내용을 정확히 해석해야 한다. 많은 돈을 썼다는 Roberto의 불만에 Claudia는 차의 상태를 확인하고 안심하고 여행을 가려면 정비소에 차를 맡기는 수밖에 없다고 답한다. 그러므로 정답은 **B**.

---

30   A Propone quitarlo todo del frigorífico.

정답은 **A**로, 냉동실에 있는 것을 모두 꺼내야 한다는 제안을 한 사람은 Roberto이다. Claudia가 먼저 여행 전 수도, 전기, 가스 밸브 차단 등 주의점을 이야기하자 Roberto가 'Sí, hay que desconectar también la nevera, y sacar todas las cosas del congelador, no vaya a ser que se estropeen. 맞아, 그리고 냉장고도 꺼야 하고 냉동실에 있는 것 모두 꺼내야만 해. 혹시 부패할지 모르니까.'라고 답하였다. 냉장고, 냉동고를 뜻하는 다양한 어휘를 고루 알아 두자.

PRUEBA DE COMPRENSIÓN AUDITIVA

La prueba de **Comprensión auditiva** contiene cinco tareas.
Usted debe responder a 30 preguntas.
Duración: 40 minutos.
Marque sus opciones únicamente en la **Hoja de respuestas**.

듣기 평가

듣기 평가는 5개의 과제로 구성됩니다.
당신은 30개의 문제에 답해야 합니다.
시간: 40분
선택한 보기를 **답안지**에만 표기하시오.

INSTRUCCIONES

Usted va a escuchar seis mensajes. Escuchará cada mensaje dos veces. Después debe contestar a las preguntas (1-6). Seleccione la opción correcta (a / b / c).

Marque las opciones elegidas en la **Hoja de respuestas**.

Ahora tiene 30 segundos para leer las preguntas.

PREGUNTAS

Mensaje 1

1. ¿Para qué llama Alfonso a la academia?
   a Para solicitar información.
   b Para decir que está muy satisfecho.
   c Para quejarse.

Mensaje 2

2. El hombre le dice a María que mañana...
   a no va a ir a clase porque está enfermo.
   b no puede acudir a clase.
   c no le apetece ir clase.

Mensaje 3

3. Según el mensaje, el vuelo a Barcelona...
   a saldrá una hora más tarde.
   b va a salir a la hora programada.
   c tiene un problema técnico.

Mensaje 4

4. ¿Para qué llama el hombre a la radio?
   a Para pedir una canción.
   b Para felicitarles por el programa.
   c Para hablar sobre el tiempo.

Mensaje 5

5. ¿Qué le gustaría saber al hombre?
   a Si el trabajo todavía está disponible.
   b La dirección de la empresa.
   c Dónde tiene que mandar su currículum.

Mensaje 6

6. ¿Qué solicita la mujer?
   a Que le devuelvan el dinero.
   b Cambiar el bolso por otro bolso nuevo.
   c Ponerle una etiqueta al bolso.

INSTRUCCIONES

Usted va a escuchar un fragmento en el que Agustín, un futbolista español, habla sobre su experiencia en los Estados Unidos. Escuchará la audición dos veces. Después debe contestar a las preguntas (7-12). Seleccione la respuesta correcta (a / b / c).

Marque las opciones elegidas en la **Hoja de respuestas**.

Ahora tiene 30 segundos para leer las preguntas.

PREGUNTAS

7. Según la audición, esta persona...
   a todavía no ha conseguido una beca en fútbol.
   b aprendió a jugar al fútbol en los Estados Unidos.
   c experimentó un cambio importante en su vida.

8. Al principio, este futbolista...
   a pensó en irse a los Estados Unidos por su cuenta.
   b no consideraba muy interesante la beca.
   c pensó que sería una pérdida de tiempo irse a los Estados Unidos.

9. Después de haber vivido tres semanas en los Estados Unidos, Agustín...
   a se sintió más convencido de vivir allí.
   b se arrepintió de su decisión.
   c vio mucho futuro futbolístico, pero no académico.

10. En la universidad, Agustín...
    a era muy famoso.
    b tenía muchos compañeros españoles.
    c no entendía nada.

11. El equipo al que pertenecía Agustín...
    a era un equipo profesional
    b carecía de material deportivo.
    c contaba con mucho apoyo económico.

12. Después de volver a España...
    a sigue estudiando en inglés.
    b solo se dedica a jugar al fútbol.
    c se siente muy desacostumbrado.

INSTRUCCIONES

Usted va a escuchar en un programa radiofónico seis noticias. Escuchará el programa dos veces. Después debe contestar a las preguntas (13-18). Seleccione la respuesta correcta (a / b / c).

Marque las opciones elegidas en la **Hoja de respuestas**.

Ahora tiene 30 segundos para leer las preguntas.

PREGUNTAS

Noticia 1

13. El volcán Santiaguito...

    a ha explotado más de una vez.

    b está en México.

    c es el más activo y peligroso de Guatemala.

Noticia 2

14. En un parque natural en Benidorm, una cuidadora...

    a ha desaparecido.

    b fue atacada por una fiera.

    c investiga el caso de un tigre.

Noticia 3

15. Según la noticia, este centro de entrenamiento...

    a se quemó por completo.

    b se empezó a quemar a las nueve de la mañana.

    c no era muy visitado.

Noticia 4

16. "Maggie", la orangután...

    a era la mayor de toda su especie.

    b estuvo mucho tiempo enferma.

    c tuvo un grave accidente.

Noticia 5

17. Según la noticia,...

    a se quemó una casa por culpa de unos niños.

    b se pudo rescatar todo lo que había en la casa.

    c se quemaron muchas casas vecinas.

Noticia 6

18. Según la noticia, el seísmo...

    a no ha provocado víctimas.

    b ha causado daños materiales.

    c ha ocurrido en la capital ecuatoriana.

INSTRUCCIONES

Usted va a escuchar a seis personas que han estado en un curso de meditación y cuentan su experiencia y opinión. Escuchará a cada persona dos veces.

Seleccione el enunciado (A-J) que corresponde al tema del que habla cada persona (19-24). Hay diez enunciados incluido el ejemplo. Seleccione solamente seis.

Marque las opciones elegidas en la **Hoja de respuestas**.

Ahora escuche el ejemplo:

Persona 0

La opción correcta es el enunciado F.

```
     A    B    C    D    E    F    G    H    I    J
0  [___][___][___][___][___][▬▬][___][___][___][___]
```

Ahora tiene 20 segundos para leer los enunciados.

ENUNCIADOS

A.	Tuvo que ir a este curso porque se enfadaba mucho con su madre.
B.	Al principio, no le fue tan sencilla la práctica.
C.	Dice que, con la meditación, se consigue el autocontrol de uno mismo.
D.	Expresa su gratitud a los trabajadores.
E.	Le pareció muy fácil porque simplemente se sentaba a no hacer nada.

F.	Puede tranquilizarse en un momento de dificultad.
G.	Era muy pequeño cuando fue al primer curso de meditación.
H.	Disfrutaba dando paseos al aire libre durante el curso.
I.	Le fue mejor con los estudios.
J.	Dice que la meditación puede controlar la furia y la tristeza.

OPCIONES

	PERSONA	ENUNCIADO
0.	Persona 0	F
19.	Persona 1	
20.	Persona 2	
21.	Persona 3	
22.	Persona 4	
23.	Persona 5	
24.	Persona 6	

Tarea 5 듣기 종합 연습문제

INSTRUCCIONES

Usted va a escuchar una conversación entre dos amigos, Luz y Guillermo. Indique si los enunciados (25-30) se refieren a Luz (A), a Guillermo (B) o a ninguno de los dos (C). Escuchará la conversación dos veces.

Marque las opciones elegidas en la **Hoja de respuestas**.

Ahora tiene 25 segundos para leer los enunciados.

		A LUZ	B GUILLERMO	C NINGUNO DE LOS DOS
0.	Saldrá de vacaciones en un par de días.	✓		
25.	Suele viajar mucho.			
26.	Le apetece sol y playa.			
27.	Prefiere viajar solo(a).			
28.	Viajando, le gusta hablar con desconocidos.			
29.	No habla bien el inglés.			
30.	Necesita ahorrar.			

1 스크립트

Mensaje 1	30초 ¡Hola¡ ¡Buenas tardes! Soy Alfonso Suárez. Llamo porque tengo un problema. Tengo clases en la academia por la mañana con la profesora Amanda. Es muy difícil concentrarse en clase porque desde el aula se escucha a la gente hablar en el pasillo. No sé cómo se podría solucionar esto. 5초 반복 재생 10초
Mensaje 2	Hola María, te he llamado un montón de veces. ¿Qué tal estás? ¿Has pasado buen fin de semana? Yo he estado malo, pero ya me he recuperado. Mañana lunes tenemos clase y no tengo ganas de ir. ¿Tú qué vas a hacer? 5초 반복 재생 10초
Mensaje 3	Pasajeros con destino a Barcelona, el problema técnico del avión se ha solucionado el vuelo saldrá a la hora prevista. Repetimos, el vuelo con destino a Barcelona saldrá dentro de una hora, a la hora prevista. 5초 반복 재생 10초
Mensaje 4	Hola, la verdad es que hacen un programa fantástico. Con ustedes el tiempo pasa volando. Quiero decirles que hacen un trabajo fenomenal y gracias a ustedes mis noches son más agradables. La selección de canciones no podría ser mejor. ¡Gracias! 5초 반복 재생 10초
Mensaje 5	Hola, llamo porque he visto la oferta de trabajo en Internet y quería saber a qué dirección de correo electrónico tengo que mandar mi currículum. En el anuncio no se especifica a dónde tengo que mandarlo. Les dejo mi teléfono para que me llamen. Hasta pronto. 5초 반복 재생 10초
Mensaje 6	Mire, he llamado varias veces, pero nadie me coge el teléfono. El pasado viernes compré un bolso en su tienda y cuando llegué a casa me di cuenta de que no tenía etiqueta. Por eso, me gustaría devolverlo y que me reembolsaran el importe del bolso. 5초 반복 재생 10초

Complete ahora la Hoja de respuestas.

30초

2 해석

지령

당신은 6개의 메시지를 들을 것입니다. 각 메시지는 두 번씩 듣게 됩니다. 이어서 (1번부터 6번까지) 질문에 답하세요. (a / b / c) 정답을 선택하세요.

선택한 보기를 **답안지**에 표기하세요.

지금부터 문제를 읽을 수 있는 시간을 30초간 갖게 됩니다.

문제

메시지 1

1. 알폰소는 학원에 무엇 때문에 전화하는가?

 a 정보를 요청하기 위해

 b 매우 만족한다고 말하기 위해

 c 불평을 하기 위해

메시지 2

2. 남자는 마리아에게 내일 … (라)고 말한다.

 a 아프기 때문에 수업에 가지 않을 것이다

 b 수업에 출석할 수 없다

 c 수업에 가는 것이 내키지 않는다

메시지 3

3. 메시지에 의하면, 바르셀로나행 비행편은 …

 a 한 시간 늦게 출발할 것이다.

 b 예정된 시간에 나갈 것이다.

 c 기술적인 문제가 있다.

메시지 4

4. 남자는 라디오에 무엇을 위해 전화하는가?

 a 노래 한 곡을 신청하기 위해

 b 프로그램을 축하해 주기 위해

 c 날씨에 대해 말하기 위해

메시지 5

5. 남자는 무엇을 알고 싶어하는가?

 a 그 일자리가 아직 남아 있는지

 b 회사 주소

 c 어디로 그의 이력서를 보내야 하는지

메시지 6

6. 여자는 무엇을 요청하는가?

 a 환불 받는 것

 b 다른 새로운 가방으로 교환하는 것

 c 가방에 라벨을 다는 것

스크립트 해석

메시지 1	30초
	안녕하세요! 저는 알폰소 수아레쓰입니다. 문제가 있어서 전화 드립니다. 저는 아만다 선생님과 학원에서 오전에 수업이 있습니다. 복도에서 사람들이 말하는 소리가 교실에서도 들려서 수업에 집중하기가 힘들어요. 어떻게 이것을 해결할 수 있을지 모르겠습니다. 5초 반복 재생 10초

메시지 2	마리아 안녕! 너에게 전화를 수도 없이 걸었단다. 어떻게 지내? 좋은 주말 보냈어? 난 아팠지만, 지금은 회복했어. 내일 월요일에 우리 수업이 있는데 난 가고 싶지 않아. 너는 뭐 할 거니? 5초 반복 재생 10초

메시지 3	바르셀로나행 승객 여러분, 비행기의 기술 문제가 해결되었고 예정된 시간에 비행기가 출발할 것입니다. 다시 말씀드립니다. 바르셀로나행 비행기가 예정된 시간인 한 시간 안에 출발합니다. 5초 반복 재생 10초

메시지 4	안녕하세요. 당신들은 정말 환상적인 프로그램을 만드시는군요. 여러분과 함께하면 정말 시간이 빨리 흘러가요. 훌륭한 일을 하고 계시며 여러분 덕에 저의 밤 시간이 더 즐거워진다고 말씀 드리고 싶어요. 음악 선정은 이보다 더 좋을 순 없을 거예요. 감사합니다! 5초 반복 재생 10초

메시지 5	안녕하세요. 인터넷에서 일자리 공고를 보고 어느 이메일 주소로 저의 이력서를 보내야 하는지 알고 싶어서 전화 드립니다. 공고에는 어디로 보내야 하는지 명시되어 있지 않습니다. 저에게 전화해 주실 수 있도록 전화번호를 남겨드립니다. 안녕히 계세요. 5초 반복 재생 10초

메시지 6	저기요, 여러 번 전화했는데 아무도 제 전화를 받지 않아요. 저번 주 금요일에 매장에서 가방을 하나 샀는데, 집에 와서 보니 라벨이 없다는 걸 알았어요. 그래서 다시 반품하고 가방 금액을 환불 받았으면 좋겠습니다. 5초 반복 재생 10초

답안지를 작성하세요.

30초

3 어휘

solicitar	신청하다, 지원하다
satisfecho	만족한, 기뻐하는
quejarse	이의를 제기하다, 한탄하다, 불평하다
acudir	가다, 참가하다, 쫓아가다
programado	계획된, 프로그램화된
disponible	자유롭게 사용할 수 있는, 사용 가능한
currículum (vitae)	m. 이력서 (=m. currículo)
devolver	돌려주다, 반환하다
etiqueta	f. 예의범절, 에티켓, 가격표, 라벨
montón	m. 더미, 대량
recuperarse	건강을 회복하다, 정상 상태로 돌아가다
destino a	~을(를) 목적지로, ~행
previsto	예상된, 예지된
fenomenal	훌륭한, 근사한, 자연 현상의 / 아주 멋지게
especificar	명시하다, 명기하다, 상술하다
reembolsar	상환하다, 환불하다
importe	m. 대금, 금액, 요금

해설

1.	학원에 메시지를 남긴 목적을 파악해야 한다. 'Llamo porque tengo un problema. 문제가 있어서 전화 드립니다.' 문장만 정확히 해석해도 보기 a와 b가 제거된다. 정답은 보기 **c**. 동사 quejarse는 '불평을 제기하다'의 의미이며, 동의어로 reclamar가 있다. 소음 때문에 시끄럽다는 불평을 제기하고 있다.
2.	남자가 María에게 말한 내용 중 'mañana 내일'이 등장하는 부분에 집중해야 한다. 정답 문장은 'Mañana lunes tenemos clase y no tengo ganas de ir. 내일 월요일에 우리 수업이 있는데 난 가고 싶지 않아.'로, tener ganas de의 유사 표현은 바로 보기 **c**에 있는 'apetecer 내키다'이다. 가고 싶지 않은 마음을 표현했을 뿐 '가지 않는다'고 확언하지는 않았으므로 보기 a와 b는 오답이다.
3.	공항의 안내 방송이다. 우선 el problema técnico del avión se ha solucionado 즉, 기술적인 문제는 이미 해결됐다고 안내하므로 보기 c는 오답이다. 이어서 등장하는 문장이 정답의 핵심으로, el vuelo con destino a Barcelona saldrá dentro de una hora, a la hora prevista가 포함된 문장에 따르면 '한 시간 내로 출발한다'고 언급하므로 보기 a와 같이 '(예정 시간보다) 한 시간 더 늦게 출발한다' 역시 오답이 된다. 그러므로 정답은 보기 **b**. hora prevista와 hora programada는 모두 '예정된 시간'을 의미한다.
4.	라디오 프로그램의 청취자가 보낸 메시지이다. 전반적으로 신나는 분위기에 긍정적인 내용이 이어진다. 보기 a에서 말하듯 '한 곡의 노래 신청'은 언급된 바 없으므로 오답이다. 보기 c는 'Con ustedes el tiempo pasa volando. 여러분과 함께하면 정말 시간이 빨리 흘러가요.'에서 등장한 어휘 tiempo가 '날씨'의 뜻도 있음을 이용한 함정이다. 정답은 보기 **b**. 메시지 전반에 걸쳐 라디오 프로그램에 대해 칭찬과 축하를 전하고 있다.
5.	메시지를 남긴 남자가 궁금해 하는 주제를 파악해야 한다. 첫 문장 'Hola, llamo porque he visto la oferta de trabajo en Internet y quería saber a qué dirección de correo electrónico tengo que mandar mi currículum. 안녕하세요. 인터넷에서 일자리 공고를 보고 어느 이메일 주소로 저의 이력서를 보내야 하는지 알고 싶어서 전화 드립니다.'에 따라 보기 **c**가 정답임을 확인할 수 있다. 남자는 이력서를 보낼 곳을 문의하고자 전화한 것이다. dirección de correo electrónico는 이메일을 의미하므로 실제 '소재지', '주소'를 의미하는 보기 b의 dirección은 오답이 된다.
6.	발신자가 요청하는 최종 처리 방안을 정확히 파악해야 한다. 가장 중대하게 생각하고 있는 문제는 바로 'etiqueta 라벨'이 붙어 있지 않았다는 것이다. 그에 대해 여자가 원하는 해결 방법은 'Por eso, me gustaría devolverlo y que me reembolsaran el importe del bolso. 그래서 다시 반품하고 가방 금액을 환불 받았으면 좋겠습니다.'라고 말한다. 그러므로 정답은 **a**. 'devolver 반품하다', 'reembolsar 환불하다'는 자주 출제되는 동사이므로 반드시 암기하자.

Tarea 2 듣기 종합 연습문제 정답 및 해설

 스크립트

30초

Mi nombre es Agustín Prados y tuve la posibilidad de estudiar en Estados Unidos a través de una beca en fútbol, una experiencia que me cambió la vida para siempre.

Tenía 19 años cuando mi agente de entonces me comentó sobre la posibilidad de poder compaginar mis estudios y seguir jugando al fútbol de nivel. Fue un comentario sin mucha importancia, aunque se lo comenté a mis padres y ellos me animaron a ir allí para aprender el idioma. Ya fuese por esta posibilidad o por mi futuro en general, iba a ser una buena inversión de tiempo.

En el verano de 2011, mi primer paso fue irme tres semanas a Glasgow para tener mi primer contacto real con el inglés. Fue una buena experiencia donde me di cuenta de que irme de casa no sería un problema. Desde ese momento tuve claro que todos mis planes girarían alrededor del plan de irme a estudiar a los Estados Unidos. En agosto de 2012, comencé mi experiencia americana en la Universidad de Bridgeport y desde ese momento supe que era el sitio adecuado para mí. Había tomado la decisión correcta. No solo académicamente, sino en el aspecto futbolístico también.

Por otro lado, desde el momento en que pisé la universidad todos me trataron como a una estrella de fútbol. Era el único futbolista que venía de España y eso tenía su responsabilidad. Me adapté desde el primer entrenamiento gracias a que muchos de mis compañeros hablaban español. Me apoyaba en ellos cuando había algo que no entendía, aunque la mejora en el idioma fue notable según pasaban los días.

Los programas universitarios americanos están construidos alrededor de los equipos de cada universidad y se fomenta que los estudiantes tengan la posibilidad de compaginar estudios y deporte. En cuanto a las instalaciones y el material deportivo, todo fue como si de un equipo profesional se tratara. A nuestro equipo lo patrocinaba Nike, por lo que contábamos con la última moda cada año: camisetas, abrigos, botas, etc. Gracias a la temporada de fútbol, aunque corta pero intensa, pude conocer muchos sitios emblemáticos de los Estados Unidos: Nueva York, Nueva Jersey, Washington, Boston, las cataratas del Niágara, etc. Volviendo la vista atrás, todo esto pudo ser posible gracias a mi dedicación en los estudios y al inglés.

Mi carrera en Psicología y Servicios Humanos me abrió las puertas de par en par a poder cursar un máster en la mejor universidad en marketing de España, y todo en inglés. Sigo rodeado de gente internacional, así que no tengo la sensación de que haya vuelto a España. Estudiar en los Estados Unidos y poder jugar al fútbol allí me ha cambiado la vida.

10초
반복 재생
10초

Complete ahora la Hoja de respuestas.

30초

2 해석

지령

당신은 스페인 축구 선수 아구스띤이 미국에서의 경험에 대해 이야기하는 텍스트를 듣게 됩니다. 텍스트는 두 번 듣게 됩니다. 이어서 (7번부터 12번까지) 질문에 답하세요. (a / b / c) 정답을 선택하세요.

선택한 보기를 **답안지**에 표기하세요.

이제 문제를 읽을 수 있는 시간을 30초간 갖게 됩니다.

문제

7. 듣기 내용에 의하면 이 사람은 ...

  a 아직 축구 장학금을 얻지 못했다.

  b 미국에서 축구를 배웠다.

  c 자신의 인생에서 중요한 변화를 경험했다.

8. 처음에 이 축구 선수는 ...

  a 스스로 미국에 갈 생각을 했다.

  b 그 장학금을 매우 흥미롭게는 생각하지 않았다.

  c 미국으로 가는 것은 시간 낭비라고 생각했었다.

9. 미국에서 3주간 살아본 후, 아구스띤은 ...

  a 그곳에서 사는 것에 더 확신을 느꼈다.

  b 그의 결정을 후회했다.

  c 축구의 많은 미래를 보았지만, 학문적인 미래는 보지 못했다.

10. 대학교에서 아구스띤은 ...

  a 매우 유명했다.

  b 스페인 동료들이 많았다.

  c 아무것도 이해하지 못했다.

11. 아구스띤이 소속된 팀은 ...

  a 프로 팀이었다.

  b 운동 장비가 부족했다.

  c 많은 경제적 지원을 받았다.

12. 스페인으로 돌아온 후에는 ...

  a 계속해서 영어로 공부하고 있다.

  b 축구에만 전념했다.

  c 낯설게 느껴진다.

스크립트 해석

30초

내 이름은 아구스띤 쁘라도입니다. 나는 축구 장학금을 통해 미국에서 공부할 수 있는 기회를 가졌고 이는 내 인생을 영원히 바꾸어 놓은 경험이었습니다.

나의 에이전트는 제가 19살이었던 그때, 학업을 병행하며 높은 수준의 축구를 계속할 수 있는 기회에 대해 이야기했습니다. 그 언급은 아주 중요성이 있는 말은 아니었지만 부모님께 말씀드렸고, 언어를 배우기 위해 그곳에 가도록 격려해 주셨습니다. 이 가능성 때문에도 그렇고 나의 전반적인 미래를 위해서도 좋은 시간 투자일 것이었습니다.

2011년 여름, 영어와 진정한 첫 대면을 하기 위해 3주 동안 글래스고에 가는 것으로 나의 첫걸음을 내딛었습니다. 집을 떠나는 게 큰 문제가 되지 않을 것이라고 깨닫게 된 좋은 경험이었습니다. 그 순간부터 나는 미국에 가서 공부하는 계획을 위주로 나의 모든 계획이 돌아갈 것이라고 확신했습니다. 2012년 8월에 브리지포트대학에서 나의 미국 경험을 시작했고, 그 순간부터 그 장소가 나에게 꼭 맞는 곳이라는 사실을 알았습니다. 올바른 선택을 했던 것이었습니다. 학업적으로뿐만 아니라 축구 면에서도 그랬습니다.

다른 한편, 대학교에 발을 들여 놓은 순간부터 모두 나를 축구 스타처럼 대해 줬습니다. 난 스페인에서 온 유일한 축구 선수였고 이는 책임감이 따르는 일이었습니다. 스페인어를 하는 많은 동료들 덕분에 첫 훈련부터 적응했습니다. 내가 이해하지 못한 것이 있을 땐 그들에게 의지했지만, 언어는 나날이 눈에 띄게 개선되었습니다.

미국 대학교의 프로그램은 각 학교의 팀을 중심으로 구축되어 있는데 학생들이 학업과 운동을 병행하는 것을 장려합니다. 시설과 스포츠 장비에 관해서는 모든 것이 마치 프로 팀을 위한 것처럼 되어 있었습니다. 우리 팀은 나이키에서 후원해서 매년 새로운 유행의 티셔츠, 코트, 신발 등을 가졌습니다. 비록 짧지만 강렬한 축구 시즌 덕분에 뉴욕, 뉴저지, 워싱턴, 보스턴, 나이아가라 폭포 등 미국의 상징적인 장소에 가볼 수 있었습니다. 뒤돌아보면, 이 모든 것이 저의 학업과 영어에 대한 전념 덕분에 가능할 수 있었습니다.

나의 심리학 및 사회복지학 전공은 모든 것이 영어로 진행되는 스페인 최고 마케팅 대학의 석사 과정을 수료할 수 있는 문을 활짝 열어 줬습니다. 나는 여전히 국제적인 사람들로 둘러싸여 있어서 스페인에 돌아온 느낌이 없습니다. 미국에서 공부하고 그곳에서 축구를 한 것이 나의 인생을 바꾸었습니다.

10초
반복 재생
10초

답안지를 작성하세요.

30초

3 어휘

conseguir	얻다, 획득하다, ~할 수 있다	beca	f. 장학금
experimentar	실험하다, 체험하다	por su cuenta	자신의 책임으로, 단독으로
pérdida	f. 잃음, 분실, 상실, 손해	convencido	확신한, 믿을 수 있는, 납득되는
arrepentirse	후회하다	futbolístico	축구의
pertenecer	소유이다, 소속이다, 관계가 있다	carecer	부족하다, 없다, 필요하다
apoyo	m. 받침, 지지	desacostumbrado	생소한, 흔치 않은, 드문
agente	m.f. 대리인, 중개인 / 요인의	compaginar	결합시키다, 조화시키다, 조정하다
animar	생기를 불어넣다, 응원하다	ya fuese A o B	A든 B든
inversión	f. 투자, 역전, 반전, 도치	contacto	m. 접촉, 연락, 관계
girar	돌다, 회전하다, 구부러지다	alrededor de	대략, 가량, ~정도, 주위에
aspecto	m. 외관, 양상, 관점	pisar	밟다, 짓밟다
adaptarse a	~에 적응하다, 순응하다	entrenamiento	m. 훈련, 트레이닝, 연습
mejora	f. 개량, 개선, 수선	notable	뛰어난, 두드러진
fomentar	장려하다, 조장하다, 촉진하다	instalación	f. 정착, 설치 pl. 시설
material	m. 재료, 자료 / 물질적인	patrocinar	후원하다, 지원하다
contar con	~을(를) 갖다	emblemático	대표적인, 상징적인
catarata	f. 폭포, 백내장, 호우	Servicios Humanos	m. pl. 복지 사업
de par en par	완전히, 활짝, 막힘 없이	cursar	이수하다, 보내다

4 해설

7.	듣기 초입부터 화자에 대한 정보를 빠르게 파악해야 한다. 아구스띤은 첫 문장에서 'tuve la posibilidad de estudiar en Estados Unidos a través de una beca en fútbol, una experiencia que me cambió la vida para siempre 나는 축구 장학금을 통해 미국에서 공부할 수 있는 기회를 가졌고 이는 내 인생을 영원히 바꾸어 놓은 경험이었습니다.'라고 언급하였다. 보기 a의 경우는 'todavía no 아직 ~하지 않았다' 때문에 답이 될 수 없다. 보기 b는 그가 미국에서 축구를 배웠다고 말하지만, 아구스띤은 그 전에도 축구를 했으며 미국은 '축구 장학금'을 받으면서 가게 된 것이므로 오답이다. 정답은 보기 **c**. 아주 중요한 인생의 변화를 경험했다는 사실이 아구스띤의 서술 내용과 일치한다.
8.	문제에서 확인할 핵심은 'al principio 처음에는'이다. 'Tenía 19 años cuando mi agente de entonces me comentó sobre la posibilidad de poder compaginar mis estudios y seguir jugando al fútbol de nivel. 나의 에이전트는 제가 19살이었던 그때, 학업을 병행하며 높은 수준의 축구를 계속할 수 있는 기회에 대해 이야기했습니다.'에 따르면 보기 a는 답이 될 수 없다. 이어지는 내용으로 'Fue un comentario sin mucha importancia, aunque se lo comenté a mis padres y ellos me animaron a ir...'가 들리는데, '그 언급은 아주 중요성이 있는 말은 아니었지만'이라 하므로 정답은 **b**. 보기 c와 같이 부정적으로 고려했다는 내용은 언급되지 않았다.
9.	아구스띤이 미국으로 가서 3주의 시간을 보낸 후 어떤 생각을 갖게 되었는지 잘 들어야 한다. 'Fue una buena experiencia donde me di cuenta de que irme de casa no sería un problema. Desde ese momento tuve claro que todos mis planes girarían alrededor del plan de irme a estudiar a los Estados Unidos. 집을 떠나는 게 큰 문제가 되지 않을 것이라고 깨닫게 된 좋은 경험이었습니다. 그 순간부터 저는 미국에 가서 공부하는 계획을 위주로 저의 모든 계획이 돌아갈 것이라고 확신했습니다.'에 따르면 정답은 **a**. sentirse convencido de는 estar seguro de와 마찬가지로 '확신하다'의 의미이다.
10.	'En agosto de 2012...'부터 본격적인 미국 유학 생활에 대해 전개한다. 정답 문장은 Por otro lado, desde el momento en que pisé la universidad todos me trataron como a una estrella de fútbol. 모든 이들이 마치 축구 스타에게 하듯이 대해 줬다고 말하므로 정답은 보기 **a**. 그는 스페인 축구 선수로는 유일한 사람이었다고 전한다. 이어, muchos de mis compañeros hablaban español이라 하지만, 이는 '스페인어를 구사할 줄 아는 동료들'이 있었다고 하는데, 이는 보기 b에서 표현하듯 '많은 스페인 출신의 동료들이 있었다'는 건 아니다.
11.	아구스띤이 속했던 팀에 대해 묻고 있다. 5문단 두 번째 문장 'En cuanto a las instalaciones y el material deportivo, todo fue como si de un equipo profesional se tratara. 시설과 스포츠 장비에 관해서는 모든 것이 마치 프로 팀을 위한 것처럼 되어 있었습니다.'라고 하였으므로 보기 a와 b는 제거된다. 이어서 정답 문장 'A nuestro equipo lo patrocinaba Nike, por lo que contábamos con la última moda cada año: camisetas, abrigos, botas, etc. 우리 팀은 나이키에서 후원해서 매년 새로운 유행의 티셔츠, 코트, 신발 등을 가졌습니다.'에 따라 후원 기업에서 지원이 있었음을 알 수 있으므로 정답은 **c**.
12.	지문 말미에서 'Mi carrera en Psicología y Servicios Humanos me abrió las puertas de par en par a poder cursar un máster en la mejor universidad en marketing de España, y todo en inglés.'에 따라 현재 아구스띤이 지내는 장소는 스페인임을 알 수 있다. 그는 마케팅 분야로는 스페인에서 가장 우수한 대학에서 석사 과정을 영어로 이수하고 있다고 밝혔다. 그러므로 정답은 **a**. 보기 c처럼 'desacostumbrado 생소한' 느낌이 있다는 언급은 한 바 없다. 스페인으로 귀국한 후 석사 과정을 이수 중이므로 보기 b 역시 제외된다.

스크립트

30초

En las últimas horas, el volcán Santiaguito, ubicado en Guatemala, registró dos explosiones fuertes y finas partículas de ceniza podrían llegar a México. La primera de las explosiones tuvo lugar ayer, sábado, a las 21:40 hora local y la segunda hoy a las 9:30 hora local, y ambas generaron una columna de ceniza de cuatro mil metros de altura sobre el nivel del mar. Este volcán es uno de los más activos de los 32 volcanes de Guatemala.

음악

Una cuidadora de animales fue encontrada muerta en un parque natural en la ciudad de Benidorm, en el sur de España, después de que la atacara un tigre. El ataque mortal sucedió el sábado a las cinco de la tarde, cuando la Cruz Roja recibió una llamada de la Policía local en la que le informaba de que un tigre había atacado a la mujer en una jaula. La Policía investiga el caso.

음악

El Centro de Entrenamiento Olímpico en Valparaíso, Chile, amaneció completamente destruido el sábado tras ser arrasado por un incendio de madrugada. Los deportistas que estaban dentro se encuentran a salvo. El centro era utilizado por los deportistas olímpicos de remo y, en el momento del incendio que se habría producido alrededor de las cuatro de la madrugada, nueve de ellos se encontraban en el lugar. Era uno de los utilizados en la preparación para los Juegos Olímpicos de Río de Janeiro.

음악

Una orangután de 54 años llamada "Maggie" y que era la segunda de más edad conocida de su especie, falleció por eutanasia en el zoológico Brookfield de Chicago después de varias semanas en las que se había deteriorado su salud. Las autoridades del zoológico anunciaron el sábado que "el personal tomó la difícil decisión" de aplicarle la eutanasia a "Maggie" el viernes, debido a que sus dolencias, relacionadas con su edad avanzada, habían "afectado gravemente" su calidad de vida.

음악

Las causas del incendio que redujo una casa a cenizas en el barrio Altagracia, Managua, se han dado a conocer. Según las investigaciones realizadas por los peritos, el incendio se originó cuando dos menores, que se encontraban en la vivienda, estaban manipulando fósforos. A pesar de la rápida intervención de los bomberos, solo se pudieron rescatar ciertos bienes de la vivienda. El subcomandante Byron Rivera detalló que al lugar se hicieron presentes cinco unidades, para evitar que las llamas se propagaran a las casas vecinas.

음악

Un sismo de magnitud 5,4 se registró hoy en la provincia de Esmeraldas, en la zona costera de Ecuador, sin que hasta el momento se haya informado de víctimas o daños materiales. Según el Instituto Geofísico, el sismo ocurrió a las 12:15 hora local a una profundidad de 10 kilómetros. Hasta el momento, el Instituto ha recibido información de que el sismo se sintió, incluso, en ciertos sectores de la capital ecuatoriana.

10초
반복 재생
10초

Complete ahora la Hoja de respuestas.

30초

2 해석

지령

당신은 한 라디오 프로그램에서 여섯 개의 뉴스를 듣게 됩니다. 프로그램은 두 번 들을 것입니다. 이어서 (13번부터 18번까지) 질문에 답하세요. (a / b / c) 정답을 선택하세요.

선택한 보기를 **답안지**에 표기하세요.

이제 문제를 읽을 수 있는 시간을 30초간 갖게 됩니다.

문제

뉴스 1

13. 산띠아기또 화산은 …

a 한 번 이상 폭발하였다.

b 멕시코에 있다.

c 과테말라에서 가장 활발하고, 위험한 화산이다.

뉴스 2

14. 베니돔에 있는 한 자연 공원에는, 관리인 한 명이 …

a 사라졌다.

b 맹수에 의해 습격을 당했다.

c 어느 한 호랑이의 케이스를 연구한다.

뉴스 3

15. 뉴스에 의하면, 이 훈련 센터는 …

a 완전히 불에 탔다.

b 오전 9시에 불타기 시작했다.

c 사람들이 별로 방문하지 않았다.

뉴스 4

16. 오랑우탄 '매기'는 …

a 그 종 중에 가장 나이가 많았다.

b 오랫동안 아팠다.

c 심각한 사고를 당했다.

뉴스 5

17. 뉴스에 의하면 …

a 몇몇 어린이의 잘못으로 집 한 채가 탔다.

b 집안에 있는 모든 것을 되찾을 수 있었다.

c 많은 이웃집들이 탔다.

뉴스 6

18. 뉴스에 의하면, 지진은 …

a 사상자를 유발하지 않았다.

b 물질적인 손상을 입혔나.

c 에콰도르의 수도에서 발생했다.

스크립트 해석

30초

과테말라에 위치한 산띠아기또 화산은 지난 몇 시간 동안 두 차례 강한 폭발을 기록하였고 화산재는 멕시코까지 도달할 수 있습니다. 첫 폭발은 어제, 토요일 현지 시간 오후 9시 40분에 발생하였고 두 번째 폭발은 오늘, 현지 시간 오전 9시 30분에 발생하였으며, 두 번 모두 해발 4,000미터의 화산재 기둥을 생성했습니다. 이 화산은 과테말라의 32개의 화산 중 가장 활발한 화산 중 하나입니다.

음악

스페인 남부의 베니돔 자연 공원에서 동물 사육사 한 명이 호랑이에게 공격 당한 후 사망한 채 발견되었습니다. 그 치명적인 공격은 적십자가 현지 경찰로부터 동물 우리 안에서 호랑이가 한 여성을 공격했다고 알리는 전화를 받은 때인 토요일 오후 5시에 발생하였습니다. 경찰이 이 사건을 조사하고 있습니다.

음악

칠레 발파라이소의 올림픽 훈련 센터는 토요일 새벽 화재가 휩쓴 후, 오전에는 완전히 무너졌습니다. 내부에 있던 운동선수들은 안전한 상태입니다. 올림픽 선수들이 사용하던 센터였는데, 화재가 발생한 시점이었을 새벽 4시경, 선수 중 9명이 화재 장소에 있었습니다. 그 센터는 리우데자네이루 올림픽 경기 준비를 위해 사용되던 센터 중 하나였습니다.

음악

'매기'라는 이름을 가진, 그 종 중에 두 번째로 나이 많다고 알려진 54세의 오랑우탄이 고령으로 건강이 악화되고 몇 주 후에 시카고의 브룩필드 동물원에서 안락사로 사망했습니다. 동물원 관계자들은 그녀의 삶의 질에 '심각하게 영향'을 주던 고령과 관련된 질병 때문에 '매기'에게 안락사를 시키는 '어려운 결정을 직원이 내렸습니다'라고 토요일에 발표했습니다.

음악

마나구아의 알따그라시아 마을의 한 집을 재로 만들어 버린 화재의 원인들이 알려졌습니다. 전문가들의 조사에 따르면, 그 집안에 있던 두 미성년자가 성냥을 다루면서 화재가 시작되었습니다. 소방관들의 신속한 조치에도 불구하고 일정 정도의 재산만 구할 수 있었습니다. 부지휘관 바이론 리베라는 이웃집들로 화염이 번지는 것을 막기 위해 5개의 부대를 그 장소에 배치했다고 설명했습니다.

음악

에콰도르 해안 지역의 에스메랄다 지방에 오늘 규모 5.4의 지진이 발생하였는데 지금까지 사상자 또는 재산 피해 보고는 없습니다. 지구 물리학 연구소에 의하면 이 지진은 현지 시각 12시 15분에 10킬로미터 깊이에서 발생하였습니다. 지금까지 에콰도르 수도 몇몇 지역에서까지 지진이 느껴졌다는 보고를 받았습니다.

10초
반복 재생
10초

답안지를 작성하세요.

30초

3 어휘

volcán	m. 화산, 격발, 열정	explotar	폭발하다, 개척하다, 개발하다
cuidador	m.f. 돌보는 이, 보모 / 시중드는, 보살피는	atacar	공격하다, 습격하다, 덮치다, 침범하다
fiera	f. 맹수, 육식 동물	especie	f. 종, 종류
rescatar	구출하다, 되찾다, 회수하다	seísmo	m. 지진 (=m. terremoto, m. sismo)
registrar	등록하다, 기록하다	explosión	f. 폭발, 폭발음, 갑작스런 현상
fino	가는, 엷은, 고운, 순수한	partícula	f. 입자, 미립자
ceniza	f. 재, 화장된 유골	generar	발생시키다, 일으키다, 낳다
nivel del mar	m. 해발, 해수면	mortal	치명적인, 필멸의, 반드시 죽는
jaula	f. (동물의) 우리, 새장	amanecer	날이 밝아 오다, 아침을 맞이하다, 나타나다
destruido	파괴된, 부서진, 무너진	arrasar	완파하다, 쓸어버리다, 괴멸시키다
incendio	m. 화재, 불타오름	a salvo	무사히, 손실 없이, 손해 없이
remo	m. 노, 보트 경기, 조정	fallecer	죽다, 사망하다, 완전히 없어지다
eutanasia	f. 안락사	deteriorar	손상하다, 망가뜨리다, 악화시키다
dolencia	f. 고통, 아픔	avanzado	진행된, 나이가 많은, 진보적인
gravemente	중대하게, 심각하게, 대단히	reducir	줄어들다, 저하되다
darse a conocer	신분을 밝히다, 성격을 드러내다	perito	m.f. 전문가, 경험가 / 숙련된, 노련한
originar	시작하다, 일으키다, 야기시키다, 초래하다	manipular	조종하다, 취급하다, 사용하다
fósforo	m. 인(원소), 성냥	intervención	f. 개입, 간섭, 중재, 참가, 출동
bombero	m.f. 소방사, 소방대	bien	m. 선, 안녕, 이익, 재산 / 잘, 바르게, 매우
subcomandante	m. 부장	detallar	상세히 말하다, 묘사하다
presente	m. 현재, 지금 m.f. 출석자 / 있는, 출석하고 있는	unidad	f. 낱개, 한 개, 유닛, 단원, 단위

llama	f. 화염, 불꽃	propagar	널리 퍼뜨리다, 증식시키다, 보급시키다
magnitud	f. 크기, 중요성, 규모, 강도	geofísico	m.f. 지구 물리학자 / 지구 물리학의
profundidad	f. 깊이, 깊은 곳, 심해, 대해		

4 해설

13. 첫 문장에 결정적 단서가 제시되었다. 'En las últimas horas, el volcán Santiaguito, ubicado en Guatemala, registró dos explosiones fuertes y finas partículas de ceniza podrían llegar a México. 과테말라에 위치한 산띠아기또 화산은 지난 몇 시간 동안 두 차례 강한 폭발을 기록하였고 화산재는 멕시코까지 도달할 수 있습니다.'에 따르면 정답은 **a**. 보기에 등장한 동사 explotar와 관련된 명사 explosión까지 알고 있어야 한다. 두 번의 폭발로 인해 멕시코에도 화산재가 도달할 수 있다는 내용 때문에 보기 b처럼 화산이 멕시코에 위치한 것으로 혼동해서는 안 된다. 마지막 문장에서 'Este volcán es uno de los más activos de los 32 volcanes de Guatemala. 이 화산은 과테말라의 32개의 화산 중 가장 활발한 화산 중 하나입니다.'라고는 하나, 보기 c와 같이 가장 활발하며 '가장 위험한 화산'이라고까지 단정하기는 무리이다.

14. 첫 문장 'Una cuidadora de animales fue encontrada muerta en un parque natural en la ciudad de Benidorm, en el sur de España, después de que la atacara un tigre. 스페인 남부의 베니돔 자연 공원에서 동물 사육사 한 명이 호랑이에게 공격 당한 후 사망한 채 발견되었습니다.'에서 정답을 유추할 수 있다. a의 'desaparecer 사라지다'와 c의 'investigar 조사하다'는 문제의 주인인 'cuidadora 관리인'에 연결했을 때 틀린 내용이 된다. 그러므로 정답은 **b**. 'fiera 맹수'에 해당하는 호랑이에게 공격을 당했다는 내용의 뉴스였다.

15. 화재가 발생한 훈련 센터에 관해 질문한다. 첫 문장 'El Centro de Entrenamiento Olímpico en Valparaíso, Chile, amaneció completamente destruido el sábado tras ser arrasado por un incendio de madrugada. 칠레 발파라이소의 올림픽 훈련 센터는 토요일 새벽 화재가 휩쓴 후, 오전에는 완전히 무너졌습니다.'에 따르면 정답은 보기 **a**. 동사 arrasar는 '싹 쓸다, 쓸어버리다'의 의미로, 화재가 훈련 센터를 완전히 태웠음을 알 수 있다. 뉴스에서 전하는 사건별 발생 시각 역시 주의해 들어야 한다. 뉴스의 중간부에서 화재는 'el incendio que se habría producido alrededor de las cuatro de la madrugada' 즉, 새벽 4시경에 발생했다고 추측하고 있다.

16. 매기라는 이름의 한 오랑우탄에 대한 소식이다. 첫 번째 문장에서 'que era la segunda de más edad conocida de su especie 그 종 중에 두 번째로 나이 많다고 알려진'을 듣고 '가장 나이가 많은' 오랑우탄이 아니므로 보기 a를 제외시켜야 한다. 이어지는 문장에서 건강이 악화되고 몇 주 후에 시카고의 브룩필드 동물원에서 안락사로 사망했다고 언급하였다. 그러므로 정답은 **b**. 매기가 사고를 당했다는 내용은 언급된 바 없으므로 보기 c 역시 오답이다.

17.	화재 관련 세부 사항들을 꼼꼼히 파악해야 정답을 선택할 수 있다. 두 번째 문장에서 'el incendio se originó cuando dos menores, estaban manipulando fósforos 그 집안에 있던 두 미성년자가 성냥을 다루면서 화재가 시작되었습니다'에 따르면 정답은 보기 **a**. 이어지는 문장에서 A pesar de la rápida intervención de los bomberos, solo se pudieron rescatar ciertos bienes de la vivienda. 라고 하였으므로 'ciertos bienes 일정 정도, 어느 정도'의 재물 손실은 방지했음을 파악할 수 있다. 이에 'todo lo que había'라고 한 보기 b는 오답이 된다.
18.	'지진'을 뜻하는 명사 seísmo, sismo, terremoto 등을 반드시 암기해 두어야 한다. 첫 번째 문장에서 'sin que hasta el momento se haya informado de víctimas o daños materiales 지금까지 사상자 또는 재산 피해 보고는 없습니다'에 따라 보기 **a**가 정답이며 보기 b는 오답임을 알 수 있다. 지진은 수도가 아닌 Esmeraldas에서 발생했으므로 보기 c 역시 오답이다. 'el sismo se sintió, incluso, en ciertos sectores de la capital ecuatoriana 에콰도르 수도 몇몇 지역에서까지 지진이 느껴졌다'는 내용을 보기 c와 같이 수도에서 지진이 발생한 것으로 오인해서는 안 된다.

Persona 0	Creo que la meditación es muy importante en un mundo tan ocupado porque nos ayuda a mantener una mente estable y también nos ayuda a hacer nuestro trabajo con el entendimiento correcto. Creo que he conseguido controlar mejor mi mente y he adquirido métodos para calmarme cuando tengo una crisis. No os lo penséis, id y os encantará. 20초
Persona 1	He aprendido a aplicar técnicas sencillas en el día a día y espero que mi concentración mejore. Las lecciones son profundas y realmente te animan a centrarte en la meditación. Un curso estupendo para mejorar tu forma de meditar y permitirte crecer como persona. Lo recomiendo mucho. Fue un curso muy útil y doy las gracias a todos los organizadores. 5초 반복 재생 10초
Persona 2	Cuando me enojo con algún familiar, puedo usar lo que he aprendido. Y cuando hago los deberes, me ayuda a concentrarme. Ahora puedo meditar durante diez minutos, estando atento a la respiración. Me gustaba caminar por las mañanas alrededor del centro durante el período de actividad física. Aprendí a ser más paciente de lo habitual. 5초 반복 재생 10초
Persona 3	La meditación es un momento privilegiado en el que una persona está en calma, lejos del ruido, ¡lejos de todo! En particular, es esta tranquilidad, la que encontramos tan poco en la vida. La vida es como un río que purificamos muy poco, excepto durante la meditación. También es un remedio contra el enfado y la melancolía. 5초 반복 재생 10초
Persona 4	Cuando empecé este curso por primera vez, me pareció un poco duro, pero según avanzaba el curso me fue pareciendo más fácil. La mayoría de la gente cree que la meditación es muy fácil, pues te sientas en el suelo y no haces nada. Pero ahí es en lo que se equivoca, ya que es una de las cosas más difíciles. 5초 반복 재생 10초
Persona 5	Cuando la mente está agitada, con miedo y confusa podemos meditar durante un rato y esto nos ayudará a calmar la mente y despejarla. Podemos reconocer qué es lo que hay en nuestra mente. Esto es muy útil porque así no somos esclavos de nuestra propia mente. 5초 반복 재생 10초
Persona 6	Con tan solo ocho años asistí a mi primer curso de meditación para niños, animado por mi madre. La experiencia de ese primer curso fue tan impresionante que acabé participando en unos trece cursos más. Ha cambiado por completo mi forma de pensar, mi nivel de confianza, mi concentración en los estudios, mi preocupación por los sentimientos de los demás y me he vuelto más servicial. 5초 반복 재생 10초

Complete ahora la Hoja de respuestas.

30초

2 해석

지령

당신은 명상 수업을 들은 여섯 명의 사람들이 본인의 경험과 의견을 말하는 이야기를 듣게 됩니다. 각 사람에게 두 번씩 듣게 됩니다. (19번부터 24번까지) 각 사람이 말하는 주제에 연관되는 (A부터 J까지) 문장을 선택하세요. 예시를 포함한 10개의 문장이 있습니다. 여섯 개만 선택하세요.

선택한 보기를 **답안지**에 표기하세요.

이제 예시를 듣습니다.

사람 0

정답 문장은 F입니다.

이제 보기를 읽을 시간 20초가 주어집니다.

문장

A.	어머니에게 화를 많이 내서 이 수업에 가야만 했다.	F.	어려움의 순간에 스스로 진정할 수 있다.
B.	처음에는 그 훈련이 쉽지 않았다.	G.	첫 명상 수업에 갔을 때는 매우 어렸다.
C.	명상으로 자기 제어가 가능하다고 말한다.	H.	수업을 들을 당시 야외 산책하는 것을 즐겼었다.
D.	직원들에게 감사함을 표현한다.	I.	학업이 더 잘되었다.
E.	아무것도 하지 않은 채 앉아만 있으면 되기 때문에 매우 쉬워 보였다.	J.	명상은 분노와 슬픔을 조절할 수 있다고 말한다.

옵션

	사람	문장
0.	사람 0	F
19.	사람 1	
20.	사람 2	
21.	사람 3	
22.	사람 4	
23.	사람 5	
24.	사람 6	

스크립트 해석

사람 0	이렇게 바쁜 세상에서 명상은 아주 중요하다고 생각해요. 왜냐하면, 안정된 마음을 유지하게 도와주며 올바른 이해로 업무를 할 수 있게 도와주기 때문이죠. 나의 마음을 더 잘 통제할 수 있게 되었고, 위기에 처했을 때 나를 진정시킬 수 있는 방법을 습득했다고 생각해요. 고민하지 말고 가 보세요. 그러면 아주 좋아하게 될 거예요. 20초
사람 1	나는 일상에서 간단한 기술을 적용하는 법을 배웠고, 저의 집중력이 향상되길 바랍니다. 수업은 심도 있으며 실제로 명상에 집중하게 해 줍니다. 명상 방법을 개선하고 인간으로서 성장할 수 있도록 하는 아주 훌륭한 수업이에요. 적극 추천합니다. 아주 유용한 수업이었고 모든 주최자들에게 감사를 드립니다. 5초 반복 재생 10초
사람 2	나는 가족 중 누군가에게 화가 날 때, 배운 것을 사용할 수 있어요. 그리고 숙제를 할 때 집중을 할 수 있게 도와줘요. 이제는 호흡에 주의를 기울이며 10분 동안 명상을 할 수 있어요. 체육 활동 시간에 센터 주변으로 아침 산책을 하는 것을 좋아했어요. 평소보다 더 인내하는 법을 배웠어요. 5초 반복 재생 10초
사람 3	명상은 평온하게, 소음에서 멀리, 모든 것에서 멀리 있는 특권적인 순간이죠! 특히 인생에서 너무도 조금밖에 마주하지 못하는 그런 평온함이에요. 인생은 명상할 때를 제외하고는 정화를 아주 조금밖에 하지 못하는 강과 같아요. 또한 분노와 우울에 대한 치료약이기도 하죠. 5초 반복 재생 10초
사람 4	처음 이 수업을 시작했을 때는 조금 어려워 보였지만 수업이 진행됨에 따라 쉬워졌어요. 대부분의 사람들은 명상이 쉽다고 생각해요. 바닥에 앉아서 아무것도 안 하면 되기 때문이죠. 하지만 잘못 생각되는 점이 바로 그것입니다. 왜냐하면 그것이 가장 어려운 일 중에 하나이기 때문이죠. 5초 반복 재생 10초
사람 5	마음이 불안하고, 두렵고, 혼란스러울 때 우리는 잠시 동안 명상을 할 수 있고, 이것은 마음을 진정시키고 맑게 하는 데 도움을 줍니다. 우리 마음에 있는 게 무엇인지 인지할 수 있습니다. 이것은 아주 유용한데, 왜냐하면 이렇게 해서 우리는 마음 스스로의 노예가 되지 않기 때문입니다. 5초 반복 재생 10초
사람 6	어머니의 권유로 고작 8살 때 어린이 명상 교실에 참가하게 되었어요. 첫 수업의 경험은 매우 인상 깊어 결국엔 약 13개 수업에 더 참가했어요. 나의 사고방식, 자신감, 학업에서의 집중력, 타인의 감정에 대한 나의 걱정 등이 완전히 바뀌었으며 저는 남들에게 더 친절히 대할 수 있었어요. 5초 반복 재생 10초

답안지를 작성하세요.

30초

3 어휘

meditación	f. 명상, 심사숙고	sencillo	단순한, 간단한, 소박한
autocontrol	m. 자기 제어, 자기 통제	gratitud	f. 감사, 감사의 마음
tranquilizarse	조용해지다, 잠잠해지다, 진정되다, 가라앉다	furia	f. 격노, 분노, 노함
mente	f. 마음, 정신, 두뇌, 지적 능력	estable	안정된, 견실한, 동요하지 않는, 고정된
entendimiento	m. 판단, 이해, 이해력	adquirir	얻다, 취득하다
crisis	f. 위기, 난국, 고비, 공황, 발작	día a día	m. 일상, 매일 / 일상의, 매일의
organizador	m.f. 조직자, 주최자 / 조직하는	atento	주의하고 있는, 주의 깊은, 친절한, 예의 바른
respiración	f. 호흡, 숨	paciente	m. 환자 / 끈기 있는
habitual	습관적인, 버릇된, 평소의	privilegiado	m.f. 특혜를 받은 사람 / 특권을 누리는, 우수한
puricar	깨끗이 하다, 맑게 하다, 정화하다	remedio	m. 대책, 방법
melancolía	f. 우울, 우수, 우울증	equivocarse	잘못하다, 실수하다, 틀리다
agitado	(호흡이나 맥박이) 빨라진, 불안한, 걱정된	confuso	어수선한, 혼란한, 불명료한, 당황한
despejar	개다, 구름이 걷히다, 치우다, 제거하다	esclavo	m.f. 노예 / 구속된, 사로잡힌
confianza	f. 신뢰, 신임, 자신, 확신	los demás	남들, 다른 이들
servicial	친절한, 부지런한, 서비스가 좋은		

4 해설

| 0 | Persona 0 | **F** Puede tranquilizarse en un momento de dificultad. |

'바쁜 세상에서 안정적인 정신 상태와 올바른 일 처리' 등의 효과를 언급하며 명상을 권하고 있다. 정답 문장은 'he adquirido métodos para calmarme cuando tengo una crisis 위기에 처했을 때 나를 진정시킬 수 있는 방법을 습득했어요'이며, '위기, 공황'을 의미하는 명사 crisis 가 바로 **F**에서 momento de dificultad으로 표현되었다. 동사 'calmarse 진정하다'는 tranquilizarse와 동의어이다.

| 19 | Persona 1 | **D** Expresa su gratitud a los trabajadores. |

본인이 들은 명상 수업이 굉장히 만족스러웠다고 전하며 적극 권장하고 있다. 마지막 문장 'Fue un curso muy útil y doy las gracias a todos los organizadores. 아주 유용한 수업이었고 모든 주최자들에게 감사를 드립니다.'라고 언급하므로 정답은 **D**. 'dar las gracias 감사를 전하다'와 'organizadores 주최자들'이 핵심어이다. 'gratitud 감사, 감사의 마음'까지 암기해 두자.

| 20 | Persona 2 | **H** Disfrutaba dando paseos al aire libre durante el curso. |

명상 수업을 들은 후 본인의 일상에서 어떤 변화가 있었는지 이야기하다가, 수업을 들었을 당시 자신의 체육 활동 관련해서도 언급하고 있다. 단서가 되는 'Me gustaba caminar por las mañanas alrededor del centro durante el período de actividad física. 체육 활동 시간 에 센터 주변으로 아침 산책을 하는 것을 좋아했어요.'에 따르면 정답은 **H**와 연결된다.

| 21 | Persona 3 | **J** Dice que la meditación puede controlar la furia y la tristeza. |

명상에 대한 자신의 의견을 매우 상세히 설명한다. 명상을 통해서 인생을 정화시킨다고 여기며, 마지막 문장에서 'También es un remedio contra el enfado y la melancolía. 또한 분노와 우울에 대한 치료약이기도 하죠.'라고 하였다. enfado와 furia는 모두 '화, 분노'를 의미하는 명사이며 tristeza와 melancolía는 '슬픔, 우울'을 의미한다. 그러므로 정답은 **J**.

| 22 | Persona 4 | **B** Al principio, no le fue tan sencilla la práctica. |

처음에는 명상이 좀 어려워 보였다고 하였으므로 맥락에 부합하는 정답은 **B**이다. 문장 E는 함정으로, 지문에서 'La mayoría de la gente cree que la meditación es muy fácil, pues te sientas en el suelo y no haces nada. 대부분의 사람들은 명상이 쉽다고 생각해요. 바닥에 앉아서 아무것도 안 하면 되기 때문이죠.'는 화자가 아닌 다른 사람들의 의견이므로 오답이다.

| 23 | Persona 5 | **C** Dice que, con la meditación, se consigue el autocontrol de uno mismo. |

명상을 통해 불안한 마음을 차분하게 만들 수 있다고 말한다. 또한 우리의 마음속에 어떤 생각이 있는 것인지 인지하며, 우리 마음 스스로의 노 예가 되지 않을 수 있다고 말한다. 이를 달리 표현하면 자신의 마음을 스스로 제어하면서 주도하는 사고방식을 뜻하며, 따라서 정답은 **C**가 알 맞다.

| 24 | Persona 6 | **G** Era muy pequeño cuando fue al primer curso de meditación. |

첫 문장 'Con tan solo ocho años asistí a mi primer curso de meditación para niños, animado por mi madre. 어머니의 권유로 고작 8살 때 어린이 명상 교실에 참가하게 되었어요.'에서 정답의 단서를 얻을 수 있다. tan solo 는 '고작, 겨우'를 뜻하므로 당시 아주 어린 나 이에 처음 명상을 경험했다는 **G**와 일맥상통한다.

Tarea 5 듣기 종합 연습문제 정답 및 해설

1 스크립트

25초

Mujer	¡Hola, Guillermo! ¿Qué te cuentas? ¿Ya estás de vacaciones?
Hombre	¡Hola, Luz! Sí, ya llevo una semana y, no te imaginas, ¡qué ganas tenía ya!
Mujer	Pues, ¡qué envidia! A mí todavía me quedan dos días de clases.
Hombre	Y, ¿qué planes tienes para tus vacaciones? ¿Harás algún viaje o algo?
Mujer	Eso es lo que no sé y lo estoy pensando mucho. Ganas sí tengo, es solo que no sé a dónde ir. Tú que eres todo un viajero, ¿me recomiendas algún lugar que conozcas?
Hombre	Pues, dime qué es lo que te gusta y te apetece: cultura, deporte, compras, naturaleza...
Mujer	La verdad es que no necesito más que una buena playa y buen tiempo.
Hombre	¿Irás sola?
Mujer	¡Qué va! Eso es imposible para mí. Me aburro un montón. Lo más probable es que me acompañe mi hermana Carla.
Hombre	En mi caso, al contrario. Me molesta tener compañía. Pero, bueno. A ver, si lo que quieres es una buena playa, te recomiendo la playa de la Malagueta, en Málaga. Es la mejor playa que he visitado en los últimos años y queda cerca de aquí.
Mujer	¿No habrá mucha gente? Digo, es una de las más famosas de la región y ya sabes que, en los meses de verano, hay turistas por todos lados.
Hombre	Eso sí, pero como a mí me gusta hacer nuevos amigos por donde esté viajando...
Mujer	Yo, con mi inglés tan malo, no creo que pueda hacer nuevos amigos.
Hombre	¿Por qué no te inscribes en el curso de inglés que empieza la próxima semana? Dicen que el profesor nativo es muy bueno.
Mujer	En cuanto vuelva de mi viaje, tendré que ponerme a trabajar. Necesito dinerillo para el siguiente semestre.
Hombre	¡Vaya! Yo que tú, no me iría de viaje y me apuntaría al curso de inglés.

10초
반복 재생
10초

Complete ahora la Hoja de respuestas.

30초

La prueba ha terminado.

2 해석

지령

당신은 루쓰와 기예르모, 두 친구 사이의 대화를 들을 것입니다. (25번부터 30번까지) 문장들이 (A) 루쓰, (B) 기예르모에 대한 내용인지 또는 (C) 둘 다 해당되지 않는지 선택하세요. 대화는 두 번 듣게 됩니다.

선택한 보기를 **답안지**에 표기하세요.

이제 문장들을 읽을 수 있는 25초의 시간이 주어집니다.

		A 루쓰	B 기예르모	C 둘 다 아님
0.	이틀 후면 휴가다.	✓	☐	☐
25.	여행을 자주 하는 편이다.	☐	☐	☐
26.	태양과 해변을 원한다.	☐	☐	☐
27.	혼자 여행하는 것을 선호한다.	☐	☐	☐
28.	여행 중에, 낯선 사람과 말하는 것을 좋아한다.	☐	☐	☐
29.	영어를 잘 하지 못한다.	☐	☐	☐
30.	돈을 모아야 한다.	☐	☐	☐

스크립트 해석

25초

여자	안녕 기예르모! 어떻게 지내니? 이제 휴가 중이야?
남자	안녕 루쓰! 벌써 일주일 됐어. 이미 얼마나 휴가를 얻고 싶었는지 넌 상상도 못할 거야!
여자	그래. 부럽구나! 난 아직 수업이 이틀이나 남았어.
남자	휴가 계획은 있어? 여행을 가거나 아니면 다른 뭔가를 할 거니?
여자	그걸 모르겠어서 생각을 많이 하고 있어. 가고 싶은 마음은 있는데 어디로 갈지 모르겠어. 여행 많이 다니는 네가 가 본 곳 중에서 내게 추천해 줄래?
남자	글쎄, 네가 좋아하는 거랑 원하는 걸 얘기해 봐: 문화, 스포츠, 쇼핑, 자연...
여자	사실 나는 좋은 해변과 좋은 날씨 말고는 더 이상 필요한 것은 없어.
남자	혼자 갈 거니?
여자	절대 아니지! 그건 나에겐 불가능해. 난 아주 지루해 한단 말이야. 내 여동생 까를라가 아마도 나와 함께 갈 거야.
남자	내 경우에는 그 반대야. 난 누구랑 같이 가는 게 불편해. 그렇지만 좋아. 어디 보자. 네가 원하는 게 좋은 해변이라면 말라가의 말라게따 해변을 추천해. 내가 최근에 방문한 해변 중에 가장 좋고 여기서도 가까워.
여자	사람이 많지는 않을까? 내 말은, 그 지역에서 제일 유명하니까, 너도 알잖아, 여름철에는 모든 곳에 관광객들이 있다는 걸.
남자	그래 맞아. 하지만 난 여행을 하고 있는 곳에서 새로운 친구들 사귀는 걸 좋아하거든...
여자	나는 이렇게 못하는 영어로 새로운 친구를 사귀지 못할 거라고 생각해.
남자	다음 주에 시작하는 영어 수업에 등록하지 않을래? 원어민 교사가 아주 훌륭하대.
여자	여행에서 돌아오자마자 바로 일을 해야만 해. 다음 학기를 위한 돈이 필요하거든.
남자	어쩜! 내가 너라면 여행을 가지 않고 영어 수업에 등록할 텐데.

10초
반복 재생
10초

답안지를 작성하세요.

30초

시험이 끝났습니다.

3 어휘

par	m. 한 쌍, 한 짝 / 동등한, 짝수의
desconocido	m.f. 낯선 사람, 모르는 사람 / 낯선, 무명의
ahorrar	절약하다, 저축하다
llevar	가지고 가다, 몸에 걸치고 있다, (한때를) 보내다
imaginarse	상상하다
gana	f. 의욕, 욕망
envidia	f. 질투, 시기(심), 선망
plan	m. 계획, 예정
viajero	m.f. 여행자 / 여행하는
recomendar	추천하다, 권고하다
compra	f. 매입, 구입, 쇼핑
no más que	~밖에 아니다
¡Qué va!	그럴 리가! 절대 아니다!
montón	m. 더미, 대량
probable	있음직한, 있을 법한, 가능성이 있는
al contrario	반대로, 도리어
compañía	f. 회사, 동반, 동반자
región	f. 지방, 지역, 지대
lado	m. 옆, 측면, 옆구리, 장소
inscribirse	기입하다, 등록하다, 신청하다
dinerillo	m. 적은 돈, 용돈 ('dinero m. 돈'의 축약형)
apuntarse	등록되다, 회원이 되다

4 해설

0   A Saldrá de vacaciones en un par de días.

대화 초반 Guillermo는 'ya llevo una semana'라며 이미 1주일 전에 휴가가 시작되었음을 밝힌다. 이에 Luz가 'A mí todavía me quedan dos días de clases.'라고 답하였다. Un par는 dos와 같은 의미다. 따라서 예시 문제인 0번의 정답은 **A**가 된다.

25   B Suele viajar mucho.

평소에 여행을 많이 하는 편인 사람은 누구인지 파악해야 한다. Guillermo가 Luz에게 휴가 계획이 있는지 묻자, Luz는 'Tú que eres todo un viajero, ¿me recomiendas algún lugar que conozcas? 여행 많이 다니는 네가 가 본 곳 중에서 내게 추천해 줄래?'라고 요청한다. 관용 표현 'Ser todo un viajero'는 '여행을 매우 좋아하는 사람'을 뜻하며, 정답은 **B**이다.

26   A Le apetece sol y playa.

'sol y playa 태양과 해변'을 원하는 인물을 찾아야 한다. Guillermo는 Luz에게 cultura, deporte, compras, naturaleza 등 여행하는 데 특별히 관심 갖는 분야가 있는지 묻자, Luz는 'La verdad es que no necesito más que una buena playa y buen tiempo. 사실 나는 좋은 해변과 좋은 날씨 말고는 더 이상 필요한 것은 없어.'라고 답한다. 'No más que'는 '~말고 그 이상은 없다' 즉, '~만을 ~하다'의 의미로 풀이된다. Luz가 원하는 것은 '태양과 해변' 말고는 없다고 언급하였으므로 정답은 **A**이다.

27   B Prefiere viajar solo(a).

여행을 혼자 또는 누군가와 함께 가는지에 대해, Luz는 'Me aburro un montón.' 이라 하며 혼자 여행하면 지루하다고 말했고 Guillermo는 'En mi caso, al contrario. Me molesta tener compañía.' 라 하며 본인은 반대로 동행이 있는 것을 더 싫어한다고 답했다. 그러므로 정답은 **B**. 혼자 여행하기를 선호하는 인물은 Guillermo이다.

28   B Viajando, le gusta hablar con desconocidos.

여행을 할 때, 모르는 사람들과 대화하기를 좋아하는 사람은 누구인지 들어야 한다. Guillermo는 'a mí me gusta hacer nuevos amigos por donde esté viajando'라며 자신은 새로운 친구를 사귀는 것을 좋아한다고 말한다. 'hacer amigo 친구를 만들다' 표현이 핵심이다. 그러므로 정답은 **B**.

29   A No habla bien el inglés.

관광객으로 넘쳐 나는 스페인의 해안가에 대해 이야기하며 Luz는 'Yo, con mi inglés tan malo, no creo que pueda hacer nuevos amigos. 나는 이렇게 못하는 영어로 새로운 친구를 사귀지 못할 거라고 생각해.'라고 말한다. 본인의 영어가 'malo 좋지 못한' 수준 즉, 실력이 좋지 않음을 뜻한다. 그러므로 정답은 **A**.

30   A Necesita ahorrar.

영어를 잘 못한다는 Luz에게 Guillermo는 영어 수업을 들을 것을 권하지만 Luz는 일을 해야 하기 때문에 수업을 들을 수 없다고 말한다. 일을 하는 이유는 'Necesito dinerillo para el siguiente semestre. 다음 학기를 위한 돈이 필요하거든.'라고 밝힌다. dinerillo는 '얼마간의 돈, 적은 돈' 즉, '돈 몇 푼'과 같은 뉘앙스이다. 따라서 정답은 **A**이다.

PRUEBA DE EXPRESIÓN E INTERACCIÓN ESCRITAS

La prueba de **Expresión e interacción escritas** contiene <u>dos tareas</u>.
Duración: 60 minutos.
Haga sus tareas únicamente en la **Hoja de respuestas**.

작문 평가

작문 평가는 2개의 과제로 구성됩니다.
시간: 60분
작성한 과제는 **답안지**에만 쓰시오.

EXPRESIÓN E INTERACCIÓN ESCRITAS 작문

출제 가이드

1 출제 경향

DELE B1의 작문 영역은 첫 번째로 개인 간에 주고받은 편지나 이메일을 읽고 응시자가 독해한 내용을 바탕으로 답신을 작성하는 과제가 출제되고, 두 번째로 주어진 2개의 옵션에서 한 가지 주제를 선택해 개인의 경험이나 의견을 작성하는 과제가 출제됩니다. 작성해야 할 내용을 시험지에서 읽은 다음 빠르고 정확하게 내용을 구상해야 함은 기본이며, 주고받는 용건을 정확히 파악하고 핵심 주제를 명확히 잡아서 작문해야 고득점을 받을 수 있습니다. 첫 번째 과제는 모든 응시자가 같은 주제에 따라 작성하고, 두 번째 과제는 주어진 2개의 옵션 중에 한 가지만 선택해서 작성합니다. 과제 2의 경우 시간 내에 정확하고 무난하게 작문할 수 있는 내용으로 구성하는 것이 요령입니다.

2 유형 파악

문항 수	2문항	
시험 시간	60분	
Tarea 과제	**유형**	**단어 수**
1	서신 읽고 답장 쓰기	100~120
2	주제를 정하여 경험 또는 의견 작성하기	130~150

3 작문 완전 분석

DELE B1 작문 영역은 과제당 1문항씩 총 2문항으로 구성되어 있습니다. 주어진 시간은 60분입니다. 유념해야 할 사항은 내가 쓰고 싶은 내용을 자유롭게 써 내려가는 것이 아니라, 철저하게 출제자가 제시한 조건에 맞추어 논리적으로 작성해야 한다는 점입니다. 시험지에 주어진 지문 내용, 문제에서 요구한 요건에 따라 내용을 구성해야 합니다. 작문 실전 훈련을 시작하기 전, 다음 기본 사항들을 반드시 숙지하세요.

EXPRESIÓN E INTERACCIÓN ESCRITAS 작문

1 시험지부터 완벽 분석!
- 올바른 작문의 출발은 정확한 과제 이해입니다.
- 지령, 요구 조건, 보조 지문을 정확하게 해석해야만 작문 내용을 바르게 구성할 수 있습니다.

2 시간 안배는 필수!
- 주어진 60분은 작성 시간, 시험지를 읽고 분석하는 시간, 연습용 작문 시간, 제출 전 마지막 검토하는 시간까지 모두 포함입니다. 평소 작문 연습 시 시간 안배에 유의하여 훈련합니다.
- 시험 감독관이 제공하는 연습 용지에 초벌 작문을 해 볼 수 있습니다. 단 글의 처음부터 끝까지 초벌 작성 후 답안지에 옮겨 적으려다 시간이 부족할 수 있으므로, 남은 시간을 계속 염두에 둡니다.
- 과제 1과 2의 작성 순서는 상관없습니다. 훈련을 통해 본인이 좀 더 시간 절약할 수 있는 순서를 파악하여 시험장에서도 그대로 진행하면 됩니다.
- 과제 2의 두 옵션을 모두 써 보고 적합한 것으로 고를 시간은 없습니다. 하나를 빨리 선택하여 작성하되, 중간에 다른 옵션으로 다시 쓰는 일이 없도록 신중하게 판단해야 합니다.

3 출제 의도에 들어맞는 고득점 작문 요령!
- 꼭 필요한 내용만 간결하게 씁니다.
- 지나치게 개인적이거나 추상적인 경험보다는, 보편적이고 누구나 이해할 수 있는 논지로 씁니다. 스페인 원어민이 읽고 채점한다는 사실을 고려하세요.
- 다양한 문장 구조와 어휘를 충분히 사용하여 글을 구성합니다.
- 정해진 단어 수를 지킵니다. 최소 단어 수가 모자라면 감점되며, 최대 단어 수를 초과하면 채점 범위에서 제외됩니다.

4 놓치면 낭패! 실수도 결국은 실력!
- 답안지를 작성할 때에는 반드시 볼펜을 사용해야 합니다. 채점관이 잘 알아볼 수 있도록 또박또박 정자체로 쓰는 것이 바람직합니다.

- 문법 및 철자 오류, 잘못된 문장 부호 사용 또한 감점 요소입니다.
  실수하기 쉬운 스페인어 표기 규칙을 짚어 봅시다.

	틀린 예	바른 예
강세 강세가 붙는 모음은 정확히 구별되도록 á / é / í / ó / ú 로 표기해야 합니다. 대문자 강세 역시 Á / É / Í / Ó / Ú와 같이 정확히 표기해야 합니다.	¿Como estas? Adios. Tu vas a tú casa. dífícíl El trabaja conmígo. Me dicen qué vienen mañana.	¿Cómo estás? Adiós. Tú vas a tu casa. difícil Él trabaja conmigo. Me dicen que vienen mañana.
문장 부호 필요한 부분에 마침표, 쉼표를 적으며 물음표와 느낌표는 반드시 문장 앞뒤에 모두 적어야 합니다.	Hola! Qué tal? Nos vemos	¡Hola! ¿Qué tal? Nos vemos.
대소문자 스페인어 대소문자 규칙을 준수해야 합니다.	Mis amigos y Yo En españa se habla Español. En Agosto, salgo de vacaciones.	Mis amigos y yo En España se habla español. En agosto, salgo de vacaciones.

- 제출 전 반드시 재빨리 검토하여 최대한 동사 변형, 성·수 일치 등 간단한 문법 오류까지 수정하도록 합니다.
  아래의 예를 참조하세요.

동사 변형

동사의 인칭 변형, 시제 변형, 직설법 및 접속법 활용 규칙에 유의합니다.

Yo no pudo hacer nada. → Yo no pude hacer nada.
Tú solo hace lo que te permita tu mamá. → Tú solo haces lo que te permite tu mamá.

성·수 일치

성·수 불일치에 따른 감점이 상당히 많으므로 작성 시 반드시 유의합니다.

La programa es muy importante. → El programa es muy importante.
Durante el viaje tomamos muchos fotos. → Durante el viaje tomamos muchas fotos.
Nos sentimos muy alegre. → Nos sentimos muy alegres.
Mis amigas salen juntos. → Mis amigas salen juntas.

PRUEBA 03 | Tarea 1 서신 읽고 답장 쓰기

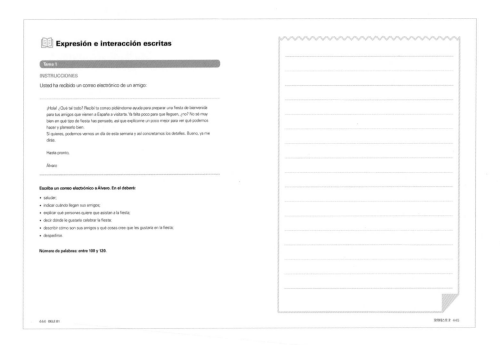

📖 Expresión e interacción escritas

Tarea 1

INSTRUCCIONES

Usted ha recibido un correo electrónico de un amigo:

¡Hola! ¿Qué tal todo? Recibí tu correo pidiéndome ayuda para preparar una fiesta de bienvenida para tus amigos que vienen a España a visitarte. Ya falta poco para que lleguen, ¿no? No sé muy bien en qué tipo de fiesta has pensado, así que explícame un poco mejor para ver qué podemos hacer y planearlo bien.
Si quieres, podemos vernos un día de esta semana y así concretamos los detalles. Bueno, ya me dirás.

Hasta pronto,

Álvaro

Escriba un correo electrónico a Álvaro. En el deberá:

- saludar;
- indicar cuándo llegan sus amigos;
- explicar qué personas quiere que asistan a la fiesta;
- decir dónde le gustaría celebrar la fiesta;
- describir cómo son sus amigos y qué cosas cree que les gustaría en la fiesta;
- despedirse.

Número de palabras: entre 100 y 120.

핵심 포인트

- 시험지에 제시된 편지나 이메일을 읽고, 그에 대한 답신을 작성합니다.
- 지문을 정확히 이해함과 동시에 지령 및 요구 조건에 따라 정확하게 작문을 구성합니다.

빈출 주제

- **공적 또는 사적인 내용**   편지, 이메일, 메모, 광고, 엽서, 온라인 게시글, SNS 포스트, 블로그 포스트 등

Tarea 1 완전 공략

1 어떻게 푸나요?

> **순서** 지령 파악 → 보조 지문 읽기 → 내용 구상 및 개요 잡기 → 작문하기 → 오류 점검

편지, 이메일, 엽서 등 서신 형태의 글이 주어지며, 이에 대해 답신 형식의 작문을 제출합니다. 주어진 요구 조건을 모두 충족하면서 자연스러운 문장 연결이 되도록 작성해야 합니다.

2 고득점 전략

- 글의 구상에 앞서 지령과 지문을 완전히 이해해야 하며, 요구 조건 순서에 맞추어 내용을 구성합니다.
- 보내는 이, 받는 이, 두 사람의 관계, 호칭, 전달하는 메시지를 정확히 파악하며 보조 지문을 읽습니다.
- 요구 조건에서 '반드시 써야 할 내용'을 계속 보며 작문의 개요를 구성합니다. 반드시 써야 할 내용부터 빠짐없이 구성한 후 살을 붙여 가면 무난합니다.

3 잠깐! 주의하세요

- 보조 지문 및 요구 조건에 충실하게 내용을 구성합니다.
- 서신 형태이므로 시작 인사, 안부 묻기, 질문에 대한 답변, 요청에 대한 답변, 끝맺음 인사 등 상황에 맞게 형식을 갖추어 작성합니다.
- 요구 내용 외에 추가로 창작할 땐 가급적 쉬운 내용으로 전개해야 안전합니다.

[문제 1]

INSTRUCCIONES

Usted ha recibido un correo electrónico de un amigo español:

¡Hola! ¿Qué tal todo? Hace mucho tiempo que no sé nada de ti.

Te escribo porque estoy organizando un viaje de dos semanas con unos amigos a tu país. ¡Tengo muchas ganas de ir! Hemos pensado ir en abril. ¿Crees que abril es un buen mes para visitar tu país? ¿Qué ciudades podemos visitar? ¿Qué me aconsejas comer? ¿Tú tienes algún día libre para venir con nosotros? A mí me encantaría verte. Además, así podrías conocer a mis amigos. ¡Venga! Di que sí, por favor.

¡Escríbeme pronto!

Un fuerte abrazo,
Beto

Escriba un correo electrónico a Beto para responder a sus preguntas. En él deberá:

- saludar;
- expresar su alegría por el viaje de su amigo;
- explicarle por qué abril es un buen mes para visitar su país;
- darle consejos sobre qué ciudades visitar y qué comer;
- aceptar su propuesta de viajar con ellos;
- despedirse.

Número de palabras: entre 100 y 120.

Step 2 실제 시험 훈련

학습에 앞서 실전과 동일하게 직접 작문해 보세요.

소요 시간: _____

단어 수: _____

Tarea 1 · Ejercicios

문제 해석

지령

당신은 한 스페인 친구(남)으로부터 한 통의 이메일을 받았습니다.

안녕! 하는 일 모두 잘되어 가니? 네 소식을 오랫동안 못 들었구나.

내가 편지를 쓰는 건 내 친구들과 함께 너희 나라로 2주간 여행 갈 계획을 하고 있기 때문이야. 가 보고 싶은 마음이 너무나 커! 우리는 4월에 갈 생각이야. 너희 나라를 방문하기에 4월이 괜찮을 거라 생각하니? 어떤 도시를 방문할 수 있을까? 어떤 걸 먹기를 추천하니? 너도 우리와 함께 시간을 보낼 수 있는 날이 있을까? 너를 너무 보고 싶어. 그리고 내 친구들을 만나 볼 수 있을 거야. 자! 그렇게 할 거라고 말해 줘, 부탁이야.

빠른 답장 기다릴게!

큰 포옹을 전하며,

베또

베또에게 그의 질문에 답하기 위한 이메일을 쓰세요. 그 이메일에는 다음을 해야 합니다.

- 인사하기
- 친구의 여행에 대한 기쁨 표현하기
- 4월이 당신의 나라를 방문하기에 왜 좋은 달인지 설명하기
- 어떤 도시를 방문하고 무엇을 먹을지 조언하기
- 그들과의 여행에 대한 제안을 받아들이기
- 작별 인사하기

단어 수: 100~120.

Step ③ 문제 1의 작문을 구성하고, 필수 어휘와 표현을 익히세요.

글의 유형	이메일
받는 이	Beto
보내는 이	amigo / amiga de Beto
핵심 내용	우리나라로 여행 올 친구에게 여행 관련 정보 전달 및 만남 제안 수락
요구 조건 1	인사하기
요구 조건 2	친구의 여행에 대한 기쁨 표현하기
요구 조건 3	4월이 당신의 나라를 방문하기에 왜 좋은 달인지 설명하기
요구 조건 4	어떤 도시를 방문하고 무엇을 먹을지 조언하기
요구 조건 5	그들과의 여행에 대한 제안을 받아들이기
요구 조건 6	작별 인사하기
주의 사항	- 4월이 여행하기 좋은 이유 제시 - 방문할 도시 및 먹을 음식 추천

필수 어휘

saber de	~에 대해 알고 있다	organizar	조직하다, 편성하다
aconsejar	충고하다, 조언하다, ~하기를 권하다	libre	자유로운, 구속되지 않은, 무료의, 시간이 있는
¡Venga!	가자! 하자! 자! 서둘러!	alegría	f. 환희, 기쁨
consejo	m. 의견, 충고, 회의, 이사회	propuesta	f. 제의, 제안
próximo	가까운, 다음의, 오는	plato	m. 접시, 요리

필수 표현

주제	문형	활용 예

감정 표현	- ¡Qué + 명사 / 형용사!
	  ¡Qué +형용사 + 명사!
	
	- alegrarse por / de
	  alegrarse de que + 접속법
		- ¡Qué alegría!
		  기쁘다!
		- ¡Qué buena noticia!
		  좋은 소식이구나!
		- No sabes cuánto me alegro por tu próximo viaje a Corea.
		  네가 한국에 여행 온다니 얼마나 기쁜지 모를 거야.
		- Me alegro mucho de que vengas a mi país pronto.
		  네가 우리나라에 곧 온다는 사실이 나는 아주 기쁘다.

추천, 권고	- recomendar
	- aconsejar
	- sugerir
	- advertir
		- Te recomiendo visitar Sokcho.
		  속초를 방문해 보길 권할게.
		- Os sugiero que probéis Bibimbap.
		  너희가 비빔밥을 먹어 보길 권할게.

Tarea 1 · Ejercicios

Step 4 모범 답안을 확인하세요.

모범 답안

¡Hola! ¿Qué tal? ¿Cómo estás? Hace mucho tiempo que no nos vemos.

No sabes cuánto me alegro por tu próximo viaje a Corea. Estoy segura de que os gustará mucho Corea. Es una buena idea venir en abril, ya que en abril, hace muy buen tiempo y hay muchas fiestas y ferias. Podréis visitar Busan, que es una de las mejores ciudades de Corea. En Busan hay playas y muchos restaurantes de marisco. También hay que visitar una ciudad que se llama Jeonju. ¿Has escuchado hablar del famoso "Bibimbap"? Pues ese plato es de Jeounju.

Claro que me encantaría pasar unos días con vosotros. Le pediré vacaciones a mi jefe.

¡Nos vemos en Corea!

Natalia

해석

안녕! 어때? 잘 지내니? 우리 못 본 지 오래됐다.

네가 한국에 여행 온다니 얼마나 기쁜지 모를 거야. 너희는 분명히 한국을 아주 마음에 들어할 거라 확신해. 4월에 오는 건 좋은 생각이야. 4월에는 날씨도 좋고 많은 파티와 축제가 열리거든. 너희가 부산을 방문하는 것도 좋을 거야. 한국에서 가장 최고의 도시 중 하나지. 부산에는 바닷가와 많은 해산물 식당이 있어. 전주라는 도시도 방문해 봐야 해. 그 유명한 '비빔밥'에 대해 들어 봤지? 그 음식이 바로 전주 요리야.

나는 당연히 너희들과 함께 시간을 보내길 원하지. 내 상사에게 휴가를 요청할 거야.

한국에서 만나!

나딸리아

문제 2

INSTRUCCIONES

Usted ha recibido un correo electrónico de una amiga:

¡Hola! ¿Qué tal? ¡Cuánto tiempo sin saber de ti!

La verdad es que he estado bastante ocupada las últimas semanas.

Ayer tomé un café con Roberto y me dijo que os habíais encontrado por casualidad en Barcelona.

Me sorprendió la noticia porque pensé que ya habrías vuelto a Valencia.

¿Por qué decidiste quedarte más tiempo en Barcelona? ¿Cuándo vas a volver a casa? Escríbeme y cuéntame lo que haces allí.

A ver si nos vemos pronto. Llevo meses esperando tus noticias.

Un abrazo,
Beatriz

Escríbale un correo electrónico a Beatriz para responder a sus preguntas. En él deberá:

- saludar;
- contar los motivos del viaje a Barcelona;
- decir qué es lo que hace en Barcelona;
- explicar cuándo tiene pensado volver a Valencia;
- despedirse.

Número de palabras: entre 100 y 120.

Step 2 실제 시험 훈련

학습에 앞서 실전과 동일하게 직접 작문해 보세요.

소요 시간: _____

단어 수: _____

문제 해석

지령

당신은 한 친구(여)로부터 이메일을 받았습니다.

안녕! 잘 지내니? 네 소식을 못 들은 지 오래됐다!

사실 나는 최근 몇 주간 아주 바빴어.

어제 로베르또와 함께 커피를 마셨는데 너희 둘이 바르셀로나에서 우연히 만났다고 이야기해 주더라.

나는 네가 발렌시아로 이미 돌아갔을 거라고 생각했기 때문에, 그 소식이 놀라웠어.

왜 바르셀로나에 더 머물기로 결심한 거야? 집에는 언제 돌아갈 거니? 내게 답장을 써 주렴. 그곳에서 뭘 하는지 이야기해 줘.

조만간 볼 수 있길 바란다. 너의 소식을 기다린 지 몇 개월째야.

포옹을 전하며,

베아뜨리쓰

베아뜨리쓰에게 그녀의 질문에 답하기 위한 이메일을 쓰세요. 그 이메일에는 다음을 해야 합니다.

- 인사하기
- 바르셀로나 여행의 이유 말하기
- 바르셀로나에서 무엇을 하는지 이야기하기
- 발렌시아에 언제 돌아갈 생각인지 설명하기
- 작별 인사하기

단어 수: 100~120.

Step 3 문제 2의 작문을 구성하고, 필수 어휘와 표현을 익히세요.

글의 유형	이메일
받는 이	Beatriz
보내는 이	amigo / amiga de Beatriz
핵심 내용	바르셀로나에 있는 나의 근황 전달
요구 조건 1	인사
요구 조건 2	바르셀로나 여행의 이유 말하기
요구 조건 3	바르셀로나에서 무엇을 하는지 이야기하기
요구 조건 4	발렌시아에 언제 돌아갈 생각인지 설명
요구 조건 5	작별 인사
주의 사항	- 로베르또와의 만남에 대해 설명 - 지금 바르셀로나에 왜 있는지, 앞으로 발렌시아에 언제 갈지 설명

Tarea 1 · Ejercicios

필수 어휘

¡Cuánto tiempo!	오랜만이다!	por casualidad	우연히
sorprender	놀라게 하다	decidir	결정하다, 정하다, 결심하다
tener pensado	~할 생각이 있다	charlar	담소하다, 이야기하다
billete	m. 표, 승차권, 지폐	asistir	출석하다, 참석하다
conferencia	f. 회의, 회견, 강연, 강연회	tener planeado	~할 계획을 가지고 있다

필수 표현

주제	문형	활용 예
규칙적인 일과 설명	- siempre, normalmente, todos los días + 현재 시제	- Aquí en Barcelona, tengo reuniones con los clientes todos los días. 이곳 바르셀로나에서 나는 매일 클라이언트들과 함께 회의를 한다.
	- por la mañana, por la tarde, por la noche + 현재 시제	- Por la mañana tengo clases y por la noche trabajo en una biblioteca. 오전에는 수업이 있고 밤에는 도서관에서 일한다.
앞으로의 계획 설명	- 미래 시제 + cuando + 접속법 현재	- Volveré a Valencia cuando termine el trabajo. 일을 마치면 발렌시아로 돌아갈 것이다.
	- tener pensado / planeado	- Tengo pensado volver el próximo sábado. 나는 다음 주 토요일에 돌아갈 생각이다.

Step 4　모범 답안을 확인하세요.

모범 답안

Querida amiga:

¡Hola, Beatriz! ¿Cómo te encuentras? Sí, es verdad. Roberto y yo nos encontramos por casualidad y nos sorprendimos muchísimo. Nos tomamos un café y estuvimos charlando unas horas.

Lo que pasa es que después de mi viaje a Madrid, tuve que cambiar mi billete de regreso por motivos de trabajo. Mi jefe me pidió que asistiera a una conferencia en Barcelona. Así que he venido a quedarme unos días más.

Ya tengo ganas de volver a Valencia, porque aquí no hago nada más que trabajar todos los días. Tengo planeado volver el 30 de este mes. Así que nos vemos cuando vuelva. Te contaré más sobre Barcelona.

Un saludo,
Mónica

해석

친애하는 나의 친구에게:

안녕 베아뜨리쓰! 어떻게 지내니? 맞아, 사실이야. 로베르또와 나는 우연히 만나게 되었고 우리는 정말 놀랐어. 커피를 한 잔 마셨고 몇 시간 동안 이야기를 나누었어.

그게 말이지, 마드리드 여행하고 나서, 일 때문에 돌아가는 표를 바꿔야만 했어. 나의 상사가 나에게 바르셀로나에서 열리는 회의에 참석할 것을 부탁했거든. 그래서 나는 며칠 더 머무르려고 다시 왔어.

난 이제는 발렌시아로 돌아가고 싶어. 이곳에서는 매일 일밖에 하는 게 없거든. 난 이번 달 30일에 돌아갈 계획이야. 그러니 내가 가면 보자꾸나. 바르셀로나에 대해 네게 더 많은 이야기를 해 줄게.

안부 인사를 전하며,
모니까

Tarea 2 주제를 정하여 경험 또는 의견 작성하기

Tarea 2

INSTRUCCIONES

Elija solo una de las dos opciones que se le ofrecen a continuación:

OPCIÓN 1

Lea el siguiente mensaje publicado en un foro donde se habla de adelgazar:

> Yo opino que la mejor manera de adelgazar es sin duda hacer ejercicio, pero ahora en verano es imposible salir al parque a correr. Con el calor que hace, si sales te desmayas. Luego está el gimnasio, pero son 50 euros al mes. Yo lo que voy a hacer es adelgazar haciendo dieta. Así me ahorro dinero en comida y en gimnasio.

Escriba un comentario para enviar al foro en el que cuente:

• cuál cree que es la mejor manera de adelgazar;
• qué hace usted para adelgazar;
• qué piensa de hacer dieta;
• qué tipo de dietas conoce;
• qué experiencias tiene haciendo dieta.

Número de palabras: entre 130 y 150.

OPCIÓN 2

Lea el siguiente mensaje que aparece en la página web del barrio donde vive:

FESTIVAL DE VECINOS

Queridos vecinos, invitamos a todos los que lo desean a participar en el foro de la página web de nuestro barrio. El próximo mes celebraremos nuestro festival y queremos mejorarlo. Por eso os animamos a participar opinando sobre el festival del año pasado y comentando qué actividades os gustaría que se programaran en el próximo festival de nuestro barrio.

Redacte un texto para enviar al foro en el que deberá:

• presentarse;
• decir qué le pareció el festival del año pasado y a qué actividades asistió;
• explicar qué actividades del festival del año pasado le gustaron más y cuáles menos y por qué;
• proponer varias actividades para el próximo festival.

Número de palabras: entre 130 y 150.

446 DELE B1

모의테스트 2 447

핵심 포인트

- 지문을 읽고, 정해진 주제에 대한 개인의 경험이나 의견을 작성합니다.
- Tarea 1보다 작문할 단어 수가 많으며, 두 가지 옵션 중 하나만 선택해 써야 합니다.
- 정해진 주제 안에서 써야 하므로 지령과 지문의 정확한 해석은 필수적입니다.

빈출 주제

- 묘사, 서술, 소개, 의견 등
- 개인 관심 및 취미, 감정, 일화 등
- 일기, 후기, 경험담, 전기 등

Tarea 2 완전 공략

1 어떻게 푸나요?

순서 지령 파악 ➜ 옵션 선택 ➜ 내용 구상 및 윤곽 잡기 ➜ 작문하기 ➜ 오류 점검

정해진 주제와 옵션에 제시된 요구 사항에 따라 개인의 경험 또는 의견 등을 작성합니다. 옵션 1과 2 중에서 더 자신 있는 것으로 쓰되, 요구 사항을 철저히 반영해야 합니다. 핵심 주제가 명확하게 드러나야 하며, 응시자가 피력한 입 장에 대해 분명한 근거가 있어야 합니다. 찬성, 반대로 나뉘는 주제라면 자신의 의견이 찬성인지 반대인지 뚜렷이 드 러나도록 전개해야 합니다.

2 고득점 전략

- 2개의 옵션 중 쉽게 잘 쓸 수 있는 것으로 선택합니다.
- 보조 지문을 완전히 이해해야 하며 지령과 요구 조건에 따라 작문할 글의 유형, 읽는 대상, 전개 순서를 구상합니다.
- 요구 조건에 제시된 반드시 써야 할 내용을 계속 보면서 작문합니다.

3 잠깐! 주의하세요

- 어떤 옵션을 쓸 것인지 신중하게 선택합니다. 쓰다가 중도 포기하고 다른 옵션으로 다시 쓰려면 낭비된 시간을 만회하기 어렵습니다.
- 반드시 사실에만 근거해서 쓰지 않아도 됩니다. 문장을 오류 없이 매끄럽게 연결하는 것이 우선입니다. 상황에 따라 어느 정도 지어내서 작성할 수 있어야 합니다.
- 단어 수가 초과되지 않도록, 반드시 필요한 내용 위주로 우선 구성합니다. 내용을 추가한다면 가급적 쉽고 간단한 문장으로 전개합니다.

Tarea 2 **Ejercicios** 실전 연습

Step **1** 공략에 따라 Tarea 2 연습 문제를 작문해 보세요.

문제 1

INSTRUCCIONES

Elija solo una de las dos opciones que se le ofrecen a continuación:

OPCIÓN 1

Mensaje publicado en un blog dedicado a regalos especiales:

'Mi regalo preferido'
Seguro que entre todos los regalos que has recibido en tu vida hay uno muy especial, uno que no olvidas. Nos gustaría saber cuál es.
¡Compártelo con nosotros, por favor, y cuéntanos por qué es tan importante para ti!

Escriba un texto para enviar al blog en el que deberá:

- explicar cuál es su regalo preferido;
- decir por qué es su regalo preferido;
- describir a la persona que le hizo el regalo;
- explicar por qué motivo se lo regalaron.

Número de palabras: entre 130 y 150.

OPCIÓN 2

Mensaje publicado en un foro de viajeros:

Tema: Viajes organizados, ¿sí o no?
Hay tantas formas de viajar como viajeros. Algunos viajan solos, otros en grupo. Algunos prefieren decidirlo todo solos y otros quieren llevarlo todo organizado por una agencia.
¿Qué opinas tú de los viajes organizados?

Redacte un texto para enviar a la web en el que cuente:

- cómo y con quién le gusta viajar normalmente;
- dónde y cómo fue su último viaje;
- qué opinión tiene de los viajes organizados;
- por qué recomienda o no viajar con todo organizado.

Número de palabras: entre 130 y 150.

Step 2 실제 시험 훈련

학습에 앞서 실전과 동일하게 직접 작문해 보세요.

소요 시간: _____

단어 수: _____

Step 3 문제 1의 필수 어휘 및 표현을 익히고, 해석을 참조하세요.

OPCIÓN 1

필수 어휘

publicado	출판된, 간행된, 발표된	dedicado	바쳐진, 헌정된
preferido	제일 좋아하는, 애용하는	compartir	공유하다, 나누다
impuntual	시간을 엄수하지 않는	reloj de pulsera	m. 손목시계
útil	유용한, 쓸모 있는	definición	f. 정의, 말뜻
analizar	분석하다, 검사하다	investigar	조사하다, 수사하다, 연구하다
respeto	m. 존경, 경의, 존중, 중시	dudar	의심하다, 확신이 없다
segundo	m. (시간의 단위) 초 / 두 번째의	en papel	종이로 된
invertir	투자하다, 거꾸로 하다	estar de acuerdo con	의견이 일치하다, 의견에 동의하다

필수 표현

주제	문형	활용 예
가장 좋아하는 것	- Mi regalo preferido	- Mi regalo preferido es el reloj que me dio mi padre. 내가 가장 좋아하는 선물은 아버지가 주신 시계다.
	- El regalo que más me ha gustado	- El regalo que más me ha gustado es el reloj de mi padre. 내가 가장 마음에 들었던 선물은 아버지의 시계다.
원인과 결과	- 원인 접속사: porque, como, ya que, puesto que, dado que, debido a que ...	- Mi padre me regaló un reloj debido a que yo era muy impuntual. 내가 시간 약속을 잘 지키지 않기 때문에 아버지가 시계를 선물해 주셨다.
	- 결과 접속사: así que, por lo tanto, por eso	- Siempre llegaba tarde, así que mi padre me regaló un reloj de pulsera. 항상 늦게 도착하는 편이었다. 그래서 아버지가 손목시계를 선물해 주셨다.

OPCIÓN 2

필수 어휘

foro	m. 포럼, 공개 토론회, 게시판	viaje organizado	m. 패키지 여행
forma	f. 모양, 행동 방식, 형태	viajero	m.f. 여행자 / 여행하는
en grupo	단체로, 집단으로	recomendar	추천하다, 권고하다
últimamente	최후에, 최근에	a favor de	~에 유리하게, ~을(를) 지지하여
en contra de	~에 반대하여, ~을(를) 어기고	ahorrar	절약하다, 저축하다
fastidioso	불쾌한, 싫증난, 못마땅한	conectar	접속시키다, 연결하다, 연결시키다
red social	f. 소셜 네트워크	destino	m. 목적지, 운명
planificar	계획하다, 계획을 세우다	resultado	m. 결과, 성과, 성적

필수 표현

주제	문형	활용 예
가장 최근 경험	- mi último viaje ha sido a - últimamente he viajado a	- El último viaje ha sido a Francia este verano con mi madre y con mi hermana. 나의 가장 최근 여행은 프랑스에 어머니와 누이와 함께 간 여행이다.
의견 제시	- pensar que - opinar que - parecerle que + 직설법	- Pienso que los viajes organizados son muy útiles, ya que ahorras mucho tiempo. 패키지 여행은 매우 유용하다고 생각한다. 시간 절약을 많이 할 수 있기 때문이다. - A mí me parecen fastidiosos los viajes organizados. No te sientes libre y tienes que despertarte temprano. 패키지 여행은 내게는 불쾌하게 여겨진다. 자유롭지 못하고 일찍 일어나야 하기 때문이다.
권유	- recomendar	- Sin duda, recomiendo contratar un viaje organizado, ya que es una buena manera de ahorrar tiempo. 나는 확실히 패키지 여행을 추천한다. 그것은 시간을 절약하는 아주 좋은 방법이기 때문이다.

문제 해석

지령

다음에 주어지는 두 가지 옵션 중 하나만 선택하세요.

옵션 1

특별한 선물에 대해 다루는 블로그에 게재된 메시지

'내가 가장 좋아하는 선물'

분명 당신이 이때까지 살며 받은 선물들 가운데 절대 잊지 못하는 아주 특별한 선물 하나가 있을 것입니다. 그것이 무엇인지 알고 싶습니다.

우리에게 그 내용을 공유해 주세요! 왜 그 선물이 당신에게 그렇게 중요한 것인지 이야기해 주세요!

블로그에 보낼 글을 작성하세요. 글에서 당신은 다음의 사항을 해야 합니다.

- 당신이 가장 좋아하는 선물은 무엇인지 설명하기
- 왜 그것이 가장 좋아하는 선물인지 말하기
- 당신에게 그 선물을 준 사람을 묘사하기
- 당신에게 그 선물을 준 이유가 무엇이었는지 설명하기

단어 수: 130~150.

옵션 2

여행자 게시판에 게재된 메시지

주제: 패키지 여행, 좋은 것인가 아니면 나쁜 것인가?

여행객으로서 여행을 하는 데 많은 방식이 있다. 어떤 이들은 혼자 여행하고 또 다른 이들은 그룹으로 여행한다. 어떤 사람들은 모든 것을 혼자 결정하는 것을 선호하고 또 다른 사람들은 여행사가 계획한 모든 것을 따르길 원한다.

당신은 패키지 여행에 대해 어떻게 생각하는가?

블로그에 보낼 글을 작성하세요. 글에서 당신은 다음 사항을 해야 합니다.

- 어떻게 그리고 누구와 함께 여행하기를 좋아하는 편인지
- 어디로 그리고 어떻게 가장 마지막으로 여행을 했는지
- 패키지 여행에 대해 어떤 의견을 갖고 있는지
- 패키지 여행을 하는 것과 그렇게 하지 않는 것 중 한 가지를 권한다면 왜 그러한지

단어 수: 130~150.

OPCIÓN 1

내용 구성

글의 유형	블로그 게시용 일화, 경험담
글의 주제	기억에 남는 선물
요구 조건 1	가장 기억에 남는 선물 설명
요구 조건 2	왜 기억에 남는지 이유 설명
요구 조건 3	선물을 준 사람 묘사
요구 조건 4	선물을 받게 된 이유 설명
주의 사항	- 과거 시제 변형을 적절하게 사용 - '선물, 선물한 사람, 선물 받은 이유' 등의 소재를 어렵지 않은 내용으로 지어낼 것

모범 답안

Entre todos los regalos que he recibido en mi vida hay uno muy especial. Es un diccionario de español. Es un diccionario viejo y pequeño, pero muy útil para cuando quiera descubrir las definiciones de las palabras y expresiones en español. Me encanta porque es un diccionario ya muy usado por mi queridísimo abuelo, quien ama los idiomas y no deja de analizar e investigar sobre ellos. Mi abuelo es la persona a la que más respeto tengo y quiero ser como él.

Un día, le dije que me interesaba mucho el español, entonces no lo dudó ni un segundo y me regaló su diccionario. Me dijo que era mejor utilizar un diccionario en papel, porque así se invertía mucho tiempo en encontrar una palabra, por lo que era más difícil que se te olvidara. Y estoy muy de acuerdo con él.

해석

내 인생에서 받아 본 모든 선물들 중에 매우 특별한 선물이 하나 있다. 그것은 바로 스페인어 사전이다. 낡고 작은 사전이지만 스페인어 단어의 정의와 표현을 찾을 땐 매우 유용하다. 내가 너무도 좋아하는 나의 할아버지께서 이미 사용하셨던 사전이기 때문에 그 선물이 너무도 좋다. 할아버지는 언어를 사랑하시며 언어를 분석하고 조사하기를 멈추지 않으신다. 내가 가장 존경하는 분이며 나는 그분처럼 되고 싶다.

어느 날 나는 할아버지께 스페인어에 큰 관심이 있다고 말씀드렸다. 그랬더니 단 1초도 주저하지 않으시고 나에게 본인의 사전을 선물하셨다. 그러고는 종이로 만든 사전을 사용하는 것이 더 좋다고 하셨는데, 단어 하나를 찾는 데 시간이 더 많이 걸리게 되므로, 잊어버리기 더 어렵게 된다고 말씀하셨다. 나는 그분의 의견에 동의한다.

OPCIÓN 2

내용 구성

글의 유형	온라인 게시판에 쓰는 의견
글의 주제	패키지 여행에 대한 찬성 또는 반대
요구 조건 1	어떻게 그리고 누구와 함께 여행하기를 좋아하는 편인지
요구 조건 2	어디로 그리고 어떻게 가장 마지막으로 여행을 했는지
요구 조건 3	패키지 여행에 대해 어떤 의견을 갖고 있는지
요구 조건 4	패키지 여행을 하는 것과 그렇게 하지 않는 것 중 한 가지를 권한다면 왜 그러한지
주의 사항	- 과거의 경험과 현재 자신의 의견을 종합한 서술 - 과거 시제를 올바르게 활용 - 찬성 또는 반대 입장 정확히 언급

모범 답안

A mí me gusta viajar sola siempre. Pienso que debes estar solo o sola cuando viajas. Es que siempre estamos con alguien o conectados por redes sociales y otras comunicaciones.

Mi último viaje ha sido a Cuba y he viajado sola como siempre. Fue una experiencia maravillosa, porque así no tuve problemas para decidir cada cosa y pude conocer a más gente nueva.

A mí me parece mejor viajar solo o sola, y no me gustaría viajar con todo organizado. Pienso que investigar sobre el destino y planificar tu viaje, es una parte muy importante de un verdadero viaje.

Recomiendo no viajar con todo organizado, ya que organizar algo y esperar el resultado es una experiencia muy importante en nuestra vida. Además, son muy buenos momentos para ser tú mismo y estar solo.

해석

나는 늘 혼자 여행하기를 좋아한다. 여행을 할 때는 혼자 있어야 한다고 생각한다. 그 이유는, 우리는 늘 누군가와 함께 있거나 SNS 또는 다른 통신 수단 등에 연결되어 있기 때문이다.

나의 마지막 여행은 쿠바로 간 여행이었고 늘 그리했듯 혼자 여행했다. 그것은 아주 훌륭한 경험이었다. 매사를 결정하는 데 전혀 문제가 없었으며 새로운 사람들을 더 많이 만나 볼 수 있었기 때문이다. 나는 혼자 여행하는 것이 훨씬 더 좋다고 생각하며, 모든 것이 이미 짜인 여행은 싫을 것 같다. 목적지에 대해 조사하고 당신만의 여행을 계획하는 것은 진정한 여행에서 중요한 한 부분이라고 생각한다.

패키지 여행은 하지 말 것을 권한다. 무언가를 계획하고 그 결과를 기대해 보는 것은 우리 인생에서 아주 중요한 경험이기 때문이다. 또한, 그러한 여행들은 당신이 자신 스스로를 찾고 혼자 있을 수 있는 좋은 순간이 된다.

Tarea 2 Ejercicios

문제 2

Elija solo una de las dos opciones que se le ofrecen a continuación:

OPCIÓN 1

Lea el siguiente mensaje publicado en un blog dedicado a restaurantes:

> En nuestro blog de 'Los Mejores Restaurantes de la ciudad' estamos recopilando colaboraciones de nuestros seguidores sobre su experiencia visitando el mejor restaurante de la ciudad. Nos gustaría que nos contarais vuestra experiencia sobre uno de esos momentos de vuestra vida personal, profesional o familiar.

Escriba un comentario para enviar al blog en el que cuente:
- dónde está el restaurante;
- con quién fue y por qué;
- qué comió;
- cómo estuvo la comida;
- por qué lo recuerda como el mejor restaurante.

Número de palabras: entre 130 y 150.

OPCIÓN 2

Lea el siguiente mensaje que aparece en la página web del Ayuntamiento de su ciudad:

> TRÁFICO EN LA CIUDAD
> Invitamos a todos los ciudadanos que lo deseen a participar en el foro de la página web del Ayuntamiento. Pueden participar opinando sobre la situación de la circulación del tráfico en nuestra ciudad y comentando qué les gustaría que se mejorara en el futuro.

Redacte un texto para enviar a la página web en el que deberá:
- presentarse;
- decir qué opina sobre el tráfico en la ciudad;
- comentar algún problema o inconveniente que tenga la ciudad;
- proponer alguna solución.

Número de palabras: entre 130 y 150.

Step 2 실제 시험 훈련

학습에 앞서 실전과 동일하게 직접 작문해 보세요.

_____

_____

_____

_____

_____

_____

_____

_____

_____

_____

_____

_____

_____

_____

_____

_____

_____

_____

소요 시간: _____

단어 수: _____

OPCIÓN 1

필수 어휘

recopilar	수집하다, 모으다	colaboración	f. 협력, 투고, 기고
seguidor	m.f. 추종자, 팔로워 / 따르는	amargo	맛이 쓴, 쓴맛의, 슬프게 하는, 고통스럽게 하는
considerar	숙고하다, 고려하다	junto a	바로 옆에
fanático	m. 광신도 / 열광적인, 광신적인	asiático	m. 아시아 사람 / 아시아의
probar	시험하다, 증명하다, 입어 보다, 먹어 보다	receta	f. 처방, 요리법
atento	주의하고 있는, 주의 깊은, 친절한, 예의 바른		

필수 표현

주제	문형	활용 예
음식의 맛	- la comida + estar 　경험으로 느낀 맛	- La comida **está** excelente. 　그 음식은 아주 맛있었다. - La paella **estuvo** muy rica. 　그 빠에야는 아주 맛이 있었다. 　음식 맛의 묘사 역시, 이 경우 단순 과거 활용이 가능합니다.
	- la comida + ser 본래의 맛	- El café **es** amargo. 　커피는 본래 쓰다.
과거 시제 활용	- **단순 과거의 활용** - 특정 날짜 발생 사건 - el 명사 pasado 　la 명사 pasada - hace 시간 표현	- El miércoles pasado **visité** un restaurante japonés. 　지난 수요일에 나는 일식당을 방문했다. - Hace un mes **fui** a un restaurante de comida española y **probé** la paella. 　나는 한 달 전에 스페인 음식점에 가서 빠에야를 먹어 보았다.

Tarea 2 · Ejercicios

OPCIÓN 2

필수 어휘

ayuntamiento	m. 시청, 시 의회	tráfico	m. 교통, 교통량, 거래
invitar	초대하다, 권유하다	circulación	f. 통행, 교통, 순환, 유통
mejorar	개선하다	inconveniente	m. 지장, 방해, 단점 / 불편한, 무례한
problemático	문제가 있는	incómodo	불편한
prohibición	f. 금지	en general	보통, 일반적으로, 대개, 전반적으로
evitar	회피하다, 막다	contaminación	f. 오염, 공해
aumentar	늘리다, 증대시키다, 늘어나다	uso	m. 사용, 이용
particular	m. 개인 / 특별한, 개인의	lograr	달성하다, 성취하다
concienciar	자각하게 하다, 자각시키다		

필수 표현

주제	문형		활용 예
문제점 지적	- El problema es que 직설법		- El problema es que hay tanto tráfico en las zonas centrales de la ciudad.
	ser + bueno + que 접속법 estar malo parecer problemático incómodo		- Es muy incómodo que haya tanto tráfico en las zonas centrales de la ciudad. 시내 중심가에 교통량이 너무 많은 것은 매우 불편하다.
해결책 제시	- 요구 동사	+ 명사 + 동사 원형 + que 접속법	propongo la prohibición de... propongo prohibir... propongo que se prohíba... ~의 금지를 제안한다.

문제 해석

지령

다음에 주어지는 두 가지 옵션 중 하나만 선택하세요.

옵션 1

레스토랑에 대해 다루는 한 블로그에 게재된 다음 메시지를 읽으세요.

> '시의 가장 최고의 식당' 블로그에서는 시의 가장 최고의 식당을 방문한 경험에 대해 우리 팔로워들의 투고를 수집하
> 고 있습니다. 여러분의 개인적, 직업적 그리고 가정적인 순간들 중 하나에 대해 경험담을 이야기해 주세요.

블로그에 보내기 위한 코멘트를 작성하세요. 글에서 당신은 다음의 사항을 이야기해야 합니다.

- 식당이 어디에 있는지
- 누구와 함께 갔으며 왜 갔는지
- 무엇을 먹었는지
- 음식 맛은 어땠는지
- 왜 그 식당이 최고의 식당으로 기억에 남는지

단어 수: 130~150.

옵션 2

당신이 사는 도시 시청의 웹 사이트 내에 있는 다음 메시지를 읽으세요.

> 시내 교통
>
> 시청 웹 사이트 게시판에 참여하고 싶은 모든 시민들에게 바랍니다. 우리 도시의 교통 상황에 대한 의견과 미래에는
> 어떤 것을 개선하면 좋을지에 대해 언급하여 참여하실 수 있습니다.

웹 사이트로 보내기 위한 글을 작성하세요. 글에서 당신은 다음의 사항을 해야 합니다.

- 자기 소개하기
- 도시의 교통에 대해 어떻게 생각하는지 말하기
- 도시가 갖고 있는 문제점이나 불편 사항 이야기하기
- 해결 방안 제시하기

단어 수: 130~150.

 Tarea 2 · **Ejercicios**

Step 4 문제 2의 작문을 구성하고, 모범 답안을 참조하세요.

OPCIÓN 1

내용 구성

글의 유형	인터넷 블로그 게시용 후기
글의 주제	내가 방문한 가장 최고의 식당
요구 조건 1	식당이 어디에 있는지 언급
요구 조건 2	누구와 함께 갔으며 왜 갔는지 언급
요구 조건 3	무엇을 먹었는지 언급
요구 조건 4	음식 맛은 어땠는지 언급
요구 조건 5	왜 그 식당이 최고의 식당으로 기억에 남는지 언급
주의 사항	- 식당 및 음식 메뉴 묘사 - 과거 시제의 올바른 활용 - 분명한 근거나 이유 뒷받침

모범 답안

He visitado un restaurante coreano y lo considero uno de los mejores de la ciudad. El restaurante se llama 'Seúl' y se ubica en la avenida cinco junto al ayuntamiento. Fui al restaurante con toda mi familia porque queríamos celebrar el cumpleaños de mi padre. Mi padre es fanático a todo lo que es asiático y a mi madre también le gusta la comida china o coreana. Comimos el famosísimo 'Bulgogi'. Yo ya lo había probado cuando viajé a Corea y bien sabía que sería un buen menú para esta ocasión. Estuvo riquísimo el Bulgogi de ese restaurante y mi familia quedó encantada con la comida coreana. Después de ese día, mi padre busca la receta de Bulgogi en Internet y lo cocina muy bien. Lo recuerdo como el mejor restaurante, porque los camareros fueron muy atentos con nosotros y la comida deliciosa fue un buen regalo para mi padre.

해석

나는 한 한국 식당을 방문했으며 그곳이 우리 도시의 최고의 식당 중 하나라고 생각한다. 그 식당의 이름은 '서울'이고 5번 대로의 시청 옆에 위치한다. 나는 나의 가족과 함께 아버지의 생신을 기념하기 위해 그 식당에 갔다. 나의 아버지는 아시아 것이라면 무엇이든 열광하시는 분이며 어머니 역시 중식이나 한식을 모두 좋아하신다. 우리는 그 유명한 '불고기'를 먹었다. 내가 한국을 여행했을 때 이미 먹어 본 적이 있었으므로 그날을 위한 아주 좋은 메뉴가 될 것이라고 확신했다. 그 식당의 불고기는 매우 맛있었고 우리 가족은 모두 한국 음식에 매료되었다. 그날 이후 우리 아버지는 인터넷에서 불고기 요리법을 검색하시고 또 매우 맛있게 요리하신다. 나는 그 식당을 최고의 식당으로 기억하는데, 그 이유는 종업원들이 우리를 매우 친절히 대했으며 그 맛있었던 음식은 아버지를 위한 아주 좋은 선물이 되었기 때문이다.

OPCIÓN 2

내용 구성

글의 유형	인터넷 게시판 의견
글의 주제	내가 사는 도시의 교통 문제
요구 조건 1	자기 소개하기
요구 조건 2	도시의 교통에 대해 어떻게 생각하는지 언급
요구 조건 3	도시가 갖고 있는 문제점이나 불편 사항 언급
요구 조건 4	해결 방안 제시
주의 사항	- 교통 문제 관련 어휘 적절히 활용 - 문제점 짚기 - 해결책 언급

모범 답안

Mi nombre es Mi Young Lee. Soy estudiante universitario y vivo en Gang Nam.

La situación de la circulación del tráfico en nuestra ciudad es buena, en general. Sin embargo, opino que existen algunos problemas de tráfico como en todas las grandes ciudades del mundo.

Uno de ellos, es que hay demasiado atasco de tráfico en el centro de la ciudad. En mi caso, para evitar llegar tarde a una cita que tengo en el centro de la ciudad, siempre voy en metro. Si tomo el autobús, se tarda muchísimo más tiempo. Por otro lado, como cada día hay más coches y hay más atascos, la contaminación también aumenta.

Así que, hay que buscar una solución. Me parece que es necesario prohibir el uso del vehículo particular a ciertas horas del día. Así se logra también concienciar a los ciudadanos para usar menos el coche.

해석

나의 이름은 이미영이다. 나는 대학생이며 강남에 살고 있다.

우리 도시의 교통 상황은 전반적으로 좋은 편이다. 하지만 이 세상의 모든 대도시가 그러하듯 몇 가지 교통 문제가 있다고 생각한다. 그중 하나는 도시의 중심가에 너무 많은 교통 정체가 있다는 것이다. 나의 경우에는 약속 시간에 늦지 않기 위해 항상 지하철로 이동한다. 만일 버스를 타면 너무 많은 시간이 더 걸린다. 또 한편, 날이 갈수록 차는 더 늘어나고 더 많은 정체가 발생하므로 오염도 증가한다.

그러므로 해결책을 찾아야 한다. 내 생각에는 하루의 정해진 몇 시간 동안은 자가용 사용을 금지할 필요가 있다. 또한, 그렇게 해야만 시민들이 차를 덜 사용하려는 의식을 가질 수 있다.

PPRUEBA DE EXPRESIÓN E INTERACCIÓN ESCRITAS

La prueba de **Expresión e interacción escritas** contiene <u>dos tareas</u>.
Duración: 60 minutos.
Haga sus tareas únicamente en la **Hoja de respuestas**.

작문 평가

작문 평가는 2개의 과제로 구성됩니다.
시간: 60분
작성한 과제는 **답안지**에만 쓰시오.

Tarea 1 작문 종합 연습문제

INSTRUCCIONES

Lea la siguiente entrada de una revista digital dedicada a la cultura tradicional del mundo.

En el próximo número de nuestra revista cultural vamos a hablar sobre fiestas y festivales que se celebran en diferentes partes del mundo. Seguramente, muchos de vosotros queréis compartir con nuestros lectores las fiestas más representativas de vuestra ciudad. Esperamos vuestros mensajes.

Escriba un comentario donde:

- diga de qué país es usted y en qué ciudad vive;
- indique cómo se llama la fiesta o festival más importante de su ciudad y cuándo se celebra;
- explique en qué consiste la fiesta o el festival;
- comente si hay algún traje típico, comida típica o elemento típico y qué suele hacer la gente;
- exprese qué es lo que más le gusta del festival.

Número de palabras: entre 100 y 120.

실전과 동일하게 직접 작문해 보세요.

_____

_____

_____

_____

_____

_____

_____

_____

_____

_____

_____

_____

_____

_____

_____

소요 시간: _____

단어 수: _____

Tarea 2 　작문 종합 연습문제

INSTRUCCIONES

Elija solo una de las dos opciones que se le ofrecen a continuación:

OPCIÓN 1

Lea el siguiente mensaje publicado en una página web de una revista de información general:

Opinión del lector

El verano se acerca y todo el mundo ya está preparando sus vacaciones. En este número de la revista hablamos sobre algunos destinos turísticos famosos para este verano. Hay gente que no puede pasar las vacaciones sin mar, otras en cambio necesitan sentirse en contacto con la naturaleza y algunas necesitan más oferta cultural o de ocio y por eso deciden pasar las vacaciones en una gran ciudad.

Nos interesa tu opinión: ¿vacaciones en la playa, en el campo o en la ciudad?

Escriba un comentario para el muro de la revista en el que explique:

- si usted va a viajar este verano, a dónde y con quién;
- por qué ha elegido ese destino;
- qué ventajas e inconvenientes tiene pasar las vacaciones en la playa, en el campo y/o en la ciudad;
- añada alguna experiencia positiva o negativa de sus últimas vacaciones.

Número de palabras: entre 130 y 150.

OPCIÓN 2

Lea el siguiente anuncio que aparece en el periódico local de hoy:

Día del Arte

En el Ayuntamiento estamos preparando unos talleres muy especiales en los que todos podréis desarrollar vuestro talento artístico. Necesitamos preparar materiales y organizar el evento, así que esperamos vuestros mensajes indicando en qué actividad deseáis participar. No os preocupéis de si lo hacéis bien o mal, lo importante es participar. Entre todos los participantes sortearemos un viaje de un fin de semana con todos los gastos pagados para dos personas.

Escriba un texto para responder a este anuncio en el que deberá:

- presentarse;
- decir qué le parece este tipo de evento;
- indicar en qué tipo de actividad artística le gustaría participar (taller de dibujo, baile, artesanía, música, etc.);
- contar cómo la ha aprendido, si alguien le ha enseñado o si alguna vez ha hecho un curso;
- explicar qué tal se le da esa actividad;
- sugerir algún tipo de actividad para desarrollar en el taller.

Número de palabras: entre 130 y 150.

실전과 동일하게 직접 작문해 보세요.

_____

_____

_____

_____

_____

_____

_____

_____

_____

_____

_____

_____

_____

_____

소요 시간: _____

단어 수: _____

1 해석 및 내용 구성

지령

한 웹진에서 세계의 전통 문화에 대해 다루는 한 구절의 글을 읽으세요.

저희 잡지의 다음 호에서는 세계 각지에서 열리는 파티와 축제에 대해 이야기할 것입니다. 많은 여러분들께서는 각자 도시의 가장 대표적인 파티에 대해 우리 독자들과 공유하고 싶어하실 것입니다. 여러분의 메시지를 기다립니다.

다음과 같이 이야기하는 글을 쓰세요.

- 당신이 어느 나라 사람이고 어느 도시에 사는지 말하세요.
- 당신 도시의 그 파티 또는 축제의 이름이 무엇인지 그리고 언제 열리는지 이야기하세요.
- 그 파티 또는 축제가 어떻게 구성되는지 설명하세요.
- 전통 의상, 전통 음식 또는 전통적인 요소가 있는지 그리고 사람들이 주로 무엇을 하는지 말하세요.
- 그 축제에서 가장 마음에 드는 것이 무엇인지 설명하세요.

단어 수: 100~120.

내용 구성

글의 유형	잡지에 게재되는 글
핵심 내용	내가 사는 곳의 대표적인 축세
요구 조건 1	당신이 어느 나라 사람이고 어느 도시에 사는지 말하기
요구 조건 2	파티 또는 축제의 이름이 무엇인지 그리고 언제 열리는지 이야기하기
요구 조건 3	파티 또는 축제가 어떻게 구성되는지 설명
요구 조건 4	전통 의상, 전통 음식 또는 전통적인 요소가 있는지 그리고 사람들이 주로 무엇을 하는지 말하기
요구 조건 5	그 축제에서 가장 마음에 드는 것이 무엇인지 설명
주의 사항	- 지역 축제의 이름을 스페인어식 표현으로 옮기기 - 의상, 음식 등 각종 전통적인 요소 설명

2 필수 어휘 및 표현

필수 어휘

dedicado a	바쳐지는, 종사하는, 헌정되는	navideño	크리스마스 시즌의
número	m. 수, 숫자, 번지, 사이즈, 제 ~권	lunar	m. 점 / 달의
seguramente	확실히, 틀림없이, 아마	farol	m. 가로등, 등대
lector	m.f. 독자, 낭독자 / 읽는, 독서의	loto	m. 연, 연꽃
representativo	나타내는, 표시하는, 대표적인	conmemoración	f. 기념, 기념제, 기념식
consistir	~에 기반을 두다, ~(으)로 구성되다	nacimiento	m. 탄생, 출생
traje	m. 양복, 의복	Buda	m. 부처
típico	전형적인, 대표적인, 특유의	desfile	m. 행진, 퍼레이드
elemento	m. 요소, 성분, 원소	iluminar	비추다

필수 표현

주제	문법 주의 사항	활용 예
일정 및 시기 표현	- celebrar / hacerse / tener lugar 동사 활용	- El festival se celebra / se hace / tiene lugar en en mayo. 그 축제는 5월에 열립니다. 우리말의 '열리다' 표현을 글자 그대로 'abrir'로 써서는 안 됩니다.
기념하다	- celebrar / festejar / conmemorar 동사 활용	- Se celebran las fiestas navideñas. 성탄절 무렵의 축제일들을 기념합니다. - Se festeja el año nuevo lunar. 음력설을 기념합니다.
~의 기념으로	- en conmemoración de / en memoria de / en reduerdo de	- Se conmemora el nacimiento de Buda. 부처님 탄생일을 기념합니다. - Se celebra en conmemoración del nacimiento de Buda. 부처님 탄생을 기념으로 개최됩니다.

3 모범 답안

¡Hola a todos desde Corea!

Soy una chica coreana que vive en Seúl. Aquí se celebran varios festivales durante todo el año pero, creo que el más bonito y grande es el Festival de los Faroles de Loto. Este festival se hace en mayo y se celebra en conmemoración del nacimiento de Buda. Hay un desfile muy grande y miles de faroles en forma de loto iluminan las calles del centro de la ciudad. No hay ningún traje típico ni comida típica, pero creo que los faroles de loto son el elemento típico. La gente disfruta del desfile y toma muchas fotos. A mí lo que más me gusta de este festival es el desfile. ¡Es precioso!

해석

모두 안녕하세요! 한국에서 인사를 전합니다.

저는 서울에 사는 한국 여성입니다. 이곳에서는 한 해 동안 다양한 축제가 열리지만 가장 예쁘고 큰 것은 바로 연등 축제라고 생각합니다. 이 축제는 5월에 열리는데 부처의 탄생일을 기념하여 개최됩니다. 아주 큰 행렬이 있으며 연꽃 형태의 수천 개 등이 도시의 중심가를 밝힙니다. 그 어떤 전통 의상이나 전통 음식은 없지만 내가 생각하기에 연등이 바로 전통적인 요소입니다. 사람들은 행렬을 즐기며 많은 사진을 찍습니다. 제가 가장 좋아하는 것은 바로 이 행렬입니다. 그 것은 아주 아름답습니다!

1 해석 및 내용 구성

지령

다음에 주어지는 두 가지 옵션 중 하나만 선택하세요.

옵션 1

일반 정보 잡지의 웹 사이트에 게재된 다음 메시지를 읽으세요.

독자의 의견

여름이 가까워지면서 모든 사람들은 이미 휴가를 준비하고 있습니다. 이번 호 잡지에서 저희는 올 여름을 위한 유명한 관광 행선지에 대해 이야기하고 있습니다. 바다 없이는 휴가를 보내지 못하는 사람들이 있고, 반면에 다른 이들은 자연과의 접촉을 느끼길 원하며, 또 어떤 사람들은 문화나 여가를 즐길 거리가 필요하여 대도시에서 휴가를 보내기로 결심하는 사람들도 있습니다.

당신의 의견을 알고 싶습니다. 바다, 시골 또는 도시 중 어느 곳에서 휴가를 보내길 원하시나요?

잡지사의 게시판에 쓸 이야기를 적으세요. 글에서는 다음을 설명해야 합니다.

- 만약 당신이 이번 여름에 여행을 간다면, 어디로, 누구와 갈 것인지
- 왜 그 행선지를 선택했는지
- 바다, 시골 또는 도시에서 휴가를 보내는 것은 어떤 장점 또는 단점이 있는지
- 당신의 가장 최근의 휴가에 대한 긍정적 또는 부정적 경험을 덧붙이세요.

단어 수: 130~150.

내용 구성

글의 유형	웹 사이트 게시용 나의 여행 계획 소개 및 경험담
글의 주제	선호하는 여행지와 그 이유
요구 조건 1	만약 당신이 이번 여름에 여행을 간다면, 어디로, 누구와 갈 것인지
요구 조건 2	왜 그 행선지를 선택했는지
요구 조건 3	바다, 시골 또는 도시에서 휴가를 보내는 것은 어떤 장점 또는 단점이 있는시
요구 조건 4	당신의 가장 최근의 휴가에 대한 긍정적 또는 부정적 경험
주의 사항	- 제시하는 여러 유형의 여행지 중 하나를 선택해 설명하기 - 최근 휴가에 대한 경험담 덧붙이기

옵션 2

오늘 자 지역 신문에 등장한 다음 알림 글을 읽으세요.

예술의 날

시청에서는 여러분들의 예술적 능력을 향상시킬 수 있을 매우 특별한 수업을 준비하고 있습니다. 자료를 준비하고 그 행사를 기획해야 하므로, 여러분들이 참가하길 원하는 활동을 알려 주는 메시지를 기다립니다. 잘하거나 잘 못하는 것은 걱정 마세요. 중요한 것은 참여하는 것입니다. 모든 참가자들 가운데 추첨하여 2명을 위한 모든 경비를 제공하는 주말 여행을 상품으로 드립니다.

이 알림에 답하기 위한 텍스트를 쓰세요. 다음과 같이 해야 합니다.

- 자기 소개하기
- 이러한 행사가 당신에게 어떻게 여겨지는지 말하기
- 어떤 예술 활동에 참가하길 희망하는지 말하기 (그림 수업, 춤, 공예, 음악 등)
- 그 활동을 어떻게 배웠는지, 누군가 가르쳐 주었는지 또는 수업을 들은 적이 있는지 말하기
- 그 활동을 잘하는지 못하는지 설명하기
- 수업에서 전개할 수 있는 활동 제안하기

단어 수: 130~150.

글의 유형	지역 신문사에 기고하는 글
글의 주제	희망하거나 소질이 있는 예술 활동
요구 조건 1	자기 소개
요구 조건 2	이러한 행사가 당신에게 어떻게 여겨지는지 말하기
요구 조건 3	어떤 예술 활동에 참가하길 희망하는지 말하기 (그림 수업, 춤, 공예, 음악 등)
요구 조건 4	그 활동을 어떻게 배웠는지 이야기하기 누군가 가르쳐 주었는지 또는 수업을 들은 적이 있는지 말하기
요구 조건 5	그 활동을 잘하는지 못하는지 설명
요구 조건 6	수업에서 전개할 수 있는 활동 제안
주의 사항	- 특정 행사에 대한 의견 밝히기 - 특정 활동에 대한 관심 또는 경험 설명

② 필수 어휘 및 표현

옵션 1

필수 어휘

acercarse	접근하다, 가까이 가다	oferta cultural	f. 문화적 제공거리
destino	m. 목적지, 운명	ocio	m. 일의 중지, 여가, 레저, 자유 시간
turístico	관광의, 관광 사업의	muro	m. 게시판, 담, 벽
mar	m.f. 바다	ventaja	f. 유리한 점, 장점
en contacto con	접촉된, 밀착된	inconveniente	m. 단점, 결점, 지장, 방해 / 불편한, 부적절한
naturaleza	f. 자연, 본능, 천성	añadir	첨가하다, 보태다

필수 표현

주제	문형	활용 예
장점, 단점	- 장점 La ventaja de INF. es ... Lo bueno de INF. es ... - 단점 La desventaja de INF. es ... El inconveniente de INF. es... La desventaja de INF. es ... Lo malo de INF. es ...	- La ventaja de viajar a una gran ciudad es que hay muchas cosas que hacer. 대도시로 여행하는 것의 장점은 할 일이 아주 많다는 것이다. - Lo malo de viajar al campo es que hay muy poca gente y puede ser un poco aburrido. 시골로 여행하는 것의 안 좋은 점은 사람이 많이 없으므로 지루할 수 있다는 것이다.

옵션 2

필수 어휘

anuncio	m. 일림, 통지, 광고	participante	m.f. 참가자, 응모자 / 참가하는, 참여하는
local	m. 시설, 점포 / 장소의, 지방의	sortear	추첨으로 하다, 제비를 뽑다
Ayuntamiento	m. 시청, 시 의회	gasto	m. 소비, 비용
taller	m. 공방, 제작소, 수리 공장, 실습	presentarse	소개하다, 나타나다
desarrollar	발달시키다, 전개하다	artesanía	f. 수공예, 수공업, 세공

talento	m. 재능, 소질, 능력, 재주	dársele a alguien bien / mal algo	재능이 있다 / 없다
artístico	예술의, 예술적인, 미술의, 아름다운	sugerir	제안하다, 권유하다, 연상시키다
material	m. 재료, 자료 / 물질적인	añadir	첨가하다, 보태다

필수 표현

주제	문형	활용 예

소질, 재능	- ser bueno / malo para algo
	- dársele bien / mal algo a alguien
		- Soy bueno para el dibujo.
		  나는 그림을 잘 그린다.
		- No soy nada bueno para la artesanía.
		  나는 수공예에 전혀 소질이 없다.
		- No se me da bien bailar.
		  나는 춤추는 데에 소질이 없다.

제안	- sugerir / proponer / recomendar	- Sugiero la salsa como una actividad para desarrollar en el taller. 나는 수업에서 배울 활동으로 살사를 제안한다.

3 모범 답안

옵션 1

Este verano voy a viajar con mi madre. Vamos a ir a Barcelona. Hemos elegido este destino porque queremos ver los edificios de Gaudí. He oído que son muy bonitos y únicos. Además, quiero conocer España. Todo el mundo dice que es un país muy bonito.

Creo que viajar a una ciudad grande tiene muchas ventajas, ya que hay más cosas que hacer y más lugares que visitar. Especialmente, a mí me gusta el arte y los museos, y en lugares como la playa o el campo normalmente no hay oferta cultural. Lo malo de las ciudades grandes es que el alojamiento es más caro que en lugares más pequeños. En mi caso, no me gusta pasar las vacaciones en la playa. No sé nadar y no me gusta tomar el sol. El verano pasado fui a la playa con mis amigos y me aburrí mucho.

해석

올 여름에 나는 나의 어머니와 함께 여행을 할 것이다. 우리는 바르셀로나에 갈 것이다. 우리는 가우디의 건축물을 보고 싶기 때문에 이 행선지를 선택했다. 나는 그것들이 매우 아름답고 특별하다고 들어 왔다. 또한, 스페인에 처음으로 가보고 싶다. 모든 사람들이 스페인은 매우 아름답다고 말한다. 대도시로 여행하는 것은 많은 장점이 있다. 왜냐하면 할 것이 굉장히 많고 방문할 장소가 많기 때문이다. 특히 나의 경우는 예술과 박물관을 좋아하는데, 해안가나 시골에는 보통 문화적으로 즐길 거리가 없다. 대도시의 안 좋은 점은 작은 곳보다는 숙박이 더 비싸다는 것이다. 나의 경우, 해안가에서 휴가를 보내는 것을 좋아하지 않는다. 수영을 할 줄 모르며 일광욕을 하는 것을 좋아하지 않는다. 작년 여름에는 친구들과 바다에 갔지만 나는 무척 지루했다.

옵션 2

Hola, soy Amaya y tengo 21 años. He leído en el periódico el anuncio sobre el Día del Arte y creo que este evento es una idea fantástica. Normalmente, no dedicamos mucho tiempo a las actividades artísticas. Por eso pienso que este evento les va a gustar mucho a los jóvenes. A mí me gustaría participar en algo relacionado con la música. En mi caso, toco un poco la guitarra y canto, pero no muy bien. Aprendí a tocar la guitarra cuando era pequeña. Era una actividad extracurricular en la escuela. También hice un curso de guitarra durante dos meses en una academia de música. Pero, realmente, no se me da demasiado bien y creo que todavía tengo un nivel básico. Si es posible me gustaría tocar con otras personas y aprender a tocar mejor. Una actividad muy divertida sería aprender a tocar flamenco. Eso me encantaría.

해석

안녕하세요. 저는 아마야이고 21세입니다. 예술의 날에 대한 알림을 신문에서 읽었습니다. 제 생각에 이 행사는 아주 환상적인 아이디어인 것 같습니다. 우리는 보통 예술 활동에 많은 시간을 들이지 않습니다. 그래서 저는 이 행사가 많은 젊은이들에게 무척 마음에 들 것이라 생각합니다. 저는 음악과 연관 있는 무언가에 참여하길 희망합니다. 저의 경우, 기타를 조금 칠 수 있고 노래를 할 수 있는데, 아주 잘하는 것은 아닙니다. 어렸을 때 기타를 치는 것을 배웠습니다. 학교에서 과외 활동이었습니다. 또한 음악 학원에서 두 달간 기타 수업을 들었습니다. 하지만 사실은 소질이 많이 없으며 저는 아직도 초급이라고 생각합니다. 가능하다면 다른 사람들과 함께 기타를 치고 싶으며 더 잘 연주하는 것을 배우고 싶습니다. 또 다른 아주 재미있는 활동은 바로 플라멩코를 연주하는 것입니다. 저는 너무 기쁠 것 같습니다.

PRUEBA DE EXPRESIÓN E INTERACCIÓN ORALES

La prueba de **Expresión e interacción orales** contiene cuatro tareas. Tiene 15 minutos para preparar las Tareas 1 y 2. Usted puede tomar notas y escribir un esquema de su exposición que podrá consultar durante el examen; en ningún caso podrá limitarse a leer el esquema.

회화 평가

회화 평가는 4개의 과제로 구성됩니다.
과제 1과 2를 준비하기 위한 시간이 15분 주어집니다. 과제 1과 2를 위해 당신은 메모를 하거나 답의 초안을 쓸 수 있습니다. 시험 시간에 당신은 메모를 볼 수 있지만 상세히 읽을 수는 없습니다.

EXPRESIÓN E INTERACCIÓN ORALES 회화

출제 가이드

1 출제 경향

DELE B1 회화 영역은 일상적 및 시사적 주제에 대해 자신의 경험 또는 의견을 밝힐 수 있어야 합니다. 독백 형식으로 발표하기, 사진을 보고 묘사하기, 감독관과 대화하기 등 다양한 방식으로 회화 능력을 측정하므로 사전에 충분히 훈련 해야 합니다. 4개 과제의 유형과 전략을 충분히 숙지하고 각 과제의 기본 발표 구성 훈련을 반복하되, 충분한 어휘와 풍부한 표현력으로 내용을 뒷받침해야 합니다.

2 유형 파악

과제 수	4개		
시험 시간	총 30분 (Tarea 1, 2 사전 준비 15분 포함)		
Tarea 과제	유형	발표 시간	사전 준비
1	미리 선택한 주제 발표하기	2~3분	O
2	과제 1에서의 주제에 대한 질문에 답하기	3~4분	O
3	한 장의 사진을 묘사하고 질문에 답하기	2~3분	X
4	주어진 상황에 대해 감독관과 상황극하기	2~3분	X

3 회화 완전 분석

DELE B1 회화 영역은 다양한 주제에 대해 명확한 스페인어로 말할 수 있는지 평가합니다. 문법적으로 올바른 문장을 구사해야 함은 물론, 자연스러운 억양과 말하기 속도로 유창성을 충분히 드러내야 합니다. 감독관이 제시하는 지령과 질문을 잘 듣고 이해해야 하며, 실제 상황을 가정한 대화이므로 최대한 자연스러운 태도를 보여야 합니다. 과제 1과 2는 시험지를 미리 보고 발표할 내용을 준비할 수 있는 사전 준비 시간 15분이 주어지므로 효과적으로 활용해야 합니다.

전반적인 발표 내용이 흐름에 맞게 전개되도록 신경 쓰면서, 어휘와 표현을 풍부하게 구사하며, 자신 있는 태도와 어투로 감독관에게 좋은 인상을 심어 주도록 합니다. 목소리가 너무 작거나 긴장한 모습이 역력해 보이면 좋지 않습니다. 또한 문법 오류가 잦으면 감점 요인이 되므로 유의합니다.

PRUEBA 04 · Tarea 1 미리 선택한 주제 발표하기

(시험지 화면)

📖 Expresión e interacción orales

Tarea 1

INSTRUCCIONES

Le proponemos dos temas con algunas indicaciones para preparar una exposición oral.
Elija uno de ellos.
Tendrá que hablar durante **2 o 3 minutos** sobre el tema elegido. El entrevistador no intervendrá en esta parte de la prueba.

TEMA: Las vacaciones de verano en su infancia.

Incluya información sobre:
- en qué época son las vacaciones de verano en los colegios de su país y cuánto duran;
- qué suelen hacer los niños durante esas vacaciones;
- qué solía hacer usted durante esas vacaciones, con quién las pasaba, dónde las pasaba y por qué le gustaban o por qué no le gustaban;
- alguna anécdota o aventura divertida durante esas vacaciones.

No olvide:
- diferenciar las partes de su exposición: introducción, desarrollo y conclusión final;
- ordenar y relacionar bien las ideas;
- justificar sus opiniones y sentimientos.

실전과 동일하게 지침과 예상 질문을 읽으며 약 15분간 종이의 공란에 사전 준비해 보세요. 🕐

이제 준비한 내용을 2~3분간 발표해 봅니다. 말하는 내용을 녹음하여 모범 답안과 비교, 문제점을 진단할 수 있도록 합니다. 실제 시험까지 반복적으로 훈련하세요.

466 DELE B1

모의테스트 2 467

핵심 포인트

- 시험장 입장 전, 별도의 공간에서 발표 내용을 메모하며 준비할 수 있습니다.
- 두 개의 주제 중 하나를 고르게 되며, 준비한 메모는 잠깐씩 보며 참고할 순 있지만 그대로 보고 읽어서는 안 됩니다.
- 회화 영역은 특히 철저한 준비가 중요합니다. 과제 1부터 자신감 있게 발표해야 시험 마무리까지 잘 치를 수 있습니다.

빈출 주제

- **발표 주제** 누구나 경험해 보았을 만한 일상적인 소재
- **상세 주제** 학업, 업무, 교육, 여가, 취미, 건강 등에 대한 경험, 의견, 앞으로의 계획 등

Tarea 1 완전 공략

1 어떻게 발표하나요?

순서	서론 발표 주제 소개 사례에 대한 간략 언급	→	본론 근거 뒷받침 사례 또는 경험에 대한 상세 내용	→	결론 내용 요약, 정리, 느낀 점 등

한 가지 주제를 정하여 발표 내용을 준비한 다음, 감독관의 개입 없이 독백 형식으로 발표하는 과제입니다. 주제는 보다 쉬우면서 자신 있게 발표할 수 있는 것으로 선택하면 됩니다. 사전 준비 용지에 쓰인 질문을 훑어보며 예상 답변을 구상해 봅니다. 질문들은 발표 내용을 준비하기 위한 참조용 지침입니다. 발표 시 질문의 순서나 구성에 의무적으로 따라야 하는 것은 아닙니다.

2 고득점 전략

사전 준비 시간

- 시험 안내자가 제시한 2개 주제 중, 평소에 더 많은 배경 지식을 가지고 있으며 더 많은 관련 어휘를 구사할 수 있는 주제를 선택합니다.

- 참고 질문을 토대로, 예상 답변을 떠올리며 발표 내용을 구성하면 도움이 될 수 있습니다.
  또한 질문에서 내가 발표할 내용에 대한 어휘나 표현법의 힌트를 얻는 것도 좋은 전략입니다.

내용 구성 핵심 포인트

- 발표해야 할 주제를 정확히 이해하는 것이 중요합니다.

- 주제를 선택한 후에는 하단에 제시된 질문들을 활용해 발표 내용을 구성합니다.
  말할 내용을 모두 메모하기보다는 주제문 및 핵심 어휘 위주로 적어 두는 것이 좋습니다.

- 답변은 실제 자신의 경험이나 의견으로 구성해도 좋지만, 필요하다면 어느 정도 가상으로 꾸며서 말할 수 있어야 합니다.

3 잠깐! 주의하세요

- 연습 용지에 미리 메모한 내용은 잠깐씩 곁눈으로 보는 것만 허용됩니다. 보고 읽어서는 안 됩니다.

- 발표는 2~3분 남짓의 시간 내에 마쳐야 합니다. 지나치게 심도 있는 내용을 말하려 애쓰거나 장황하게 나열할 필요 없이, 간결하면서 명확하게 말하도록 합니다.

- 독백 형식이므로 감독관이 별도로 언급하기 전까지는 끊지 말고 계속 발표해야 합니다.

Tarea 1 **Ejercicios** 실전 연습

Step **1** 공략에 따라 Tarea 1 연습 문제를 발표해 보세요.

문제 1

INSTRUCCIONES

Le proponemos dos temas con algunas indicaciones para preparar una exposición oral.
Elija uno de ellos. Tendrá que hablar durante **2 o 3 minutos** sobre el tema elegido. El
entrevistador no intervendrá en esta parte de la prueba.

TEMA: La ciudad ideal para vivir

Incluya información sobre:

- qué ciudad es; por qué le gustaría vivir allí o por qué cree que esa sería la ciudad ideal para vivir;
- desde cuándo le gusta esa ciudad; qué es lo que más le gusta y qué es lo que menos le gusta de esa ciudad;
- qué le gustaría hacer allí; cuándo y con quién le gustaría vivir allí;
- experiencias de otras personas que hayan vivido en esa ciudad.

No olvide:

- diferenciar las partes de su exposición: introducción, desarrollo y conclusión final;
- ordenar y relacionar bien las ideas;
- justificar sus opiniones y sentimientos.

Step 2 실제 시험 훈련

⏱ 학습에 앞서 실전과 동일하게 지령과 예상 질문을 읽으며 약 **15분**간 준비 용지의 공란에 사전 준비해 보세요.

🔊 이제 준비한 내용을 **2~3분**간 발표해 봅니다. 말하는 내용을 녹음하여 모범 답안과 비교, 문제점을
2-3min 진단할 수 있도록 합니다. 실제 시험까지 반복적으로 훈련하세요.

문제 해석

지령

회화 시험을 준비하기 위한 몇 가지 지시 사항을 가진 두 개의 주제를 드립니다. 그중 하나를 선택하세요. 선택한 주제에
대해 **2~3분**간 이야기해야 합니다. 이 과제에서 감독관은 개입하지 않습니다.

주제: 살기에 이상적인 도시

다음 내용을 포함시키세요.

- 어떤 도시인지, 왜 그곳에 살면 좋을지 또는 왜 그 도시가 살기에 이상적인 도시일 거라 생각하는지
- 언제부터 그 도시가 마음에 드는지, 그 도시의 무엇이 가장 마음에 드는지 그리고 무엇이 가장 마음에 안 드는지
- 그곳에서 무엇을 하면 좋을지, 그곳에서 언제 누구와 함께 살면 좋을지
- 그 도시에서 살아 본 다른 사람들의 경험담

다음을 잊지 마세요.

- 발표의 서론, 본론, 결론을 구분해 발표하기
- 생각들을 잘 나열하고 연결시키기
- 의견과 느낌에 대한 이유를 제시하기

Step 3 문제 1의 필수 어휘를 익히고, 발표문을 연습해 보세요.

필수 어휘

indicación	f. 표시, 지시, 명령	intervenir	개입하다, 간섭하다, 중재하다
ideal	이상의, 이상적인, 가공적인	diferenciar	구별하다, 식별하다
introducción	f. 도입, 소개, 서론	desarrollo	m. 발달, 개발, 전개
conclusión	f. 결론, 끝맺음	ordenar	정리하다, 차례로 늘어놓다, 명령하다
justificar	이유를 들다, 정당화하다	animado	생명이 있는, 원기 왕성한, 활기찬
investigar	조사하다, 수사하다, 연구하다	atractivo	m. 매력, 남의 눈을 끄는 것 / 매력적인
turístico	관광의, 관광 사업의	especialidad	f. 특기, 전공, 전문
arte	m.f. 예술, 미술	respirar	숨을 쉬다, 호흡하다
parte	f. 부분, 일부	costero	연안의, 해안의, 측면의, 옆의
probablemente	아마, 어쩌면		

발표문 연습

포함 사항	발표 예시
• Qué ciudad es; por qué le gustaría vivir allí o por qué cree que esa sería la ciudad ideal para vivir;	- **Para mí, la ciudad ideal para vivir es** París, porque ... - **A mí me gustaría vivir en** Los Ángeles. La razón es que ... - **Pienso que** Busan **sería la ciudad ideal para vivir**. Es porque en Busan hay...
• Desde cuándo le gusta esa ciudad; qué es lo que más le gusta y qué es lo que menos le gusta de esa ciudad;	- Me gusta Busan **desde que era niña**. - **Siempre me ha gustado** esa ciudad. - **Lo que más me gusta de allí** son las playas. - **Lo que menos me gusta de allí** es el tráfico.
• Qué le gustaría hacer allí; cuándo y con quién le gustaría vivir allí;	- **Me gustaría irme a vivir a Busan después de** los treinta años. - **Me encantaría tener** una casa cerca de la playa para poder salir todos los días a pasear. - **Me gustaría vivir allí con** mi futuro esposo.
• Experiencias de otras personas que hayan vivido en esa ciudad.	- **Tengo una amiga que** vive allí **y ella me dice que** esa ciudad es...

Step ④ 모범 답안을 확인하세요.

모범 답안

Para mí, la ciudad ideal para vivir es Barcelona. Me gustaría vivir allí porque es una ciudad muy animada y llena de gente siempre. Desde niño, mis padres me han hablado de Barcelona y me han dicho que es una de las mejores ciudades del mundo. Entonces, empecé a investigar sobre Barcelona. Lo que más me gusta son los atractivos turísticos como la Sagrada Familia, Montjüic o la montaña de Montserrat. Mi especialidad es Artes, así que sería la persona más feliz viviendo en una ciudad como Barcelona, donde el arte se respira por todas partes. También me gusta por ser una ciudad costera. A mí me encanta la playa. Me gustaría vivir allí después de terminar la universidad y si es que mi hermana quisiera, iría con mi hermana. Porque mi hermana estuvo viviendo en Barcelona un año aprendiendo el catalán. Como no sé hablar catalán, probablemente necesite su ayuda.

해석

나에게 있어 살기에 가장 이상적인 도시는 바르셀로나입니다. 내가 그곳에 살고 싶은 이유는 바로 그 도시는 늘 활기가 넘치며 사람들로 북적이는 도시이기 때문입니다. 내가 어렸을 때부터 나의 부모님들은 이 도시에 대해 내게 이야기해 주셨으며, 세상에서 가장 최고인 도시 중에 하나라고 말씀하셨습니다. 그때부터 나는 바르셀로나에 대해 조사하기 시작했습니다. 그곳의 가장 마음에 드는 점은 바로 사그라다 파밀리아 성당, 몬주익, 몬세라트산 등과 같은 관광 명소들입니다. 나의 전공은 예술이기 때문에, 바르셀로나처럼 모든 곳에서 예술이 숨 쉬듯 느껴지는 그런 도시에서 산다면 나는 세상에서 가장 행복한 사람일 것입니다. 또한 그곳이 해변 도시라는 것도 마음에 듭니다. 나는 바닷가를 아주 좋아합니다. 나는 대학교를 마친 후에 그곳에서 살기를 원합니다. 만일 나의 자매가 원한다면 그녀와 함께 갈 것입니다. 왜냐하면 나의 자매는 바르셀로나에서 카탈루냐어를 배우며 일 년을 살았기 때문입니다. 나는 카탈루냐어를 구사하지 못하므로, 어쩌면 그녀의 도움이 필요할지도 모릅니다.

Tarea 1 **Ejercicios** 실전 연습

문제 2

INSTRUCCIONES

Le proponemos dos temas con algunas indicaciones para preparar una exposición oral. Elija uno de ellos. Tendrá que hablar durante **2 o 3 minutos** sobre el tema elegido. El entrevistador no intervendrá en esta parte de la prueba.

TEMA: Colaborar con una ONG como voluntario.

- Por qué le gustaría ser voluntario en una ONG.
- Qué tipo de voluntariado cree que haría mejor (cuidar enfermos, dar clases a inmigrantes o a niños, acompañar a personas mayores, enseñar algún idioma...)
- Cómo cree que se sentiría siendo voluntario.
- Dónde lo haría y cuándo.
- Desde cuándo tiene este interés.
- ¿Conoce a alguna persona que colabore con una ONG? puede contar su experiencia.

No olvide:
- diferenciar las partes de su exposición: introducción, desarrollo y conclusión final;
- ordenar y relacionar bien las ideas;
- justificar sus opiniones y sentimientos.

Step 2 실제 시험 훈련

(15) 학습에 앞서 실전과 동일하게 지령과 예상 질문을 읽으며 약 **15분간** 준비 용지의 공란에 사전 준비해 보세요.

(🔊) 이제 준비한 내용을 **2~3분간** 발표해 봅니다. 말하는 내용을 녹음하여 모범 답안과 비교, 문제점을
2-3min 진단할 수 있도록 합니다. 실제 시험까지 반복적으로 훈련하세요.

[문제 해석]

지령

회화 시험을 준비하기 위한 몇 가지 지시 사항을 가진 두 개의 주제를 드립니다. 그중 하나를 선택하세요. 선택한 주제에
대해 **2~3분**간 이야기해야 합니다. 이 과제에서 감독관은 개입하지 않습니다.

주제: 자원 봉사자로서 비정부 기구와 협력해 일하기

- 비정부 기구에서 자원봉사를 하고 싶은 이유
- 어떤 종류의 자원봉사를 가장 잘 것이라 생각하는지 (환자 돌보기, 국내 이민자들 또는 아이들 가르치기,
  노인 수발하기, 언어 가르치기...)
- 자원봉사를 하며 어떻게 느껴질 거라 생각하는지
- 언제 이디에서 할지
- 언제부터 관심이 있었는지
- 비정부 기구에서 협력해 일하는 사람을 알고 있나요? 그 사람의 경험을 이야기할 수 있습니다.

다음을 잊지 마세요.
- 발표의 서론, 본론, 결론을 구분해 발표하기
- 생각들을 잘 나열하고 연결시키기
- 의견과 느낌에 대한 이유 제시하기

Step 3 문제 2의 필수 어휘를 익히고, 발표문을 연습해 보세요.

필수 어휘

colaborar	협력하다, 공동으로 일하다	ONG	f. 비정부 기구 Organización No Gubernamental
voluntario	m.f. 지원자, 자원봉사자 / 자발적인	voluntariado	m. 자원봉사(단)
inmigrante	m.f. 이주자, 입국자	país en desarrollo	m. 개발 도상국, 발전 도상국
Cruz Roja	f. 적십자	único	유일한, 특이한, 독특한
justo	올바른, 정당한, 공평한, 정확한, 꼭 맞는	igualitario	m.f. 평등주의자 / 평등주의의
solidario	연대의, 연대성의	inolvidable	잊을 수 없는, 기억에 남을
agradecido	감사하는, 호의적으로 보답하는	visión	f. 시야, 시각, 시력, 관점, 비전
orfanato	m. 고아원	difundir	유포시키다, 방송하다
campaña	f. 캠페인, 운동, 평야, 평원	medio ambiente	m. 환경, 자연환경
satisfacción	f. 만족, 만족도, 만족감, 충족	humano	m. 인간 / 사람의, 인간의, 인간적인

발표문 연습

포함 사항	발표 예시
• Por qué le gustaría ser voluntario en una ONG.	- **Me gustaría ser voluntario** en una ONG **porque** ... - **La razón por la que me gustaría** ser voluntario en una ONG **es que** ...
• Qué tipo de voluntariado cree que haría mejor (cuidar enfermos, dar clases a inmigrantes o a niños, acompañar a personas mayores, enseñar algún idioma...)	- **El tipo** de voluntariado **que creo que haría mejor es** ..., porque ... - **Pienso que** ... **es el tipo** de voluntariado **que haría mejor**, porque...
• Cómo cree que se sentiría siendo voluntario.	- **Pienso que** ser voluntario **me haría sentir** ... porque... - **Creo que me sentiría** muy contento y satisfecho porque...
• Dónde lo haría y cuándo.	- **Me gustaría hacerlo en** alguno de los países en desarrollo **cuando termine** la universidad.
• Desde cuándo tiene este interés.	- Tengo este interés **desde hace** ... - Tengo este interés **desde un día que** me ayudó una señora...
• ¿Conoce a alguna persona que colabore con una ONG? puede contar su experiencia.	- **Tengo un amigo que trabaja** como voluntario en la Cruz Roja. - **Él dice que** ser voluntario es lo mejor que ha hecho en su vida.

Step **4** 모범 답안을 확인하세요.

모범 답안

Me gustaría ser voluntario en una ONG, porque quiero vivir una experiencia única trabajando por una sociedad más justa, igualitaria y solidaria. Como yo estoy estudiando Educación Infantil, pienso que el tipo de voluntariado que creo que haría mejor es dar clases a niños. No dudo que será una experiencia inolvidable. Estoy seguro de que trabajar como voluntario vale la pena y que me sentiría muy agradecido, porque pienso que siendo voluntario, podré tener una visión más positiva del mundo. En agosto, cuando salga de vacaciones, me voy a mi ciudad natal y creo que allí podré hacer el voluntariado. Hace un año vi en un programa de televisión, un orfanato donde había muchos niños que necesitaban ayuda. Desde ese día tengo interés en trabajar como voluntario. Tengo un amigo que trabaja de voluntario en Greenpeace desde hace muchos años. Su trabajo es difundir las campañas y educar sobre el medio ambiente y siempre dice que siente una gran satisfacción sobre lo que hace. Tanto él como yo, pensamos que el voluntariado es una forma de entender la vida, una actitud que busca contruir una sociedad más humana y solidaria.

해석

나는 비정부 기구에서 자원봉사자가 되길 희망합니다. 왜냐하면 난 더 공정하고 평등하며 연대성이 있는 사회를 위해서 일하는 아주 특별한 경험을 갖고 싶기 때문입니다. 나는 유아교육학을 공부하고 있기 때문에, 내가 가장 잘할 수 있는 자원봉사직은 아이들에게 수업을 하는 것이라 생각합니다. 잊지 못할 경험이 될 것이라고 믿어 의심치 않습니다. 나는 자원봉사자로 일하는 것은 가치가 있는 일이며 내 스스로 매우 감사하게 느껴질 것이라 확신하는데, 그 이유는 자원봉사자로 일하게 되면 세상에 대한 더 긍정적인 비전을 갖게 될 것이기 때문입니다. 8월에 방학을 하면 나는 내 고향으로 갈 것이며 그 곳에서 자원봉사를 할 수 있을 것이라고 생각합니다. 일 년 전 TV 프로그램에서 나는 도움을 필요로 하는 아이들이 많이 있던 한 고아원을 보았습니다. 그날부터 나는 자원봉사를 하려는 관심을 갖고 있습니다. 몇 년 전부터 그린피스에서 자원봉사자로 일하는 친구가 있습니다. 그의 일은 캠페인을 홍보하고 환경에 대한 교육을 하는 것인데, 그는 항상 자신이 하는 일에 대해 아주 큰 만족감을 느낀다고 말합니다. 그와 나는 자원봉사를 하는 것은 삶을 이해하는 하나의 방식이며 더 인간적이고 연대성이 있는 사회의 건설을 도모하는 태도라고 생각합니다.

Tarea 2 과제 1에서의 주제에 대한 질문에 답하기

핵심 포인트

- 과제 1 종료와 동시에, 감독관이 응시자에게 질문을 시작하며 과제 2가 진행됩니다. 따라서 과제 1과 동일하거나 연장선상에 있는 주제로 문답을 주고받게 됩니다.
- 감독관의 질문은 과제 1에서 발표한 내용과 겹칠 수도 있고, 새로운 관점일 수도 있습니다. 질문을 경청하고 맥락에 맞는 답으로 연결하여 발표해야 합니다.

주의할 점

- 과제 1에서 발표한 문장과 지나치게 중복되지 않도록 합니다.
- 단답형보다는 최대한 풍부하게 내용을 제시해 가며 답변합니다.
- 질문을 이해하지 못한 경우 '¿Me podría repetir la pregunta, por favor? 질문을 다시 한 번 들려 주시겠어요?'라고 요청합니다.
- 혹시 답변할 만한 경험이나 의견이 없을 때 어느 정도는 지어서 말할 수 있겠지만, 무리하게 답변을 꾸미다가 내용이 부자연스러워질 수 있습니다. '그러한 경우는 없었지만 대신~', '그러한 경험은 없지만 나중에 해 보고 싶다'라는 식으로 답변합니다.

Tarea 2 완전 공략

1 어떻게 발표하나요?

과제 1에서 응시자가 발표한 내용에 대해 감독관이 추가로 질문을 합니다. 우선 감독관의 질문을 잘 듣고 답변의 방향을 잡아야 하며, 과제 1에서 발표한 내용과 연결시키면서 자연스러운 흐름으로 말해야 합니다. 감독관이 다음 질문을 꺼내기 전까지는 끊임 없이 발표하는 것이 좋습니다.

2 발표 전략

• 긍정 의문문 : 긍정 또는 부정 부사부터 분명히 언급하도록 합니다. 강조 표현을 첨가할 수 있습니다.

긍정 의문문	긍정 답변	부정 답변
¿Alguna vez has fumado?	**Sí.** Cuando tenía 20 años, como todos mis amigos fumaban, lo probé pero no me gustó.	**¡Claro que no!** Odio el olor a tabaco.
틀린 예		

질문: ¿Tienes muchos amigos?
답변: Tengo un amigo muy bueno, y lo considero mi mejor amigo. También tengo unos amigos con los que salgo los fines de semana.
질문에 대한 답이 긍정인지 부정인지 잘 구별되지 않으며 애매모호하게 들릴 수 있습니다.

• 부정 의문문 : 부정형으로 질문하였을 경우, '그렇다'는 Sí, '아니다'는 No로 답변합니다.

부정 의문문	긍정 답변	부정 답변
¿**No** te parece muy difícil el español?	**Sí.** Me parece un idioma bastante completo y profundo.	**No, para nada.** A mí me parece más difícil el inglés.

• 의문사 의문문 : ¿Qué...? ¿Cuándo...? ¿Dónde...? ¿Quién...? 등의 의문사 활용 및 ¿Con quién...? ¿Para qué...? ¿Desde cuándo...? 등의 의문문에 답변할 땐 외문시에 대한 직접석인 답변 내용부터 제시해야 합니다.

의문사 의문문	바른 예	틀린 예
¿**Cuándo** empezaste a estudiar español?	**Empecé a estudiar español cuando tenía quince años.** Es que mis padres ...	Mis padres se conocieron en Barcelona y se casaron en Corea. Como mis padres hablan bien el español, eso me motivó para estudiarlo.

Tarea 2 **Ejercicios** 실전 연습

Step **1** 공략에 따라 Tarea 2 연습 문제를 발표해 보세요.

문제 1

INSTRUCCIONES

Cuando haya terminado su exposición (**Tarea 1**), usted deberá mantener una conversación con el entrevistador sobre el mismo tema durante **3 o 4 minutos**.

EJEMPLOS DE PREGUNTAS DEL ENTREVISTADOR:

- ¿Ha vivido usted en diferentes ciudades? ¿Dónde?
- De las ciudades en que ha vivido, ¿cuál es la que más le ha gustado? ¿Por qué?
- ¿Cuáles son los aspectos más importantes en su opinión para decidir vivir en una determinada ciudad? ¿Por qué?

Step **2** 실제 시험 훈련

🔊 예상 질문에 따라 알맞은 답변을 떠올리며 실전과 동일하게 발표해 보세요.

감독관
¿Ha vivido usted en diferentes ciudades? ¿Dónde?

응시자

감독관
De las ciudades en que ha vivido, ¿cuál es la que más le ha gustado? ¿Por qué?

응시자

감독관
¿Cuáles son los aspectos más importantes en su opinión para decidir vivir en una determinada ciudad? ¿Por qué?

응시자

문제 해석

지령

과제 1의 발표를 마친 후 동일한 주제에 대해 감독관과 **3~4분**간 대화를 나누어야 합니다.

감독관의 질문 예시:

● 당신은 다양한 도시에서 살아 본 경험이 있나요? 어디에서 살아 보았나요?

● 당신이 살아 본 도시들 중에 가장 좋았던 도시는 어디인가요? 왜 그런가요?

● 한 도시에서 살기로 결정하는 데 있어 당신이 생각하는 가장 중요한 점들은 무엇인가요? 왜 그런가요?

Step ③ 문제 1의 필수 어휘를 익히고, 발표문을 연습해 보세요.

필수 어휘

exposición	f. 발표, 전시회, 전시, 노출, 논술	mantener	유지하다, 보존하다, 양육하다
aspecto	m. 관점, 외관, 양상	opinión	f. 의견, 견해, 판단
decidir	결정하다, 정하다	determinado	정해진, 특정한, 대담한
personalmente	자신이, 개인적으로	a mi parecer	내 생각으로는, 내 판단으로는 (=a mi juicio, desde mi punto de vista)
mudarse	이사하다, 이전하다	costero	연안의, 해안의, 측면의, 옆의
odiar	미워하다, 증오하다	pasárselo bien	잘 지내다
familiar	m. 친척 / 가족의		

발표문 연습

포함 사항	발표 예시
● ¿Ha vivido usted en diferentes ciudades? ¿Dónde?	- **Sí. He vivido en** varias ciudades. - **Sí. Son** tres ciudades **en las que he vivido**.
● De las ciudades en que ha vivido, ¿cuál es la que más le ha gustado? ¿Por qué?	- **De todas las ciudades** en que he vivido, **la que más me ha gustado es** ... porque ... - **Me ha gustado más** la ciudad ... porque ... - **Personalmente, la que más me ha gustado es** ... porque...
● ¿Cuáles son los aspectos más importantes en su opinión para decidir vivir en una determinada ciudad? ¿Por qué?	- **En mi opinión**, para decidir vivir en una determinada ciudad, **lo más importante es** ... - **A mi parecer, los aspectos más importantes** para decidir vivir en una determinada ciudad **son** ...

Step 4 모범 답안을 확인하세요.

감독관
> ¿Ha vivido usted en diferentes ciudades? ¿Dónde?

응시자
> Sí, he vivido en tres diferentes ciudades.
> 네, 나는 세 곳의 도시에서 살아 보았습니다.
> Vivía en Busan cuando era niño, después me mudé a Daegu y ahora vivo en Seúl.
> 어렸을 땐 부산에서 살았고, 그다음엔 대구로 이사했으며 현재는 서울에 살고 있습니다.

감독관
> De las ciudades en que ha vivido, ¿cuál es la que más le ha gustado? ¿Por qué?

응시자
> Entre las tres ciudades, la que más me ha gustado es Busan.
> 그 세 곳의 도시들 가운데 가장 마음에 든 도시는 부산입니다.
> Es que a mí me gusta mucho la playa, así que me encantan las ciudades costeras.
> 나는 바다를 아주 좋아하기 때문입니다. 나는 해안 도시들을 좋아합니다.
> Además, como odio el frío, Busan es una ciudad perfecta para mí.
> 또한, 추위를 싫어하기 때문에 부산은 나에게는 완벽한 도시입니다.
> Allí no hace tanto frío como aquí en Seúl.
> 그곳은 여기 서울만큼 많이 춥지 않습니다.

감독관
> ¿Cuáles son los aspectos más importantes en su opinión para decidir vivir en una determinada ciudad? ¿Por qué?

응시자
> En mi opinión, lo más importante para decidir vivir en una determinada ciudad es el clima. Como se lo acabo de mencionar, no me gusta nada el frío y si una persona como yo, viviera en una ciudad donde hace demasiado frío, no se lo pasaría nada bien. ¡Ah! También es muy importante si tienes buenos amigos o familiares en esa ciudad. Es que si no tienes con quién pasar el tiempo, te aburres y te sientes solo y triste.
> 내 생각에는, 특정한 도시에서 살 결심을 하는 데 있어 가장 중요한 것은 바로 기후입니다. 조금 전에 말씀 드렸듯, 나는 추위를 무척 싫어하기 때문에 나 같은 사람이 만일 날씨가 매우 추운 곳에 산다면, 전혀 즐겁게 지내지 못할 것입니다. 아! 또한 아주 중요한 것은 그 도시에 좋은 친구들이나 친척들이 있는지입니다. 왜냐하면 함께 시간을 보낼 사람이 없으면 매우 따분하고 외롭거나 슬프게 느껴지기 때문입니다.

Tarea 2 Ejercicios

Step 1 공략에 따라 **Tarea 2** 연습 문제를 발표해 보세요.

문제 2

INSTRUCCIONES

Cuando haya terminado su exposición (**Tarea 1**), usted deberá mantener una conversación con el entrevistador sobre el mismo tema durante **3 o 4 minutos**.

EJEMPLOS DE PREGUNTAS DEL ENTREVISTADOR:

- ¿Tiene alguna experiencia de ser voluntario en una ONG? ¿Dónde?
- De los diferentes tipos de voluntariado, ¿cuál es el que más le guataría hacer? ¿Por qué?
- ¿Cuáles son los voluntariados más necesarios en su opinión? ¿Por qué?

Step 2 실제 시험 훈련

◀♪) 예상 질문에 따라 알맞은 답변을 떠올리며 실전과 동일하게 발표해 보세요.

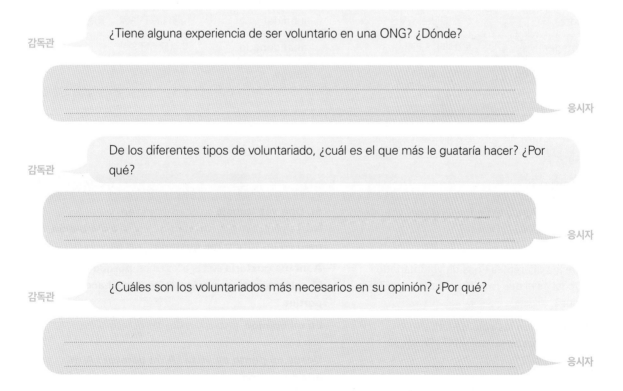

감독관: ¿Tiene alguna experiencia de ser voluntario en una ONG? ¿Dónde?

응시자

감독관: De los diferentes tipos de voluntariado, ¿cuál es el que más le guataría hacer? ¿Por qué?

응시자

감독관: ¿Cuáles son los voluntariados más necesarios en su opinión? ¿Por qué?

응시자

문제 해석

지령

과제 1의 발표를 마친 후 동일한 주제에 대해 감독관과 **3~4분**간 대화를 나누어야 합니다.

감독관의 질문 예시:
- 당신은 비정부 기구에서 자원봉사를 한 경험이 있나요? 어디에서 했나요?
- 다양한 자원봉사직 종류 가운데 무엇을 하길 원하나요? 왜 그런가요?
- 당신이 생각할 때 어떤 자원봉사직이 가장 필요한 것일까요? 왜 그런가요?

Step 3 문제 2의 필수 어휘를 익히고, 발표문을 연습해 보세요.

필수 어휘

lamentablemente	안타깝게도, 유감스럽게도	en un futuro	미래에, 훗날
centro comercial	m. 쇼핑 센터, 상업의 중심지	puesto	m. 자리, 노점, 지위, 순위
finalmente	최후에, 마침내, 결국	socio	m. 회원, 공동 경영자
cuota	f. 몫, 할당분, 할부금	a fin de	~을(를) 목적으로, ~을(를) 위해서
proteger	보호하다, 지키다	abandonado	버려진, 부주의한
desfavorecido	불우한, 불운의	riesgo	m. 위험, 재해
vulnerabilidad	f. 취약성		

발표문 연습

포함 사항	발표 예시
• ¿Tiene alguna experiencia de ser voluntario en una ONG? ¿Dónde?	- **Sí. Una vez trabajé** como voluntario **en** ... - **No.** Lamentablemente **no tengo** ninguna **experiencia, pero en un futuro me gustaría** poder ser voluntario en ...
• De los diferentes tipos de voluntariado, ¿cuál es el que más le guataría hacer? ¿Por qué?	- **A mí me gustaría** ayudar a los niños, **porque** ... - **El voluntariado que más me gustaría hacer es** ... **porque** ...
• ¿Cuáles son los voluntariados más necesarios en su opinión? ¿Por qué?	- **En mi opinión**, el voluntariado más necesario es... porque... - **Desde mi punto de vista / A mi parecer / A mi juicio personal** ...

Step 4 모범 답안을 확인하세요.

감독관
¿Tiene alguna experiencia de ser voluntario en una ONG? ¿Dónde?

Todavía no tengo experiencia de ser voluntario en una ONG, pero hace unos meses, estando en un centro comercial vi un puesto de Save the Children. Me puse a leer la información que tenían en el puesto y finalmente me hice socio. Es una cuota mensual para los estudiantes. Lo que me hizo hacerme socio es que usan el dinero para ayudar a los niños.

나는 아직 비정부 기구에서 자원봉사를 해 본 경험이 없습니다. 하지만 몇 달 전에, 쇼핑몰에 있었을 때 '세이브 더 칠드런'의 가판대를 보았습니다. 그들이 가지고 있던 정보를 읽기 시작했으며 결국에는 회원 가입도 했습니다. 그건 학생들을 위해 매월 돈을 내는 것입니다. 내가 회원 가입을 하게 된 이유는 바로 그들이 어린이들을 돕는 데에 그 금액을 쓴다는 것이었습니다.

응시자

감독관
De los diferentes tipos de voluntariado, ¿cuál es el que más le guataría hacer? ¿Por qué?

La verdad es que podría hacer cualquier tipo de voluntariado, a fin de poder ayudar a quien lo necesite, pero el que más me gustaría hacer es proteger a los animales. Cuidar a perros es algo que podría hacer sin nada a cambio. El hecho de que cada vez haya más perros abandonados es un problema muy serio y triste.

사실 나는 도움이 필요한 사람을 돕기 위해서라면 어떠한 유형의 자원봉사직이든 할 수 있을 것입니다. 그러나 내가 가장 하고 싶은 일은 바로 동물들을 보호하는 일입니다. 강아지를 돌보는 일은 전혀 대가가 없이도 내가 할 수 있는 일입니다. 가면 갈수록 버려지는 강아지들이 많다는 사실은 매우 심각하며 슬픈 문제입니다.

응시자

감독관
¿Cuáles son los voluntariados más necesarios en su opinión? ¿Por qué?

En mi opinión, ayudar a los niños es lo más necesario e importante. Es que los niños son el futuro del mundo. Sin embargo, estos días hay muchísimos niños desfavorecidos, niños en riesgo de vulnerabilidad. Me duele mucho esta situación.

내 생각에는 아이들을 도와주는 일이 가장 필요한 것이며 중요한 일입니다. 아이들은 이 세상의 미래이기 때문입니다. 하지만 요즘에는 불우한 아이들, 위험에 취약한 아이들이 매우 많습니다. 나는 이 상황이 매우 마음 아픕니다.

응시자

Tarea 3 　한 장의 사진을 묘사하고 질문에 답하기

- 감독관이 제시한 두 장의 사진 중 하나를 신속하게 선택합니다.
- 응시자가 사진을 묘사하는 동안 감독관이 개입하여 사진 속 상황, 관련 어휘, 응시자의 생각 등을 질문할 수 있습니다.
- 사진에 나타난 핵심 내용을 빠르게 파악한 후, 알맞은 어휘를 사용해 구체적으로 묘사하는 것이 중요합니다.

- 일상에서 경험할 수 있는 특정 상황, 장소 등
- 구체적 정황이 있는 공간, 배경, 인물 등

Tarea 3 완전 공략

1 어떻게 발표하나요?

순서	전체 기본 묘사		구체적 정황 설명		마무리 및 의견 제시
	배경 장소, 상황 및 인물에 대해 가장 기본적인 내용 묘사	→	인물들이 처한 상황, 벌어지고 있는 사건에 대해 보다 구체적 정황 설명	→	상황이 벌어진 이유, 앞으로 일어날 수 있는 일 등 의견 제시

사진 속 배경이 되는 공간, 장소, 인물, 사물 등의 요소를 자연스러운 흐름으로 발표합니다. 보이는 사실을 객관적으로 묘사하면서 때에 따라 자신의 생각이나 추측을 덧붙일 수 있습니다. 감독관이 질문할 경우, 잘 듣고 답변한 다음 나머지 묘사를 이어 가야 합니다. 발표 시간이 다 되기 전에 미리 종료하지 말고 마지막까지 답하도록 합니다.

2 발표 전략

- 사진이 담고 있는 핵심 줄거리부터 파악합니다.
- 인물들의 행동을 주의 깊게 파악합니다.
- 전체적인 설명을 먼저 하고, 상세한 설명을 합니다. 인물의 외모나 차림새 설명에 많은 시간을 소비하지 않도록 주의합니다.
- 동작 묘사는 현재 진행형으로 발표하되 현재 완료, 미래 시제 활용도 가능합니다.
- 마지막에는 자신의 추측이나 의견 또는 감상으로 마무리해도 좋습니다.

3 잠깐! 주의하세요

- 사진을 선택하는 데 많은 시간을 소비하지 않도록 합니다.
- 사진에서 자신이 언급하고 있는 내용에 해당하는 부분을 자연스럽게 짚어 가며 발표합니다.
- 사진 속 인물의 이름을 짓는 등의 연출이 필수적인 조건은 아닙니다. 부자연스러운 전개가 되지 않도록 주의합니다.
- 사진 속 인물들의 대화 내용은 간접화법으로 발표합니다. 대화를 연출해서 직접화법으로 발표하면 상당히 어색해집니다.
- 사진에 보이는 그대로 발표하는 것이 유리합니다. 상상이나 추측 내용이 많아지면 마무리가 엉뚱해질 수 있습니다.

Tarea 3 **Ejercicios** 실전 연습

Step 1 공략에 따라 Tarea 3 연습 문제를 발표해 보세요.

[문제 1]

INSTRUCCIONES

Le proponemos dos fotografías para esta tarea. Elija <u>una</u> de ellas y obsérvela con detalle.
EJEMPLO DE FOTOGRAFÍA:

Describa con detalle, durante 1 o 2 minutos, lo que ve en la foto y lo que imagina que está ocurriendo.

Estos son algunos aspectos que puede comentar:

• Las personas: dónde están, cómo son, qué hacen.

• El lugar en el que se encuentran: cómo es.

• Los objetos: qué objetos hay, dónde están, cómo son.

• Qué relación cree que existe entre estas personas.

• ¿De qué cree que están hablando?

Posteriormente, el entrevistador le hará algunas preguntas.

La duración total de esta tarea es de **2 a 3 minutos**.

EJEMPLOS DE PREGUNTAS DEL ENTREVISTADOR:

• ¿Ha trabajado usted en algún lugar parecido al de la imagen? / ¿Conoce usted algún lugar parecido al de la imagen?

• ¿Cómo es? ¿Cuántas personas trabajan en él? ¿Qué tipo de trabajo hacen?

• ¿Le gustaría trabajar en algún lugar parecido? ¿Por qué? / ¿Por qué no?

• ¿Qué tipo de trabajo le gustaría hacer en el futuro?

Step 2 실제 시험 훈련

⏱ 사진을 보며 **2분간** 실전과 동일하게 발표해 보세요. 말하는 내용을 녹음하여 모범 답안과 비교, 문제점을 진단할 수 있도록 합니다. 실제 시험까지 반복적으로 훈련하세요.

🔊 이어서 예상 질문들을 하나씩 읽으며, 알맞은 답변을 떠올려 발표해 보세요.

감독관   ¿Ha trabajado usted en algún lugar parecido al de la imagen?

응시자

감독관   ¿Conoce usted algún lugar parecido al de la imagen?

응시자

감독관   ¿Cómo es?

응시자

감독관   ¿Cuántas personas trabajan en él?

응시자

감독관   ¿Qué tipo de trabajo hacen?

응시자

감독관   ¿Le gustaría trabajar en algún lugar parecido? ¿Por qué? / ¿Por qué no?

응시자

감독관   ¿Qué tipo de trabajo le gustaría hacer en el futuro?

응시자

문제 해석

지령

당신에게 두 장의 사진을 보여 줍니다. 그중 <u>하나</u>를 선택하고 자세히 관찰하세요.

사진 예시:

1~2분간 사진에서 보이는 것과 일어나는 일에 대해 상상되는 바를 상세히 묘사하세요.

다음과 같은 점을 이야기할 수 있습니다:

● 사람들: 어디에 있는지, 어떤지, 무엇을 하는지

● 그들이 있는 장소: 어떤지

● 사물들: 어떤 사물이 있는지, 이디에 있는지, 어떤지

● 이 사람들 사이에 어떤 관계가 있다고 생각하는지

● 그들이 무엇에 대해 말하고 있다고 생각하나요?

이어서, 감독관이 당신에게 몇 가지 질문을 할 것입니다.

이 과제의 총 시간은 **2~3분**입니다.

감독관의 질문 예시:

● 당신은 사진 속 장소와 비슷한 곳에서 일한 적이 있습니까? / 당신은 사진 속 장소와 비슷한 곳에 가 본 적이 있습니까?

● 그곳은 어떤가요? 그곳에는 몇 명의 사람들이 일하나요? 어떤 유형의 일을 하나요?

● 그와 비슷한 곳에서 일을 하고 싶나요? 왜 그런가요? / 왜 그렇지 않은가요?

● 미래에 당신은 어떤 일을 하고 싶나요?

Step 3 문제 1의 필수 어휘를 익히고, 발표문을 연습해 보세요.

필수 어휘

posteriormente	뒤에, 후에, 이어서	parecido	닮은, 비슷한
atender	응대하다, 대접하다, 돌보다, 전화를 받다	estresado	스트레스를 받은
portátil	들고 다닐 수 있는, 휴대용의, 이동식의	taza	f. 잔, 컵, 변기
agenda	f. 수첩, 메모장, 계획표	libreta	f. 수첩, 메모장, 통장
cuadernillo	m. 작은 공책, 소책자, 메모장	a distancia	거리를 둔, 거리가 먼, 원격의 / 멀리서
teletrabajo	m. 재택근무	consistir	기초를 두다, 기반을 두다
revisión	f. 재검토, 감사, 검사, 점검	artículo	m. 기사, 관사, 조항, 물품, 관절
flexible	유연한, 유순한, 탄력성이 있는	organizar	조직하다, 편성하다, 준비하다
obligación	f. 의무, 책임, 채권	harto	물린, 싫증이 난
traducción	f. 번역, 통역, 해석	concentrarse	집중하다, 전념하다
traducir	번역하다, 통역하다	presentarse	지원하다, 소개하다, 나타나다
libertad	f. 자유	resultado	m. 결과, 성과, 성적

발표문 연습

참고 사항	발표 예시
• Las personas: dónde están, cómo son, qué hacen.	- En la foto hay una chica. La chica lleva gafas. Ella está sentada en una mesa y está hablando por teléfono. - En la imagen se puede ver una chica que está trabajando. Ella está atendiendo una llamada. Supongo que tiene un problema porque tiene cara de enfadada o estresada.
• El lugar en el que se encuentran: cómo es.	- El lugar de la imagen parece su habitación. Quizás ella trabaje en casa. - La chica se encuentra en una cafetería.
• Los objetos: qué objetos hay, dónde están, cómo son.	- En la mesa hay un ordenador portátil con el que la chica está trabajando y una taza de café. También, hay una agenda y unas libretas. - Sobre la mesa hay un ordenador portátil, una taza de té o café y unos cuadernillos.

문답 훈련

예상 질문	답변 예시
• ¿Ha trabajado usted en algún lugar parecido al de la imagen?	- Sí. Una vez realicé un trabajo a distancia. - Sí. Una vez realicé un teletrabajo y trabajaba en casa.
• ¿Cómo es? ¿Qué tipo de trabajo hacía?	- Mi trabajo consistía en hacer revisiones de algunos artículos. Y a mí me encantó hacer el teletrabajo porque era una manera flexible como para poder organizar mi tiempo.
• ¿Qué tipo de trabajo le gustaría hacer en el futuro?	- Me gustaría seguir realizando teletrabajos. Podría hacer algunos proyectos, pero sin la obligación de tener que ir a una oficina cada mañana.

Step 4 모범 답안을 확인하세요.

사진 묘사

En la imagen se puede ver una chica, que está sentada en una mesa. La chica está hablando por teléfono y en la mesa hay un ordenador portátil, una agenda y una taza de café. La chica parece estar un poco enfadada, así que yo supongo que ella tiene un problema. Creo que ella ha tenido demasiado trabajo hoy y tal vez ya esté harta. O también puede ser que no haya dormido bien, porque tiene una taza llena de café. Me imagino que ella tendrá que descansar un poco para seguir trabajando.

해석

사진에서는 테이블에 앉아 있는 여자 한 명을 볼 수 있습니다. 그 여자는 전화 통화를 하고 있으며, 테이블 위에는 노트북 컴퓨터, 수첩 그리고 커피 한 잔이 있습니다. 여자는 조금 화가 난 듯 보이는데, 내 생각에 그녀에게 문제가 있는 듯합니다. 그녀는 오늘 너무 많은 일을 했을 거라는 생각이 드는데 어쩌면 이미 지겨워하고 있을지도 모르겠습니다. 또는 그녀가 잠을 잘 못 잤을 수도 있는데 왜냐하면 커피가 가득 찬 잔을 가지고 있기 때문입니다. 그녀가 계속해서 일하기 위해서는 조금 쉬어야 할 거라고 생각합니다.

질문과 답변

감독관

¿Ha trabajado usted en algún lugar parecido al de la imagen?
당신은 이미지와 비슷한 장소에서 일한 적이 있습니까?

Sí. Una vez realicé un proyecto, pero no me obligaban a trabajar en una oficina central. Así que, con la ayuda de mi ordenador, podía trabajar en mi casa o en una cafetería cuando yo quería.
네. 프로젝트를 한 적이 한 번 있지만, 본사에서 일하기를 강요 받지는 않았어요. 그래서 컴퓨터로 집이나 카페에서 제가 원할 때 일할 수 있었어요.

응시자

감독관

¿Cómo es? ¿Qué tipo de trabajo hacía?
그곳은 어떤가요? 무슨 종류의 일을 했나요?

¡Trabajar en casa es lo mejor! Era un proyecto de traducción de algunos documentos. Fue genial porque solo trabajaba cuando me podía concentrar bien, y cuando no tenía ganas de seguir, dejaba de traducir y hacía otras cosas en casa.
집에서 하는 일이 가장 좋은 일이에요! 몇몇 서류의 번역 프로젝트였어요. 아주 좋았어요. 왜냐하면 집중할 수 있을 때만 일을 했었고 계속 일하고 싶지 않았을 때는 번역하기를 멈추고 집에서 다른 일을 했기 때문이죠.

응시자

감독관

¿Qué tipo de trabajo le gustaría hacer en el futuro?
미래에는 무슨 종류의 일을 하고 싶으신가요?

La verdad es que, a mi sí me gustaría seguir trabajando a distancia sin tener que presentarme a las oficinas que se da. Creo que el resultado es aún mejor.
사실은, 사무실에 가지 않고 멀리서도 계속 일을 하고 싶어요. 그 결과가 더욱 좋다고 생각해요.

응시자

문제 2

INSTRUCCIONES

Le proponemos dos fotografías para esta tarea. Elija <u>una</u> de ellas y obsérvela con detalle.
EJEMPLO DE FOTOGRAFÍA:

Describa con detalle, durante 1 o 2 minutos, lo que ve en la foto y lo que imagina que está ocurriendo.

Estos son algunos aspectos que puede comentar:

- Las personas: dónde están, cómo son, qué hacen.
- El lugar en el que se encuentran: cómo es.
- Los objetos: qué objetos hay, dónde están, cómo son.
- Qué relación cree que existe entre estas personas.
- ¿De qué cree que están hablando?

Posteriormente, el entrevistador le hará algunas preguntas.
La duración total de esta tarea es de **2 a 3 minutos**.

EJEMPLOS DE PREGUNTAS DEL ENTREVISTADOR:

- ¿Ha estado usted en algún lugar parecido al de la imagen?
- ¿Cómo es? ¿Cuántas personas hay? ¿Qué es lo que hacen?
- ¿Qué cree que tienen en común estas personas?
- ¿Le gustaría asistir a un evento de este tipo? ¿Por qué?
- Cuál es su cantante / grupo favorito?
- ¿Cómo cree que se sienten?

Step 2 실제 시험 훈련

⏱️ 사진을 보며 **2분간** 실전과 동일하게 발표해 보세요. 말하는 내용을 녹음하여 모범 답안과 비교, 문제점을 진단할 수 있도록 합니다. 실제 시험까지 반복적으로 훈련하세요.

🔊 이어서 예상 질문들을 하나씩 읽으며, 알맞은 답변을 떠올려 발표해 보세요.

감독관 ¿Ha estado usted en algún lugar parecido al de la imagen?

응시자

감독관 ¿Cómo es? ¿Cuántas personas hay? ¿Qué es lo que hacen?

응시자

감독관 ¿Qué cree que tienen en común estas personas?

응시자

감독관 ¿Le gustaría asistir a un evento de este tipo? ¿Por qué?

응시자

감독관 ¿Cuál es su cantante / grupo favorito?

응시자

감독관 ¿Cómo cree que se sienten?

응시자

[문제 해석]

지령

당신에게 두 장의 사진을 보여 줍니다. 그중 하나를 선택하고 자세히 관찰하세요.

사진 예시:

1~2분간 사진에서 보이는 것과 일어나는 일에 대해 상상되는 바를 상세히 묘사하세요.

다음과 같은 점을 이야기할 수 있습니다:

• 사람들: 어디에 있는지, 어떤지, 무엇을 하는지

• 그들이 있는 장소: 어떤지

• 사물들: 어떤 사물이 있는지, 어디에 있는지, 어떤지

• 이 사람들 사이에 어떤 관계가 있다고 생각하는지

• 그들이 무엇에 대해 말하고 있다고 생각하나요?

이어서, 감독관이 당신에게 몇 가지 질문을 할 것입니다.

이 과제의 총 시간은 **2~3분**입니다.

감독관의 질문 예시:

• 당신은 사진 속 장소와 비슷한 곳에 있어 본 적이 있습니까?

• 그곳은 어떤가요? 몇 명의 사람들이 있나요? 그들은 무엇을 하고 있습니까?

• 이 사람들이 갖고 있는 공통점은 무엇이라 생각하나요?

• 이런 종류의 이벤트에 참가하고 싶습니까? 왜 그런가요?

• 당신이 가장 좋아하는 가수 / 그룹은 누구인가요?

• 사진 속 인물들이 어떤 감정을 느끼고 있다고 생각하나요?

Step 3 문제 2의 필수 어휘를 익히고, 발표문을 연습해 보세요.

필수 어휘

al aire libre	야외에서, 노천에서	selfie	f. 셀카, 셀프 카메라
ambiente	m. 분위기, 환경, 공기, 대기	en medio	한가운데에서, 중앙에, 한창 ~중에
íntimo	매우 긴밀한, 친밀한, 마음속으로부터의	tocar	닿다, 만지다, 연주하다
festival	m. 페스티벌, 음악제, 축제	amplio	넓은, 광대한
disfrutar de	즐기다, 향유하다	aficionado	m.f. 애호가, 팬, 아마추어 / 좋아하는, 열중하는
emocionado	감격한, 감동한	espectador	m.f. 관객 / 사물을 주의 깊게 바라보는
tal como	~하는 그대로	fan	m.f. 팬, 광, 애호가
relajar	긴장 풀다, 이완하다, 완화하다, 느긋하게 하다	animado	생명이 있는, 원기 왕성한, 활기찬, 북적거리는

발표문 연습

참고 사항	발표 예시
• Las personas: dónde están, cómo son, qué hacen.	- En la imagen, hay unos jóvenes. Ellos están en un concierto al aire libre y se están tomando una foto. - En la foto, se puede ver cinco chicos. Los chicos están tomándose una selfie. Ellos se están divirtiéndo en un concierto.
• El lugar en el que se encuentran: cómo es.	- Ellos están en un lugar donde hay mucha gente. - Parece ser un concierto al aire libre. Hay muchísima gente. - Hace sol y hay mucho ambiente.
• Los objetos: qué objetos hay, dónde están, cómo son.	- El chico del medio tiene un smartphone en la mano y se toman una foto selfie.
• Qué relación cree que existe entre estas personas.	- Parece que son amigos y se llevan muy bien. - Creo que estas personas son amigos muy íntimos que van a un concierto juntos.
• ¿De qué cree que están hablando?	- Quizás ellos estén hablando sobre el grupo que está tocando ahora. - Ellos estarán hablando de la música que se escucha ahora en el concierto.

문답 훈련

예상 질문	답변 예시
• ¿Ha estado usted en algún lugar parecido al de la imagen?	- Sí. Una vez fui a un concierto al aire libre. - Sí. Hace poco estuve con mis amigos en un festival de Jazz.
• ¿Cómo es? ¿Cuántas personas hay? ¿Qué es lo que hacen?	- Parece que es un lugar muy amplio y hay mucha gente. Ellos están cantando o bailando y están disfrutando de la música.
• ¿Qué cree que tienen en común estas personas?	- Me parece que son amigos de la universidad. Todos ellos son jóvenes aficionados a la música.
• ¿Le gustaría asistir a un evento de este tipo? ¿Por qué?	- Sí. Me encantaría poder ir otra vez a un concierto. Es que en un concierto me divierto mucho y me lo paso muy bien.
• ¿Cuál es su cantante / grupo favorito?	- Mi grupo favorito es Maroon 5. Me gustan todas sus canciones. Me gustaría ir a su próximo concierto.
• ¿Cómo cree que se sienten?	- Creo que los jóvenes están muy emocionados. - Parece que ellos se sienten muy felices por estar todos juntos en un concierto.

Step 4 모범 답안을 확인하세요.

사진 묘사

Pienso que el lugar de la foto es un concierto al aire libre. Hay un grupo de jóvenes, que se están tomando una selfie. Ellos parecen estar muy contentos y animados. Detrás de ellos se ve mucha gente, me refiero, muchos espectadores. Quizás el concierto sea un concierto de música rock, porque toda la gente está de pie. Hace muy buen tiempo y hace mucho sol, porque veo que los jóvenes llevan gafas de sol. Me imagino que los jóvenes se lo pasarán muy bien.

해석

내 생각에 이 사진의 장소는 야외에서 열리는 한 콘서트장입니다. 셀카를 찍고 있는 젊은이들 한 무리가 있습니다. 그들은 매우 기쁘고 활기차 보입니다. 그들의 뒤로는 많은 사람들, 다시 말해 많은 관객들이 있습니다. 어쩌면 그 콘서트는 록 음악 콘서트일 수도 있겠습니다. 왜냐하면 모든 사람들이 서 있기 때문입니다. 날씨가 좋고 해가 쨍쨍합니다. 젊은이들이 선글라스를 쓰고 있기 때문입니다. 그 젊은이들은 매우 즐겁게 보낼 것이라고 생각됩니다.

질문과 답변

감독관
> ¿Ha estado usted en algún lugar parecido al de la imagen?
> 당신은 이미지와 비슷한 장소에 있어 본 적이 있습니까?

> Sí. Hace un mes fui a un concierto que se llevó a cabo en un parque, tal como el lugar de la imagen.
> 네. 한 달 전에 이미지의 장소 같은 어느 한 공원에서 열린 콘서트에 갔습니다.

응시자

감독관
> ¿Cómo es? ¿Cuántas personas hay? ¿Qué es lo que hacen?
> 어떤가요? 사람은 얼마나 있나요? 무엇을 하나요?

> El lugar es muy amplio, hay cinco chicos que se están tomando una selfie.
> 장소는 아주 넓고 셀카를 찍는 5명의 젊은이들이 있습니다.

응시자

감독관
> ¿Qué cree que tienen en común estas personas?
> 이 사람들은 서로 무슨 공통점을 가지고 있다고 생각하나요?

> Creo que estos chicos son amigos. Quizás sean fans de un mismo grupo musical.
> 이 젊은이들은 친구인 것 같습니다. 아마 같은 가수 그룹의 팬일 것입니다.

응시자

감독관
> ¿Le gustaría asistir a un evento de este tipo? ¿Por qué?
> 이런 종류의 이벤트에 참여하고 싶은가요? 왜 그런가요?

> Sí. A mí me relaja asistir a los conciertos. Puedo olvidarme de los problemas por un momento.
> 네. 콘서트에 참여하는 것은 저를 편안하게 합니다. 잠시 문제를 잊을 수 있습니다.

응시자

감독관
> ¿Cuál es su cantante / grupo favorito?
> 당신이 가장 좋아하는 가수 / 그룹은 누구입니까?

> Mi grupo favorito es Maroon 5. He ido a casi todos sus conciertos que se han hecho en mi país.
> 제가 가장 좋아하는 그룹은 마룬 5입니다. 우리나라에서 열린 거의 모든 콘서트에 갔습니다.

응시자

감독관
> ¿Cómo cree que se sienten?
> 그들은 어떤 기분일 거라 생각하나요?

> Me parece que ellos se sienten muy felices, porque están en un ambiente muy animado y pueden disfrutar de la música.
> 그들은 아주 행복한 것 같습니다. 왜냐하면 매우 활기찬 분위기에 있고 음악을 즐길 수 있기 때문입니다.

응시자

Tarea 4 주어진 상황에 대해 감독관과 상황극하기

Tarea 4

INSTRUCCIONES

Usted debe dialogar con el entrevistador en una situación simulada durante dos o tres minutos.

EJEMPLO DE SITUACIÓN:

Su amigo le ha regalado una tableta y le ha dicho que, si no le gusta, puede ir a la tienda a cambiarla por otro aparato electrónico de igual o inferior valor. Usted decide ir a la tienda para pedir que se la cambien por otro aparato.

Imagine que el entrevistador es el empleado de la tienda de electrónica. Hable con el siguiente estas indicaciones:

Durante la conversación con el empleado de la tienda de electrónica usted debe:

- decir por qué ha ido a la tienda;
- explicar cuándo compró su amigo la tableta y por qué quiere cambiarla;
- pedir que se la cambie por otro aparato electrónico;
- agradecer la ayuda.

실제 시험 훈련

감독관 — Hola, buenos días. ¿Cómo le puedo ayudar?

_____ 응시자

감독관 — ¿Su amigo compró un artículo en esta tienda?

_____ 응시자

감독관 — A ver. Sí, ya veo. ¿Y usted quiere devolverla?

_____ 응시자

감독관 — ¡Ah vale! ¡Perfecto! Usted me dice lo que quiere ver y se lo muestro.

_____ 응시자

감독관 — Lamentablemente, no. No trabajamos con ese tipo de artículo.

_____ 응시자

감독관 — ¡Hombre, claro que sí! Sígame. Mire, aquí tenemos las novedades y, a partir de aquí, los modelos más antiguos. En esta sección se encuentran las ofertas.

_____ 응시자

응시자 — ¿Ve alguna que le guste?

_____ 응시자

감독관 — Sí, 10 euros más cara. ¿Cómo va a pagar los 10 euros? ¿Con tarjeta?

_____ 응시자

감독관 — Hay muchas cosas que hacer, muchas rutas para hacer senderismo. También hay un lago muy bonito y, si hace buen tiempo, se pueden bañar. Lleven traje de baño, por si acaso. Por la zona, también hay lugares donde alquilan bicicletas.

_____ 응시자

감독관 — Muchas gracias. Aquí tiene la cámara y el ticket de compra. Si quiere cambiarla o devolverla, solo necesita venir aquí con el ticket y la cámara. El plazo de devolución es de un mes.

_____ 응시자

감독관 — A usted. ¡Que tenga un buen día!

핵심 포인트

- 제시된 상황을 가정하여 역할에 맞게 감독관과 가상 대화를 진행합니다.
- 어떤 상황에 대한 대화인지 시험지에 적혀 있으나, 보통은 감독관이 직접 말로 설명하므로 주의 깊게 들은 다음 대화를 전개해 나가야 합니다.
- 주어진 상황에서 역할에 따라 해결해야 할 문제를 정확히 이해하는 것이 가장 중요합니다.

빈출 주제

- 다양한 일상생활 주제
  문의, 교환, 환불, 서비스 신청, 불만 제기, 예약 확인, 예약 확정, 정보 요청, 약속 잡기 등

Tarea 4 완전 공략

1 어떻게 발표하나요?

순서	인사 및 상황극 시작		구체적 용건 대화		작별 및 종결
	인사를 나누며 대화 시작, 주제가 되는 용건이나 상황의 시작을 여는 내용부터 설명	→	용건에 대한 구체적인 대화를 나누며 문제 해결, 대화를 주도할 수 있도록 적극적으로 발표	→	상황 종결 및 작별 인사를 나누며 마무리

가상으로 정한 상황에 따라 대화를 나누게 됩니다. 감독관의 역할, 응시자의 역할, 대화 주제 등을 감독관이 직접 설명해 주며, 설명을 다 들으면 곧바로 대화를 시작하게 됩니다. 실제 상황 속 인물이 된 듯이 연출하여 대화해야 합니다. 두 사람 사이에 질문, 요청, 확인 등이 자연스럽게 오가야 합니다. 결말에서는 모든 용건을 마무리 지으며 마칩니다.

2 발표 전략

- 주제와 역할에 대해 정확히 이해하고, 인사말부터 자연스럽게 시작합니다.
- 질문과 답변이 매끄럽게 이어질 수 있도록 합니다.
- 감독관의 질문에 충실히 대답하며 대화의 흐름을 이어 나가되, 마무리를 확실히 짓습니다.

3 잠깐! 주의하세요

- 설정된 상황에 맞추어 나의 역할이 무엇인지 정확하게 이해해야 합니다. 잘 듣지 못했거나 이해가 가지 않을 땐 감독관에게 '¿Me lo podría explicar otra vez, por favor? 다시 한 번 설명해 주시겠어요?'라고 요청합니다.
- 감독관이 먼저 대화를 시작하는 경우가 일반적이나, 그렇지 않은 경우 응시자가 먼저 인사를 건네며 대화를 시작합니다.
- 형식을 갖춰야 할 상황인 경우 Usted, 비교적 격의 없이 이야기할 수 있는 상황인 경우 Tú로 말합니다.
- 주도적으로 대화하며 감탄사를 이용하는 등 실제 대화처럼 연출하는 것이 좋습니다.
- 내가 설정한 상황과 다른 흐름으로 감독관이 대화를 유도하더라도 주의 깊게 경청하며 답해야 합니다.
- 마무리 단계에서는 감독관을 무리하게 설득하기보다는 서로 절충하는 방향으로 해결을 유도합니다.

Tarea 4 **Ejercicios** 실전 연습

Step 1 공략에 따라 Tarea 4 연습 문제를 발표해 보세요.

문제 1

INSTRUCCIONES

Usted debe dialogar con el entrevistador en una situación simulada durante dos o tres minutos.

EJEMPLO DE SITUACIÓN:

Usted compró hace unos días un teléfono móvil en una tienda. Ahora el móvil no funciona y usted decide ir a la tienda para pedir que se lo cambien por otro. Imagine que el entrevistador es el empleado de la tienda.

Hable con él siguiendo estas indicaciones:

Durante la conversación con el empleado de la tienda usted debe:

- indicarle cuándo compró el móvil;
- explicarle cuál es el problema;
- pedirle que se lo cambie por otro;
- quejarse si no quiere cambiárselo y pedirle otra solución.

Step 2 실제 시험 훈련

예상 질문들을 하나씩 읽으며, 알맞은 답변을 떠올려 발표해 보세요.

감독관   Hola, buenos días. ¿En qué puedo ayudarle?

                                                                            응시자

감독관: ¿Y cuándo dice que compró el móvil? Quizá le atendió otro compañero...

응시자: _____

감독관: Ah, sí, aquí veo la factura. Pues vamos a ver... Dígame cuál es el problema.

응시자: _____

감독관: Entiendo. Pues tendremos que encontrar alguna solución...

응시자: _____

감독관: El problema es que solo puedo hacer reparaciones. Me lo tendrá que dejar para que lo arregle y pasar por él dentro de tres días.

응시자: _____

감독관: Vale. Entonces le preguntaré al supervisor si podemos cambiárselo de inmediato.

응시자: _____

감독관: Señor, me dicen que sí. Tenemos uno nuevo y en buenas condiciones.

응시자: _____

감독관: De nada. Lo sentimos mucho.

응시자: _____

감독관: ¡Hasta luego!

문제 해석

지령

당신은 감독관과 **2~3분**간 가상의 상황에 대해 대화를 나누어야 합니다.

상황 예시:

당신은 며칠 전 한 가게에서 휴대 전화를 샀습니다. 지금 그 전화기는 고장이 났고 당신은 다른 것으로 교환을 요청하기 위해 그 가게로 가기로 결심하였습니다. 감독관이 그 가게의 직원이라고 상상하세요.
다음 지시 사항들을 따라 그와 대화를 나누세요.

가게의 직원과의 대화에서 당신은 다음을 해야 합니다.
- 그 휴대 전화를 언제 샀는지 밝히기
- 문제가 무엇인지 설명하기
- 다른 것으로 교환해 줄 것을 요청하기
- 다른 것으로 교환해 줄 것을 거부당하면 불만을 제기하고 다른 해결책을 요청하기

Step 3 문제 1의 필수 어휘를 익히고, 발표문을 연습해 보세요.

필수 어휘

simulado	모의의, 가상의	funcionar	기능을 하다, 작용하다, 작동하다
quejarse	이의를 제기하다, 한탄하다, 불평하다	atender	응대하다, 대접하다, 돌보다, 전화 받다
factura	f. 청구서, 계산서, 송장, 영수증	reparación	f. 수리, 수선, 보수 공사
arreglar	정리하다, 정돈하다, 수리하다	supervisor	m.f. 감독, 관리인, 감수자
de inmediato	즉시, 즉각, 곧, 바로 (=inmediatamente)	apagarse	기계의 전원이나 불이 꺼지다
pantalla	f. 스크린, 화면	táctil	촉각의
altavoz	m. 스피커, 확성기	apropiado	적합한, 적절한, 어울리는
agradecer	감사하다	cargado	싣는, 적재한, 충전된, 장전된, 가득한
barrio	m. 동네, 구, 지구, 거주 지역	justo	올바른, 정당한, 공정한

발표문 연습

대화 시작

안녕하세요? 좋은 아침입니다.	¡Hola! ¡Buenos días!
며칠 전에 산 휴대폰이 고장 나서 왔습니다.	**Vengo porque** no **funciona** el móvil que compré hace unos días.
며칠 전에 산 휴대폰에 문제가 있어서 왔습니다.	**Vengo ya que el móvil** que compré hace unos días tiene problemas.
며칠 전에 산 휴대폰을 바꾸러 왔습니다.	**Vengo a que** me **cambien** el móvil que compré aquí hace unos días.
며칠 전에 산 휴대폰에 대한 문제를 해결해 주시면 감사하겠습니다.	**Me gustaría que me solucionara** el problema del móvil que compré hace unos días.

주제 전개

나는 지난 주 월요일에 그 휴대폰을 샀습니다.	Compré el móvil **el lunes pasado por la mañana**.
보세요, 여기 영수증이 있습니다.	Mire, aquí **traigo / está / tiene (Ud.)** la factura.
휴대폰이 저절로 꺼집니다.	El móvil **se apaga solo**.
터치스크린이 작동하지 않습니다.	**No funciona** la pantalla táctil.
휴대폰의 스피커가 작동하지 않습니다.	El altavoz de mi móvil **no funciona**.
다른 기기로 교환해 주실 수 있을까요?	**¿Me lo podría cambiar** por otro, por favor?
다른 기기로 교환해 주시면 좋겠습니다.	**Me gustaría que me lo cambiara** por otro, por favor.
적절한 것 같지는 않습니다. 왜냐하면 저는 수리된 전화기를 갖는 게 아니라 새것을 갖고 싶기 때문입니다.	**No me parece muy apropiado**, porque no quiero tener un móvil reparado, sino uno nuevo.
다른 것으로 교환해 주시면 매우 감사하겠습니다.	**Le agradecería mucho si me lo cambiara** por otro.

작별 인사 및 대화 종결

기쁘군요! 해결해 주셔서 감사합니다!	**¡Me alegro!** ¡Muchas gracias por la solución!
아주 좋습니다! 매우 감사드립니다. 친절하시군요!	**¡Me parece excelente! Se lo agradezco** muchísimo. ¡Qué amable!
잘 지내세요! 안녕히 계세요!	**¡Que esté bien!** ¡Hasta luego!

감독관	Hola, buenos días. ¿En qué puedo ayudarle?
	안녕하세요. 좋은 아침입니다. 무엇을 도와드릴까요?
응시자	¡Hola! Vengo porque el teléfono móvil que compré aquí no funciona.
	안녕하세요! 이곳에서 산 휴대폰이 고장 나서 왔습니다.
감독관	¿Y cuándo dice que compró el móvil? Quizá le atendió otro compañero...
	그 휴대폰을 언제 사셨나요? 어쩌면 다른 직원이 당신을 응대했을 수도 있겠군요...
응시자	Así es. No fue Ud. quien me atendió. Fue el lunes pasado como a las tres... ¡Ah! Aquí tengo la factura.
	맞습니다. 나를 응대한 사람은 당신이 아니었습니다. 지난 월요일 세 시쯤이었습니다... 아! 여기 영수증을 갖고 있네요.
감독관	Ah, sí, aquí veo la factura. Pues vamos a ver... Dígame cuál es el problema.
	아 네, 영수증이 있군요. 그럼 한 번 볼까요... 어떤 문제인지 말씀해 주세요.
응시자	Pues es un gran problema, porque de repente se apaga solo, aunque esté completamente cargada. No puedo hacer nada con un móvil así.
	아주 큰 문제예요. 휴대폰이 충전이 완전히 돼 있는 상태에서도 저절로 전원이 꺼져 버립니다. 이런 휴대폰을 가지고는 난 아무것도 할 수 없어요.
감독관	Entiendo. Pues tendremos que encontrar alguna solución...
	이해합니다. 그럼 해결 방안을 찾아봐야 할 것 같습니다...
응시자	Le pido que me lo cambie por otro nuevo, por favor.
	다른 새것으로 교환해 주시길 부탁합니다.
감독관	El problema es que yo solo puedo hacer reparaciones. Me lo tendrá que dejar para que lo repare y pasar por él dentro de tres días.
	문제는, 저는 수리만 할 수 있다는 거예요. 수리하도록 두고 가셨다가 삼 일 내에 찾으러 오셔야 합니다.
응시자	¿Tres días? Mire, yo no vivo en este barrio, así que será otro problema tener que volver otra vez. Además, no me parece muy justo, porque no me gustaría tener un móvil reparado sino uno nuevo.
	삼 일이요? 저기요, 저는 이 동네에 살지 않아서 다시 와야 하는 것도 또 다른 문제가 되겠어요. 그리고 제 생각에 그것은 정당하지 않은 것 같군요, 왜냐하면 저는 수리된 휴대폰이 아니라 새 휴대폰을 갖고 싶거든요.
감독관	Vale. Entonces le preguntaré al supervisor si podemos cambiárselo de inmediato.
	알겠습니다. 그렇다면 제 상사에게 지금 바로 교환해 드릴 수 있는지 여쭤보겠습니다.
응시자	¡Perfecto! ¡Muchas gracias!
	좋습니다! 감사합니다!

감독관	Señor, me dicen que sí. Tenemos uno nuevo y en buenas condiciones. 손님, 가능하다고 하네요. 저희는 상태가 좋은 새 휴대폰을 가지고 있습니다.
응시자	¡Me parece genial! ¡Muchas gracias! 훌륭하군요! 감사합니다!
감독관	De nada. Lo sentimos mucho. 천만에요. 죄송합니다.
응시자	Está bien. De verdad, se lo agradezco muchísimo. ¡Hasta luego! 괜찮습니다. 정말 깊이 감사 드립니다. 안녕히 계세요!
감독관	¡Hasta luego! 안녕히 가십시오!

문제 2

INSTRUCCIONES

Usted debe dialogar con el entrevistador en una situación simulada durante dos o tres minutos.

EJEMPLO DE SITUACIÓN:

Un amigo y usted quieren quedar para salir un fin de semana. Usted se ha informado de que habrá un concierto de su grupo favorito y quiere ir a verlo, pero su amigo quiere ir al teatro.

Hable con él siguiendo estas indicaciones:

Durante la conversación con su amigo usted debe:

- decirle por qué quiere ir a ver el concierto;
- pedirle que lo / la acompañe al concierto;
- decirle cómo se puede ir y a qué hora.

예상 질문들을 하나씩 읽으며, 알맞은 답변을 떠올려 발표해 보세요.

감독관   Hola, ¿entonces nos vemos el sábado? ¿Qué te apetece hacer?

    응시자

감독관   A mí me apetece más ir al teatro.

    응시자

감독관   ¿Y por qué quieres ir al concierto?

응시자

감독관   ¿Dónde es el lugar del concierto?

응시자

감독관   Vale, pues iremos al concierto. ¿A qué hora nos vemos?

응시자

감독관   ¿Cómo se puede ir?

응시자

감독관   Entonces, ¿dónde nos vemos?

응시자

감독관   Vale. Nos vemos el sábado.

응시자

감독관   ¡Hasta luego!

문제 해석

지령

당신은 감독관과 **2~3분**간 가상의 상황에 대해 대화를 나누어야 합니다.

상황 예시:

당신의 친구(남)와 당신은 주말에 만나기 위해 약속을 잡고 싶습니다. 당신은 당신이 가장 좋아하는 그룹의 콘서트가 열린다는 것을 알게 되었고 그 콘서트에 가길 원합니다. 하지만 당신의 친구는 극장에 가길 희망합니다.

다음 지시 사항들을 따라 그와 대화를 나누세요.

친구와의 대화에서 당신은 다음을 해야 합니다.

- 왜 콘서트에 가고 싶은지 말하기
- 콘서트에 함께 가자고 부탁하기
- 어떻게 갈 수 있으며 몇 시에 갈지 말하기

Step 3 문제 2의 필수 어휘를 익히고, 발표문을 연습해 보세요.

필수 어휘

quedar con	~와(과) 만날 약속을 하다	informarse de	알다, 정보를 얻다
apetecer	내키다, 탐나게 하다, 원하다	perderse	잃어버리다, 놓치다, 길을 잃다
¡Venga!	가자, 하자, 서둘러!	arrepentirse	후회하다
auditorio	m. 청중, 콘서트홀, 강당	parada	f. 정류소, 정거장
genial	훌륭한, 천재적인 / 아주 잘 (=magníficamente)	garantizar	보증하다

발표문 연습

대화 시작

그래, 우리 토요일에 보자.	Sí, nos vemos el sábado.
나는 콘서트에 가고 싶어.	**A mí me apetece** ir a un concierto.
그거 알아? 난 콘서트에 가고 싶단다.	¿Sabes? **Tengo muchas ganas de** ir a un concierto.
우리 토요일에 콘서트에 가면 어떨까?	**¿Qué tal si** el sábado **vamos** a un concierto?

주제 전개

이번에는 나와 함께 콘서트에 가면 어떨까?	**¿Qué te parece si esta vez vas** al concierto conmigo?
이번 주 토요일의 콘서트는 내가 가장 좋아하는 그룹의 콘서트라서 놓치고 싶지 않아.	El concierto de este sábado **es de mi grupo favorito y no me lo puedo perder**.
자! 콘서트에 가자! 너도 좋아할 거라고 확신해.	¡Venga! ¡Vamos al concierto! **Estoy seguro de que te gustará**.
우리 콘서트에 가자, 후회하지 않을 거야!	Vamos al concierto, **¡no te arrepentirás!**
콘서트는 여섯 시니까 우리 다섯 시에 만나자.	**Nos vemos a las cinco porque** el concierto es a las seis.
콘서트홀까지 가는 14번 버스를 타고 갈 수 있어.	**Podemos coger el autobús** 14, **que nos deja en** el auditorio.

작별 인사 및 대화 종결

버스 정류장에서 보자.	**Nos vemos en** la parada de autobús.
광장에서 널 기다릴게.	**Te espero en** la plaza.
알았어! 그때 보자!	**¡De acuerdo!** ¡Hasta luego!

Tarea 4 · Ejercicios

Step 4 모범 답안을 확인하세요.

감독관	Hola, ¿entonces nos vemos el sábado? ¿Qué te apetece hacer? 안녕, 우리 그럼 토요일에 만나는 거지? 너 뭘 하고 싶니?
응시자	¡Hola! Sí, nos vemos el sábado. A mí me apetece ir a un concierto. ¿Y a ti? ¿Qué te apetece hacer? 안녕! 그래, 우리 토요일에 보자. 나는 콘서트에 가고 싶은 마음인데. 넌? 뭘 하고 싶니?
감독관	A mí me apetece más ir al teatro. 난 극장에 가고 싶은 마음이 더 큰데.
응시자	Pues, ¿qué tal si esta vez vas conmigo al concierto? Por favor. 음, 이번에는 나와 함께 콘서트에 가는 게 어때? 부탁이야.
감독관	¿Y por qué quieres ir al concierto? 왜 콘서트에 가고 싶은 거야?
응시자	Lo que pasa es que es de mi grupo favorito, BangTan Boys. He ido a todos sus conciertos y no me puedo perder el del sábado. 그게 말이지, 내가 가장 좋아하는 그룹인 방탄소년단의 콘서트거든. 나는 그 그룹의 모든 콘서트에 갔기 때문에 이번 주 토요일의 콘서트도 놓칠 수 없어.
감독관	¿Dónde es el lugar del concierto? 콘서트는 어디에서 하는데?
응시자	Es en el auditorio nacional. ¡Venga! ¡Por favor! Seguro que te encantará. 국립 콘서트홀에서 열려. 자! 부탁이야! 너도 아주 좋아할 게 분명해.
감독관	Vale, pues iremos al concierto. ¿A qué hora nos vemos? 알았어, 그럼 콘서트에 가자. 몇 시에 만날까?
응시자	¡Genial! Nos vemos a las cinco, porque el concierto es a las seis. 좋아! 콘서트는 여섯 시니까 우리는 다섯 시에 만나자.
감독관	¿Cómo se puede ir? 어떻게 갈 수 있어?
응시자	Podemos coger el autobús que nos deja en el auditorio. 콘서트홀에 세워 주는 버스를 타면 돼.
감독관	Entonces, ¿dónde nos vemos? 그러면, 우리 어디에서 볼까?
응시자	¿Qué te parece si nos vemos en la plaza y vamos andando hasta la parada de autobús? 광장에서 만나서 버스 정거장까지 걸어가는 게 어때?

감독관   Vale. Nos vemos el sábado.
그래. 토요일에 보자.

응시자   ¡Bien! Entonces te veo el sábado a las cinco en la plaza. ¡No te arrepentirás! Te lo garantizo. ¡Nos vemos el sábado!
좋아! 그럼 토요일에 광장에서 다섯 시에 봐. 후회 안 할 거야! 내가 보장해. 우리 토요일에 만나!

감독관   ¡Hasta el sábado!
토요일에 보자!

PRUEBA DE EXPRESIÓN E INTERACCIÓN ORALES

La prueba de **Expresión e interacción orales** contiene <u>cuatro tareas</u>. Tiene 15 minutos para preparar las Tareas 1 y 2. Usted puede tomar notas y escribir un esquema de su exposición que podrá consultar durante el examen; en ningún caso podrá limitarse a leer el esquema.

회화 평가

회화 평가는 4개의 과제로 구성됩니다.

과제 1과 2를 준비하기 위한 시간이 15분 주어집니다. 과제 1과 2를 위해 당신은 메모를 하거나 답의 초안을 쓸 수 있습니다. 시험 시간에 당신은 메모를 볼 수 있지만 상세히 읽을 수는 없습니다.

INSTRUCCIONES

Le proponemos dos temas con algunas indicaciones para preparar una exposición oral. Elija uno de ellos.

Tendrá que hablar durante **2 o 3 minutos** sobre el tema elegido. El entrevistador no intervendrá en esta parte de la prueba.

TEMA: País hispanohablante a donde le gustaría viajar algún día.

Incluya información sobre:
- qué país es; por qué le gustaría viajar a allí;
- desde cuándo le gusta ese país; qué cosas conoce de ese país;
- qué le gustaría hacer allí; cuándo y con quién le gustaría viajar a allí;
- qué dificultades cree que tendrá.

No olvide:
- diferenciar las partes de su exposición: introducción, desarrollo y conclusión final;
- ordenar y relacionar bien las ideas;
- justificar sus opiniones y sentimientos.

실제 시험 훈련

실전과 동일하게 지령과 예상 질문을 읽으며 약 **15분간** 준비 용지의 공란에 사전 준비해 보세요. 🕐

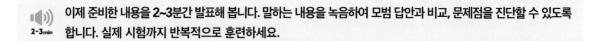

🔊 이제 준비한 내용을 **2~3분간** 발표해 봅니다. 말하는 내용을 녹음하여 모범 답안과 비교, 문제점을 진단할 수 있도록
2-3min 합니다. 실제 시험까지 반복적으로 훈련하세요.

Tarea 2 회화 종합 연습문제

INSTRUCCIONES

Cuando haya terminado su exposición (**Tarea 1**), usted deberá mantener una conversación con el entrevistador sobre el mismo tema durante **3 o 4 minutos**.

EJEMPLOS DE PREGUNTAS DEL ENTREVISTADOR:

- ¿Ha estado usted en algún país de habla hispana? ¿Dónde?
- De los sitios a los que ha viajado, ¿cuál es el que más le ha gustado? ¿Por qué?
- ¿Cuáles son los aspectos más importantes en su opinión cuando se prepara un viaje al extranjero? ¿Por qué?

실제 시험 훈련

예상 질문에 따라 알맞은 답변을 떠올리며 실전과 동일하게 발표해 보세요.

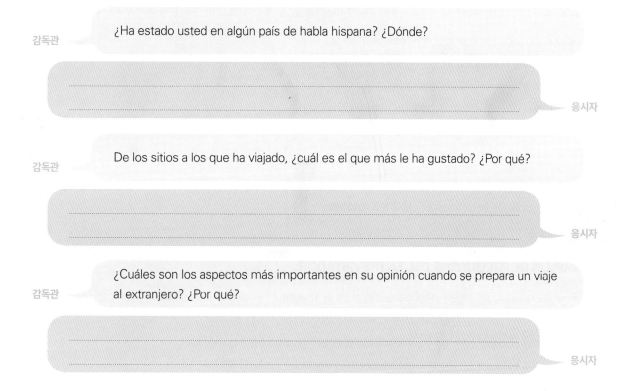

감독관: ¿Ha estado usted en algún país de habla hispana? ¿Dónde?

응시자:

감독관: De los sitios a los que ha viajado, ¿cuál es el que más le ha gustado? ¿Por qué?

응시자:

감독관: ¿Cuáles son los aspectos más importantes en su opinión cuando se prepara un viaje al extranjero? ¿Por qué?

응시자:

INSTRUCCIONES

Le proponemos dos fotografías para esta tarea. Elija una de ellas y obsérvela con detalle.
EJEMPLO DE FOTOGRAFÍA:

Describa con detalle, durante 1 o 2 minutos, lo que ve en la foto y lo que imagina que está ocurriendo.

Estos son algunos aspectos que puede comentar:

• Las personas: dónde están, cómo son, qué hacen.

• El lugar en el que se encuentran: cómo es.

• Los objetos: qué objetos hay, dónde están, cómo son.

• Qué relación cree que existe entre estas personas.

• ¿De qué cree que están hablando?

Posteriormente, el entrevistador le hará algunas preguntas.

La duración total de esta tarea es de **2 a 3 minutos**.

EJEMPLOS DE PREGUNTAS DEL ENTREVISTADOR:

• ¿Ha estado usted en algún lugar parecido al de la imagen? / ¿Conoce usted algún lugar parecido al de la imagen?

• ¿Cómo era? ¿Cómo eran las clases, normalmente? ¿Cómo era el profesor?

• ¿Le gustaría estudiar en algún lugar parecido? ¿Por qué? / ¿Por qué no?

• ¿Qué idiomas estudia usted? ¿Qué otro idioma le gustaría estudiar en el futuro?

🔊 사진을 보며 **2분간** 실전과 동일하게 발표해 보세요. 말하는 내용을 녹음하여 모범 답안과 비교, 문제점을 진단할 수 있도록 합니다. 실제 시험까지 반복적으로 훈련하세요. ⏱️②

이어서 예상 질문들을 하나씩 읽으며, 알맞은 답변을 떠올려 발표해 보세요.

감독관   ¿Ha estado usted en algún lugar parecido al de la imagen?

       응시자

감독관   ¿Conoce usted algún lugar parecido al de la imagen?

       응시자

감독관   ¿Cómo era?

       응시자

감독관   ¿Cómo eran las clases, normalmente?

       응시자

감독관   ¿Cómo era el profesor?

       응시자

감독관   ¿Le gustaría estudiar en algún lugar parecido? ¿Por qué? o ¿Por qué no?

       응시자

감독관   ¿Qué idiomas estudia usted? ¿Qué otro idioma le gustaría estudiar en el futuro?

       응시자

INSTRUCCIONES

Usted debe dialogar con el entrevistador en una situación simulada durante dos o tres minutos.

EJEMPLO DE SITUACIÓN:

Usted está estudiando en una academia de español.

Un amigo suyo quiere matricularse en esa academia.

Imagine que el entrevistador es su amigo.

Hable con él siguiendo estas indicaciones:

Durante la conversación con su amigo usted debe:

- indicarle desde cuándo estudia en esa academia y por qué eligió estudiar ahí;
- explicarle qué tipos de cursos hay;
- hacerle algunas recomendaciones;
- ofrecerle ayuda para matricularse.

실제 시험 훈련

예상 질문들을 하나씩 읽으며, 알맞은 답변을 떠올려 발표해 보세요.

감독관   ¡Hola! ¿Qué cuentas?

응시자

감독관   Este verano voy a estudiar español.

응시자

감독관 ¿Sí? ¡Qué bien! Tú estudias en una academia, ¿verdad? ¿Desde cuándo estudias en esa academia?

응시자

감독관 ¿Y qué tal? ¿Está bien? ¿Cómo son los profesores?

응시자

감독관 ¿De verdad? ¿Muy cara?

응시자

감독관 Sí, es algo cara. ¿Qué curso me recomiendas?

응시자

감독관 ¿Y dónde está esta academia?

응시자

감독관 ¡Perfecto! Entonces, vamos juntos. ¿Cuándo puedes?

응시자

감독관 ¡Me parece genial! Entonces nos vemos mañana.

응시자

Tarea 1 회화 종합 연습문제 정답 및 해설

1 해석

지령

회화 시험을 준비하기 위한 몇 가지 지시 사항을 가진 두 개의 주제를 드립니다. 그중 하나를 선택하세요. 선택한 주제에 대해 **2~3분**간 이야기해야 합니다. 이 과제에서 감독관은 개입하지 않습니다.

주제: 언젠가 여행해 보고 싶은 스페인어 사용 국가

다음 내용을 포함시키세요.
- 어느 나라인지, 왜 그곳을 여행하고 싶은지
- 언제부터 그 나라가 좋았는지, 그 나라에 대해 무엇을 알고 있는지
- 그곳에서 무엇을 하고 싶은지 그리고 누구와 함께 가고 싶은지
- 겪을 수 있는 어려움은 어떤 것인지

다음을 잊지 마세요.
- 발표의 서론, 본론, 결론을 구분해 발표하기
- 생각들을 잘 나열하고 연결시키기
- 의견과 느낌에 대한 이유를 제시하기

---

2 필수 어휘 및 발표문 연습

필수 어휘

hispanohablante	m.f. 스페인어 사용자 / 스페인어를 모국어로 말하는	dificultad	f. 어려움, 방해, 곤란
documental	m. 다큐멘터리 / 기록의, 문서의	entonces	그렇다면 / 그 당시, 그때
ceviche	m. 세비체 (손질한 날 생선을 레몬즙에 재워 먹는 페루 대표 음식)	pescado	m. 생선
crudo	날것의, 산 채의, 아직 익지 않은	quechua	m. 케추아어
oficial	공적인, 공식의, 공인된	impresionante	인상적인, 감동적인, 경이적인
peligroso	위험한	senderismo	m. 하이킹
histórico	역사의, 역사적인	colonial	식민지의
seguridad	f. 안전, 치안, 확신, 보장	seguro	m. 보험, 안전 / 안전한, 확실한

발표문 연습

포함 사항	발표 예시
• Qué país es; por qué le gustaría viajar a allí;	- **A mí me gustaría viajar a** México. La razón es que … - **Es España el país al que quiero viajar.** Porque…
• Desde cuándo le gusta ese país; qué cosas conoce de ese país;	- **Vi un documental** sobre … **Desde entonces**, me gusta mucho ese país. - **Me gusta ese país desde que un día conocí a** un amigo de España. Él me habló sobre …
• Qué le gustaría hacer allí; cuándo y con quién le gustaría viajar a allí;	- **Me gustaría visitar** todos los lugares famosos de … - **Sería una buena idea viajar a ese país con** mis hermanos porque…
• Qué dificultades cree que tendrá.	- **Pienso que** el idioma **podría ser un problema**. - **Quizás** no me **guste** la comida. **Eso podría ser una dificultad para mí**.

3 모범 답안

A mí, algún día, me gustaría viajar a Perú. Mi profesora de español es de allí y en clase siempre nos dice que es un país muy bonito y que la gente es muy amable y simpática. Antes de conocer a mi profesora no sabía nada de Perú, pero ahora sí porque en clase ella siempre nos cuenta muchas cosas. Por ejemplo, que la comida típica es el ceviche y está hecha con pescado crudo o que el quechua que es una lengua oficial. También he visto fotos de Machu Picchu en Internet y es un lugar impresionante. Me gustaría viajar a Perú dentro de unos años, cuando tenga dinero y cuando aprenda más español. Me gustaría viajar con alguna amiga porque no me gusta viajar sola y, además, he oído que viajar en Latinoamérica es un poco peligroso y me da miedo. En Perú, me gustaría ir a Machu Picchu, hacer senderismo por los Andes y probar el ceviche y otras comidas locales. También quiero visitar Cusco. He oído que es una ciudad muy antigua y bonita con muchos lugares históricos coloniales. Creo que me gustará mucho. Lo más difícil de viajar a Perú creo que será el idioma porque todavía no hablo bien español y también la seguridad. No sé si es un país seguro para los turistas que lo visitan.

해석

저는 언젠가 페루를 여행해 보고 싶습니다. 저의 스페인어 선생님께서 그곳 출신인데 수업 시간에 항상 저희에게 그곳은 매우 아름다운 나라이며 사람들이 매우 친절하고 착하다고 말씀하십니다. 제 선생님을 알기 전에는 페루에 대해 전혀 몰랐습니다. 하지만 지금은 선생님이 저희에게 많은 이야기를 해 주셔서 조금 압니다. 예를 들면 전통 음식은 세비체이고 날 생선으로 만든다는 것과 케추아어가 공용어라는 사실입니다. 또한 저는 마추픽추의 사진을 인터넷을 통해 보았는데 그곳은 정말 경이로운 장소입니다. 저는 몇 년 내로 돈이 있고 스페인어를 더 배우면 페루에 여행을 가고 싶습니다. 저는 친구와 함께 여행하고 싶은데 그 이유는 전 혼자 여행하는 것을 좋아하지 않으며, 또한 중남미 여행은 조금 위험하다고 들어서 두렵기 때문입니다. 페루에서 저는 마추픽추에 가고 안데스산맥에서 하이킹을 하고 세비체 및 다른 지역 음식을 맛보고 싶습니다. 또한 쿠스코를 방문하고 싶습니다. 그 도시는 많은 식민지 역사의 명소가 있는 매우 오래되고 아름다운 도시라고 들었습니다. 저는 그 도시가 매우 마음에 들 것이라 생각합니다. 페루를 여행하는 데 있어서 가장 어려운 점은 저는 아직 스페인어를 잘 구사하지 못하기 때문에 언어일 것이라 생각합니다. 그리고 치안 문제도 역시 어려운 점일 것입니다. 그곳을 방문하는 관광객들에게 안전한 국가인지 모르겠습니다.

1 해석

지령

과제 1의 발표를 마친 후 동일한 주제에 대해 감독관과 **3~4분**간 대화를 나누어야 합니다.

감독관의 질문 예시:

- 당신은 스페인어 사용 국가를 여행한 적이 있습니까? 어느 나라입니까?
- 당신이 지금까지 여행한 곳 중에서, 가장 마음에 드는 곳은 어디인가요? 왜 그런가요?
- 당신의 의견으로는 외국으로 여행할 준비를 할 때, 가장 중요한 점은 무엇일까요? 왜 그런가요?

---

2 필수 어휘 및 발표문 연습

필수 어휘

habla	f. 언어 능력, 말하는 태도	hispano	m.f. 스페인 사람, 미국에 사는 중남미 태생 사람 / 스페인의, 중남미의
sitio	m. 장소, 지역, 곳	aspecto	m. 외관, 양상, 관점
extranjero	m. 외국, m.f. 외국인 / 외국의	idioma	m. 언어, 국어
costumbre	f. 풍습, (문화적) 관습, 습관	comunicarse	통신하다, 교신하다
imaginar	상상하다	nativo	m. 현지인, 원주민 / 낳은 곳의, 토착민의

발표문 연습

포함 사항	발표 예시
• ¿Ha estado usted en algún país de habla hispana? ¿Dónde?	- **Sí. He estado en** ... - **Sí. Estudié** español en ... **durante** un año. - **No**, aún **no he estado en ningún país** de habla hispana.
• De los sitios a los que ha viajado, ¿cuál es el que más le ha gustado? ¿Por qué?	- **El lugar que más me ha gustado** es ... porque ... - De todos los sitios a los que he viajado, **no puedo olvidar** ...
• ¿Cuáles son los aspectos más importantes en su opinión cuando se prepara un viaje al extranjero? ¿Por qué?	- **En mi opinión**, cuando se prepara un viaje al extranjero, **es muy importante** ..., porque... - **Considero que** ... **es lo más importante** para viajar al extranjero. Porque...

3 모범 답안

감독관
¿Ha estado usted en algún país de habla hispana? ¿Dónde?

응시자
No, nunca. Todavía no. Pero he estado en Filipinas y en Guam. Guam es una pequeña isla. Es muy bonita.
아니요, 전혀요. 아직은 없습니다. 하지만 저는 필리핀과 괌에 가 본 적이 있습니다. 괌은 작은 섬입니다. 매우 예쁩니다.

감독관
De los sitios a los que ha viajado, ¿cuál es el que más le ha gustado? ¿Por qué?

응시자
Creo que Filipinas, o quizás Jeju. El año pasado estuve en Jeju con mi familia y nos lo pasamos muy bien. Me gustó mucho. Especialmente, me gustó la comida. En JeJu se puede ir a la playa, hacer senderismo, montar a caballo y cosas así.
필리핀 또는 제주도일 듯합니다. 작년에 저는 가족과 함께 제주도에서 보냈고 우리는 아주 즐거웠습니다. 무척 마음에 들었습니다. 특히, 음식이 아주 좋았습니다. 제주도에서는 바다에 갈 수 있고, 하이킹을 하거나 말을 타는 등의 일들을 할 수 있습니다.

감독관
¿Cuáles son los aspectos más importantes en su opinión cuando se prepara un viaje al extranjero? ¿Por qué?

응시자
Para mí, lo más importante para viajar al extranjero son el idioma y las costumbres. Opino que debes aprender aunque sea un poco del idioma y las costumbres del país al que vayas a viajar. Es lo mínimo.
저에게 있어 외국을 여행할 때 가장 중요한 것은 바로 언어와 관습입니다. 당신이 여행할 국가의 언어를 조금이라도 배우고 관습을 배워야 한다고 생각합니다. 그것은 최소한 해야 할 일입니다.

Tarea 3 회화 종합 연습문제 정답 및 해설

1 해석

지령

당신에게 두 장의 사진을 보여 줍니다. 그중 <u>하나</u>를 선택하고 자세히 관찰하세요.

사진 예시:

1~2분간 사진에서 보이는 것과 일어나는 일에 대해 상상되는 바를 상세히 묘사하세요.

다음과 같은 점을 이야기할 수 있습니다:

- 사람들: 어디에 있는지, 어떤지, 무엇을 하는지
- 그들이 있는 장소: 어떤지
- 사물들: 어떤 사물이 있는지, 어디에 있는지, 어떤지
- 이 사람들 사이에 어떤 관계가 있다고 생각하는지
- 그들이 무엇에 대해 말하고 있다고 생각하나요?

이어서, 감독관이 당신에게 몇 가지 질문을 할 것입니다.

이 과제의 총 시간은 **2~3분**입니다.

감독관의 질문 예시:

- 당신은 사진 속 장소와 비슷한 곳에 있어 본 적이 있습니까? / 당신은 사진 속 장소와 비슷한 곳에 가 본 적이 있습니까?
- 그곳은 어땠나요? 수업은 보통 어땠나요? 선생님은 어땠나요?
- 그와 비슷한 곳에서 공부하고 싶나요? 왜 그런가요? / 왜 그렇지 않은가요?
- 당신은 현재 어떤 언어를 공부하나요? 미래에 당신은 다른 어떤 언어를 공부하고 싶은가요?

회화 **331**

2 필수 어휘 및 발표문 연습

필수 어휘

aula	f. 교실, 강의실	mayor	m. 어른, 연로한 사람 / 연상의, 더 많은
a lo mejor	아마 (=quizás, tal vez)	academia	f. 학원, 학교
al lado de	~의 바로 옆에, ~의 가까이에	pizarra	f. 칠판, 흑판
ambiente	m. 분위기, 환경, 자연환경	de pie	서 있는, 기립해 있는
señalar	표시하다, 지적하다, 가리키다, 신호를 하다	dedo	m. 손가락, 발가락
nota	f. 기록, 메모	musulmán	m.f. 이슬람교도 / 이슬람교를 믿는
vergüenza	f. 부끄러움, 창피, 수치	estudioso	부지런한, 학구적인, 공부를 좋아하는
anotar	기록하다, 적다, 메모하다		

발표문 연습

참고 사항	발표 예시
• Las personas: dónde están, cómo son, qué hacen.	- En la foto, se puede ver a unos jóvenes sentados en un aula. Los jóvenes están escribiendo algo. - También, hay una señora mayor. - A lo mejor ellos están en una clase.
• El lugar en el que se encuentran: cómo es.	- Los jóvenes se encuentran en un lugar que parece un aula. - Tal vez el lugar de la foto sea una academia de idiomas.
• Los objetos: qué objetos hay, dónde están, cómo son.	- Al lado de la profesora, hay una pizarra y hay algo escrito. - Hay una mesa muy grande de madera y todos los chicos están sentados en la misma mesa.

문답 훈련

예상 질문	답변 예시
• ¿Ha estado usted en algún lugar parecido al de la imagen? ¿Conoce usted algún lugar parecido al de la imagen?	- Sí. He estudiado en una academia como de la imagen. - Sí. Conozco un lugar parecido. El aula de mi academia de español es muy parecido.
• ¿Cómo era? ¿Cómo eran las clases, normalmente? ¿Cómo era el profesor?	- El ambiente de la clase era muy bueno como de la imagen. - Mi profesor de inglés era un señor mayor. No era muy amable con los estudiantes, pero explicaba bien.

• ¿Le gustaría estudiar en algún lugar parecido? ¿Por qué? o ¿Por qué no?	- Sí, a mí me gustan los pequeños grupos como en la imagen. - ¡Sí, claro! Es bueno estudiar en un ambiente así. A mí no me gusta estudiar solo.
• ¿Qué idiomas estudia usted? ¿Qué otro idioma le gustaría estudiar en el futuro?	- Ahora solo español, pero pronto quiero empezar a estudiar chino.

3 모범 답안

사진 묘사

En esta foto, se ve a varios chicos y chicas sentados en un lugar que parece un aula. Pienso que ellos tienen unos 20 o 30 años. También hay una señora mayor de pie. Creo que ella es la profesora. Debe tener unos 50 años y lleva gafas. Ahora ella está señalando con su dedo a un estudiante. Quizás le esté preguntando algo o quiera que diga algo. Me parece que están en una clase de inglés porque a la derecha de la profesora hay una pizarra y hay algo escrito en inglés. Tal vez sea una academia de idiomas. Los estudiantes parecen estar atentos y están tomando notas. No sé qué tipo relación tienen estas personas, pero son compañeros de clase y me imagino que son estudiantes de diferentes partes del mundo y han ido a la academia para aprender y mejorar su inglés. También hay una chica que parece musulmana. Ella no está mirando a la profesora. Quizás tenga vergüenza o no quiera que le pregunte. O tal vez sea muy estudiosa y esté anotando todo lo que dice la profesora.

해석

이 사진에는 여러 명의 남자와 여자들이 교실로 보이는 장소에 앉아 있는 것이 보입니다. 내 생각에 그들은 20세 또는 30세 정도의 연령입니다. 또한 한 중년 여성이 서 있습니다. 내 생각에 그녀는 선생님인 것 같습니다. 나이는 50세 정도일 것이며 안경을 쓰고 있습니다. 지금 그녀는 손가락으로 한 학생을 가리키고 있습니다. 어쩌면 뭔가 물어보고 있거나 또는 무언가 말하기를 원하는 것일 수도 있습니다. 내 생각에 그들은 지금 영어 수업을 하고 있는 것 같습니다. 선생님의 오른편에 칠판이 하나 있고, 영어로 무언가 쓰여 있기 때문입니다. 어쩌면 언어 학원일 수도 있겠습니다. 학생들은 매우 집중하고 있는 듯 보이며, 그들은 무언가 적고 있습니다. 이 사람들이 어떤 관계인지는 모르지만 그들은 같은 수업을 듣는 동급생이고 그들은 세계 각국의 학생들이며 영어를 배우고 향상시키려고 학원에 간 것입니다. 이슬람교도로 보이는 한 여자도 있습니다. 그녀는 선생님을 바라보고 있지 않습니다. 어쩌면 부끄럽거나 또는 질문을 받고 싶지 않을 수도 있습니다. 어쩌면 매우 모범생이어서 선생님이 말하는 모든 것을 적고 있을 수도 있습니다.

질문과 답변

감독관
> ¿Ha estado usted en algún lugar parecido al de la imagen?

응시자
> Sí, yo también he estudiado inglés en una academia.
> 네, 저는 한 학원에서 영어를 배웠습니다.

감독관
> ¿Cómo era?

응시자
> El ambiente de las clases era parecido al de esta foto, aunque en mi clase todo el mundo era coreano y no había ninguna musulmana.
> 수업 분위기는 이 사진의 것과 비슷했습니다. 비록 모든 이들이 한국인이었고 그 어떤 이슬람교도 여성은 없었지만요.

감독관
> ¿Le gustaría estudiar en algún lugar parecido? ¿Por qué? o ¿Por qué no?

응시자
> Sí, claro. Parece una clase interesante y divertida. Además, el chico de gafas, aunque no le veo la cara, parece guapo.
> 네, 물론입니다. 매우 흥미롭고 재미있는 수업 같아 보입니다. 또, 안경을 쓴 남자는 얼굴은 잘 안 보이지만 잘생긴 것 같습니다.

감독관
> ¿Qué idiomas estudia usted? ¿Qué otro idioma le gustaría estudiar en el futuro?

응시자
> Ahora solo estudio español. En el futuro...¿quizás alemán? De momento, no he pensado en estudiar otros idiomas.
> 지금은 스페인어만 공부합니다. 미래에는... 어쩌면 독일어? 지금은 다른 언어를 공부하는 것을 생각해 보지 않았습니다.

1 해석

지령

당신은 감독관과 **2~3분**간 가상의 상황에 대해 대화를 나누어야 합니다.

상황 예시:

당신은 한 스페인어 학원에서 공부하고 있습니다. 당신의 친구 한 명이 그 학원에 등록하길 원합니다. 감독관이 당신의 친구라고 상상하세요.
다음 지시 사항들을 따라 그와 대화를 나누세요.

친구와의 대화에서 당신은 다음을 해야 합니다.
- 그 학원에서 언제부터 공부하는지 그리고 왜 그곳을 선택했는지 밝히기
- 어떤 종류의 수업이 있는지 설명해 주기
- 추천해 주기
- 등록하기 위한 도움을 제안하기

---

2 필수 어휘 및 발표문 연습

필수 어휘

academia	f. 학원, 학교	matricularse	등록하다, 기입하다
elegir	고르다, 선택하다	tipo	m. 타입, 유형, 모범
recomendación	f. 추천, 의뢰, 권고	ofrecer	주다, 제공하다
ayuda	f. 도움, 원조	centro	m. 중심, 도심지, 기관
satisfecho	만족한, 기뻐하는	según	~에 의해, ~에 따라서, ~에 의하면
valer la pena	~할 가치가 있다, ~할 보람이 있다 (=merecer la pena)	arrepentirse	후회하다
mismo	똑같은, 동일한, 바로 그것, 단장, 바로	plan	m. 계획, 예정
depender de	~에 좌우되다	acompañar	함께 있다, 수반하다, 동행하다

발표문 연습

대화 시작

안녕! 요즘 어떻게 지내? 새로운 소식 있니?	**¡Hola! ¿Cómo estás? ¿Qué cuentas?**
안녕! 그거 알아? 나 요즘에 스페인어 배우려고 해.	¡Hola! **¿Sabes? Yo estoy interesado en aprender** español.
나 역시 스페인어 배우고 있어. 너 몰랐구나?	**Yo también estoy estudiando** español. **¿No lo sabías?**
너 어디에서 공부할 생각이니?	**¿Dónde piensas** estudiar?
너는 무엇을 위해서 스페인어를 공부할 거니?	**¿Para qué vas a estudiar** español?

주제 전개

나는 '끼호떼 이 산초' 라는 한 학원에서 스페인어를 공부해.	Yo **estudio español en una academia que se llama** "Quijote y Sancho".
내가 작년부터 공부하는 기관은 '끼호떼 이 산초'라는 스페인어 학원이야.	**El centro donde estudio** español desde hace un año **es una academia** que se llama "Quijote y Sancho".
내가 그 학원을 선택한 것은 이 도시에서 가장 큰 학원이기 때문이야.	**Elegí esa academia porque** es la más grande de toda la ciudad.
나는 매우 만족스러워.	Yo **estoy** muy **satisfecho.**
나는 그 학원과 수업 프로그램이 무척 마음에 들이.	**Me gusta mucho la academia** y su programa de clases.
너의 스페인어 실력에 따라 다양한 수업들이 있어.	**Hay diferentes clases** según tu nivel de español.
모든 레벨의 수업들이 있어. 초급, 중급 그리고 고급.	Hay clases de todos los niveles. **Nivel inicial, intermedio y avanzado.**
강좌는 한 달에 400,000원의 비용이 들어.	**El curso** me **cuesta 400.000** wones al mes.
한 달에 400,000원이야.	**Son 400.000** wones al mes.
선생님들은 스페인 사람들이며 그들 모두 매우 실력이 좋으셔.	**Los profesores** son españoles y todos ellos **son muy buenos.**
두 달 과정의 기초 과정을 추천할게.	**Te recomiendo el nivel** básico de dos meses.
들어 볼 만해. 너 후회하지 않을 거야.	**Vale la pena. No te arrepentirás.**

작별 인사 및 대화 종결	
물론이야! 오늘 당장 너와 함께 가 줄 수 있어.	**¡Claro que sí! Te puedo acompañar** hoy mismo.
네가 등록을 하러 내일 가면 어떻겠니?	**¿Qué te parece si vamos** mañana para que te inscribas?
알겠어! 내일 가자.	**¡De acuerdo!** Vamos mañana.

3 모범 답안

감독관   ¡Hola! ¿Qué cuentas?
안녕! 새로운 소식 있니?

응시자   Pues nada especial. ¿Y tú? ¿Qué planes tienes para estas vacaciones?
아니, 새로운 일은 전혀 없어. 너는? 이번 방학에 계획이 있니?

감독관   Este verano voy a estudiar español.
이번 여름에 나는 스페인어를 공부할 거야.

응시자   ¡Qué bien! ¡Me alegro! Yo también estudio español.
잘됐다! 기뻐! 나 역시 스페인어 공부를 해.

감독관   ¿Sí? ¡Qué bien! Tú estudias en una academia, ¿verdad? ¿Desde cuándo estudias en esa academia?
그래? 아주 좋은데! 너는 학원에서 공부하지? 그 학원에서 언제부터 공부하니?

응시자   Sí. Yo estudio español desde hace dos meses en una academia que se llama "Quijote y Sancho". Entre todas las academias de español, me gustó más esta academia porque es la más grande y la más antigua.
맞아. 나는 두 달 전부터 '끼호테 이 산초'라는 학원에서 공부해. 모든 스페인어 학원 중에서 이 학원이 가장 마음에 들었는데, 이 학원이 가장 크고 오래되었기 때문이야.

감독관   ¿Y qué tal? ¿Está bien? ¿Cómo son los profesores?
어때? 괜찮아? 선생님들은 어때?

응시자   Sí, yo estoy muy satisfecho. Los profesores son buenos y el sistema es bastante bueno también. Pero es un poco cara.
그럼, 나는 매우 만족해. 선생님들은 매우 좋으시고 학원 시스템도 역시 아주 좋아. 하지만 조금은 비싸.

감독관	¿De verdad? ¿Muy cara? 그래? 많이 비싸니?
응시자	Bueno, depende del curso. En mi caso, me cuesta 400.000 wones y tengo clase 4 días a la semana. 수업에 따라 달라. 나의 경우는 400,000원이고 일주일에 4일 수업이 있어.
감독관	Sí, es algo cara. ¿Qué curso me recomiendas? 그래, 조금 비싸네. 내게 어떤 수업을 추천하겠니?
응시자	Hay clases para todos los niveles, pero tú hablas bastante bien. Creo que podrías hacer el curso de nivel avanzado. 모든 레벨을 위한 수업이 있지만 너는 스페인어를 아주 잘 구사하잖아. 넌 고급 과정을 할 수 있을 거라 생각해.
감독관	¿Y dónde está esta academia? 그 학원은 어디에 있지?
응시자	Está cerca del centro. Si quieres puedo acompañarte y podemos ver qué cursos hay y cuál te interesa más. 중심가에서 가까워. 네가 원한다면 내가 함께 가 줄 수 있어. 어떤 수업이 있는지 보고 네가 가장 관심 있는 게 어떤 건지 보자.
감독관	¡Perfecto! Entonces, vamos juntos. ¿Cuándo puedes? 좋아! 그럼 우리 함께 가자. 너는 언제 갈 수 있니?
응시자	¿Qué tal mañana? Es que mañana tengo clase en la academia. 내일 가면 어떨까? 내일 학원에서 수업이 있거든.
감독관	¡Me parece genial! Entonces nos vemos mañana. 아주 좋아! 그럼 내일 보자.
응시자	¡Vale! Hasta mañana. 그래! 내일 만나.

CHAPTER 2
DELE B1

모의테스트

2세트의 모의테스트를 통해 실전처럼 문제를 풀고 풀이 방법을 복습해 봅시다. CHAPTER 1에서 학습한 내용을 기억하면서 차근차근 풀고 내 것으로 만들어 시험을 준비한다면 B1 합격이 수월해질 수 있습니다.

PRUEBA DE COMPRENSIÓN DE LECTURA

La prueba de **Comprensión de lectura** contiene <u>cinco tareas</u>.

Usted debe responder a 30 preguntas.

Duración: 70 minutos.

Marque sus opciones únicamente en la **Hoja de respuestas.**

Comprensión de lectura

Tarea 1

INSTRUCCIONES

Usted va a leer seis textos sobre unas personas que necesitan trabajo y diez anuncios de ofertas de empleo. Relacione a las personas (1-6) con los textos de la oferta (A-J).

HAY TRES TEXTOS QUE NO DEBE RELACIONAR.

Marque las opciones elegidas en la **Hoja de respuestas**.

	PERSONA	TEXTO
0.	EDGAR	D
1.	LÁZARO	
2.	IRINA	
3.	JOAQUÍN	

	PERSONA	TEXTO
4.	ADOLFO	
5.	DIEGO	
6.	PABLO	

0. EDGAR	Graduado en Gestión y Marketing Empresarial, me interesa mucho trabajar en este campo porque llevo toda la vida formándome en ello y así podré seguir aprendiendo. Soy una persona que tiene habilidades comunicativas y pensamientos positivos.
1. LÁZARO	Me gustaría poder trabajar conduciendo, ya que es una de las cosas que más me gusta hacer. Me importa que sea agradable el lugar del trabajo y, también que el horario sea flexible.
2. IRINA	Busco trabajo de secretaria, administrativa y recepcionista. Tengo 30 años. Experiencia en marketing, eventos, administración y secretariado. Soy dinámica, proactiva y acostumbrada a trabajar bajo presión y en equipo.
3. JOAQUÍN	Soy un chico trabajador, puntual, con experiencia en salas y banquetes. Además, he realizado distintos cursos, de cocina, manipulador de alimentos y camarero. Con muchas ganas de trabajar, dispuesto a laborar tarde y noche, incluso fines de semana.
4. ADOLFO	Soy un joven de fácil adaptación y muy sociable. Poseo coche y estoy abierto a una incorporación inmediata. Tengo conocimientos informáticos y experiencia en ventas y atención al cliente.
5. DIEGO	Me llamo Diego y estoy licenciado en Administración y Dirección de Empresas. Tengo 26 años y estoy buscando empleo en el sector de la banca y la administración. Soy una persona dinámica con experiencia en el sector de la banca.
6. PABLO	Soy un joven de 26 años con experiencia como cocinero y camarero en hoteles y restaurantes. Estoy disponible para trabajar en turnos de mañana. Incorporación inmediata. Hablo español, inglés e italiano.

OFERTA DE EMPLEO

A

ENCARGADO/A

MULTINACIONAL INGLESA busca responsable de zona para el norte de España. Requisitos: titulación superior en Económicas, dominio de inglés y/o alemán, experiencia en el sector.

B

CAMARERO/A

RESTAURANTE DE COMIDA RÁPIDA en el centro de Madrid necesita camarero/a. Con o sin experiencia. Entre 25 y 40 años de edad. Imprescindible hablar idiomas. Horario: de 8:00 h a 11:30 h. Sueldo base más propinas. Interesados llamar al 91 308 27 36.

C

PROGRAMADOR/A JUNIOR

CAJA JOVEN selecciona programadores con experiencia en el sector de la banca. Experiencia mínima de seis meses en un puesto similar. Nivel de inglés alto. Ofrecemos: jornada laboral completa en nuestra sede de Necochea, contrato indefinido y sueldo a convenir. Contactar con la Sra. Villaverde. Teléfono 78 76 54 12.

D

SECRETARIOS/AS ADMINISTRATIVOS/AS

GARRIDO ADMINISTRATIVOS selecciona personal para realizar todas las funciones propias de una oficina. Requisitos mínimos: capacidad de comunicación y dotes organizativas. No es necesaria experiencia. Formación continua a cargo de la empresa. Enviar curriculum vitae a Selección de Personal.

E

DELEGADOS/AS COMERCIALES

Empresa cárnica LA FONTANA necesita dos delegados/as comerciales. Se precisa: experiencia en el sector, carné de conducir y disponibilidad para viajar. Enviar curriculum vitae durante el mes de septiembre. Apdo. de correos 16789, Buenos Aires.

F

CAMAREROS/AS

Bar Rest de Barcelona necesita camarer@ con experiencia en servicio a la carta en mesas. Imprescindible: manejo de la bandeja y platos con comida (se realiza prueba), ser amable y simpátic@ con los clientes. Horario: de 18.00 h hasta las 00.30 h máximo. Libre: un día por semana aleatorio. Posibilidad de trabajar sábados.

G

COMERCIALES

EL CABLE, empresa de telefonía móvil, necesita personal para incorporación inmediata para captación de nuevos clientes. Requisitos: experiencia, grado medio, conocimientos de ofimática, carné de conducir y vehículo propio.

H

RECEPCIONISTA

Taller Neumáticos, precisa chica entre 25 y 35 años de edad para cubrir puesto de atención al cliente en taller, además de recepción de llamadas telefónicas. Imprescindible experiencia de cara al público, buena imagen y conocimientos de ofimática. Se ofrece contrato de trabajo indefinido y estable y buen ambiente de trabajo. Horario de lunes a sábado.

I

PROFESOR DE AUTOESCUELA

El centro de Autoescuela Madrid busca profesor para los permisos tipo A y B. Jornada a convenir. Muy buen ambiente. Buscamos gente con ilusión por enseñar.

J

CAJERO/A

Únete al banco SANTA FE como cajero principal. Tendrás que asegurar la calidad de atención al cliente en las cajas y garantizar la fiabilidad de los procedimientos de cobro. Deberás coordinar las actividades del equipo en el día a día. Interesados solicitar cita en el teléfono 87 609 54 32.

INSTRUCCIONES

Usted va a leer un texto sobre un café muy famoso. Después, debe contestar a las preguntas (7-12). Seleccione la respuesta correcta (a / b / c).

Marque las opciones elegidas en la **Hoja de respuestas**.

KOPI LUWAK, UN POCO DE HISTORIA DEL CAFÉ MÁS CARO DEL MUNDO

El café más caro del mundo hasta el momento, es el denominado Kopi Luwak. Evidentemente no se trata de un café normal y pocos son los que podrían o querrían pagar los 75 euros que vale una simple taza de esta bebida, al menos este es el precio que se paga en la cafetería de los almacenes en Londres.

El Kopi Luwak se recolecta a mano, los granos de café se encuentran entre los excrementos del Luwak, un animal algo más grande que un gato, también denominado civeta indonesia, que habita en las plantaciones de café de las islas de Indonesia. Este animal se alimenta de los granos de café más maduros y su metabolismo le permite digerir las partes más blandas y carnosas de las semillas, pero desecha el resto.

El café Kopi Luwak es considerado el mejor del mundo y ofrece un sabor parecido al caramelo, al menos eso es lo que dicen quienes lo han probado. Pero volviendo al tema de la recolección, no debe resultar sencillo buscar excrementos de civeta para luego, con sumo cuidado, reciclar y lavar los granos de café semi digeridos que se encuentran entre ellos. Después basta un tostado leve para obtener el preciado Kopi Luwak. ¿A quién se le ocurrió reciclar estos granos? No se sabe, pero quizá era alguien que tenía necesidad, alguien que buscaba nuevos placeres o incluso una broma. Quién sabe.

Lo que sí es que la higiene está garantizada, ya que el café se hace con el grano tostado y molido, tras haber sido pelado y previamente lavado, por lo que no queda ningún resto desagradable ni, desde luego, ningún aroma ni residuo de origen animal.

Una marca de café de Vietnam, 'Trung Nguyen' desarrolló un proceso en el que se simulaba el sistema digestivo de la civeta y por el que se procesaban los granos de café para obtener un producto muy similar al natural. De ahí que podamos encontrar café Kopi Luwak más barato para satisfacer la demanda del mercado. Por cierto, este sistema permitiría abastecer la demanda en el caso de que se produjera algún problema con las civetas, como ya ocurrió en el año 2004, año en que por una enfermedad murieron millares de ellas.

En fin, no nos queda otra alternativa que probar el café de civeta. Es el único modo de poder entender por qué resulta tan apreciado su sabor. ¿Ya lo has probado?

PREGUNTAS

7. Según el texto, el Kopi Luwak...

   a   es un café normal.

   b   es muy caro.

   c   es un producto de Inglaterra.

8. Los granos del café...

   a   se cosechan a máquina.

   b   son consumidos por los gatos.

   c   se siembran con los excrementos de los gatos llamados Luwak.

9. El café Kopi Luwak...

   a   es muy reconocido.

   b   tiene un sabor ácido.

   c   es fácil de obtener.

10. Según el texto, los granos de este café se empezaron a reciclar y consumir...

    a   por alguien que tenía la necesidad de hacerlo así.

    b   por alguien que buscaba algo nuevo.

    c   por una razón desconocida.

11. Para obtener el café sin ningún resto desagradable, el grano...

    a   se cuece.

    b   se tuesta.

    c   se remoja en agua.

12. Lo que se puede lograr gracias al proceso inventado por la marca Trung Nguyen es...

    a   conseguir un café de mejor calidad que el Kopi Luwak.

    b   reemplazar el Kopi Luwak cuando les pasa algo a los gatos.

    c   prevenir enfermedades que causan la muerte de los gatos.

INSTRUCCIONES

Usted va a leer tres textos en los que unas personas hablan sobre su lengua materna y el bilingüismo. Relacione las preguntas (13-18) con los textos (A, B, o C).

Marque las opciones elegidas en la **Hoja de respuestas**.

PREGUNTAS

		A. JACINTA	B. ALANA	C. RAFAEL
13.	¿Quién aprovecha sus raíces para mostrar lo rico de su cultura a los visitantes?			
14.	¿Quién critica a sus compatriotas por no hablar su lengua nativa, sobre todo en los centros urbanos?			
15.	¿Quién se acuerda de la gloria de hace siglos, cuando habla una lengua indígena?			
16.	¿Quién piensa que en su comunidad no hacen lo suficiente para dar importancia a su lengua?			
17.	¿Quién sabe hablar varios idiomas, aunque no haya nacido en una gran ciudad?			
18.	¿Quién dice que su lengua no proviene de otra?			

TEXTOS

A. JACINTA

Vivo en el centro de México y mi idioma es el náhuatl. Es un idioma madre porque no deriva de ningún otro idioma, como el inglés y el español, que esas lenguas tienen sus raíces en el sajón y el latín. Es precioso y a la vez complicado, pero no es imposible de aprender. Cuando lo oyes hablar, te sorprendes de lo bello que es. Cuando hablamos recuperamos nuestra identidad, estamos orgullosos: somos dueños de un pasado esplendoroso que quisieron que olvidáramos a fuerza de humillaciones, pero no lo han logrado después de 500 años.

B. ALANA

En Galicia, que es donde yo vivo, hablamos gallego y castellano. Da igual el idioma que uses, y depende de tu familia y de tu zona. Yo soy gallega y hablo gallego. Mi lengua es un signo de mi identidad. En mi instituto hablan gallego, ya que la mayoría de nuestras clases son en gallego. También hay gallegos que solo saben hablar castellano, en las ciudades generalmente. Allí, en los supermercados, miro los anuncios y todo está en castellano, incluso el recibo de la compra. Y en Internet, su página no está en gallego y ni tan siquiera posibilita leerla en nuestra lengua. Yo, como gallega, pienso que la gente debe modificar sus actitudes: necesitamos utilizar nuestro idioma en todos los lugares incluidos los supermercados, pues es lo mínimo y no cuesta tanto. Es un derecho.

C. RAFAEL

Nací en uno de los cañones más profundos del mundo en el valle del Colca, en el Perú. Mi pueblo se llama Achoma. Esta palabra en quechua, la lengua indígena, quiere decir "sin azúcar". Estudié turismo tres años en la Universidad Nacional de San Agustín, para luego perfeccionarme estudiando para ser chef. Me gusta cocinar y preparar para los turistas y visitantes los platos típicos de Perú y del valle del Colca. Mi fuerte es el senderismo dentro del cañón y en muchos otros lugares. Hablo castellano, inglés y quechua, mi idioma original. Me visto con la vestimenta típica de mi pueblo y todos los años bailo la danza típica del Colca que es el wititi: es la danza del amor.

INSTRUCCIONES

Lea el siguiente texto, del que se han extraído seis fragmentos. A continuación, lea los ocho fragmentos propuestos (A-H) y decida en qué lugar del texto (19-24) hay que colocar cada uno de ellos.
HAY DOS FRAGMENTOS QUE NO TIENE QUE ELEGIR.

Marque las opciones elegidas en la **Hoja de respuestas**.

EL MISTERIO DE LOS ZURDOS

Napoleón y Julio César tenían algo más en común que sus dotes de liderazgo. También con Alejandro Magno, con Hugo Chávez y con cuatro de los siete últimos presidentes de los EE.UU. **19.** _____.

¿Están las personas que usan la mano izquierda más capacitadas para gobernar? ¿Qué diferencias hay en los cerebros de diestros y zurdos? **20.** _____.

"Aún no se sabe por qué una persona se hace zurda o diestra", reconoce Roberto Gallego, del Instituto de Neurociencias de Alicante, aunque sí parece que "la predilección por una mano u otra se empieza a desarrollar en el feto". **21.** _____.

Existen algunos datos confirmados sobre los zurdos. **22.** _____. "Aunque uno no está seguro de hasta qué punto algunos de los diestros actuales son zurdos corregidos", admite Gallego, que recuerda que hasta no hace mucho tiempo "a estas personas las obligaban, con todo tipo de métodos, a utilizar la otra mano".

A lo largo de la historia han sido objeto de maltrato bajo las falsas creencias de que estaban poseídos por el diablo, que eran más propensos a cometer crímenes y un sinfín de mitos más. **23.** _____. Le ocurrió a Daniel, que ahora tiene 33 años y sigue siendo zurdo para todo, pero a quien en el colegio le obligaban a escribir con la derecha. "A la fuerza aprendes, claro, pero una vez acababa la clase volvía a usar la mano izquierda porque es lo que me sale de forma natural", afirma.

De hecho, una investigación publicada recientemente en la revista 'Cortex', realizada por un equipo de la Universidad de Ontario, Canadá, afirma que "los diestros son más diestros que los zurdos zurdos". Es decir, que "las personas que usan habitualmente la mano izquierda tienen mucha más destreza con la mano derecha que los diestros con la contraria. **24.** "_____" explica David Carey, uno de los autores.

FRAGMENTOS

A. Por eso, había que "reeducar" a los niños "desviados".

B. Las teorías apuntan a que la mano que el bebé tenga siempre más cerca de la boca es la que más utilizará en su vida.

C. Seguramente, tenían una gran capacidad para gobernar.

D. Todos ellos eran zurdos.

E. Así que los padres querían que sus hijos escribieran con la mano izquierda.

F. Posiblemente porque desde pequeños se han visto obligados a usar ambas manos.

G. La ciencia está mostrando un interés reciente por estas cuestiones, pero por ahora las respuestas no son claras.

H. Por ejemplo, el porcentaje de población zurda en el mundo se mantiene constante en un 10%.

INSTRUCCIONES

Lea el texto y rellene los huecos (25-30) con la opción correcta (a / b / c).

Marque las opciones elegidas en la **Hoja de respuestas**.

Acapulco, Guerrero, 10 de enero del 2018.

Querida madre:

Espero que te encuentres muy bien. El motivo de mi carta es para _____25_____ una gran noticia. ¡_____26_____ que voy a ser abuela! Mi hija Lore está embarazada. ¡Sí! ¡Vas a ser bisabuela!

Primero fue una gran sorpresa _____27_____ enterarnos, puesto que ella aún es joven, pero una vez que pasó la sorpresa inicial, tanto mi esposo Ramón _____28_____ mis otras hijas y yo aceptamos muy bien la buena nueva.

Lore, por lo pronto, no va a casarse con su novio hasta que nazca el bebé, pero los dos están muy enamorados y también ilusionados, así que van a preparar todo _____29_____ pronto estén juntos ya como una familia.

Te comparto esto con mucha emoción y sé que a ti también te dará mucho gusto. Espero verte muy pronto y ya te _____30_____ mandando fotos de la pancita de Lore. ¡Ojalá que para cuando nazca el bebé puedas venir a conocerlo!

Te mando un fuerte abrazo con mucho cariño,

Lucy

OPCIONES

25.	a	hablarte	b	contarte	c	pedirte
26.	a	Piensa	b	Dime	c	Fíjate
27.	a	lo	b	el	c	un
28.	a	como	b	cual	c	que
29.	a	porque	b	ya que	c	para que
30.	a	estaría	b	estuve	c	estaré

PRUEBA DE COMPRENSIÓN AUDITIVA

La prueba de **Comprensión auditiva** contiene <u>cinco tareas</u>.

Usted debe responder a 30 preguntas.

Duración: 40 minutos.

Marque sus opciones únicamente en la **Hoja de respuestas.**

Comprensión auditiva

Tarea 1

INSTRUCCIONES

Usted va a escuchar seis mensajes. Escuchará cada mensaje dos veces.

Después debe contestar a las preguntas (1-6). Seleccione la opción correcta (a / b / c).

Marque las opciones elegidas en la **Hoja de respuestas**.

Ahora tiene 30 segundos para leer las preguntas.

PREGUNTAS

Mensaje 1

1. ¿A dónde tiene que ir la mujer?
   a A una reunión de trabajo.
   b A una cena de trabajo.
   c A una oficina.

Mensaje 2

2. ¿Para que llama la chica al hombre?
   a Para pedirle un favor.
   b Para agradecerle un favor.
   c Para felicitarle.

Mensaje 3

3. Según el mensaje, el restaurante...
   a estará cerrado esta semana.
   b tiene un problema en la cocina.
   c abrirá antes de lo previsto.

Mensaje 4

4. ¿Qué quiere saber el hombre?
   a Cómo apagar el aire acondicionado.
   b Cómo puede leer las instrucciones del aire acondicionado.
   c Cómo empezar a usar el aire acondicionado.

Mensaje 5

5. Según el mensaje, José...
   a se va a retrasar.
   b no sabe dónde está el restaurante
   c va a llevar a un amigo.

Mensaje 6

6. ¿Qué problema tiene el hombre?
   a Ha perdido su maleta.
   b Su maleta no está en buenas condiciones.
   c Quiere pedir que le cambien la maleta.

INSTRUCCIONES

Usted va a escuchar un fragmento de un programa de radio, llamado "Comidas del mundo", en el que Manuela, la propietaria del restaurante "Asia", nos habla sobre su experiencia como cocinera de platos exóticos. Escuchará la audición dos veces. Después debe contestar a las preguntas (7-12). Seleccione la respuesta correcta (a / b / c).

Marque las opciones elegidas en la **Hoja de respuestas**.

Ahora tiene 30 segundos para leer las preguntas.

PREGUNTAS

7. En la audición Manuela cuenta que aprendió a cocinar...
   a en Internet.
   b en la escuela cuando era pequeña.
   c mirando a su abuela.

8. Manuela dice que a su abuela no le gustaba que ella cocinara porque...
   a quería hacerlo todo ella.
   b tenía miedo de que se quemara.
   c no tenía experiencia.

9. Según la grabación, Manuela empezó a interesarse por la comida exótica...
   a en una visita a su hijo que vivía en Hong Kong.
   b cuando viajó a Hong Kong con su hijo.
   c cuando probó la comida de su hijo en Hong Kong.

10. Manuela dice que al principio fue difícil preparar recetas asiáticas porque...
    a en Madrid no había ninguna tienda de alimentación asiática.
    b no había ningún lugar cercano para comprar los ingredientes.
    c no sabía cómo prepararlas.

11. Manuela cuenta en la audición que su hijo...
    a le traía los ingredientes.
    b le enviaba los ingredientes.
    c le vendía los ingredientes.

12. Según la grabación, Manuela abrió su restaurante porque...
    a su familia se lo recomendó.
    b la comida asiática le gusta a mucha gente.
    c le gusta cocinar.

INSTRUCCIONES

Usted va a escuchar un programa radiofónico donde se dan seis noticias sobre los próximos eventos en la ciudad. Escuchará el programas dos veces. Después debe contestar a las preguntas (13-18). Seleccione la respuesta correcta (a / b / c).

Marque las opciones elegidas en la **Hoja de respuestas**.

Ahora tiene 30 segundos para leer las preguntas.

PREGUNTAS

Noticia 1

13. Según la noticia, el concierto de música clásica...

 a se ha suspendido.

 b tendrá lugar en otro lugar más grande.

 c ha cambiado de fecha.

Noticia 2

14. El precio del taller de música latina...

 a es más caro si te registras por Internet.

 b ha subido en comparación con el año pasado.

 c es más barato para los estudiantes.

Noticia 3

15. Según la noticia, ...

 a en la ciudad nunca se han celebrado maratones antes.

 b en el maratón no pueden participar personas menores de 10 años ni mayores de 60 años.

 c este maratón es el primer evento deportivo que se celebra.

Noticia 4

16. El festival de flores ...

 a no es gratuito.

 b es recomendable para familias con hijos.

 c se celebra en una plaza.

Noticia 5

17. En esta noticia sobre la exposición de fotos, ...

 a se anuncia que la exposición dura todo el fin de semana.

 b se anima a los oyentes a participar en ella.

 c se dice que los asistentes pueden comprar fotos en el museo.

Noticia 6

18. La noticia dice que los libros que se entreguen ...

 a se venderán en Latinoamérica.

 b deben ser nuevos.

 c pueden ser de segunda mano.

INSTRUCCIONES

Usted va a escuchar a seis personas que hablan sobre su experiencia sobre hacer dieta. Escuchará a cada persona dos veces. Seleccione el enunciado (A-J) que corresponde al tema del que habla cada persona (19-24). Hay diez enunciados incluido el ejemplo. Seleccione solamente seis.

Marque las opciones elegidas en la **Hoja de respuestas**.

Ahora escuche el ejemplo:

Persona 0

La opción correcta es el enunciado F.

Ahora tiene 20 segundos para leer los enunciados.

ENUNCIADOS

A.	Piensa que no hay por qué hacer dieta.	F.	Come más veces para bajar de peso.
B.	Advierte del azúcar encubierto.	G.	Le sigue gustando lo dulce.
C.	Opina que es mejor ir al mercado para ahorrar dinero.	H.	Su estrategia es moverse más en cualquier momento.
D.	Se prepara un desayuno completo.	I.	Dice que todos los alimentos precocinados son perjudiciales.
E.	Recomienda ser tu propio cocinero.	J.	Antes solía disfrutar de una buena cena.

OPCIONES

	PERSONA	ENUNCIADO
0.	Persona 0	F
19.	Persona 1	
20.	Persona 2	
21.	Persona 3	
22.	Persona 4	
23.	Persona 5	
24.	Persona 6	

INSTRUCCIONES

Usted va a escuchar una conversación entre una madre y su hijo. Indique si los enunciados (25-30) se refieren a la madre (A), al hijo (B) o a ninguno de los dos (C). Escuchará la conversación dos veces.

Marque las opciones elegidas en la **Hoja de respuestas**.

Ahora tiene 25 segundos para leer los enunciados.

		A MADRE	B HIJO	C NINGUNO DE LOS DOS
0.	Asiste a clases de cocina.	✓	☐	☐
25.	Quiere hacer una celebración con sus amigos.	☐	☐	☐
26.	Está de viaje.	☐	☐	☐
27.	Pasará a recoger a alguien por el aeropuerto.	☐	☐	☐
28.	Teme que dejen sucia su casa.	☐	☐	☐
29.	No ha sacado buenas calificaciones.	☐	☐	☐
30.	Siempre saca muy buenas notas.	☐	☐	☐

PRUEBA DE EXPRESIÓN E INTERACCIÓN ESCRITAS

La prueba de **Expresión e interacción escritas** contiene <u>dos tareas</u>.

Duración: 60 minutos.

Haga sus tareas únicamente en la **Hoja de respuestas.**

Expresión e interacción escritas

INSTRUCCIONES

Usted ha escrito a una academia de español en España notificándole que piensa estudiar allí durante el verano. La academia le responde pidiéndole algunos detalles.

Estimado Sr. Luis:

Le agradecemos su interés por estudiar en nuestra academia durante los meses de verano. Para nosotros es muy importante ofrecerle un buen servicio. Por eso, nos gustaría tener más información para que su experiencia sea lo más gratificante posible. Nos gustaría que nos aclarara algunos detalles como, por ejemplo, cuándo piensa venir, en qué tipo de curso le gustaría inscribirse, qué tipo de alojamiento prefiere y si está interesado en alguna actividad extracurricular.

En cuanto tengamos más información, nos pondremos nuevamente en contacto con usted.

Atentamente,

Sr. Manuel Pérez
Academia Quijote y Sancho

Escriba un correo electrónico a la academia. En el deberá:

- identificarse y explicar el motivo por el que le escribe;
- decir cuándo piensa llegar a España y cuándo quiere empezar el curso;
- indicar en qué curso de español quiere inscribirse;
- especificar si prefiere alojarse en un piso compartido, alojarse solo o con una familia española;
- aclarar si está interesado en hacer algún tipo de actividad extracurricular;
- agradecer su interés y despedirse.

Número de palabras: entre 100 y 120.

소요 시간: _____

단어 수: _____

INSTRUCCIONES

Elija solo una de las dos opciones que se le ofrecen a continuación:

OPCIÓN 1

Lea lo que ha escrito una persona en el muro de una red social:

¿Recordáis algún amigo de la infancia que hace mil años que no veis? Pues, ayer me encontré a un chico que era mi mejor amigo cuando éramos pequeños. Él era mi vecino y pasábamos todos los veranos juntos jugando en la calle. Un día, sus padres se mudaron por motivos de trabajo y nunca más volví a saber de él. Hasta ayer. ¿Hay algún amigo de la infancia que te gustaría volver a ver?

Escriba un comentario donde:

- diga quién era el mejor amigo de su infancia; cómo o dónde le conoció;
- indique si todavía está en contacto con esa persona o no;
- describa cómo era esa persona;
- explique qué cosas hacían juntos;
- hable sobre las cosas que echa de menos de esa época.

Número de palabras: entre 130 y 150.

OPCIÓN 2

Usted ha leído un anuncio en el periódico local:

Leer es vivir

La Biblioteca Municipal quiere mejorar sus servicios y promover la lectura entre los ciudadanos. Estamos pensando en diferentes actividades para atraer a personas de todas las edades. Queremos saber su opinión y conocer sus propuestas. Esperamos que todos ustedes participen en esta iniciativa.

Redacte un texto para enviar a la web en el que cuente:

- presentarse;
- dar su opinión sobre la iniciativa de la biblioteca y si es importante o no;
- decir si usted o alguien de su familia es aficionado a la lectura;
- proponer algunas actividades para atraer a más gente.

Número de palabras: entre 130 y 150.

소요 시간:

단어 수:

PRUEBA DE EXPRESIÓN E INTERACCIÓN ORALES

La prueba de **Expresión e interacción orales** contiene <u>cuatro tareas</u>. Tiene 15 minutos para preparar las Tareas 1 y 2. Usted puede tomar notas y escribir un esquema de su exposición que podrá consultar durante el examen; en ningún caso podrá limitarse a leer el esquema.

Expresión e interacción orales

INSTRUCCIONES

Le proponemos dos temas con algunas indicaciones para preparar una exposición oral. Elija uno de ellos.

Tendrá que hablar durante **2 o 3 minutos** sobre el tema elegido. El entrevistador no intervendrá en esta parte de la prueba.

TEMA: El uso de las redes sociales.

Incluya información sobre:

- qué redes sociales usa; para qué las usa; con qué frecuencia las usa;
- qué aspectos positivos tienen las redes sociales;
- qué aspectos negativos tienen las redes sociales;
- cómo cree que han cambiado nuestra vida las redes sociales.

No olvide:

- diferenciar las partes de su exposición: introducción, desarrollo y conclusión final;
- ordenar y relacionar bien las ideas;
- justificar sus opiniones y sentimientos.

실전과 동일하게 지령과 예상 질문을 읽으며 약 **15분간** 준비 용지의 공란에 사전 준비해 보세요. 🕐

이제 준비한 내용을 **2~3분간** 발표해 봅니다. 말하는 내용을 녹음하여 모범 답안과 비교, 문제점을 진단할 수 있도록 합니다. 실제 시험까지 반복적으로 훈련하세요.

INSTRUCCIONES

Cuando haya terminado su exposición (**Tarea 1**), usted deberá mantener una conversación con el entrevistador sobre el mismo tema durante **3 o 4 minutos**.

EJEMPLOS DE PREGUNTAS DEL ENTREVISTADOR:

- ¿Cuál es la red social más usada en su país? ¿Por qué?
- De las redes sociales que usa, ¿cuál es la que más le gusta? ¿Por qué?
- ¿Cree que las redes sociales son buenas para la sociedad? ¿Por qué?

실제 시험 훈련

◀》) 예상 질문에 따라 알맞은 답변을 떠올리며 실전과 동일하게 발표해 보세요.

> **Q** ¿Cuál es la red social más usada en su país? ¿Por qué?

> **A**

> **Q** De las redes sociales que usa, ¿cuál es la que más le gusta? ¿Por qué?

> **A**

> **Q** ¿Cree que las redes sociales son buenas para la sociedad? ¿Por qué?

> **A**

INSTRUCCIONES

Le proponemos dos fotografías para esta tarea. Elija una de ellas y obsérvela con detalle.
EJEMPLO DE FOTOGRAFÍA:

Describa con detalle, durante 1 o 2 minutos, lo que ve en la foto y lo que imagina que está ocurriendo.

Estos son algunos aspectos que puede comentar:

• Las personas: dónde están, cómo son, qué hacen.

• El lugar en el que se encuentran: cómo es.

• Los objetos: qué objetos hay, dónde están, cómo son.

• Qué relación cree que existe entre estas personas.

• ¿De qué cree que están hablando?

Posteriormente, el entrevistador le hará algunas preguntas.

La duración total de esta tarea es de **2 a 3 minutos**.

EJEMPLOS DE PREGUNTAS DEL ENTREVISTADOR:

• ¿Ha estado usted en algún lugar parecido al de la imagen? / ¿Conoce usted algún lugar parecido al de la imagen?

• ¿Cómo era? ¿Qué suelen hacer las personas que van allí?

• ¿Le gustaría pasar sus vacaciones en un lugar parecido? ¿Por qué? / ¿Por qué no?

• ¿Prefiere pasar sus vacaciones en un lugar tranquilo como el de la fotografía o prefiere algo diferente? ¿Por qué? ¿Qué prefiere?

🔊 사진을 보며 **2분**간 실전과 동일하게 발표해 보세요. 말하는 내용을 녹음하여 모범 답안과 비교, 문제점을 진단할 수 있도록 합니다. 실제 시험까지 반복적으로 훈련하세요.

이어서 예상 질문들을 하나씩 읽으며, 알맞은 답변을 떠올려 발표해 보세요.

감독관 ¿Ha estado usted en algún lugar parecido al de la imagen?

응시자

감독관 ¿Conoce usted algún lugar parecido al de la imagen?

응시자

감독관 ¿Cómo era?

응시자

감독관 ¿Qué suelen hacer las personas que van allí?

응시자

감독관 ¿Le gustaría pasar sus vacaciones en un lugar parecido? ¿Por qué?
¿Por qué no?

응시자

감독관 ¿Prefiere pasar sus vacaciones en un lugar tranquilo como el de la
fotografía o prefiere algo diferente? Por qué? ¿Qué prefiere?

응시자

INSTRUCCIONES

Usted debe dialogar con el entrevistador en una situación simulada durante dos o tres minutos.

EJEMPLO DE SITUACIÓN:

Usted ha reservado un fin de semana en una casa rural. Los amigos con los que va a ir tienen miedo de aburrirse y, por eso, quiere reservar algunas actividades de deporte y aventura. Imagine que el entrevistador es el empleado de la agencia de viajes. Hable con él siguiendo estas indicaciones:

Durante la conversación con el empleado de la agencia de viajes usted debe:

- indicarle cuándo hizo la reserva;
- explicar por qué ha venido a la agencia de viajes;
- pedir información sobre actividades de deporte y aventura;
- reservar algunas actividades de deporte y aventura para hacer con sus amigos;
- pedir información sobre otras cosas que hacer por la zona donde está situada la casa rural.

실제 시험 훈련

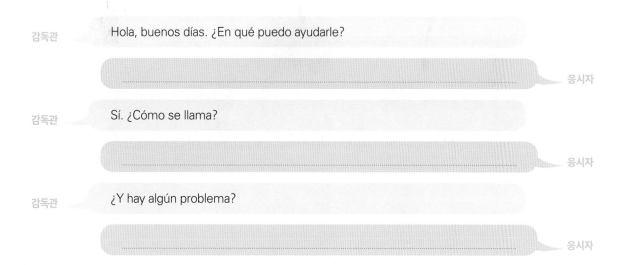

감독관   Hola, buenos días. ¿En qué puedo ayudarle?

응시자

감독관   Sí. ¿Cómo se llama?

응시자

감독관   ¿Y hay algún problema?

응시자

감독관: ¿Qué tipo de actividades le interesan? ¿Cuántas personas son?

응시자:

감독관: Yo le recomiendo una ruta a caballo por la montaña. ¿Alguno de ustedes tiene miedo a las alturas?

응시자:

감독관: Eso no importa. Es muy fácil. Estoy seguro de que les encantará.

응시자:

감독관: No, no. 10 euros por persona y el paseo dura una hora.

응시자:

감독관: Estupendo. Le cargo el importe a su tarjeta. ¿Alguna otra cosa?

응시자:

감독관: Hay muchas cosas que hacer, muchas rutas para hacer senderismo. También hay un lago muy bonito y, si hace buen tiempo, se pueden bañar. Lleven traje de baño, por si acaso. Por la zona, también hay lugares donde alquilan bicicletas.

응시자:

감독관: De nada. Disfruten mucho y aquí le dejo mi tarjeta, por si surge algún imprevisto.

응시자:

PART
01

examen

모의테스트 1
정답 및 해설

PRUEBA DE COMPRENSIÓN DE LECTURA

Comprensión de lectura

Tarea 1

1 해석

지령

당신은 일자리가 필요한 몇몇 사람에 대한 여섯 개의 텍스트와, 열 개의 구인 공고를 읽을 것입니다. (1번부터 6번까지) 사람에 (A부터 J까지) 텍스트를 서로 연결시키세요.

연결이 되지 않는 텍스트가 3개 있습니다.

선택한 보기를 **답안지**에 표기하세요.

	사람	텍스트
0.	에드가르	D
1.	라싸로	
2.	이리나	
3.	호아낀	

	사람	텍스트
4.	아돌포	
5.	디에고	
6.	빠블로	

0. 에드가르	경영 관리 및 마케팅을 졸업했고, 이 분야의 교육을 평생 받아 왔으므로 이 직무에서 일하는 것에 많은 관심이 있습니다. 그리고 계속 배워 나갈 수 있기 때문입니다. 저는 소통하는 능력과 긍정적 사고를 가진 사람입니다.
1. 라싸로	운전하는 일을 할 수 있으면 좋겠습니다. 왜냐하면, 운전하는 것은 제가 제일 좋아하는 것 중 하나이기 때문입니다. 제게는 좋은 업무 환경과 유동적인 업무 시간이 중요합니다.
2. 이리나	저는 비서, 행정, 접수 업무를 찾고 있습니다. 나이는 30세입니다. 마케팅, 이벤트, 행정, 비서 업무 경력이 있습니다. 저는 활발하고 능동적이며, 업무적 압박과 팀으로 일하는 것에 익숙합니다.
3. 호아낀	저는 성실하며 시간을 잘 지키는 청년으로, 홀과 연회장 경험이 있습니다. 또한, 저는 여러 가지 수업을 받았는데 그중에는 요리, 식품 취급 그리고 웨이터가 있습니다. 일하고자 하는 의지를 가졌고 오후와 저녁, 주말에도 기꺼이 일을 할 의향이 있습니다.
4. 아돌포	저는 적응력이 좋고 매우 사교적인 청년입니다. 자동차를 소유하고 있으며, 업무에 즉시 투입될 수 있습니다. 컴퓨터 관련 지식이 있으며 영업과 고객 응대 경력이 있습니다.
5. 디에고	저의 이름은 디에고이며 경영학을 전공했습니다. 26살이고 은행업과 행정업에서 일자리를 찾고 있습니다. 저는 은행 업무의 경력을 가진 주도적인 사람입니다.
6. 빠블로	저는 26살의 청년으로 호텔 및 레스토랑의 요리사, 웨이터 경력을 가지고 있습니다. 오전 시간 근무를 할 수 있습니다. 즉시 입사 가능합니다. 스페인어, 영어 그리고 이탈리아어를 구사합니다.

	구인 광고
A	**매니저** '물띠나시오날 잉그레사'는 스페인 북부 지역 책임자를 찾고 있습니다. 요구 사항: 경제학 학위 이상, 영어 및 또는 독일어 능숙, 관련 분야 경력.
B	**웨이터 / 웨이트리스** 마드리드 중심가의 패스트푸드 레스토랑에서 웨이터 / 웨이트리스가 필요합니다. 경력 무관. 25~40세. 조건: 다국어 구사 필수. 시간: 오전 8시부터 오전 11시 30분. 기본급에 팁 추가. 관심 있는 분은 91 308 27 36으로 전화 주세요.
C	**보조 프로그래머** '까하 호벤'은 은행 분야에 경력이 있는 프로그래머를 뽑습니다. 유사 직무에서 최소 6개월 경력. 높은 수준의 영어. 제공: 네꼬체아 본부에서 풀 타임 업무와 무기 계약, 급여 협상 가능. 비야베르데 씨에게 전화 78 76 54 12로 연락하십시오.
D	**행정 비서** '가리도' 행정 회사는 사무실 관련 모든 업무를 수행할 직원을 뽑습니다. 최소한의 요구 사항: 소통 능력과 계획에 대한 재능. 경력 무관. 회사 부담 교육 과정 지속. 채용 부서에 이력서를 제출하세요.
E	**사업 담당자** 육류 회사 '라 폰따나'는 두 명의 사업 담당자가 필요합니다. 동종 업계 경력, 운전 면허증, 여행 가능 여부가 필요합니다. 9월 동안 이력서를 제출하십시오. 우편 사서함 16789 부에노스아이레스.
F	**웨이터 / 웨이트리스** 바르셀로나 '바 레스트'는 테이블에 앉아 식사하는 곳의 서빙 경력이 있는 웨이터 / 웨이트리스가 필요합니다. 필수 사항: 쟁반과 음식이 든 그릇 핸들링 (테스트 시행), 고객에게 친절하며 친근하기. 시간: 오후 6시부터 최대 밤 12시 30분까지. 휴일: 주 1일 무작위. 토요일 근무 가능.
G	**영업** 휴대폰 회사 '엘 까블레'는 신규 고객 유치를 위해 즉시 업무 가능한 인력이 필요합니다. 요구 사항: 경력, 중등 교육, 컴퓨터 활용 능력, 운전 면허증, 자가용.
H	**프런트 직원** 타이어 정비소에서 고객 서비스 직무 외 전화 응대를 위한 25세~35세의 여성을 구합니다. 고객 응대 경험, 좋은 이미지와 사무에 컴퓨터 활용 능력이 필수적입니다. 안정적인 무기 계약과 좋은 업무 환경이 제공됩니다. 월요일부터 토요일까지 근무.
I	**운전 학원 강사** 마드리드 운전 학원에서는 면허 A와 B종을 위한 강사를 구합니다. 업무 시간 협의 가능. 매우 좋은 업무 환경. 교육에 대한 열정을 가진 사람을 찾습니다.
J	**계산원** 메인 계산원으로 "산따 페" 은행과 함께하세요. 창구에서의 고객 응대 품질과 수금 절차에서 신뢰성을 보장해야 합니다. 매일 팀 활동을 조율해야 합니다. 관심 있으신 분은 전화 87 609 54 32로 인터뷰 시간을 요청하세요.

anuncio	m. 알림, 통지, 광고	oferta de empleo	f. 구인 광고
graduado	m.f. 졸업생, 대학 출신자 / 졸업한	gestión	f. 수락, 처리, 관리, 경영
empresarial	기업의, 경영의, 기업주의, 기업가의	formar	형성하다, 만들다, 구성하다, 육성되다, 양성되다
habilidad	f. 능력, 재능	comunicativo	전달되는, 통신의, 붙임성이 있는
flexible	유연한, 유순한, 탄력성이 있는	administrativo	m.f. 관리 담당자, 행정 담당자 / 관리의, 경영의, 행정의
proactivo	능동적인	presión	f. 압력, 기압, 혈압, 압박
banquete	m. 연회, 축하연	manipulador	m.f. 취급하는 사람, 조작하는 사람 / 취급하는, 조작하는
laborar	일하다, 노력하다, 공작하다	adaptación	f. 적응, 순응, 적합, 개작
incorporación	f. 결합, 합동, 합병, 편입	banca	f. 은행, 은행업, 은행 업무
turno	m. 순번, 차례, 교대제	encargado	m.f. 담당자, 책임자 / 부탁 받은, 의뢰 받은, 담당한
requisito	m. 필요 조건, 자격	titulación	f. 졸업 자격, 학위 획득
dominio	m. 지배, 습득, 마스터	sueldo base	m. 기본급, 본급
propina	f. 팁, 봉사료	programador	m.f. 프로그래머 / 프로그램을 짜는, 계획을 수립하는
junior	2세의, 다른 사람보다 더 젊은	jornada	f. 하루, 1일, 노동 시간
laboral	노동의, 직업의	sede	f. 본부
contrato	m. 계약, 계약서	indefinido	부정의, 불확정의, 정해진 기한이 없는
a convenir	협상 가능	personal	m. 직원 / 개인의
dote	f. 지참금, 재능, 천분	formación	f. 형성, 양성, 교육
a cargo de	~의 부담으로	delegado	m.f. 대표 / 위임 받은, 대표의
cárnico	식육의, 식용 고기의	precisar	명확히 하다, 필요로 하다
disponibilidad	f. 가용성, 사용권	Apdo.	'm. apartado (de correos) 사서함'의 축약형
bandeja	f. 쟁반	aleatorio	무작위의, 랜덤, 사행적
captación	f. 획득, 포착	ofimática	f. 컴퓨터의 정보 처리 시스템에 의한 사무 처리
de cara a	~에 관하여	permiso	m. 허가, 휴직, 허가증, 면허증
cajero	m.f. 현금 출납 담당자, 계산원	fiabilidad	f. 신뢰성, 신빙성, 신용도
cobro	m. (돈의) 수금, 징수, (대금의) 회수		

0. EDGAR	비즈니스 즉, 경영 분야를 전공한 Edgar는 '관리, 경영' 분야에서 일하되, 계속해서 배워 나가고 싶다고 하였다. 정답 보기 **D**에서는 '행정 비서'를 공고하고 있으며 'Formación continua a cargo de la empresa.' 즉, '회사 부담으로 지속적인 교육'이 가능하므로 Edgar의 희망 사항과 부합한다. 그러므로 정답은 **D**. 'formación 양성, 교육, 훈련'을 알아 두자.
1. LÁZARO	Lázaro가 원하는 업무는 바로 'conducir 운전하기'이며, 해당하는 직업은 보기 **I**의 'Profesor de Autoescuela 운전 학원 강사'이다. Lázaro는 추가적으로 좋은 업무 환경과 유동적인 업무 시간을 원한다고 밝혔는데, 이는 바로 'Jornada a convenir 업무 시간 협의 가능'과 일맥상통한다. 그러므로 정답은 **I**.
2. IRINA	Irina가 찾고 있는 비서, 행정, 접수 업무에 해당하는 어휘를 위주로 먼저 살펴본다. 프런트 직원, 접수 직원을 의미하는 recepcionista 공고 즉, **H**가 정답이다. 여직원을 모집하고 있으며 연령 조건에도 부합한다. 또한, 공고에서 '경력'이 필수적이라고 했는데, 이리나는 경력을 이미 갖고 있다고 언급했다. 그러므로 정답은 **H**.
3. JOAQUÍN	홀 서빙 경험 및 외식업 관련 다양한 수업을 이수했다는 장점을 언급하고 있다. 이어서 근무 시간은 오후, 밤, 주말까지도 가능하다고 밝힌다. 보기 **F**에 따르면 camarero / camarera를 모집하며 경력직이 필요하고, 서빙 능력에 대한 테스트도 진행된다고 하였다. 또한, 밤이나 주말에도 일할 수 있는 직원을 찾으므로 적격이다. 그러므로 정답은 **F**. 보기 B 역시 웨이터 / 웨이트리스를 구인하고 있으나 'imprescindible hablar idiomas 다국어 구사 필수' 조건이 부합하지 않으므로 오답이다.
4. ADOLFO	Adolfo의 경우는 어느 한 업무를 특정하게 희망하지 않지만 자가용을 소유하였고 즉시 업무에 투입 가능하며, 컴퓨터 지식과 영업 경력이 있으므로, 보기 **G**에서 말하는 요구 사항과 완전히 부합한다. 그러므로 정답은 **G**.
5. DIEGO	Diego의 경력은 바로 'banca 은행 업무'이다. 이를 통해 정답 후보는 C와 J로 좁혀진다. C의 경우는 'banca' 관련직이지만 'programador 컴퓨터 프로그래머'를 모집하는 함정 보기이다. 구체적으로 'cajero 계산원, 창구 직원'과 같이 은행 관련 직무를 언급한 보기 **J**가 정답이 된다.
6. PABLO	Pablo는 요리사와 웨이터 경력을 가졌으므로 웨이터 / 웨이트리스를 모집하는 보기 B와 F 중에서 정답을 선택해야 한다. 두 보기의 내용을 꼼꼼하게 비교하여 신중히 연결시켜야 한다. Pablo는 3개 국어를 구사할 수 있으며 오전 근무를 선호하는 조건이 보기 **B**와 부합한다. 그러므로 정답은 **B**.

1 해석

지령

당신은 어느 한 유명한 커피에 대한 텍스트를 읽을 것입니다. 이어서, (7번부터 12번까지) 질문에 답하세요. (a, b 또는 c) 정답을 선택하세요.

선택한 보기를 **답안지**에 표기하세요.

코피 루왁, 세상에서 가장 비싼 커피에 대한 짧은 이야기

지금까지 세상에서 가장 비싼 커피는 코피 루왁이라고 불리는 커피입니다. 분명히 이것은 일반적인 커피는 아니며, 이 음료 한 잔에 75유로를 지불할 수 있거나 지불하고 싶은 사람은 매우 적을 것입니다. 적어도 이 가격은 런던의 상점 카페테리아에서 지불되는 가격입니다.

코피 루왁은 수작업으로 수확되며, 인도네시아 섬의 커피 농장에 서식하는 인도네시아 사향고양이라고도 불리는 고양이보다 조금 더 큰 동물인 루왁의 배설물 가운데에 바로 그 커피 원두가 있습니다. 이 동물은 가장 잘 익은 커피 원두를 먹는데, 원두에서 가장 부드럽고 육질이 많은 부분은 신진대사로 소화되지만, 나머지는 배설됩니다.

코피 루왁 커피는 세계에서 가장 좋은 커피로 여겨지며 캐러멜과 비슷한 맛을 준다고 적어도 이것을 맛본 사람들은 말합니다. 하지만 수확의 주제로 다시 돌아가면, 사향고양이의 배설물을 찾고 배설물 사이에 있는 어느 정도 소화된 커피 원두를 극도로 조심스럽게 재가공하여 세척한 다음 살짝 볶은 후, 소중한 코피 루왁을 얻는 일이 결코 쉬운 일은 아닐 수밖에 없습니다. 누가 이 원두를 재가공할 생각을 했을까요? 알려지지 않았지만 아마도 그러한 필요성을 느꼈던 사람이거나 아니면 새로운 즐거움 또는 장난을 찾던 그 누군가였겠죠. 누가 알겠어요.

확실한 것은 위생은 보장된다는 점입니다. 커피는 미리 세척하여 껍질을 벗긴 후에 볶고 빻은 원두로 만들어지기 때문에 어떤 불쾌한 잔류물, 냄새, 원래 동물의 잔류물도 남아 있지 않습니다.

베트남 커피 브랜드인 '쭝웬'은 사향고양이 소화 체계를 모방하여 한 공정 방법을 개발했는데, 자연산과 아주 비슷한 제품을 얻기 위해 커피 원두가 이 공정을 통하게 됩니다. 따라서 수요 시장을 충족시키기 위해 더 저렴해진 코피 루왁 커피를 찾을 수 있게 되었습니다. 그리고 이 시스템은 2004년에 질병으로 인해 수천 마리가 폐사했던 일과 같이 사향고양이에게 어떤 문제가 발생했을 경우에 수요를 공급할 수 있게 할 것입니다.

결론적으로 우리에게는 사향고양이 커피를 맛보는 것 말고는 다른 대안이 없습니다. 그것이 바로 이 커피 맛이 왜 그렇게나 높이 평가되는지 이해할 수 있는 유일한 방법입니다. 당신은 이미 마셔 보셨나요?

문제

7. 텍스트에 의하면 코피 루왁은 …

   a 보통 일반 커피이다.

   b 매우 비싸다.

   c 영국의 상품이다.

8. 그 커피 원두는 …

   a 기계로 수확된다.

   b 고양이에 의해 섭취된다.

   c 루왁이라고 불리는 고양이 배설물과 함께 파종된다.

9. 코피 루왁 커피는 …

   a 매우 유명하다.

   b 산미가 있다.

   c 쉽게 얻을 수 있다.

10. 텍스트에 의하면, 이 커피 원두를 재가공하고 소비하기 시작한 것은 …

    a 그렇게 할 필요성이 있었던 어느 누군가에 의해서이다.

    b 새로운 무언가를 찾던 누군가에 의해서이다.

    c 알 수 없는 이유에 의해서이다.

11. 어떠한 불쾌한 잔류물이 없는 커피를 얻기 위해서는, 원두를 …

    a 삶는다.

    b 볶는다.

    c 물에 담가 놓는다.

12. '쭝웬' 브랜드에 의해 발명된 공정 덕분에 얻을 수 있는 것은 …

    a 코피 루왁의 품질보다 더 나은 커피를 얻는 것이다.

    b 고양이들에게 무슨 일이 일어났을 때 코피 루왁을 대신할 수 있는 것이다.

    c 고양이들의 폐사를 일으키는 질병들을 예방하는 것이다.

denominado	이름이 지어진, 명명된, 이른바	evidentemente	분명히, 명백히
taza	f. 잔, 컵, 찻잔	almacenes	m.pl. 창고, 백화점 (grandes almacenes)
recolectar	수확하다, 모으다, 모금하다	grano	m. 낱알, 곡물, 작은 열매, 작은 씨
excremento	m. 대변, 배설물, 분뇨	civeta	f. 사향고양이
plantación	f. 나무 심기, 농원, 농장, 재배지	metabolismo	m. 신진대사, 물질대사
digerir	소화시키다, 잘 이해하다, 터득하다	blando	부드러운, 연한
carnoso	살이 많은, 육질의, 자양분이 많은	semilla	f. 씨, 씨앗, 종자
desechar	버리다, 처분하다, 거절하다, 거부하다, 배제하다	resto	m. 나머지, 잔액, 잔여
recolección	f. 수확, 거두어들임, 수집	resultar	결과다, 생기다, ~의 결과로 되다
sumo	최고의, 가장 높은, 매우 큰, 극도의	reciclar	재생 처리(이용)하다, 재생 가공하다, 재활용하다
semi	준(準)-, 반(半)-	tostado	볶은, 구운, 볕에 탄
leve	가벼운, 엷은, 사소한, 약한	preciado	귀중한, 소중한, 중요한
broma	f. 장난, 못된 장난, 농담	higiene	f. 위생, 위생학, 보건학
moler	빻다, 찧다	pelar	껍질을 벗기다
desagradable	불쾌한, 싫은	desde luego	아무 의심 없이, 물론, 그렇고말고
residuo	m. 나머지, 잔류물	desarrollar	발달시키다, 발전시키다, 발육시키다
simular	가장하다, 흉내내다, ~인 척하다	sistema digestivo	m. 소화계
procesar	기소하다, 고발하다, 가공하다, 처리하다	demanda	f. 수요, 주문, 요구, 제소
abastecer	보급하다, 공급하다, 조달하다, 사들이다, 비축하다	millar	m. 천 개, (주로 복수) 수많음, 수천
en fin	결국, 드디어, 마침내, 요컨대, 말하자면	alternativa	f. 교대, 교체, 대안
cosechar	수확하다, 거두다, 재배하다	a máquina	기계로
sembrar	씨앗을 뿌리다, 파종하다	ácido	m. 산(酸) / 신, 식초의 맛을 가진, 산의, 산성의
desconocido	m.f. 낯선 사람 / 낯선, 알지 못하는	cocer	끓이다, 굽다, 삶다, 찌다
tostar	굽다, 볶다	remojar	담그다, 적시다
reemplazar	~의 대리로 하다, 바꾸다, 교환하다	prevenir	예방하다, 주의하다, 조심하다

7.	제목에서부터 정답의 힌트를 얻을 수 있다. 지금까지 세상에서 가장 비싼 커피는 바로 이 루왁 커피라고 하면서, 그 사실에 대한 뒷받침 내용으로 런던에서 코피 루왁을 판매하는 가격을 언급하였다. 영국에서 만들어진 제품이라는 내용은 언급된 바 없다. 그러므로 정답은 **b**.
8.	두 번째 문단에 묘사된 루왁 커피 제조 공정을 연상해 보자. 우선 'se recolecta a mano'에서 a mano는 '손으로' 하는 수확을 의미한다. 따라서 보기 a의 경우는 'a máquina 기계로' 때문에 오답이 된다. Este animal se alimenta de los granos de café más maduros y su metabolismo le permite digerir las partes más blandas y carnosas de las semillas, pero desecha el resto. 이 동물은 가장 잘 익은 커피 원두를 먹는데, 원두에서 가장 부드럽고 육질이 많은 부분은 신진대사로 소화되지만, 나머지는 배설됩니다.'에 따르면 정답은 보기 **b**. 커피 원두는 우선 사향고양이가 먹고 소화시킨 후의 결과물을 가지고 가공하게 된다.
9.	3문단 첫 번째 문장이 정답의 단서이다. 'es considerado el mejor del mundo'에 따르면 이 세상에서 가장 우수한 커피로 여겨진다고 언급되며, 그러므로 정답은 **a**이다. 보기 a에 등장한 단어 'reconocido 알려진, 인정 받는'을 반드시 암기하자. 이어서 'sabor parecido al caramelo'라고 말하는데, '캐러멜과 비슷한 맛'은 보기 b에서 말하는 'ácido 산미, 신맛'과는 다르다. 또한 루왁 커피의 수확 과정에 대해 'no debe resultar sencillo 결코 쉬운 일은 아닐 수밖에 없다'고 언급하므로 보기 c 역시 오답이다.
10.	3문단에 이르러 이 커피 원두를 '처음 재가공하여 소비하게 된 계기' 관련 내용이 등장한다. '¿A quién se le ocurrió reciclar estos granos? No se sabe, pero quizá era alguien que tenía necesidad, alguien que buscaba nuevos placeres o incluso una broma. Quién sabe. 누가 이 원두를 재가공할 생각을 했을까요? 알려지지 않았지만 아마도 그러한 필요성을 느꼈던 사람이거나 아니면 새로운 즐거움 또는 장난을 찾던 그 누군가였겠죠. 누가 알겠어요.'에 따라 정답은 **c**. 결론적으로는 '알려지지 않은' 어떤 이유로 인해 루왁 커피가 존재하게 된 것이다.
11.	4문단에서 정답을 찾을 수 있다. 어떻게 커피의 원두에 잔류물이 남지 않도록 가공하는지 질문한다. 가공 절차를 순서대로 읽으며 공정을 연상해 보자. 'tostar 굽다, 볶다', 'moler 빻다'가 이루어지며 그전에 'pelar 덮다, 튀기다', 'lavar 세척하다'를 거친다. 보기에 쓰인 동사들의 변형 형태를 보고 바로 동사 원형을 떠올려야 한다. cocer나 remojar en agua는 재가공에 포함된 과정이 아니므로 정답은 **b**.
12.	베트남의 한 커피 회사가 개발한 커피 제조 방식에 대해서 묻는다. 자연의 방식을 모방하여 커피 공정 과정을 고안했는데, 결과에 대해 지문에서는 'De ahí que podamos encontrar café Kopi Luwak más barato para satisfacer la demanda del mercado. 따라서 수요 시장을 충족시키기 위해 더 저렴해진 코피 루왁 커피를 찾을 수 있게 되었습니다.'라고 설명하였다. 이는 보기 a와 같이 '더 우수한 품질'의 커피를 수확하게 된 것은 아니다. 이어서 2004년의 사례를 들며 사향고양이들의 집단 폐사 등의 문제가 발생해도 안정적으로 커피를 공급할 수 있다는 장점을 설명한다. 이는 보기 b에서 그대로 언급된다. 그러므로 정답은 **b**. 보기 c와 같이 고양이들의 질병을 예방할 수 있다는 내용은 언급된 바 없다.

① 해석

지령

당신은 모국어와 이중 언어에 대해 이야기하는 사람들의 텍스트 3편을 읽게 될 것입니다. (13번부터 18번까지) 질문에 (A, B 또는 C) 텍스트를 연결하세요.

선택한 보기를 **답안지**에 표기하세요.

문제

		A. 하씬따	B. 알라나	C. 라파엘
13.	누가 방문객들에게 자신의 문화의 풍부함을 보여 주기 위해 자신의 뿌리를 활용하는가?			
14.	누가 특히 도심에서 자신들의 언어를 사용하지 않는 것에 대해 동향인을 비판하는가?			
15.	누가 토착 언어를 말할 때 수 세기 전의 영광을 기억하는가?			
16.	누가 본인의 지역 사회에서 자신의 언어에 중요성을 충분히 두지 않는다고 생각하는가?			
17.	누가 대도시에서 태어나지 않았는데도 여러 가지 언어를 구사할 수 있는가?			
18.	누가 자신의 언어는 다른 언어에서 기원하지 않는다고 말하는가?			

텍스트

A. 하씬따

나는 멕시코 중심가에 살고, 나의 언어는 나우아틀어이다. 이 언어는 모어인데, 왜냐하면 색슨과 라틴어에 뿌리를 둔 영어나 스페인어처럼 다른 언어에서 유래하지 않기 때문이다. 이 언어는 아름다운 동시에 복잡하지만 배우기 불가능하지는 않다. 이 언어를 말하는 것을 들으면, 얼마나 아름다운지 놀라게 된다. 우리가 이 언어를 구사할 때 우리의 정체성을 되찾는 것이며 자랑스럽게 느껴진다: 과거 식민자들은 굴욕적인 힘으로 우리가 잊길 원했지만 500년이 지난 후에도 잊혀지지 않는 그 찬란한 과거의 주인은 우리다.

B. 알라나

내가 살고 있는 곳인 갈리시아에서는 갈리시아어와 카스티야어로 말한다. 어떤 언어로 말하든 상관없다. 가족과 사는 지역에 따라 언어는 다른 것이다. 나는 갈리시아 사람이므로 갈리시아어로 말한다. 내 모국어는 내 정체성의 한 표시다. 나의 학교에서 사람들은 갈리시아어를 쓰는데 대부분의 수업이 갈리시아어이기 때문이다. 또한, 보통 도시에는 카스티야어만 할 줄 아는 갈리시아 사람들도 있다. 그곳에는 슈퍼마켓에서도 안내문을 보면 심지어 영수증에까지 모든 것이 카스티야어로 되어 있다. 그리고 인터넷에서 그들의 홈페이지가 갈리시아어로 되어 있지도, 우리의 언어로 읽을 수 있게 되어 있지조차 못하다. 나는 갈리시아인으로서 생각컨대, 사람들이 태도를 바꿔야 하는 것이다: 슈퍼마켓을 포함한 모든 장소에서 우리의 언어를 사용해야 한다. 이는 최소한 해야 하는 것이며 그렇게 힘들지도 않기 때문이다. 그것은 하나의 권리이다.

C. 라파엘

나는 세계에서 가장 깊은 협곡 중 하나인, 페루에 있는 콜카 계곡에서 태어났다. 나의 마을은 아초마라고 불린다. 이 단어는 토착 언어인 케추아어로 '설탕이 없는'이라는 뜻이다. 나중에 쉐프 공부를 하기 위해 아구스띤 국립 대학에서 관광학을 3년간 공부했다. 나는 요리하는 것과 관광객들 및 방문객들을 위해 페루와 콜카 계곡의 전통 음식 만드는 것을 좋아한다. 나의 특기는 협곡과 여러 다른 장소들을 도보 여행하는 것이다. 나는 스페인어, 영어 그리고 나의 모국어인 케추아어를 구사한다. 우리 마을의 전통 의상으로 옷을 입고 매년 콜카의 전통 춤이자 사랑의 춤인 위띠띠를 춘다.

bilingüismo	m. 두 언어 병용, 이중 언어
aprovechar	유익하게 사용하다
raíz	f. 뿌리, 부동산, 근원
mostrar	보여 주다, 제시하다, 나타내다, 증명하다
compatriota	m.f. 동포, 동향인
urbano	도시의, 시내의
comunidad	f. 공통성, 공동체
provenir	유래하다, 나오다, 비롯되다
derivar	유래하다, 나오다, 향하다, 파생하다
sajón	m.f. 색슨족 사람 / 색슨족 사람의
esplendoroso	빛나는, 찬란한, 인상적인, 감동적인
a fuerza de	~의 힘으로, ~의 힘을 빌어
humillación	f. 굴욕, 불명예, 모욕
dar igual	상관없다, 아랑곳없다
signo	m. 표시, 표적, 징후, 증상, 기호, 부호
posibilitar	가능하게 하다
modificar	변경하다
actitud	f. 태도, 자세, 포즈
derecho	m. 법률, 권리 / 올바른, 직선의, 우측의
cañón	m. 대포, 협곡, 관, 통, 파이프
valle	m. 계곡, 분지
perfeccionarse	완성하다, 완성되다, 완결되다
fuerte	m. 강점, 특기 / 세게, 크게 / 강한, 단단한
senderismo	m. 하이킹
vestimenta	f. 의복, 의류

13.	문제에 등장한 'raíz 뿌리'가 '근본, 혈통, 민족성'의 의미로 쓰였음을 이해하고 raíz를 활용하여 문화를 알린 사람은 누구인지 가려내야 한다. 정답은 **C**. Rafael은 자신이 사는 지역을 방문하는 사람들에게 'platos típicos 지역 전통 음식'을 만들어 준다고 했으며, 마지막 문장 'Me visto con la vestimenta típica de mi pueblo y todos los años bailo la danza típica del Colca que es el wititi: es la danza del amor. 우리 마을의 전통 의상으로 옷을 입고 매년 콜카의 전통 춤이자 사랑의 춤인 위띠띠를 춘다.'에 따르면 Rafael은 자기 민족의 다양한 문화 요소들을 알리는 일을 한다는 사실을 알 수 있다.
14.	Alana는 학교에서 모든 수업이 갈리시아어로 이루어지는데 '도시'에서는 갈리시아 출신이면서도 카스티야어(스페인어)만 사용하는 사람들이 있다고 지적한다. 정답 문장은 'Allí, en los supermercados, miro los anuncios y todo está en castellano, incluso el recibo de la compra. Y en Internet, su página no está en gallego y ni tan siquiera posibilita leerla en nuestra lengua. 그곳에는 슈퍼마켓에서도 안내문을 보면 심지어 영수증에까지 모든 것이 카스티야어로 되어 있다. 그리고 인터넷에서 그들의 홈페이지가 갈리시아어로 되어 있지도, 우리의 언어로 읽을 수 있게 되어 있지조차 못하다.'로, 문제에 등장한 명사 'compatriota 동향인'의 해석에 주의하자. 정답은 **B**.
15.	'lengua indígena 토착어'를 말할 때 예전의 'gloria 영광'을 떠올리는 인물은 누구인지 질문한다. 정답은 본인의 토착어를 구사하며 '정체성'을 되찾고 '자긍심'을 느낀다고 말한 **A**의 Jacinta. Jacinta는 추가로 'somos dueños de un pasado esplendoroso que quisieron que olvidáramos a fuerza de humillaciones, pero no lo han logrado después de 500 años.'라며 과거 식민지 시대의 사건을 암시하는 내용을 말한다. 그 빛나는 과거는 (식민 지배자들이 강압적으로) 굴욕에 의해 잊게 만들었지만, 500년이 지나도 잊혀지지 않고 있다는 것이다.
16.	지역 사회에서 자신의 언어에 대한 중요성을 충분히 인식하지 않는다고 생각하는 인물을 찾아야 한다. 정답은 **B** Alana. 마지막 부분이 정답의 결정적인 단서이다. 'Yo, como gallega, pienso que la gente debe modificar sus actitudes: necesitamos utilizar nuestro idioma en todos los lugares incluidos los supermercados, pues es lo mínimo y no cuesta tanto. Es un derecho 나는 갈리시아인으로서 생각컨대, 사람들이 태도를 바꿔야 하는 것이다: 슈퍼마켓을 포함한 모든 장소에서 우리의 언어를 사용해야 한다. 이는 최소한 해야 하는 것이며 그렇게 힘들지도 않기 때문이다. 그것은 하나의 권리이다.'에 따르면 Alana는 갈리시아 지역 사람 및 갈리시아 태생의, 갈리시아어를 구사할 수 있는 사람들에게 언어 사용에 대한 인식을 변화시키고자 호소하고 있다.
17.	문제에서 '대도시에서 태어나지 않은 사람'에 대해 언급하므로, 각 인물이 본인의 출생지에 대해 말하는 부분에 집중해서 읽어야 한다. Rafael은 첫 번째 문장에서 'Nací en uno de los cañones más profundos del mundo en el valle del Colca, en el Perú. 나는 세계에서 가장 깊은 협곡 중 하나인, 페루에 있는 콜카 계곡에서 태어났다.'라고 말하며 마무리에서는 'Hablo castellano, inglés y quechua, mi idioma original. 나는 스페인어, 영어 그리고 나의 모국어인 케추아어를 구사한다.'라고 언급한다. 그러므로 정답은 **C**.
18.	본인의 언어는 다른 언어에서 유래하지 않았다는 사실을 전하는 사람은 **A** Jacinta이다. Jacinta는 자신의 언어인 'náhuatl 나우아틀어'에 대한 설명으로 'Es un idioma madre porque no deriva de ningún otro idioma, como el inglés y el español, que esas lenguas tienen sus raíces en el sajón y el latín. 이 언어는 모어인데, 왜냐하면 색슨과 라틴어에 뿌리를 둔 영어나 스페인어처럼 다른 언어에서 유래하지 않기 때문이다.'라고 밝혔다. 즉, 영어나 스페인어와는 다르게 'idioma madre 모어'인 것이다. 동사 'derivar 유래하다, 파생하다'를 숙지해 두자. 그러므로 정답은 **A**.

[1] 해석

지령

다음의 텍스트를 읽으세요. 텍스트에서 6개 문장이 빠져 있습니다. 이어서 (A부터 H까지) 주어진 8개 문장을 읽고, (19번부터 24번까지) 텍스트의 빈칸에 문장을 배치할 곳을 정하세요.

<u>선택하지 말아야 하는 문장이 2개 있습니다.</u>

선택한 보기를 **답안지**에 표기하세요.

왼손잡이에 대한 미스터리

나폴레옹과 율리우스 카이사르는 통치에 대한 능력 말고도 어떤 공통점이 더 있었다. 알렉산드로스 대왕, 우고 차베스, 그리고 미국의 마지막 7명의 대통령과도 공통점이 있다. 19. _____.

왼손을 다루는 사람이 통치를 더 잘하는 능력이라도 있는 것일까? 오른손잡이와 왼손잡이의 두뇌에는 어떤 차이가 있을까? 20. _____.

"왜 사람이 왼손잡이 혹은 오른손잡이가 되는지는 아직 모릅니다." 알리깐떼 신경과학연구소의 로베르또 가예고는 이러한 사실을 인정하지만 "어느 한 손 혹은 다른 손에 대한 편애는 태아에서부터 발달하기 시작합니다." 21. _____.

왼손잡이에 관해 확인된 자료가 있다. 22. _____. "어느 정도 왼손잡이를 교정해 현재는 오른손잡이인 사람이 얼마나 되는지는 누구도 확신할 수 없습니다."라고 가예고는 인정하며 "왼손잡이에게 오른손을 사용하도록 모든 방법을 동원해서 강요했어요." 얼마 전까지도 이러했던 것을 떠올린다.

악마가 씌었다, 범죄를 더 잘 저지른다 등의 잘못된 믿음과 무수히 많은 조작된 이야기 때문에 역사를 통틀어 왼손잡이들은 천대의 대상이 되어 왔다. 23. _____. 현재 33세이며 늘 왼손만 사용하는데도 학교에서는 오른손으로 글씨 쓸 것을 강요당했던 다니엘에게 있었던 일이다. "억지로는 당연히 배우죠. 하지만 수업이 끝나면 저는 다시 왼손을 쓰기 시작했어요. 왜냐하면, 이것이 저에게는 자연스럽기 때문이지요." 라고 그는 말한다.

실제로, '코텍스' 잡지에 최근에 게재된 캐나다 온타리오 대학교 연구진의 연구에 따르면 '오른손잡이는 왼손잡이가 왼손잡이인 것보다 더 오른손잡이'라고 확신한다. 다시 말해, 보통 왼손을 사용하는 사람은 오른손잡이가 왼손을 사용하는 것보다 오른손을 더 잘 사용한다는 것이다. 24. "_____."라고 저자 중 한 명인 데이비드 캐어리가 설명한다.

문장

A. 그렇기 때문에, 그 '빗나간' 어린이들을 '다시 교육'시켜야만 했다.

B. 이론은 아기가 늘 입에서 더 가까이 하는 손이 인생에서 가장 많이 사용하게 된다고 가리킨다.

C. 분명히 그들은 훌륭한 통치력을 가졌던 것이다.

D. 그들 모두 왼손잡이였다.

E. 그리하여, 부모들은 자식들이 왼손으로 글을 쓰기를 원했다.

F. 아마도 어린 시절부터 양손을 사용하기를 강요 받았기 때문일 것입니다.

G. 과학계에서는 최근 이러한 의문들에 관심을 보이지만, 지금까지 그 대답은 정확하지 않다.

H. 예를 들어, 세계 인구 중 왼손잡이의 비율은 일정하게 10%를 유지한다.

misterio	m. 신비, 수수께끼, 비밀
zurdo	m.f. 왼손잡이 / 왼손잡이의
dote	f. 지참금, 재능, 천분
liderazgo	m. 리더쉽, 지도권, 지도력
capacitado	~하는 능력이 있는, 자격이 있는
gobernar	통치하다, 지배하다, 다스리다
cerebro	m. 뇌, 대뇌, 분별력, 판단력
diestro	m.f. 오른손잡이 / 오른손잡이의, 오른쪽의, 우측의
neurociencia	f. 신경 과학
predilección	f. 편애, 특히 좋아함
feto	m. 태아
actual	현재의, 현대의
corregido	고쳐진, 교정된, 수정된
a lo largo de	~ 내내 계속, ~동안 쭉
maltrato	m. 학대
falso	m.거짓, 허위 / 거짓의, 허위의
creencia	f. 확신, 신념, 신조
poseído	홀린, (~에) 사로잡힌
diablo	m. 악마
propenso	경향이 있는, 곧잘 ~하는, ~하기 쉬운
cometer	범하다, 저지르다
crimen	m. 죄, 범죄, 범행
sinfín	m. 무수함, 무한
mito	m. 신화, 전설, 꾸며낸 이야기
a la fuerza	강제로, 억지로
afirmar	단언하다, 확언하다, 확신을 가지다
de hecho	사실상, 실제, 실제로
investigación	f. 연구, 조사, 수사
habitualmente	습관적으로, 언제나
destreza	f. 솜씨, 숙달
contrario	m.f. 적, 상대방 / 반대의, 역의, 상대의
reeducar	재교육시키다, 재활 교육을 시키다
desviado	이탈하는, 일탈하는, 빗나간, 엇나간, 벗어난
apuntar	조준하다, 지적하다, 가리키다, 회원이 되다
obligar	강요하다, 강제하다, 의무를 지게 하다
ambos	양쪽의, 쌍방의 / 양쪽, 양자
constante	f. 불변의 것, 정수 / 항구적인, 일정한, 끊임없는

19.	'왼손잡이에 대한 미스터리'라는 제목을 먼저 확인하고 첫 문단의 흐름을 파악해야 한다. 역사적 위인들과 정치가들이 'tenían algo más en común que sus dotes de liderazgo 통치에 대한 능력 말고도 어떤 공통점이 더 있었다'라고 말하므로 빈칸에는 바로 그 '공통점'이 무엇인지 제시한다면 자연스럽다. 그러므로 정답은 **D**. C의 경우 그들 모두 훌륭한 통치력을 갖고 있다고 말하지만, 통치력 말고도 어떤 공통점이 있는지 언급하지 않으므로 오답이다.
20.	빈칸 앞 문장들이 의문문임을 눈여겨봐야 한다. 정답은 **G**. 문장에 등장한 'estas cuestiones 이러한 의문들'이 결정적 단서이다. 빈칸에 앞서 등장한 문장들 즉 '왼손을 다루는 사람이 통치를 더 잘하는 능력이라도 있는 것일까? 오른손잡이와 왼손잡이의 두뇌에는 어떤 차이가 있을까?'가 바로 estas cuestiones가 가리키는 '의문들'에 해당하는 것이다.
21.	Roberto는 왼손잡이 혹은 오른손잡이가 결정되는 원인은 아직 알 수 없지만 'feto 태아' 때부터 어느 한 손에 대한 편애가 발달하기 시작하는 듯하다고 밝혔다. 결정적 단서는 바로 feto이며, 이에 대한 연결로 정답은 **B**가 된다. 'Las teorías apuntan a que la mano que el bebé tenga siempre más cerca de la boca es la que más utilizará en su vida. 이론은 아기가 늘 입에서 더 가까이 하는 손이 인생에서 가장 많이 사용하게 된다고 가리킨다.'의 'bebé 아기'가 문장 B의 'feto 태아'와 연결된다.
22.	왼손잡이들에 관한 확인된 자료가 있다고 말하며 시작한다. 그렇다면 빈칸에서는 해당 자료를 제시하면서 빈칸 뒤의 내용과 흐름이 연결되어야 할 것이다. 빈칸 뒤에서는 현재 오른손잡이인 사람들 중 얼마큼이나 원래 왼손잡이였다가 교정을 통해 오른손잡이가 된 것인지 모른다고 밝힌다. 따라서 빈칸에 제시될 자료의 내용은 왼손잡이의 비중과 관련이 있어야 할 것이다. 그러므로 정답은 **H**. 왼손잡이는 전체 인구의 10퍼센트를 유지하는데, 그중 원래 왼손잡이였지만 오른손잡이로 애써 바꾼 사람들이 분명히 존재하므로 실제로는 10퍼센트보다 더 많을 수 있다는 의견이다.
23.	과거 역사를 통틀어 왼손잡이에 대한 근거 없는 부정적 견해가 있었음을 설명하며, 빈칸 뒤에는 왼손잡이인 Daniel이 어린 시절 억지로 오른손잡이로 교정했던 경험이 이어진다. 따라서 빈칸의 정답으로는 **A**가 자연스럽다. 'reeducar 재교육하다'와 'desviado 엇나간, 빗나간'의 해석이 관건으로 '잘못된 방식의 아이들을 다시 가르쳐야만 했다'라는 흐름이다. 함정이 될 수 있는 문장은 E. 아이들, 학교, 교육하다 등의 맥락 때문에 E를 정답으로 오인할 수 있으나, 부모의 입장에서 자식들이 어느 손으로 글을 쓰기를 원하는지 관련 내용은 언급된 바 없다.
24.	마지막 문단은 전반적으로 내용 이해가 쉽지 않다. 정답은 **F**. 'Posiblemente porque desde pequeños se han visto obligados a usar ambas manos.'에서 중요한 문형은 'Posiblemente porque ... 아마도 ...했기 때문일 것이다'이다. 즉, 앞선 내용에 대해 잠정적 원인을 서술하고 있으며 그 원인으로는 '아마도 어린 시절부터 양손을 사용하기를 강요 받았기 때문일 것'이라고 짐작하는 흐름이 된다. 온타리오 대학교 연구진의 '오른손잡이들은 왼손만 사용하는 진짜 왼손잡이들보다 더 오른손잡이다'라는 결론은 왼손잡이들은 어느 정도 오른손을 사용할 수 있으나, 오른손잡이들은 왼손의 사용이 익숙하지 않고 주로 오른손밖에 사용하지 못한다는 의미이다. 그 이유로도 역시 F의 내용 즉, '아마도 어린 시절부터 양손을 사용하기를 강요 받았기 때문일 것'이 들어맞는다.

1 어휘

motivo	m. 동기, 이유
embarazada	f. 임산부 / 임신한
bisabuelo	m.f. 증조부, 증조모
enterarse	알아차리다, 깨닫다
una vez que	일단 ~한 후에, ~하면
inicial	f. 머리글자, 이니셜 / 처음의, 최초의
nueva	f. 소식 / 새로운, 최근의
por lo pronto	우선, 일단
nacer	태어나다
enamorado	m.f. 연인, 애호가 / 사랑하는
ilusionado	환상에 젖은, 희망찬, 착각한
compartir	나누다, 분배하다, 공용하다, 공유하다
emoción	f. 감동, 감격, 감정, 정서
pancita	f. (panza 의 축약형) 배, 복부
contar	이야기하다, 계산하다
fijarse	주목하다, 고정하다

25.	올바른 동사 표현을 넣어 연결해야 한다. 빈칸은 '편지를 쓰는 이유'에 해당하는 내용이며, 가장 중요한 고려 사항은 바로 빈칸 뒤에 연결된 명사 una noticia이다. 보기 a의 동사 hablar는 언어명이 아닌 명사를 '~을(를) 말하다' 구조의 목적어로 동반할 수 없으므로 오답이다. 보기 c의 동사 pedir는 '요구하다, 부탁하다'이므로 '소식을 부탁하다'는 어울리지 않는다. 그러므로 정답은 **b**. 동사 contar는 '숫자를 세다'의 의미뿐만 아니라 '~ 내용을 이야기하다'로도 쓰인다.
26.	편지의 용건인 '굉장한 소식'을 이끄는 문장이다. 빈칸 뒤 'que voy a ser abuela 제가 할머니가 될 거예요'를 전달하기 위해서는 보기 a의 'Piensa 생각하세요'와 보기 b의 'Dime 말하세요'는 모두 어색한 연결이 된다. 그러므로 정답은 **c**. 동사 fijarse는 '고정하다'의 의미뿐만 아니라 '주목하다, 주의하다'를 나타내며, 'Mira 보아라'와 같이 주목을 끌 때 쓰인다.
27.	동사 변형 fue가 먼저 등장하고 이어서 una gran sorpresa를 말하고 있으며, 빈칸 뒤에는 동사 원형 'enterarse 알아채다, 깨닫다'가 이어진다. 이에 따라 '우리가 그 소식을 알게 된 것은 굉장한 놀라움이었어요.'를 의미하는 문장이며 주어는 enterarse이고, 어순의 도치가 일어났음을 알 수 있다. 이와 같이 동사 원형이 주어가 된 경우 정관사 el을 표기하기도 한다. 그러므로 정답은 보기 **b**. 나머지 정관사 lo나 un은 동사 앞에 사용할 수 없다.
28.	pero부터 문장을 확인해 보자. 처음의 놀라움이 지나간 후에는 '우리 모두' 그 새로운 소식을 잘 받아들였다고 전개하는 흐름이다. 이때, 주어 표기는 'tanto A como B A도 B도 모두 ~하다'의 용법을 사용하면 자연스럽다. 보기 c의 que를 연결한다면 que 이하는 단어가 아닌 문장을 이끌어야만 '~할 만큼 ~하다'의 구조가 된다. 그러므로 정답은 **a**.
29.	보기 a의 porque와 보기 b의 ya que 모두 원인을 나타내는 접속사이며 보기 c만이 목적을 나타내는 접속사이다. 빈칸 뒤 변형 동사에 주목하면 estar 동사의 접속법 변형 estén이므로, 접속사 para que만이 문법적으로 성립 가능하다. 그러므로 정답은 **c**.
30.	estar 동사 변형 중 문장에 알맞은 형태를 선택해야 한다. 보기 a는 가능법, b는 단순 과거, c는 단순 미래이다. 편지를 쓴 이는 작별 인사를 전하며 '조만간 보기를 바란다'고 하였으며 로레의 배 부른 시진을 보내겠다고 언급한다. 이제 막 임신을 했으므로 앞으로 배가 불러 올 '미래'에 대해 이야기하고 있음을 알 수 있다. ya와 미래 시제를 사용하면 ya는 '얼마 안 있어, 머지않아'의 의미가 된다. 그러므로 정답은 **c**.

지령

텍스트를 읽고 (25번부터 30번까지) 빈칸에 (A, B, C)의 보기를 채우세요.

선택한 보기를 **답안지**에 표기하세요.

아카풀코, 게레로, 2018년 1월 10일.

친애하는 어머니.

잘 지내고 계시길 바라요. 편지를 쓰는 이유는 아주 굉장한 소식을 말씀드리기 위해서예요. 제가 할머니가 될 거예요! 저의 딸 로레가 임신을 했습니다. 맞아요! 증조할머니가 되실 거예요!

처음엔 그 소식을 접한 것은 굉장한 놀라움이었어요. 아직 그 아이는 젊기 때문이지요. 하지만 처음의 놀라움이 지나간 후에는 제 남편인 라울도, 나와 다른 딸들도 그 소식을 잘 받아들였습니다.

로레는 일단은 아기가 태어날 때까지는 남자 친구와 결혼을 하지 않을 거예요. 하지만 그 두 사람은 매우 사랑하고 있고 또 희망에 가득 차 있습니다. 그래서 그들은 가족으로서 곧 함께하기 위해 모든 것을 준비하기 시작할 거예요.

큰 감동으로 어머니께 이 소식을 전합니다. 어머니에게도 큰 즐거움이 전해질 것이라고 생각해요. 빠른 시일 내에 뵙길 바라고 곧 로레의 부른 배 사진을 보내 드릴 거예요. 아기가 태어날 땐 아기를 만나 보기 위해서 오실 수 있으면 좋겠어요!

많은 애정을 담아 포옹을 전하며,

루씨

PRUEBA DE COMPRENSIÓN AUDITIVA

Comprensión auditiva

Tarea 1

1 스크립트

Mensaje 1	30초 Álex, esta noche no puedo verte. Me ha surgido un imprevisto. Ya sabes que estoy trabajando en una empresa y, bueno, después de trabajar tengo que ir con mis compañeros de oficina, mi jefe y unos clientes a un restaurante. Te llamo luego. 5초 반복 재생 10초
Mensaje 2	¡Oye! ¿Dónde te metes? Te he llamado toda la mañana. No sé si sabes que hoy es mi cumpleaños y lo voy a celebrar en mi casa. Necesito que me traigas el equipo de música que te presté hace un par de meses porque lo voy a usar. Por supuesto, estás invitado. 5초 반복 재생 10초
Mensaje 3	El restaurante "Casa Paco" informa a todos sus clientes que la cocina está lista antes de lo que se esperaba. A partir de esta semana abriremos nuestras puertas. Y no se olviden de llamar por teléfono y reservar, si no quieren esperar para tener mesa. 5초 반복 재생 10초
Mensaje 4	Hola, buenos días. Mire, le llamo porque estoy en mi habitación y he intentado encender el aire acondicionado, pero yo no he podido. He leído las instrucciones de uso y está todo muy claro, pero no sé cómo puedo encenderlo. ¿Podría ayudarme? Llevo toda la mañana intentándolo. 5초 반복 재생 10초
Mensaje 5	¿Qué pasa, María? Habla José. ¡Oye! Te comunico que Antonio viene conmigo, así que sería bueno llamar al restaurante y decirles que vamos a necesitar una mesa más. ¿Sabes dónde está el restaurante? Llámame, si no lo encuentras o si te retrasas. Nos vemos a las nueve. ¡Hasta pronto! 5초 반복 재생 10초
Mensaje 6	Hola, llamo porque tengo un problema. Ayer perdí mi maleta en la estación de autobuses y esta mañana me han llamado para decirme que la han recuperado y que está bien. Esta tarde iré a recogerla, así que les ruego que la guarden hasta que yo llegue. 5초 반복 재생 10초

Complete ahora la Hoja de respuestas.

30초

지령

당신은 6개의 메시지를 들을 것입니다. 각 메시지는 두 번씩 듣게 됩니다. 이어서 (1번부터 6번까지) 질문에 답하세요. (a / b / c) 정답을 선택하세요.

선택한 보기를 **답안지**에 표기하세요.

지금부터 문제를 읽을 수 있는 시간을 30초간 갖게 됩니다.

문제

메시지 1

1. 여자는 어디에 가야 하는가?

 a 업무 모임

 b 업무상 저녁 식사

 c 사무실

메시지 2

2. 여자는 무엇을 위해 남자에게 전화를 했는가?

 a 부탁하기 위해

 b 부탁을 들어준 것을 고마워하기 위해

 c 그에게 축하 인사를 하기 위해

메시지 3

3. 메시지에 따르면, 그 식당은 ...

 a 이번 주에는 영업하지 않을 것이다.

 b 주방에 문제가 있다.

 c 예정되었던 것보다 빨리 열 것이다.

메시지 4

4. 남자는 무엇을 알기를 원하는가?

 a 에어컨을 어떻게 끄는 것인지

 b 에어컨 사용 설명서를 어떻게 읽는 것인지

 c 에어컨을 어떻게 사용하기 시작하는 것인지

메시지 5

5. 메시지에 따르면 호세는 ...

 a 늦을 것이다.

 b 식당이 어디에 있는지 모른다.

 c 친구 한 명을 데려갈 것이다.

메시지 6

6. 남자는 어떤 문제가 있는가?

 a 가방을 잃어버렸다.

 b 가방의 상태가 좋지 않다.

 c 가방을 교환해 주길 바란다.

메시지 1	30초 알렉스, 오늘 밤에는 널 볼 수 없겠어. 갑작스런 일이 생겨 버렸단다. 내가 회사에서 일하는 거 알지? 그런데 일을 마친 후에 사무실의 동료들과, 나의 상사와 몇 명의 고객들과 함께 식당에 가야 해. 다음에 전화할게. 5초 반복 재생 10초
메시지 2	얘! 대체 어디 숨었니? 오전 내내 전화 걸었어. 오늘이 내 생일이라는 걸 아는지 모르겠네. 오늘 난 집에서 생일을 기념할 거야. 두 달 전에 빌려준 음악 장비를 돌려줬으면 좋겠다. 오늘 사용할 거야. 아, 그리고 당연히 너는 초대되어 있어. 5초 반복 재생 10초
메시지 3	'까사 빠꼬' 음식점은 예상되었던 것보다 더 일찍 열릴 것을 고객들게 알립니다. 이번 주부터 영업을 시작할 것입니다. 테이블에 앉기 위해 기다리길 원치 않으시면, 전화하셔서 예약하는 것을 잊지 마세요. 5초 반복 재생 10초
메시지 4	안녕하세요, 좋은 아침입니다. 저기요, 저는 방에 있고 에어컨 켜기를 시도했지만 할 수가 없었기 때문에 전화합니다. 사용 설명서를 읽었고 모든 내용이 확실하지만 저는 그것을 어떻게 켜는지 모르겠습니다. 저를 도와주실 수 있을까요? 오전 내내 시도하고 있습니다. 5초 반복 재생 10초
메시지 5	마리아, 별일 없니? 나 호세야. 얘! 안또니오가 나랑 함께 갈 거야. 그래서 식당에 전화해서 우리는 테이블이 하나 더 필요할 거라고 말하는 게 좋겠어. 식당 어딨는지 알아? 혹시 못 찾거나 늦으면 나에게 전화해 줘. 아홉 시에 만나자. 이따 봐! 5초 반복 재생 10초
메시지 6	안녕하세요. 문제가 하나 있어서 전화 드립니다. 어제 저는 버스 정류장에서 가방을 잃어버렸는데 오늘 아침에 그 가방을 찾았고 가방은 잘 있다고 연락을 받았습니다. 오늘 오후에 가방을 찾으러 갈 건데, 제가 도착할 때까지 그 가방을 보관해 주시길 부탁합니다. 5초 반복 재생 10초

답안지를 작성하세요.

30초

reunión	f. 집회, 미팅, 모임
agradecer	감사를 느끼다
felicitar	축하하다, 행복을 빌다, 축하의 말을 하다
previsto	예상된, 예견된, 미리 준비된
apagar	끄다, 진압하다, 정지시키다, 꺼지다
aire acondicionado	m. 냉난방 장치, 에어컨
instrucciones	f.pl. 사용법, 설명서, 지시, 지령
retrasar	지연시키다, 연기하다, 지연되다
surgir	분출하다, 치솟다, 나타나다, 출현하다
imprevisto	m. 예측 불능의 사태 / 의외의, 예상치 않은
meterse	들어가다, 참견하다
equipo	m. 팀, 단체, 장비, 도구
a partir de	~부터, ~(이)후에
intentar	의도하다, 시도하다
encender	(기계 등) 전원을 켜다, 불을 붙이다, 점화하다
uso	m. 사용, 이용
recuperar	되찾다, 회복하다, 다시 일어나다
recoger	찾으러 가다, 채집하다, 주워 모으다
rogar	간청하다, 기원하다
guardar	보관하다, 지키다, 보호하다, 저장하다

4 해설

1.	메시지를 남긴 여성은 갑자기 일이 생겨 오늘 밤 알렉스를 만날 수 없다고 말한다. 정답을 확인할 수 있는 부분은 'después de trabajar tengo que ir con mis compañeros de oficina, mi jefe y unos clientes a un restaurant 일을 마친 후에 사무실의 동료들과, 나의 상사와 몇 명의 고객들과 함께 식당에 가야 해'이다. 그러므로 정답은 **b**. 보기 a의 reunión은 restaurante가 아닌 다른 곳에서 이루어져야 하므로 오답이다.
2.	여자가 남자에게 전화를 건 목적을 묻는다. 여자는 오늘이 본인의 생일이라 말하며 오늘 생일을 기념할 것이라고 전했다. 보기 c의 felicitar는 메시지를 남긴 여자가 남자를 축하한다는 표현이 되므로 정답이 될 수 없다. 정답 문장 'Necesito que me traigas el equipo de música que te presté hace un par de meses porque lo voy a usar. 두 달 전에 빌려준 음악 장비를 돌려줬으면 좋겠다. 오늘 사용할 거야.'에 사용된 Necesitar que 접속법 변형 구조를 빠르게 이해해야 한다. 오늘 생일 기념을 위해 두 달 전 빌려 주었던 음악 장비를 돌려달라고 말하고 있다. 그러므로 정답은 보기 **a**.
3.	메시지를 남긴 음식점 관련 정보를 질문한다. 핵심은 첫 번째 문장 중 음식점이 'está lista antes de lo que se esperaba 예상되었던 것보다 더 일찍 열릴 것'이다. restaurante의 동의어 cocina를 숙지하고 있었다면 정답을 파악하기는 어렵지 않다. 그러므로 정답은 보기 **c**. Lo previsto가 바로 '예정되었던 것(시간)'을 의미하며, 그보다 더 전에 열릴 것이라고 알리고 있다.
4.	전화를 건 남자가 무엇을 알고 싶어하는지 들어야 한다. 메시지에서 남자는 'aire acondicionado 에어컨' 업체에 전화하여 문의 사항을 전하고 있다. 'le llamo porque estoy en mi habitación y he intentado encender el aire acondicionado, pero me no he podido 저는 방에 있고 에어컨 켜기를 시도했지만 할 수가 없었기 때문에 전화한 겁니다.'에 따르면 정답은 보기 **c**. 보기 a의 apagar는 동사 'encender 켜다'의 반의어이므로 오답이다. 보기 b의 내용은, '에어컨의 사용 설명서를 어떻게 읽어야 하는가'이므로 오답이다.
5.	메시지를 남기는 호세의 상황에 대해 다른 인물들의 정보와 혼동하지 않도록 주의해야 한다. 정답 문장은 'Te comunico que Antonio viene conmigo. 안또니오가 나랑 함께 갈 거야.'로, 정답은 보기 **c**. 'Llámame, si no lo encuentras o si te retrasas. 혹시 못 찾거나 늦으면 나에게 전화해 줘.'에 따르면 보기 a와 b는 답이 될 수 없다.
6.	메시지를 남긴 남성에게 어떤 문제가 발생했는지 파악해야 하며, 아르헨티나 특유의 발음에 유의해야 한다. 그는 'Ayer perdí mi maleta en la estación de autobuses 어제 저는 버스 정류장에서 가방을 잃어버렸는데'라고 했으므로 정답은 보기 **a**. 보기 b는 '가방이 상태가 좋지 않다.', 보기 c는 '가방을 교환해 줄 것을 요청한다.'라는 내용으로 오답이다.

30초

Bueno... Pues, me llamo Manuela y soy la propietaria del restaurante "Asia", uno de los restaurantes pioneros de la gastronomía asiática en esta localidad.

Mi afición por la cocina me viene desde muy pequeña. Yo vivía con mi abuela porque mi madre trabajaba en otra ciudad y todos los días, después de la escuela, pasaba mucho tiempo en la cocina con ella. A ella le encantaba experimentar. En esa época no había Internet y había que ser creativo para hacer platos nuevos. Ahora es distinto, cualquier persona puede meterse en Internet y buscar las recetas que quiera. Incluso hay vídeos en YouTube que te explican cómo hacer todo paso a paso, lo cual hace que sea más fácil aprender a cocinar. Pero en aquella época no era tan fácil. En mi caso, aprendí sola viendo cómo cocinaba mi abuela. Aunque a ella no le gustaba la idea de que una niña pequeña anduviera entre fuegos, cuando ella dormía o estaba fuera de casa yo hacía mis primeros platos en la cocina intentando imitar lo que le había visto hacer a ella.

Ya de mayor, empecé a interesarme por la comida de otros países. Mi hijo se mudó a Hong Kong por trabajo y a los seis meses fui a visitarle. Él vivía en una casa muy pequeña y no tenía cocina. Por esta razón, comíamos y cenábamos todos los días fuera. No me quedó otro remedio que probar la comida local y no cabe duda de que eso me influyó mucho. A partir de ese momento, empecé a interesarme por las comidas de otros países, sobre todo la asiática. Pero no fue fácil empezar a cocinar ese tipo de comida.

Yo vivía en un pequeño pueblo en las afueras de Madrid y no había ninguna tienda de alimentación asiática. Era imposible encontrar ingredientes para preparar esos platos. La tienda más cercana estaba a treinta kilómetros. Yo quería experimentar y aprender a cocinar esos platos que había probado. Así que lo que hice fue aprovechar que mi hijo estaba en Hong Kong para que él me mandara todo lo que necesitaba. Él compraba lo que yo le pedía, lo empaquetaba y me lo mandaba por correo.

Con el tiempo, decidí abrir mi propio restaurante que está situado en la Avenida Trinidad. No fue nada fácil. A mi familia no le pareció buena idea y yo sabía que iba a ser complicado porque no es un tipo de comida que le guste a mucha gente. Pero aun así yo quería disfrutar cocinando porque es y siempre será mi pasión. Sorprendentemente, hoy por hoy, el restaurante es un éxito y tenemos una buena clientela que nos ha convertido en uno de los mejores restaurantes de comida exótica de toda la comunidad de Madrid.

10초
반복 재생
10초

Complete ahora la Hoja de respuestas.

30초

지령

당신은 '세계의 음식'이라는 한 라디오 프로그램에서 '아시아'라는 식당의 주인인 마누엘라가 이국적인 음식의 요리사로서의 경험을 이야기하는 텍스트를 듣게 됩니다. 텍스트는 두 번 듣게 됩니다. 이어서 (7번부터 12번까지) 질문에 답하세요. (a / b / c) 정답을 선택하세요.

선택한 보기를 **답안지**에 표기하세요.

이제 문제를 읽을 수 있는 시간을 30초간 갖게 됩니다.

문제

7. 음성에서 마누엘라는 요리하는 것을 ... 배웠다고 이야기한다.

   a 인터넷에서
   b 어린 시절 학교에서
   c 그녀의 할머니를 보며

8. 그녀의 할머니는 마누엘라가 요리하는 것을 좋아 하지 않으셨다. 왜냐하면 ...

   a 모든 것을 본인이 하길 원하셨기 때문이다.
   b 화상을 입을까 봐 두려웠기 때문이다.
   c 경험이 없었기 때문이다.

9. 음성에 따르면, ... 마누엘라는 이국적 요리에 대한 관심을 갖기 시작했다.

   a 홍콩에 살고 있는 그녀의 아들을 방문했을 때
   b 그녀의 아들과 함께 홍콩으로 여행했을 때
   c 홍콩에서 그녀의 아들이 만든 요리를 먹어 보았을 때

10. 마누엘라는 처음에 아시아 요리를 만드는 것이 어려웠다고 말한다. 왜냐하면 ...

   a 마드리드에는 아시아 식품점이 전혀 없었기 때문에.
   b 재료를 살 수 있는 곳이 근처에 전혀 없었기 때문에.
   c 어떻게 만드는지 몰랐기 때문에.

11. 마누엘라는 아들이 ...고 말한다.

   a 그녀에게 재료들을 가져다주었다
   b 그녀에게 재료들을 보내 주었다
   c 그녀에게 재료들을 팔았다

12. 듣기에 따르면, 마누엘라는 자신의 레스토랑을 열었다. 왜냐하면 ...

   a 그녀의 가족이 제안했기 때문에.
   b 많은 사람들이 아시아 음식을 좋아했기 때문에.
   c 요리하는 것을 좋아했기 때문에.

30초

아... 음, 저는 마누엘라이며 이 지역에서 아시아 요리를 전문으로 하는 선구적인 식당 중 하나인 '아시아' 식당의 주인입니다.

요리에 대한 저의 취미는 매우 어렸을 때부터 시작되었습니다. 저의 어머니는 다른 도시에서 일하셨기 때문에 저는 할머니와 같이 살았으며, 매일 학교가 끝난 후 할머니와 함께 주방에서 오랜 시간을 보냈습니다. 할머니는 실험하는 것을 매우 좋아하셨어요. 그 당시에는 인터넷이 없었기 때문에 새로운 요리를 만들기 위해서는 매우 창의적일 수밖에 없었습니다. 지금은 달라요. 누구든 인터넷에 들어가서 원하는 모든 요리법을 찾을 수 있지요. 심지어 유튜브에는 어떤 요리든 하나하나 설명해 주는 비디오가 있어서 요리를 배우기가 더 쉬워진 것입니다. 할머니는 어린 아이가 불이 있는 곳에서 돌아다니는 걸 좋아하지 않으셨지만 저는 할머니가 주무실 때나 또는 집에 안 계실 때, 할머니가 하시던 걸 본 것을 따라하려 시도하면서 주방에서 나의 첫 요리를 만들곤 했지요.

나이가 더 들어서는 다른 나라의 음식에 대해 관심을 갖기 시작했습니다. 제 아들은 일 때문에 홍콩으로 갔는데, 6개월이 되던 때 그를 방문하러 갔습니다. 아들은 아주 작은 집에 살고 있었고 주방이 없었습니다. 그래서 우리는 매일 밖에서 점심과 저녁을 먹었습니다. 그 지역 음식을 맛보는 것 외에는 방법이 없었으며, 그것이 나에게 많은 영향을 준 것이 분명합니다. 그때부터 저는 다른 나라, 특히 아시아의 음식에 대해 관심을 갖기 시작했습니다. 하지만 그런 종류의 요리를 만들기 시작하기란 쉬운 일이 아니었습니다.

저는 마드리드 외곽의 작은 마을에서 살았으며, 아시아 식품 가게는 전혀 없었습니다. 그런 요리를 만들 수 있는 재료를 찾기가 불가능했습니다. 가장 가까운 가게는 30킬로미터 거리에 있었습니다. 나는 경험을 쌓고 싶었으며, 내가 먹어 봤던 그 음식들을 요리하고 싶었습니다. 그래서 내가 한 일은, 내가 필요했던 모든 걸 아들이 내게 보내 주도록 아들이 홍콩에 산다는 것을 이용했습니다. 내가 아들에게 부탁하는 것을 아들이 사서 포장하고 우편으로 보내 주었습니다.

시간이 지나서, 저는 뜨리니다드 길에 위치한 제 소유의 식당을 열기로 결심했습니다. 결코 쉬운 일은 아니었습니다. 제 가족들은 좋은 생각이 아니라고 하였고, 전 꽤나 복잡할 것이라고 생각했는데, 그 이유는 많은 사람들이 좋아할 만한 음식 종류는 아니기 때문이었습니다. 하지만 그럼에도 불구하고 저는, 제 열정이며 앞으로도 계속 저의 열정이 될 요리를 하며 즐기고 싶었습니다. 놀랍게도 현재 그 식당은 매우 성공적이며, 우리 식당을 마드리드 전체에서 가장 우수한 이국 요리 음식점 중 하나로 만들어 준 아주 우수한 고객층이 있습니다.

10초
반복 재생
10초

답안지를 작성하세요.

30초

exótico	외국의, 이국적인, 드문, 색다른
quemarse	타다, 그을리다
probar	먹어 보다, 입어 보다, 시험하다, 증명하다
receta	f. 레시피, 요리법, 처방
alimentación	f. 영양 섭취, 식사, 음식
ingrediente	m. 재료, 원료
enviar	보내다(=mandar), 전송하다
pionero	m.f. 개척자, 선구자 / 초창기의, 선구적인
gastronomía	f. 요리법, 미식
localidad	f. 지역, 지방, 관람석, 좌석
afición	f. 애호, 취미, 열의
época	f. 시기, 계절
creativo	m.f. 전문 창안자 / 창조적인, 창조할 수 있는
paso a paso	한 걸음 한 걸음, 차츰
fuego	m. 화재, 불, 사격, 열정
imitar	따라하다, 모방하다, 모사하다, 모조하다
fuera	밖에서, 밖으로
remedio	m. 대책, 방법
local	m. 시설, 점포 / 장소의, 지방의
no caber duda	의심할 여지가 없다
afuera	f. 교외 / 밖에, 밖에서, 외부로
empaquetar	포장하다, 짐을 꾸리다
complicado	복잡한, 뒤얽힌
hoy por hoy	현재, 요즈음
clientela	f. 고객, 단골 손님
comunidad	f. 공통성, 공동체

7. 마누엘라가 요리를 배우기 시작한 배경에 대한 질문이다. 그녀는 어린 시절부터 요리에 대한 관심이 시작되었다고 말한다. 도입부에서 마누엘라는 할머니와 함께 살던 시절에 대해 회상하며 'después de la escuela, pasaba mucho tiempo en la cocina con ella 학교가 끝난 후 할머니와 함께 주방에서 오랜 시간을 보냈습니다'라고 언급했으므로 보기 b는 오답이다. 이어지는 문장 'En esa época no había Internet y había que ser creativo para hacer platos nuevos. 그 당시에는 인터넷이 없었기 때문에 새로운 요리를 만들기 위해서는 매우 창의적일 수밖에 없었습니다.'에 따르면 보기 a 역시 오답이다. 정답 문장은 'En mi caso, aprendí sola viendo cómo cocinaba mi abuela.'이다. 할머니의 요리법을 모방하며 혼자서 터득했다고 서술하므로 정답은 보기 **c**.

8. 반드시 문제를 미리 읽어 할머니는 마누엘라가 요리하는 것을 좋아하지 않으셨다는 정보를 염두에 두고 들어야 한다. 정답 문장은 'Aunque a ella no le gustaba la idea de que una niña pequeña anduviera entre fuegos... 할머니는 어린 아이가 불이 있는 곳에서 돌아다니는 걸 좋아하지 않으셨지만...'이다. 그러므로 정답은 보기 **b** 즉, 그녀가 화상을 입을까 봐 두려워서이다. 보기 a는 할머니 본인이 모든 요리를 하길 원했다는 내용이므로 정답이 될 수 없다.

9. 마누엘라가 이국적 요리에 대해 관심을 갖게 된 배경을 질문한다. 마누엘라는 성인이 된 후에 다른 나라의 요리에 대해 관심을 갖기 시작했다고 언급했으며 이어서 홍콩으로 간 아들에 대해 이야기한다. 아들의 집은 주방이 없었으므로 매일 외식을 하였고, 자연스럽게 그곳의 음식을 접했다는 경험담을 전개하고 있다. 'A partir de ese momento, empecé a interesarme por las comidas de otros países, sobre todo la asiática. 그때부터 저는 다른 나라, 특히 아시아의 음식에 대해 관심을 갖기 시작했습니다.'에 따르면 정답은 보기 **a**이다. 마누엘라가 아시아 요리에 관심을 가진 시점에 아들은 이미 홍콩에 거주 중이었으므로 보기 b의 '아들과 함께 홍콩에 갔을 때'는 오답이다. 보기 c로 혼동할 수 있으나 아들이 만든 요리를 먹었다는 내용은 언급되지 않았다. 엇비슷해 보이는 내용의 보기를 꼼꼼히 비교하며 해석해야 정답을 맞출 수 있는 유형이다.

10. 마누엘라가 처음에 왜 아시아 요리를 만드는 것이 어려웠는지 묻고 있다. 4문단에서 주의 깊게 들어야 할 문장은 바로 Yo vivía en un pequeño pueblo en las afueras de Madrid y no había ninguna tienda de alimentación asiática. Era imposible encontrar ingredientes para preparar esos platos. 이 문장을 들으며, 답이 아님을 확신해야 하는 보기는 바로 a 이다. 그녀가 사는 곳은 '마드리드의 외곽 한 작은 마을'이었기 때문에 '마드리드에 아시아 식료품 상점이 없었던 것'은 관련이 없는 사실이 된다. 정답은 보기 **b**. 그녀가 살던 그 작은 마을에는 재료를 살 수 있을 만한 곳이 근처에 없었다고 언급한다.

11. 그녀가 구하기 어려웠던 그 재료들과 관련해 아들이 어떤 도움을 주었는지 묻는 질문이다. 반드시 듣고 이해해야 하는 문장은 'Así que lo que hice fue aprovechar que mi hijo estaba en Hong Kong para que él me mandara todo lo que necesitaba. Él compraba lo que yo le pedía, lo empaquetaba y me lo mandaba por correo. 그래서 내가 한 일은, 내가 필요했던 모든 걸 아들이 내게 보내 주도록 아들이 홍콩에 산다는 것을 이용했습니다. 내가 아들에게 부탁하는 것을 아들이 사서 포장하고 우편으로 보내 주었습니다.'이다. '보내다'를 의미하는 enviar의 동의어 mandar를 놓쳐서는 안 된다. 보기 a의 traer는 아들이 직접 그 재료들을 가지고 왔다는 의미이므로 마누엘라의 서술과 어긋난다. 그러므로 정답은 **b**.

12. 마지막으로 마누엘라가 어떻게 본인의 레스토랑을 차릴 수 있었는가를 묻는다. 'A mi familia no le pareció buena idea y yo sabía que iba a ser complicado porque no es un tipo de comida que le guste a mucha gente. 제 가족들은 좋은 생각이 아니라고 하였고, 전 꽤나 복잡할 것이라고 생각했는데, 그 이유는 많은 사람들이 좋아할 만한 음식 종류는 아니기 때문이었습니다.'에 따라 보기 a와 b가 제외된다. 정답 문장은 'Pero aun así yo quería disfrutar cocinando porque es y siempre será mi pasión.' 즉, 여러 부정적인 여건에도 마누엘라 자신은 늘 요리에 열정을 가졌다는 내용이다. 그러므로 정답은 **c**.

1 스크립트

¡Buenos días, a todos! Hoy vamos a informarles sobre los próximos acontecimientos que habrá en nuestra ciudad durante el mes de abril.

En primer lugar, les informamos de que el concierto de música clásica en beneficio de las personas sin hogar que estaba previsto celebrarse en la Plaza del Ayuntamiento, finalmente se celebrará en la Plaza Mayor. El cambio de lugar se debe a la gran cantidad de entradas vendidas en la preventa, lo cual nos hace pensar que habrá una gran asistencia de público. Las fechas continúan siendo las mismas. Para cualquier información adicional, diríjanse al punto de venta de entradas.

음악

Ya tenemos fechas para el taller de música latina. Será el viernes 8 y el sábado 9 a las 8:00 de la tarde. Los precios, un año más, se mantienen. El precio del taller es de 5 euros si se registra a través de nuestra página web, 8 euros si lo hace en la Casa de la Cultura, y de 10 euros si decide apuntarse en la Casa de la Juventud que es donde se desarrollará este taller. No olvide de traer su carné de identidad. Si trae su carné de estudiante podrá tener un descuento del 10%.

음악

Por fin se va a celebrar el primer maratón en nuestra ciudad. Tendrá lugar el viernes 14 y podrán participar personas de cualquier edad. Las inscripciones empezarán a partir del lunes y será gratuito para los menores de 10 años y los mayores de 60 años. Después de la carrera, se procederá a la entrega de medallas y habrá varios espectáculos para celebrar el inicio de este nuevo evento deportivo en nuestra ciudad. ¡No faltes!

음악

No se olviden de que este sábado hay un festival de flores en la Avenida 3 de Mayo. Habrá diferentes actuaciones y un gran número de floristas de toda la ciudad decorarán la avenida de flores. También habrá una gran variedad de puestos callejeros donde podrán probar diferentes tipos de especialidades culinarias. No hay que pagar entrada. Se realizarán actividades para que los niños aprendan a plantar, cultivar y cuidar plantas. Así que si tiene hijos, este evento es ideal.

음악

El último día del mes habrá una exposición de fotos en el Museo de Historia de la ciudad. Las puertas abrirán a las 9 de la mañana y cerrarán a las 5 de la tarde. No será preciso pagar entrada. Habrá una zona especial donde los asistentes podrán exhibir sus fotos de la ciudad. Los requisitos serán que las fotos sean a color y de una dimensión no superior a una hoja DIN A4. Se darán premios a las mejores fotos, así que no duden en participar.

음악

Los días 20 y 27, en la Biblioteca Municipal se instalarán varios puntos de recogida de libros nuevos y usados para que todos aquellos que lo deseen, lleven aquellos libros que no necesiten o no quieran. Los libros que se recojan, serán destinados a una ONG que los llevará a Latinoamérica y se los dará a niños y familias con poco poder adquisitivo. Esperamos que la participación sea grande. No se olviden de que es por una buena causa.

10초
반복 재생
10초

Complete ahora la Hoja de respuestas.

30초

지령

당신은 한 라디오 프로그램에서 도시에서 열릴 행사에 대한 여섯 개의 뉴스를 듣게 됩니다. 프로그램은 두 번 들을 것입니다. 이어서 (13번부터 18번까지) 질문에 답하세요. (a / b / c) 정답을 선택하세요.

선택한 보기를 **답안지**에 표기하세요.

이제 문제를 읽을 수 있는 시간을 30초간 갖게 됩니다.

문제

뉴스 1

13. 뉴스에 따르면, 클래식 음악 콘서트는 ...

a 취소되었다.
b 더 넓은 다른 곳에서 열릴 것이다.
c 날짜가 변경되었다.

뉴스 2

14. 라틴 음악 수업료는 ...

a 인터넷에서 접수하면 더 비싸다.
b 작년에 비해 올랐다.
c 학생들에게는 더 저렴하다.

뉴스 3

15. 뉴스에 따르면 ...

a 이 도시에서는 예전에 마라톤이 개최된 적이
  한 번도 없었다.
b 마라톤에는 10세 미만, 60세 초과 연령의
  사람들은 참가할 수 없다.
c 이번 마라톤은 스포츠 행사로서는 처음
  개최되는 것이다.

뉴스 4

16. 이 꽃 축제는 ...

a 무료가 아니다.
b 아이들이 있는 가족들에게 권장된다.
c 어느 한 광장에서 개최된다.

뉴스 5

17. 사진 전시회에 대한 이 소식에서는 ...

a 전시회가 주말 내내 지속된다고 알린다.
b 청취자들이 이 전시회에 참가할 것을 권유한다.
c 참석자들이 박물관에서 사진을 구매할 수
  있다고 말한다.

뉴스 6

18. 뉴스에서는 수여되는 책들이 ...(라)고 말한다.

a 중남미에서 팔릴 것이다
b 새 책이어야 한다
c 중고여도 된다

30초

모두 좋은 아침입니다! 오늘은 4월 한 달간 우리 도시에서 있을 향후 행사들에 대해 말씀 드리겠습니다.

첫 번째로, 시청 광장에서 열리기로 예정되어 있던, 노숙인들을 위한 클래식 음악 콘서트가 결국에는 마요르 광장에서 열릴 것을 알려드립니다. 장소 변경은 사전 판매에서 입장권 판매량이 매우 높았기 때문이며, 그로 부아 대중이 참여가 아주 많을 것이라고 예상됩니다. 날짜는 동일합니다. 추가 정보는 입장권 판매처로 문의하시기 바랍니다.

음악

라틴 음악 수업 일정이 정해졌습니다. 8일 금요일과 9일 토요일 오후 8시입니다. 금액은 1년 더 유지됩니다. 수업료는 저희 웹 사이트를 통해 등록하면 5유로, 문화 회관에서 하면 8유로 그리고 수업이 열리는 청년 회관에서 등록하시면 10유로입니다. 신분증을 반드시 지참하세요. 학생증을 가져오시면 10% 할인 받을 수 있습니다.

음악

우리 도시에서 드디어 첫 번째 마라톤이 개최됩니다. 14일 금요일에 열리며, 모든 연령의 사람이 참가할 수 있습니다. 월요일에 접수가 시작되며 나이가 10세 미만 60세 초과인 사람들에게는 무료입니다. 경주가 끝난 후 메달 수여식이 진행될 것이며 우리 도시에서 처음으로 개최되는 이 스포츠 행사의 시작을 기념하기 위한 다양한 공연들이 있을 것입니다. 빠지지 마세요!

음악

이번 주 토요일에 5월 3일길에서 꽃 축제가 있다는 것을 잊지 마세요. 다양한 행사들과 시 전체의 아주 많은 플로리스트들이 그 길을 꽃으로 장식할 것입니다. 또한 다양한 종류의 특별 요리를 맛볼 수 있는 길거리 노점들이 아주 많이 있을 것입니다. 입장료는 내지 않습니다. 아이들이 식물을 심고, 재배하고, 돌보는 것을 배울 수 있는 프로그램들이 있을 것입니다. 그러므로 만일 당신이 아이가 있다면, 이 행사는 이상적입니다.

음악

이번 달 마지막 날에는 우리 시의 역사 박물관에서 사진 전시회가 있을 예정입니다. 오전 9시부터 오후 5시까지 개최됩니다. 입장권은 구매하지 않습니다. 참가자들이 본인이 찍은 도시의 사진을 전시할 수 있는 특별 구역이 있을 것입니다. 사진은 컬러 사진이어야 하며, DIN A4 용지를 초과하지 않는 규격의 사진이어야 합니다. 가장 우수한 사진에는 시상을 할 예정이므로 적극 참여하시기 바랍니다.

음악

20일과 27일, 시립 도서관에서는 새 책 또는 더 이상 필요 없거나 원하지 않는 헌책들을 모으는 여러 지점들이 설치될 것입니다. 수거되는 책들은 한 비정부 기구를 통해 중남미에 사는 저소득층 아이들이나 가족들에게 전달될 것입니다. 많은 참여가 있길 바랍니다. 좋은 동기로 하는 일이라는 사실을 잊지 마세요.

10초

반복 재생

10초

답안지를 작성하세요.

30초

suspender	중단하다, 정지하다, 보류하다	taller	m. 제작소, 공방, 수리 공장, 실습
registrarse	등록하다, 체크인하다	en comparación con	~와(과) 비교하면
maratón	m.f. 마라톤 경주	deportivo	운동의, 스포츠의
recomendable	추천할 만한	plaza	f. 광장, 좌석
animar	생기를 불어넣다, 응원하다, 분위기를 돋우다	oyente	m.f. 듣는 사람, 청중, 청취자 / 듣는
entregar	건네다, 양도하다, 수여하다, 제출하다	segunda mano	사용된, 중고의 (=usado)
acontecimiento	m. 이벤트, 행사, 사건	en beneficio de	~을(를) 위하여
preventa	f. (사전) 특별 판매	asistencia	f. 참석, 도움, 원조
adicional	부가의, 추가적인	dirigirse	향하다
mantenerse	지탱하다, 견디다, 버티다, 유지하다	apuntarse	등록하다, 회원이 되다
desarrollar	발달시키다, 전개하다	carné	m. 증명서, 회원증
inscripción	f. 등록, 신청	proceder	행동하다, 처신하다, 절차를 밟다
entrega	f. 인도, 인계, 수여, 헌신	medalla	f. 메달, 훈장
inicio	m. 시작, 개시	actuación	f. 활동, 동작, 연기, 공연
florista	m.f. 꽃집 주인, 플로리스트	decorar	장식하다
puesto	m. 장소, 위치, 센터, 자리, 노점, 지위, 순위	callejero	거리의
especialidad	f. 전문, 전공, 특기	culinario	요리의
cultivar	경작하다, 개척하다	ideal	이상의, 이상적인, 이상주의의
preciso	명확한, 정확한, 필요한	exhibir	공개하다, 전시하다, 진열하다
requisito	m. 필요 조건, 자격	a color	컬러로
dimensión	f. 크기, 길이, 측면, 차원	superior	위의, 상부의, 상질의, 고등의, 많은
premio	m. 상, 상금, 수상자	municipal	m. 경찰관 / 시의, 자치 도시의
instalar	설치하다, 장치하다, 정착시키다	punto	m. 점, 지점, 점수, 정각, 상태
recogida	f. 수확, 모으기, 수집, 수거	destinado	운명에 처한, 할당 받은, 배속된
poder	m. 힘, 능력, 권한	adquisitivo	취득할 수 있는, 구매력이 있는

13.	콘서트 일정 관련 정보에 특히 집중해서 들어야 한다. 2문단 첫 문장에서 콘서트는 원래 열리기로 한 장소인 'Plaza del Ayuntamiento 시청 광장'이 아닌 'Plaza Mayor 마요르 광장'에서 열리게 되었다고 하였다. 그 이유는 'El cambio de lugar se debe a la gran cantidad de entradas vendidas en la preventa, lo cual nos hace pensar que habrá una gran asistencia de público. 장소 변경은 사전 판매에서 입장권 판매량이 매우 높았기 때문이며, 그로 보아 대중의 참여가 아주 많을 것이라고 예상됩니다.'라고 언급하였으므로 정답은 보기 **b**. 이어서 'Las fechas continúan siendo las mismas. 날짜는 동일합니다.'라고 하였으므로 보기 c는 오답이다.
14.	라틴 음악 수업료 관련 질문이다. 여러 경우에 따라 다른 액수가 언급되므로 면밀히 구분해서 들어야 한다. 우선 'Los precios, un año más, se mantienen. 금액은 1년 더 유지됩니다.'라고 하였으므로 보기 b는 제거된다. 'El precio del taller es de 5 euros si se registra a través de nuestra página web, 8 euros si lo hace en la Casa de la Cultura, y de 10 euros si decide apuntarse en la Casa de la Juventud que es donde se desarrollará este taller.'에 따르면 가장 낮은 금액인 5유로는 웹 사이트를 통해 접수할 때의 금액이다. 보기 a는 'barato 싼'이 아닌 'caro 비싼'이므로 오답이다. 정답은 마지막 문장에서 도출된다. 'Si trae su carné de estudiante podrá tener un descuento del 10%. 학생증을 가져오면 10% 할인 받을 수 있습니다.'라고 언급하였다. 그러므로 정답은 **c**. 학생들에게 '가장 낮은 금액'이 아니라 '더 낮은 금액'의 수업료가 청구된다는 뜻임을 바르게 해석해야 한다.
15.	보기를 먼저 읽어 파악했다면 어렵지 않게 풀 수 있는 유형이다. 첫 번째 문장에서 'Por fin se va a celebrar el primer maratón en nuestra ciudad. 우리 도시에서 드디어 첫 번째 마라톤이 개최됩니다.'이라 하였으며 el primer에 따르면 이전에는 개최된 적 없다는 사실을 나타낸다. 그러므로 정답은 **a**. 이어서 참가 대상 연령에 대해 언급하는데, 'Podrán participar personas de cualquier edad' 즉, 나이 제한은 전혀 없다고 하므로 보기 b는 오답이다. 보기 c는 '개최되는 첫 스포츠 행사'라는 내용인데, 음성에 따르면 모든 스포츠를 통틀어 첫 행사가 아니라 마라톤에 한하여 첫 개최이므로 보기 c 역시 오답이다.
16.	각 보기와 관련하여 꽃 축제 비용, 권장 대상, 개최 장소 등 모든 상세 내용에 모두 귀 기울여야 한다. 'Hay un festival de flores en la Avenida 3 de Mayo. 5월 3일길에서 꽃 축제가 있다.'에 따르면 개최지는 '5월 3일'이라는 이름의 길이므로 보기 c는 오답이 된다. 음성 말미에서 'No hay que pagar entrada. 입장료는 내지 않습니다.'라고 언급했으므로 보기 a 또한 제외된다. 마지막 문장 'Así que si tiene hijos, este evento es ideal. 그러므로 만일 당신이 아이가 있다면, 이 행사는 이상적입니다.'가 정답의 핵심이다. 아이들이 있는 가족들에게 권장된다는 보기 **b**가 징답이 된나.
17.	사진전에 대한 뉴스로 옳은 내용을 골라야 한다. 첫 문장 'El último día del mes habrá una exposición de fotos en el Museo de Historia de la ciudad. 이번 달 마지막 날에는 우리 시의 역사 박물관에서 사진 전시회가 있을 예정입니다.'에 따르면 보기 a와 같이 '주말 내내 열린다'는 서술은 오답이다. 'Habrá una zona especial donde los asistentes podrán exhibir sus fotos de la ciudad.'에서는 전시회에 참석하는 사람들이 도시의 사진을 전시할 수 있는 특별한 구역이 있다고 말한다. 마지막 문장 'Se darán premios a las mejores fotos, así que no duden en participar.'에서는 시상도 할 예정이라며 적극 참여를 권장하고 있다. 그러므로 정답은 **b**. 보기 c에서 말하는 'comprar fotos 사진을 구매하다'는 등장한 바 없는 내용이다.
18.	이 뉴스에서는 책의 수거에 관한 소식을 전한다. 시립 도서관 내 여러 장소에서 더 이상 필요 없거나 원하지 않는 헌책들을 모을 것이므로 보기 b는 제외되고 보기 **c**가 정답이 된다. '중고'를 의미하는 segunda mano는 usado와 의미가 같다. 이어지는 문장에서는 'Los libros que se recojan, serán destinados a una ONG que los llevará a Latinoamérica y se los dará a niños y familias con poco poder adquisitivo. 수거되는 책들은 한 비정부 기구를 통해 중남미에 사는 저소득층 아이들이나 가족들에게 전달될 것입니다.'라고 하므로 보기 a 역시 오답이다.

[1] 스크립트

Persona 0	Para bajar de peso, yo intenté comer más. Lo que tu metabolismo necesita para mantenerse activo es que no te pongas en "modo restrictivo". Cuanto más lo prives de alimentos, más retendrá lo poco que le des. Cuando yo hago dieta, hago cinco comidas al día: un buen desayuno, dos tentempiés sanos, una comida inteligente y una cena ligera. Cada digestión gasta energía, así que si controlas las raciones, tu cuerpo empezará a quemar más calorías. 20초
Persona 1	Insisto en la importancia que tiene la primera comida del día, que es la que arranca el metabolismo, la que te proporciona energía y la que te ayuda a regular el apetito hasta la comida. En mi caso, intento incluir siempre carbohidratos saludables (pan, cereales o galletas integrales), zumo natural o fruta fresca, un lácteo desnatado o vegetal, café o té verde, proteínas sanas, alguna grasa saludable y algo dulce si me apetece mucho, como mermelada sin azúcar añadido. 5초 반복 재생 10초
Persona 2	Pica entre horas. Además de ayudarte a mantener el metabolismo activo y consumiendo energía, es la única forma de controlar el apetito y no llegar con un hambre de lobo a la comida o a la cena. Yo era de los que se relajaban con una buena pero muy pesada cena. ¿Qué picar? Frutos secos naturales, una pieza de fruta seca o un puñadito de frutos rojos, un yogur desnatado, etc. 5초 반복 재생 10초
Persona 3	Sabes que el ejercicio es un gran aliado para mantener el peso y no tener que hacer dieta. Pero el deporte no se hace solo en el gimnasio. Si le añades actividad a tu día a día, sobre todo en ciertos momentos, no dejarás de consumir calorías. Dejar el coche e ir caminando o en metro al trabajo es un magnífico ejercicio. Subir las escaleras en lugar de utilizar el ascensor, dar un paseo después de comer, jugar con tus peques... todo suma actividad física y resta calorías al final del día. 5초 반복 재생 10초
Persona 4	Empecé a llevarme la comida a la oficina. Así tenía la seguridad de saber lo que me llevaba a la boca. Fuera de casa, es difícil que el aceite que usan para freír sea de oliva, que los alimentos sean frescos o que las grasas sean insaturadas. Descubre el placer de ir al mercado y de descubrir alimentos no refinados en los supermercados biológicos. Cocinar también puede resultar una actividad relajante y, sobre todo, podrás controlar las cantidades, los ingredientes y la preparación. 5초 반복 재생 10초
Persona 5	Antes no podía resistir la tentación de las golosinas. Pero para bajar de peso, si me daban unas ganas irresistibles de llevarme algo dulce a la boca, intentaba que fuera una pieza pequeña de chocolate negro, una tortita de arroz inflado, un dulce casero o una pieza de fruta. Lo importante es salirse de la "rueda del azúcar" y tomar alimentos "reales". 5초 반복 재생 10초
Persona 6	¿Comes poco, intentas que sea sano y aún así no consigues bajar de peso? La clave puede estar en el azúcar blanco, un producto químico que no aporta ningún nutriente al organismo y sí muchas calorías. ¿No tomas azúcar? Puede que no se lo añadas al café pero que estés tomándolo a través del pan de molde, las verduras envasadas, los yogures, los alimentos precocinados... Solo tienes que empezar a leer las etiquetas de lo que compras para darte cuenta de la cantidad de azúcar que ingieres sin querer. 5초 반복 재생 10초

Complete ahora la Hoja de respuestas.

30초

2 해석

지령

당신은 여섯 명의 사람이 말하는 다이어트 경험에 대해 듣게 됩니다. 각 사람에게 두 번씩 듣게 됩니다. (19번부터 24번까지)

각 사람이 말하는 주제에 연관되는 (A부터 J까지) 문장을 선택하세요. 예시를 포함한 10개의 문장이 있습니다. 여섯 개만 선택하세요.

선택한 보기를 **답안지**에 표기하세요.

이제 예시를 듣습니다.

사람 0

정답 문장은 F입니다.

```
     A    B    C    D    E    F    G    H    J
0 [___][___][___][___][___][███][___][___][___][___]
```

이제 보기를 읽을 시간 20초가 주어집니다.

문장

A.	다이어트를 할 이유가 없다고 생각한다.		F.	체중 감량을 위해 더 많은 횟수로 식사를 한다.
B.	숨겨진 설탕에 대해 경고한다.		G.	지금도 단것을 좋아한다.
C.	돈을 아끼기 위해서는 시장에 가는 것이 더 좋다고 생각한다.		H.	이 사람의 전략은 아무 때나 많이 움직이는 것이다.
D.	완벽한 아침 식사를 준비한다.		I.	모든 반가공식품이 유해하다고 말한다.
E.	자기 스스로의 요리사가 되는 것을 추천한다.		J.	예전에는 아주 맛 좋은 저녁 식사를 즐겼다.

옵션

	사람	문장
0.	사람 0	F
19.	사람 1	
20.	사람 2	
21.	사람 3	
22.	사람 4	
23.	사람 5	
24.	사람 6	

사람 0	체중을 감량하기 위해 나는 더 많이 먹기를 시도하였습니다. 당신의 신진대사가 활동적으로 유지되기 위해 필요한 것은 바로, 스스로를 '제한 모드'로 두어서는 안 된다는 것입니다. 음식을 더 빼앗을수록, 조금 먹은 만큼 몸에 더 축적됩니다. 나는 다이어트를 할 때, 하루에 다섯 번 끼니를 먹습니다. 좋은 아침 식사, 두 번의 건강한 간식, 이상적인 점심 그리고 가벼운 저녁 식사. 한 번 소화를 할 때마다 에너지가 소비됩니다. 그렇기 때문에 먹는 양을 조절한다면, 당신의 몸은 더 많은 칼로리를 연소시킬 것입니다.
사람 1	나는 신진대사를 일으키고 에너지를 제공하며, 점심 식사까지의 식욕을 조절하는 데 도움을 주는 식사인 하루의 첫 식사가 가진 중요성을 강조합니다. 나의 경우, 늘 (빵, 시리얼 또는 통밀 쿠키 등과 같은) 건강한 탄수화물, 천연 주스 또는 신선한 과일, 탈지 유제품 또는 식물성 지방 유제품, 커피나 녹차, 건강한 단백질, 건강한 지방 그리고 정 먹고 싶을 때에는 설탕이 첨가되지 않는 잼과 같은 단것을 아침 식사에 빼놓지 않습니다. 5초 반복 재생 10초
사람 2	식사와 식사 사이 시간에 조금씩 자주 먹으세요. 에너지를 소비하며 신진대사를 활발하게 유지하는 데 도움을 줄 뿐만 아니라 식욕을 조절하며 심한 허기를 지닌 상태로 점심 식사 시간이나 저녁 식사 시간을 시작하지 않도록 하는 유일한 방법입니다. 나도 예전에는 아주 맛있지만 매우 버거운 저녁 식사를 하며 긴장을 푸는 그런 사람이었습니다. 그렇다면 무엇을 자주 먹으면 좋을까요? 천연 견과류, 말린 과일 한 조각 또는 딸기류의 과일 한 줌, 탈지 요구르트 등이 있습니다. 5초 반복 재생 10초
사람 3	운동은 체중을 유지하며 다이어트를 안 해도 되게 할 수 있는 아주 중요한 동반자라는 것을 당신은 알고 있습니다. 하지만 운동이 헬스장에서만 이루어지는 건 아닙니다. 매일의 일상, 특히 특정 순간에 활동을 덧붙인다면 당신은 열량 소비를 꾸준히 할 수 있습니다. 차를 두고 걷거나 전철을 타고 출근하기는 훌륭한 운동이 될 수 있습니다. 엘리베이터를 타는 대신 계단 오르기, 식사 후에 산책하기, 아이들과 놀아 주기... 이러한 모든 것이 신체 활동에 더해지고 하루의 끝에 열량을 낮춰 주는 것입니다. 5초 반복 재생 10초
사람 4	나는 사무실에 음식을 가져가기 시작했습니다. 그렇게 함으로써 내가 먹는 것에 대한 확신을 가질 수 있었습니다. 집 밖에서 먹는 음식의 경우에는 튀기는 데 사용한 기름이 올리브유거나, 식품이 신선한 상태거나 또는 지방이 불포화지방이기는 쉽지 않습니다. 시장에 가는 것과 유기농 식품 매장에서 파는 정제되지 않은 식품들을 발견하는 즐거움을 발견해 보세요. 또한 요리하는 것 역시 즐거운 일이 될 수 있습니다. 특히 그렇게 함으로써 음식의 양, 재료, 조리 과정을 당신이 조절할 수 있게 됩니다. 5초 반복 재생 10초
사람 5	예전에 저는 단것에 대한 유혹을 참지 못했습니다. 하지만 체중을 감량하기 위해서 만약 입에 무언가 단것을 가져가고 싶은 마음이 참을 수 없이 들 때에는 작은 다크 초콜릿 하나, 뻥튀기한 쌀 과자, 수제 디저트 또는 과일 한 조각을 먹으려 노력했습니다. 중요한 것은 '설탕의 굴레'에서 나와 '진정한' 식품을 먹는 것입니다. 5초 반복 재생 10초
사람 6	당신은 적게 먹고, 건강하게 먹으려 노력하는데도 체중 감량을 달성하지 못하고 있습니까? 그 해결책은, 우리의 몸에 영양소는 전혀 주지 않지만 높은 열량을 주는 화학 제품인 백설탕에 있습니다. 당신은 설탕을 안 먹나요? 커피에 설탕을 첨가하지 않을 수는 있겠지만 식빵, 통조림 야채, 요구르트, 반가공식품 등을 통해 설탕을 섭취하고 있을 수도 있습니다... 당신이 원하지 않지만 섭취하고 있는 설탕의 양을 알기 위해서는 구매하고 있는 것의 성분표 읽기를 시작하기만 하면 됩니다. 5초 반복 재생 10초

답안지를 작성하세요.

30초

advertir	알아차리다, 주의하다, 경고하다	encubierto	숨겨진, 보이지 않는, 비밀의
completo	완전한, 전부 있는	precocinado	m. 거의 가공되어 파는 식품 / 거의 가공되어 파는
perjudicial	유해한	metabolismo	m. 신진대사, 대사 작용, 물질대사
activo	m. 자산 / 활발한, 민첩한, 실제의, 유효한, 효능이 있는	restrictivo	제한하는, 한정하는
privar	빼앗다, 박탈하다, 끊다, 그만두다	retener	만류하다, 억제하다, 구류하다
tentempié	m. 간식, 가벼운 식사	digestión	f. 소화
ración	f. 1인분, 양, 분량, 한 접시	insistir	집착하다, 강조하다, 고집하다, 우기다
arrancar	뿌리째 뽑다, 시동을 걸다, 갑자기 ~하기 시작하다	proporcionar	균형을 잡히게 하다, 비례시키다, 제공하다
regular	규칙적인, 일정한, 정기의, 보통의 / 조절하다, 조정하다	apetito	m. 식욕, 욕망
carbohidrato	m. 탄수화물	integral	완전한, 전체의
lácteo	m. 유제품 / 우유의	desnatado	탈지한
proteína	f. 단백질	grasa	f. 지방, 기름기
mermelada	f. 잼, 젤리	añadir	첨가하다, 보태다
picar	찌르다, 물다, 쏘다, 잘게 썰다, 따끔따끔하(게 아프)다, 얼얼하다	hambre de lobo	f. 심한 공복, 허기
fruto seco	m. 건과, 말린 과일	puñado	m. 한 움큼, 한 줌, 소량
frutos rojos	m.pl. 장과, 딸기류의 과일, 베리류	aliado	m. 동맹국, 연합국 m.f. 제휴자, 맹우 / 제휴한, 결연한
pcque	m.f. (=pequeño) 어린이, 아이	sumar	더하다, 합계하다
restar	빼다, 제거하다, 없애다	freír	기름에 튀기다
insaturado	불포화의	refinado	m. 정제 / 세련된, 품위 있는, 정제된
biológico	생물학의, 유기적인	relajante	m. 이완제 / 긴장을 풀게 하는, 이완시키는
cantidad	f. 양, 수량	resistir	참다, 견디다, 저항하다
tentación	f. 유혹, 욕망	golosina	f. 맛있는 음식, 단것, 과자
irresistible	저항할 수 없는, 매력이 넘치는, 참을 수 없는	tortita	f. 작은 파이
inflado	부풀린	casero	집의, 가정의, 수제의
rueda	f. 바퀴, 원	aportar	기여하다, 내주다, 돈을 내다
nutriente	m 영양소 / 영양을 주는	organismo	m. 유기체, 생물, 인체, 생체
molde	m. 틀, 형, 형판	envasado	용기에 담긴, 포장된
ingerir	섭취하다, 넣다		

| 0 | Persona 0 | **F** Come más veces para bajar de peso. |

0번 인물은 체중 감량을 위해 '더 많이 먹었다'고 말한다. 정답 문장 **F** 연결의 단서는 'Cuando yo hago dieta, hago cinco comidas al día: un buen desayuno, dos tentempiés sanos, una comida inteligente y una cena ligera. 좋은 아침 식사, 두 번의 건강한 간식, 이상적인 점심 그리고 가벼운 저녁 식사. 한 번 소화를 할 때마다 에너지가 소비됩니다.'이다. 'Cuanto más lo prives de alimentos, más retendrá lo poco que le des.'에 나타난 'cuanto más ... , más ... 더 많이 ~할수록, 더 ~한다' 구조를 숙지하자. 또한 문장의 주어는 tú 이나, 직접 목적격 대명사 lo는 앞의 문장에서 등장한 'tu metabolismo'이다. '당신이 신진대사에 음식을 더 제한할수록, 조금 먹고 있는 그 양을 가지고 유지할 것이다.'의 의미를 파악할 수 있어야 한다.

| 19 | Persona 1 | **D** Se prepara un desayuno completo. |

1번 인물의 첫 문장에서 '하루의 첫 식사', 즉 아침 식사에 대한 경험과 의견이 전개될 것을 예상할 수 있다. 'En mi caso, intento incluir siempre carbohidratos saludables (pan, cereales o galletas integrales), zumo natural o fruta fresca, un lácteo desnatado o vegetal, café o té verde, proteínas sanas, alguna grasa saludable y algo dulce si me apetece mucho, como mermelada sin azúcar añadido. 나의 경우, 늘 (빵, 시리얼 또는 통밀 쿠키 등과 같은) 건강한 탄수화물, 천연 주스 또는 신선한 과일, 탈지 유제품 또는 식물성 지방 유제품, 커피나 녹차, 건강한 단백질, 건강한 지방 그리고 정 먹고 싶을 때에는 설탕이 첨가되지 않는 잼과 같은 단것을 아침 식사에 빼놓지 않습니다.'에 따르면 정답은 **D**. 완벽하게 구성을 갖추어 먹는 아침 식사를 준비한다고 언급하였다.

| 20 | Persona 2 | **J** Antes solía disfrutar de una buena cena. |

첫 문장의 동사 picar는 '찌르다', '물다', '쏘다', '잘게 썰다', '따끔따끔하(게 아프)다', '얼얼하다' 등 다양한 의미가 있다. 여기서는 '음식을 가볍게 먹다'의 의미이고, 'entre horas'는 '식사와 식사 사이 시간에' 라는 표현이다. 조금씩 자주 먹는 것, 다시 말해 한 번에 폭식하지 않도록 노력해야 한다고 주장한다. 정답 문장은 'Yo era de los que se relajaban con una buena pero muy pesada cena. 나도 예전에는 아주 맛있지만 매우 버거운 저녁 식사를 하며 긴장을 푸는 그런 사람이었습니다.'이다. 그러므로 정답은 **J**. 'buena cena'의 뉘앙스에 따르면 '아주 맛있는 저녁 식사' 즉, 고열량의 양 많은 저녁 식사를 즐겼음을 알 수 있다.

| 21 | Persona 3 | **H** Su estrategia es moverse más en cualquier momento. |

식단 조절이 아닌 '운동하기'에 중점을 두고 본인의 의견을 말하고 있으며, 'Pero el deporte no se hace solo en el gimnasio. Si le añades actividad a tu día a día, sobre todo en ciertos momentos, no dejarás de consumir calorías. 하지만 운동이 헬스장에서만 이루어지는 건 아닙니다. 매일의 일상, 특히 특정 순간에 활동을 덧붙인다면 당신은 열량 소비를 꾸준히 할 수 있습니다.'라고 언급한다. 이어서 차를 두고 걷거나 전철로 출근하기, 계단 오르기, 식사 후 산책, 아이들과 놀아 주기 등의 예시를 들고 있다. 그러므로 정답은 **H**. 언제 어디서든 많이 움직이면 체중 감량을 위한 운동이 될 수 있다는 것이다.

| 22 | Persona 4 | **E** Recomienda ser tu propio cocinero. |

첫 문장부터 'Empecé a llevarme la comida a la oficina. 나는 사무실에 음식을 가져가기 시작했습니다.'로 시작한다. 사 먹는 식사가 아니라 직접 만든 요리를 가져갔다고 말하면서 이어서 'Fuera de casa 집 밖에서' 먹는 외식에 대한 불신을 드러낸다. 정답 문장은 'Cocinar también puede resultar una actividad relajante y, sobre todo, podrás controlar las cantidades, los ingredientes y la preparación. 특히 그렇게 함으로써 음식의 양, 재료, 조리 과정을 당신이 조절할 수 있게 됩니다.'로, 사 먹는 음식과 다르게 요리 과정을 스스로 조절할 수 있다는 장점을 들어 설득하고 있다. 그러므로 정답은 **E**.

| 23 | Persona 5 | **G** Le sigue gustando lo dulce. |

'golosina 단것'이 핵심 어휘이다. 단것에 대한 뮤혹을 떨칠 수 없었던 과거가 있다고 이야기를 시작했다. 이어지는 문장 'Pero para bajar de peso, si me daban unas ganas irresistibles de llevarme algo dulce a la boca, intentaba que fuera una pieza poqueña de chocolate negro, una tortita de arroz inflado, un dulce casero o una pieza de fruta.'에 따르면 체중 감량을 위해서 단것이 먹고 싶을 때 어떻게 조절하는지 알 수 있다. 다크 초콜릿 하나, 튀긴 쌀 과자, 수제 디저트 또는 과일 한 조각을 먹으려 노력한다는 것으로 보아 여전히 단것을 먹고 있으므로 정답은 **G**.

| 24 | Persona 6 | **B** Advierte del azúcar encubierto. |

적게 먹고, 건강한 음식을 먹는데도 살이 빠지지 않는다면 그 원인은 바로 'azúcar blanco 백설탕'에 있다고 주장한다. 정답 문장은 '¿No tomas azúcar? Puede que no se lo añadas al café pero que estés tomándolo a través del pan de molde, las verduras envasadas, los yogures, los alimentos precocinados... 당신은 설탕을 안 먹나요? 커피에 설탕을 첨가하지 않을 수는 있겠지만 식빵, 통조림 야채, 요구르트, 반가공식품 등을 통해 설탕을 섭취하고 있을 수도 있습니다...'로, 이에 부합하는 정답은 **B**. 'encubrir 몰래 숨기다'의 과거 분사 encubierto는 oculto, tapado, secreto 등의 형용사와 동의어로, '숨겨진', '보이지 않는'의 의미이다.

1 스크립트

25초

Mujer   ¿Qué tal? ¿Cómo te ha ido?

Hombre   Bien, mamá. ¡Gracias! ¿Y tú? ¿Qué tal en el taller de cocina?

Mujer   ¡De maravilla! Hoy he hecho una riquísima tarta de fresas. Alfredo, el chef de mi curso me ha dicho que estaba muy buena. ¿Quieres que te haga una ahora mismo?

Hombre   ¡Jajaja! Mamá, tranquila. Algún día la probaré. ¡Ah! ¿Sabes? Quería pedirte permiso para poder hacer una pequeña fiesta el sábado que viene. Es que un compañero de clase se va a mudar a otra ciudad y unos amigos y yo queremos hacerle una fiesta de despedida. Si quieres, te pido que me hagas tu tarta de fresa para ese día.

Mujer   ¿Este sábado? Está bien, porque tu papá vuelve de Italia pasado mañana.

Hombre   ¿Irás al aeropuerto a recogerlo?

Mujer   Sí, me dijo tu hermana que me acompañaría.

Hombre   ¡Uhm! Le iba a pedir que me ayudara a decorar un poco la casa.

Mujer   ¿Decorar la casa? ¿Qué planes tenéis? Espero que no me desordenéis mucho la casa.

Hombre   Solo quiero poner unos carteles para Toño, globos y esas cosas.

Mujer   Vale. Entonces, le voy a decir a Ana que mejor se quede y que te ayude a decorar la casa.

Hombre   ¡Gracias mamá! ¡Eres la mejor!

Mujer   ¡Oye, hijo! ¿No te daban hoy las notas?

Hombre   ¡Ah...! Las notas. Pues sí, pero no...

Mujer   ¿Cómo que sí, pero no?

Hombre   Es que no sé si debería enseñártelas.

Mujer   ¡Uhm! Ya me imagino lo que sucede.

Hombre   ¡Ay, mamá! perdóname.

Mujer   ¿Sabes qué? Le voy a decir a Ana que también necesitarás que te ayude con los estudios.

Hombre   ¡No, mamá! Está bien que sea una de las más sobresalientes del colegio, pero que sea una buena maestra es otra cosa.

10초
반복 재생
10초

Complete ahora la Hoja de respuestas.

30초

La prueba ha terminado.

지령

당신은 한 어머니와 아들 사이의 대화를 들을 것입니다. (25번부터 30번까지) 문장들이 (A) 엄마, (B) 아들에 대한 내용인지 또는 (C) 둘 다 해당되지 않는지 선택하세요. 대화는 두 번 듣게 됩니다.

선택한 보기를 **답안지**에 표기하세요.

이제 문장들을 읽을 수 있는 25초의 시간이 주어집니다.

		A 엄마	B 아들	C 둘 다 아님
0.	요리 수업에 참가한다.	✓	☐	☐
25.	친구들과 함께 파티를 하길 원한다.	☐	☐	☐
26.	여행 중이다.	☐	☐	☐
27.	공항으로 누군가를 데리러 갈 것이다.	☐	☐	☐
28.	다른 사람들이 집을 지저분하게 만들까 봐 걱정한다.	☐	☐	☐
29.	좋은 성적을 거두지 못하였다.	☐	☐	☐
30.	늘 성적이 우수하다.	☐	☐	☐

25초

여자	잘 지냈니? 오늘 어떻게 보냈어?
남자	잘 보냈어요 엄마. 고마워요! 엄마는요? 요리 수업은 어땠어요?
여자	훌륭했단다! 오늘 내가 아주 맛있는 딸기 케이크를 하나 만들었어. 우리 수업의 쉐프인 알프레도는 그 케이크가 정말 맛있다고 말해 주었지. 지금 당장 너 하나 만들어 줄까?
남자	하하하! 엄마, 진정하세요. 언젠가 그것을 먹어 볼게요. 아! 그리고 저는 엄마한테 돌아오는 토요일에 작은 파티를 할 수 있도록 허락을 구하려고 했어요. 그게 말이죠, 우리 반 친구 한 명이 다른 도시로 이사를 가는데 저와 제 친구들은 그에게 송별 파티를 해 주고 싶어요. 엄마가 원하신다면 그날 엄마의 딸기 케이크를 만들어 주시길 부탁할게요.
여자	이번 주 토요일? 좋다. 왜냐하면 너의 아빠가 모레 이탈리아에서 돌아오시거든.
남자	엄마는 아빠를 데리러 공항에 갈 건가요?
여자	응, 너의 누나가 함께 가 준다고 말했단다.
남자	흠! 난 누나에게 집 꾸미는 것을 도와줄 것을 부탁하려 했는데요.
여자	집을 꾸민다고? 너희 계획은 뭐니? 집을 너무 어지럽히지 않길 바란다.
남자	또뇨를 위한 포스터 몇 개와 풍선 뭐 그런 것을 붙이는 것뿐이에요.
여자	그래. 그렇다면 아나에게 남아서 널 도와 집을 꾸미라고 이야기해 줄게.
남자	고마워요 엄마! 엄마가 최고예요!
여자	아, 아들아! 오늘 성적이 나오는 날 아니었니?
남자	아...! 성적이요. 그렇기도 하고 아니기도 해요...
여자	그렇기도 하고 아니기도 하다는 건 어떤 거니?
남자	그게 말이죠, 엄마에게 보여드려야 할지 모르겠어요.
여사	흠! 무슨 일인지 상상이 가는구나.
남자	엄마! 미안해요.
여자	그거 아니? 난 아나에게 공부에서도 널 도와줘야 할 거라고 말할 거란다.
남자	안 돼요 엄마! 학교에서 제일 공부 잘하는 학생인 건 좋지만, 좋은 선생님이 되는 건 별개의 일이라고요.

10초
반복 재생
10초

답안지를 작성하세요.

30초

시험이 끝났습니다.

3 어휘

asistir	출석하다, 참가하다
celebración	f. 파티, 기념 행사, 축하 행사
recoger	다시 잡다, 수집하다, 채집하다, 찾으러 가다
temer	두려워하다, 무서워하다, 걱정이다
calificación	f. 평가, 성적(= f. nota), 등급
taller	m. 제작소, 공방, 수리 공장, 실습, 수업
tarta	f. 케이크
chef	m. 주방장
permiso	m. 허가, 허락
despedida	f. 작별, 이별, 송별회
pasado mañana	모레
acompañar	함께 있다, 수반하다, 동행하다
decorar	장식하다
desordenar	어지르다, 난잡하게 하다, 혼란케 하다
cartel	m. 벽보, 포스터, 대자보
globo	m. 풍선, 기구, 지구본
suceder	일어나다, 발생하다
sobresaliente	m.f. 성적이 우수한 사람 / 돌출된, 뛰어난, 두드러진, 우수한

0　　A　Asiste a clases de cocina.

아들의 첫 마디가 바로 엄마의 'taller de cocina 요리 수업'에 대해 묻는 내용이었으므로 예시 문제 0번은 **A**의 Madre에 해당하는 내용이다. 명사 taller는 '공방, 작업소, 정비소'의 의미뿐만 아니라 '실습 수업'의 의미가 있다.

25　　B　Quiere hacer una celebración con sus amigos.

본인의 친구들과 파티를 열고 싶은 사람은 보기 **B**의 Hijo. 아들이 엄마에게 허락을 구하는 부분에서 정답 문장 'Es que un compañero de clase se va a mudar a otra ciudad y unos amigos y yo queremos hacerle una fiesta de despedida. 우리 반 친구 한 명이 다른 도시로 이사를 가는데 저와 제 친구들은 그에게 송별 파티를 해 주고 싶어요.'를 들을 수 있다. fiesta de despedida는 '송별회'를 뜻한다.

26　　C　Está de viaje.

현재 여행 중인 인물은 누구인지 들어야 한다. 대화를 나누는 두 사람은 모두 여행 중이 아니므로 정답은 **C**. 엄마가 언급한 'tu papá vuelve de Italia pasado mañana'에 따르면, 현재 부재 중이며 모레 집으로 돌아올 사람은 엄마도 아들도 아닌 아빠이다.

27　　A　Pasará a recoger a alguien por el aeropuerto.

공항으로 마중을 갈 예정인 사람은 누구인지 확인해야 한다. 아들이 엄마에게 아빠를 데리러 공항에 갈 것이냐고 묻자 엄마는 'Sí, me dijo tu hermana que me acompañaría. 응, 너의 누나가 함께 가 준다고 말했단다.'라고 답했다. 대화가 이어지면서 결국 누나는 공항에 안 가게 되었지만, 엄마가 공항에 가기로 한 것은 변함없기에 정답은 **A**이다.

28　　A　Teme que dejen sucia su casa.

문제에 제시된 동사 'temer ~할까 봐 걱정이다' 관련 내용을 파악해야 한다. 집을 더럽게 만들까 봐 걱정하는 사람은 엄마이므로 정답은 **A**. 아들이 집을 꾸밀 계획을 말하자, 엄마는 반문하여 '¿Decorar la casa? ¿Qué planes tenéis? Espero que no me desordenéis mucho la casa. 집을 꾸민다고? 너희 계획은 뭐니? 집을 너무 어지럽히지 않길 바란다.'라고 답하였다. 동사 desordenar는 'ordenar 정리 하다, 정돈하다'의 반의어로, 접속법 변형을 파악하며 들어야 한다.

29　　B　No ha sacado buenas calificaciones.

엄마는 오늘이 성적표가 나오는 날이 아닌지 아들에게 확인한다. nota는 '기록, 메모, 노트' 의 의미와 더불어 '성적, 점수, 평점'의 의미를 가진 다. 성적표를 엄마에게 보여줄 수 없다며 대답을 회피하는 아들의 말에 따르면 좋은 성적을 거두지 못한 것으로 판단된다. 그러므로 정답은 **B**.

30　　C　Siempre saca muy buenas notas.

늘 좋은 성적을 거두는 사람은 누군지 묻고 있다. 엄마는 아들에게 아나를 언급하며 그녀가 공부를 도와주도록 당부하겠다고 말한다. 그러 자 아들은 질색하는 태도를 보이며 'Está bien que sea una de las más sobresalientes del colegio, pero que sea una buena maestra es otra cosa. 학교에서 제일 공부 잘하는 학생인 건 좋지만, 좋은 선생님이 되는 건 별개의 일이라고요.'라고 말한다. 누나인 아나 가 바로 공부 잘하는 학생 즉, 늘 좋은 성적을 거두는 사람이라고 판단할 수 있다. 그러므로 정답은 **C**.

PRUEBA DE EXPRESIÓN E INTERACCIÓN ESCRITAS

정답 및 해설

Expresión e interacción escritas

Tarea 1

1 해석 및 내용 구성

지령

당신은 스페인의 스페인어 학원에 편지를 써서 여름에 그곳에서 공부하길 원한다고 전했습니다. 학원에서는 당신에게 몇 가지 세부 사항을 요청하며 답장했습니다.

존경하는 루이쓰 씨

여름에 저희 학원에서 공부하시겠다는 관심을 보여 주신 것에 감사 드립니다. 저희에게는 좋은 서비스를 제공하는 것이 아주 중요합니다. 그렇기에, 당신의 경험이 최대한 만족스러울 수 있도록 더 많은 정보를 원합니다. 예를 들어 언제 오실 생각인지, 어느 과정에 등록하길 원하시는지, 어떤 유형의 숙박을 원하시는지 그리고 과외 활동에 관심이 있는지와 같은 세부 사항을 밝혀 주시면 좋겠습니다.

더 많은 정보를 얻게 되면 저희는 다시 당신에게 연락을 드리겠습니다.

끼호떼와 산초 학원

마누엘 뻬레쓰 배상

학원에 한 통의 이메일을 쓰세요. 그 이메일에서는 다음을 해야 합니다:

- 신원을 밝히고 이메일을 쓰는 이유를 설명하기
- 스페인에 언제 도착하는지 그리고 언제 수업을 시작하길 원하는지 말하기
- 어떤 스페인어 수업에 등록하길 원하는지 알리기
- 공동으로 사용하는 아파트에 숙박하거나, 혼자 숙박하거나 또는 스페인 가족과 함께 머무르는 것 중에 무엇을 원하는지 밝히기
- 어느 과외 활동에 관심이 있는지 밝히기
- 그들의 관심에 감사하고 작별 인사하기

단어 수: 100~120.

내용 구성

글의 유형	이메일
받는 이	Sr. Manuel Pérez de Academia Quijote y Sancho
보내는 이	Sr. Luis
핵심 내용	스페인어 학원에 구체적인 학원 이용 계획 전달
요구 조건 1	신원을 밝히고 이메일을 쓰는 이유를 설명
요구 조건 2	스페인에 언제 도착하는지 그리고 언제 수업을 시작길 원하는지 말하기
요구 조건 3	어떤 스페인어 수업에 등록하길 원하는지 알리기
요구 조건 4	공동으로 사용하는 아파트에 숙박하거나, 혼자 숙박하거나 또는 스페인 가족과 함께 머무르는 것 중에 무엇을 원하는지 밝히기
요구 조건 5	어느 과외 활동에 관심이 있는지 밝히기
요구 조건 6	그들의 관심에 감사하고 작별 인사하기
주의 사항	- 한 가지 특정 수업에 대한 희망 표현 - 숙박 형태 및 과외 활동에 대한 의견 분명히 밝히기

2 필수 어휘 및 표현

필수 어휘

notificar	통지하다, 통고하다	detalle	m. 세부, 상세
gratificante	만족감을 주는	aclarar	맑게 하다, 분명히 밝히다, 해명하다
inscribirse	기입하다, 등록하다, 신청하다	alojamiento	m. 숙박, 숙소
extracurricular	정규 과목 이외의, 교과 과정 외의, 과외의	identificarse	자신의 신분을 증명하다
especificar	명시하다, 상세히 말하다	piso compartido	m. 공유하는 아파트, 쉐어 아파트
preparación	f. 준비, 준비하기	estancia	f. 체류

필수 표현

주제	문형	활용 예
등록	- inscribirse / matricularse / apuntarse 동사의 활용	- Quiero inscribirme / matricularme / apuntarme en la clase de gramática, nivel inicial. 저는 초급 문법 수업에 등록하고 싶습니다.
관심	- interesar	- A mí me interesa perfeccionar la gramática de español.
	- interesarse / estar interesado / tener interés / sentir interés	- Me intereso por / estoy interesado en / tengo interés por / Siento interés por perfeccionar la gramática de español. 나는 / 당신은 / 그(녀)는 / 그들은 스페인어 문법을 완벽히 익히는 데에 관심이 있습니다.

Estimado Señor Pérez:

Mi nombre es Luis Kim y le escribo porque he recibido un correo de usted solicitando más información. Llegaré a España el 15 de junio y me gustaría empezar el curso el lunes día 17. Quiero hacer un curso de preparación para el examen DELE para el nivel B1. No es necesario que se preocupe de mi alojamiento. Durante mi estancia voy a alojarme en casa de un amigo español. En cuanto a actividades extracurriculares, me gustaría hacer un curso de cocina española o excursiones a lugares turísticos y famosos, pero no sé si su academia ofrece estas actividades. Muchas gracias por su interés.

Muy atentamente,
Luis Kim

해석

존경하는 뻬레쓰 씨:

제 이름은 루이쓰 김이고 당신에게 이 글을 쓰는 이유는 당신이 더 많은 정보를 요청하시는 이메일을 받았기 때문입니다. 저는 6월 15일에 스페인에 도착할 것이며 17일 월요일에 수업을 시작하고 싶습니다. 저는 델레 B1 시험을 준비하는 과정을 하고 싶습니다. 제 숙박에 대해서는 걱정하실 필요 없습니다. 스페인 체류 기간 동안 저는 스페인 친구의 집에서 머물 것입니다. 과외 활동에 대해 이야기하자면, 저는 스페인 요리 수업이나 관광 장소 또는 명소에 가는 투어를 하고 싶습니다. 당신의 학원에 이러한 활동이 있는지 모르겠군요.
당신의 관심에 큰 감사를 드립니다.

매우 정중히,
루이쓰 김

1 해석 및 내용 구성

지령

다음에 주어지는 두 가지 옵션 중 하나만 선택하세요.

옵션 1

누군가 SNS 게시판에 쓴 내용을 읽으세요.

아주 오랫동안 못 보고 지낸 어린 시절의 친구를 기억하십니까? 저는 어제 어렸을 때 가장 친한 친구였던 아이를 만났습니다. 그는 나의 이웃이었고 우리는 여름마다 길거리에서 놀며 보냈습니다. 어느 날 그의 부모님께서 일 때문에 이사를 가셨고 저는 그에 대한 소식을 다시 듣지 못했습니다. 어제까지는 말입니다. 다시 보고 싶은 어린 시절의 친구가 있나요?

글을 작성하세요. 글에서 당신은 다음의 사항을 해야 합니다.

- 어린 시절의 친구가 누구였는지, 어떻게, 어디에서 처음 만났는지 이야기하세요.
- 그 사람과 지금도 연락이 닿는지 아닌지 말하세요.
- 그 사람은 어떤 사람인지 묘사하세요.
- 함께 어떤 일을 했는지 설명하세요.
- 그 시절의 그리운 것들에 대해 말하세요.

단어 수: 130~150.

내용 구성

글의 유형	개인의 경험담
글의 주제	어린 시절 가장 친했던 친구
요구 조건 1	어린 시절의 친구가 누구였는지, 어떻게, 어디에서 처음 만났는지 이야기하기
요구 조건 2	그 사람과 지금도 연락이 닿는지 아닌지 말하기
요구 조건 3	그 사람은 어떤 사람인지 묘사
요구 조건 4	함께 이떤 일을 했는지 설명
요구 조건 5	그 시절의 그리운 것들에 대해 말하기
요구 조건 6	어느 과외 활동에 관심이 있는지 밝히기
주의 사항	- 어린 시절 친구에 대해 이름, 생김새 등을 구체적으로 묘사 - 과거 시제 활용

옵션 2

당신은 한 지역 신문에서 글을 읽었습니다.

독서가 인생이다.

시립 도서관은 서비스를 개선하고 시민들의 독서를 촉진하기를 원합니다. 모든 연령의 사람들을 끌어들일 수 있는 다양한 활동을 구상 중입니다. 당신의 의견과 제안을 알고 싶습니다. 여러분 모두 이 계획에 참여하시길 바랍니다.

이 글에 대한 답변으로 글을 작성하세요. 글에서는 다음을 해야 합니다.

- 자기 소개하기
- 도서관의 계획에 대해 그것이 중요한지 아닌지 의견 제시하기
- 당신이나 당신의 가족 중 누군가 독서에 취미가 있는지 말하기
- 더 많은 사람들을 유치하기 위한 활동 제안하기

단어 수: 130~150.

내용 구성

글의 유형	개인의 의견
글의 주제	**독서에 대한 개인의 의견 및 경험**
요구 조건 1	자기 소개
요구 조건 2	도서관의 계획에 대해 그것이 중요한지 아닌지 의견 제시
요구 조건 3	당신이나 당신의 가족 중 누군가 독서에 취미가 있는지 말하기
요구 조건 4	더 많은 사람들을 유치하기 위한 활동 제안
주의 사항	- 독서를 장려해야 한다는 의견 제시 - 여러 사람의 관심을 불러일으킬 수 있을 만한 활동 구상 및 제안

옵션 1

필수 어휘

red social	f. 소셜 미디어, 소셜 네트워크	infancia	f. 유년기, 아동, 어린이
estar en contacto	접촉하고 있다, 연락이 있다	echar de menos	보고 싶다, 그립다
época	f. 시기, 계절	uruguayo	m.f. 우루과이 사람 / 우루과이의
mismo	똑같은, 동일한, 바로 그것	acento	m. 강세, 악센트
raro	드문, 희소한, 기묘한	muñeco	m. 인형
aventura	f. 모험, 사건	merienda	f. 간식, 점심 도시락

필수 표현

주제	문형	활용 예

첫 만남	- 단순 과거 시제 활용
	  : 한 번 발생한 사건
		- Nos conocimos en un curso de inglés.
		  우리는 한 영어 수업에서 처음 만났다.
		
		- Me lo presentaron en una fiesta de cumpleaños.
		  한 생일 파티에서 그를 소개 받았다.

과거 묘사	- ser, llamarse, tener, vivir 등
	  모든 동사 표현의 불완료 과거 시제
	  활용
		- Él se llamaba José.
		  그의 이름은 호세였다.
		
		- Era muy delgado y tenía ojos azules.
		  그는 매우 말랐고 눈은 푸른색이었다.
		
		- Vivía cerca de mi casa.
		  나의 집 가까이에 살았다.

필수 어휘

municipal	m. 경찰관 / 시의, 자치 도시의	promover	촉진하다, 조장하다, 승진시키다
lectura	f. 독서, 독해	atraer	끌어당기다, 끌다, 매혹하다
propuesta	f. 제안, 신청, 견적, 견적서	iniciativa	f. 자발성, 주도권
aficionado	m.f. 애호가, 팬, 아마추어 / 좋아하는, 열중하는	proponer	제안하다, 제기하다
por parte de	~(으)로부터, ~의, ~측에서	genial	천재적인, 훌륭한 / 아주 잘 (=magníficamente)
en grupo	단체로, 집단으로	miembro	m. 일원, 회원, 멤버

필수 표현

주제	문형	활용 예
중요성 강조	- ser importante - tener importancia - importar	- La lectura es muy importante. - La lectura tiene mucha importancia. - La lectura nos importa mucho. - La importancia de la lectura es muy grande. 독서는 매우 중요하다.
취미 및 기호	- gustar / encantar / fascinar - ser aficionado a algo - ser fanático de algo	- Me gusta mucho la lectura. - Me encanta / fascina la lectura. - Soy aficionado a la lectura. - Soy fanático de la lectura. 나는 독서를 매우 좋아한다.

옵션 1

Mi mejor amigo de la infancia era un chico que se llamaba Cristián. Era un chico uruguayo que vivía en el mismo edificio que yo. No me acuerdo cómo nos conocimos, pero creo que siempre jugábamos en el jardín del edificio donde vivíamos, así que nos hicimos buenos amigos. Ya no estamos en contacto. Un día él y su familia volvieron a Uruguay y nunca más lo volví a ver. Era un chico muy inteligente y le gustaba jugar con su ordenador. Tenía un acento raro porque era de Uruguay. Solíamos jugar con muñecos en su casa o buscábamos aventuras por los jardines del edificio. Su madre era muy simpática y siempre nos preparaba la merienda. Lo que más echo de menos de esa época es que pasábamos todas las tardes jugando y no nos preocupábamos de nada. Fue una época muy divertida.

해석

어린 시절 나의 가장 친한 친구였던 아이 이름은 끄리스띠안이었다. 그는 우루과이 출신 아이였는데 나와 같은 건물에 살았다. 우리가 처음 어떻게 만났는지는 기억이 나지 않지만, 우리는 우리가 살던 건물의 정원에서 늘 함께 놀았고, 그래서 아주 좋은 친구가 되었다. 지금은 서로 연락이 되지 않는다. 어느 날 그의 가족과 그는 우루과이로 돌아갔고 나는 그를 다시 볼 수 없었다. 그는 매우 영리한 아이였고 컴퓨터를 갖고 노는 것을 좋아했다. 그 아이는 우루과이 출신이었기 때문에 매우 특이한 억양을 가지고 있었다. 우리는 그의 집에서 인형을 갖고 놀거나 건물의 정원에서 모험을 찾으며 놀곤 했다. 그의 어머니는 매우 친절하셨고 늘 우리에게 간식을 준비해 주셨다. 그 시기의 가장 그리운 것은 우리가 함께 놀며 그 무엇에 대해서도 걱정하지 않았던 그 오후이다. 아주 재미있는 시절이었다.

¡Hola! Mi nombre es John y soy un chico estadounidense. Creo que la iniciativa de mejorar los servicios y promover la lectura por parte de la biblioteca es una idea genial. Hoy en día, leemos muy poco y especialmente los jóvenes prefieren jugar con el ordenador y usar el móvil que leer libros. Por eso, opino que la idea es fantástica. En mi caso, yo no soy demasiado aficionado a la lectura. Antes, cuando era pequeño, leía más, pero últimamente leo muy poco. A veces, pienso que me gustaría leer más. Por eso cuando he leído su anuncio me he alegrado mucho. No sé qué actividades van a realizar, pero pienso que sería buena idea hacer un taller de lectura para poder leer en grupo y poder conocer a personas con los mismos intereses. Otra idea sería crear un grupo en una red social para poder recomendar libros a otros miembros.

해석

안녕하세요! 제 이름은 존이고 저는 미국 출신의 남성입니다. 서비스를 개선하고 독서를 장려하려는 도서관 측의 계획은 아주 훌륭하다고 생각합니다. 오늘날 사람들은 독서를 아주 적게 하고 특히 젊은이들은 책을 읽는 것보다 컴퓨터로 노는 것과 핸드폰 사용하는 것을 더 선호합니다. 그렇기 때문에 그 아이디어가 훌륭한 것입니다. 나의 경우에도, 독서를 매우 좋아하는 편은 아닙니다. 예전에 어렸을 때에는 독서를 더 많이 했습니다. 하지만 최근에는 거의 조금밖에 독서를 하지 않습니다. 가끔은 독서를 더 하고 싶다고 생각합니다. 그래서 이 글을 읽었을 때 저는 무척 기뻤습니다. 당신들이 어떤 활동을 하게 될지는 모르지만, 저는 그룹 단위로 책을 읽을 수 있고 같은 관심사를 갖는 사람들을 새로 만날 수 있도록 독서 수업을 하는 것도 좋을 것이라고 생각합니다. 다른 아이디어는 소셜 네트워크를 통해 그룹을 만들어 다른 멤버들에게 책을 권장한다면 좋을 것이라 생각합니다.

PRUEBA DE EXPRESIÓN E INTERACCIÓN ORALES

Expresión e interacción orales

Tarea 1

1 해석

지령

회화 시험을 준비하기 위한 몇 가지 지시 사항을 가진 두 개의 주제를 드립니다. 그중 하나를 선택하세요. 선택한 주제에 대해 **2~3분**간 이야기해야 합니다. 이 과제에서 감독관은 개입하지 않습니다.

주제: 소셜 네트워크의 사용

다음 내용을 포함시키세요.
- 당신이 어떤 소셜 네트워크 서비스를 사용하는지, 무엇을 위해 사용하는지, 얼마나 자주 그것들을 사용하는지
- 소셜 네트워크 서비스가 어떤 긍정적인 점을 가지고 있는지
- 소셜 네트워크 서비스가 어떤 부정적인 점을 가지고 있는지
- 소셜 네트워크 서비스가 우리의 삶을 어떻게 변화시켰다고 생각하는지

다음을 잊지 마세요.
- 발표의 서론, 본론, 결론을 구분해 발표하기
- 생각들을 잘 나열하고 연결시키기
- 의견과 느낌에 대한 이유를 들기

필수 어휘

redes sociales	f.pl. 소셜 네트워크 그룹, 집합	frecuencia	f. 빈도, 빈번, 주파수
aspecto	m. 관점, 양상, 외관	a todas horas	언제나, 수시로, 시종 (=siempre, cada hora)
compartir	공유하다, 나누다	estar en contacto	접촉하고 있다, 연락이 있다
paisaje	m. 풍경, 경치, 경관	incluso	게다가, ~까지도, ~조차
servir	섬기다, 시중을 들다, 돕다, 내오다	informarse	(무엇을) 알다, 정보를 수집하다
distraer	마음(주의)를 딴 데로 돌리다, 기분 전환을 시키다	por culpa de	~의 잘못으로, ~의 탓으로

발표문 연습

포함 사항	발표 예시
- Qué redes sociales usa; para qué las usa; con qué frecuencia las usa;	- **La red social que más uso** es... y la uso **para** ... Yo uso las redes sociales **cada media hora / casi todo el día / en cualquier momento**.
- Qué aspectos positivos tienen las redes sociales;	- **Uno de los aspectos positivos** que tienen las redes sociales **es**... **Gracias a** las redes sociales, se puede...
- Qué aspectos negativos tienen las redes sociales;	- **Uno de los aspectos negativos** que tienen las redes sociales **es**... **Por culpa de** las redes sociales, no se puede...
- Cómo cree que han cambiado nuestra vida las redes sociales.	- Las redes sociales **han hecho que nos informemos** más sobre... **Antes**, la gente **leía más** libros, pero **ahora** la gente casi **no lee**.

En mi caso, uso varias redes sociales, especialmente Facebook e Instagram. Las uso todos los días y a todas horas. Las uso cuando voy en metro y en autobús, cuando como, cuando estoy en clase, etc. Uso Facebook para compartir fotos o vídeos con amigos y también para ver sus fotos y saber qué hacen o qué comen. También uso Facebook para estar en contacto con mis amigos que viven en otros países. En el caso de Instagram, lo uso para ver fotos bonitas, fotos de ropa, de paisajes y cosas así. Creo que un aspecto positivo de las redes sociales es que puedes ver cómo es la vida de tus amigos o incluso de gente famosa, y también sirve para compartir información e informarse. Por otro lado, a veces pierdo el tiempo con ellas y me distraen mucho.

En mi opinión, desde que hay redes sociales, la gente comparte más sobre sus vidas y es posible conocer mejor a los famosos. También creo que, por culpa de las redes sociales, la gente ahora lee menos. Por ejemplo, antes en el metro todo el mundo dormía o leía. Ahora la gente prefiere usar las redes sociales.

해석

저의 경우에는 다양한 소셜 네트워크를 사용하며, 특히 페이스북과 인스타그램을 합니다. 저는 그것을 매일, 수시로 사용합니다. 전철이나 버스를 타고 이동할 때, 식사를 할 때, 수업 시간 등에 사용합니다. 페이스북은 사진이나 비디오를 친구들과 공유하기 위하여 사용하며, 친구들의 사진을 보거나 그들이 무엇을 하는지 무엇을 먹는지 알기 위해 사용합니다. 또한 다른 나라에 살고 있는 친구들과 연락을 취하기 위해 페이스북을 사용합니다. 인스타그램의 경우에는, 예쁜 사진을 보기 위해, 옷, 풍경과 같은 사진을 보기 위해 사용합니다. 소셜 네트워크의 장점 한 가지는 바로 친구들 또는 심지어 유명인의 삶이 어떤지 볼 수 있다는 것입니다. 또한 정보를 공유하고 수집하기 위해 사용됩니다. 또 한편으로는 그것들을 사용하는 데 시간을 많이 빼앗기고 나의 주의를 산만하게 합니다. 내 생각에 소셜 네트워크가 존재한 이후로 사람들은 그들의 삶을 더 많이 공유하며, 유명한 사람들을 더 잘 아는 것이 가능해졌습니다. 또한, 역시 소셜 네트워크 서비스의 탓으로 사람들은 독서를 덜 합니다. 가령, 예전에는 전철 안의 모든 사람들이 잠을 자거나 책을 읽었습니다. 지금은 사람들이 소셜 네트워크 사용하기를 더 선호합니다.

Tarea 2

1 해석

지령

과제 1의 발표를 마친 후 동일한 주제에 대해 감독관과 **2~3분**간 대화를 나누어야 합니다.

감독관의 질문 예시:

- 당신의 국가에서 가장 많이 사용되는 소셜 네트워크는 어떤 것이며 왜 그렇습니까?
- 당신이 사용하는 소셜 네트워크 가운데, 가장 좋아하는 것은 어느 것이며 왜 그렇습니까?
- 당신은 소셜 네트워크가 사회에 있어 좋은 것이라 생각하나요? 왜 그런가요?

필수 어휘

red social	f. 소셜 네트워크	sociedad	f. 사회, 협회, 단체, 연합, 집단
dejar	놓다, 남기다, 맡기다	aspecto	m. 외관, 양상, 관점
compartir	공유하다, 나누다	vídeo	(=m. video) m. 비디오, 영상
información	f. 정보	fácilmente	쉽게, 용이하게
por otro lado	한편, 그 반면에	perder	분실하다, 놓치다, 패하다, 지다
adictivo	중독을 일으키는, 중독성이 있는		

발표문 연습

포함 사항	발표 예시
- ¿Cuál es la red social más usada en su país? ¿Por qué?	- **Pienso que la red social más usada en mi país es ...** **porque...** - **Veo que** en mi país, **todo el mundo usa ...** y pienso que la razón es por...
- De las redes sociales que usa, ¿cuál es la que más le gusta? ¿Por qué?	- **La que más me gusta es** ... porque ... - Yo uso OOO, OOO y OOO. **De las tres redes sociales, me gusta más OOO**, porque ... - La verdad es que **no puedo dejar de usar ...** porque ...
- ¿Cree que las redes sociales son buenas para la sociedad? ¿Por qué?	- **Pienso que sí.** - **Por supuesto que sí.** - **Gracias a** las redes sociales, **la gente** de hoy en día **puede** .... - **En algunos aspectos sí, pero en otros no.**

Q ¿Cuál es la red social más usada en su país? ¿Y por qué?

A Creo que Facebook o Instagram. Pienso que son las más famosas y las mejores. Son las más fáciles de usar y, además, las usan también en todo el mundo.
페이스북이나 인스타그램입니다. 제 생각에 그 둘은 가장 유명하며 가장 우수한 것들입니다. 사용하기에 쉽고 또한, 세상의 모든 사람들이 사용하기 때문입니다.

Q De las redes sociales que usa, ¿cuál es la que más le gusta? ¿Por qué?

A A mí, la que más me gusta es Facebook. Me gusta porque tengo fotos de hace muchos años y es la red social que más tiempo he usado. También, comparto vídeos que me gustan o alguna foto con amigos. No podría dejar de usarla nunca.
내가 가장 좋아하는 것은 페이스북입니다. 나는 수년 전의 사진들을 갖고 있으며 가장 오래 사용한 소셜 네트워크이기 때문입니다. 또한, 내가 좋아하는 비디오나 사진을 친구들과 공유합니다. 나는 그것을 사용하기를 절대 그만둘 수 없을 것입니다.

Q ¿Cree que las redes sociales son buenas para la sociedad?

A Pienso que sí. Nos ayudan a compartir información fácilmente con nuestros amigos o con otras personas. Aunque, por otro lado, perdemos mucho tiempo con ellas. Son muy adictivas.
그렇다고 생각합니다. 우리의 친구들 또는 다른 사람들과 정보를 공유하는 것을 쉽게 만들어 줍니다. 비록 다른 한편으로는 그것들을 사용하는 데 시간을 많이 빼앗기긴 하지만요. 그것들은 중독성이 있습니다.

1 해석

지령

당신에게 두 장의 사진을 보여 줍니다. 그 중 <u>하나</u>를 선택하고 자세히 관찰하세요.

사진 예시:

1~2분간 사진에서 보이는 것과 일어나는 일에 대해 상상되는 바를 상세히 묘사하세요.

다음과 같은 점을 이야기할 수 있습니다:

- 사람들: 어디에 있는지, 어떤지, 무엇을 하는지

- 그들이 있는 장소: 어떤지

- 사물들: 어떤 사물이 있는지, 어디에 있는지, 어떤지

- 이 사람들 사이에 어떤 관계가 있다고 생각하는지

- 그들이 무엇에 대해 말하고 있다고 생각하나요?

이어서, 감독관이 당신에게 몇 가지 질문을 할 것입니다.

이 과제의 총 시간은 **2~3분**입니다.

감독관의 질문 예시:

- 당신은 이미지와 비슷한 장소에 있어 본 적이 있습니까? / 사진 속 장소와 비슷한 곳에 가 본 적이 있습니까?

- 그곳은 어땠나요? 그곳에 가는 사람들은 무엇을 하나요?

- 사진 속 장소와 비슷한 곳에서 휴가를 보내고 싶습니까? 왜 그런가요? / 왜 그렇지 않은가요?

- 사진 속의 장소와 같은 고요한 곳에서 휴가를 보내는 것을 선호하나요 또는 다른 곳을 선호하나요? 왜 그렇습니까? 어떤 것을 더 선호합니까?

2 필수 어휘 및 발표문 연습

필수 어휘

tranquilo	조용한, 고요한, 편안한	al aire libre	야외에서, 노천에서
campo	m. 시골, 농촌, 영역, 분야	montaña	f. 산
plato	m. 접시, 요리	jarra	f. 물 항아리, 물병
servilleta	f. 냅킨	rodeado	에워싸인, 둘러싸인
ambiente	m. 공기, 대기, 환경, 자연환경, 분위기	relajarse	긴장이 풀리다
animado	생명이 있는, 원기 왕성한, 활기찬	rústico	시골의, 시골 풍의, 전원 풍의
piedra	f. 돌, 바위, 원석	sonreír	미소를 짓다
ropa de abrigo	f. 따뜻한 옷	esquiar	스키를 타다

발표문 연습

참고 사항	발표 예시
- Las personas: dónde están, cómo son, qué hacen.	- En la foto hay una familia. Los padres y sus hijos pequeños. Ellos están comiendo en una mesa al aire libre. - En la imagen se puede ver una familia que está comiendo. Parece que están en un restaurante en el campo.
- El lugar en el que se encuentran: cómo es.	- El lugar de la imagen parece un restaurante en el campo porque atrás se ven montañas.
- Los objetos: qué objetos hay, dónde están, cómo son.	- En la mesa hay muchos platos que tienen comida y vasos. - También hay una jarra y unas servilletas.

예상 질문	답변 예시
• ¿Ha estado usted en algún lugar parecido al de la imagen?	- Sí. Una vez estuve en una casa de campo. - Sí. Hace poco fui a un hotel en el campo.
• ¿Cómo era? ¿Qué suelen hacer las personas que van allí?	- El hotel estaba rodeado de montañas. - Las personas visitaban esa casa de campo para pasar unos días en un ambiente muy tranquilo.
• ¿Le gustaría pasar sus vacaciones en un lugar parecido? ¿Por qué? ¿Por qué no?	- Sí, pasar las vacaciones en un lugar donde hay muchas montañas es muy bueno para relajarse.
• ¿Prefiere pasar sus vacaciones en un lugar tranquilo como el de la fotografía o prefiere algo diferente? ¿Por qué? ¿Qué prefiere?	- Yo prefiero viajar al extranjero y ver lugares turísticos famosos.

3 모범 답안

사진 묘사

En esta foto hay una familia. Están comiendo en un lugar que parece un hotel o un restaurante en el campo porque a través de la ventana se ven montañas y árboles. Además, el lugar parece muy rústico porque está hecho de piedra y madera. No veo bien qué están comiendo. Esto de aquí parece una pizza o algo parecido. Encima de la mesa, en el centro, hay dos platos con comida y, luego, cada uno tiene su propio plato. También hay vasos y servilletas. Aquí veo una jarra de agua. El niño parece que tiene bastante hambre. La niña, pienso que no tiene hambre porque su plato todavía está lleno. El padre, la madre y la niña están sonriendo y, por eso, pienso que se lo están pasando bien. Creo que hace frío porque todos llevan ropa de abrigo. Quizás estén de vacaciones en el campo o hayan ido para hacer senderismo o para esquiar.

해석

사진에는 한 가족이 있습니다. 그들은 시골의 호텔 또는 레스토랑으로 보이는 장소에서 식사하고 있는 것으로 보이는데, 창문을 통해 산과 나무가 보이기 때문입니다. 또한, 그 장소는 매우 전원풍의 건물로 보입니다. 돌과 나무로 만들어졌기 때문입니다. 그들이 먹고 있는 것이 잘 보이지는 않습니다. 이것은 피자 같은 것처럼 보입니다. 테이블 위, 중앙에는 음식이 담긴 두 개의 접시가 있고, 각자 본인의 접시를 갖고 있습니다. 또한 컵과 냅킨이 있습니다. 이것은 물병으로 보입니다. 남자 아이는 배가 많이 고픈 듯합니다. 여자 아이는 배가 고프지 않은 것 같은데, 접시가 아직 채워져 있기 때문입니다. 아버지와 어머니와 여자 아이는 미소를 띠고 있습니다. 그렇기 때문에 그들은 즐겁게 보내고 있다고 생각합니다. 날씨가 추운 것 같은데, 모두들 두꺼운 옷을 입고 있기 때문입니다. 어쩌면 그들은 캠핑을 하며 휴가를 보내고 있거나 또는 하이킹을 하거나 스키를 타기 위해 이곳에 간 것 같습니다.

감독관
¿Ha estado usted en algún lugar parecido al de la imagen?
당신은 이미지와 비슷한 장소에 가 본 적이 있습니까?

Sí, en una casa de campo una vez.
네. 한 번 별장에 갔습니다.
응시자

감독관
¿Cómo era esa casa?
그 집은 어땠나요?

Era una pequeña pensión rural cerca de un río. Muchas familias o grupos de amigos van allí para pasar un día o dos.
강 근처에 있는 작은 전원 펜션이었습니다. 가족들이나 친구들 그룹이 그곳에서 하루나 이틀을 지내기 위해 갑니다.
응시자

감독관
¿Qué suelen hacer las personas que van allí?
그곳에 가는 사람들은 무엇을 하나요?

Depende de lo que cada uno quiera hacer. Normalmente, suelen hacer barbacoas al aire libre o dar un paseo por los alrededores.
각자 좋아하는 것에 따라 다릅니다. 보통은 야외에서 바비큐를 하거나 또는 근처를 산책합니다.
응시자

감독관
¿Le gustaría pasar sus vacaciones en un lugar parecido? ¿Por qué? ¿Por qué no?
사진 속 장소와 비슷한 곳에서 휴가를 보내고 싶습니까? 왜 그런가요? 또는 왜 그렇지 않은가요?

Sí, me gustaría. A veces me gusta pasar las vacaciones en un ambiente diferente. Porque me gusta la naturaleza.
네. 그러면 좋을 것 같습니다. 가끔은 다른 분위기의 장소에서 휴가를 보내는 것을 좋아합니다. 저는 자연을 좋아하기 때문입니다.
응시자

감독관
¿Prefiere pasar sus vacaciones en un lugar tranquilo como el de la fotografía o prefiere algo diferente? ¿Por qué? ¿Qué prefiere?
사진 속의 장소와 같은 고요한 곳에서 휴가를 보내는 것을 선호하나요 또는 다른 곳을 선호하나요? 왜 그렇습니까? 어떤 것을 더 선호합니까?

Pasar un día en un sitio así está bien, pero es un poco aburrido. Yo prefiero viajar al extranjero y ver lugares turísticos famosos.
이런 곳에서 하루를 보내는 것은 좋습니다. 하지만 조금은 따분합니다. 저는 외국으로 여행하고 유명한 관광지 보기를 선호합니다.
응시자

1 해석

지령

당신은 감독관과 **2~3분**간 가상의 상황에 대해 대화를 나누어야 합니다.

상황 예시:

당신은 전원 주택에서 보내는 주말을 예약했습니다. 당신과 함께 갈 친구들은 따분할 것을 염려하므로 당신은 스포츠나 모험 활동을 예약하고 싶습니다. 감독관이 여행사의 직원이라 상상하세요. 다음 지시 사항들을 따라 그와 대화를 나누세요.

여행사 직원과의 대화에서 당신은 다음을 해야 합니다.
- 언제 예약했는지 밝히기
- 여행사에 왜 온 것인지 설명하기
- 스포츠와 모험 활동에 대해 정보 요청하기
- 친구들과 함께할 수 있는 스포츠와 모험 활동을 예약하기
- 전원 주택이 위치한 지역에서 할 수 있는 다른 일들에 대한 정보 요청하기

2 필수 어휘 및 발표문 연습

필수 어휘

reservar	예약하다	rural	시골의, 전원의
reserva	f. 예약, 지정권, 비축, 매장량	reservación	f. 보류, 지정, 예약(=f. reserva)
a nombre de	~의 이름으로	peligroso	위험한
sonar	울리다, 소리 나다, 코를 풀다	emocionante	감동적인, 감격적인
ruta	f. 길, 경로, 여정	altura	f. 높이, 신장, 고공
paseo	m. 산책, 산보, 단거리	durar	지속하다, 계속하다, 시간이 걸리다
estupendo	훌륭한, 멋진	cargar	싣다, 지다, 충전하다, 부과하다
importe	m. 금액, 요금, 대금	senderismo	m. 하이킹
lago	m. 호수	traje de baño	m. 수영복
por si acaso	만일을 위해, 혹시 ~에 대비해서	surgir	분출하다, 치솟다, 나타나다, 출현하다
imprevisto	m. 예측 불능의 사태 / 의외의, 예상치 않은		

대화 시작

안녕하세요! 저는 시골집에서의 주말을 이미 예약했습니다.	¡Hola! **Ya he reservado** un fin de semana en una casa rural.
안녕하세요! 저는 예약을 했지만 다른 문의 사항이 있어서 왔습니다.	¡Hola! Ya tengo mi reservación, **pero vengo a pedir más información**.
저는 지난 주에 예약했습니다.	Hice la reserva **la semana pasada**.
저는 OOO 이름으로 예약했습니다.	Hice la reserva **a nombre de OOO**.

주제 전개

저는 스포츠나 모험의 어떤 활동들이 있는지 알고 싶어 왔습니다.	**He venido porque me gustaría informarme** sobre qué tipo de actividades de deporte y aventura ofrecen.
스포츠와 모험의 어떤 활동들이 있는지 말씀해 주실 수 있을까요?	**¿Me podría decir qué actividades** de deporte y aventura **hay**?
저희는 모두 네 사람입니다. 세 명의 여자와 한 명의 남자입니다.	**Somos cuatro** personas. Tres mujeres y un hombre.
그것은 조금 위험한 것 같군요. 다른 활동이 있을까요?	Me parece un poco peligroso. **¿Hay alguna otra actividad?**
아주 좋은 것 같습니다! 제 친구들도 무척 좋아할 것이라 확신합니다.	**¡Suena muy bien! Estoy segura de que les gustará** mucho a mis amigos.
그쪽 지역에서 다른 무엇을 또 할 수 있나요?	**¿Qué otra cosa se puede** hacer por la zona?

작별 인사 및 대화 종결

그게 전부입니다. 감사합니다.	**Eso es todo**. Muchas gracias.
알려주신 정보 매우 감사합니다.	**Le agradezco mucho por** toda la información.
아주 훌륭한 며칠이 될 것입니다! 감사합니다!	**¡Serán unos días maravillosos!** ¡Muchas gracias!

감독관
Hola, buenos días. ¿En qué puedo ayudarle?
안녕하세요. 좋은 아침입니다. 무엇을 도와드릴까요?

응시자
Hola. He reservado un fin de semana en una casa rural.
안녕하세요. 저는 시골집에서의 주말을 예약했습니다.

감독관
Sí. ¿Cómo se llama?
그렇군요. 성함이 어떻게 되시나요?

응시자
Kim. Hice la reserva hace tres días.
김입니다. 저는 3일 전 예약했습니다.

감독관
¿Y hay algún problema?
그럼 혹시 무슨 문제가 있나요?

응시자
No, no hay ningún problema. He venido porque me gustaría informarme sobre qué tipo de actividades de deporte y aventura ofrecen.
아닙니다. 전혀 문제없습니다. 제가 온 것은 이곳에서 제공하는 스포츠와 모험 활동은 어떤 종류가 있는지 알고 싶기 때문입니다.

감독관
¿Qué tipo de actividades le interesan? ¿Cuántas personas son?
어떤 종류의 활동에 관심이 있으신가요? 당신들은 몇 사람인가요?

응시자
Somos cuatro. Nos gustaría algo emocionante, pero no demasiado caro.
저희는 네 명입니다. 너무 비싸지 않으면서 뭔가 재미있는 것을 원합니다.

감독관
Yo le recomiendo una ruta a caballo por la montaña. ¿Alguno de ustedes tiene miedo a las alturas?
제가 추천해 드리는 것은 말을 타고 산으로 가는 코스입니다. 혹시 당신들 중의 누군가 높은 곳에 대한 두려움이 있나요?

응시자
No, creo que no. Pero no sabemos montar a caballo.
아닙니다. 하지만 저희는 말을 탈 줄 모릅니다.

감독관

Eso no importa. Es muy fácil. Estoy seguro de que les encantará.
그건 중요하지 않습니다. 아주 쉽거든요. 당신들이 아주 좋아할 것이라 확신합니다.

응시자

¿Es caro?
비싼가요?

감독관

No, no. 10 euros por persona y el paseo dura una hora.
아니요. 한 명에 10유로이고 한 시간 산책입니다.

응시자

No está nada mal. Lo reservamos.
나쁘지 않군요. 그것으로 예약하겠습니다.

감독관

Estupendo. Le cargo el importe a su tarjeta. ¿Alguna otra cosa?
좋습니다. 당신의 카드에 비용을 청구하겠습니다. 다른 것 또 필요하신 게 있나요?

응시자

Sí, ¿qué cosas podemos hacer por esa zona?
네. 그쪽 지역에서 할 수 있는 것이 또 뭐가 있을까요?

감독관

Hay muchas cosas que hacer, muchas rutas para hacer senderismo.
También hay un lago muy bonito y, si hace buen tiempo, se pueden bañar.
Lleven traje de baño, por si acaso. Por la zona, también hay lugares donde
alquilan bicicletas.
할 수 있는 것은 많고, 많은 하이킹 코스가 있습니다. 또한 매우 예쁜 호수도 있고, 날씨가
좋으면 수영을 할 수 있습니다. 혹시 모르니 수영복을 가지고 가세요. 또한, 그쪽 지역에는
자전거를 대여해 주는 곳이 많이 있습니다.

응시자

Bien, bien. Creo que con esto es suficiente. Muchas gracias.
좋아요, 좋습니다. 그거면 충분한 것 같습니다. 감사합니다.

감독관

De nada. Disfruten mucho y aquí le dejo mi tarjeta, por si surge algún
imprevisto.
천만에요. 즐겁게 보내세요. 그리고 여기에 제 명함이 있습니다, 혹시 예상치 못한 일이 생
긴다면 연락 주세요.

응시자

¡Gracias! ¡Que tenga buen día!
감사합니다! 좋은 하루 되세요!

PRUEBA DE COMPRENSIÓN DE LECTURA

La prueba de **Comprensión de lectura** contiene <u>cinco tareas</u>.
Usted debe responder a 30 preguntas.
Duración: 70 minutos.
Marque sus opciones únicamente en la **Hoja de respuestas.**

Comprensión de lectura

INSTRUCCIONES

Usted va a leer seis textos en los que unas personas hablan del libro que necesitan leer y diez descripciones de libros. Relacione a las personas(1-6) con los textos (A-J).

HAY TRES TEXTOS QUE NO DEBE RELACIONAR.

Marque las opciones elegidas en la **Hoja de respuestas**.

	PERSONA	TEXTO
0.	RITA	D
1.	JAVIER	
2.	ERIC	
3.	AARÓN	

	PERSONA	TEXTO
4.	MARA	
5.	RAMIRO	
6.	VALERIA	

0. RITA	Quiero regalarle un libro a mi sobrino Enrique, que está interesado en formar parte del equipo de fútbol de su colegio. Me ha dicho mi hermana Cecilia que el próximo año se hace el proceso de selección de jugadores y que Enrique va a hacer todo lo posible para aprovechar este año para entrenarse.
1. JAVIER	Lo que busco es una referencia para poder mejorar mi condición física no solo haciendo ejercicio, sino también regulando los nutrientes que consumo. Considero que es una forma completa para poder estar sano, hacer ejercicio y cuidar la alimentación.
2. ERIC	Tengo un primo que sueña con ser triatleta, como yo. Lo voy a entrenar para una competición que habrá en mi ciudad dentro de un año. Como es la primera vez que voy a entrenar a alguien, necesito un buen manual para poder hacer planes de entrenamiento.
3. AARÓN	Voy a un curso de natación y la próxima semana empiezo otro curso de tenis. Hago ejercicio porque me interesa cuidarme y mantener una condición física perfecta. Así que me gustaría leer un poco sobre cómo puedo prepararme mejor antes de empezar a entrenarme.
4. MARA	Yo trabajo de monitora de un campamento deportivo de verano para niños y jóvenes. Este año, quiero que los participantes puedan disfrutar jugando y divirtiéndose mucho. Quiero informarme sobre varios métodos para hacer muy entretenidas las sesiones de actividad física.
5. RAMIRO	Acaban de abrir un gimnasio en mi calle. Me quiero inscribir para ir a hacer ejercicio por las mañanas. Esta vez quiero hacer pesas, pero como soy principiante no sé bien cómo. He visto un vídeo en Internet, pero me gustaría saber qué ejercicios ayudan a ganar músculos.
6. VALERIA	En unos meses voy a participar con mis amigos en una carrera nacional para corredores jóvenes. Algunos de mis amigos ya tienen experiencia, pero yo no. Así que mejor me voy a preparar por mi cuenta sobre cómo entrenarme.

LOS MEJORES LIBROS DE EDUCACIÓN FÍSICA, ENTRENAMIENTO, DEPORTES Y SALUD

A

La fase del calentamiento

El objetivo de este libro es dar a conocer los beneficios de un correcto proceso de calentamiento y ayudar a mejorar la estructura de la sesión de actividad física. El libro incluye fichas con 1000 ejercicios y juegos de calentamiento. Recomendado por la Real Federación Española de Atletismo.

B

La ciencia del entrenamiento

El libro trata del entrenamiento en el deporte de competición, en particular en el ámbito del alto rendimiento, en el deporte de jóvenes y en el deporte de tiempo libre, principalmente bajo la forma del deporte para el mantenimiento de la salud. Incluye ejercicios funcionales para mejorar la fuerza y velocidad.

C

Los ejercicios de circuito

El libro presenta conjuntos de ejercicios o circuitos, diseñados y orientados a entrenar habilidades deportivas básicas. El libro presenta 1088 ejercicios enfocados en trabajar distintas partes del cuerpo y cualidades físicas como la flexibilidad, la resistencia o la fuerza.

D

Fútbol que se entrena

Este libro desarrolla una programación anual de entrenamiento para menores de diecinueve años. El libro incluye, además, una preparación física integrada para toda la temporada.

E

Análisis del rendimiento deportivo

Libro que presenta una imagen completa del cómo y del porqué se lleva a cabo un control bioquímico del cuerpo. Es un libro de referencia esencial para científicos, investigadores y entrenadores de alto nivel. Avalado por la Universidad Nacional Autónoma de México.

F

Entrenamiento deportivo general

Esta obra desarrolla los conceptos necesarios para planificar un entrenamiento de la resistencia física utilizando información sobre el consumo de energía de cada deportista. El libro va acompañado de un CD-ROM que permite establecer los niveles para diseñar un plano bioenergético individualizado.

G

La salud del deportista

En este libro se presenta una serie de conocimientos que le permitirán mantener una salud integral. El autor proporciona una completa guía de ejercicios físicos, junto con reglas básicas para una dieta equilibrada para mantener su salud en óptimas condiciones. Para que usted mismo pueda elaborar sus propios planes o programas de entrenamiento según sus necesidades específicas.

H

Triatlón fácil

Este libro presenta tres planes específicos de entrenamiento de treinta semanas. El atleta aprenderá a distribuir su tiempo y a elegir el plan específico de entrenamiento que mejor le convenga.

I

Entrenamiento de maratón para principiantes

Siguiendo paso a paso el programa de entrenamiento que presenta este libro estarás listo para correr tu primera maratón en dieciséis semanas. Este manual se basa en el curso que los autores imparten con gran éxito en la Universidad Central del Río de la Plata, en el que se integra el entrenamiento físico con los aspectos psicológicos de los deportes de fondo.

J

Juegos para todos

Los juegos contribuyen a hacer que las clases de educación física sean más alegres y variadas. El libro presenta con ilustraciones una detallada descripción de las finalidades de cada juego, lo que facilita una rápida elección entre una gran oferta.

INSTRUCCIONES

Usted va a leer un texto sobre nuestras actitudes ante la enfermedad. Después, debe contestar a las preguntas (7-12). Seleccione la respuesta correcta (a / b / c).

Marque las opciones elegidas en la **Hoja de respuestas**.

APRENDER DE LA ENFERMEDAD

Nuestro organismo está siempre cambiando, adaptándose a las circunstancias, superando las dificultades. Unas veces sus funciones son armónicas y hablamos de salud, otras veces algún síntoma indica que su funcionamiento se ha alterado y aparece lo que llamamos 'enfermedad'.

Definir lo patológico y lo saludable no es tan fácil como pudiera parecer y los límites entre ambas situaciones son a veces imprecisos. Así, hay diferentes actitudes frente a la enfermedad y la gravedad de la misma no siempre se acompaña de sensaciones equivalentes por aquél que la sufre, pequeñas molestias pueden vivirse como algo insoportable, inversamente situaciones graves con relativa calma. La actitud es, pues, fundamental en estos casos. Nadie quiere su presencia, pero con posterioridad puede ser una experiencia útil.

Quien está enfermo se nos presenta débil, con miedo. El dolor, físico o moral, suele ser frecuente y por eso cambia nuestra perspectiva de las cosas y nos sentimos "fuera" del curso habitual de la vida. No notar el funcionamiento del cuerpo es sinónimo de salud, el dolor supone lo contrario y por ello nos quita energías para acometer las tareas habituales y hace sentirnos agotados sobre todo, si estamos tristes y no tenemos una actitud abierta y constructiva ante la vida.

Sabemos que nuestro organismo es mucho más que una máquina y tiene la capacidad de repararse a sí mismo y también de adaptarse a las circunstancias más adversas, conservando su integridad. Sin embargo, muchas personas equiparan el cuerpo a su automóvil, limitándose a llevarlo al taller cuando no funciona como debería hacerlo. La enfermedad, según esa visión, es cuestión de mala suerte y poco se puede hacer para evitarla si se está destinado a ella. Para esas personas la enfermedad se limitaría a algo genético e inevitable. Más adecuado sería en caso de enfermedad, interrogarnos acerca del porqué de su presencia y advertiremos que nuestra postura ante la vida es la causa fundamental que la provoca.

De la misma manera, actitudes psicológicas negativas como la avaricia, la ambición, los celos... pueden llegar a perturbar la salud. Será, pues, conveniente cultivar sentimientos positivos que contrarresten esas tendencias. Asumir ciertas responsabilidades y tomar las riendas de nuestra vida es siempre conveniente. Pero tampoco hay que exagerar. Entre la actitud de desentenderse de cualquier implicación personal en el mantenimiento de la salud y la de culpabilizarse de todo lo que pasa hay un amplio margen.

PREGUNTAS

7. Según el texto, cuando uno está sano...

    a es capaz de superar las dificultades.

    b presenta malos síntomas.

    c hay alteración con el funcionamiento de su cuerpo.

8. Según el autor, la enfermedad...

    a hay que aceptarla con tranquilidad.

    b produce efectos semejantes.

    c puede tener aspectos positivos.

9. El dolor puede hacer que...

    a tenga diferentes puntos de vista hacia la vida.

    b se concentre más en las actividades de su vida diaria.

    c sea más sensata.

10. Según el autor, el cansancio que siente una persona enferma puede ser mayor a causa de...

    a la debilidad.

    b el miedo.

    c la tristeza.

11. Lo que una máquina o un automóvil no puede hacer es...

    a acelerar rápido.

    b apagarse.

    c habituarse.

12. Según el autor, lo más importante en la aparición de una enfermedad es nuestra...

    a actitud.

    b suerte.

    c genética.

INSTRUCCIONES

Usted va a leer tres textos en los que unas personas comparten su experiencia sobre las redes sociales. Relacione las preguntas (13-18) con los textos (A, B, o C).

Marque las opciones elegidas en la **Hoja de respuestas**.

PREGUNTAS

		A. JOAQUÍN	B. ANDRÉS	C. CECILIA
13.	¿Quién experimentó una mala experiencia a causa de las redes sociales?			
14.	¿Quién tiene amigos por interés profesional y personal?			
15.	¿Quién opina que una ventaja de las redes sociales es poder seleccionar amigos?			
16.	¿Quién piensa que la gente de hoy en día es poco prevenida?			
17.	¿Quién dice que en la vida real hacemos amigos al azar?			
18.	¿Quién piensa que, si aprovechamos las redes eficazmente, son útiles?			

TEXTOS

A. JOAQUÍN

Lo mejor que tengo a partir de la red es la gente que me he encontrado. Mi vida ha ido llenándose poco a poco de gente brillante y noble con la que, ahora, comparto partidos de fútbol, comida, deseos, aficiones y malestares. La vida se me ha llenado de gente que he sacado de ese círculo. A mí me encanta eso de elegir la interacción. Sabes que existe una persona detrás del nombre de usuario y, al acercarte a ella, tú la eliges. Es pura voluntad. Las relaciones interpersonales, fuera de la red, siempre se establecen por casualidad: tu familia, la gente con la que te tocó crecer, el amigo que se sentó contigo el primer día de clase o la compañera de trabajo a la que viste primero. Acá es todo voluntad: alguien te gusta para tu vida, lo eliges; alguien ya no, te alejas. Y en realidad no he tenido malas experiencias derivadas de las redes sociales.

B. ANDRÉS

Mi peor experiencia ha sido haber sufrido amenazas anónimas por mi compromiso con un asunto político local. Entonces, descubrí el peligro real de la sobreexposición a la que nos llevan las redes: cualquier persona que me lea en Twitter o Facebook sabe en qué trabajo, quiénes son mis amigos, a qué lugar fui de vacaciones, dónde trabajo y hasta cuál es mi café favorito. Hay que tener mucho cuidado, pero la verdad es que somos una generación muy poco cauta con las redes sociales. Las redes sociales son un universo entero y hay de todo: gente interesante, contactos de trabajo y, por supuesto, también una multitud de gente anormal.

C. CECILIA

La mejor experiencia ha sido hacer amigos con los que ahora hago proyectos editoriales, periodísticos e ideológicos. Y lo que más le agradezco a las redes sociales es la posibilidad de interactuar y conocer gente con la que comparto intereses y una forma de ver el mundo. Las redes son sitios de agrupamiento, de confluencia de personas que probablemente en la realidad física jamás se cruzarían. Los espacios intelectuales y artísticos por definición son pequeños y elitistas, son círculos difíciles de ampliar. Las redes, tanto en ese ámbito como en cualquier otro, achican esa distancia. Las redes sociales, usadas de forma positiva, permiten enriquecer mucho lo que se da en llamar "vida real". Un concepto absurdo porque las redes ya son parte de nuestra existencia.

INSTRUCCIONES

Lea el siguiente texto, del que se han extraído seis fragmentos. A continuación, lea los ocho fragmentos propuestos (A-H) y decida en qué lugar del texto (19-24) hay que colocar cada uno de ellos.

HAY DOS FRAGMENTOS QUE NO TIENE QUE ELEGIR.

Marque las opciones elegidas en la **Hoja de respuestas**.

COMUNICACIÓN EFECTIVA Y AFECTIVA ENTRE PADRES Y HIJOS

19. _____. Esta puede ser verbal, por ejemplo cuando dos personas conversan, o puede ser no verbal, como la información que percibimos a través de la expresión en la cara de una persona que gestualmente le hará saber si está enfadada o alegre. Dentro de la comunicación no verbal, la comunicación física tiene gran importancia: un beso, un apretón de manos o un abrazo transfieren mucha cantidad de información. La comunicación puede ser positiva, negativa, efectiva o inefectiva.

La comunicación en la familia tiene una función más importante que la pura información, ya que es un puente de doble vía que conecta los sentimientos entre padres e hijos. La comunicación familiar es básica para ayudar a los niños a desarrollar una sólida autoestima. **20.** _____.

Es importante que los padres se puedan comunicar abierta y efectivamente con sus hijos por varios motivos. La comunicación efectiva y afectiva beneficia de por vida a los niños y a cada miembro de la familia. **21.** _____.
Si la comunicación entre padres e hijos es buena, sus relaciones serán buenas también. Los niños empiezan a conformar sus ideas y opiniones sobre sí mismos en base a la comunicación que reciben de los padres.

22. _____. Los niños empiezan a sentir que sus padres los escuchan y los comprenden, lo cual les aumenta su amor propio.
Si los padres se comunican bien con sus hijos, es más probable que sus niños estén más dispuestos a hacer lo que se les pide porque estos niños saben lo que sus padres esperan de ellos, y es más probable que lo puedan cumplir. **23.** _____.

Si, por el contrario, la comunicación entre padres e hijos es inefectiva o negativa, esto puede hacer que sus hijos piensen que, en primer lugar, ellos no son importantes, que nadie los escucha y nadie los comprende. **24.** _____.

FRAGMENTOS

A. Es decir, una personalidad saludable y unas buenas relaciones sociales.

B. Aunque también se puede observar una buena autoestima entre los niños más callados.

C. La comunicación es el intercambio de información entre dos o más personas.

D. Para que ellos puedan aprender a cumplirlo, un poco de castigo es imprescindible.

E. Y en segundo lugar, también pensarán que sus padres no son de gran ayuda y no generan confianza.

F. Cuando los padres se comunican efectivamente con sus hijos, les demuestran respeto.

G. Las relaciones entre padres e hijos mejoran mucho cuando existe una comunicación efectiva.

H. Además, estos niños se sienten más seguros de su posición en la familia y es posible que sean más cooperativos.

INSTRUCCIONES

Lea el texto y rellene los huecos (25-30) con la opción correcta (a / b / c).

Marque las opciones elegidas en la **Hoja de respuestas**.

Estimado Sr.:

Como ya tuve la oportunidad _____25_____ mencionarle por teléfono, tenemos la intención de ir a Madrid del 13 al 20 del mes que viene para presentar nuestra colección a _____26_____ está cordialmente invitado (recibirá la tarjeta de invitación uno de estos días).

Con motivo de este viaje, sería para mí de gran interés informarle personalmente de la línea de perfumería que hemos lanzado esta _____27_____. Si no ve ningún inconveniente, en principio podríamos _____28_____ una cita para el martes 14 en su oficina a las diez de la mañana.

Si le plantea algún problema o no le _____29_____ bien por algún motivo, podríamos aplazar la entrevista para cualquier otro día de la semana en cuestión. Para mí, no sería un problema. En ese caso, me gustaría que se lo _____30_____ a mi secretaria.

En espera de sus noticias, reciba un cordial saludo,

Rodolfo Hernández

OPCIONES

25.	a de	b para	c por
26.	a lo que	b el que	c la que
27.	a año	b temporada	c madrugada
28.	a concertar	b quedar	c pedir
29.	a está	b conviene	c viene
30.	a confirmado	b confirmará	c confirmara

PRUEBA DE COMPRENSIÓN AUDITIVA

La prueba de **Comprensión de auditiva** contiene <u>cinco tareas</u>.
Usted debe responder a 30 preguntas.
Duración: 40 minutos.
Marque sus opciones únicamente en la **Hoja de respuestas.**

Comprensión auditiva

Tarea 1

INSTRUCCIONES

Usted va a escuchar seis mensajes. Escuchará cada mensaje dos veces.

Después debe contestar a las preguntas (1-6). Seleccione la opción correcta (a / b / c).

Marque las opciones elegidas en la **Hoja de respuestas**.

Ahora tiene 30 segundos para leer las preguntas.

PREGUNTAS

Mensaje 1

1. Por la megafonía del aeropuerto, se informa de que...
   a por culpa de la lluvia algunos vuelos se han retrasado.
   b algunos vuelos han sufrido cambios.
   c todavía llueve y, por eso, se han cancelado los vuelos.

Mensaje 2

2. ¿Qué le ha pasado a Silvia?
   a Su padre está enfermo.
   b Su padre se ha recuperado.
   c Su padre se ha muerto.

Mensaje 3

3. ¿Por qué llama el hombre al restaurante?
   a Porque quiere hacer una reserva.
   b Porque quiere cambiar el día de la reserva.
   c Porque quiere cancelar la reserva.

Mensaje 4

4. Con la "Tarjeta Fidelidad" los clientes de la tienda tienen...
   a la posibilidad de tener descuentos en productos nuevos.
   b un regalo cada mes.
   c descuentos en todos los productos.

Mensaje 5

5. ¿Por qué llaman a la señora Ruiz?
   a Para ofrecerle un nuevo producto.
   b Para pedirle información personal.
   c Porque ha solicitado algo.

Mensaje 6

6. En este anuncio se dice que...
   a no se puede recorrer la isla en bicicleta.
   b ahora montar en bicicleta es más seguro.
   c para disfrutar del paisaje hay que ponerse casco.

INSTRUCCIONES

Usted va a escuchar un fragmento de un programa de radio, al que los oyentes llaman para contar sus experiencias. Escuchará la audición dos veces. Después debe contestar a las preguntas (7-12). Seleccione la respuesta correcta (a / b / c).

Marque las opciones elegidas en la **Hoja de respuestas**.

Ahora tiene 30 segundos para leer las preguntas.

PREGUNTAS

7. Según la grabación, Felipe decidió ir a estudiar a China porque...
   a la universidad en China era muy barata.
   b la universidad en China era muy buena.
   c la universidad en China era muy grande.

8. Para Felipe la cultura china es...
   a parecida a la suya.
   b un poco diferente, pero es fácil adaptarse a ella.
   c difícil de entender.

9. Felipe dice que lo que más le molestaba en China era...
   a tener que hacer cola para entrar en un restaurante.
   b tener que hablar un idioma diferente.
   c el humo de tabaco en los restaurantes.

10. Según la grabación, Felipe piensa que el sistema de clases en China...
    a es bastante divertido porque los estudiantes hablan mucho en clase.
    b permite participar mucho en clase.
    c es aburrido porque solo habla el profesor.

11. Según la grabación, Felipe...
    a se sintió triste cuando se despidió de sus compañeros de clase.
    b se aburría mucho con sus compañeros de clase.
    c no hacía nada con sus compañeros de clase.

12. Felipe cuenta en la audición que...
    a va a viajar a China otra vez pronto.
    b se arrepiente mucho de haber estudiado en China.
    c está contento de su decisión de haber estudiado en China.

INSTRUCCIONES

Usted va a escuchar en un programa radiofónico seis noticias. Escuchará el programa dos veces.

Después debe contestar a las preguntas (13-18). Seleccione la respuesta correcta (a / b / c).

Marque las opciones elegidas en la **Hoja de respuestas**.

Ahora tiene 30 segundos para leer las preguntas.

PREGUNTAS

Noticia 1

13. Según la noticia,...
   a Colombia es el país más húmedo del mundo.
   b en Colombia hay una montaña en la costa que tiene nieve.
   c Colombia es el país que más café produce en el mundo.

Noticia 2

14. La noticia dice que...
   a en Chile hay un desierto donde nunca ha llovido.
   b en la ciudad de Santiago el cielo siempre está despejado.
   c Chile es un país montañoso.

Noticia 3

15. Según la noticia,...
   a Ciudad de México tiene más habitantes que Tokio.
   b en la ciudad de Ciudad de México hay mucha polución.
   c México es un país limpio.

Noticia 4

16. La noticia sobre Panamá dice que...
   a se puede ver salir el sol en la costa del océano Pacífico.
   b el famoso sombrero Panamá no se inventó en Panamá.
   c El Canal de Panamá no ha sido bueno para la economía.

Noticia 5

17. En esta noticia sobre Perú se dice que...
   a en Perú hay una ciudad que se llama La Rinconada y está en La Paz.
   b Perú tiene la ciudad más alta del mundo.
   c la capital de Perú es la más alta del mundo.

Noticia 6

18. En la noticia se dice que Argentina...
   a tiene la avenida más estrecha del mundo.
   b tiene una avenida de 140 metros.
   c tiene la avenida más larga del mundo.

INSTRUCCIONES

Usted va a escuchar a seis estudiantes que hablan sobre su experiencia de estudiar como becario en el extranjero. Escuchará a cada persona dos veces. Seleccione el enunciado (A-J) que corresponde al tema del que habla cada persona (19-24). Hay diez enunciados incluido el ejemplo. Seleccione solamente seis.

Marque las opciones elegidas en la **Hoja de respuestas**.

Ahora escuche el ejemplo:

Persona 0

La opción correcta es el enunciado F.

Ahora tiene 20 segundos para leer los enunciados.

ENUNCIADOS

A.	Logró un desarrollo personal pero no académico.	F.	Estudió en un lugar que tiene un valor histórico muy elevado.
B.	Además de las clases en el aula, había más programación fuera del aula.	G.	Muestra una actitud optimista en cuanto a un ambiente muy diferente al suyo.
C.	Piensa que es importante aprender de otras sociedades.	H.	Pudo aprender a sobrevivir en situaciones difíciles.
D.	Tiene un consejero, pero que no hace nada.	I.	Pudo asistir a cursillos que ofrecía la universidad sin cargo.
E.	Tenía que pagar mucho por actividades extras.	J.	Los residentes de la ciudad donde vive son atentos.

OPCIONES

	PERSONA	ENUNCIADO
0.	Persona 0	F
19.	Persona 1	
20.	Persona 2	
21.	Persona 3	
22.	Persona 4	
23.	Persona 5	
24.	Persona 6	

INSTRUCCIONES

Usted va a escuchar una conversación entre dos personas, una señora y un empleado de una oficina.

Indique si los enunciados (25-30) se refieren a la señora (A), al empleado (B) o a ninguno de los dos (C). Escuchará la conversación dos veces.

Marque las opciones elegidas en la **Hoja de respuestas**.

Ahora tiene 25 segundos para leer los enunciados.

		A SEÑORA	B EMPLEADO	C NINGUNO DE LOS DOS
0.	Ha llegado al lugar sin intención.	✓	☐	☐
25.	Se encuentra en la primera planta.	☐	☐	☐
26.	Siente mucha inquietud.	☐	☐	☐
27.	No le había sucedido algo así antes.	☐	☐	☐
28.	Proporciona un documento.	☐	☐	☐
29.	Va a asistir a una cita.	☐	☐	☐
30.	Muestra una actitud muy optimista.	☐	☐	☐

PRUEBA DE EXPRESIÓN E INTERACCIÓN ESCRITAS

La prueba de **Expresión e interacción escritas** contiene <u>dos tareas</u>.

Duración: 60 minutos.

Haga sus tareas únicamente en la **Hoja de respuestas.**

Expresión e interacción escritas

INSTRUCCIONES

Usted ha recibido un correo electrónico de un amigo:

¡Hola! ¿Qué tal todo? Recibí tu correo pidiéndome ayuda para preparar una fiesta de bienvenida para tus amigos que vienen a España a visitarte. Ya falta poco para que lleguen, ¿no? No sé muy bien en qué tipo de fiesta has pensado, así que explícame un poco mejor para ver qué podemos hacer y planearlo bien.

Si quieres, podemos vernos un día de esta semana y así concretamos los detalles. Bueno, ya me dirás.

Hasta pronto,

Álvaro

Escriba un correo electrónico a Álvaro. En el deberá:

- saludar;
- indicar cuándo llegan sus amigos;
- explicar qué personas quiere que asistan a la fiesta;
- decir dónde le gustaría celebrar la fiesta;
- describir cómo son sus amigos y qué cosas cree que les gustaría en la fiesta;
- despedirse.

Número de palabras: entre 100 y 120.

소요 시간: _____

단어 수: _____

INSTRUCCIONES

Elija solo una de las dos opciones que se le ofrecen a continuación:

OPCIÓN 1

Lea el siguiente mensaje publicado en un foro donde se habla de adelgazar:

Yo opino que la mejor manera de adelgazar es sin duda hacer ejercicio, pero ahora en verano es imposible salir al parque a correr. Con el calor que hace, si sales te desmayas. Luego está el gimnasio, pero son 50 euros al mes. Yo lo que voy a hacer es adelgazar haciendo dieta. Así me ahorro dinero en comida y en gimnasio.

Escriba un comentario para enviar al foro en el que cuente:

- cuál cree que es la mejor manera de adelgazar;
- qué hace usted para adelgazar;
- qué piensa de hacer dieta;
- qué tipo de dietas conoce;
- qué experiencias tiene haciendo dieta.

Número de palabras: entre 130 y 150.

OPCIÓN 2

Lea el siguiente mensaje que aparece en la página web del barrio donde vive:

FESTIVAL DE VECINOS

Queridos vecinos, invitamos a todos los que lo deseen a participar en el foro de la página web de nuestro barrio. El próximo mes celebraremos nuestro festival y queremos mejorarlo. Por eso os animamos a participar opinando sobre el festival del año pasado y comentando qué actividades os gustaría que se programaran en el próximo festival de nuestro barrio.

Redacte un texto para enviar al foro en el que deberá:

- presentarse;
- decir qué le pareció el festival del año pasado y a qué actividades asistió;
- explicar qué actividades del festival del año pasado le gustaron más y cuáles menos y por qué;
- proponer varias actividades para el próximo festival.

Número de palabras: entre 130 y 150.

소요 시간: _____

단어 수: _____

PRUEBA DE EXPRESIÓN E INTERACCIÓN ORALES

La prueba de **Expresión e interacción orales** contiene cuatro tareas.
Tiene 15 minutos para preparar las Tareas 1 y 2. Usted puede tomar
notas y escribir un esquema de su exposición que podrá consultar
durante el examen; en ningún caso podrá limitarse a leer el esquema.

Expresión e interacción orales

INSTRUCCIONES

Le proponemos dos temas con algunas indicaciones para preparar una exposición oral. Elija uno de ellos.

Tendrá que hablar durante **2 o 3 minutos** sobre el tema elegido. El entrevistador no intervendrá en esta parte de la prueba.

TEMA: Las vacaciones de verano en su infancia.

Incluya información sobre:
- en qué época son las vacaciones de verano en los colegios de su país y cuánto duran;
- qué suelen hacer los niños durante esas vacaciones;
- qué solía hacer usted durante esas vacaciones, con quién las pasaba, dónde las pasaba y por qué le gustaban o por qué no le gustaban;
- alguna anécdota o aventura divertida durante esas vacaciones.

No olvide:
- diferenciar las partes de su exposición: introducción, desarrollo y conclusión final;
- ordenar y relacionar bien las ideas;
- justificar sus opiniones y sentimientos.

실전과 동일하게 지령과 예상 질문을 읽으며 약 **15분**간 준비 용지의 공란에 사전 준비해 보세요.

이제 준비한 내용을 **2~3분**간 발표해 봅니다. 말하는 내용을 녹음하여 모범 답안과 비교, 문제점을 진단할 수 있도록 합니다. 실제 시험까지 반복적으로 훈련하세요.

INSTRUCCIONES

Cuando haya terminado su exposición (**Tarea 1**), usted deberá mantener una conversación con el entrevistador sobre el mismo tema durante **3 o 4 minutos**.

EJEMPLOS DE PREGUNTAS DEL ENTREVISTADOR:

• En su infancia, ¿solía viajar? ¿Dónde?

• De las cosas que solía hacer en las vacaciones, ¿qué era lo que más le gustaba? ¿Por qué?

• ¿Cree usted que las vacaciones de verano de los niños son iguales ahora que antes? ¿Por qué?

실제 시험 훈련

🔊 예상 질문에 따라 알맞은 답변을 떠올리며 실전과 동일하게 발표해 보세요.

Q En su infancia, ¿solía viajar? ¿Dónde?

A

Q De las cosas que solía hacer en las vacaciones, ¿qué era lo que más le gustaba?
¿Por qué?

A

Q ¿Cree usted que las vacaciones de verano de los niños son iguales ahora que
antes? ¿Por qué?

A

INSTRUCCIONES

Le proponemos dos fotografías para esta tarea. Elija una de ellas y obsérvela con detalle.

EJEMPLO DE FOTOGRAFÍA:

Describa con detalle, durante 1 o 2 minutos, lo que ve en la foto y lo que imagina que está ocurriendo.

Estos son algunos aspectos que puede comentar:

• Las personas: dónde están, cómo son, qué hacen.

• El lugar en el que se encuentran: cómo es.

• Los objetos: qué objetos hay, dónde están, cómo son.

• Qué relación cree que existe entre estas personas.

• ¿De qué cree que están hablando?

Posteriormente, el entrevistador le hará algunas preguntas.

La duración total de esta tarea es de **2 a 3 minutos**.

EJEMPLOS DE PREGUNTAS DEL ENTREVISTADOR:

• ¿Ha estado usted en algún lugar parecido al de la imagen? / ¿Conoce usted algún lugar parecido al de la imagen?

• ¿Cómo es? ¿A qué suelen ir las personas a ese lugar? ¿Qué tipo de productos compran?

• ¿Necesita comprar algún electrodoméstico o alguna otra cosa? ¿Por qué? / ¿Por qué no?

• ¿A qué tipo de tiendas suele ir habitualmente usted?

🔊 사진을 보며 **2분간** 실전과 동일하게 발표해 보세요. 말하는 내용을 녹음하여 모범 답안과 비교, 문제점을 진단할 수 있도록 합니다. 실제 시험까지 반복적으로 훈련하세요.

이어서 예상 질문들을 하나씩 읽으며, 알맞은 답변을 떠올려 발표해 보세요.

감독관　　¿Ha estado usted en algún lugar parecido al de la imagen?

　　　　　　　　　　　　　　　　　　　　　　　　　　　　　　　응시자

감독관　　¿Cómo es?

　　　　　　　　　　　　　　　　　　　　　　　　　　　　　　　응시자

감독관　　¿A qué suelen ir las personas a ese lugar?

　　　　　　　　　　　　　　　　　　　　　　　　　　　　　　　응시자

감독관　　¿Qué tipo de productos compran?

　　　　　　　　　　　　　　　　　　　　　　　　　　　　　　　응시자

감독관　　¿Necesita comprar algún electrodoméstico o alguna otra cosa? ¿Por qué? / ¿Por qué no?

　　　　　　　　　　　　　　　　　　　　　　　　　　　　　　　응시자

감독관　　¿A qué tipo de tiendas suele ir habitualmente usted?

　　　　　　　　　　　　　　　　　　　　　　　　　　　　　　　응시자

INSTRUCCIONES

Usted debe dialogar con el entrevistador en una situación simulada durante dos o tres minutos.

EJEMPLO DE SITUACIÓN:

Su amigo le ha regalado una tableta y le ha dicho que, si no le gusta, puede ir a la tienda a cambiarla por otro aparato electrónico de igual o inferior valor. Usted decide ir a la tienda para pedir que se la cambien por otro aparato.

Imagine que el entrevistador es el empleado de la tienda de electrónica. Hable con él siguiendo estas indicaciones:

Durante la conversación con el empleado de la tienda de electrónica usted debe:

- decir por qué ha ido a la tienda;
- explicar cuándo compró su amigo la tableta y por qué quiere cambiarla;
- pedir que se la cambie por otro aparato electrónico;
- agradecer la ayuda.

실제 시험 훈련

감독관   Hola, buenos días. ¿Cómo le puedo ayudar?

응시자

감독관   ¿Su amigo compró un artículo en esta tienda?

응시자

감독관   A ver. Sí, ya veo. ¿Y usted quiere devolverla?

응시자

감독관   ¡Ah vale! ¡Perfecto! Usted me dice lo que quiere ver y se lo muestro.

응시자

감독관 Lamentablemente, no. No trabajamos con ese tipo de artículo.

응시자 ....

감독관 ¡Hombre, claro que sí! Sígame. Mire, aquí tenemos las novedades y, a partir de aquí, los modelos más antiguos. En esta sección se encuentran las ofertas.

응시자 ....

감독관 ¿Ve alguna que le guste?

응시자 ....

감독관 Sí, 10 euros más cara. ¿Cómo va a pagar los 10 euros? ¿Con tarjeta?

응시자 ....

감독관 Hay muchas cosas que hacer, muchas rutas para hacer senderismo. También hay un lago muy bonito y, si hace buen tiempo, se pueden bañar. Lleven traje de baño, por si acaso. Por la zona, también hay lugares donde alquilan bicicletas.

응시자 ....

감독관 Muchas gracias. Aquí tiene la cámara y el ticket de compra. Si quiere cambiarla o devolverla, solo necesita venir aquí con el ticket y la cámara. El plazo de devolución es de un mes.

응시자 ....

감독관 A usted. ¡Que tenga un buen día!

PRUEBA DE COMPRENSIÓN DE LECTURA

Comprensión de lectura

Tarea 1

☐1 해석

지령

당신은 본인이 읽어야 할 책에 대해 말하는 여섯 사람의 텍스트와, 열 개의 책 소개 텍스트를 읽을 것입니다. (1번부터 6번까지) 사람에 (A부터 J까지) 텍스트를 서로 연결시키십시오.

연결이 되지 않는 텍스트가 3개 있습니다.

선택한 보기를 **답안지**에 표기하세요.

	사람	텍스트
0.	리따	D
1.	하비에르	
2.	에릭	
3.	아론	

	사람	텍스트
4.	마라	
5.	라미로	
6.	발레리아	

0. 리따	나는 학교의 축구팀에 들어가고 싶어하는 내 조카 엔리께에게 책을 한 권 선물하고 싶다. 나의 언니 쎄씰리아는 내년에 선수 선발 과정이 있을 것이며, 엔리께는 올 한 해를 훈련하는 데 최대한 전념할 것이라고 말했다.
1. 하비에르	내가 찾는 것은 운동하는 것뿐만 아니라 내가 섭취하는 영양소를 조절하면서 몸의 상태를 개선할 수 있는 책이다. 그것이 바로 건강을 유지하고, 운동을 하며, 음식을 조절하기 위한 하나의 완전한 방식이라고 생각한다.
2. 에릭	나에게는 나처럼 철인 3종 경기 선수를 꿈꾸는 사촌이 있다. 내가 그 사촌을 일 년 안에 우리 도시에서 열릴 대회를 위해 훈련시킬 것이다. 내가 누군가를 훈련시키는 것은 처음이므로, 훈련 계획을 짤 수 있는 좋은 참고서가 필요하다.
3. 아론	나는 현재 수영 강습에 다니며 다음 주에는 테니스 수업을 새로 시작한다. 나를 관리하며 완벽한 신체 조건을 유지하는 데에 관심이 있기 때문에 나는 운동을 한다. 그러므로 훈련을 시작하기에 앞서 어떻게 하면 스스로 더 잘 준비할 수 있는지 읽어 보고 싶다.
4. 마라	나는 아이들과 청소년들을 위한 여름 스포츠 캠프에서 지도 강사로 일한다. 올해 나는 참가자들이 즐겁게 놀며 즐길 수 있기를 희망한다. 체육 시간을 매우 재미있게 만들기 위한 다양한 방법에 대해 알고 싶다.
5. 라미로	내가 사는 거리에 헬스클럽이 새로 생겼다. 오전에 운동을 하기 위해 등록하길 원한다. 이번에는 웨이트 트레이닝을 하고 싶지만 나는 초보자이므로 어떻게 하는지 잘은 모른다. 인터넷에서 동영상을 봤지만, 나는 근육을 키울 수 있는 운동이 어떤 것인지 알고 싶다.
6. 발레리아	나는 몇 달 안에 친구들과 함께 젊은 달리기 선수들을 위한 국내 달리기 경주에 참가할 것이다. 몇 명의 친구들은 이미 경험이 있지만 나는 그렇지 않다. 그래서 내 스스로 훈련을 준비하는 게 좋을 것 같다.

	체육, 훈련, 운동 그리고 건강에 대한 최고의 책들
A	**워밍업 과정** 이 책의 목적은 올바른 워밍업 과정의 이점을 알리며 체육 활동 시간의 구조 개선을 돕는 것이다. 이 책은 1,000개의 훈련 카드와 워밍업 게임을 포함하고 있다. 스페인 왕립 육상 연맹이 권장함.
B	**훈련의 과학** 이 책은 운동 경기를 위한 훈련 관련 책으로, 특히 고강도 운동, 청소년들의 운동 그리고 주로 건강을 유지하기 위한 형식의 여가 시간 운동 분야에 대해 다룬다. 힘과 속도를 개선할 수 있는 기능 운동을 포함한다.
C	**순환 운동** 이 책에서는 기본적인 운동 기량을 훈련하기 위해 설계되어 지도하는 순환 운동의 조합을 소개한다. 이 책은 신체의 다양한 부분과 유연성, 지구력, 또는 체력과 같은 신체 특성을 훈련하는 것에 초점을 맞춘 1,088가지 운동을 소개한다.
D	**훈련하는 축구** 이 책은 19세 미만의 아이들이 훈련할 수 있는 일 년짜리 프로그램을 전개한다. 또한, 이 책은 모든 시기에 활용할 수 있는 완벽한 체력 단련 과정을 포함한다.
E	**운동 효율의 분석** 신체의 생화학 제어가 어떻게 그리고 왜 이루어지는지에 대한 완벽한 이미지를 소개하는 책. 이 책은 과학자, 연구가, 고난이도 트레이너들을 위한 아주 중요한 참조이다. 멕시코 국립자치대학교가 보증함.
F	**전반적인 운동 훈련** 이 저작품은 각 운동선수마다 에너지 소비에 대한 정보를 활용하여 신체 지구력 훈련을 계획하기 위해 필요한 개념을 다룬다. 이 책은 개별화된 생물 에너지학적인 계획을 설계하기 위한 단계를 정할 수 있는 CD-ROM을 포함한다.
G	**운동선수의 건강** 이 책에서는 온전한 건강을 유지하는 데 도움을 주는 정보가 소개된다. 저자는 당신의 건강을 최고의 컨디션으로 유지하기 위한 완전한 운동 가이드와 더불어 균형 잡힌 식단을 위한 기본적인 규칙을 함께 제공한다. 당신만의 필요성에 따라 스스로 자신만의 계획을 세우거나 훈련 프로그램을 만들 수 있도록 하기 위한 책이다.
H	**쉬운 철인 3종 경기** 이 책은 30주의 구체 훈련 계획 3개를 소개한다. 선수는 자신의 시간을 배분하여 본인에게 가장 맞는 구체 훈련 계획을 선택하는 것을 배울 것이다.
I	**초보자를 위한 마라톤 훈련** 이 책에서 소개하는 훈련 프로그램을 차근차근 따른다면, 16주 내로 당신의 첫 번째 마라톤을 뛸 수 있는 준비가 될 것이다. 이 참고서는 '리오 델 라 쁠라따 중앙대학'에서 저자들이 성공적으로 가르치고 있는 수업 과정을 기반으로 하는데 이는 체육 훈련과 장거리 달리기의 심리적 관점을 통합하는 내용이다.
J	**모두를 위한 놀이들** 놀이는 체육 수업이 더 즐겁고 다양하게 되는 데에 기여를 한다. 책에는 각각 놀이의 목적에 대한 상세한 묘사를 삽화와 함께 소개하는데, 바로 그것이 여러 책들 가운데 이 책을 빠르게 선택할 수 있게 한다.

formar parte de	~의 일부를 이루다	entrenar	훈련하다, 양성하다, 단련하다
referencia	f. 언급, 보고, 보고서, 참고 문헌	condición física	f. 몸의 상태
regular	규칙적인, 일정한, 정기의, 보통의 / 조절하다, 조정하다	nutriente	m. 영양소 / 영양을 주는
triatleta	m.f. 철인 3종 경기 선수	manual	m. 참고서 / 손을 사용한
entrenamiento	m. 훈련, 트레이닝, 연습	monitor	m.f. 코치, 지도자, 강사 m. 모니터 장치
entretenido	즐거운	sesión	f. 회의, 상영(= f. función), 모임, 일의 시간
actividad física	f. 체육 활동	pesa	f. (시계의) 추, (운동) 바벨
principiante	m.f. 시작하는 사람, 초보자 / 시작하는, 견습의	músculo	m. 근육
educación física	f. 체육	fase	f. 측면, 관점, 단계, 상태
calentamiento	m. 가열, 워밍업	dar a conocer	알리다, 공표하다
beneficio	m. 이익, 선행, 효용	estructura	f. 구조, 조직, 기구, 구성, 체계
ficha	f. 기록, 카드, 코인, 칩, 토큰	federación	f. 연방, 연합, 연맹
atletismo	m. 운동(육상) 경기, 체육	ámbito	m. 구역, 구내, 지역, 분야, 영역
rendimiento	m. 수익, 효율, 생산성	fuerza	f. 힘, 기운, 활력, 군, 부대
velocidad	f. 속도, 속력	circuito	m. 서킷, 순회 경기, 주변, 순환, 망
conjunto	m. 집합, 집단 / 결합된, 연대의, 관계가 있는	orientado	지향하는
concreto	m. 콘크리트 / 구체적인	enfocado	초점이 맞은, 주의를 집중하는
cualidad	f. 특징, 특성, 품질, 장점, 강점	flexibilidad	f 유연힘, 유연성
resistencia	f. 저항, 반항, 저항력, 지구력, 강도	anual	매년의, 한 해의
bioquímico	m.f 생회학자 / 생화학의	avalado	보증하는
planificar	계획을 세우다, 계획하다	plano	m. 평면, 면, 도면, 지도, 측면 / 반반한, 납작한
bioenergético	m.f. 생물에너지학자 / 생물에너지의	individualizado	개별화된
regla	f. 규정, 규칙 (= f. norma, m. reglamento)	óptimo	극히 좋은, 최상의
elaborar	가공하다, 제조하다	específico	특정의, 상세한
triatlón	m. 철인 3종 경기	atleta	m.f. 운동 선수, 경기자
distribuir	분배하다, 배열하다, 유통하다	impartir	나누어 주다, 가르치다
fondo	m. 바닥, 깊이, 제일 깊숙한 곳, 자금, 자본, 인쇄물, 배경	contribuir	기여하다, 공헌하다
ilustración	f. 삽화, 도해, 설명, 해설, 지식	detallado	자세한, 치밀한
finalidad	f. 목적, 의도	facilitar	용이하게 하다, 공급하다, 가능하게 하다
elección	f. 선택, 선출, 선거		

0. 리따	축구팀 가입을 원하는 조카를 위한 책을 원하므로 정답은 **D**. 19세 미만 학생들의 훈련을 돕는 책이면서 'programación anual 일 년짜리 프로그램'이므로, 내년 선수 선발을 앞두고 한 해 동안 훈련에 전념하려는 엔리께에게 적절하다.
1. 하비에르	본인의 몸 상태를 개선하는 것뿐만 아니라 영양소 조절 및 몸의 상태를 개선하고 싶다고 언급했으므로 정답은 **G**. 이 책에서는 'salud integral 온전한 건강'에 대해 다루고 있다고 하였다. 또한 'El autor proporciona una completa guía de ejercicios físicos, junto con reglas básicas para una dieta equilibrada para mantener su salud en óptimas condiciones. 저자는 당신의 건강을 최고의 컨디션으로 유지하기 위한 운동 가이드와 더불어 균형 잡힌 식단을 위한 기본적인 규칙을 함께 제공합니다.'에 따르면 균형 잡힌 식습관에 도움을 주는 책임을 알 수 있다.
2. 에릭	자신은 'triatleta 철인 3종 경기 선수'이자 사촌 한 명을 본인과 같은 선수로 훈련시킬 계획이라고 하였다. 특정 종목을 언급했기에 비교적 쉽게 정답을 선택할 수 있다. 철인 3종 경기를 다루는 책은 **H**가 유일하다. 30주의 구체 훈련 계획 3개를 소개한다고 설명하였다. 그러므로 정답은 **H**.
3. 아론	수영 강습에 참가하고 있는데 테니스 수업도 시작할 예정이다. 다양한 운동을 하는 이유는 몸의 건강을 유지하기 위해서라고 하므로 가장 적절한 책은 **B**이다. 중요한 단서는 'deporte de tiempo libre, principalmente bajo la forma del deporte para el mantenimiento de la salud' 즉, 건강을 유지하기 위한 '여가 시간 운동' 분야에 대해 다룬다는 점이다.
4. 마라	본인이 지도하는 여름 캠프에서 참가자들이 즐겁게 놀며 즐기길 바란다고 말한다. 가장 중요한 단서는 'disfrutar jugando y divirtiéndose mucho'이며, 이와 부합하는 보기는 바로 **J**이다. 체육 수업이 더 재미있고 다양할 수 있도록 'juego 놀이, 게임'을 통해 접근한다는 맥락이다.
5. 라미로	새로 생긴 헬스클럽에서 근육을 키울 수 있는 웨이트 트레이닝을 하고 싶다고 말한다. 시설을 갖춘 실내에서 운동 기구를 이용하는 훈련에 대해 소개한 책은 바로 **C**. 이 책에는 신체의 다양한 부분을 운동할 수 있는 아주 많은 운동법이 소개된다고 한다. '순환 운동'은 헬스클럽에서 여러 가지 기구를 이용해서 진행하는 운동이다.
6. 발레리아	몇 달 내로 친구들과 함께 경주 대회에 참가할 예정이며, 친구들은 이미 참여 경험이 있는데 자신은 그렇지 않으므로 혼자서 훈련을 하겠다고 밝혔다. 달리기 경주를 위한 훈련을 다루는 책은 **I**가 유일하다. 초보자들을 위한 마라톤 훈련에 대한 책으로, 이 책을 통해 16주의 훈련과정을 준비할 수 있는 프로그램이라 소개하고 있다. 명사 maratón을 확인해야 하며, 마지막 문장의 'deportes de fondo'이 장거리 달리기를 의미한다.

지령

당신은 병에 있어서 우리의 태도에 대한 텍스트를 읽을 것입니다. 이어서, (7번부터 12번까지) 질문에 답하세요. (A, B 또는 C) 정답을 선택하세요.

선택한 보기를 **답안지**에 표기하세요.

질병으로부터 배우기

우리의 몸은 항상 변화하고, 환경에 적응하며, 난관을 극복하고 있다. 어느 때에는 몸의 기능이 조화로우며 이때 우리는 건강함에 대해 말하지만, 다른 때에는 어떤 증상이 신체 기능의 이상이 생겼다는 것을 알려 주며 그때 우리가 '질병'이라 부르는 것이 등장한다.

병든 것과 건강한 것을 정의하기란 보는 만큼 쉽지 않고, 두 상황의 경계는 가끔 애매모호하다. 그 결과, 질병 앞에 다양한 태도들이 존재하며 병의 심각성은 그 병을 겪는 사람마다 동등한 느낌으로 오지 않는 것이다. 작은 불편함이 마치 견딜 수 없는 무언가로 느껴질 수 있거나 반대로 심각한 상황이 어느 정도 평온에 그칠 수 있는 것이다. 그렇기에 이런 경우에 우리의 태도가 중요한 것이다. 그 누구도 질병의 발병을 원하지 않지만, 나중에 돌이켜 보면 그것이 유용한 경험일 수 있다.

병에 걸린 사람은 두려움이 있으며 허약하다. 신체적 또는 정신적 고통은 빈번한 편이며, 그렇기 때문에 모든 일에 대한 우리의 관점을 바꾸어 놓고, 평소 삶의 흐름에서 '멀어진' 듯 느껴지게 만든다. 다시 말해 신체 기능에 대해 인식하지 않는 것이 건강함인데, 고통이라는 것은 그 반대를 가정하므로 일상의 업무를 실행할 에너지를 빼앗으며, 특히 우리가 슬플 때 인생에 대한 열린 태도나 건설적인 태도를 갖지 않는다면 기운이 빠지게 만든다.

우리는 우리의 신체가 기계보다 훨씬 더 우수하며, 스스로 회복하는 능력과 또한 가장 불리한 환경에서도 본래의 완전함을 유지하며 스스로 적응하는 능력이 있다는 것을 알고 있다. 하지만 많은 사람들은 신체를 자신의 자동차와 같이 여겨서 본래 해야 할 만큼의 기능을 못할 때에만 정비소에 가져간다. 그런 관점에서의 질병이란 운이 나빴던 문제이고, 병이 들 운명이라면 그것을 피하기 위해서 할 수 있는 건 없다는 것이다. 그런 사람들에게 있어 질병은 그저 유전적이고 피할 수 없는 것밖에 되지 않을 것이다. 병에 걸린 경우에, 더 적절한 것은 바로 왜 발병하는지 우리 스스로에게 묻는 것이며, 그렇게 한다면 삶에 대한 우리의 태도가 바로 질병을 일으키는 가장 중요한 원인이라는 것을 깨닫게 될 것이다.

같은 방식으로 욕심, 의욕, 시기심 등과 같은 심리적으로 부정적인 태도는 결국 건강을 해칠 수 있다. 그러므로 이러한 성향을 저지하는 긍정적인 감정을 길러야 마땅할 것이다. 어느 정도 책임감을 갖고 우리의 삶을 주도하는 건 늘 옳다. 하지만 그렇다고 도를 넘어서도 안 된다. 건강 유지에 있어서 개인의 영향을 무시하는 자세와 모든 것을 스스로에게 탓하는 것 사이에는 큰 차이가 있다.

문제

7. 텍스트에 따르면, 건강한 사람은 ...

   a 난관을 극복할 수 있다.

   b 안 좋은 증상을 나타내 보인다.

   c 신체 기능의 이상이 있다.

8. 글쓴이에 따르면, 질병은 ...

   a 침착하게 받아들여야 한다.

   b 비슷한 효과를 만들어 낸다.

   c 긍정적인 관점을 가질 수 있다.

9. 고통은 ... 만들 수 있다.

   a 삶에 대한 다른 관점을 갖게

   b 일상의 활동에서 더 많이 집중할 수 있게

   c 더 현명할 수 있게

10. 글쓴이에 따르면, 아픈 사람이 느끼는 피로는 ...의 원인으로 더 커질 수 있다.

    a 나약함

    b 두려움

    c 슬픔

11. 기계나 자동차가 할 수 없는 것은 ...이다.

    a 더 빨리 속도 내기

    b 꺼지기

    c 길들여지기

12. 글쓴이에 따르면, 질병의 발병에 있어서 가장 중요한 것은 우리의 ...이다.

    a 태도

    b 운

    c 유전자

organismo	m. 유기체, 생물, 인체, 생체	adaptarse	~에 적응하다, 순응하다
superar	능가하다, 극복하다, 뛰어넘다, 초과하다	función	f. 기능, 직무, 상연
armónico	조화의, 조화로운	síntoma	m. 증상, 증세, 징조
alterar	바꾸다, 변경하다, 혼란하게 하다, 교란시키다, 어지럽히다	definir	정의하다, 분명히 하다
patológico	병적인, 병리학의	impreciso	정확하지 않은, 막연한
gravedad	f. 중력, 큼, 중대함, 심각함	equivalente	m. 동등한 것 / 동등한, 같은 가치의, 등가의
sufrir	(질병, 고통, 슬픔, 결핍 등에) 시달리다, 고통 받다	molestia	f. 폐, 불편함
insoportable	참을 수 없는, 불편한	inversamente	반대로, 거꾸로, 역으로
relativo	관계 있는, 상대적인	posterioridad	f. 뒤임, 다음임, 후천성
débil	m.f. 약자 / 약한, 심약한, 희미한	moral	f. 도덕, 윤리, 활기, 활력 / 도덕의, 마음의, 정신의
perspectiva	f. 조망, 전망, 견해, 관점	notar	알아차리다, 인식하다
funcionamiento	m. 기능, 작동, 영업	sinónimo	m. 비슷한 말, 유의어 / 비슷한 말의
acometer	격렬하게 습격하다, 갑자기 닥치다, 실행하기 시작하다	tarea	f. 일, 업무, 숙제
agotado	지친, 고갈된, 바닥난, 절판의	constructivo	건설적인
adverso	반대의, 거역하는, 불운한	conservar	보존하다, 보관하다
integridad	f. 완전, 본래의 모습, 성실, 청렴	equiparar	비교하다, 대등하게 하다
visión	f. 시야, 시각, 시력, 관점, 환상	genético	m.f. 유전학자, f. 유전학 / 유전의, 유전자의
inevitable	피할 수 없는, 면하기 어려운	interrogar	질문하다, 신문하나
postura	f. 자세, 포즈, 태도	provocar	선동하다, 자극하다, 초래하다, 일으키다, 생기게 하다
avaricia	f. 탐욕, 욕심, 과욕	ambición	f. 큰 뜻, 야심, 야망, 의욕
celo	m. 열심, 열중, 질투, 질투심	perturbar	어지럽히다, 교란시키다, 방해하다
contrarrestar	모순되다, 방해되다, 저지하다	tendencia	f. 경향, 성향, 추세
asumir	(책임이나 임무 등을) 지다, 맡다, 획득하다, 얻다	rienda	f. 고삐, 제어
desentenderse	모르는 척하다, 관여하지 않다	implicación	f. 영향, 관련, 포함, 함축, 내포, 연루, 연좌
culpabilizar	나무라다, 비난하다, 책망하다	margen	m.f. 가장자리, (책의) 여백, 여지, 마진, 이익금
alteración	f. 변경, 우려, 혼란, 논쟁	sensato	분별 있는, 신중한, 현명한
debilidad	f. 약함, 장애, 약점	acelerar	가속하다, 속도를 올리다
aparición	f. 출현, 등장		

7.	사람들이 건강할 땐 보통 어떤 상태인지 질문한다. 첫 번째 문단의 첫 문장에서 정답을 확인할 수 있는데, 'Nuestro organismo está siempre cambiando, adaptándose a las circunstancias, superando las dificultades. 우리의 몸은 항상 변화하고, 환경에 적응하며, 난관을 극복하고 있다.'라고 말한다. 따라서 정답은 보기 **a**. 보기에 등장한 'Ser capaz de'를 '~을(를) 할 수 있다'로 해석할 수 있어야 한다. 보기 b와 c는 모두 'enfermedad 질병'이 있는 상태에 해당하므로 오답이다.
8.	두 번째 문단부터 질병이 있어도 마치 건강한 듯한 상태를 유지하기도 하는 등 사람마다 질병에 있어서 다양한 태도를 갖는 현상을 설명한다. 질병의 심각성이 환자에 따라 같은 느낌으로 다가오지 않는다고 언급하므로 보기 b는 오답이다. 'pequeñas molestias pueden vivirse como algo insoportable, inversamente situaciones graves con relativa calma'의 '~하거나 또는 반대로 ~하다' 구조에 따라 사람마다 받아들이는 태도가 다르기 때문에 '작은 불편함이 마치 견딜 수 없는 무언가로 느껴질 수 있거나 반대로 심각한 상황이 어느 정도 평온에 그칠 수 있는 것이다.'와 같은 상황이 벌어진다고 언급하였는데, 보기 a는 '~을(를) 해야 한다'의 'hay que...' 문형 때문에 의미가 왜곡되어 오답이 된다. 결정적인 단서는 마지막 'Nadie quiere su presencia, pero con posterioridad puede ser una experiencia útil.'이다. 병을 원하는 이는 없으나 유용한 경험은 될 수 있다는 것이다. 그러므로 정답은 **c**.
9.	3문단부터는 사람이 병에 걸리면 어떤 삶의 변화를 느끼는지 본격적으로 전개한다. 질문에서 'dolor 고통'이 어떤 결과를 낳는지 묻고 있으며 이에 답변이 될 수 있는 문장은 'El dolor, físico o moral, suele ser frecuente y por eso cambia nuestra perspectiva de las cosas y nos sentimos "fuera" del curso habitual de la vida. 신체적 또는 정신적 고통은 빈번한 편이며, 그렇기 때문에 모든 일에 대한 우리의 관점을 바꾸어 놓고, 평소 삶의 흐름에서 '멀어진' 듯 느껴지게 만든다.'이다. 그러므로 정답은 보기 **a**. puntos de vista와 perspectiva 는 모두 '관점, 견해'를 의미한다.
10.	아픈 사람이 느끼는 피로감이 어떤 원인으로 더 커지는지 파악해야 한다. 핵심은 'hace sentirnos agotados sobre todo si estamos tristes y no tenemos una actitud abierta y constructiva ante la vida. 특히 우리가 슬플 때 및 인생에 대한 열린 태도나 건설적인 태도를 갖지 않는다면 기운이 빠지게 만든다.' 부분으로, 형용사 agotado는 'cansado 피곤한, 지친'의 동의어이다. 그러므로 정답은 **c**.
11.	자기 몸을 기계나 자동차처럼 취급하는 사람들의 태도에 대해 말하는 4문단 부분에 집중해야 한다. 4문단 첫 문장에 따르면 'Sabemos que nuestro organismo es mucho más que una máquina y tiene la capacidad de repararse a sí mismo y también de adaptarse a las circunstancias más adversas, conservando su integridad. 우리는 우리의 신체가 기계보다 훨씬 더 우수하며, 스스로 회복하는 능력과 또한 가장 불리한 환경에서도 본래의 완전함을 유지하며 스스로 적응하는 능력이 있다는 것을 알고 있다.'라고 하였으므로 우리의 몸은 매우 불리한 상황에서도 적응할 수 있음을 알 수 있다. 그러므로 정답은 **c**. 동사 habituarse는 '~에 익숙해지다', '~에 길들여지다'를 뜻하여 동사 adaptarse와 같은 의미가 된다.
12.	글쓴이가 질병의 발병에 대해 가장 중요하게 생각하는 것이 무엇인지 총괄적인 결론을 묻고 있다. 글 전체의 핵심 메시지를 이해하면 정답을 쉽게 찾을 수 있다. 글쓴이는 병이 걸리거나 아픈 것은 보기 b의 내용처럼 '운이 좋고 나쁨'도 아니고, 보기 c의 내용처럼 '유전자 또는 유전학적 이유'도 아닌, 우리의 태도 때문이라는 주장을 펼치고 있다. 마지막 문단에서는 'actitudes psicológicas negativas como la avaricia, la ambición, los celos... pueden llegar a perturbar la salud' 즉, 부정적인 태도 역시 건강을 해친다고 말한다. 그러므로 정답은 **a**.

1 해석

지령

당신은 소셜 네트워크 서비스에 대한 자신의 경험을 이야기하는 사람들의 텍스트 3편을 읽게 될 것입니다. (13번부터 18번까지) 질문에 (A, B 또는 C) 텍스트를 연결하세요.

선택한 보기를 **답안지**에 표기하세요.

문제

		A. 호아낀	B. 안드레스	C. 쎄씰리아
13.	누가 소셜 네트워크로 인한 나쁜 경험을 겪었는가?			
14.	누가 직업적 그리고 개인적 관심사로 인한 친구를 가졌다고 말하는가?			
15.	누가 소셜 네트워크의 한 가지 장점이 친구를 선택할 수 있다는 것이라 생각하는가?			
16.	누가 오늘날 사람들은 조심성이 없다고 생각하는가?			
17.	누가 현실의 삶에서는 운명대로 친구를 맺게 된다고 말하는가?			
18.	누가 소셜 네트워크를 효율적으로 활용하면 유용하다고 생각하는가?			

텍스트

A. 호아낀

내가 소셜 네트워크에서 얻은 가장 좋은 것은 바로 내가 만난 사람들이다. 내 인생은 조금씩 아주 훌륭하고 충실한 사람들로 채워져 갔으며 지금까지 난 그들과 함께 축구 경기, 식사, 희망, 취미, 안 좋은 일 등을 함께 나눈다. 내 인생은 그 모임에서 비롯된 사람들로 채워져 갔다. 나는 상호 작용을 선택할 수 있다는 점이 매우 마음에 든다. 당신은 한 이용자의 이름 뒤에 사람이 존재한다는 것을 알고 그 사람에게 다가가며 당신이 직접 선택을 하는 것이다. 그것은 순전히 자기 의지에 따르는 것이다. 인터넷 밖에서 사람 사이의 관계는 운으로 만들어진다. 가족, 함께 성장한 사람들, 수업 첫날 함께 앉은 친구 또는 직장에서 당신이 처음 본 동료 등. 여기에서는 모든 게 자기 의지이다. 당신의 인생을 위해 누군가 마음에 들면 그를 선택하고, 누군가 더 이상 마음에 들지 않으면 멀리한다. 그리고 사실 나는 지금껏 소셜 네트워크에서 비롯된 나쁜 경험이 없다.

B. 안드레스

내 최악의 경험은 지역 정치 관련 내용에 대한 나의 결의 때문에 익명의 사람에게 협박을 당했던 일이다. 그로 인해 나는 소셜 네트워크가 우리에게 가져다 주는 과다 노출의 실제 위험을 발견했다. 트위터나 페이스북에서 내 글을 읽는 누구든 내가 어떤 일을 하는지, 내 친구들이 누구인지, 내가 휴가로 어디를 갔는지, 내가 어디에서 일하는지, 심지어 내가 좋아하는 커피가 무엇인지까지도 알 수 있는 것이다. 무척 조심해야 한다. 하지만 사실 우리는 소셜 네트워크에 대해 거의 주의를 기울이지 않는 세대이다. 소셜 네트워크는 온전한 하나의 세상이며 모든 게 존재한다. 흥미로운 사람, 일자리 관련 연락망 그리고 당연히 아주 많은 비정상적인 사람들도 있다.

C. 쎄씰리아

나의 최고의 경험은 현재 함께 출판 프로젝트, 신문 프로젝트 그리고 이념적 프로젝트를 함께 나누는 친구들을 만든 것이다. 내가 소셜 네트워크에 가장 큰 감사를 느끼는 부분이 바로 상호 작용하며 관심사 및 세상을 보는 방식을 공유하는 친구들을 만날 수 있다는 가능성이다. 소셜 네트워크는 결집의 장소이며, 물리적인 현실에서는 아마도 절대로 만나 볼 수 없는 사람들이 합류하는 지점인 것이다. 지적이고 예술적인 공간은 분명 좁고 엘리트주의적이므로 확장시키기 매우 어려운 모임이다. 그런 분야나 또는 다른 분야의 소셜 네트워크가 그 동떨어진 거리를 좁혀 준다. 소셜 네트워크 서비스는 긍정적으로 사용된다면 우리가 '현실의 삶'이라 부르는 것을 매우 풍요롭게 만들어 주는 것이다. 물론 그 개념은 이제는 모순된다. 왜냐하면 소셜 네트워크가 이미 우리 존재의 일부이기 때문이다.

red	f. 그물, 망, 인터넷	interés	m. 이익, 이자
ventaja	f. 유리한 점, 장점	prevenido	경계하는, 조심스러운, 준비된
al azar	무작위로, 운명대로, 닥치는 대로	eficazmente	효과적으로, 능률적으로
brillante	빛나는, 번쩍이는, 훌륭한	noble	고결한, 귀중한, 고급의, 충실한
malestar	m. 불쾌함, 불쾌감	círculo	m. 원, 원형, 바퀴, 모임, 동아리
elegir	고르다, 선택하다	interacción	f. 상호 작용
usuario	m. 사용자, 이용자	puro	순수한, 청정한, 단순한
voluntad	f. 의지, 바람, 의사, 노력	interpersonal	개인 사이의, 대인 관계의
casualidad	f. 우연, 우연의 사건	alejarse	멀어지다
derivado	파생한, 유래하는	amenaza	f. 위협, 협박
anónimo	m.f. 익명 / 익명의	compromiso	m. 약속, 약혼, 타협
asunto	m. 일, 사건, 용건, 업무	sobreexposición	f. 과다 노출
cauto	주의 깊은, 신중한, 빈틈없는	entero	완전한, 온전한, 전부의, 전체의
anormal	이상한, 변칙적인, 비정상적인	editorial	f. 출판사 / 출판의
periodístico	신문의, 신문 기자의	ideológico	사상적, 이념적
interactuar	상호 작용을 하다	agrupamiento	m. 집합, 결집
confluencia	f. 합류	intelectual	m.f. 지식인 / 지능의, 인지의
elitista	m.f. 엘리트주의자 / 엘리트주의의	ampliar	넓히다, 확장하다, 확대하다, 늘리다
ámbito	m. 구역, 구내, 지역, 분야	achicar	작게 하다, 단축하다, 줄이다
enriquecer	넉넉하게 하다, 풍부하게 하다, 부유하게 하다, 풍요롭게 하다	absurdo	비이성적인, 말 같잖은, 어이없는, 터무니없는
existencia	f. 존재, 실재, 실존		

13.	소셜 네트워크 때문에 안 좋은 경험을 한 사람을 찾아야 한다. 정답은 **B**. Andrés는 첫 번째 문장에서 'Mi peor experiencia ha sido haber sufrido amenazas anónimas por mi compromiso con un asunto político local. 내 최악의 경험은 지역 정치 관련 내용에 대한 나의 결의 때문에 익명의 사람에게 협박을 당했던 일이다.'라고 언급하면서, 'el peligro real de la sobreexposición a la que nos llevan las redes 소셜 네트워크 서비스를 통해 발견한 과다 노출의 위험'에 대해 경고하고 있다.
14.	소셜 네트워크를 통한 친구가 있으며 그 친구들과 직업적 그리고 개인적 관심사를 공유하는 인물을 파악해야 한다. 정답은 **C**. Cecilia가 말한 첫 번째 문장의 내용에서 찾을 수 있다. 'La mejor experiencia ha sido hacer amigos con los que ahora hago proyectos editoriales, periodísticos e ideológicos. 나의 최고의 경험은 현재 함께 출판 프로젝트, 신문 프로젝트 그리고 이념적 프로젝트를 함께 나누는 친구들을 만든 것이다.'라고 하며 이어지는 문장에서는 그에 대해 감사를 느낀다고 전하고 있다.
15.	Joaquín은 소셜 네트워크의 결정적인 장점이 '친구를 선택할 수 있다는 것'이라고 주장한다. 'A mí me encanta eso de elegir la interacción. 나는 상호 작용을 선택할 수 있다는 점이 매우 마음에 든다.'라고 하면서 'Sabes que existe una persona detrás del nombre de usuario y, al acercarte a ella, tú la eliges. 당신은 한 이용자의 이름 뒤에 사람이 존재한다는 것을 알고 그 사람에게 다가가며 당신이 직접 선택을 하는 것이다.'라고 친구 선택의 과정을 보다 구체적으로 설명하고 있다. 그러므로 정답은 **A**.
16.	오늘날 사람들이 주의 깊게 조심할 줄 모른다고 생각하는 인물을 파악해야 한다. 소셜 네트워크 서비스로 인하여 안 좋은 사례를 겪은 사람은 바로 **B** Andrés 이다. 자신이 겪은 협박에 대해 이야기하며 이용자들의 상당한 개인 정보가 노출되어 있다고 말한다. 정답 문장은 'Hay que tener mucho cuidado, pero la verdad es que somos una generación muy poco cauta con las redes sociales. 무척 조심해야 한다. 하지만 사실 우리는 소셜 네트워크에 대해 거의 주의를 기울이지 않는 세대이다.'로, 충분히 주의하지는 못할 망정 'poco cauta 거의 주의하지 않는' 세태를 비판하고 있다.
17.	문장 내 'al azar 무작위로, 운명대로'를 정확히 해석해야 하며, 소셜 네트워크와 현실의 삶을 비교하면서 특히 현실의 삶에서는 운명에 따라 친구를 만든다고 여기는 사람을 선택해야 한다. 정답은 **A** Joaquín이며, 'Las relaciones interpersonales, fuera de la red, siempre se establecen por casualidad 인터넷 밖에서 사람 사이의 관계는 운으로 만들어진다'고 서술한 부분이 핵심이다. 문제에서는 vida real로 표현한 '현실의 삶'이 'fuera de la red 인터넷 세상 밖'과 같은 맥락으로 연결된다. 이어서 가족이든, 친구든, 함께 일하는 관계든 모두 어쩌다 보니 운명처럼 엮인 관계라는 설명을 뒷받침한다.
18.	소셜 네트워크 서비스를 효율적으로 활용한다면 유용한 것이 된다고 여기는 인물을 찾아야 한다. 문제의 핵심어 'eficazmente 효율적인'을 알고 있어야 하며, 정답은 **C** Cecilia. 소셜 네트워크를 이용해 좋은 친구들을 얻었다고 전하며 긍정적이고 호의적인 관점에서 설명을 이어 나간다. 'Las redes sociales, usadas de forma positiva, permiten enriquecer mucho lo que se da en llamar "vida real". 소셜 네트워크 서비스는 긍정적으로 사용된다면 우리가 '현실의 삶'이라 부르는 것을 매우 풍요롭게 만들어 주는 것이다.'가 결정적인 단서가 된다.

1 해석

지령

다음의 텍스트를 읽으세요. 텍스트에서 6개 문장이 빠져 있습니다. 이어서 (A부터 H까지) 주어진 8개 문장을 읽고, (19번부터 24번까지) 텍스트의 빈칸에 문장을 배치할 곳을 정하세요.

<u>선택하지 말아야 하는 문장이 2개 있습니다.</u>

선택한 보기를 **답안지**에 표기하세요.

부모와 자녀 사이의 효과적이고 애정 어린 소통

19. _____. 이것은 두 사람이 대화를 하는 경우처럼 말이 될 수도 있고 또는 그 사람이 화가 났는지, 기쁜지 사람의 얼굴 표현을 통해 느끼는 정보처럼 제스처로 알 수 있는 바디 랭귀지일 수도 있다. 바디 랭귀지 소통에서는 신체적 소통이 매우 중요하다. 키스, 악수 또는 포옹은 많은 양의 정보를 전달한다. 소통은 긍정적일 수도, 부정적일 수도, 효과적일 수도 또는 효과가 없을 수도 있다.

가족 내의 소통은 단순한 정보보다 더 중요한 기능을 가진다. 왜냐하면 그것은 부모 자식 간의 감정을 연결하는 이중 도로의 다리이기 때문이다. 가족의 소통은 아이들의 확고한 자존감 발달을 위해 기본적이다. 20. _____.

부모가 열린 방식 그리고 효과적 방식으로 자녀들과 소통하는 것이 중요한 이유는 다양하다. 효과적이고 애정 어린 소통은 아이들에게 그리고 각 가족 구성원에게 평생 득이 된다. 21. _____.
만일 부모와 자녀 사이 소통이 원활하면, 그들의 관계 또한 좋다. 아이들은 자기 자신에 대한 생각과 의견을 부모로부터 전달 받는 소통에 근거하여 형선한다.

22. _____. 아이들은 부모님이 자신들을 경청해 주며 이해해 준다고 느끼기 시작하며, 그것이 바로 자기애를 높이는 것이다. 만약 부모들이 자녀들과 소통을 잘하면 아이들은 자신에게 요구되는 것을 이행하는 데에 더 의지가 있을 가능성이 있다. 왜냐하면 이런 아이들은 부모님이 자신에게 기대하는 게 무엇인지를 알며 그것을 지킬 가능성이 더 높기 때문이다. 23. _____.

만일에 반대로 부모와 자식 사이의 소통이 효과적이지 않거나 부정적이면, 이것은 아이들로 하여금 첫째, 그들은 중요하지 않으며 아무도 그들의 말을 경청하지 않고 그들을 이해하지 않는다고 생각하게 만들 것이다. 24. _____.

문장

A. 다시 말해, 건강한 인성과 좋은 사회 관계인 것이다.

B. 비록 아주 말이 없는 아이들에게서도 높은 자존감을 볼 수 있기는 하지만 말이다.

C. 소통은 두 사람 또는 그 이상의 사람들 사이에서의 정보 교환이다.

D. 그들이 무언가를 이행하는 것을 배우게 하려면 약간의 체벌은 반드시 필요하다.

E. 그리고 두 번째로는 자신의 부모님은 도움이 되는 역할이 아니며 신뢰를 주지 못한다고 생각할 것이다.

F. 부모님들이 아이들과 효과적으로 소통할 때에는, 그들에게 존중을 보여 준다.

G. 부모와 자녀 사이의 관계는 효과적인 소통이 존재할 때 더 나아지는 것이다.

H. 또한, 이런 아이들은 가족 내 자신의 자리에 대해 더 확신을 느끼며 그들이 더 협조적일 수 있다.

efectivo	효과적인, 현실의	afectivo	애정의, 정서적인, 감정의
verbal	말의, 언어에 의한, 구두의, 동사의	percibir	받다, 지각하다, 감지하다
gestualmente	몸짓으로, 제스처를 취해서	apretón	m. 꽉 조임, 습격, 곤경, 곤란
apretón de manos	m. 악수	transferir	옮기다, 이동시키다, 양도하다
inefectivo	효과 없는, 효과적이지 못한, 무효의	función	f. 기능, 직무
puro	순수한, 청정한, 단순한	puente	m. 다리, 교량, 징검다리 연휴
vía	f. 길, 도로, 노선, 수단, 관	sólido	m. 고체 / 단단한, 견고한, 고체의, 확고한, 확실한
autoestima	m. 자존심, 자부심, 자존감	abiertamente	공개적으로, 솔직히, 드러나게, 노골적으로
beneficiar	선을 베풀다, 이익을 주다	de por vida	영원히, 영구히
conformar	적합하게 하다, 만족시키다, 형성하다, 순응하다	en base a	~에 의하면, ~에 따르면, ~에 근거하여
cumplir	완수하다, 이행하다, (나이) 만 ~살이다	personalidad	f. 인격, 개성, 명사
saludable	건강에 좋은, 건강한	callado	침묵의, 조용한, 말이 없는
intercambio	m. 교환, 교역, 무역	castigo	m. 벌, 징벌, 패널티
imprescindible	묵과할 수 없는, 필요한	generar	발생시키다, 일으키다
confianza	f. 신뢰, 자신, 확신	demostrar	증명하다, 분명하게 드러내다, 입증하다
respeto	m. 존경, 경의, 존중, 중시	posición	f. 위치, 입장, 견해
cooperativo	협력의, 협동의, 협조적인		

19.	첫 문장이 빈칸일 땐 글의 제목을 통해 전체적인 주제를 파악하는 것이 요령이다. 기본적으로 부모와 자녀 사이의 소통에 대한 글임을 알 수 있다. 빈칸 뒤 문장의 주어가 Esta이므로 빈칸 문장의 주어는 여성 명사일 것이다. 도입으로는 되도록 개괄적이고 일반론적인 의견을 나타내는 문장이 적절하다. 그러므로 정답은 **C**.
20.	두 번째 문단에서는 본격적으로 소통이란 가족 내에서 특히 부모와 자녀 간에 매우 중요하다는 사실을 언급한다. 특히 아이들의 확고한 자존감 발달에 기초가 된다고 말하는데, 'autoestima 자존감' 어휘가 등장하는 보기 b는 함정이다. 해석하면 말수가 적은 아이들도 높은 자존감을 가지는 경우가 있다는 내용이므로 맥락에 맞지 않다. 정답은 **A**. 'Es decir 다시 말해'를 활용하여 'sólida autoestima'에 대한 견해를 이어 간다. 확고한 자존감이란 다시 말하면 건강한 인성과 좋은 사회 관계를 가질 수 있는 기본이 된다는 것이다.
21.	3문단에서는 계속해서 올바른 소통의 장점에 대해 설명한다. 아이들과 가족 구성원 모두에게 평생 좋은 영향을 준다는 것이다. 빈칸 뒤에 이어지는 문장에서도 역시 가족들 특히, 부모 자식 간의 관계에는 소통이 영향을 미친다는 내용이 된다. 따라서 정답은 **G**. Las relaciones entre padres e hijos mejoran mucho cuando existe una comunicación efectiva. 효과적인 소통이 있으면 관계 역시 개선될 수밖에 없다는 것이다.
22.	새로운 문단이 시작되는 부분이므로 이어지는 문장의 내용을 보면서 연결시켜 보아야 한다. 부모가 아이의 말을 경청하고 이해함으로써 자기애가 향상된다고 하므로 이와 부합하는 맥락의 정답은 **F**. 'Cuando los padres se comunican efectivamente con sus hijos, les demuestran respeto.'에서 핵심어 'respeto 존중'이 바로 뒤이어 등장하는 경청과 이해를 포괄한다.
23.	4문단의 핵심은 효과적인 소통에 따라 아이들이 어떤 긍정적인 모습을 보이는지의 내용이다. 존중 받는 느낌, 자기애 향상, 자신이 할 일에 대한 기대치 상승이라는 예시에 이어지기 적합한 내용은 'Además, estos niños se sienten más seguros de su posición en la familia y es posible que sean más cooperativos. 또한, 이런 아이들은 가족 내 자신의 자리에 대해 더 확신을 느끼며 그들이 더 협조적일 수 있다.'이므로 정답은 **H**가 된다.
24.	반면 부정적인 소통에 따른 결과는 어떠한지 마지막 문단에서 언급하면서 글을 마무리하고 있다. 정답은 **E**. Y en segundo lugar, también pensarán que sus padres no son de gran ayuda y no generan confianza. 즉, 부모님이 도움이 되지 않는다고 생각하며 신뢰를 주지 않는다고 생각한다는 것이다.

1 어휘

oportunidad	f. 기회, 호기
mencionar	언급하다, 말하다
intención	f. 의도, 의향, 목적
colección	f. 수집, 컬렉션
cordialmente	정중히, 진심으로, 성의를 다하여
personalmente	자신이, 개인적으로
línea	f. 선, 열, 계열, 라인
perfumería	f. 향수 가게, 향수 제조
lanzar	판매 런칭하다, 던지다, 뛰어들다
inconveniente	m. 지장, 방해 / 불편한, 부적절한
en principio	원칙적으로, 대체적으로, 처음에
concertar	(협정 등을) 맺다, 약속하다, (=pactar) 맞추다, 조정하다
plantear	제기하다, 제출하다, 계획하다, (문제나 가능성 등이) 생기다
aplazar	미루다, 연기하다
en cuestión	문제의, 그, 화제로 되어 있는

25.	빈칸 앞뒤에 위치한 명사와 동사 원형을 연결시키면서 자칫 보기 b의 전치사 para를 사용해 '말하기 위한 기회'라고 우리말식 해석 함정에 빠지기 쉽다. 스페인어에서는 '말할 기회'가 올바른 연결이며, '명사+de+동사 원형' 구조를 따르면 알맞다. 그러므로 정답은 보기 **a**.
26.	알맞은 관계사를 선택해야 하는 유형이다. 보기 a, b, c 모두 관사를 사용한 관계대명사이나, el que과 la que는 각각 남성 단수와 여성 단수이고, 보기 a의 lo que는 중성 관사임을 구분하여 고려해야 한다. 선행사는 명사 colección이며 '당신이 초대된 그 컬렉션'의 구조가 되므로 관계 대명사 앞 전치사 a를 확인할 수 있다. 정답은 보기 **c**.
27.	글쓴이는 이번 마드리드행을 통해 비즈니스 용무가 있음을 알린다. 그것은 바로 'la línea de perfumería que hemos lanzado 저희가 출시한 향수 라인'에 대한 소개. 그렇다면 빈칸에 들어갈 수 있는 명사로는 '올해, 올 시즌'에 해당하는 보기 a와 b가 가능하다. 반드시 확인해야 할 것은 빈칸을 꾸미는 지시 형용사 esta이다. 이로써 명사의 성별 관련 정보까지 파악했다면 정답은 **b**.
28.	문장 내용 흐름에 따라 알맞은 동사를 선택해야 하는 문제이다. 글쓴이는 수신자를 직접 만나 새로 출시한 상품에 대해 설명하길 원한다. 만남에 대한 제안 문장이 빈칸 내용에 해당하며, '당신에게 문제가 되지 않는다면' 즉, '당신이 괜찮으시다면'이라 말하며 조심스럽게 제안을 건네고 있다. 따라서 적절한 의미의 동사는 **a**의 'concertar 맺다, 약속하다'가 된다. 보기 b의 quedar의 경우, una cita를 목적어로 둘 수 없다.
29.	3인칭 단수 변형 동사들 가운데, 문장의 내용에 부합하는 것을 선택해야 한다. 글쓴이는 특정 날짜와 시간을 제안하고 있으나 만약 상대방이 가능하지 않다면 그 만남을 같은 주의 다른 날로 변경할 수 있다는 여지를 둔다. 빈칸 앞 대명사 le와 이어지는 부사 bien이 중요하다. estar 동사의 경우 간접 대명사 le와 함께 표현하지 않고 (no está bien은 가능), 동사 convenir의 경우는 간접 대명사 le를 쓸 수 있지만 bien 부사를 함께 쓰지 않는다 (no le conviene는 가능). 그러므로 정답은 **c**. 동사 venir의 경우는 간접 대명사 me / te / le와 함께 쓰며 부사를 동반할 수 있다. venir bien은 어떤 경우나 상황이 '적합하다', '잘 맞는다'의 의미로 쓰인다.
30.	동사 confirmar의 변형 형태 세 가지 가운데 문장 구조에 직합한 변형 형태를 판단할 수 있어야 한다. Me gustaría에 연결되는 종속절의 경우, 동사는 반드시 접속법 변형 형태를 동반함을 기억하자. 보기 a의 경우 과거 분사이므로 답이 될 수 없다. 정답은 접속법 과거형인 보기 **c**의 confirmara이다. 보기 b의 confirmará는 직설법 단순 미래 변형이므로 오답이다.

지령

텍스트를 읽고 (25번부터 30번까지) 빈칸에 (A, B, C)의 보기를 채우세요.

선택한 보기를 **답안지**에 표기하세요.

존경하는 귀하

제가 이미 유선상 말씀 드릴 기회가 있었듯이, 저희는 돌아오는 달 13일부터 20일까지 저희의 신상품 컬렉션을 소개하기 위해 마드리드로 갈 예정입니다. 물론 그 행사에 귀하를 정중히 초대하는 바입니다. (초대장은 며칠 내로 받게 되실 것입니다.)

이번 여행을 계기로, 저는 저희가 이번 시즌에 출시한 향수 라인을 당신께 직접 보고 드리기를 간절히 원합니다. 당신이 혹시 괜찮으시다면, 우선 저희는 14일 화요일 오전 10시에 당신의 사무실에서 보기로 약속을 정할 수 있을 것 같습니다.

만일 당신이 문제가 있거나 또는 다른 이유로 가능하지 않으시다면 우리의 만남을 같은 주의 다른 날짜로 미룰 수도 있습니다. 저에게는 아무 문제가 되지 않습니다. 만일 그렇다면, 제 개인 비서에게 확인해 주시기를 부탁합니다.

당신의 소식을 기다리며, 정중히 인사 전합니다.

로돌포 에르난데쓰

PRUEBA DE COMPRENSIÓN AUDITIVA

Comprensión auditiva

Tarea 1

1 스크립트

Mensaje 1	30초 Informamos de que las condiciones meteorológicas han mejorado y ha dejado de llover. Confirmen en los monitores del aeropuerto los detalles de sus vuelos, ya que ha habido algunos cambios. Si su vuelo ha sido cancelado, póngase en contacto con cualquier oficina de información. 5초 반복 재생 10초
Mensaje 2	¡Hola, Ramón! Soy Silvia. He recibido tu mensaje preguntando por mi padre. Lamento no haberte respondido antes, pero es que hemos estado muy ocupados en el hospital. Te vi muy preocupado. Ya ha pasado todo y se ha puesto bien. Estamos en casa con él. Llámame cuando puedas. 5초 반복 재생 10초
Mensaje 3	¡Hola! ¡Buenos días! Hace un rato les he llamado y he hecho una reserva, pero es que me he equivocado de día. Les dije que para el lunes, pero al final va a ser para el martes. ¡Ah! También, preferimos sentarnos en la terraza. Si hay algún problema, no duden en llamarme. 5초 반복 재생 10초
Mensaje 4	Este fin de semana tendremos descuentos en algunos productos. Artículos de máxima calidad con descuentos de hasta el 30%. Recuerden que si tienen la "Tarjeta Fidelidad" de nuestra tienda, participarán en un sorteo de un regalo cada mes y disfrutarán de descuentos en las novedades. 5초 반복 재생 10초
Mensaje 5	¡Buenas tardes, señora Ruiz! La llamamos para comunicarle que hemos recibido una nueva gama de cosméticos y nos gustaría enviarle unas muestras. Le solicitamos que nos dé su dirección o la dirección del lugar donde prefiera recibir estas muestras. No se olvide del código postal. Esperamos su llamada. ¡Hasta pronto! 5초 반복 재생 10초
Mensaje 6	¿Nunca has pensado en recorrer Ibiza en bicicleta? Desde ahora es más fácil. Se han instalado carriles para bici para la seguridad de los usuarios. No olvides ponerte casco y disfruta del paisaje y las playas que la isla te ofrece. 5초 반복 재생 10초

Complete ahora la Hoja de respuestas.

30초

지령

당신은 6개의 메시지를 들을 것입니다. 각 메시지는 두 번씩 듣게 됩니다. 이어서 (1번부터 6번까지) 질문에 답하세요. (a / b / c) 정답을 선택하세요.

선택한 보기를 **답안지**에 표기하세요.

지금부터 문제를 읽을 수 있는 시간을 30초간 갖게 됩니다.

문제

메시지 1

1. 공항의 안내 방송을 통해 ...고 보고된다.

    a 비의 원인으로 몇몇 항공편이 지연되었다
    b 몇몇 항공편 일정에 변동이 있었다
    c 아직은 비가 내리고 있으므로 비행편이 취소되었다

메시지 2

2. 실비아에게 어떤 일이 있었는가?

    a 그녀의 아버지가 편찮으시다.
    b 그녀의 아버지가 회복되셨다.
    c 그녀의 아버지가 돌아가셨다.

메시지 3

3. 남자는 무엇 때문에 식당에 전화를 거는가?

    a 예약을 하길 원하기 때문에.
    b 예약 요일을 변경하고 싶기 때문에.
    c 예약을 취소하길 원하기 때문에.

메시지 4

4. 이 상점의 고객 카드를 가진 고객들은 ...을 받는다.

    a 신상품의 할인을 받을 수 있는 혜택
    b 매달 선물
    c 모든 상품의 할인

메시지 5

5. 루이쓰 부인에게 전화를 건 이유는 무엇인가?

    a 신상품을 제안하기 위하여.
    b 개인 정보를 요청하기 위하여.
    c 그녀가 무언가를 요청했기 때문에.

메시지 6

6. 이 알림에서는 ...고 말한다.

    a 그 섬을 자전거로 다닐 수 없다
    b 이제는 자전거 타는 것이 더 안전하다
    c 풍경을 즐기기 위해서는 헬멧을 착용해야 한다

메시지 1	30초
	기상 조건이 나아졌으며 비가 그쳤음을 알려드립니다. 항공편 일정의 변동이 있으므로 여러분 항공편의 세부 사항을 공항 내 모니터를 통해 확인하십시오. 혹시 항공편이 취소된 경우에는 안내소에 문의하십시오.
	5초
	반복 재생
	10초
메시지 2	안녕 라몬! 실비아야. 우리 아버지에 대해 묻는 네 메시지를 받았단다. 미리 답을 못해서 미안해. 하지만 우리는 병원에서 매우 바빴어. 네가 무척 걱정하고 있는 것을 봤단다. 이제 모든 게 지나갔고 아버지는 상태가 회복되셨어. 우리는 집에서 아버지와 함께 있어. 네가 할 수 있을 때 전화 주렴.
	5초
	반복 재생
	10초
메시지 3	안녕하세요! 좋은 아침입니다! 저는 조금 전에 전화했고 예약을 했습니다. 그런데 제가 날을 헷갈렸습니다. 월요일이라 말했지만 사실 화요일 예약이었던 겁니다. 아! 그리고 또 저희는 테라스에 앉기를 원합니다. 혹시라도 문제가 있다면 저에게 전화 주세요.
	5초
	반복 재생
	10초
메시지 4	이번 주말에는 일부 상품에 할인을 해 드립니다. 최고 품질의 상품들을 30퍼센트까지 할인해 드립니다. 저희 매장 고객 카드가 있으시면 매달 선물을 받을 수 있는 추첨에 참여할 수 있으며, 신상품에서도 할인을 받으실 수 있습니다.
	5초
	반복 재생
	10초
메시지 5	안녕하세요 루이쓰 부인! 서희에게 화장품의 신상품 라인이 들어와서 당신에게 샘플을 보내 드리고자 연락을 드립니다. 당신이 사는 곳의 주소 또는 이 샘플을 받길 원하시는 곳의 주소를 보내 주세요. 우편 번호를 잊지 마세요! 전화 기다리겠습니다. 안녕히 계세요!
	5초
	반복 재생
	10초
메시지 6	당신은 이비자섬을 자전거로 돌아볼 생각을 한 적이 없나요? 지금부터는 훨씬 더 쉽습니다. 이용객들의 안전을 위해 자전거 전용 도로가 새로 개설되었습니다. 헬멧 착용을 잊지 마시고 섬이 당신에게 주는 풍경과 해안들을 즐기세요.
	5초
	반복 재생
	10초

답안지를 작성하세요.

30초

megafonía	f. 안내 방송, 음향 장치, 메가폰
culpa	f. 실수, 잘못, 탓, 죄
retrasar	지연시키다, 연기하다
recuperarse	건강을 회복하다, 정상 상태로 돌아가다
reserva	f. 예약
fidelidad	f. 충실함, 성실함, 충성
recorrer	돌아다니다, 투어하다
paisaje	m. 풍경, 경치, 경관
casco	m. 투구, 헬멧, 두개골, 겉껍질, 외피
meteorológico	기상의, 기상 현상의
confirmar	확인하다, 확고히 하다
ponerse en contacto con	접촉하다, 연락을 취하다
lamentar	슬퍼하다, 안타까워하다
artículo	m. 기사, 논설, 조항, 물품, 상품, 손가락 마디
sorteo	m. 추첨, 제비뽑기
novedad	f. 새로움, 변화, 최근 사건, 신작, 신간
gama	f. 단계, 범위, (제품의) 시리즈
cosmético	m. 화장품 / 화장용의, 이·미용용의
muestra	f. 견본, 샘플, 증명
código postal	m. 우편 번호
instalar	설치하다, 장치하다, 정착시키다
carril	m. 차선, 도로, 레일, 선로

1.	공항 안내 방송 메시지이다. 보기를 미리 읽고 비와 관련된 공지 사항에 집중해야 한다. 우선 첫 문장에서 'las condiciones meteorológicas han mejorado y ha dejado de llover' 즉, 기상 조건이 나아졌으며 비가 그쳤다고 알려 주므로 보기 c는 제거된다. 이어서 혹시 항공편이 취소된 경우에는 안내소에 문의하라고 당부하므로 'retrasarse 지연되다'라고 언급한 보기 a도 오답이다. 그러므로 정답은 **b**. 공항 내 모니터를 통해 항공편 취소를 포함한 일정 변경을 확인하라고 언급하고 있다.
2.	메시지를 남긴 실비아에게 어떤 일이 있었는지 올바른 보기를 선택해야 한다. 실비아는 'Ya ha pasado todo y se ha puesto bien. Estamos en casa con él. 이제 모든 게 지나갔고 아버지는 상태가 회복되셨어. 우리는 집에서 아버지와 함께 있어.'라고 말했으므로 정답은 보기 **b**. recuperarse는 '회복되다, 건강 상태가 호전되다'의 의미이다. 보기 a는 현재 아버지가 편찮으시다고 서술하므로 오답이며, 보기 c 역시 언급된 바 없는 내용이다.
3.	식당에 이미 예약을 했다가 다시 전화하여 변경을 요청하는 내용이다. 따라서 '예약하기를 원한다'라고 한 보기 a와 '예약 취소를 원한다'라고 한 보기 c는 오답이다. 그러므로 정답은 **b** . 메시지를 남긴 Juan은 'Les dije que para el lunes, pero al final va a ser para el martes. 월요일이라 말했지만 사실 화요일 예약이었던 겁니다.'라고 용건을 말하고 있다.
4.	보기의 내용을 보면 메시지는 한 상점으로부터 전달되었으며 고객 카드와 관련된 내용이 핵심임을 알 수 있다. 정답 문장은 'Recuerden que si tienen la "Tarjeta Fidelidad" de nuestra tienda, participarán en un sorteo de un regalo cada mes y disfrutarán de descuentos en las novedades. 저희 매장 '고객 카드'가 있으시면 매달 선물을 받을 수 있는 추첨에 참여할 수 있으며, 신상품에서도 할인을 받으실 수 있습니다.'로, 보기 b의 경우는 카드 소지자라면 모두 선물을 받을 수 있다고 하기에 오답이다. 'sorteo 추첨, 뽑기', 'sortear 추첨하다'의 사용에 대해 알고 있어야 한다. 이어서 'descuentos en las novedades 신상품 할인' 관련 혜택을 언급하므로 정답은 **a**이다.
5.	발신자의 목적을 질문하고 있다. 메시지 초반에서는 새로운 화장품 라인이 입고되었으므로 샘플을 보내고 싶다고 전하지만, 본격적인 용건은 'Le solicitamos que nos dé su dirección o la dirección del lugar donde prefiera recibir estas muestras. 당신이 사는 곳의 주소 또는 이 샘플을 받길 원하시는 곳의 주소를 보내 주세요.'이다. 주소는 'información personal 개인 정보'에 해당하므로 정답은 **b**가 된다. 보기 c의 경우 ha solicitado algo의 주어가 la Señora Marta Ruiz가 되어, '루이쓰 부인이 무언가를 요청했기 때문에'의 의미가 되므로 오답이다.
6.	첫 문장에서 'recorrer Ibiza en bicicleta 이비자섬을 자전거로 돌아보기'에 대해 언급하며 앞으로 더욱 안전하게 이비자섬에서 자전거를 탈 수 있다고 설명한다. 그 이유는 바로 'carriles para bici 자전거 전용 도로'가 개설되었기 때문이므로 보기 a가 제외되며, 정답은 **b**가 된다. 보기 c의 '풍경을 즐기기 위해서는 헬멧을 착용해야 한다'는 메시지의 내용과 다르므로 오답이다. 헬멧은 안전상의 이유로 착용하지 풍경 감상과는 무관하다.

1 스크립트

30초

Locutora ¡Buenos días, a todos! En el programa de hoy vamos a hablar con personas que han estado en Asia como estudiantes de intercambio. ¿Por qué eligieron Asia? ¿Mereció la pena? Primero, vamos a escuchar el testimonio de Felipe Díaz, un chico de Palma de Mallorca que ha pasado los últimos dos semestres del curso en China. ¡Buenos días, Felipe! ¿Qué nos puedes contar?

Felipe Pues... Bueno, en mi caso, como bien has dicho, he pasado los dos últimos semestres en China. Decidí ir a Asia porque tenía mucho interés en conocer otra cultura totalmente diferente a la nuestra. En Asia, había varias opciones como Japón, Corea, Tailandia y otros países más. Al final, decidí ir a China porque la universidad que ofrecía el programa de intercambio era de las mejores. El choque cultural fue bastante grande y sobre todo, el problema del idioma porque, aunque había estudiado varios meses, cuando llegué allí era incapaz de entender nada de lo que me decían. Ellos tienen una cultura muy lejana a la nuestra. Así que fue difícil adaptarme, especialmente al principio. No entendía nada. Me costó acostumbrarme a algunas cosas como, por ejemplo, ellos no hacen cola de forma ordenada, mucha gente fuma en restaurantes y nadie respeta las normas de tráfico. Lo de fumar en los restaurantes me molestaba muchísimo. Es que no aguanto el humo. Otra cosa a la que me costó acostumbrarme fue el sistema de clases. Allí, los estudiantes son menos participativos. Prefieren escuchar al profesor y no suelen debatir nada en clase. Esto hacía que las clases fueran muy aburridas. Aun así, hice muchos amigos entre mis compañeros de clase y, gracias a ellos, fue más fácil adaptarme y sentirme bien. Aprendí muchas cosas de ellos, me enseñaron muchas costumbres, me llevaron a muchos sitios, conocí a sus familias, etc. Al final, me dio mucha pena despedirme de ellos porque nos lo pasábamos genial. Aunque tuve algunos problemas, me siento satisfecho y no me arrepiento para nada de haber elegido ese país y pienso volver, aunque sea en un futuro lejano. Creo que estudiar en otro país, sea el que sea, te hace madurar y crecer como persona. Por eso, pienso que no importa que la cultura sea diferente. Lo verdaderamente importante es experimentar esa cultura y aprender cosas diferentes. Todas las dificultades que encontremos nos harán aprender cosas nuevas.

Locutora Bueno Felipe. Muchas gracias por contarnos tus experiencias en China. La verdad es que ha sido muy interesante. ¡Mucha suerte y hasta pronto!

Felipe ¡De nada! Ha sido un placer. ¡Muchas gracias!

10초
반복 재생
10초

Complete ahora la Hoja de respuestas.

30초

지령

당신은 청취자들이 자신의 경험을 이야기하기 위해 전화를 거는 한 라디오 프로그램의 텍스트를 듣게 됩니다. 텍스트는 두 번 듣게 됩니다. 이어서 (7번부터 12번까지) 질문에 답하세요. (a / b / c) 정답을 선택하세요.

선택한 보기를 **답안지**에 표기하세요.

이제 문제를 읽을 수 있는 시간을 30초간 갖게 됩니다.

문제

7. 음성에 따르면, 펠리뻬는 중국으로 공부하러 가기로 결심했다. 왜냐하면 …
   a 중국의 그 대학이 매우 저렴했기 때문에.
   b 중국의 그 대학이 매우 우수했기 때문에.
   c 중국의 그 대학이 매우 컸기 때문에.

8. 펠리뻬에게 있어서 중국 문화는 …이다.
   a 본인의 나라 문화와 닮은 문화
   b 조금은 다르지만 적응하기 쉬운 문화
   c 이해하기 힘든 문화

9. 펠리뻬는 중국에서 가장 싫었던 것이 …(이)었 / 였다고 말한다.
   a 식당에 들어가기 위해 줄을 서야만 하는 것
   b 다른 언어를 말해야만 하는 것
   c 식당에서의 담배 연기

10. 음성에 따르면, 펠리뻬는 중국의 수업 시스템이 …고 생각한다.
    a 학생들이 수업 시간에 말을 많이 하기 때문에 매우 재미있다
    b 수업 시간 내 참여를 많이 하도록 허용한다
    c 교수님만 이야기를 하기 때문에 지루하다

11. 음성에 따르면 펠리뻬는 …
    a 수업 동료들과 작별했을 때 매우 슬펐다.
    b 수업 동료들과 지내며 매우 지루했었다.
    c 수업 동료들과 아무것도 하지 않았다.

12. 펠리뻬는 … 말한다.
    a 빠른 시일 내로 중국을 다시 여행할 것이라고
    b 중국에서 공부한 것을 무척 후회한다고
    c 중국에서 공부하기로 결심한 것에 대해 매우 기쁘다고

30초	
아나운서	모두들 좋은 아침입니다! 오늘 프로그램에서는 교환 학생으로 아시아에 가 본 분들과 이야기할 것입니다. 왜 그들은 아시아를 택했을까요? 가치가 있었을까요? 우선 우리는 중국에서 최근 두 학기를 보낸, 빨마 데 마요르까 출신의 펠리뻬 디아쓰의 증언을 들어 볼 것입니다. 안녕하세요 펠리뻬! 저희에게 어떤 이야기를 해 주실 수 있나요?
펠리뻬	음... 네. 제 경우는 당신이 앞에서 잘 말씀하셨듯이 마지막 두 학기를 중국에서 보냈습니다. 저는 아시아에 가기로 결심했는데 그 이유는 바로 우리의 문화와는 완전히 다른 문화를 알고자 하는 관심이 컸기 때문입니다. 아시아에서도 일본, 한국, 태국 그리고 다른 나라들의 옵션이 많이 있었습니다. 결국 저는 중국에 가기로 결심했는데 그 이유는, 교환 학생 프로그램이 있던 그 중국의 대학교가 가장 우수한 대학 중 하나였기 때문입니다. 문화 충격은 매우 컸습니다. 특히, 언어의 문제가 가장 심각했는데요, 몇 달을 공부하고 갔지만 처음 그곳에 도착했을 때 저는 그들이 제게 말하는 것을 전혀 이해할 수 없었습니다. 그들은 우리와는 아주 차이가 많이 나는 문화를 가지고 있습니다. 그래서 특히 초반에는 적응하기가 어려웠습니다. 아무것도 이해가 가지 않았어요. 몇 가지의 상황에는 적응이 안 되었죠. 가령 예를 들자면 그들은 정렬되게 줄을 서지 않고, 많은 사람들이 식당에서 담배를 피우며, 그 누구도 교통 신호를 지키지 않습니다. 식당에서 담배를 피우는 것은 정말 너무도 싫었습니다. 저는 연기를 견딜 수가 없거든요. 또한 제가 적응하기 너무 힘들었던 것은 바로 수업 시스템이었습니다. 그곳에서는 학생들은 참여를 잘 하지 않습니다. 그들은 교수님이 말하는 것을 듣길 원하고 수업 시간에 논의를 하지 않습니다. 이 때문에 수업은 매우 지루했습니다. 그럼에도 불구하고 저는 수업 동료들 중에서 친구를 만들었고 그들 덕분에 적응하는 것과 잘 지내는 것이 더 쉬웠습니다. 그들에게 많은 것을 배웠으며 그들은 제게 많은 관습들을 가르쳐 주었고, 많은 곳에 데리고 갔으며, 그들의 가족을 만나 보았습니다. 나중엔 그들과 작별하기가 너무 아쉬웠습니다. 우리는 정말 즐겁게 보냈거든요. 비록 몇 가지 문제를 겪었지만 저는 아주 만족하며, 그 나라를 선택한 것을 절대로 후회하지 않아요. 먼 미래가 될지라도 다시 돌아갈 생각이 있습니다. 제가 생각하기에 다른 나라에서 공부하는 것은, 어떤 나라든 당신을 더 성숙하게 만들어 줄 뿐만 아니라 사람으로서 더욱 성장할 수 있게 합니다. 그래서, 문화가 다르다는 것은 중요하지 않다고 생각합니다. 진정 중요한 것은 그 문화를 경험하고, 다른 점을 배우는 것입니다. 우리가 마주하는 모든 역경들은 우리로 하여금 새로운 것을 배우게 해 줍니다.
아나운서	좋아요 펠리뻬. 중국에서의 당신의 경험을 우리에게 들려 주어 감사합니다. 아주 흥미로웠습니다. 행운을 빌어요! 안녕히 계세요!
펠리뻬	천만에요! 즐거웠습니다. 감사합니다!
10초 반복 재생 10초	

답안지를 작성하세요.

30초

parecido	닮은, 비슷한
humo	m. 연기, 수증기
arrepentirse	후회하다
locutor	m.f. 아나운서, 뉴스 캐스터
intercambio	m. 교환, 교역, 무역
merecer la pena	~할 가치가 있다, ~할 보람이 있다 (=valer la pena)
testimonio	m. 증언, 선서 증언, 증거, 고백
choque	m. 충돌, 부딪힘, 말싸움
incapaz	~할 수 없는, 불가능한, 무능력한
lejano	먼, 먼 곳의, 아득한
cola	f. 꼬리, 맨 끝, 말미, 열, 줄
norma	f. 규정, 규칙 (= f. regla, m. reglamento)
aguantar	견디다, 인내하다, 참다
participativo	참가하는, 발표력이 있는
debatir	토론하다, 논의하다, 싸우다, 전투하다
costumbre	f. 풍습, 습관
sitio	m. 장소, 곳, 지역, 공간, 위치
madurar	익히다, 성숙하게 하다

7.	펠리뻬가 중국에 공부하러 가기로 결심한 이유를 묻고 있다. 보기 문장의 주어가 모두 'la universidad en China'이므로 펠리뻬가 공부한 중국 대학 관련 내용에 집중해야 한다. 정답 문장은 'Al final, decidí ir a China porque la universidad que ofrecía el programa de intercambio era de las mejores. 결국 저는 중국에 가기로 결심했는데 그 이유는, 교환 학생 프로그램이 있던 그 중국의 대학교가 가장 우수한 대학 중 하나였기 때문입니다.'로, 펠리뻬는 아시아의 여러 국가 사이에서 고민하다가 최종적으로 중국 대학을 선택한 이유가 바로 가장 우수한 대학 중 하나였기 때문이라고 밝히고 있다. 그러므로 정답은 **b**.
8.	중국 문화에 대한 펠리뻬의 의견에 집중해야 한다. 펠리뻬는 'el choque cultural 문화적 충격'을 언급하며 언어 문제가 있었고 문화가 너무 달랐다고 회상한다. 핵심 문장은 'Ellos tienen una cultura muy lejana a la nuestra. Así que fue difícil adaptarme, especialmente al principio. No entendía nada. 그들은 우리와는 아주 차이가 많이 나는 문화를 가지고 있습니다. 그래서 특히 초반에는 적응하기가 어려웠습니다. 아무것도 이해가 가지 않았어요.'이다. 형용사 'lejano 거리가 먼, 차이가 많이 나는'을 놓치지 말고 이해해야 한다. 그러므로 정답은 **c**.
9.	펠리뻬가 중국에서 겪은 여러 가지 고충 중에서도 '가장 싫었던 것'은 무엇인지 파악해야 한다. 가장 강력하게 불만을 제기한 내용은 바로 'Lo de fumar en los restaurantes me molestaba muchísimo. Es que no aguanto el humo. 식당에서 담배를 피우는 것은 정말 너무도 싫었습니다. 저는 연기를 견딜 수가 없거든요.'였으므로 정답은 **c**.
10.	중국의 수업 시스템에 대한 펠리뻬의 경험과 의견을 묻고 있다. 정답 문장은 'Allí, los estudiantes son menos participativos. Prefieren escuchar al profesor y no suelen debatir nada en clase. Esto hacía que las clases fueran muy aburridas. 그곳에서는 학생들은 참여를 잘 하지 않습니다. 그들은 교수님이 말하는 것을 듣길 원하고 수업 시간에 논의를 하지 않습니다.'로, 보기 **c**가 정답이 된다. 보기 a와 b는 펠리뻬의 언급과 정반대의 내용이다.
11.	함께 수업을 듣는 동료들 관련 부분을 주의 깊게 들으며 이해해야 한다. 수업 시간은 지루했지만 동료들과는 친해졌다는 경험담을 이야기한다. 'Al final, me dio mucha pena despedirme de ellos porque nos lo pasábamos genial. 나중엔 그들과 작별하기가 너무 아쉬웠습니다.'는 것으로 보아 **a**가 정답임을 알 수 있다.
12.	펠리뻬가 중국 유학을 마치고 난 결론 및 종성 부분을 주의 깊게 들어야 한다. 대부분 인터뷰에서 결론에 해당하는 내용은 말미에 언급되므로 끝까지 집중력을 유지할 필요가 있다. 정답 문장은 'Aunque tuve algunos problemas, me siento satisfecho y no me arrepiento para nada de haber elegido ese país y pienso volver, aunque sea en un futuro lejano. 비록 몇 가지 문제를 겪었지만 저는 아주 만족하며, 그 나라를 선택한 것을 절대로 후회하지 않아요. 먼 미래가 될지라도 다시 돌아갈 생각이 있습니다.'로, 보기 a는 'pronto' 때문에 오답이며 보기 b는 후회를 많이 하고 있다고 하므로 오답이 된다. 그러므로 정답은 보기 **c**. 형용사 contento는 satisfecho의 유의어이다.

1 스크립트

30초

음악

Colombia tiene la única montaña nevada junto al océano, la Sierra Nevada de Santa Marta. Es el segundo productor mundial de café y de su subsuelo se extrae el 95% de la producción mundial de esmeraldas. Además, es el segundo país con mayor riqueza en biodiversidad del mundo y en él se encuentra el lugar más húmedo de la Tierra, el municipio de Lloro, en el Chocó.

음악

En Chile, hay más de 1.300 volcanes y 500 están activos. Además, el 80% de Chile está cubierto de montañas. El desierto de Atacama es uno de los lugares más secos del planeta. En 1971, llovió allí por primera vez después de cuatro siglos. La ciudad de Santiago, capital de Chile, está al pie de los Andes, en una situación privilegiada desde el punto de vista panorámico. Pero sufre las consecuencias del clima, debido a la niebla que cubre frecuentemente la ciudad.

음악

Ciudad de México fue fundada sobre el Lago de Texcoco cuando vieron a un águila devorando una serpiente parada sobre un nopal. Es, actualmente, la segunda metrópolis más poblada del mundo con 22,5 millones de habitantes. Solo Tokio posee más habitantes. La contaminación ambiental y la polución son un grave problema en Ciudad México, ya que con frecuencia los niveles de contaminación en el aire sobrepasan los niveles aceptables para nuestra salud. México es uno de los países que más contaminan en el planeta.

음악

En Panamá, puedes ver el amanecer en la costa atlántica, luego ir a la costa del Pacífico y ver el atardecer, en el mismo día. ¡Ah! Y el famoso sombrero Panamá se creó, en realidad, en Ecuador. El Canal de Panamá se inauguró el 15 de agosto de 1914. Su puesta en marcha acortó distancias, agilizó la comunicación marítima con el oriente y produjo adelantos económicos durante el siglo XX.

음악

La ciudad más alta del mundo está en Perú y se trata de La Rinconada. Está situada en los Andes peruanos cerca de una mina de oro, a unos 5.400 metros sobre el nivel del mar. Cuenta con una población aproximada de 11.000 habitantes. Sin embargo, la capital más alta del mundo es La Paz y está en Bolivia, entre 3.200 y 4.000 metros de altura.

음악

La Avenida 9 de Julio, en pleno centro de la capital, es la más ancha del mundo. El ancho de esta vía, cuyo nombre recuerda el día de la declaración de la independencia de Argentina, es de 140 metros. Pero no solo la avenida más ancha del mundo se encuentra en este país, sino también la más larga. Se trata de la Avenida Rivadavia y también está en la capital Buenos Aires.

10초
반복 재생
10초

Complete ahora la Hoja de respuestas.

30초

2 해석

지령

당신은 한 라디오 프로그램에서 여섯 개의 뉴스를 듣게 됩니다. 프로그램은 두 번 들을 것입니다. 이어서 (13번부터 18번까지) 질문에 답하세요. (a / b / c) 정답을 선택하세요.

선택한 보기를 **답안지**에 표기하세요.

이제 문제를 읽을 수 있는 시간을 30초간 갖게 됩니다.

문제

뉴스 1

13. 뉴스에 따르면, ...

a 콜롬비아는 세상에서 가장 습한 나라이다.

b 콜롬비아에는 해안가에 있으면서 눈이 있는 산이 있다.

c 콜롬비아는 세상에서 커피를 가장 많이 생산하는 나라이다.

뉴스 2

14. 뉴스에서는 ...(라)고 말한다.

a 칠레에는 비가 한 번도 내린 적 없는 사막이 있다

b 산티아고 시의 하늘은 항상 맑게 개어 있다

c 칠레는 산이 많은 나라이다

뉴스 3

15. 뉴스에 따르면 ...

a 멕시코시티는 도쿄보다 더 많은 인구를 가졌다.

b 멕시코시티에는 많은 공해가 있다.

c 멕시코는 깨끗한 나라이다.

뉴스 4

16. 파나마에 대한 소식에서는 ...(라)고 말한다.

a 태평양 해안에서 해가 뜨는 것을 볼 수 있다

b 그 유명한 파나마 모자는 파나마에서 발명된 것은 아니다

c 파나마 운하는 경제에 있어 좋은 요인이 되지 못했다

뉴스 5

17. 페루에 관한 이 소식에서는 ...고 말한다.

a 페루에는 '라 빠스'에 있는 '라 링꼬나다'라는 도시가 있다

b 페루는 세상에서 가장 높은 도시를 가지고 있다

c 페루의 수도는 세상에서 가장 높다

뉴스 6

18. 뉴스에서는 아르헨티나가 ...고 말한다.

a 세상에서 가장 좁은 대로를 가지고 있다

b 140미터 길이의 대로를 가지고 있다

c 세계에서 가장 긴 대로를 가지고 있다

30초

음악

콜롬비아는 유일하게 대양과 나란히 있으면서 눈 덮인 산인 '산따 마르따의 시에라 산맥'을 가지고 있습니다. 콜롬비아는 세계에서 커피 생산량 2위이며, 세계 에스메랄다 생산량의 95퍼센트가 그 지역에서 나옵니다. 또한, 생물학적 다양성이 세계 두 번째로 풍부하며, 세계에서 가장 습한 장소인 초꼬의 요로 지방이 콜롬비아에 있습니다.

음악

칠레에는 1,300개 이상의 화산이 있고 그중 500개는 활동 중입니다. 또한, 칠레의 80퍼센트는 산으로 덮여 있습니다. 아따까마 사막은 지구상에서 가장 건조한 곳 중 하나입니다. 1971년에 그곳에는 4세기만에 처음으로 비가 내렸습니다. 칠레의 수도인 산티아고는 안데스 산맥의 기슭에 있는데, 이곳은 전망으로 보자면 우수한 장소인 것입니다. 하지만 빈번하게 도시를 덮는 안개로 인해 기후의 영향을 받습니다.

음악

멕시코시티는 사람들이 노팔 선인장 위에 서서 뱀을 잡아 먹은 독수리를 보고 떽쓰꼬꼬 호수 위에 건설하였습니다. 현재는 세계에서 두 번째로 많은 인구수인 2,250만이 사는 대도시입니다. 도쿄만이 더 많은 인구를 갖습니다. 환경 오염과 공해는 멕시코시티의 심각한 문제입니다. 왜냐하면 공기 중의 오염 수치가 우리의 건강상 허용치를 빈번히 초과하기 때문입니다. 멕시코는 지구상에서 가장 오염을 많이 시키는 나라 중 하나입니다.

음악

파나마에서는 대서양 해안에서 해가 뜨는 것을 보고 태평양 해안으로 가서 해가 지는 것을 하루에 볼 수 있습니다. 아! 그리고 그 유명한 파나마 모자는 사실은 에콰도르에서 만들어졌습니다. 파나마 운하는 1914년 8월 15일에 개통되었습니다. 그 운하의 작동은 거리를 좁혔으며, 동쪽과의 해상 커뮤니케이션을 활발하게 했고, 20세기의 경제 발전을 가져왔습니다.

음악

세상에서 가장 높은 도시는 페루에 있는 '라 링꼬나다'입니다. 페루 안데스 산맥에 한 금광 산 근처, 해발 5,400미터에 있습니다. 11,000명 정도의 인구를 가지고 있습니다. 하지만 세상에서 가장 높은 수도 도시는 '라 빠스'이며, 볼리비아에 있습니다. 3,200에서 4,000미터 사이 높이에 있습니다.

음악

수도의 중심에 있는 '7월 9일 대로'는 세계에서 가장 넓은 대로입니다. 그 이름이 아르헨티나의 독립 선언 날짜를 기념하는 이 길의 너비는 140미터입니다. 하지만 이 나라에는 세상에서 가장 넓은 대로만 있는 것이 아니라 가장 긴 대로도 있습니다. 그 길은 바로 '리바다비아 대로'이며 이 대로 역시 수도인 부에노스아이레스에 있습니다.

10초
반복 재생
10초

답안지를 작성하세요.

30초

nevado	눈으로 덮인	productor	m.f. 생산자 / 생산하는, 만들어 내는
mundial	전 세계의, 세계적인	subsuelo	m. 심토
extraer	꺼내다	esmeralda	f. 에메랄드, (커피 품종) 에스메랄다
biodiversidad	f. 생물학적 다양성	volcán	m. 화산
planeta	m. 행성, 유성	privilegiado	m.f. 특혜를 받은 사람 / 특권을 누리는, 우수한
panorámico	전경의, 파노라마의	consecuencia	f. 결과
niebla	f. 안개	fundar	창설하다, 설립하다
lago	m. 호수	águila	f. 독수리
devorar	걸신 들린 것처럼 먹다, 파괴하다, 부수다	serpiente	f. 뱀, 독사
nopal	m. 노팔 선인장	metrópolis	f. 대도시, 주요 도시
poseer	소유하다	contaminación	f. 오염, 공해 (=f. polución)
sobrepasar	넘다, 초과하다, 월등하다	contaminar	오염시키다, 감염시키다
amanecer	m. 여명, 해돋이 / 날이 새다, 동이 트다	atlántico	대서양의
Pacífico	m. 태평양	atardecer	m. 서광, 석경 / 해가 지다, 날이 저물다, 날이 저물기 시작하다
sombrero	m. 모자	inaugurar	개업하다, 시작하다, 개관하다
puesta en marcha	f. 시동, 작동, 개시	acortar	단축하다, 짧게 하다, 줄이다, 감소하다
agilizar	신속하게 하다, 촉진하다, 활발하다	marítimo	바다의, 해상의
adelanto	m. 전진, 진출, 선금, 진보, 발전	mina	f. 광산
nivel del mar	m. 해발, 해수면	ancho	m. 폭, 넓이 / 넓은, 헐거운
declaración	f. 공표, 성명, 선언	desierto	m. 사막, 불모지 / 사람이 살지 않은, 무인의
montañoso	산악의, 산이 많은	canal	m. 수로, 운하, 채널

13.	뉴스 내내 나열하는 콜롬비아 관련 사항들을 하나하나 정확하게 파악해야만 정답을 선택할 수 있다. 첫 문장 'Colombia tiene la única montaña nevada junto al océano, la Sierra Nevada de Santa Marta. 콜롬비아는 유일하게 대양과 나란히 있으면서 눈 덮인 산인 '산따 마르따의 시에라 산맥'을 가지고 있습니다.'에 따르면 정답은 **b**. 뉴스에 등장한 océano와 보기 b의 어휘인 costa 를 연결할 수 있어야 한다. 커피 생산량은 'segundo productor' 즉, 두 번째이므로 보기 c는 오답이다. 마지막 문장에서 세계에서 가장 습한 장소인 초꼬의 요로 지방이 콜롬비아에 있다고 하였는데, 보기 a는 콜롬비아 전체가 가장 습한 나라라고 확대 해석했으므로 역시 오답이 된다.
14.	뉴스를 듣고, 칠레와 산티아고에 대한 올바른 내용을 골라야 한다. 두 번째 문장 'Además, el 80% de Chile está cubierto de montañas.'에 따르면 칠레는 80퍼센트가 산으로 덮여 있으므로 정답은 **c**. 형용사 montañoso를 잘 이해해야 한다. 이어서 아따까마 사막은 1971년과 그로부터 4세기 전 비가 온 적이 있으므로 보기 a는 제외된다. 마지막 문장 'Pero sufre las consecuencias del clima, debido a la niebla que cubre frecuentemente la ciudad. 하지만 빈번하게 도시를 덮는 안개로 인해 기후의 영향을 받습니다.'을 통해 보기 b의 'despejado 맑게 갠' 하늘 역시 오답임을 알 수 있다.
15.	도입부에서 멕시코시티가 처음 세워진 배경을 언급하고 이어서 멕시코시티의 인구수를 설명한다. 'Es, actualmente, la segunda metrópolis más poblada del mundo con 22,5 millones de habitantes. Solo Tokio posee más habitantes. 현재는 세계에서 두 번째로 많은 인구수인 2,250만이 사는 대도시입니다. 도쿄만이 더 많은 인구를 갖습니다.'에 따르면 보기 a는 오답이다. 이어서 심각한 오염 문제에 대해 비중 있게 설명하므로 정답은 보기 **b**. 오염을 의미하는 contaminación 및 polución이 많아서 지구를 가장 많이 오염시킨다고 하므로 정반대 내용인 보기 c는 오답이다.
16.	첫 문장 'En Panamá, puedes ver el amanecer en la costa atlántica, luego ir a la costa del Pacífico y ver el atardecer, en el mismo día. 파나마에서는 대서양 해안에서 해가 뜨는 것을 보고 태평양 해안으로 가서 해가 지는 것을 하루에 볼 수 있습니다.'에 따라 보기 a가 가장 먼저 제거된다. 'Pacífico 태평양'에서 볼 수 있는 것은 'el atardecer 해가 지는 것'이기 때문이다. 이어지는 'el sombrero Panamá 파나마 모자' 관련한 문장에서 'se creó, en realidad, en Ecuador' 즉, 사실은 에콰도르에서 만들어졌다고 언급하므로 정답은 **b**. 뉴스에서 파나마 운하는 20세기의 경제 발전을 가져왔다고 설명했으므로 보기 c는 부정부사 no로 인해 오답이 된다.
17.	페루에 대한 뉴스로 첫 번째 문장만 정확히 들었다면 정답을 선택하기 어렵지 않다. 'La ciudad más alta del mundo está en Perú y se trata de La Rinconada. 세상에서 가장 높은 도시는 페루에 있는 '라 링꼬나다'입니다.'라고 하므로 정답은 **b**. 마지막 문장 'Sin embargo, la capital más alta del mundo es La Paz y está en Bolivia, entre 3.200 y 4.000 metros de altura. 하지만 세상에서 가장 높은 수도 도시는 '라 빠스'이며, 볼리비아에 있습니다. 3,200에서 4,000미터 사이 높이에 있습니다.'에 따르면 '라 빠스'는 볼리비아의 수도이므로 보기 a와 c는 제거된다.
18.	아르헨티나에 위치한 'avenida 대로'에 대해 전하고 있다. 첫 번째 문장에서 'La Avenida 9 de Julio, en pleno centro de la capital, es la más ancha del mundo. 수도의 중심에 있는 '7월 9일 대로'는 세계에서 가장 넓은 대로입니다.'라고 밝혔으므로 가장 'estrecha 좁은' 대로라고 언급한 보기 a는 오답이다. 보기 b에 등장한 'una avenida de 140 metros'는 길의 너비가 아닌 길이를 말하므로 오답이 된다. 정답 문장은 'Pero no solo la avenida más ancha del mundo se encuentra en este país, sino también la más larga.'로, 가장 넓은 대로와 가장 긴 대로가 모두 있다고 하였다. 그러므로 정답은 **c**.

Persona 0	Yo fui a la Universidad de Ámsterdam, en Holanda. Esta universidad está compuesta de varios edificios en el centro de la ciudad y no de un campus universitario. Algunos de los edificios son antiguos, incluso recibí clases en uno que era patrimonio histórico y realmente bello, mientras que otros son totalmente modernos y con alta tecnología. Las clases son de grupos muy pequeños. 20초
Persona 1	Estudiar en la Universidad Laval de Québec me permitió conocer y desarrollar amistades con estudiantes de diferentes países y de esta manera conocer su cultura. Me di cuenta de lo importante que es para los estudiantes aprovechar y participar en intercambios universitarios, pues nos sensibilizan hacia otras culturas y otras realidades de nuesto mundo. Nos permite tomar buenos modelos de otros países para el desarrollo del nuestro y enriquecer nuestros conocimientos. 5초 반복 재생 10초
Persona 2	Realmente fue una experiencia bastante enriquecedora, tanto a nivel personal como académico. Al vivir solo, uno aprende mucho de la vida, las personas, las culturas de otros países e incluso llega a enterarse de que el multiculturalismo es lo que enriquece a las sociedades. Los profesores eran muy atentos y nos explicaban todo lo que no entendíamos. También pude participar gratis en seminarios muy interesantes que se impartieron en la universidad. 5초 반복 재생 10초
Persona 3	En lo personal, fue una gran experiencia muy enriquecedora culturalmente. Así mismo, me aportó madurez e independencia personal. Te hace vivir cosas que nunca habías vivido, como enfrentarse a un país solo y todo lo que esto conlleva. Hice nuevos amigos y contactos profesionales, aprendí a valorar lo que se tiene y a salir adelante en situaciones adversas donde solo se cuenta con uno mismo. 5초 반복 재생 10초
Persona 4	La experiencia fue buena, especialmente por enfrentarme a otro sistema de estudio. El intercambio de conocimiento con otros estudiantes, nacionales e internacionales, realza la experiencia académica. Las clases no solo se realizan de manera teórica, sino también con aspectos prácticos: por medio de actividades compartidas en las clases, la asistencia a talleres o las visitas a museos y sitios históricos. 5초 반복 재생 10초
Persona 5	La universidad nos ha facilitado un guía que ha sido de mucha ayuda y que nos ha permitido facilitar los trámites o ayudarnos en términos generales con respecto a dudas. El lugar donde está ubicada la universidad es una ciudad pequeña donde prácticamente la mayor parte de la actividad comercial depende de los estudiantes de la universidad. La gente está muy acostumbrada a la diversidad cultural, lo cual es genial porque porque nos tratan con cariño. 5초 반복 재생 10초
Persona 6	Hangzhou, que es la ciudad donde vivo, es muy linda. El clima por el momento ha sido muy bueno, pero ya se está enfriando un poco y llegará a varios grados bajo cero y no sé ni cómo lo haré. Pero, en fin todo es parte de la experiencia. La comida es una de mis cosas favoritas. Me encanta la comida china, a pesar de que es muy diferente a lo que conocemos en Costa Rica. 5초 반복 재생 10초

Complete ahora la Hoja de respuestas.

30초

지령

당신은 여섯 명의 학생들이 외국에서 장학생으로 공부한 경험에 대한 내용을 듣게 됩니다. 각 사람에게 두 번씩 듣게 됩니다. (19번부터 24번까지) 각 사람이 말하는 주제에 연관되는 (A부터 J까지) 문장을 선택하세요. 예시를 포함한 10개의 문장이 있습니다. 여섯 개만 선택하세요.

선택한 보기를 **답안지**에 표기하세요.

이제 예시를 듣습니다.

사람 0

정답 문장은 F입니다.

이제 보기를 읽을 시간 20초가 주어집니다.

문장

A.	인간적 발전은 달성했지만 학구적 발전은 달성하지 못했다.	F.	매우 높은 역사적 가치를 갖는 장소에서 공부하였다.
B.	교실에서의 수업 이외에 교실 밖의 프로그램이 더 있었다.	G.	본인과는 매우 다른 환경에 대해 낙관적인 태도를 보인다.
C.	다른 사회에 대해 배우는 것이 중요하다고 생각한다.	H.	어려운 상황에서 생존하는 것을 배울 수 있었다.
D.	조언자가 있지만 아무 것도 해 주지 않는다.	I.	대학교가 무상으로 제공하는 강의에 참석할 수 있었다.
E.	특별 활동 때문에 많은 돈을 지불해야만 한다.	J.	그 도시에 사는 사람들은 매우 친절하다.

옵션

	사람	문장
0.	사람 0	F
19.	사람 1	
20.	사람 2	
21.	사람 3	
22.	사람 4	
23.	사람 5	
24.	사람 6	

사람 0	저는 네덜란드의 '암스테르담 대학'에 갔습니다. 이 대학교는 도시의 중심가에 있으며 하나의 대학 캠퍼스가 아닌 다양한 건물들로 구성되어 있습니다. 건물들 중 몇 개는 매우 오래된 건물이며, 심지어 저는 역사 유산으로 지정된 정말 아름다운 건물에서 수업을 받기도 했습니다. 하지만 또 동시에 매우 현대적이며 첨단 기술의 건물들도 있습니다. 수업은 매우 적은 인원으로 진행됩니다. 20초
사람 1	퀘벡 '라발 대학'에서 공부한 것은, 다양한 나라의 학생들을 알고 그들과 친분을 쌓으며 이로 인해 그들의 문화를 알 수 있게 해 주었습니다. 나는 교환 학생 제도를 활용하고 참여하는 것이 학생들에게 얼마나 중요한지 알 수 있었습니다. 그것은 우리를 다른 문화와 우리의 세상과는 다른 현실을 향해 관심을 갖도록 하기 때문입니다. 우리의 발전을 위해 다른 나라의 좋은 본보기를 삼을 수 있도록 해 주며 우리의 지식을 풍부하게 해 줍니다. 5초 반복 재생 10초
사람 2	그것은 진정 인간적으로든 학구적으로든 아주 풍부하게 만들어 주는 경험이었습니다. 혼자 살게 되면 누구든 삶과, 사람과, 다른 나라의 문화에 대해 배우기 마련이며 심지어 다문화의 공존이 바로 사회를 풍요롭게 하는 것이라는 사실을 깨닫게 됩니다. 교수님들은 매우 친절했으며, 우리가 이해하지 못하던 모든 것을 설명해 주었습니다. 또한 대학에서 개최된 매우 흥미로운 세미나에 무료로 참가할 수 있었습니다. 5초 반복 재생 10초
사람 3	개인적으로, 그것은 문화적으로 매우 풍요롭게 하는 대단한 경험이었습니다. 마찬가지로 저에게는 성숙함과 개인의 독립을 가져다주었습니다. 혼자 다른 나라에 가고 그렇게 함으로써 생기는 모든 일에 대한 경험을 직면하는 일과 같이 예전에는 한 번도 해 본 적 없는 것을 겪도록 해 줍니다. 나는 새로운 친구들과 업무적 관계를 성립했으며, 현재 가진 것에 대한 가치를 생각하는 것 그리고 혼자서 스스로 모든 것을 해야 하는 역경의 상황에서도 앞으로 나아가는 것을 배웠습니다.
사람 4	그 경험은 매우 좋았습니다. 특히나, 다른 학업 시스템을 마주할 수 있었기 때문입니다. 국내와 국외 다른 학생들과 지식을 교환하는 것은 학술적인 경험을 더 나아지게 합니다. 수업은 이론적으로만 진행되는 것이 아니라 수업 시간 내 함께 나누는 활동을 통해, 실습에 참가하거나 박물관이나 역사적 장소를 방문하는 것 등을 통해 실용적 관점으로도 이루어집니다. 5초 반복 재생 10초
사람 5	그 대학교는 한 가이드를 제공해 주었고 수속을 도와주거나 의문 사항에 대해 전반적인 도움을 주었습니다. 그 대학교가 위치한 곳은 한 작은 도시였으며, 실질적으로는 그곳의 상업 활동이 그 대학교 학생들로 인해 좌우되는 그런 곳이었습니다. 사람들은 문화의 다양함에 이미 익숙해 있었는데, 우리 학생들에게 온정으로 대해 주었으므로 너무나 좋은 점이었습니다. 5초 반복 재생 10초
사람 6	내가 지금도 살고 있는 도시인 항저우는 매우 예쁩니다. 지금은 기후가 좋았으나 조금씩 추워지고 있으며 영하로 기온이 떨어질 것이므로 나는 어떻게 해야 할지 모르겠습니다. 그렇지만 결국 이 모든 것은 경험의 일부입니다. 내가 가장 좋아하는 것 중에 하나는 음식입니다. 우리가 코스타리카에서 먹는 것과는 매우 다르지만 그럼에도 불구하고 중국 음식은 너무도 좋습니다. 5초 반복 재생 10초

답안지를 작성하세요.

30초

becario	m.f. 장학생	desarrollo	m. 발달, 발전, 전개, 발육
programación	f. 프로그램 편성, 계획 작성, 계획화	consejero	m.f. 고문, 컨설턴트
valor	m. 가치, 가격	elevado	높은, 고상한, 고매한
actitud	f. 태도, 자세, 포즈	optimista	m.f. 낙관론자 / 낙관적인, 낙천적인, 낙관주의의
sobrevivir	살아남다, 생존하다	cursillo	m. 단기 강의, 강습 (m. curso의 축약형)
cargo	m. 직책, 책임, 부담, 하중	residente	m.f. 거주자 / 거주하는
atento	주의하고 있는, 주의 깊은, 친절한, 예의 바른	Holanda	네덜란드
compuesto	m. 합성물 / 구성된, 복합의, 합성의	patrimonio	m. 고유 자산, 유산, 문화재
bello	아름다운, 미의	amistad	f. 우정, 우애
sensibilizar	민감하게 하다, 예민하게 하다, 관심을 가지게 하다	modelo	m. 모범, 본, 본보기 m.f. 모델
enriquecer	넉넉하게 하다, 풍부하게 하다, 부유하게 하다	enriquecedor	풍부하게 하는, 부유하게 하는
multiculturalismo	m. 다문화 공존	seminario	m. 세미나
impartir	나누어 주다, 가르치다	aportar	기여하다, 내주다, 불입하다
madurez	f. 성숙, 사려, 분별, 성숙기	enfrentarse	맞서다, 대항하다, 대결하다
conllevar	수반하다, 따르다	salir adelante	잘되다, 성공하다, 큰 어려움(위험)을 극복하다
adverso	반대의, 거역하는, 불운한	realzar	원래보다 더 높이 올리다, 훌륭하게 하다, 두드러지게 하다
facilitar	용이하게 하다, 공급하다	trámite	m. 수속, 처리, 절차
término	m. 마지막, 끝남, 기한, 용어, 단어	con respecto a	~에 대해서, ~와(과) 결부시켜
diversidad	f. 다양성	bajo cero	영하

0	Persona 0	**F** Estudió en un lugar que tiene un valor histórico muy elevado.

예시로 주어진 0번 인물은 학교 건물에 대한 설명을 주로 한다. 정답 문장 'Algunos de los edificios son antiguos, incluso recibí clases en uno que era patrimonio histórico y realmente bello, mientras que otros son totalmente modernos y con alta tecnología. 건물들 중 몇 개는 매우 오래된 건물이며, 심지어 저는 역사 유산으로 지정된 정말 아름다운 건물에서 수업을 받기도 했습니다.' 중 핵심 어휘 'patrimonio histórico 역사 유산'에 따라 정답은 **F**로 연결된다.

19	Persona 1	**C** Piensa que es importante aprender de otras sociedades.

'estudiantes de diferentes países 다른 나라의 학생들', 'otras culturas 다른 문화들', 'otras realidades de nuesto mundo 우리와는 다른 현실' 등을 언급하며 서로 다름 즉, 차이를 통해 배우는 것이 중요하다고 말한다. 정답은 **C**로, 앞에서 언급한 요소들이 바로 'otras sociedades 다른 사회'로 표현되었다.

20	Persona 2	**I** Pudo asistir a cursillos que ofrecía la universidad sin cargo.

교환 학생 과정에서 많은 것을 배울 수 있었다고 말하며 교수들과 세미나에 대한 이야기로 마무리한다. 정답 문장은 마지막 'También pude participar gratis en seminarios muy interesantes que se impartieron en la universidad. 교수님들은 매우 친절했으며, 우리가 이해하지 못하던 모든 것을 설명해 주었습니다. 또한 대학에서 개최된 매우 흥미로운 세미나에 무료로 참가할 수 있었습니다.'로, 'seminario 세미나'는 **I**에 등장하는 명사 cursillo와 유사한 의미로 연결되며, 세미나가 'gratis 무료'였다는 언급 역시 **I**의 'sin cargo 무상으로, 요금을 내지 않고'와 부합한다.

21	Persona 3	**H** Pudo aprender a sobrevivir en situaciones difíciles.

교환 학생 경험 중 예상치 못한 난관을 극복하고 역경을 극복한 부분을 강조하여 말한다. 많은 것을 배웠고 그중에서 'aprendí a valorar lo que se tiene y a salir adelante en situaciones adversas donde solo se cuenta con uno mismo. 현재 가진 것에 대한 가치를 생각하는 것 그리고 혼자서 스스로 모든 것을 해야 하는 역경의 상황에서도 앞으로 나아가는 것을 배웠습니다.' 부분이 핵심이 된다. 관용 표현 salir adelante는 주로 '고난이나 역경을 이겨내다, 앞으로 헤치고 나아가다'의 뉘앙스로 쓰이며, 불행하거나 힘든 상황을 의미하는 'situaciones adversas'까지 파악해야 한다. 정답은 **H**. sobrevivir와 situaciones difíciles를 읽어 두었다가 3번 인물의 마지막 문장에서 정답을 도출해야 한다.

22	Persona 4	**B** Además de las clases en el aula, había más programación fuera del aula.

마지막 'Las clases no solo se realizan de manera teórica, sino también con aspectos prácticos: por medio de actividades compartidas en las clases, la asistencia a talleres o las visitas a museos y sitios históricos. 수업은 이론적으로만 진행되는 것이 아니라 수업 시간 내 함께 나누는 활동을 통해, 실습에 참가하거나 박물관이나 역사적 장소를 방문하는 것 등을 통해 실용적 관점으로도 이루어집니다.'에 따르면 다양한 실습 참가나 박물관 및 역사적인 장소를 방문하는 등의 활동이 있었음을 알 수 있다. 그러므로 정답은 **B**.

23	Persona 5	**J** Los residentes de la ciudad donde vive son atentos.

'guía 가이드'가 많은 도움이 되었다고 말하며 본인이 공부한 대학은 작은 도시에 있었다고 언급하였다. 그 도시의 사람들은 문화적 다양성에 익숙하며 학생들에게 'es genial porque nos tratan con cariño 온정으로 대해 준다'고 설명하였으므로 정답은 **J**. '친절하다'를 의미하는 'ser atento', 'ser amable'까지 모두 알아 두자.

24	Persona 6	**G** Muestra una actitud optimista en cuanto a un ambiente muy diferente al suyo.

본인이 사는 곳의 도시의 이름과 기후에 대해 이야기하면서, 영하로 기온이 떨어지면 어떻게 해야 할지 모르겠지만 결론적으로 'Pero, en fin todo es parte de la experiencia. 그렇지만 결국 이 모든 것은 경험의 일부입니다.'라고 수용하는 태도를 보였다. 음식 역시 자신의 고향인 코스타리카에서 먹은 것과는 매우 다르지만 'a pesar de que es 그럼에도 불구하고' 무척 좋아한다고 긍정적으로 언급하고 있다. 따라서 정답은 **G**. 적응을 잘하며 'optimista 낙관적인' 성격임을 알 수 있다.

1 스크립트

25초

Hombre   ¡Buenos días! ¿Qué desea?

Mujer   ¡Hola! ¡Buenos días! ¿Es esta la oficina de equipajes?

Hombre   No, señora, creo que se ha equivocado. La oficina de facturación de equipajes está en la primera planta. Esta es la oficina de atención al cliente.

Mujer   Perdón, no me he explicado bien. Es que estoy muy nerviosa. Creo que usted es la persona con la que tengo que hablar. Mire, yo he venido en el vuelo regular París – Madrid. Y resulta que no aparecen mis maletas. En la primera planta, me han dicho que viniera aquí y...

Hombre   Tranquila, señora. No se preocupe. Está en el lugar correcto. He sido yo el que no ha entendido, pero, claro, al hablar de equipajes... Pero, bueno, olvidémoslo. Así que no encuentra sus maletas.

Mujer   Eso es. Es la primera vez que me pasa algo así, y estoy muy enfadada. ¿Qué puedo hacer? Dígame lo que sea porque tengo una reunión de trabajo y no solo he perdido las maletas, sino que tampoco voy a poder ir a la cita.

Hombre   Bien. Vamos a intentar solucionar el problema. Voy a llamar inmediatamente al departamento de equipajes.

Mujer   Espero que no perdamos mucho más tiempo. Son dos maletas: una grande y negra; y otra más pequeña, de color azul.

Hombre   Muy bien. Mire usted, para que no pierda más tiempo, vamos a hacer lo siguiente. Escriba en este papel su dirección aquí, en Madrid. Luego, firme esta hoja. Eso es, muy bien. Aquí tiene el resguardo de su reclamación.

Mujer   ¿Y ahora qué? ¿Tengo que seguir esperando?

Hombre   Ahora puede usted ir a la reunión. Espero que, cuando termine su trabajo, sus maletas la estén esperando en el hotel que me ha dicho. Le haremos llegar su equipaje en cuanto lo encontremos.

Mujer   Muchas gracias, pero ¿y si no encuentran las maletas?

Hombre   Hombre, eso no es normal. Vamos a tratar de recuperarlas y ya veremos cómo se soluciona su problema. Por el momento, esté tranquila.

Mujer   De acuerdo, esperaré a ver qué pasa. Muchas gracias y, por favor, encuentre mis maletas lo antes posible.

Hombre   Seguro que, cuando vaya a su hotel, estarán ya allí. Señora, no se preocupe.

10초
반복 재생
10초

Complete ahora la Hoja de respuestas.

30초

La prueba ha terminado.

당신은 한 아주머니와 사무실의 직원, 두 사람 사이의 대화를 들을 것입니다. (25번부터 30번까지) 문장들이 (A) 아주머니, (B) 직원에 대한 내용인지 또는 (C) 둘 다 해당되지 않는지 선택하세요. 대화는 두 번 듣게 됩니다.

선택한 보기를 **답안지**에 표기하세요.

이제 문장들을 읽을 수 있는 25초의 시간이 주어집니다.

		A 아주머니	B 직원	C 둘 다 아님
0.	엉겁결에 이곳에 도착했다.	✓	☐	☐
25.	1층에 있다.	☐	☐	☐
26.	많은 불안감을 느낀다.	☐	☐	☐
27.	전에 이런 일을 겪은 적이 없었다.	☐	☐	☐
28.	서류를 하나 준다.	☐	☐	☐
29.	한 모임에 참석할 것이다.	☐	☐	☐
30.	매우 낙관적인 태도를 보인다.	☐	☐	☐

25초

남자	좋은 아침입니다! 무엇을 원하세요?
여자	안녕하세요! 좋은 아침입니다! 이곳이 수하물 취급소인가요?
남자	아닙니다 부인, 잘못 아신 것 같습니다. 수하물 접수 사무실은 1층에 있습니다. 이곳은 고객 서비스 사무실입니다.
여자	미안합니다. 제가 설명을 잘 못했습니다. 제가 지금 몹시 불안하거든요. 제가 지금 대화해야 하는 상대는 당신인 것 같습니다. 저기요. 저는 지금 파리에서 마드리드로 정기편 비행기로 도착했습니다. 그런데 제 가방들이 보이질 않는 겁니다. 1층에서는 사람들이 제게 이곳으로 오라고 했고 또...
남자	침착하세요 부인. 걱정 마십시오. 당신은 지금 맞는 장소에 계십니다. 제가 이해를 못했던 것 같군요. 좋아요, 수하물에 대해 이야기하자면... 하지만, 모두 잊고 다시 처음부터 이야기해 봅시다. 그러니까 당신은 당신의 가방들을 못 찾으시겠다는 거군요.
여자	그거예요. 이런 일이 생긴 게 처음이라 전 너무 화가 납니다. 제가 무엇을 하면 되죠? 뭐든 말씀해 주세요, 왜냐하면 전 업무상 모임이 있는데 가방만 잃어버린 게 아니라 그 약속에도 갈 수 없을 것 같네요.
남자	좋아요. 문제를 해결해 보도록 합시다. 제가 지금 바로 수하물 부서로 연락을 하겠습니다.
여자	더 많은 시간이 지체되지 않길 바랍니다. 두 개의 가방이에요. 검은색 큰 가방 하나와 파란색의 더 작은 가방입니다.
남자	좋습니다. 잘 보세요. 당신이 시간을 더 지체하지 않기 위해 우리는 이렇게 할 것입니다. 이 종이에 여기 마드리드에서 머무시는 주소를 적으세요. 다음은 이 종이에 서명하세요. 그거예요, 아주 좋습니다. 여기 당신의 청구 접수증이 있습니다.
여자	이제는 무엇을 하면 되죠? 계속 기다려야 하나요?
남자	이제 당신은 그 모임에 가실 수 있습니다. 당신이 일이 끝날 때, 당신이 저에게 이야기해 준 호텔에서 가방들이 당신을 기다리고 있기를 바랍니다. 저희는 가방을 찾으면 곧바로 그곳에 도착하도록 해 드리겠습니다.
여자	너무나 감사 드립니다. 하지만 만일 가방을 못 찾으면요?
남자	저런, 그것은 정상이 아닙니다. 저희는 가방들을 찾으려 노력할 것입니다. 문제가 해결되는 걸 보시게 될 거예요. 지금은 침착하게 계십시오.
여자	알겠습니다. 어떻게 되는지 두고 보겠습니다. 감사합니다. 그리고 가방을 최대한 빨리 찾아 주십시오.
남자	당신이 호텔에 가시면 이미 그곳에 있을 것이 분명합니다. 부인, 걱정 마세요.

10초
반복 재생
10초

답안지를 작성하세요.

30초

시험이 끝났습니다.

[3] 어휘

sin intención	의도치 않게, 엉겁결에
planta	f. 층(= m. piso), 식물, 공장
inquietud	f. 불안, 초조, 근심, 지적 욕구, 야심
proporcionar	균형을 잡히게 하다, 비례시키다, 제공하다
optimista	m.f. 낙관론자 / 낙관적인, 낙천적인, 낙관주의의
facturación	f. 수하물 접수
atención al cliente	f. 고객 서비스
aparecer	나타나다, 발견되다, 출현하다
enfadado	화가 난 (= enojado)
reunión	f. 집회, 미팅, 모임
departamento	m. 부, 학과, 아파트
firmar	서명하다
resguardo	m. 전표, 보관증, 보호, 방어
reclamación	f. 요구, 항의
lo antes posible	되도록 빨리 (=cuanto antes, lo más pronto posible)

0   A Ha llegado al lugar sin intención.

문제에 제시된 el lugar는 현재 대화가 이루어지는 곳을 의미하며, 'sin intención 엉겁결에' 오게 된 사람은 누구인지 묻고 있다. 대화의 초반에서 Señora는 너무도 당황한 나머지 이곳이 'oficina de equipajes 수하물 취급소'인지, 'oficina de atención al cliente 고객 서비스 사무실'인지 잘 모르는 상태로 왔다고 말한다. 그러므로 정답은 **A**. 문제의 내용과 화자의 심리 상태를 바르게 연결시켜야 하는 유형이다.

25   C Se encuentra en la primera planta.

대화 초반에 여자는 남자에게 이곳이 'oficina de equipaje 수하물 취급소'가 맞는지 묻고, 이에 대한 답변으로 남자는 'No, señora, creo que se ha equivocado. La oficina de facturación de equipajes está en la primera planta. Esta es la oficina de atención al cliente. 아닙니다 부인, 잘못 아신 것 같습니다. 수하물 접수 사무실은 1층에 있습니다.'이라고 말한다. 이에 따라 1층에 있는 사무실은 '수하물 접수 사무실'이 맞지만, 대화를 나누는 두 사람은 모두 'oficina de atención al cliente 고객 서비스 사무실'에 있으므로 정답은 **C**가 된다.

26   A Siente mucha inquietud.

명사 inquietud은 '호기심'의 의미뿐만 아니라 '불안, 초조, 근심'을 의미한다. 대화 내용을 들으며 많은 불안감을 느끼는 사람은 **A** 즉, Señora임을 확인할 수 있다. 'Es que estoy muy nerviosa. 제가 지금 몹시 불안하거든요.'라고 직접 설명하자 직원이 'Tranquila, señora. No se preocupe. 침착하세요 부인. 걱정 마십시오.'라고 답하는 대화가 오고 간다.

27   A No le había sucedido algo así antes.

문제에 등장한 algo así는 '지금과 같은 이런 분실에 관한 문제'를 의미한다. 예전에 이런 문제를 겪었던 적이 없다고 말하는 사람은 누구인지 확인해야 한다. 침착하게 다시 처음부터 이야기해 보자는 남자의 제안에 여자는 'Es la primera vez que me pasa algo así, y estoy muy enfadada. 이런 일이 생긴 게 처음이라 전 너무 화가 납니다.'라고 본인이 겪은 일에 대한 감정을 전한다. 그러므로 정답은 **A**.

28   B Proporciona un documento.

동사 proporcionar는 '균형을 잡다, 제공하다'의 뜻이다. 서류를 '제공하는' 상황을 주의 깊게 들어야 한다. 문제의 해결을 위해 남자인 직원이 여자 고객에게 'Escriba en este papel su dirección aquí, en Madrid. Luego, firme esta hoja. Eso es, muy bien. Aquí tiene el resguardo de su reclamación. 이 종이에 여기 마드리드에서 머무시는 주소를 적으세요. 다음은 이 종이에 서명하세요. 그거예요, 아주 좋습니다. 여기 당신의 청구 접수증이 있습니다.'라고 하였으므로 정답은 **B**이다.

29   A Va a asistir a una cita.

명사 cita는 '약속, 데이트'의 의미 외에 '예약, 만남, 모임'의 의미로 많이 쓰인다. 모임에 갈 것임을 말하는 화자는 **A** Señora이다. 불안한 기색으로 'Dígame lo que sea porque tengo una reunión de trabajo y no solo he perdido las maletas, sino que tampoco voy a poder ir a la cita. 뭐든 말씀해 주세요, 왜냐하면 전 업무상 모임이 있는데 가방만 잃어버린 게 아니라 그 약속에도 갈 수 없을 것 같네요.'라고 언급할 때 una reunión de trabajo를 바로 cita와 연결할 수 있어야 한다.

30   B Muestra una actitud muy optimista.

'mostrar 보이다, 나타내다'와 'optimista 낙관적인, 낙천적인'을 핵심어로 인물의 태도를 파악하는 데 집중해야 한다. optimista와 같이 '-ista'로 끝나는 명사나 형용사는 남성과 여성의 표기가 동일하므로, 여성 화자를 찾아야 한다고 오인해서는 안 된다. 여자 고객이 혹시라도 가방을 못 찾게 되면 어떻게 되는지 걱정하자 남자 직원은 'Hombre, eso no es normal. Vamos a tratar de recuperarlas y ya veremos cómo se soluciona su problema. Por el momento, esté tranquila. 저런, 그것은 정상이 아닙니다. 저희는 가방들을 찾으려 노력할 것입니다. 문제가 해결되는 걸 보시게 될 거예요. 지금은 침착하게 계십시오.' 하며 안심시키는 상황으로 보아 정답은 **B**.

PRUEBA DE EXPRESIÓN E INTERACCIÓN ESCRITAS

Expresión e interacción escritas

Tarea 1

1 해석 및 내용 구성

지령

당신은 한 스페인 친구(남)으로부터 한 통의 이메일을 받았습니다.

안녕! 잘 지내? 스페인으로 널 방문 오는 친구들을 위한 환영 파티 준비에 도움을 청한 네 이메일을 받아 보았어. 그들이 오기까지 이제 얼마 안 남았네. 안 그래? 네가 어떤 종류의 파티를 생각해 봤는지 모르겠다. 우리가 어떤 것을 할 수 있을지 생각해 보고 그 파티에 대한 계획을 더 잘하기 위해서 네가 좀 더 잘 설명해 주길 바란다.

네가 원하면 이번 주에 하루 볼 수 있을 것 같아. 만나서 더 상세한 부분을 정하자. 그럼, 내게 말해 줘.

곧 보자

알바로

알바로에게 한 통의 이메일을 쓰세요. 그 이메일에는 다음을 해야 합니다.

- 인사하기
- 당신의 친구들이 언제 도착하는지 말하기
- 어떤 사람들이 그 파티에 참석하길 바라는지 설명하기
- 그 파티를 어디에서 하고 싶은지 말하기
- 당신의 친구가 어떤지 묘사하고 파티에서 그들이 무엇을 좋아할 것이라 생각하는지 말하기
- 작별 인사하기

단어 수: 100~120.

내용 구성

글의 유형	이메일
받는 이	Álvaro
보내는 이	스페인에 거주하는 Yo
핵심 내용	파티의 계획과 원하는 바를 이야기하기
요구 조건 1	인사하기
요구 조건 2	당신의 친구들이 언제 도착하는지 말하기
요구 조건 3	어떤 사람들이 그 파티에 참석하길 바라는지 설명
요구 조건 4	그 파티를 어디에서 하고 싶은지 말하기
요구 조건 5	당신의 친구가 어떤지 묘사하고 파티에서 그들이 무엇을 좋아할 것이라 생각하는지 말하기
요구 조건 6	작별 인사하기
주의 사항	- 일어날 일과 희망하는 일을 구분하여 표현 - 친구들을 간단히 묘사

필수 어휘

bienvenida	f. 환영, 환대	faltar	부족하다, 없다, 결근하다
planear	계획하다	concretar	구체화하다, 조화시키다
compañero de piso	m.f. 하우스메이트	vecino	m. 이웃 / 이웃의
molestar	괴롭히다, 방해하다	tímido	소심한, 내성적인
caer bien	기호가 맞다, 잘 어울리다, 잘 맞다	traer	가지고 오다, 끌어당기다
pasar por	지나가다, 다녀가다		

필수 표현

주제	문법 주의 사항	활용 예
희망, 바람	- querer que / desear que / esperar que + 접속법 현재	- Quiero que asistan a la fiesta todos nuestros compañeros de clase. 나는 수업을 함께 듣는 모든 동료들이 파티에 오길 바랍니다.
	- Me gustaría que + 접속법 과거	- Me gustaría que viniera Juan a la fiesta. 나는 후안이 파티에 오길 바랍니다.
사람 묘사	- ser 동사를 사용한 본질 묘사	- Mis amigos son muy simpáticos y agradables. 나의 친구들은 매우 착하고 성격이 좋습니다.
		- Mis amigos son muy fiesteros y les encanta la música. 나의 친구들은 파티를 좋아하는 사람들이며 음악을 무척 좋아합니다.

¿Qué pasa, Álvaro?

Mis amigos llegan el próximo domingo, por la mañana. He pensado que podemos invitar a la fiesta a nuestros compañeros de clase y también a tus compañeros de piso. ¿Te parece bien? He pensado que el mejor lugar para celebrar la fiesta es en mi piso. Es grande y a mis vecinos no les molesta que hagamos una fiesta. Mis amigos son muy tímidos, pero son simpáticos. Te van a caer muy bien. Me parece que sería buena idea preparar algo de comida española y comprar vino. ¿Podrías traer música española?

¿Qué te parece si nos vemos este martes y hablamos sobre la fiesta? Pásate por mi casa por la tarde.

¡Hasta pronto! ¡Chao!

해석

알바로, 잘 지내니?

내 친구들은 다음 주 일요일 오전에 도착해. 내가 생각해 본 바로는, 그 파티에 우리의 수업 동료들과 너의 아파트에 함께 사는 동료들을 초대할 수 있을 것 같아. 괜찮아? 그리고 파티를 위한 최고의 장소는 나의 아파트인 것 같아. 크기도 크고 내 이웃들은 우리가 파티를 하는 것을 싫어하지 않으니까. 나의 친구들은 매우 내성적이지만 아주 착해. 네게 좋은 인상을 줄 거야. 스페인 음식을 준비하고 와인을 구입하는 게 좋을 거라고 생각해. 스페인 음악을 가져올 수 있어?

우리가 이번 주 화요일에 만나서 파티에 대해 이야기하면 어떨까? 오후에 우리 집에 들러.

조만간 보자! 안녕!

1 해석 및 내용 구성

지령

옵션 1

체중을 감량하는 것에 대해 말하는 한 게시판에 게재된 다음 메시지를 읽으세요.

내가 생각하는 가장 좋은 체중 감량 방법은 당연히 운동을 하는 것이다. 하지만 여름인 지금 공원에 나가서 달리는 건 불가능하다. 이렇게 더운 날씨에 나가면 기절할 수 있다. 또한 헬스클럽이 있지만 한 달에 50유로나 내야 한다. 내가 하려는 것은 식이 요법을 통해 체중을 감량하는 것이다. 이렇게 해서 식사 비용과 헬스클럽 비용을 아끼는 것이다.

게시판에 쓸 글을 작성하세요. 그 글에서는 다음을 말해야 합니다.

- 체중을 감량하는 가장 좋은 방법은 무엇이라고 생각하는지
- 당신은 살을 빼기 위해 무엇을 하는지
- 다이어트를 하는 것에 대해 어떻게 생각하는지
- 어떤 종류의 다이어트를 알고 있는지
- 다이어트를 하며 어떤 경험을 했는지

단어 수: 130~150.

내용 구성

글의 유형	인터넷 게시판 게시용 글
글의 주제	다이어트에 대한 생각과 경험
요구 조건 1	체중을 감량하는 가장 좋은 방법은 무엇이라고 생각하는지
요구 조건 2	당신은 살을 빼기 위해 무엇을 하는지
요구 조건 3	다이어트를 하는 것에 대해 어떻게 생각하는지
요구 조건 4	어떤 종류의 다이어트를 알고 있는지
요구 조건 5	다이어트를 하며 어떤 경험을 했는지
주의 사항	- 체중 감량, 다이어트 관련 어휘 - 구체적인 다이어트 경험 언급

옵션 2

당신이 사는 구역 웹 사이트에 등장하는 다음 메시지를 읽으세요.

이웃들의 축제

친애하는 이웃 분들. 저희 지역 웹 페이지 게시판에 참여하시길 원하는 모든 분들께 제안합니다. 다음 달 저희는 축제를 개최하며, 그 축제를 개선하길 원합니다. 그래서 여러분이 작년의 축제에 대해 의견을 내 주시고 다음 지역 축제에서 어떤 활동들이 기획되면 좋을지 말씀해 주시길 부탁드립니다.

게시판에 게재할 글을 쓰세요. 그 글에서는 다음을 해야 합니다.

- 자기소개
- 작년의 축제가 어땠는지, 어떤 활동에 참가했는지 말하기
- 작년의 어떤 활동이 가장 마음에 들었으며 어떤 것들이 가장 마음에 안 들었는지, 왜 그런지 설명하기
- 다음 축제를 위한 다양한 활동을 제안하기

단어 수: 130~150.

내용 구성

글의 유형	웹 사이트 게시용 글
글의 주제	작년의 지역 축제에 대한 경험담 및 새로운 활동의 제안
요구 조건 1	자기 소개
요구 조건 2	작년의 축제가 어땠는지, 어떤 활동에 참가했는지 말하기
요구 조건 3	작년의 어떤 활동이 가장 마음에 들었으며 어떤 것들이 가장 마음에 안 들었는지, 왜 그런지 설명
요구 조건 4	다음 축제를 위한 다양한 활동을 제안
주의 사항	- 지난 경험에 대한 느낀 점과 의견 제안 - 다음 축제를 위한 활동 제인

2 필수 어휘 및 표현

옵션 1

필수 어휘

foro	m. 포럼, 공개 토론회, 게시판	quemar	태우다, 타다, 그을리다
adelgazar	(몸을) 날씬하게 하다, 가냘프게 하다, 가늘게 하다	caloría	f. 칼로리, 열량
desmayarse	기절하다, 실신하다, 졸도하다	paseo	m. 산책, 산보, 단거리
gimnasio	m. 체육관, 실내 경기장	proteína	f. 단백질
dieta	f. 식이 요법, 다이어트	carbohidrato	m. 탄수화물
peso	m. 무게	estricto	엄격한, 엄정한
apuntarse	등록하다, 회원이 되다	grasa	f. 지방, 기름기
natación	f. 수영	desintoxicante	해독의, 해독시키는

필수 표현

주제	문형	활용 예
가장 좋은 방법	- La mejor manera de INF. es ... / ... es la mejor manera de INF.	- La mejor manera de bajar de peso es correr mucho. - Correr mucho es la mejor manera de bajar de peso. 체중 감량을 하는 가장 좋은 방법은 달리기를 많이 하는 것이다.
경험	- alguna vez + 현재 완료	- Alguna vez he hecho la dieta de las uvas. 언젠가 나는 포도 다이어트를 해 본 적 있다.
	- una vez + 단순 과거	- Una vez probé la dieta desintoxicante. 나는 한 번 디톡스 다이어트를 시험해 보았다.

필수 어휘

barrio	m. 구, 지구, 거주 지역	vecino	m. 이웃 / 이웃의
mejorar	개선하다	animar	생기를 불어넣다, 응원하다, 분위기를 돋우다
participar	참가하다, 참여하다	opinar	의견을 가지다, 의견을 표하다
programar	프로그램을 짜다, 계획을 세우다	presentarse	지원하다, 소개하다, 나타나다
faltar	부족하다, 없다, 결근하다	artesanía	f. 수공예, 수공업, 세공
al aire libre	야외에서, 노천에서	aseo	m. 몸치장, 화장, 세면, 세면소, 화장실
hacer cola	줄을 서다	electricidad	f. 전기, 전기학, 전력

필수 표현

주제	문법 주의 사항	활용 예
평가 및 의견 과거 시제 활용	- Me pareció + 형용사 Me parecieron + 형용사	- Me pareció excelente el festival del año pasado. 작년의 축제는 훌륭하다고 여겨졌다.
	- Me gustó / Me gustaron	- Me gustaron mucho los programas. 프로그램들이 무척 마음에 들었다.
	- Fue / Estuvo + 형용사, 부사	- Estuvo muy bien todo. 모든 것이 매우 좋았다.
가장 마음에 든 것	- Lo que más me gustó fue...	- Lo que más me gustó fue el teatro. 가장 마음에 들었던 것은 연극이었다.
가장 마음에 들지 않은 것	- Lo que menos me gustó fue...	- Lo que menos me gustó fue el precio. 가장 마음에 들지 않은 것은 금액이었다.

옵션 1

Yo pienso que la mejor manera de adelgazar es comer menos y hacer un poco de ejercicio. En mi caso, siempre que subo de peso y quiero adelgazar lo que hago es apuntarme a natación porque es un deporte que quema muchas calorías. También doy paseos largos por algún parque o intento subir escaleras en lugar de coger el ascensor. Además hago una dieta muy buena y sana que consiste en comer muchas proteínas y pocos carbohidratos. Creo que hacer dieta estricta puede ser malo para la salud porque hay algunas dietas que son peligrosas. Conozco diferentes tipos de dieta como la dieta baja en grasas, la dieta desintoxicante o la dieta de la fruta. Yo he probado una dieta desintoxicante que consistía en beber mucho zumo de limón. Todas las mañanas, lo primero que hacía era beber un zumo natural de limón. Creo que esta dieta es buena y funciona bien.

해석

내 생각에 살을 빼기 위한 가장 좋은 방법은 적게 먹고 어느 정도 운동을 하는 것이다. 나의 경우에는, 체중이 늘고 살을 빼고 싶을 때마다 수영에 등록한다. 그것은 많은 열량을 태우는 운동이기 때문이다. 또한 공원에서 긴 시간 산책을 하거나, 엘리베이터를 타는 대신 계단을 오르려고 노력한다. 더욱이 나는 많은 양의 단백질과 적은 양의 탄수화물을 섭취하는 데에 근거하는 아주 훌륭하고 건강한 다이어트를 한다. 매우 엄격한 다이어트를 하는 것은 건강에 안 좋을 것이라 생각한다. 왜냐하면 위험한 다이어트들이 있기 때문이다. 저지방식 다이어트, 디톡스 다이어트 또는 과일 다이어트와 같은 여러 종류의 다이어트를 알고 있다. 나는 많은 양의 레몬 주스를 마시는 방식이었던 디톡스 다이어트를 경험해 보았다. 매일 오전에 가장 먼저 천연 레몬 주스 마시기를 해야만 했다. 이 다이어트는 좋고 실제로 효과가 있다고 생각한다.

¡Hola! Mi nombre es Alexander y soy vecino del barrio. Creo que el festival del año pasado estuvo muy bien, aunque pienso que le faltó más música. Yo asistí a varias actividades, como el taller de artesanía que fue muy divertido, la exposición de fotos antiguas del barrio que fue muy interesante y el cine al aire libre. Lo que más me gustó del festival del año pasado fue el cine al aire libre. Fue la primera vez que vi una película al aire libre. Lo que menos me gustó fue que no había suficientes aseos. Había que hacer cola y esperar mucho tiempo. Para el próximo festival, creo que sería bueno hacer actividades para aprender a ahorrar en casa, como ahorrar electricidad, agua y otras cosas. También sería interesante poder organizar un concierto. Pienso que a todo el mundo le gustaría tener más música en el festival.

해석

안녕하세요! 제 이름은 알렉산더이며 저는 이 지역의 이웃 주민입니다. 작년의 축제는 비록 음악이 조금 부족했지만 매우 좋았다고 생각합니다. 저는 무척 재미있었던 수공예 공방, 아주 흥미로웠던 지역의 옛 사진들 전시회, 야외 극장 등 다양한 활동들에 참여했습니다. 작년의 축제에서 가장 좋았던 것은 야외 극장이었습니다. 야외에서 영화를 본 것은 처음이었습니다. 가장 마음에 안 들었던 것은 충분한 화장실이 없었다는 점입니다. 줄을 길게 서야 했고 오래 기다려야 했습니다. 다음 축제를 위해서는, 가정에서 전기, 물 등과 같은 에너지 절약하기를 배우기 위한 활동이 있으면 좋을 것이라 생각합니다. 또한 콘서트를 기획하는 것도 흥미로울 것이라 생각합니다. 누구든 축제에서는 음악을 듣는 것을 좋아할 것이라 생각합니다.

PRUEBA DE EXPRESIÓN E INTERACCIÓN ORALES

Expresión e interacción orales

Tarea 1

1 해석

지령

회화 시험을 준비하기 위한 몇 가지 지시 사항을 가진 두 개의 주제를 드립니다. 그중 하나를 선택하세요. 선택한 주제에 대해 **2~3분**간 이야기해야 합니다. 이 과제에서 감독관은 개입하지 않습니다.

주제: 어린 시절의 여름 방학

다음 내용을 포함시키세요.
- 당신 나라의 초등학교 여름 방학 시기는 언제이며 얼만큼 지속되는지
- 여름 방학 동안 아이들은 무엇을 하는 편인지
- 당신은 여름 방학 동안 무엇을 했는지, 누구와 함께 보냈는지, 어디에서 보냈는지 그리고 왜 방학이 좋았는지 또는 왜 싫었는지
- 여름 방학 동안 경험한 재미있는 일화나 모험

다음을 잊지 마세요.
- 발표의 서론, 본론, 끝맺음을 구분해 발표하기
- 생각들을 잘 나열하고 연결시키기
- 의견과 느낌에 대한 이유를 들기

필수 어휘

infancia	f. 유년기, 아동, 어린이	época	f. 시기, 계절
colegio	m. 학교	durar	지속하다, 계속하다, 시간이 걸리다
soler	자주 ~하다	anécdota	f. 일화, 비화
aventura	f. 모험, 사건	común	공통의, 보통의
aproximadamente	대강, 대개, 대부분	generalmente	일반적으로, 보통
costa	f. 해안, 연안	casi	거의, 하마터면 ~할 뻔하다
ahogarse	질식하다, 익사하다		

발표문 연습

포함 사항	발표 예시
- En qué época son las vacaciones de verano en los colegios de su país y cuánto duran;	En los colegios de mi país, **las vacaciones de verano son** ... y **duran** ... Las vacaciones **son desde** ... **hasta** ...
- Qué suelen hacer los niños durante esas vacaciones;	Durante las vacaciones, los niños **suelen** ... **Normalmente, los niños hacen** ... en sus vacaciones. **Es común que los niños** ... durante las vacaciones de verano.
- Qué solía hacer usted durante esas vacaciones, con quién las pasaba, dónde las pasaba y por qué le gustaban o por qué no le gustaban;	En mi infancia, durante las vacaciones, **yo solía** ... Yo **pasaba las vacaciones con** ... **en** ... **Me gustaban** las vacaciones **porque** ... **Me acuerdo que** en las vacaciones siempre ...
- Alguna anécdota o aventura divertida durante esas vacaciones.	**Una experiencia** muy divertida **que aún recuerdo** como si fuera ayer **es que** ... **Me aucerdo de que** una vez ... **Algo que no podré olvidar nunca es que**, durante esas vacaciones, ...

En mi país, las vacaciones de verano en los colegios son en julio y agosto. Normalmente duran aproximadamente un mes. En mi país, los niños generalmente van a alguna academia durante esas vacaciones o van al colegio porque hay clases de verano. Después de las clases, los niños juegan en la calle, van a casa de sus amigos o aprenden inglés. Algunos niños viajan durante algunos días con sus padres. En mi caso, yo iba al colegio por la mañana. Las clases terminaban antes que durante el curso normal. Después, iba a casa a comer y, por la tarde, salía a la calle a jugar con mis amigos del colegio. Por la noche, volvía a casa y veía la tele con mis padres. A veces, cuando mi padre tenía vacaciones, viajábamos juntos en coche a una ciudad que está en la costa, a tres horas de donde vivo. Pasábamos un par de días allí. Una vez, casi me ahogo en la playa. Desde entonces, el mar me da mucho miedo. Otro año me acuerdo que viajamos a un país extranjero y yo no quería ir porque no quería hablar inglés.

해석

나의 나라에서는 초등학교의 여름 방학이 7월과 8월입니다. 보통은 한 달 정도 지속됩니다. 우리 나라에서 아이들은 일반적으로 방학 때 학원을 가거나 여름 수업을 듣기 위해 학교에 갑니다. 수업이 끝나면 아이들은 길에서 놀거나 친구들의 집에 가거나 또는 영어를 배웁니다. 어떤 아이들은 부모님과 함께 며칠 간 여행을 하기도 합니다. 나의 경우에는 오전에는 학교에 갔습니다. 수업은 평상시에 비해 더 일찍 끝났습니다. 수업이 끝나면 집으로 점심을 먹으러 가거나 오후에는 학교 친구들과 밖으로 놀러 나갔습니다. 밤에는 집에 돌아와 부모님과 함께 텔레비전을 봤습니다. 가끔 나의 아버지가 휴가일 땐 우리는 함께 차를 타고 내가 살던 곳에서 세 시간 거리에 있는 해안가 도시로 여행을 가곤 했습니다. 우리는 그곳에서 이틀간 보냈습니다. 한번은 바다에서 거의 물에 빠질 뻔한 적이 있었습니다. 또 다른 해에 우리는 외국으로 여행을 했는데, 나는 영어를 쓰고 싶지 않아서 여행 가기 싫었던 적이 있었습니다.

Tarea 2

1 해석

지령

과제 1의 발표를 마친 후 동일한 주제에 대해 감독관과 **3~4분**간 대화를 나누어야 합니다.

감독관의 질문 예시:

- 당신의 어린 시절에 여행을 하곤 했나요? 어디를 여행했나요?

- 방학에 하던 것 중에 당신이 가장 좋아하던 것은 무엇이었나요? 왜 그런가요?

- 아이들의 여름 방학은 예전에 비해 지금도 똑같다고 생각하나요? 왜 그런가요?

필수 어휘

de niño	어린 시절에, 유년기에	para nada	절대로, 결코
sobre todo	특히	llevar	가지고 가다, 몸에 걸치고 있다, (일시를) 보내다
lado	m. 옆, 측면, 옆구리, 장소	parte	f. 부분, 장소
recuerdo	m. 추억, 기억	día y noche	밤낮, 밤낮으로, 늘, 언제나
separarse	나누어지다, 갈라지다, 분리되다, 떨어지다	peligroso	위험한
ordenador	m. 컴퓨터 (=f. computadora)		

발표문 연습

포함 사항	발표 예시
- En su infancia, ¿solía viajar? ¿Dónde?	- **Sí. En mi infancia, solía viajar a** ... - **Sí. Cuando era niño, casi siempre viajaba a** ... - **¡Claro! De niño, viajaba** muchísimo.
- De las redes sociales que usa, ¿cuál es la que más le gusta? ¿Por qué?	- **Lo que más me gustaba hacer** en las vacaciones **era** ... **porque** ... - ... **era lo que me gustaba** más, porque... - **Yo era muy feliz cuando** ...
- ¿Cree que las redes sociales son buenas para la sociedad? ¿Por qué?	- **Pienso que sí.** Porque ··· - **No, yo pienso que no es así.** Es porque... - **¡Para nada!** Los niños de ahora ...

Q En su infancia, ¿solía viajar? ¿Dónde?

A Sí. Sobre todo por mi país. Estuve en Busan, en Jeju y en muchas ciudades. La verdad es que a mis padres les encantaba, y les encanta viajar. Ellos siempre me llevaban a cualquier lado, cualquier parte y la verdad es que se lo agradezco mucho. Tengo muy buenos recuerdos de mi infancia.
네. 특히 국내로 여행을 다녔습니다. 부산, 제주도, 그리고 많은 도시에 가 봤습니다. 사실 저희 부모님은 여행을 매우 좋아하셨고 지금도 좋아하십니다. 그분들은 늘 저를 어디로든 데리고 다니셨고 사실 그분들께 매우 감사하고 있습니다. 어린 시절의 아주 좋은 기억을 가지고 있기 때문입니다.

Q De las cosas que solía hacer en las vacaciones de verano, ¿qué era lo que más le gustaba?

A Me gustaba viajar con mis padres, sí. Pero creo que lo que más me gustaba era jugar con mis amigos en la calle. Siempre quería estar con mis amigos, día y noche. Mi madre me iba a buscar siempre. No me separaba de mis amigos.
부모님과 여행 다니는 것은 즐거웠습니다, 맞습니다. 하지만 내가 가장 좋았던 것은 친구들과 길에서 노는 것이었습니다. 전 늘 친구들과 낮이고 밤이고 함께 있길 원했습니다. 저의 어머니는 늘 저를 찾으러 다니셨습니다. 저는 친구들에게서 떨어지지 않았습니다.

Q ¿Cree usted que las vacaciones de verano de los niños son iguales ahora que antes?

A Creo que los niños de ahora estudian más que antes y juegan menos en la calle porque piensan que es peligroso. Ellos prefieren estar en casa estudiando, jugando con su ordenador o viendo la tele.
제 생각에 지금의 아이들은 예전보다 더 공부를 많이 하고 밖에서 노는 것은 위험하다는 생각에 덜 논다고 생각합니다. 그들은 집에서 공부하는 것을 더 좋아하거나 컴퓨터를 가지고 노는 것 또는 텔레비전 보는 것을 더 선호합니다.

1 해석

지령

당신에게 두 장의 사진을 보여 줍니다. 그 중 하나를 선택하고 자세히 관찰하세요.

사진 예시:

1~2분간 사진에서 보이는 것과 일어나는 일에 대해 상상되는 바를 상세히 묘사하세요.

다음과 같은 점을 이야기할 수 있습니다:

- 사람들: 어디에 있는지, 어떤지, 무엇을 하는지
- 그들이 있는 장소: 어떤지
- 사물들: 어떤 사물이 있는지, 어디에 있는지, 어떤지
- 이 사람들 사이에 어떤 관계가 있다고 생각하는지
- 그들이 무엇에 대헤 말하고 있다고 생각하나요?

이어서, 감독관이 당신에게 몇 가지 질문을 할 것입니다.

이 과제의 총 시간은 **2~3분**입니다.

감독관의 질문 예시:

- 당신은 사진 속 장소와 비슷한 곳에 있어 본 적이 있습니까? / 당신은 사진 속 장소와 비슷한 곳에 가 본 적이 있습니까?
- 그곳은 어떤가요? 사람들은 그곳에 주로 무엇을 하기 위해 가나요? 어떤 종류의 상품을 구입하나요?
- 당신은 어떠한 가전 제품이나 다른 무언가를 살 필요가 있나요? 왜 그렇습니까? / 왜 그렇지 않습니까?
- 당신은 주로 어떤 종류의 가게로 갑니까?

필수 어휘

producto	m. 제품, 수익, 산물, 성과	electrodoméstico	m. 가정용 전기 기구 / 가전 제품의, 가전용의
habitualmente	습관적으로, 언제나	pareja	f. 한 쌍, 커플
ordenador	m. 컴퓨터 (=f. computadora)	centro comercial	m. 상점가, 쇼핑 센터
descripción	f. 묘사, 서술	último	마지막의, 최종의, 최신의
marca	f. 기호, 부호, 표, 마크, 상표, 브랜드	comparar	비교하다, 대비하다
funcionar	기능을 하다, 작동하다, 작용하다	grandes almacenes	m. pl. 백화점
por encima de	~의 위에, ~을(를) 넘어서	sección	f. 과, 부, 구간, 단락, 매장, 판매대
informática	f. 컴퓨터 과학, 정보 처리	garantía	f. 보증, 보증하는 물건
aniversario	m. 기념일, 기념제		

발표문 연습

참고 사항	발표 예시
- Las personas: dónde están, cómo son, qué hacen.	- En la foto, se puede ver a una pareja que está en una tienda de electrodomésticos. - En la imagen, ser puede ver a una pareja y un empleado que están mirando un papel. Quizás el empleado les esté explicando sobre un ordenador.
- El lugar en el que se encuentran: cómo es.	- Pienso que es una tienda de electrodomésticos. - A lo mejor ellos están en un centro comercial.
- Los objetos: qué objetos hay, dónde están, cómo son.	- Hay muchos ordenadores y televisores. - El empleado tiene una hoja en la mano. Quizás sea una descripción de un ordenador.

문답 훈련

예상 질문	답변 예시
• ¿Ha estado usted en algún lugar parecido al de la imagen?	- Sí. Hace poco fui a una tienda de electrodomésticos para ver los últimos modelos.
• ¿Cómo es? ¿A qué suelen ir las personas a ese lugar? ¿Qué tipo de productos compran?	- Hay todo tipo de ordenadores y de diferentes marcas. Las personas van a esas tiendas para comprar nuevos ordenadores. Es bueno porque hay de todo y se puede comparar.
• ¿Necesita comprar algún electrodoméstico o alguna otra cosa? ¿Por qué? / ¿Por qué no?	- Sí. Necesito un televisor. Es que el que tengo es viejo y no funciona bien.
• ¿A qué tipo de tiendas suele ir habitualmente usted?	- Cuando necesito comprar algún electrodoméstico u ordenador, voy a los grandes almacenes. O también, puedo mirar en Internet.

사진 묘사

En esta foto, se puede ver a tres personas en una tienda de ordenadores o de electrodomésticos. Creo que son una pareja y un empleado de la tienda. Pienso que son una pareja porque él tiene su brazo por encima del hombro de ella. La chica es rubia y lleva una camisa blanca y unos pantalones o una falda no lo veo bien. El chico lleva una camisa. Aquí hay muchos ordenadores, así que supongo que están en la sección de informática. A lo mejor quieren comprar un nuevo ordenador o un televisor porque al fondo se ven muchos televisores en la pared. El empleado les está mostrando un papel. Quizás sea un papel con el precio o la garantía. La chica parece muy contenta. Está sonriendo. A lo mejor el chico quiere hacerle un regalo por su cumpleaños o su aniversario.

해석

이 사진에는 컴퓨터 가게 혹은 가전 제품의 가게에 있는 세 명의 사람을 볼 수 있습니다. 내 생각에는 커플과 상점의 직원인 것 같습니다. 커플이라고 생각하는 이유는, 남자가 여자의 어깨에 팔을 두르고 있기 때문입니다. 여자는 금발이고 흰색 셔츠를 입고 있으며 잘은 보이지 않으나 바지 혹은 치마를 입고 있습니다. 남자는 셔츠를 입고 있습니다. 이곳에는 컴퓨터가 매우 많은데, 그렇기 때문에 이곳은 컴퓨터 구역인 것 같습니다. 어쩌면 그들은 새 컴퓨터 혹은 텔레비전을 사야 하는 것입니다. 벽에도 많은 텔레비전이 있기 때문입니다. 남자 직원은 하나의 문서를 그들에게 보여 주고 있습니다. 어쩌면 금액이 적힌 용지이거나 보증서일 것입니다. 여자는 매우 기뻐 보입니다. 그녀는 미소를 띠고 있습니다. 어쩌면 남자는 여자의 생일 혹은 기념일 때문에 선물을 하려는 것 같습니다.

질문과 답변

감독관

> ¿Ha estado usted en algún lugar parecido al de la imagen?
> 당신은 사진 속 장소와 비슷한 곳에 가 본 적이 있습니까?

> Sí, claro. En cualquier hipermercado hay una sección de informática o de electrodomésticos y también en los centros comerciales.
> 네, 물론입니다. 어느 대형 마트에 가든 컴퓨터 판매 구역 또는 가전제품 판매 구역이 있고, 쇼핑 센터에도 있습니다.

응시자

감독관

¿Cómo es?
그곳은 어떤가요?

응시자

Normalmente son tiendas muy grandes llenas de electrodomésticos de todo tipo.
보통은 큰 가게이며 모든 종류의 가전제품이 가득 찬 곳입니다.

감독관

¿A qué suelen ir las personas a ese lugar?
사람들은 그곳에 주로 무엇을 하기 위해 가나요?

응시자

La gente va a mirar los nuevos productos y probar algunos de ellos. Lo bueno es que allí se encuentran los electrodomésticos de diferentes marcas.
사람들은 새로운 상품을 구경하거나 일부를 시험해 보기 위해 갑니다. 그곳의 장점은 다양한 브랜드의 가전제품이 있다는 것입니다.

감독관

¿Qué tipo de productos compran?
어떤 종류의 상품을 구입하나요?

응시자

Ordenadores, televisores, neveras, ventiladores, tabletas, teléfonos...Todo tipo de aparatos electrónicos.
컴퓨터, 텔레비전, 냉장고, 선풍기, 태블릿, 전화기... 모든 종류의 가전제품입니다.

감독관

¿Necesita comprar algún electrodoméstico o alguna otra cosa? ¿Por qué? / ¿Por qué no?
당신은 어떤 가전제품이나 다른 무언가를 살 필요가 있나요? 왜 그렇습니까? / 왜 그렇지 않습니까?

응시자

Sí, quizás un teclado para mi ordenador porque el que tengo es muy viejo. Necesito cambiarlo.
네. 어쩌면 키보드를 사야 할지도 모릅니다. 왜냐하면 지금 가지고 있는 것이 매우 오래되었기 때문입니다. 그것을 바꿔야 합니다.

감독관

¿A qué tipo de tiendas suele ir habitualmente usted?
당신은 주로 어떤 종류의 가게로 갑니까?

응시자

Voy a las tiendas de electrodomésticos en los grandes alamacenes. O también compro por Internet. Es muy cómodo.
저는 백화점에 있는 가전제품 상점으로 갑니다. 또는 인터넷을 통해 구입하기도 합니다. 그렇게 하면 매우 편합니다.

1 해석

지령

당신은 감독관과 2~3분에 걸쳐 가상의 상황에 대해 대화를 나누어야 합니다.

상황 예시:

당신의 친구는 당신에게 태블릿을 선물하며 혹시 당신이 그것이 마음에 들지 않으면 상점으로 가서 같은 가격 또는 더 낮은 금액의 전자 기기로 교환할 것을 이야기했습니다. 당신은 다른 기기로 바꾸기 위해 상점으로 가기로 합니다. 감독관이 전자 제품 상점의 직원이라고 상상하세요.

다음 지시 사항들을 따라 그와 대화를 나누세요.

전자 제품 상점의 직원과의 대화에서 당신은 다음을 해야 합니다.
- 가게에 왜 간 것인지 말하기
- 당신의 친구가 언제 그 태블릿을 샀으며 왜 그것을 교환하고 싶은지 설명하기
- 다른 전자 기기로 바꿔 줄 것을 요청하기
- 도움에 감사하기

2 필수 어휘 및 발표문 연습

필수 어휘

tableta	f. 작은 판자, 알약, 태블릿	aparato electrónico	m. 전자 기기
inferior	낮은, 하위의, 하급의, 적은	valor	m. 가치, 가격, 유효성, pl. 가치관
electrónica	f. 전자, 전자 공학	agradecer	감사를 느끼다
cambio	m. 변화, 교환, 거스름돈, 잔돈, 환전	recibo	m. 수취, 수령, 영수증
diferencia	f. 차이, 다름, 격차	darse cuenta	인식하다, 눈치채다
mostrar	보여 주다, 제시하다, 증명하다	libro electrónico	m. 전자책, 전자책 리더기
novedad	f. 새로움, 변화, 최근 사건, 신작, 신간	sección	f. 과, 부, 매장, 구획
oferta	f. 제안, 특매품, 공급	en efectivo	현금으로
ticket	m. 구매표, 구매증	devolver	돌려주다, 반환하다
plazo	m. 기간, 기한	devolución	f. 반환, 환급, 반송

대화 시작

안녕하세요! 저는 교환을 하러 왔습니다.	¡Hola! Vengo a **hacer un cambio**.
보세요, 저는 제 친구가 이 상점에서 산 상품을 교환하고 싶어서 왔습니다.	Mire, **he venido porque me gustaría cambiar** un artículo que un amigo compró en esta tienda.
실례합니다. 제 친구가 이 상점에서 산 상품을 교환해 주실 수 있을까요?	**Disculpe, ¿me podría cambiar un artículo** que un amigo compró en esta tienda?

주제 전개

네. 여기 영수증이 있습니다.	**Sí. Aquí tengo el recibo.**
저는 그것을 다른 상품으로 교환하고 싶습니다. 저는 이미 태블릿이 있거든요.	**Me gustaría cambiarla por otro artículo. Es que ya tengo** una tableta.
부탁합니다. 이것을 다른 상품으로 교환할 수 있게 해 주세요.	**Por favor, permítame cambiarla** por algún otro artículo.
사실 제가 원하는 것은 카메라입니다.	**En realidad, lo que me gustaría es** una cámara.
보세요, 저는 이 카메라로 하겠습니다. 태블릿과 가격이 동일하네요.	**Mire, me voy a llevar** esta cámara. Vale lo mismo que la tableta.
차액을 지불할 수 있을까요?	¿Puedo **pagar la diferencia?**

작별 인사 및 대화 종결

감사합니다. 당신은 매우 친절하시군요.	¡Muchas gracias! **Es Ud. muy amable.**
모든 것에 대해 감사합니다.	**Le agradezco mucho por** todo.
아주 친절하시군요! 안녕히 계세요!	**¡Que amable!** ¡Hasta luego!

감독관
Hola, buenos días. ¿Cómo le puedo ayudar?
안녕하세요. 좋은 아침입니다. 무엇을 도와드릴까요?

응시자
Hola. Mire, he venido porque me gustaría cambiar un artículo que un amigo compró en esta tienda.
안녕하세요. 보세요. 저는 친구가 이 가게에서 산 상품을 교환하고 싶어 왔습니다.

감독관
¿Su amigo compró un artículo en esta tienda?
당신의 친구가 이 가게에서 상품을 샀다고요?

응시자
Sí, una tableta. Aquí tengo el recibo de compra y la tableta. La compró la semana pasada. El lunes.
네. 태블릿입니다. 여기 구매 영수증과 태블릿이 있습니다. 지난 주에 샀습니다. 월요일에요.

감독관
A ver. Sí, ya veo. ¿Y usted quiere devolverla?
봅시다. 네, 그렇군요. 당신은 그것을 환불하길 원하나요?

응시자
En realidad, no. Me gustaría cambiarla por otro artículo. Lo que pasa es que ya tengo una tableta y parece que mi amigo no se dio cuenta.
사실은 그렇지 않습니다. 저는 그것을 다른 상품으로 바꾸고 싶습니다. 제가 태블릿이 이미 있거든요. 제 친구는 그 사실을 몰랐던 것 같습니다.

감독관
¡Ah vale! ¡Perfecto! Usted me dice lo que quiere ver y se lo muestro.
네 그렇군요! 알겠습니다! 당신이 저에게 보고 싶으신 걸 말씀하시면 제가 보여 드리겠습니다.

응시자
¿Ustedes tienen libros electrónicos?
당신들은 전자책 리더기가 있나요?

감독관
Lamentablemente, no. No trabajamos con ese tipo de artículo.
안타깝게도 없습니다. 저희는 그 상품은 취급하지 않습니다.

응시자
¡Qué pena! No sé. ¿Cámaras de fotos?
안타깝군요! 모르겠네요. 카메라는요?

감독관

¡Hombre, claro que sí! Sígame. Mire, aquí tenemos las novedades y, a partir de aquí, los modelos más antiguos. En esta sección se encuentran las ofertas. 물론 있습니다! 절 따라오세요. 보세요. 이곳에는 신상품이 있으며 여기부터는 오래된 모델들이 있습니다. 이 구역에는 세일 상품이 있습니다.

¡Gracias!
감사합니다!

응시자

감독관

¿Ve alguna que le guste?
마음에 드시는 게 있나요?

A ver, espere. Mire, me voy a llevar esta de aquí. Vale más o menos lo mismo que la tableta.
기다려 보세요. 네, 저는 이것을 가져가겠습니다. 태블릿과 비슷한 금액이네요.

응시자

감독관

Sí, 10 euros más cara. ¿Cómo va a pagar los 10 euros? ¿Con tarjeta?
네, 10유로 더 비쌉니다. 10유로를 어떻게 지불하시겠어요? 카드로 하시겠습니까?

No, no. En efectivo. Aquí tiene.
아니요. 현금으로요. 여기 있습니다.

응시자

감독관

Muchas gracias. Aquí tiene la cámara y el ticket de compra. Si quiere cambiarla o devolverla, solo necesita venir aquí con el ticket y la cámara. El plazo de devolución es de un mes.
감사합니다. 여기에 카메라와 영수증이 있습니다. 만일 이것을 교환하거나 환불하고 싶으시다면 영수증과 카메라를 가지고 이곳으로 오시면 됩니다. 환불 기간은 한 달입니다.

Perfecto. ¡Muchas gracias! Se lo agradezco muchísimo.
완벽합니다. 감사합니다! 아주 깊이 감사 드립니다.

응시자

감독관

A usted. ¡Que tenga un buen día!
당신에게 감사합니다. 좋은 하루 되세요!

B1 필수 어휘

어려운 단어는 체크☐ 후 다시 외워 봅시다!

<table>
<tr><td>a bordo</td><td>선내(기내) 에서</td><td>☐</td></tr>
<tr><td>a cargo de</td><td>(~의) 부담으로</td><td>☐</td></tr>
<tr><td>a color</td><td>컬러로</td><td>☐</td></tr>
<tr><td>a convenir</td><td>협상 가능</td><td>☐</td></tr>
<tr><td>a diario</td><td>일상의 (=de diario)</td><td>☐</td></tr>
<tr><td>a distancia</td><td>거리를 둔, 거리가 먼, 원격의 / 멀리서</td><td>☐</td></tr>
<tr><td>a favor de</td><td>~에 유리하게, ~을(를) 지지하여</td><td>☐</td></tr>
<tr><td>a fin de</td><td>~을(를) 목적으로, ~을(를) 위해서</td><td>☐</td></tr>
<tr><td>a fuerza de</td><td>~의 힘으로, ~의 힘을 빌어</td><td>☐</td></tr>
<tr><td>a la atención de</td><td>(누구)씨 앞</td><td>☐</td></tr>
<tr><td>a la fuerza</td><td>강제로, 억지로</td><td>☐</td></tr>
<tr><td>a la hora de INF</td><td>~하는 시간에, ~할 때에</td><td>☐</td></tr>
<tr><td>a lo largo de</td><td>~ 내내 계속, ~동안 쭉</td><td>☐</td></tr>
<tr><td>a lo mejor</td><td>아마 (=quizás, tal vez)</td><td>☐</td></tr>
<tr><td>a máquina</td><td>기계로</td><td>☐</td></tr>
<tr><td>a medida que</td><td>~함과 동시에, ~함에 따라</td><td>☐</td></tr>
<tr><td>a mi parecer</td><td>내 생각으로는, 내 판단으로는 (=a mi juicio, desde mi punto de vista)</td><td>☐</td></tr>
<tr><td>a muerte</td><td>필사적인, 격렬한</td><td>☐</td></tr>
<tr><td>a nombre de</td><td>~의 이름으로</td><td>☐</td></tr>
<tr><td>a partir de</td><td>~부터, ~이후에</td><td>☐</td></tr>
<tr><td>a propósito de</td><td>~을(를) 위하여, ~에 관해서</td><td>☐</td></tr>
</table>

a salvo	무사히, 손실 없이, 손해 없이	☐
a su vez	동시에	☐
a todas horas	언제나, 수시로, 시종 (=siempre, cada hora)	☐
abandonado	버려진, 부주의한	☐
abandonar	버리다, 단념하다	☐
abastecer	보급하다, 공급하다, 조달하다, 사들이다, 비축하다	☐
abiertamente	공개적으로, 솔직히, 드러나게, 노골적으로	☐
absurdo	비이성적인, 말 같잖은, 어이없는, 터무니없는	☐
aburrimiento	m. 권태, 싫증, 피로	☐
academia	f. 학원, 학교	☐
acampada	f. 캠프, 캠핑, 야영 (=m. camping, m. campamento)	☐
accesible	접근할 수 있는, 도달할 수 있는, 손이 닿는	☐
acceso	m. 접근, 통행	☐
accionista	m.f. 주주	☐
aceite	m. 기름, 석유	☐
acelerar	가속하다, 속도를 올리다	☐
acento	m. 강세, 악센트	☐
acercamiento	m. 접근, 가까이함, 화해, 친선	☐
acercarse	접근하다, 가까이 가다	☐
achicar	작게 하다, 단축하다, 줄이다	☐
ácido	m. 산(酸) / 신, 식초의 맛을 가진, 산의, 산성의	☐
aclarar	맑게 하다, 분명히 밝히다, 해명하다	☐
acoger	받아들이다, 맞아들이다, 숙박시키다	☐
acometer	격렬하게 습격하다, 갑자기 닥치다, 실행하기 시작하다	☐
acomodar	놓다, 배치하다, 마련하다, 갖추다	☐

acompañamiento	m. 동반, 동행	☐
acompañar	함께 있다, 수반하다, 동행하다	☐
aconsejar	충고하다, 조언하다, ~하기를 권하다	☐
acontecimiento	m. 이벤트, 행사, 사건	☐
acortar	단축하다, 짧게 하다, 줄이다, 감소하다	☐
actitud	f. 태도, 자세, 포즈	☐
actividad física	f. 체육 활동	☐
activo	m. 자산 / 활발한, 민첩한, 실제의, 유효한, 효능이 있는	☐
acto	m. 행동, 행사	☐
actuación	f. 활동, 동작, 연기, 공연	☐
actual	현재의, 현대의	☐
acudir	가다, 쫓아가다, 참가하다	☐
adaptación	f. 각색, 적응, 순응, 적합, 개작	☐
adaptado	맞춘, 적당한, 적합한	☐
adaptar	적합하게 하다, 각색하다	☐
adaptarse (a)	~에 적응하다, 순응하다	☐
adelanto	m. 전진, 진출, 선금, 진보, 발전	☐
adelgazar	(몸을) 날씬하게 하다, 가냘프게 하다, 가늘게 하다	☐
adentrarse	안으로 들어가다	☐
adicional	부가의, 추가적인	☐
adictivo	중독을 일으키는, 중독성이 있는	☐
administrativo	m.f. 관리 담당자, 행정 담당자 / 관리의, 경영의, 행정의	☐
admirar	바라보다, 동경하다	☐
adquirir	얻다, 취득하다	☐
adquisitivo	취득할 수 있는, 구매력이 있는	☐

Adriático	m. 아드리아해	☐
adverso	반대의, 거역하는, 불운한	☐
advertir	알아차리다, 주의하다, 경고하다	☐
afectación	f. 영향, 작용, 가장, 가식	☐
afectivo	애정의, 정서적인, 감정의	☐
afecto	m. 사랑, 애정, 호감	☐
afectuoso	친애하는, 사랑하는, 발랄한	☐
afición	f. 애호, 취미, 열의	☐
aficionado	m.f. 애호가, 팬, 아마추어 / 좋아하는, 열중하는	☐
afilado	예리한, 날카로운	☐
afirmar	단언하다, 확언하다, 확신을 가지다	☐
afuera	f. 교외 / 밖에, 밖에서, 외부로	☐
agenda	f. 수첩, 메모장, 계획표	☐
agente	m.f. 대리인, 중개인 / 요인의	☐
agilizar	신속하게 하다, 촉진하다, 활발하다	☐
agitado	(호흡이나 맥박이) 빨라진, 불안한, 걱정된	☐
agobiante	귀찮은, 성가신, 괴로운	☐
agotado	지친, 고갈된, 바닥난, 절판의	☐
agotador	고갈시키는, 피곤하게 만드는	☐
agradecer	감사하다, 감사를 느끼다	☐
agradecido	감사하는, 호의적으로 보답하는	☐
agrupamiento	m. 집합, 결집	☐
aguantar	견디다, 인내하다, 참다	☐
agudo	(질병) 급성의, 예리한, 뾰족한, 총명한, 고음의	☐
águila	f. 독수리	☐

ahínco	m. 열심, 열의, 열렬함	☐
ahogarse	질식하다, 익사하다	☐
ahorrar	절약하다, 저축하다	☐
aire	m. 공기, 대기, 분위기	☐
aire acondicionado	m. 냉난방 장치, 에어컨	☐
ajedrez	m. 체스	☐
al aire libre	야외에서, 노천에서	☐
al azar	무작위로, 운명대로, 닥치는 대로	☐
al contrario	반대로, 도리어	☐
al lado de	~의 바로 옆에, ~의 가까이에	☐
al mínimo	최소로 (=a lo mínimo)	☐
al parecer	겉으로 보아, 외관에는	☐
al principio	처음에는, 최초에는	☐
al revés	반대로, 거꾸로	☐
albergar	숙박시키다, 수용하다	☐
alcalde	m. 시장	☐
alcanzar	닿다, 도달하다	☐
aldea	f. 마을, 작은 촌	☐
aleatorio	무작위의, 랜덤, 사행적	☐
alegría	f. 환희, 기쁨	☐
alejarse	멀어지다	☐
alerta	f. 경계, 경보, 주의	☐
aliado	m. 동맹국, 연합국 m.f. 제휴자, 맹우 / 제휴한, 결연한	☐
alimentación	f. 영양 섭취, 식사, 음식	☐
almacén	m. 창고 pl. 백화점 (grandes almacenes)	☐

alojamiento	m. 숙박, 숙소	☐
alojar	숙박시키다, 재우다	☐
alrededor	m. 주위, 근교 / 주위에, 주위를	☐
alrededor de	대략, 가량, ~정도, 주위에	☐
altavoz	m. 스피커, 확성기	☐
alteración	f. 변경, 우려, 혼란, 논쟁	☐
alterar	바꾸다, 변경하다, 혼란하게 하다, 교란시키다, 어지럽히다	☐
alternativa	f. 교대, 교체, 대안	☐
altura	f. 높이, 신장, 고공	☐
amanecer	m. 여명, 해돋이 / 날이 밝아 오다, 날이 새다, 동이 트다, 아침을 맞이하다, 나타나다	☐
amargo	맛이 쓴, 쓴맛의, 슬프게 하는, 고통스럽게 하는	☐
ambición	f. 큰 뜻, 야심, 포부, 야망, 의욕	☐
ambiente	m. 분위기, 주변 환경, 자연환경, 대기, 환경, 공기	☐
ámbito	m. 구역, 구내, 지역, 분야, 영역	☐
ambos	양쪽의, 쌍방의 / 양쪽, 양자	☐
amenaza	f. 위협, 협박	☐
amistad	f. 우정, 우애	☐
amoroso	사랑의, 다정다감한	☐
ampliación	f. 확장, 확대	☐
ampliar	넓히다, 확장하다, 확대하다, 늘리다	☐
amplio	넓은, 광대한	☐
añadir	첨가하다, 보태다	☐
analizar	분석하다, 검사하다	☐
ancho	m. 폭, 넓이 / 넓은, 헐거운	☐
andaluz	m.f. 안달루시아 사람 / 안달루시아의	☐

anécdota	f. 일화, 비화	☐
anhelar	갈망하다, 열망하다	☐
animado	생명이 있는, 원기 왕성한, 활기찬, 북적거리는	☐
animar	생기를 불어넣다, 응원하다, 분위기를 돋우다	☐
aniversario	m. 기념일, 기념제	☐
anónimo	m.f. 익명 / 익명의	☐
anormal	이상한, 변칙적인, 비정상적인	☐
anotar	기록하다, 적다, 메모하다	☐
ante	(~의) 앞에(서), ~에 관하여	☐
anticuado	케케묵은, 고리타분한, 유행·시대에 뒤떨어진	☐
anual	매년의, 한 해의	☐
anuncio	m. 알림, 통지, 광고	☐
apagar	끄다, 진압하다, 정지시키다	☐
apagarse	기계의 전원이나 불이 꺼지다	☐
aparato electrónico	m. 전자 기기	☐
aparcar	주차하다	☐
aparecer	나타나다, 발견되다, 출현하다	☐
aparición	f. 출현, 등장	☐
Apdo.	'apartado (de correos) 사서함'의 축약형	☐
apenas	겨우, 고작, 단지, 간신히, ~하자마자	☐
apetecer	내키다, 탐나게 하다, 원하나	☐
apetito	m. 식욕, 욕망	☐
aplazar	미루다, 연기하다	☐
aportar	기여하다, 내주다, 돈을 내다, 불입하다	☐
apoyar	기대다, 기대어 놓다, 의지하다	☐

apoyo	m. 받침, 지지	☐
aprendiz	m.f. 견습생, 제자	☐
apretón	m. 꽉 조임, 습격, 곤경, 곤란	☐
apretón de manos	m. 악수	☐
aprobación	f. 승인, 합격	☐
aprobar	승인하다, 승낙하다, 합격하다	☐
apropiado	적합한, 적절한, 어울리는	☐
aprovechar	유익하게 사용하다	☐
aproximadamente	대강, 대개, 대부분	☐
apuntar	조준하다, 지적하다, 적다, 등록하다, 가리키다, 회원이 되다	☐
apuntarse	등록되다, 회원이 되다	☐
arco	m. 활, 아치	☐
ardilla	f. 다람쥐	☐
arduo	힘든, 험한	☐
aristócrata	m.f. 귀족, 특권층	☐
armarse	구성하다, 갖추다, 무장하다	☐
armónico	조화의, 조화로운	☐
arraigar	매우 견고히 되다, 뿌리를 박다, 심다, 정착시키다	☐
arrancar	시동을 걸다, 갑자기 ~하기 시작하다, 뿌리째 뽑다	☐
arrasar	쓸어버리다, 괴멸시키다, 완파하다	☐
arreglar	정리하다, 정돈하다, 수리하다	☐
arrepentirse	후회하다	☐
arriesgado	위험한, 모험적인	☐
arte	m.f. 예술, 미술	☐
artesanía	f. 수공예, 수공업, 세공	☐

artículo	m. 기사, 관사, 논설, 조항, 물품, 관절, 상품	☐
artístico	예술의, 예술적인, 미술의, 아름다운	☐
asamblea	f. 모임, 집회, 회의	☐
asegurarse	확실시하다, 확인하다, 안심하다	☐
aseo	m. 몸치장, 화장, 세면, 세면소, 화장실, 청소	☐
asesor	m.f. 컨설턴트 / 조언하는	☐
asiático	m. 아시아 사람 / 아시아의	☐
asignatura	f. 과목, 학과목, 교과	☐
asimismo	역시, 마찬가지로	☐
asistencia	f. 참석, 도움, 원조	☐
asistir	출석하다, 참석하다	☐
asomarse	들여다보다, 나타나다	☐
aspecto	m. 외관, 양상, 관점	☐
aspirante	m.f. 지원자, 지망생 / 빨아들이는	☐
asumir	(책임이나 임무 등을) 지다, 맡다, 획득하다, 얻다	☐
asunto	m. 일, 사건, 용건, 업무	☐
atacar	공격하다, 습격하다, 덮치다, 침범하다	☐
atardecer	m. 서광, 석경 / 해가 지다, 날이 저물다, 날이 저물기 시작하다	☐
atención al cliente	f. 고객 서비스	☐
atender	응대하다, 대접하다, 돌보다, 전화 받다	☐
atento	주의하고 있는, 주의 깊은, 친절한, 예의 바른	☐
atlántico	대서양의	☐
atleta	m.f. 운동 선수, 경기자	☐
atletismo	m. 운동(육상) 경기, 체육	☐
atractivo	m. 매력, 남의 눈을 끄는 것 / 매력적인	☐

atraer	끌어당기다, 끌다, 매혹하다	☐
atrapar	잡다, 얻다	☐
audiencia	f. 청취자, 법정 심문	☐
audiolibro	m. 오디오북	☐
auditorio	m. 청중, 콘서트홀, 강당	☐
aula	f. 교실, 강의실	☐
aumentar	늘리다, 증대시키다, 늘어나다	☐
aumento	m. 증대, 증가, 인상, 개선	☐
auricular	m. 이어폰 / 청각의	☐
austriaco	m.f. 오스트리아 사람 / 오스트리아의	☐
autocontrol	m. 자기 제어, 자기 통제	☐
autoescuela	f. 운전 학원	☐
autoestima	m. 자존심, 자부심, 자존감	☐
autoridad	f. 권력, 당국	☐
autoritario	m.f. 권위주의자 / 권위주의의	☐
avalado	보증하는	☐
avanzado	진행된, 나이가 많은, 진보적인	☐
avanzar	전진시키다, 앞당기다, 진보하다	☐
avaricia	f. 탐욕, 욕심, 과욕	☐
aventura	f. 모험, 사건	☐
aviación	f. 항공, 비행	☐
aviador	m.f. 비행사 / 비행기를 조종하는	☐
avispa	f. 말벌	☐
ayuda	f. 도움, 원조	☐
Ayuntamiento	m. 시청, 시 의회	☐

bahía	f. 만 (바다)	☐
baja por maternidad	f. 출산 휴가	☐
bajo cero	영하	☐
balance	m. 비교 검토, 결산, 대차 대조	☐
balcón	m. 발코니, 베란다	☐
bañador	m. 수영복 / 목욕하는, 적시는	☐
banca	f. 은행, 은행업, 은행 업무, (등 없는) 나무 벤치	☐
bandeja	f. 쟁반	☐
banquete	m. 연회, 축하연	☐
barrera	f. 장벽, 차단기	☐
barrio	m. 동네, 지역, 구, 지구, 거주 지역	☐
bautizar	세례를 주다, 이름을 붙이다	☐
bautizo	m. 세례, 세례식	☐
beca	f. 장학금	☐
becario	m.f. 장학생	☐
bello	아름다운, 미의	☐
beneficiar	선을 베풀다, 이익을 주다	☐
beneficiarse	이득을 보다, 은혜를 입다	☐
beneficio	m. 이익, 선행, 효용	☐
bestia	f. 야수, 짐승	☐
bien	m. 신, 인녕, 이익, 재산 / 잘, 바르게, 매우	☐
bienvenida	f. 환영, 환대	☐
bilingüismo	m. 두 언어 병용, 이중 언어	☐
billete	m. 표, 탑승권, 승차권, 지폐	☐
biodiversidad	f. 생물학적 다양성	☐

bioenergético	m.f. 생물에너지학자 / 생물에너지의	☐
biológico	생물학의, 유기적인	☐
bioquímico	m.f. 생화학자 / 생화학의	☐
bisabuelo	m.f. 증조부, 증조모	☐
blando	부드러운, 연한	☐
bombero	m.f. 소방사, 소방관, 소방대	☐
bordado	m. 자수 / 자수를 놓은	☐
bote	m. 보트, 작은 그릇	☐
brillante	빛나는, 번쩍이는, 훌륭한	☐
brindar	건배하다, 제공하다	☐
broma	f. 장난, 못된 장난, 농담	☐
Buda	m. 부처	☐
burro	m. 당나귀	☐
buscador	m. 검색자 / 찾는, 구하는	☐
búsqueda	f. 수색, 탐구, 검색, 추구	☐
buzón	m. 우체통, 우편함, 사서함	☐
caber	들어가다, 수용하다	☐
cabra	f. 염소, 산양	☐
cadena	f. 연속, 체인, 사슬, 프랜차이즈	☐
cadena de televisión	f. 텔레비전 방송국	☐
caer bien	기호가 맞다, 잘 어울리다, 잘 맞다	☐
caer en saco roto	쓸모없어지다, 노력이 헛되다	☐
caída	f. 낙하, 넘어짐, 붕괴, 저하	☐
cajero	m.f. 현금 출납 담당자, 계산원	☐
calavera	f. 해골, 두개골	☐

calentamiento	m. 가열, 워밍업	☐
calificación	f. 평가, 성적(= f. nota), 등급	☐
callado	침묵의, 조용한, 말이 없는	☐
callejero	거리의	☐
calmado	가라앉은, 평정된, 진정된	☐
caloría	f. 칼로리, 열량	☐
cambio	m. 변화, 교환, 거스름돈, 잔돈, 환전	☐
caminata	f. 소풍, 하이킹	☐
campamento	m. 캠프, 캠핑, 야영 (=f. acampada, m. camping)	☐
campaña	f. 캠페인, 운동, 평야, 평원	☐
campo	m. 시골, 농촌, 영역, 분야	☐
canal	m. 수로, 운하, 채널	☐
canario	카나리아 제도의, 카나리아 제도 태생의	☐
canasta	f. 바구니, 트럼프 놀이	☐
cancelación	f. 취소, 해약	☐
cancioncilla	f. 짧은 노래 f. canción(노래)의 축약형	☐
cañón	m. 대포, 협곡, 관, 통, 파이프	☐
cantidad	f. 양, 수량	☐
cantina	f. 주점, 술집, 선술집	☐
capacitado	~하는 능력이 있는, 자격이 있는	☐
capilla	f. 작은 예배당	☐
capital	f. 수도 m. 자본, 자산	☐
captación	f. 획득, 포착	☐
captar	포착하다, 획득하다	☐
característica	f. 특징	☐

carbohidrato	m. 탄수화물	☐
carcajear	큰 소리로 웃다	☐
carecer	부족하다, 없다, 필요하다	☐
cargado	싣는, 적재한, 충전된, 장전된, 가득한	☐
cargador	m. 충전기, 탄창	☐
cargar	싣다, 지다, 매다, 충전하다, 부과하다	☐
cargo	m. 지위, 직책, 담당, 책임, 하중, 부담	☐
cariñoso	사랑스러운, 애정이 깊은, 다정한	☐
carné	m. 증명서, 회원증	☐
carnicería	f. 정육점	☐
carnicero	m.f. 정육점 주인 / 육식의	☐
cárnico	식육의, 식용 고기의	☐
carnoso	살이 많은, 육질의, 자양분이 많은	☐
carpeta	f. 파일, 서류철, 폴더	☐
carril	m. 차선, 도로, 레일, 선로	☐
cartel	m. 벽보, 포스터, 대자보	☐
cartelera	f. 전시 알림판, 게시판	☐
casco	m. 투구, 헬멧, 두개골, 겉껍질, 외피	☐
casero	집의, 가정의, 수제의	☐
casi	거의, 하마터면 ~할 뻔하다	☐
castigo	m. 벌, 징벌, 패널티	☐
castillo	m. 성, 성채	☐
casualidad	f. 우연, 우연의 사건	☐
catarata	f. 폭포, 백내장, 호우	☐
cauto	주의 깊은, 신중한, 빈틈없는	☐

cebra	f. 얼룩말	☐
celebración	f. 파티, 기념 행사, 축하 행사	☐
celo	m. 열심, 열중, 질투, 질투심	☐
celular	m. (중남미) 휴대 전화 (=m. móvil) / 세포의	☐
ceniza	f. 재, 화장된 유골	☐
centenario	m. 100세, 백년제 / 100의	☐
centrar	중심에 두다, 집중시키다, 맞추다	☐
centro	m. 중심, 도심지, 기관	☐
centro comercial	m. 쇼핑 센터, 상점가, 상업의 중심지	☐
cerebro	m. 뇌, 대뇌, 분별력, 판단력	☐
cerro	m. 언덕	☐
certificar	증명하다, 보증하다	☐
cervical	m.f. 경부, 목덜미 / 경부의	☐
ceviche	m. 세비체 (손질한 날 생선을 레몬즙에 재워 먹는 페루 대표 음식)	☐
chancla	f. 실내화, 슬리퍼	☐
charlar	담소하다, 이야기하다	☐
chaval	m.f. 어린아이, 젊은이 / 어린, 젊은	☐
chef	m. 주방장	☐
cheque de viaje	m. 여행자 수표	☐
Chipre	m. 키프로스 공화국	☐
choque	m. 충돌, 부딪힘, 말싸움	☐
chorro	m. 물줄기	☐
ciego	m.f. 시각 장애인 / 장님의, 눈먼	☐
cierto	확실한, (명사 앞) 어떤 몇몇	☐
ciervo	m. 사슴	☐

cima	f. 정상, 정점, 꼭대기	☐
cinematográfico	영화의, 영화에 관한	☐
circuito	m. 순환, 망, 서킷, 순회 경기, 주변	☐
circulación	f. 통행, 교통, 순환, 유통	☐
círculo	m. 원, 원형, 바퀴, 모임, 동아리	☐
circunstancia	f. 정황, 상황	☐
cirujano	m.f. 외과 의사	☐
ciudadanía	f. 국적, 시민권, 국민	☐
civeta	f. 사향고양이	☐
clave	f. 암호, 풀이, 키, 비결 / 중요한	☐
clientela	f. 고객, 단골 손님	☐
climatizado	냉난방 완비의	☐
cobro	m. (돈의) 수금, 징수, (대금의) 회수	☐
cocer	끓이다, 굽다, 삶다, 찌다	☐
código postal	m. 우편 번호	☐
cola	f. 꼬리, 맨 끝, 말미, 열, 줄	☐
colaboración	f. 협력, 투고, 기고	☐
colaborar	협력하다, 공동으로 일하다	☐
colchoneta	f. 얇은 매트리스, 매트	☐
colección	f. 수집, 컬렉션	☐
colectivo	m. 집단 / 집단의, 공동의	☐
colegio	m. 학교	☐
colonial	식민지의	☐
columna	f. 기둥, 기사(칼럼)	☐
combinación	f. 결합, 조합	☐

comentar	해설하다, 논평하다	☐
comercial	m. 상점 / 상업의	☐
cometer	범하다, 저지르다	☐
compaginar	결합시키다, 조화시키다, 조정하다	☐
compañero de piso	m.f. 하우스메이트	☐
compañía	f. 회사, 동반, 동반자	☐
comparar	비교하다, 대비하다	☐
compartir	공유하다, 나누다, 분배하다, 공용하다	☐
compatriota	m.f. 동포, 동향인	☐
competidor	m.f. 경쟁자, 경쟁 상대 / 경쟁하는	☐
competir	경쟁하다, 경합하다, 겨루다	☐
complementario	보충하는, 보충의, 메우는, 추가적인	☐
completo	완전한, 전부 있는	☐
complicado	복잡한, 뒤얽힌	☐
componer	작곡하다, 작사하다, 구성하다	☐
comportamiento	m. 행동, 움직임, 추이, 태도	☐
compra	f. 매입, 구입, 쇼핑	☐
comprobar	확인하다, 증명하다	☐
comprometerse	약속하다, 약혼하다	☐
compromiso	m. 서약, 약속, 약혼, 타협	☐
compuesto	m 합성물 / 구성된, 복합의, 합성의	☐
común	공통의, 보통의	☐
comunicarse	통신하다, 교신하다	☐
comunicativo	전달되는, 통신의, 붙임성이 있는	☐
comunidad	f. 공통성, 공동체	☐

comunión	f. 첫 영성체	☐
comúnmente	일반적으로, 보통	☐
con detenimiento	신중히, 주의하여	☐
con gusto	기꺼이, 즐거이	☐
con respecto a	~에 대해서, ~와(과) 결부시켜	☐
conceder	주다, 인가하다	☐
concentrarse	집중하다, 전념하다	☐
concentar	(협정 등) 맺다, 약속하다 (=pactar), 맞추다, 조정하다	☐
concienciar	자각하게 하다, 자각시키다	☐
conclusión	f. 결론, 끝맺음	☐
concretar	구체화시키다, 구체화하다, 조화시키다	☐
concreto	m. 콘크리트 / 구체적인	☐
condición física	f. 몸의 상태	☐
conectar	접속시키다, 연결하다, 연결시키다	☐
conejo	m. 토끼	☐
conferencia	f. 회의, 회견, 강연, 강연회	☐
confianza	f. 신뢰, 신임, 자신, 확신	☐
confiar	신뢰하다, 믿다	☐
confirmar	확인하다, 확고히 하다, 확정하다	☐
conflictivo	분쟁의, 분쟁을 일으키는	☐
confluencia	f. 합류	☐
conformar	적합하게 하다, 만족시키다, 형성하다, 순응하다	☐
confundirse	혼란스럽다, 섞여 들어가다	☐
confuso	어수선한, 혼란한, 불명료한, 당황한	☐
congelador	m. 냉동고 / 냉동하는	☐

conjunto	m. 집합, 악단, 집단 / 결합된, 연대의, 관계가 있는	☐
conllevar	수반하다, 따르다	☐
conmemoración	f. 기념, 기념제, 기념식	☐
consecuencia	f. 결과	☐
conseguir	얻다, 획득하다, ~할 수 있다	☐
consejero	m.f. 고문, 컨설턴트	☐
consejo	m. 의견, 충고, 회의, 이사회	☐
conservar	보존하다, 보관하다	☐
considerable	상당한, 상당히 중요한	☐
considerado	사려 깊은, 신중한, 덕망 있는	☐
considerar	숙고하다, 고려하다	☐
consistir	기초를 두다, 기반을 두다, ~에 기반을 두다, ~(으)로 구성되다	☐
consola	f. 콘솔	☐
constante	f. 불변의 것, 정수 / 항구적인, 일정한, 끊임없는	☐
constructivo	건설적인	☐
construir	건축하다, 건설하다	☐
consulta	f. 문의, 진찰, 진찰소	☐
contacto	m. 접촉, 연락, 관계	☐
contaminación	f. 오염, 공해 (=f. polución)	☐
contaminar	오염시키다, 감염시키다	☐
contar	이야기하다, 계산하나	☐
contar con	~을(를) 갖다	☐
contemplar	눈여겨보다, 심사숙고하다	☐
contexto	m. 문맥, 전후 상황, 배경	☐
contraproducente	역효과의	☐

contrario	m.f. 적, 상대방 / 반대의, 역의, 상대의	☐
contrarrestar	모순되다, 방해되다, 저지하다	☐
contratar	계약하다	☐
contrato	m. 계약, 계약서	☐
contribuir	공헌하다, 기여하다	☐
convencido	확신한, 납득이 된, 믿을 수 있는, 납득되는	☐
convertirse en	~이(가) 되다	☐
convincente	설득력이 있는, 수긍할 수 있는	☐
convivencia	f. 동거, 공동 생활, 합숙	☐
convocar	모집하다, 응모하다	☐
cooperativo	협력의, 협동의, 협조적인	☐
coordinar	정리하다, 통합하다	☐
coqueto	m.f. 아양 떠는 사람 / 요염한, 아양 떠는	☐
coraje	m. 용기, 화, 분함	☐
corazón	m. 심장, 애정, 중심부	☐
cordialmente	정중히, 진심으로, 성의를 다하여	☐
cordillera	f. 산맥	☐
corregido	고쳐진, 교정된, 수정된	☐
correr	뛰다, 흐르다, (위험 등에) 직면하다	☐
corsé	m. 코르셋	☐
cortejar	사랑을 구하다, 호소하다	☐
cortejo	m. 설득함, 구애, 사랑의 호소	☐
cosechar	수확하다, 거두다, 재배하다	☐
cosmético	m. 화장품 / 화장용의, 이·미용용의	☐
cosmos	m. 우주, 우주 공간, (식물) 코스모스	☐

costa	f. 해안, 연안	☐
costero	연안의, 해안의, 측면의, 옆의	☐
costumbre	f. 풍습, (문화적) 관습, 습관	☐
cotidiano	일상의, 매일의	☐
creativo	m.f. 전문 창안자 / 창의적인, 창조적인, 창조할 수 있는	☐
creencia	f. 확신, 신념, 신조	☐
cría	f. 동물의 새끼, 사육, 기르기, 양육	☐
criar	기르다, 키우다, 사육하다	☐
crimen	m. 죄, 범죄, 범행	☐
crisis	f. 위기, 고비, 공황, 난국	☐
crucero	m. 크루즈 여객선, 십자로	☐
crudo	날것의, 산 채의, 아직 익지 않은	☐
Cruz Roja	f. 적십자	☐
cuadernillo	m. 작은 공책, 소책자, 메모장	☐
cualidad	f. 특징, 특성, 품질, 장점, 강점	☐
¡Cuánto tiempo!	오랜만이다!	☐
cuento	m. 이야기	☐
cuestionario	m. 문제집, 질문 사항	☐
cuidador	m.f. 돌보는 이, 보모 / 시중드는, 보살피는	☐
culinario	요리의	☐
culpa	f. 실수, 잘못, 탓, 죄	☐
culpabilizar	나무라다, 비난하다, 책망하다	☐
cultivar	경작하다, 개척하다	☐
cumplir	수행하다, 실행하다, 이행하다, 완수하다, (나이) 만 ~살이다	☐
cuna	f. 요람, 출생지	☐

cuota	f. 몫, 할당분, 할부금	☐
currículum vitae	m. 이력서 (=m. currículo)	☐
cursar	이수하다, 보내다	☐
cursi	낯간지러운, 우아한 체하는	☐
cursillo	단기 강의, 강습, (m. curso의 축약형)	☐
dar a conocer	알리다, 공표하다	☐
dar igual	상관없다, 아랑곳없다	☐
darse a conocer	신분을 밝히다, 성격을 드러내다	☐
darse cuenta	인식하다, 눈치채다	☐
dársele a alguien bien / mal algo	~에 재능이 있다 / 없다	☐
de buena gana	흔쾌히, 기꺼이	☐
de cara a	~에 관하여	☐
de costumbre	항상, 늘, 여느 때	☐
de hecho	사실, 사실상, 실제, 실제로	☐
de inmediato	즉시, 즉각, 곧, 바로 (=inmediatamente)	☐
de más	다른, 그 밖의, 나머지의, 여분으로	☐
de niño	어린 시절에, 유년기에	☐
de par en par	완전히, 활짝, 막힘 없이	☐
de pie	서 있는, 기립해 있는	☐
de por vida	영원히, 영구히	☐
de un tirón	한 번에, 단번에, 단숨에	☐
de una vez	단번에, 한 번에	☐
debatir	토론하다, 논의하다, 싸우다, 전투하다	☐
débil	m.f. 약자 / 약한, 심약한, 희미한	☐

debilidad	f. 약함, 장애, 약점	☐
debut	m. 데뷔, 첫 등장, 초연, 첫 공연	☐
decidir	결정하다, 정하다, 결심하다	☐
declaración	f. 공표, 성명, 선언	☐
decorar	장식하다	☐
dedicación	f. 헌신, 전념, 열중, 직업	☐
dedicado a ~	~에 바쳐지는, 종사하는, 헌정되는	☐
dedicarse a ~	~에 헌신하다, 전념하다, 종사하다	☐
dedo	m. 손가락, 발가락	☐
definición	f. 정의, 말뜻	☐
definir	정의하다, 분명히 하다	☐
dejar	놓다, 남기다, 맡기다	☐
delegado	m.f. 대표 / 위임 받은, 대표의	☐
deleite	m. 즐거움, 기쁨, 쾌락	☐
demanda	f. 수요, 주문, 요구, 제소	☐
demandar	요구하다, 고소하다	☐
demora	f. 지연, 지체	☐
demostrar	증명하다, 분명하게 드러내다, 입증하다	☐
denominado	이름이 지어진, 명명된, 이른바	☐
departamento	m. 부, 학과, 아파트	☐
depender de	~에 좌우되다	☐
deportivo	운동의, 스포츠의	☐
depósito	m. 예금, 맡기기, 위임, 보관물	☐
deprimente	우울한, 의기 소침한	☐
derecho	m. 법률, 권리 / 올바른, 직선의, 우측의	☐

derivado	파생한, 유래하는	☐
derivar	유래하다, 나오다, 향하다, 파생하다	☐
desacostumbrado	생소한, 흔치 않은, 드문	☐
desafortunadamente	불운하게, 불행히도	☐
desagradable	불쾌한, 싫은	☐
desarrollar	발달시키다, 발전시키다, 전개하다, 발육시키다	☐
desarrollo	m. 발달, 발전, 개발, 전개, 발육	☐
desastroso	참담한, 매우 나쁜	☐
descargar	내려받다, 다운로드하다	☐
descenso	m. 하강, 내리막길	☐
desconectar	전원을 끊다, 교제를 끊다	☐
desconocer	모르다, 부인하다, 몰라보다, 기억을 못하다	☐
desconocido	m.f. 낯선 사람, 모르는 사람 / 낯선, 알지 못하는, 무명의	☐
descripción	f. 묘사, 서술	☐
desde luego	아무 의심 없이, 물론, 그렇고말고	☐
desechar	버리다, 처분하다, 거절하다, 거부하다, 배제하다	☐
desentenderse	모르는 척하다, 관여하지 않다	☐
desfase	m. 엇갈림, 시간 차	☐
desfavorecido	불우한, 불의의	☐
desfile	m. 행진, 퍼레이드	☐
desgana	f. 싫은 마음, 싫증, 식욕 부진	☐
desgracia	f. 불운, 재난	☐
desierto	m. 사막, 불모지 / 사람이 살지 않은, 무인의	☐
desintoxicante	해독의, 해독시키는	☐
desistir	단념하다, 체념하다	☐

desmayarse	실신하다, 기절하다, 졸도하다	☐
desnatado	탈지한	☐
desordenar	어지르다, 난잡하게 하다, 혼란케 하다	☐
despedida	f. 작별, 이별, 송별회	☐
despedir	작별하다, 해고하다, 분출하다	☐
despejar	개다, 구름이 걷히다, 치우다, 제거하다	☐
despistado	덤벙거리는, 덜렁대는	☐
destacar	강조하다, 부각시키다	☐
destinado	운명에 처한, 할당 받은, 배속된	☐
destino	m. 목적지, 운명	☐
destino a	~을(를) 목적지로, ~행	☐
destreza	f. 손재주, 솜씨, 숙달	☐
destruido	파괴된, 부서진, 무너진	☐
desviado	이탈하는, 일탈하는, 빗나간, 엇나간, 벗어난	☐
detallado	자세한, 치밀한	☐
detallar	상세히 말하다, 묘사하다	☐
detalle	m. 세부, 상세	☐
deteriorar	손상하다, 망가뜨리다, 악화시키다	☐
determinado	정해진, 특정한, 대담한	☐
devolución	f. 반환, 환급, 반송	☐
devolver	돌려주다, 반환하다	☐
devorar	걸신 들린 것처럼 먹다, 집어삼키다, 파괴하다, 부수다	☐
día a día	m. 일상, 매일 / 일상의, 매일의	☐
día y noche	밤낮, 밤낮으로, 늘, 언제나	☐
diablo	m. 악마	☐

diana	f. 과녁, 과녁의 중심	☐
diestro	m.f. 오른손잡이 / 오른손잡이의, 오른쪽의, 우측의	☐
dieta	f. 식이 요법, 다이어트	☐
diferencia	f. 차이, 다름, 격차	☐
diferenciar	구별하다, 식별하다	☐
dificultad	f. 어려움, 방해, 곤란	☐
difundir	유포시키다, 방송하다	☐
digerir	소화시키다, 잘 이해하다, 터득하다	☐
digestión	f. 소화	☐
dimensión	f. 크기, 길이, 측면, 차원	☐
dinámico	활동적인, 역학의	☐
dinerillo	m. 적은 돈, 용돈 ('dinero m. 돈'의 축약형)	☐
dirigirse	향하다	☐
disciplina	f. 규율, 통제, 학과	☐
disco	m. 레코드, 음반, 원반, 디스크	☐
discográfica	f. 음악 디스크, 레코드 제작 및 관리 회사 / 디스크의, 레코드의	☐
disfrutar de	~을(를) 즐기다, 향유하다	☐
disponer de	소유하다, 자유롭게 사용하다	☐
disponibilidad	f. 가용성, 사용권	☐
disponible	자유로이 사용할 수 있는, 사용 가능한	☐
dispositivo	m. 장치 / 처리하는	☐
distinguir	구별하다, 특징 짓다, 식별하다, 높이 평가하다	☐
distraer	기분 전환을 시키다, 마음(주의)를 딴 데로 돌리다	☐
distribuir	분배하다, 배열하다, 유통하다	☐
diversidad	f. 다양성, 차이	☐

doble sentido	m. 이중 의미	☐
documental	m. 다큐멘터리 / 기록의, 문서의	☐
dolencia	f. 고통, 아픔	☐
domicilio	m. 자택, 거주지	☐
dominio	m. 지배, 습득, 마스터	☐
dotación	f. 지급, 인원	☐
dote	f. 지참금, 재능, 타고난 직분	☐
drogadicción	f. 마약 중독	☐
dual	두 개의, 이중의	☐
dudar	의심하다, 확신이 없다, 믿지 못하다, 주저하다	☐
dulzura	f. 단맛, 감미로움, 온화함	☐
duplicar	두 배로 하다	☐
durar	지속하다, 계속하다, 시간이 걸리다	☐
duro	단단한, 엄격한, 냉혹한	☐
echar de menos	보고 싶다, 아쉬워하다, 그립다	☐
echar ganas	열심히 하다, 전력을 다하다	☐
echar mano de algo o alguien	~의 힘을 빌리다, ~을(를) 사용하다, 이용하다	☐
editorial	f. 출판사 / 출판의	☐
educación física	f. 체육	☐
efectivamente	실제로, 효과적으로	☐
efectivo	효과적인, 현실의	☐
eficazmente	효과적으로, 능률적으로	☐
egipcio	m.f. 이집트 사람 m. 이집트어 / 이집트의	☐
ejecutivo	m. 집행자, 행정관 / 집행하는, 행정의	☐
ejercer	종사하다, 일하다, 하다, 행하다	☐

elaborar	가공하다, 제조하다	☐
elección	f. 선택, 선출, 선거	☐
electricidad	f. 전기, 전기학, 전력	☐
electrodoméstico	m. 가정용 전기 기구 / 가전 제품의, 가전용의	☐
electrónica	f. 전자, 전자 공학	☐
elegir	고르다, 선택하다	☐
elemento	m. 성분, 요소, 구성원, 원소	☐
elevado	높은, 고상한, 고매한	☐
elitista	m.f. 엘리트주의자 / 엘리트주의의	☐
embarazada	f. 임산부 / 임신한	☐
emblemático	대표적인, 상징적인	☐
emergencia	f. 긴급 상황, 비상 사태	☐
emisora	f. 방송국 / 송신하는	☐
emitir	방출하다, 표명하다, 방송하다	☐
emoción	f. 감동, 감격, 감정, 정서	☐
emocionado	감격한, 감동한	☐
emocionante	감동적인, 감격적인, 감동시키는	☐
empaquetar	포장하다, 짐을 꾸리다	☐
empeorar	악화시키다, 악화되다	☐
empresarial	기업의, 경영의, 기업주의, 기업가의	☐
en armonía con	~와(과) 조화되어	☐
en base a	~에 의하면, ~에 따르면, ~에 근거하여	☐
en beneficio de	~을(를) 위하여	☐
en breve	곧, 바로, 즉시	☐
en compañía de	~와(과) 함께	☐

en comparación con	~와(과) 비교하면	☐
en contacto con	접촉된, 밀착된	☐
en contra de	~에 반대하여, ~을(를) 어기고	☐
en cuanto a	~에 관해서는	☐
en cuestión	문제의, 그, 화제로 되어 있는	☐
en efectivo	현금으로	☐
en especial	특히	☐
en fin	결국, 드디어, 마침내, 요컨대, 말하자면	☐
en general	보통, 일반적으로, 대개, 전반적으로	☐
en grupo	단체로, 집단으로	☐
en línea	온라인으로	☐
en lo que respecta a	~에 관하여	☐
en medio	한가운데에서, 중앙에, 한창 ~중에	☐
en papel	종이로 된	☐
en particular	특히, 유난히, 그중에서도	☐
en principio	원칙적으로, 대체적으로, 처음에	☐
en torno a	~의 주위에, 주변에	☐
en un futuro	미래에, 훗날	☐
en verdad	실로, 참으로	☐
enamorado	m.f. 연인, 애호가 / 사랑하는	☐
encanto	m. 매력, 환희	☐
encargado	m.f. 담당자, 책임자 / 부탁 받은, 의뢰 받은, 담당한	☐
encargarse	~에 대해 전담하다, 떠맡다	☐
encargarse de	전담하다, 떠맡다	☐
encender	(기계 등) 전원을 켜다, 불을 붙이다, 점화하다	☐

encendido	불붙은, (전자 제품이) 켜진	☐
enciclopedia	f. 백과 사전	☐
encubierto	숨겨진, 보이지 않는, 비밀의	☐
encubrir	숨기다, 감추다	☐
endeudarse	빚지다	☐
enfadado	화가 난 (= enojado)	☐
enfocado	초점이 맞은, 주의를 집중하는	☐
enfocar	초점을 맞추다, 주의를 집중하다	☐
enfrentarse	맞서다, 대항하다, 대결하다	☐
enganchar	잠그다, 걸다, 매다, 중독시키다	☐
engancharse	~에 걸리다, 중독되다	☐
engañoso	속이는, 혹하게 하는	☐
enriquecedor	풍부하게 하는, 부유하게 하는	☐
enriquecer	넉넉하게 하다, 풍부하게 하다, 부유하게 하다, 풍요롭게 하다	☐
entendimiento	m. 판단, 이해, 이해력	☐
enterarse	알아차리다, 깨닫다	☐
entero	완전한, 온전한, 전부의, 전체의	☐
entonces	그렇다면 / 당시, 그때	☐
entorno	m. 환경, 주위의 상황	☐
entorno a	~의 주변에, ~에 대해서	☐
entrega	f. 인도, 인계, 수여, 헌신, 제출	☐
entregar	건네다, 양도하다, 수여하다, 제출하다	☐
entrenamiento	m. 훈련, 트레이닝, 연습	☐
entrenar	훈련하다, 조련하다, 양성하다, 단련하다	☐
entretenerse	즐기다, 기분 전환을 하다	☐

entretenido	즐거운	☐
entretenimiento	m. 오락, 즐거움	☐
entusiasmado	열광한, 감격한, 흥분한	☐
envasado	용기에 담긴, 포장된	☐
enviar	보내다(=mandar), 전송하다	☐
envidia	f. 질투, 시기(심), 선망	☐
envío	m. 발송, 송부	☐
época	f. 시기, 계절	☐
equiparar	비교하다, 대등하게 하다	☐
equipo	m. 팀, 단체, 장비, 도구	☐
equivalente	m. 동등한 것 / 동등한, 같은 가치의, 등가의	☐
equivocarse	잘못하다, 실수하다, 틀리다	☐
escalofriante	소름 끼치는, 무서운	☐
escape	m. 탈출, 도망	☐
escena	f. 무대, 연극, 희곡, 장면	☐
esclavo	m.f. 노예 / 구속된, 사로잡힌	☐
escocés	m.f. 스코틀랜드 사람 / 스코틀랜드의	☐
escolar	m.f. 학생 / 학교의, 학생의	☐
escritura	f. 문자, 쓰기	☐
escucha	f. 듣기, 청취	☐
escultor	m.f. 조각가	☐
esforzarse	힘쓰다, 애쓰다, 노력하다	☐
esfuerzo	m. 노력, 수고	☐
esmeralda	f. 에메랄드, (커피 품종) 에스메랄다	☐
espada	f. 검, 스페이드 (카드놀이에서)	☐

especialidad	f. 특기, 전공, 전문	☐
especie	f. 종, 종류, 향신료	☐
especificar	명시하다, 명기하다, 상술하다, 상세히 말하다	☐
específico	특정의, 상세한	☐
espectador	m.f. 관객 / 사물을 주의 깊게 바라보는	☐
espléndido	멋진, 화려한, 훌륭한	☐
esplendoroso	빛나는, 찬란한, 인상적인, 감동적인	☐
esquiar	스키를 타다	☐
estable	안정된, 견실한, 동요하지 않는, 고정된	☐
establecer	설립하다, 창설하다, 확립하다, 분명하게 하다, 수립하다	☐
establecimiento	m. 영업소, 시설	☐
estacionamiento	m. 주차장 (=m. aparcamiento, f. plaza de garaje)	☐
estadística	f. 통계, 통계학	☐
estancia	f. 체류	☐
estar de acuerdo con	의견이 일치하다	☐
estar en contacto	접촉하고 있다, 연락이 있다	☐
estatura	f. 신장, 키	☐
estrenar	개봉하다, 처음으로 사용하다	☐
estresado	스트레스를 받은	☐
estricto	엄격한, 엄정한	☐
estropear	파손시키다, 부패하다	☐
estructura	f. 구조, 조직, 기구, 구성, 체계	☐
estudioso	학구적인, 공부를 좋아하는	☐
estupendamente	훌륭히, 멋지게	☐
estupendo	훌륭한, 멋진	☐

etiqueta	f. 예의범절, 에티켓, 가격표, 라벨	☐
eutanasia	f. 안락사	☐
evidentemente	분명히, 명백히	☐
evitar	회피하다, 막다	☐
exagerado	과장된, 과도한, 지나친	☐
excremento	m. 대변, 배설물, 분뇨	☐
excursión	f. 여행, 투어, 탐사, 하이킹	☐
exhausto	고갈된, 쇠약해진, 지친	☐
exhibir	공개하다, 전시하다, 진열하다	☐
existencia	f. 존재, 실재, 실존	☐
éxito	m. 성공	☐
exótico	이국적인, 드문, 색다른	☐
experimentar	실험하다, 시험해 보다, 체험하다	☐
explorador	m.f. 탐험가 / 탐험의	☐
explosión	f. 폭발, 폭발음, 갑작스런 현상	☐
explotar	폭발하다, 개척하다, 개발하다	☐
exposición	f. 발표, 전시회, 전시, 노출, 논술	☐
exquisito	훌륭한, 맛 좋은	☐
extra	f. 특별 수당, 덤 / 특별의, 특별한	☐
extracurricular	정규 과목 이외의, 교과 과정 외의, 과외의	☐
extraer	꺼내다	☐
extranjero	m. 외국, m.f. 외국인 / 외국의	☐
extravagante	m.f. 괴짜 / 엄청난	☐
facilitar	용이하게 하다, 공급하다, 가능하게 하다	☐
fácilmente	쉽게, 용이하게	☐

factura	f. 청구서, 계산서, 송장, 영수증	☐
facturación	f. 수하물 접수	☐
fallecer	죽다, 사망하다, 완전히 없어지다	☐
falso	m.f. 거짓, 허위 / 거짓의, 허위의	☐
faltar	부족하다, 없다, 결근하다	☐
familiar	m. 친척 / 가족의	☐
fan	m.f. 팬, 광, 애호가	☐
fanático	m. 광신도 / 열광적인, 광신적인	☐
farol	m. 가로등, 등대	☐
fase	f. 단계, 상태, 측면, 관점	☐
fastidio	m. 불쾌함, 노함, 성남, 피곤	☐
fastidioso	불쾌한, 싫증난, 못마땅한	☐
fatigoso	피곤한, 힘든	☐
fauna	f. 동물	☐
favorablemente	순조롭게, 호의적으로	☐
federación	f. 연방, 연합, 연맹	☐
federal	연방의, 연방제의	☐
felicitar	축하하다, 행복을 빌다, 축하의 말을 하다	☐
fenomenal	훌륭한, 근사한, 자연 현상의 / 아주 멋지게	☐
feria	f. 장, 축제, 박람회, 휴일	☐
festival	m. 페스티벌, 음악제, 축제	☐
feto	m. 태아	☐
fiabilidad	f. 신뢰성, 신빙성, 신용도	☐
ficha	f. 기록, 카드, 코인, 칩, 토큰	☐
fidelidad	f. 충실함, 성실함, 충성	☐

fiera	f. 맹수, 육식 동물	☐
fijarse	주목하다, 고정하다	☐
fijo	고정된, 일정한	☐
fila	f. 줄, 열	☐
filmación	f. 촬영, 제작	☐
filósofo	m.f. 철학자 / 철학의, 철학적인	☐
finalidad	f. 목적, 의도	☐
finalmente	최후에, 마침내, 결국	☐
financiación	f. 융자, 금융, 재무, 자금 조달	☐
finlandés	m.f. 핀란드 사람 m. 핀란드어 / 핀란드의	☐
fino	가는, 얇은, 고운, 순수한	☐
firmar	서명하다	☐
físico	m. 체격 / 신체의	☐
flauta	f. 피리, 플루트	☐
flecha	f. 화살, 화살표	☐
flexibilidad	f. 유연함, 유연성	☐
flexible	유연한, 유순한, 탄력성이 있는	☐
flora	f. 식물	☐
florista	m.f. 꽃집 주인, 플로리스트	☐
fluidez	f. 유동성, 유창함	☐
fomentar	자극하다, 조장하다, 촉진하다, 장려하다	☐
fomento	m. 장려, 조성, 조장, 도움, 조력	☐
fondo	m. 바닥, 깊이, 제일 깊숙한 곳, 자금, 자본, 인쇄물, 배경	☐
foráneo	m. 외국의, 타국의	☐
forestal	삼림의, 숲의	☐

forma	f. 모양, 행동 방식, 형태	☐
formación	f. 형성, 양성, 교육	☐
formar	형성하다, 만들다, 구성하다, 육성되다, 양성되다	☐
formar parte de	~의 일부를 이루다	☐
formarse	양성되다, 만들어지다	☐
foro	m. 포럼, 공개 토론회, 게시판	☐
fortalecer	단련하다, 강화하다, 강하게 하다, 강화시키다	☐
fortalecimiento	m. 강화, 요새	☐
fósforo	m. 인(원소), 성냥	☐
frecuencia	f. 빈도, 빈번, 주파수	☐
freír	기름에 튀기다	☐
freno	m. 브레이크, 제동기	☐
frigorífico	m. 냉장고, 냉동실 / 냉장의, 냉동의	☐
frito	기름에 튀긴	☐
fruto seco	m. 건과, 말린 과일	☐
frutos rojos	m.pl. 장과, 딸기류의 과일, 베리류	☐
fuego	m. 화재, 불, 사격, 열정	☐
fuera	밖에서, 밖으로	☐
fuerte	m. 강점, 특기 / 세게, 크게 / 강한, 단단한	☐
fuerza	f. 힘, 기운, 활력, 군, 부대	☐
fuerza de voluntad	f. 의지력	☐
función	f. 기능, 직무, 상연	☐
funcionamiento	m. 기능, 작동, 영업	☐
funcionar	기능을 하다, 작용하다, 작동하다	☐
fundación	f. 창립, 설립, 법인, 조직	☐

fundamental	근본적인, 중요한, 기초의, 기본적인	☐
fundar	창립하다, 창설하다, 설립하다, 세우다	☐
furia	f. 격노, 분노, 노함	☐
futbolístico	축구의	☐
gama	f. 단계, 범위, (제품의) 시리즈	☐
gana	f. 의욕, 욕망	☐
ganarse la vida	생활비를 벌다	☐
garantía	f. 보증, 보증하는 물건	☐
garantizar	보증하다	☐
gasto	m. 소비, 비용	☐
gastronomía	f. 요리법, 미식	☐
generación	f. 세대, 어떤 시대의 사람들	☐
generalmente	일반적으로, 보통	☐
generar	발생시키다, 일으키다, 낳다	☐
genético	m.f. 유전학자, f. 유전학 / 유전의, 유전자의	☐
genial	훌륭한, 천재적인 / 아주 잘 (=magní camente)	☐
geofísico	m.f. 지구 물리학자 / 지구 물리학의	☐
gerente	m.f. 지배인, 경영자, 지점장	☐
gestión	f. 수속, 처리, 관리, 경영, 직무	☐
gestualmente	몸짓으로, 제스처를 취해서	☐
gimnasia	f. 체조, 체육	☐
gimnasio	m. 체육관, 실내 경기장	☐
girar	돌다, 회전하다, 구부러지다	☐
globo	m. 풍선, 기구, 지구본	☐
glosario	m. 용어 사전, 어휘집	☐

gobernar	통치하다, 지배하다, 다스리다	☐
golosina	f. 군것질거리, 단것, 과자	☐
golpear	때리다, 두들기다, 치다	☐
grabación	f. 녹음, 녹화, 각인	☐
grabar	녹음하다, 녹화하다, 조각하다, 새겨 넣다	☐
graduado	m.f. 졸업생, 대학 출신자 / 졸업한	☐
grandes almacenes	m. pl. 백화점	☐
granja	f. 농장, 농원, 가축 사육장	☐
grano	m. 낟알, 곡물, 작은 열매, 작은 씨	☐
grasa	f. 지방, 기름기	☐
gratificante	만족감을 주는	☐
gratitud	f. 감사, 감사의 마음	☐
gravedad	f. 중력, 큼, 중대함, 심각함	☐
gravemente	중대하게, 심각하게, 대단히	☐
grueso	굵은, 두꺼운	☐
guardar	보관하다, 지키다, 보호하다, 저장하다	☐
guardería	f. 유치원, 유아원, 유아 놀이방, 탁아소, 어린이집	☐
guerrero	m.f. 전사 / 전쟁의, 싸우는	☐
gusto	m. 맛, 미각, 즐거움, 취미, 기호	☐
habilidad	f. 기술, 능력, 기량, 능력, 재능	☐
habitante	m. 주민, 인구 / 거주하는	☐
habitar	살다, 거주하다, 서식하다	☐
hábito	m. 습관, 습성	☐
habitual	습관적인, 버릇된, 평소의	☐
habitualmente	습관적으로, 언제나	☐

habla	f. 언어, 언어 능력, 말하는 태도	☐
hacer cola	줄을 서다	☐
hacer frente	직면하다, 맞서다	☐
hambre de lobo	f. 심한 공복, 허기	☐
harto	싫증이 난, 지긋지긋한, 물린	☐
hechizar	마법을 걸다, 매혹시키다	☐
hecho real	m. 사실, 실화	☐
heroína	f. 여자 영웅, 여주인공	☐
herramienta	f. 연장, 도구	☐
higiene	f. 위생, 위생학, 보건학	☐
hipotecar	저당 잡히다	☐
hispano	m.f. 스페인 사람, 미국에 사는 중남미 태생 사람 / 스페인의, 중남미의	☐
hispanohablante	m.f. 스페인어 사용자 / 스페인어를 모국어로 말하는	☐
histórico	역사의, 역사적인	☐
hogar	m. 가정, 집, 보호소	☐
Holanda	네덜란드	☐
homogéneo	동종의, 동질의	☐
horizonte	m. 지평선, 시야	☐
hoy por hoy	현재, 요즈음	☐
hueso	m. 뼈	☐
huir de	~(으)로부터 도망치다, 도주하다, 멀어지다	☐
humano	m. 인간 / 사람의, 인간의, 인간적인	☐
humillación	f. 굴욕, 불명예, 모욕	☐
humillar	굴복시키다, 망신을 주다	☐
humo	m. 연기	☐

ideal	이상의, 이상적인, 가공적인, 이상주의의	☐
identidad	f. 신원, 동일함	☐
identificación	f. 신원을 증명하는 것, 식별, 감식	☐
identificarse	자신의 신분을 증명하다	☐
ideológico	사상적, 이념적	☐
idioma	m. 언어, 국어	☐
idiomático	언어적 특징의, 관용적인	☐
igualitario	m.f. 평등주의자 / 평등주의의	☐
iluminar	비추다	☐
ilusión	f. 착각, 환상, 기대, 기쁨	☐
ilusionado	환상에 젖은, 희망찬, 착각한	☐
ilustración	f. 삽화, 도해, 설명, 해설, 지식	☐
ilustrar	삽화를 넣다, 분명히 하다	☐
imaginar	상상하다	☐
imaginarse	상상하다, 추측하다	☐
imitar	따라하다, 모방하다, 모사하다, 모조하다	☐
impartir	나누어 주다, 가르치다	☐
impecable	완벽한, 흠 없는	☐
implicación	f. 영향, 관련, 포함, 함축, 내포, 연루, 연좌	☐
imponer	강요하다, 강제되다	☐
importe	m. 금액, 요금, 대금	☐
imposición	f. 강압, 강요, 과함, 과세	☐
impreciso	정확하지 않은, 막연한	☐
imprescindible	묵과할 수 없는, 필요한, 없어서는 안 되는	☐
impresionante	경이적인, 놀랄 만한, 인상적인, 감동적인	☐

imprevisto	m. 예측 불능의 사태 / 의외의, 예상치 않은	☐
impulsar	자극하다, ~하게 작용하다	☐
impuntual	시간을 엄수하지 않는	☐
inaugurar	개업하다, 시작하다, 개관하다	☐
incapaz	~할 수 없는, 불가능한, 무능력한	☐
incendio	m. 화재, 격정, 불타오름	☐
inclusión	f. 포함, 함유	☐
incluso	게다가, ~까지도, ~조차	☐
incómodo	불편한	☐
incondicional	무조건의, 무한의	☐
inconveniente	m. 지장, 방해, 단점, 결점 / 불편한, 무례한, 부적절한	☐
incorporación	f. 결합, 합동, 합병, 편입	☐
incremento	m. 증가, 증식	☐
inculcar	주입시키다, 심어 주다, 고취시키다	☐
indefinido	부정의, 불확정의, 정해진 기한이 없는	☐
independiente	독립의, 자립적인	☐
indicación	f. 표시, 지시, 명령	☐
índice	m. 색인, 목차	☐
indiferente	중요하지 않은, 무관심한	☐
indígena	m.f. 원주민 / 토착의	☐
individual	개인의, 단독의	☐
individualizado	개별화된	☐
indulgente	하고 싶은 대로 놔두는, 너그러운, 관대한	☐
inefectivo	효과 없는, 효과적이지 못한, 무효의	☐
inesperado	예상 밖의, 돌연의, 우연의	☐

inevitable	피할 수 없는, 면하기 어려운	☐
infancia	f. 유년기, 아동, 어린이	☐
infantil	유아의	☐
infección	f. 감염, 전염	☐
inferior	낮은, 하위의, 하급의, 적은	☐
inflado	부풀린	☐
información	f. 정보	☐
informar	알리다, 보고하다, 정보를 주다	☐
informarse	(무엇을) 알다, 정보를 수집하다	☐
informarse de	~에 대해 알다, 정보를 얻다	☐
informática	f. 컴퓨터 과학, 정보 처리	☐
informativo	m. 뉴스 프로그램 / 정보를 주는	☐
ingerir	섭취하다, 넣다	☐
ingrediente	m. 재료, 원료	☐
ingreso	m. 들어감, 들어옴, 입회, 입학, 소득	☐
inicial	f. 머리글자, 이니셜 / 처음의, 최초의	☐
iniciar	시작하다, 개시하다	☐
iniciativa	f. 자발성, 주도권	☐
inicio	m. 시작, 개시	☐
inmediatamente	즉시, 즉각	☐
inmigrante	m.f. 이주자, 입국자	☐
innecesariamente	불필요하게	☐
innovación	f. 혁신, 변혁	☐
inolvidable	잊을 수 없는, 기억에 남을	☐
inquietud	f. 불안, 초조, 근심, 지적 욕구, 야심	☐

insatisfecho	불만의, 만족하지 못한	☐
insaturado	불포화의	☐
inscribir	기입시키다, 등록시키다, 신청시키다	☐
inscribirse	기입하다, 등록하다, 신청하다	☐
inscripción	f. 등록, 신청	☐
insistir	집착하다, 강조하다, 고집하다, 우기다	☐
insoportable	참을 수 없는, 불편한	☐
instalación	f. 정착, 설치, (항상 복수) 시설	☐
instalar	설치하다, 장착하다, 정착시키다	☐
instalarse	자리 잡다, 정착하다	☐
instrucciones	f.pl. 사용법, 설명서, 지시, 지령	☐
instrumento musical	m. 악기	☐
integral	완전한, 전체의	☐
integrarse	구성되다, 통합되다, 동화되다	☐
integridad	f. 완전, 본래의 모습, 성실, 청렴	☐
intelectual	m.f. 지식인 / 지적인, 지능의, 인지의, 마음의	☐
intención	f. 의도, 의향, 목적	☐
intentar	의도하다, 시도하다	☐
interacción	f. 상호 작용	☐
interactuar	상호 작용을 하다	☐
intercambiar	교환하다	☐
intercamblo	m. 교환, 교역, 무역	☐
interés	m. 이익, 이자	☐
interesado	m.f. 관심 있는 사람, 이익 차리는 사람 / 관심 있는, 흥미 있는	☐
interiormente	내면적으로, 마음속으로	☐

intermedio	m. 사이, 틈 / 중간의, 중급의	☐
interpersonal	개인 사이의, 대인 관계의	☐
interpretar	해석하다, 통역하다, 설명하다, 연기하다, 연출하다, 연주하다, 노래하다	☐
intérprete	m.f. 통역, 통역사	☐
interrogar	질문하다, 신문하다	☐
interrupción	f. 중단, 끊김	☐
intervención	f. 개입, 간섭, 중재, 참가, 출동	☐
intervenir	개입하다, 간섭하다, 중재하다	☐
íntimo	매우 긴밀한, 친밀한, 마음속으로부터의	☐
introducción	f. 소개, 도입, 삽입, 서론	☐
introducir	끼워 넣다, 삽입하다, 안내하다	☐
inundación	f. 홍수, 침수, 범람	☐
inundarse	침수되다, 물에 잠기다	☐
invadir	침입하다, 엄습하다	☐
inventar	발명하다, 만들어내다, 창안하다, 고안하다	☐
inversamente	반대로, 거꾸로, 역으로	☐
inversión	f. 투자, 역전, 반전, 도치	☐
invertir	투자하다, 거꾸로 하다	☐
investigación	f. 연구, 조사, 수사	☐
investigar	조사하다, 수사하다, 연구하다	☐
invitar	초대하다, 권유하다	☐
irresistible	저항할 수 없는, 매력이 넘치는, 참을 수 없는	☐
itinerario	m. 여정, 여행 일정	☐
jarra	f. 물 항아리, 물병	☐
jaula	f. (동물의) 우리, 새장	☐

jirafa	f. 기린	☐
jornada	f. 하루, 1일, 노동 시간	☐
joya	f. 보석, 장신구	☐
junior	2세의, 다른 사람보다 더 젊은	☐
junto a	바로 옆에	☐
justificar	이유를 들다, 정당화하다	☐
justo	올바른, 정당한, 공정한, 공평한, 정확한, 꼭 (들어)맞는	☐
kayak	m. 카약	☐
laboral	노동의, 직업의	☐
laborar	일하다, 노력하다, 공작하다	☐
lácteo	m. 유제품 / 우유의	☐
lado	m. 옆, 측면, 옆구리, 장소	☐
ladrón	m.f. 도둑, 도적	☐
lago	m. 호수	☐
lamentablemente	안타깝게도, 유감스럽게도	☐
lamentar	슬퍼하다, 안타까워하다	☐
lanzamiento	f. 던지기, 투하, (제품) 런칭	☐
lanzar	던지다, 뛰어들다, (상품을) 출시하다, 판매 런칭하다	☐
laurisilva	f. 월계수 숲	☐
lector	m.f. 독자, 낭독자 / 읽는, 독서의	☐
lectura	f. 독서, 읽기, 독해	☐
legislación	f. 제정법, 법령	☐
lejano	먼, 먼 곳의, 아득한	☐
lema	m. 표어, 슬로건	☐
lentitud	f. 느림, 더딤, 완만함	☐

letal	치명적인, 죽음을 초래하는	☐
letras	f. (항상 복수) 문학, (문학 기반의) 인문학	☐
leve	가벼운, 엷은, 사소한, 약한	☐
ley	f. 법안, 법률, 법, 법칙	☐
libertad	f. 자유	☐
librarse	해방되다, 도망치다	☐
libre	자유로운, 구속되지 않은, 무료의, 시간이 있는	☐
libre de	~이(가) 없는, ~을(를) 면제 받은	☐
libreta	f. 수첩, 메모장, 통장	☐
libro electrónico	m. 전자책, 전자책 리더기	☐
liderazgo	m. 리더쉽, 지도권, 지도력	☐
liga	f. 연맹, 리그	☐
ligero	민첩한, 경쾌한	☐
limitado	제한이 있는, 아주 적은	☐
lindo	예쁜, 사랑스러운	☐
línea	f. 선, 열, 계열, 라인	☐
literal	글자 그대로의	☐
llama	f. 화염, 불꽃	☐
llegada	f. 도착	☐
llegar a ser	되어 가다, 되다	☐
llevar	가지고 가다, 몸에 걸치고 있다, (한때를, 일시를) 보내다	☐
llevar a la práctica	실행에 옮기다	☐
lo antes posible	되도록 빨리 (=cuanto antes, lo más pronto posible)	☐
local	m. 장소, 시설, 점포, 상점 / 장소의, 지방의	☐
localidad	f. 지역, 지방, 관람석, 좌석	☐

locutor	m.f. 아나운서, 앵커, 뉴스 캐스터	☐
lograr	달성하다, 성취하다	☐
los Andes	m.pl. 안데스산맥(=cordillera de los Andes f. 안데스산맥)	☐
los demás	남들, 다른 이들	☐
loto	m. 연, 연꽃	☐
lumbar	허리의, 요추의	☐
luminosidad	f. 광명, 발광	☐
lunar	m. 점 / 달의	☐
madurar	익히다, 숙성시키다, 성숙하게 하다	☐
madurez	f. 성숙, 사려, 분별, 성숙기	☐
maestría	f. 교묘함, 솜씨 좋음, 석사 과정	☐
magia	f. 마법, 마술, 마력	☐
magníficamente	뛰어나게, 완전하게	☐
magnitud	f. 크기, 중요성, 규모, 강도, 지진 단위	☐
malestar	m. 불쾌함, 불쾌감	☐
Malta	f. 몰타	☐
maltrato	m. 학대	☐
malvado	m.f. 사악한 사람 / 악질의	☐
mandar	보내다(=enviar), 명령하다	☐
manejar	다루다, 경영하다, 작동시키다	☐
manipulador	m.f. 취급하는 사람, 조작하는 사람 / 취급하는, 조작하는	☐
manipular	조종하다, 다루다, 취급하다, 사용하다	☐
mantenerse	지탱하다, 견디다, 버티다, 유지하다	☐
manual	m. 참고서 / 손을 사용한	☐
mar	m.f. 바다	☐

maratón	m.f. 마라톤 경주	☐
marca	f. 기호, 부호, 표, 마크, 상표, 브랜드	☐
maremoto	m. 해일, 해저 지진	☐
margen	m. (책, 문서의) 여백, 여지, 마진, 이익금 m. 또는 f. 가장자리(=f. orilla)	☐
marítimo	바다의, 해상의	☐
máscara	f. 가면, 마스크	☐
materia	f. 물질, 물체, 재료, 교과, 과목	☐
material	m. 재료, 자료 / 물질적인	☐
matricular	등록시키다	☐
matricularse	등록하다, 기입하다	☐
mayor	m. 어른, 연로한 사람 / 연상의, 더 많은	☐
mayormente	특히, 주로, 일반적으로, 대체로	☐
medalla	f. 메달, 훈장	☐
médico generalista	m.f. 일반의	☐
medida	f. 사이즈, 치수, 크기, 측정, 대책, 조치	☐
medio ambiente	m. 환경, 자연환경	☐
meditación	f. 명상, 심사숙고	☐
meditar	사색에 잠기다, 명상하다, 곰곰이 생각하다	☐
megafonía	f. 안내 방송, 음향 장치, 메가폰	☐
mejora	f. 개량, 개선, 수선	☐
mejorar	개선하다	☐
melancolía	f. 우울, 우수, 울적함	☐
mencionar	언급하다, 말하다	☐
mendigo	m. 거지, 걸인	☐
mensual	매월의, 달마다의	☐

mente	f. 마음, 정신	☐
mercado	m. 시장, 장	☐
merecer la pena	~할 가치가 있다, ~할 보람이 있다 (=valer la pena)	☐
merienda	f. 간식, 점심 도시락	☐
mermelada	f. 잼, 젤리	☐
mero	단순한, 바로 그 / 곧, 즉시, 바로	☐
metabolismo	m. 신진대사, 대사 작용, 물질대사	☐
metáfora	f. 은유(법), 비유	☐
meteorológico	기상의, 기상 현상의	☐
meterse	들어가다, 참견하다	☐
método	m. 방식, 체계적인 방법	☐
metrópolis	f. 대도시, 주요 도시	☐
metros cuadrados	m.pl. 제곱미터	☐
miamense	m.f. 마이애미 사람 / 마이애미의	☐
miembro	m. 일원, 회원, 멤버	☐
millar	m. 천 개, (주로 복수) 수많음, 수천	☐
mina	f. 광산	☐
ministro	m.f. 장관	☐
mismo	똑같은, 동일한, 바로 그것, 당장, 바로	☐
misterio	m. 신비, 수수께끼, 비밀	☐
mitad	f. 절반, 중간	☐
mítico	신화의, 신화석인	☐
mito	m. 신화, 전설, 꾸며낸 이야기	☐
moda	f. 유행, 패션	☐
modelo	m. 모범, 본, 본보기 m.f. 모델	☐

modificar	수정하다, 변경하다	☐
molde	m. 틀, 형, 형판	☐
moler	빻다, 찧다	☐
molestar	괴롭히다, 방해하다	☐
molestia	f. 귀찮음, 폐, 불쾌감, 불편함	☐
monitor	m. 코치, 강사, 지도자, 모니터 장치	☐
monstruoso	괴물 같은, 거대한	☐
montaña	f. 산	☐
montañoso	산악의, 산이 많은	☐
montar	타다, 조립하다, 장치하다, 설립하다	☐
montón	m. 더미, 산적, 대량	☐
moral	f. 도덕, 윤리, 활기, 활력 / 도덕의, 마음의, 정신의	☐
mortal	치명적인, 필멸의, 반드시 죽는	☐
mostrar	보여 주다, 제시하다, 나타내다, 증명하다	☐
motivar	동기를 주다	☐
motivo	m. 동기, 이유	☐
mudarse	이사하다, 이전하다	☐
muestra	f. 견본, 샘플	☐
multiculturalismo	m. 다문화 공존	☐
mundial	전 세계의, 세계적인	☐
muñeco	m. 인형	☐
municipal	m. 경찰관 / 시의, 자치 도시의	☐
muro	m. 게시판, 담, 벽	☐
músculo	m. 근육	☐
musulmán	m.f. 이슬람교도 / 이슬람교를 믿는	☐

nacer	태어나다	☐
nacimiento	m. 탄생, 출생	☐
nada menos que	~만큼이나, ~까지도	☐
narrador	m.f. 서술자, 화자 / 말하는	☐
natación	f. 수영	☐
nativo	m. 현지인, 원주민 / 낮은 곳의, 토착민의	☐
naturaleza	f. 자연, 본능, 천성	☐
náutico	수상의, 항해의	☐
nave	f. 배, 우주선	☐
navideño	크리스마스의	☐
neoclásico	m.f. 신고전주의자 / 신고전주의의	☐
neonazi	m.f. 네오 나치주의자 / 신나치주의의	☐
neurociencia	f. 신경 과학	☐
nevado	눈으로 덮인	☐
ni siquiera	~조차도 (아니다)	☐
niebla	f. 안개	☐
niñez	f. 유년기, 어린 시절	☐
nivel del mar	m. 해발, 해수면	☐
no caber duda	의심할 여지가 없다	☐
no más que	~밖에 아니다	☐
no obstante	그렇지만	☐
noble	고결한, 귀중안, 고급의, 충실한	☐
noción	f. 관념, 개념, 기초 지식	☐
nopal	m. 노팔 선인장	☐
norma	f. 규범, 표준, 규정, 규칙 (= f. regla, m. reglamento)	☐

normalmente	정상적으로, 보통은	☐
nota	f. 기록, 메모, 성적	☐
notable	현저한, 주목할 만한, 두드러진, 뛰어난	☐
notar	알아차리다, 인식하다	☐
notificar	통지하다, 통고하다	☐
novedad	f. 새로움, 변화, 최근 사건, 신작, 신간	☐
nube	f. 구름	☐
nueva	f. 소식 / 새로운, 최근의	☐
número	m. 수, 숫자, 번지, 사이즈, 제 ~권	☐
nutriente	m 영양소 / 영양을 주는	☐
nutrir	음식, 영양분을 주다	☐
obedecer	복종하다, ~에 따르다, (명령을) 준수하다	☐
objetivo	m. 목표 / 객관적인	☐
obligación	f. 의무, 책임, 채권	☐
obligar	강요하다, 강제하다, 의무를 지게 하다	☐
obstáculo	m. 방해, 장애, 장애물	☐
obvio	매우 분명한, 명백한, 당연한	☐
oca	f. 집거위	☐
ocasionar	야기하다, 초래하다	☐
ocio	m. 일의 중지, 여가, 레저, 자유 시간	☐
odiar	미워하다, 증오하다	☐
Oeste	m. 서(西), 서쪽	☐
oferta	f. 제안, 특매품, 공급	☐
oferta cultural	f. 문화적 제공 거리	☐
oferta de empleo	f. 구인 광고	☐

oficial	공적인, 공식의, 공인된	☐
ofimática	f. 컴퓨터의 정보 처리 시스템에 의한 사무 처리	☐
ofrecer	주다, 제공하다	☐
ONG	f. 비정부 기구 (Organización No Gubernamental)	☐
opinar	의견을 가지다, 의견을 표하다	☐
opinión	f. 의견, 견해, 판단	☐
oportunidad	f. 기회, 호기	☐
optimista	m.f. 낙관론자 / 낙관적인, 낙천적인, 낙관주의의	☐
óptimo	극히 좋은, 최상의	☐
orden	m. 순서, 차례, 정돈, 순위, 규칙 / f. 명령, 주문	☐
ordenador	m. 컴퓨터 (=f. computadora)	☐
ordenar	정리하다, 차례로 늘어놓다, 명령하다	☐
ordinario	보통의, 평범한, 정기적인, 교양 없는	☐
orfanato	m. 고아원	☐
organismo	m. 유기체, 생물, 인체, 생체	☐
organizador	m.f. 조직자, 주최자 / 조직하는	☐
organizar	조직하다, 편성하다, 준비하다	☐
orientación	f. 방향, 적응, 진로, 예비 교육	☐
orientado	지향하는, 향하는	☐
orientarse	방향을 정하다, 향하다, 지도하다	☐
original	본원의, 본래의, 독창적인	☐
originar	시작하다, 일으키다, 야기시키다, 초래하다	☐
oscuridad	f. 어둠, 암흑	☐
oveja	f. 양, 암양	☐
oyente	m.f. 듣는 사람, 청중, 청취자 / 듣는	☐

paciencia	f. 인내, 인내심, 끈기	☐
paciente	m. 환자 / 끈기 있는	☐
Pacífico	m. 태평양	☐
país en desarrollo	m. 개발 도상국, 발전 도상국	☐
paisaje	m. 풍경, 경치, 경관	☐
palco	m. 특별석, 귀빈석	☐
palo	m. 막대기, 방망이	☐
pancita	f. (panza 의 축약형) 배, 복부	☐
panorámico	전경의, 파노라마의	☐
pantalla	f. 스크린, 화면	☐
papel	m. 종이, 역할	☐
par	m. 한 쌍, 한 짝 / 동등한, 짝수의	☐
para nada	절대로, 결코	☐
parada	f. 정류소, 정거장	☐
paralizar	마비시키다, 못 쓰게 만들다	☐
parecido	닮은, 비슷한	☐
pareja	f. 한 쌍, 커플	☐
parlamento	m. 의회, 국회	☐
parte	f. 부분, 일부, 장소	☐
participante	m.f. 참가자, 응모자 / 참가하는, 참여하는	☐
participar	참가하다, 참여하다	☐
participativo	참가하는, 발표력이 있는	☐
partícula	f. 입자, 미립자	☐
particular	m.f. 개인, 일개인, 사인 / 특별한, 특수한, 독특한, 개별의, 개인의	☐
pasado	m. 과거 / 예전의	☐

pasado mañana	모레	☐
pasar por	지나가다, 다녀가다	☐
pasárselo bien	잘 지내다	☐
pasárselo de maravilla	(시간을) 아주 잘 보내다	☐
paseo	m. 산책, 산보, 단거리	☐
paso	m. 걸음, 발, 보폭, 통과, 통행	☐
paso a paso	한 걸음 한 걸음, 차츰	☐
pastor	m.f. 목동, 목자, 목사	☐
patológico	병적인, 병리학의	☐
patrimonio	m. 고유 자산, 유산, 문화재	☐
patrocinar	후원하다, 지원하다	☐
pausa	f. 중단, 중간 휴식	☐
pedir la mano	청혼하다	☐
pegar	붙이다, 부착하다, 때리다	☐
pelar	껍질을 벗기다	☐
peli	(=f. película) 영화	☐
peligroso	위험한	☐
peque	어린, 작은(=pequeño), 어린이, 아이	☐
percibir	받다, 지각하다, 감지하다	☐
perder	분실하다, 놓치다, 패하다, 지다	☐
perderse	잃어버리다, 놓치다, 길을 잃다	☐
pérdida	f. 잃음, 분실, 싱실, 손해	☐
peregrino	m.f. 순례자 / 순례하는, 이주하는	☐
perezoso	m. 나무늘보 / 게으른, 나태한	☐
perfeccionarse	완성하다, 완성되다, 완결되다	☐

perfumería	f. 향수 가게, 향수 제조	☐
periodístico	신문의, 신문 기자의	☐
perito	m.f. 전문가, 경험가 / 숙련된, 노련한	☐
perjudicial	유해한	☐
permisivo	관대한, 묵인하는, 용인하는	☐
permiso	m. 허가, 허락, 휴직, 허가증, 면허증	☐
perseguir	추적하다, 추구하다	☐
personaje	m. 인물, 배역	☐
personal	m. 직원 / 개인의	☐
personalidad	f. 인격, 개성, 명사	☐
personalmente	자신이, 개인적으로	☐
perspectiva	f. 조망, 전망, 견해, 관점	☐
pertenecer	소유이다, 소속이다, 관계가 있다	☐
pertenecer a	~의 소유이다, ~의 소속이다, ~에 속하다	☐
perturbar	어지럽히다, 교란시키다, 방해하다	☐
pesa	f. (시계의) 추, (운동) 바벨	☐
pesado	무거운, 힘든	☐
pescado	m. 생선	☐
peso	m. 무게	☐
picar	찌르다, 물다, 쏘다, 잘게 썰다, 따끔따끔하(게 아프)다, 얼얼하다	☐
pico	m. 산꼭대기, (새의) 부리	☐
piedra	f. 돌, 바위, 원석	☐
pilotear	운전하다, 조종하다(=pilotar)	☐
piloto	m.f. 비행사, 파일럿	☐
pinar	m. 소나무 숲	☐

pionero	m.f. 개척자, 선구자 / 초창기의, 선구적인	☐
pisar	밟다, 짓밟다	☐
piso compartido	m. 공유하는 아파트, 쉐어 아파트	☐
pista	f. 트랙, 경기장, 도로, 단서	☐
pizarra	f. 칠판, 흑판	☐
placa	f. 판, 표찰, 훈장	☐
placentero	즐거운, 쾌적한	☐
plan	m. 계획, 예정	☐
planear	계획하다	☐
planeta	m. 행성, 유성	☐
planificar	계획하다, 계획을 세우다	☐
plano	m. 평면, 면, 도면, 지도, 측면 / 반반한, 납작한	☐
planta	f. 층(= m. piso), 식물, 산업시설장	☐
plantación	f. 나무 심기, 농원, 농장, 재배지	☐
plantear	제기하다, 제출하다, 계획하다, (문제나 가능성 등이) 생기다	☐
plantel	m. 교습소, 회원, 멤버	☐
plato	m. 접시, 요리	☐
plaza	f. 광장, 좌석	☐
plazo	m. 기한, 기간, 할부 결제	☐
pleno	한가운데의, 중심부의, 안전한, 가득한, 한창 때의	☐
población	f. 인구, 시민, 거주 지역	☐
poder	m. 힘, 능력, 권한	☐
poderoso	m. 힘 있는 사람, 권력자 / 힘 있는, 권력이 있는, 강력한, 강대한	☐
poesía	f. 시, 서정시	☐
policíaco	경찰의, 수사물의	☐

polígloto	m.f. 여러 나라말을 하는 사람 / 여러 나라말의	☐
polo	m. 극, 폴로(운동 종목)	☐
ponerse en contacto con	접촉하다, 연락을 취하다	☐
poni	m. 조랑말, 포니	☐
por casualidad	어쩌다가, 우연히, 문득, 혹시	☐
por culpa de	~의 잘못으로, ~의 탓으로	☐
por encima de	~의 위에, ~을(를) 넘어서	☐
por fin	마침내, 결국	☐
por lo pronto	우선, 일단	☐
por mi parte	나로서는	☐
por otro lado	한편, 그 반면에	☐
por parte de	~(으)로부터, ~의, ~측에서	☐
por si	만일에 대비해서	☐
por si acaso	만일을 위해, 혹시 ~에 대비해서	☐
por su cuenta	자신의 책임으로, 각자가, 제 힘으로	☐
porquería	f. 쓰레기, 가치가 없는 것	☐
portátil	들고 다닐 수 있는, 휴대용의, 이동식의	☐
portorriqueño	m.f. 푸에르토리코 사람 / 푸에르토리코의 (=puertorriqueño)	☐
poseer	소유하다	☐
poseído	홀린, (~에) 사로잡힌	☐
posibilitar	가능하게 하다	☐
posición	f. 위치, 입장, 견해	☐
posterioridad	f. 뒤임, 다음임, 후천성	☐
posteriormente	뒤에, 후에, 이어서	☐
postura	f. 자세, 포즈, 태도	☐

potencia	f. 힘, 능력, 권력, 동력	☐
potente	힘이 있는, 강대한, 부유한	☐
precaución	f. 조심, 주의, 경계, 대비	☐
preciado	귀중한, 소중한, 중요한	☐
precisamente	확실히, 정확히	☐
precisar	명확히 하다, 필요로 하다	☐
precisión	f. 정확함, 정밀함	☐
preciso	명확한, 정확한, 필요한	☐
precocinado	m. 거의 가공되어 파는 식품 / 거의 가공되어 파는	☐
predilección	f. 편애, 특히 좋아함	☐
preferencia	f. 편애, 우선	☐
preferiblemente	우선적으로	☐
preferido	제일 좋아하는, 애용하는	☐
premiar	상을 주다, 표창하다	☐
premio	m. 상, 상금, 수상자	☐
preparación	f. 준비, 준비하기	☐
presencial	어떤 장소에 있는, 현존하는	☐
presentarse	지원하다, 소개하다, 나타나다	☐
presente	m. 현재, 출석자, 선물 / 현재의, 출석한, 존재하는	☐
presión	f. 압력, 기압, 혈압, 압박	☐
prestar atención	주의를 기울이다, 주목하다	☐
prestarse	도와주다	☐
presupuesto	m. 예산, 견적	☐
pretender	바라다, 희구하다, 되고 싶다, 얻고 싶다	☐
pretendiente	m.f. 바라는 사람, 구혼자, 구애자 / 바라는, 지망하는, 지원하는	☐

prevención	f. 예방, 방지, 편견	☐
prevenido	경계하는, 조심스러운, 준비된	☐
prevenir	예방하다, 주의하다, 조심하다	☐
preventa	f. 사전 판매, 특별 판매	☐
previo	앞선, 사전의, 예비적인	☐
previsto	예상된, 예지된, 예견된, 미리 준비된	☐
principiante	m.f. 시작하는 사람, 초보자 / 시작하는, 견습의	☐
prioridad	f. 우선, 우선 순위	☐
privar	빼앗다, 박탈하다, 끊다, 그만두다	☐
privilegiado	m.f. 특혜를 받은 사람 / 특권을 누리는, 우수한	☐
proactivo	능동적인	☐
probable	있음직한, 있을 법한, 가능성이 있는	☐
probablemente	아마, 어쩌면	☐
probar	시험하다, 증명하다, 입어 보다, 먹어 보다	☐
problemático	문제가 있는	☐
proceder	비롯되다, 나오다, 행동하다, 처신하다, 절차를 밟다	☐
procesar	기소하다, 고발하다, 가공하다, 처리하다	☐
producto	m. 제품, 수익, 산물, 성과	☐
productor	m.f. 제작자, 생산자 / 제작하는, 생산하는, 만들어 내는	☐
profundamente	깊게, 깊이	☐
profundidad	f. 깊이, 깊은 곳, 심해, 대해	☐
profundo	m. 깊이 / 깊은	☐
programación	f. 프로그램 편성, 계획 작성, 계획화	☐
programado	계획된, 프로그램화된	☐
programador	m.f. 프로그래머 / 프로그램을 짜는, 계획을 수립하는	☐

programar	프로그램을 짜다, 계획을 세우다	☐
progresar	진보하다, 향상하다	☐
prohibición	f. 금지	☐
prometer	약속하다, 약혼하다	☐
promotor	m.f. 촉진자, 주도자	☐
promover	촉진하다, 조장하다, 승진시키다	☐
pronóstico	m. 예상, 예측, 예보, 조짐, 전조	☐
propagar	널리 퍼뜨리다, 증식시키다, 보급시키다	☐
propenso	경향이 있는, 곧잘 ~하는, ~하기 쉬운	☐
propina	f. 팁, 봉사료	☐
propio	고유의, 자기 자신의	☐
proponer	제안하다, 추천하다, 제기하다	☐
proporcionar	균형을 잡히게 하다, 비례시키다, 제공하다	☐
propuesta	f. 제의, 제안, 신청, 견적, 견적서	☐
protagonista	m.f. 주인공, 주연	☐
proteger	보호하다, 지키다	☐
proteína	f. 단백질	☐
provenir	유래하다, 나오다, 비롯되다	☐
provocar	선동하다, 자극하다, 유발하다, 초래하다, 일으키게 하다, 생기게 하다	☐
próximamente	곧, 머지않아	☐
próximo	가까운, 다음의, 오는	☐
publicado	출판된, 간행된, 발표된	☐
publicidad	f. 광고, 선전, 전단	☐
público	m. 대중 / 공공의	☐
puente	m. 다리, 교량, 징검다리 연휴	☐

puerto	m. 항구	☐
puesta en marcha	f. 시동, 작동, 개시	☐
puesto	m. 장소, 위치, 센터, 자리, 노점, 지위, 순위	☐
puñado	m. 한 움큼, 한 줌, 소량	☐
punto	m. 점, 지점, 점수, 정각, 상태	☐
purificar	깨끗이 하다, 맑게 하다, 정화하다	☐
puro	순수한, 청정한, 단순한	☐
quechua	m. 케추아어	☐
quedar con	~와(과) 만날 약속을 하다	☐
quejarse	이의를 제기하다, 한탄하다, 불평하다	☐
quemar	태우다	☐
quemarse	타다, 그을리다	☐
¡Qué va!	그럴 리가! 절대 아니다!	☐
ración	f. 1인분, 양, 분량, 한 접시	☐
radiador	m. 난방기, 히터, 라디에이터, (차량, 항공기의) 냉각기	☐
raíz	f. 뿌리, 근원, 부동산	☐
raro	드문, 희소한, 기묘한	☐
rasgo	m. 특징, (글자의) 획	☐
rayo	m. 광선, 복사선, 방사선, 벼락	☐
raza	f. 인종, 종	☐
razonable	적당한, 이성이 있는	☐
reactivar	복구시키다, 되살리다	☐
realzar	원래보다 더 높이 올리다, 훌륭하게 하다, 두드러지게 하다	☐
recepción	f. 접수, 수령, 응접, 접수처	☐
receta	f. 레시피, 요리법, 처방	☐

rechazo	m. 거절, 격퇴	☐
recibo	m. 수취, 수령, 영수증	☐
reciclar	재생 처리(이용)하다, 재생 가공하다, 재활용하다	☐
reclamación	f. 요구, 항의	☐
reclutar	모집하다, 징병하다	☐
recoger	다시 잡다, 수집하다, 줍다, 찾으러 가다, 채집하다, 주워 모으다	☐
recogida	f. 수확, 모으기, 수집, 수거	☐
recolección	f. 수확, 거두어들임, 수집	☐
recolectar	수확하다, 모으다, 모금하다	☐
recomendable	추천할 만한	☐
recomendación	f. 추천, 의뢰, 권고	☐
recomendar	추천하다, 권고하다	☐
reconocer	인정하다, 식별하다	☐
reconocido	인정 받는, 감사하는, 공인의, 식별된	☐
reconocimiento	m. 식별, 인식, 인정	☐
recopilar	수집하다, 모으다	☐
récord	m. (결과를 나타내는) 기록	☐
recorrer	돌아다니다, 투어하다	☐
recrear	다시 만들다, 즐겁게 하다	☐
recreativo	재미나는, 즐거운, 오락의	☐
recreo	m. 쉬는 시간, 오락, 레크리에이션	☐
recto	곧은, 직선의, 정직한	☐
recuerdo	m. 추억, 기억	☐
recuperar	회복하다, 되찾다, 다시 일어나다	☐
recuperarse	건강을 회복하다, 정상 상태로 돌아가다	☐

red	f. 그물, 망, 인터넷	☐
red social	f. SNS, 소셜 미디어, 소셜 네트워크	☐
redes sociales	f.pl. 소셜 네트워크 그룹, 집합	☐
reducción	f. 축소, 절감, 감소	☐
reducido	좁은, 작은, 제한된	☐
reducir	축소하다, 줄이다, 줄어들다, 저하되다	☐
reeducar	재교육시키다, 재활 교육을 시키다	☐
reembolsar	상환하다, 환불하다	☐
reemplazar	~의 대리로 하다, 바꾸다, 교환하다, 대체하다	☐
referencia	f. 언급, 보고, 보고서, 참고 문헌	☐
refinado	m. 정제 / 세련된, 품위 있는, 정제된	☐
reflexión	f. 숙고, 반성	☐
región	f. 지방, 지역, 지대	☐
registrar	등록하다, 기록하다	☐
registrarse	등록하다, 체크인하다	☐
regla	f. 규정, 규칙 (= f. norma, m. reglamento)	☐
regular	규칙적인, 일정한, 정기의, 보통의 / 조절하다, 조정하다	☐
relajante	m. 이완제 / 긴장을 풀게 하는, 이완시키는	☐
relajar	긴장 풀다, 이완하다, 완화하다, 느긋하게 하다	☐
relajarse	긴장이 풀리다, 완화되다	☐
relativo	관계 있는, 상대적인	☐
reloj de pulsera	m. 손목시계	☐
remedio	m. 대책, 방법, 약	☐
remo	m. 노, 보트 경기, 조정	☐
remodelación	f. 개조, 개편, 보수, 리모델링	☐

remojar	담그다, 적시다	☐
rendimiento	m. 수익, 효율, 생산성	☐
renovación	f. 갱신, 혁신	☐
rentar	빌리다, 수익을 올리다	☐
renunciar	포기하다, 버리다, 체념하다	☐
reparación	f. 수리, 수선, 보수 공사	☐
repentino	갑작스러운	☐
representativo	나타내는, 표시하는, 대표적인	☐
requisito	m. 필요 조건, 자격	☐
resaltar	두드러지게 하다, 돌출하다, 빼어나다, 분명하게 하다	☐
rescatar	구출하다, 되찾다, 회수하다	☐
reserva	f. 예약, 지정권, 비축, 매장량	☐
reservar	예약하다	☐
resguardo	m. 전표, 보관증, 보호, 방어	☐
residente	m.f. 거주자 / 거주하는	☐
residuo	m. 나머지, 잔류물	☐
resignado	체념한, 단념한	☐
resistencia	f. 저항, 저항력, 지구력, 강도	☐
resistir	참다, 견디다, 저항하다	☐
respetar	존경하다, 존중하다	☐
respeto	m. 존경, 경의, 존중, 중시	☐
respiración	f. 호흡, 숨	☐
respirar	숨을 쉬다, 호흡하다	☐
respiratorio	호흡의	☐
restar	빼다, 제거하다, 없애다	☐

restaurar	복원하다, 되찾다, 회복하다	☐
resto	m. 나머지, 잔여, 잔액	☐
restrictivo	제한하는, 한정하는	☐
resultado	m. 결과, 성과, 성적	☐
resultar	(~의) 결과이다, 생기다, ~의 결과로 되다	☐
resumen	m. 요약, 개요	☐
retener	만류하다, 억제하다, 구류하다	☐
reto	m. 도전	☐
retrasar	지연시키다, 연기하다, 지연되다	☐
retraso	m. 늦음, 지연	☐
revisar	다시 보다, 점검하다, 수리하다	☐
revisión	f. 재검토, 감사, 검사, 점검	☐
revivir	회상하다, 소생하다, 되살아나다	☐
rienda	f. 고삐, 제어	☐
riesgo	m. 위험, 재해	☐
rigor	m. 엄격함, 엄밀함	☐
riguroso	혹독한, 정확한	☐
robo	m. 도둑질, 강탈	☐
rodeado	에워싸인, 둘러싸인	☐
rodear	둘러싸다	☐
rogar	간청하다, 기원하다	☐
rol	m. 역, 역할	☐
rondar	주위를 돌다, ~정도가 되다	☐
ropa de abrigo	f. 따뜻한 옷	☐
rueda	f. 바퀴	☐

rural	시골의, 전원의	☐
rústico	시골의, 시골 풍의, 전원 풍의	☐
ruta	f. 길, 경로, 여정	☐
sábana	f. 홑이불, 시트	☐
saber de	~에 대해 알고 있다	☐
sacar	꺼내다, 빼다, 추출하다	☐
sacrificio	m. 희생	☐
sajón	m.f. 색슨족 사람 / 색슨족 사람의	☐
salir adelante	잘되다, 성공하다, 큰 어려움(위험)을 극복하다	☐
salto	m. 뛰기, 점프	☐
saludable	건강에 좋은, 건강한	☐
salvador	m.f. 구원자 / 구원하는, 구조하는	☐
satisfacción	f. 만족, 만족도, 만족감, 충족	☐
satisfecho	만족한, 기뻐하는	☐
sección	f. 과, 부, 구간, 단락	☐
secretaría	f. 비서과, 사무국, 사무실, 부(部), 성(省)	☐
secuaz	m. 추종자, 충복 / 추종하는, 따르는	☐
seda	f. 비단, 명주	☐
sede	f. 본부	☐
seducción	f. 유혹, 매력, 매혹	☐
seductor	유혹하는, 매력적인	☐
seguidor	m.f. 추종자, 팔로워 / 따르는	☐
según	~에 의해, ~에 따라서, ~에 의하면	☐
segunda mano	사용된, 중고의 (=usado)	☐
segundo	m. (시간의 단위) 초 / 두 번째의	☐

seguramente	확실히, 틀림없이, 아마	☐
seguridad	f. 안전, 치안, 확신, 보장	☐
seguro	m. 보험, 안전 / 안전한, 확실한	☐
seísmo	m. 지진 (=m. terremoto, m. sismo)	☐
selecto	극상의, 특선의, 선발된	☐
selfie	f. 셀카, 셀프 카메라	☐
semanal	매주의	☐
sembrar	씨앗을 뿌리다, 파종하다	☐
semejante	닮은, 유사한	☐
semi	준(準)~, 반(半)~	☐
semilla	f. 씨, 씨앗, 종자	☐
seminario	m. 세미나, 연구회, 신학교	☐
seña	f. 신호, 몸짓, 수신호, 표, 징후	☐
señalar	표시하다, 지적하다, 가리키다, 신호를 하다	☐
sencillo	단순한, 간단한, 소박한	☐
senderismo	m. 하이킹	☐
sensato	분별 있는, 신중한, 현명한	☐
sensibilizar	민감하게 하다, 예민하게 하다, 관심을 가지게 하다	☐
sensible	감각 능력이 있는, 다감한, 정밀한, 예리한	☐
separarse	나누어지다, 갈라지다, 분리되다, 떨어지다	☐
serie	f. 연속, 연속극, 연속 드라마	☐
serpiente	f. 뱀, 독사	☐
servicial	친절한, 부지런한, 서비스가 좋은	☐
Servicios Humanos	m. pl. 복지 사업	☐
servilleta	f. 냅킨	☐

servir	섬기다, 시중을 들다, 돕다, 내오다	☐
sesión	f. 수업, 회의, (일의) 시간, 상영(= f. función), 모임	☐
set	m. 세트	☐
si bien	비록 ~일지라도	☐
sí mismo	(3인칭) 자기 자신	☐
siempre que	~할 때는 언제나	☐
sierra	f. 산맥, 톱	☐
signo	m. 표시, 표적, 징후, 증상, 기호, 부호	☐
simulado	모의의, 가상의	☐
simulador	m. 재현 장치 / 모의의	☐
simular	가장하다, 흉내내다, ~인 척하다	☐
simultáneo	동시의, 동시다발의	☐
sin intención	의도치 않게, 엉겁결에	☐
sinfín	m. 무수함, 무한	☐
singular	m. 단수 / 단일의, 단 한 개의, 특이한, 독특한, 단수의	☐
sinónimo	m. 비슷한 말, 유의어 / 비슷한 말의	☐
sintetizar	종합하다, 요약하다	☐
síntoma	m. 증상, 증세, 징조	☐
sismo	m. 지진 (=m. terremoto, m. seísmo)	☐
sistema digestivo	m. 소화계	☐
sitio	m. 장소, 곳, 지역, 공간, 위치	☐
situar	배치하다, 두다, 위치하다	☐
sobre todo	특히	☐
sobreexposición	f. 과다 노출	☐
sobrepasar	넘다, 초과하다, 월등하다	☐

sobresaliente	m.f. 성적이 우수한 사람 / 돌출된, 뛰어난, 두드러진, 우수한	☐
sobrevivir	살아남다, 생존하다	☐
sobrino	m.f. 조카	☐
sociedad	f. 사회, 협회, 단체, 연합, 집단	☐
socio	m. 회원, 공동 경영자	☐
solar	태양의, 해의	☐
soler	자주 ~하다	☐
solicitar	신청하다, 지원하다	☐
solidario	공동 이익의, 보살피는, 도와주는	☐
sólido	m. 고체 / 단단한, 견고한, 고체의, 확고한, 확실한	☐
soltero	m.f. 독신자 / 독신의, 미혼의	☐
sombrero	m. 모자	☐
sombrilla	f. 우산, 양산, 파라솔	☐
sonar	울리다, 소리 나다, 코를 풀다	☐
sonreir	미소를 짓다	☐
sórdido	추접한, 불결한	☐
sordo	m.f. 청각 장애인 / 듣지 못하는	☐
sorprender	놀라게 하다	☐
sortear	추첨으로 하다, 제비를 뽑다	☐
sorteo	m. 추첨, 제비뽑기	☐
sótano	m. 지하실, 지하	☐
subcomandante	m. 부장, 부소령, 부지휘관, 부사령관	☐
subsuelo	m. 심토	☐
suceder	일어나다, 발생하다	☐
sueldo base	m. 기본급, 본급	☐

sufrir	(질병, 고통, 슬픔, 결핍 등에) 시달리다, 고통 받다	☐
sugerir	제안하다, 권유하다, 연상시키다	☐
sumar	더하다, 합계하다	☐
sumo	최고의, 가장 높은, 매우 큰, 극도의	☐
superar	능가하다, 극복하다, 뛰어넘다, 초과하다	☐
superficie	f. 표면, 지면, 면적	☐
superior	위의, 상부의, 상질의, 고등의, 많은	☐
supervisor	m.f. 감독, 관리인, 감수자	☐
suplemento	m. 보충, 추가, 추가 요금	☐
supremacía	f. 주권, 패권, 최고위	☐
surgir	분출하다, 치솟다, 나타나다, 출현하다	☐
suspender	중단하다, 정지하다, 보류하다	☐
tableta	f. 작은 판자, 알약, 태블릿	☐
táctil	촉각의	☐
tal como	~하는 그대로	☐
talento	m. 재능, 소질, 능력, 재주	☐
talentoso	재능이 있는	☐
taller	m. 일터, 제작소, 작업장, (수리) 공장, 실습, 수업	☐
tallerista	m.f. 워크샵 진행자	☐
tambor	m. 북, 장구	☐
tarea	f. 일, 업무, 숙제	☐
tarea de la casa	f. 집안일 (=f. tarea doméstica)	☐
tarta	f. 케이크	☐
taza	f. 잔, 찻잔, 컵, 변기	☐
techo	m. 지붕, 천장, 한도, 정점	☐

telescopio	m. 망원경	☐
teletrabajo	m. 재택근무	☐
temario	m. 테마, 주제, 프로그램	☐
temblor	m. 진동, 떨림, 지진, 약진	☐
temer	두려워하다, 무서워하다, 걱정이다	☐
tendencia	f. 경향, 추세, 성향, 트렌드	☐
tener los pies sobre la tierra	현실을 파악하다	☐
tener pensado	~할 생각이 있다	☐
tener planeado	~할 계획을 가지고 있다	☐
tentación	f. 유혹, 욕망	☐
tentempié	m. 간식, 가벼운 식사	☐
terciopelo	m. 벨벳	☐
terminar en	마침내 ~이(가) 되다	☐
término	m. 마지막, 끝남, 기한, 용어, 단어	☐
terremoto	m. 지진	☐
testimonio	m. 증언, 선서 증언, 증거, 고백, 선언	☐
thriller	m. 스릴러(=m. suspense)	☐
ticket	m. 구매표, 구매증	☐
tienda	f. 가게, 텐트, 천막	☐
timbre	m. 초인종, 우표	☐
tímido	소심한, 내성적인	☐
típico	전형적인, 대표적인, 특유의	☐
tipo	m. 타입, 유형, 모범	☐
tiro	m. 발사, 탄흔, 총격, 사격	☐
titulación	f. 졸업 자격, 학위 획득	☐

toalla	f. 수건	☐
tocar	만지다, 연주하다, 닿다, 순번이 되다	☐
toma	f. 쥐기, 잡기, 섭취, 복용, 공기 구멍	☐
tortita	f. 작은 파이	☐
tostado	볶은, 구운, 볕에 탄	☐
tostar	굽다, 볶다	☐
traducción	f. 번역, 통역, 해석	☐
traducir	번역하다, 통역하다	☐
traductor	m.f. 번역가, 통역가	☐
traer	가지고 오다, 끌어당기다	☐
tráfico	m. 교통, 교통량, 거래	☐
tragar	삼키다, 급히 먹다	☐
traicionero	이면이 있는, 배신하는(= traidor)	☐
traje	m. 양복, 의복, 드레스	☐
traje de baño	m. 수영복	☐
trámite	m. 수속, 처리, 절차	☐
tranquilidad	f. 평온, 안정, 안심	☐
tranquilizarse	조용해지다, 잠잠해지다, 진정되다, 가라앉다	☐
tranquilo	조용한, 고요한, 편안한	☐
transacción	f. 거래, 매매	☐
transferir	옮기다, 이동시키다, 양도하다	☐
transmitir	전달하다, 방송하다	☐
transparencia	f. 투명, 투명도	☐
traumatizar	상처를 입히다, 충격을 주다	☐
trayecto	m. 여정, 구간	☐

tremendo	무서운, 지독한, 엄청난, 굉장한	☐
triatleta	m.f. 철인 3종 경기 선수	☐
triatlón	m. 철인 3종 경기	☐
trofeo	m. 트로피	☐
trotamundos	m.f. 세계 여행가	☐
tsunami	m. 쓰나미	☐
tugurio	m. 작고 누추한 주거 공간	☐
túnel	m. 터널	☐
Túnez	m. 튀니지	☐
turbar	어지럽히다, 혼란하게 하다, 방해하다	☐
turístico	관광의, 관광 사업의	☐
turno	m. 순번, 차례, 교대제	☐
últimamente	최근에, 최후에	☐
último	마지막의, 최종의, 최신의	☐
ultravioleta	자외선의	☐
una vez que	일단 ~한 후에, ~하면	☐
único	유일한, 특이한, 독특한	☐
unidad	f. 낱개, 한 개, 유닛, 단원, 단위	☐
urbano	도시의, 시내의	☐
uruguayo	m.f. 우루과이 사람 / 우루과이의	☐
uso	m. 사용, 이용	☐
usuario	m. 사용자, 이용자	☐
útil	유용한, 쓸모 있는	☐
vacuno	m. 소 / 소의	☐
vago	m.f. 게으름뱅이 / 게으른	☐

vajilla	f. 식기, 도기	☐
valer la pena	~할 가치가 있다, ~할 보람이 있다 (=merecer la pena)	☐
valle	m. 계곡, 분지	☐
valor	m. 가치, 가격, 유효성, pl. 가치관	☐
valoración	f. 평가, 견적, 고려	☐
vanguardista	첨단의, 혁신적인, 전위적인	☐
vapor	m. 증기, 수증기	☐
variedad	f. 여러 가지, 갖가지, 종류	☐
variopinto	다양한, 가지각색의	☐
vecino	m. 이웃 / 이웃의	☐
velada	f. 밤샘, 철야, 야회	☐
velador	m. 머리맡 탁자, 나무 촛대	☐
velocidad	f. 속도, 속력	☐
¡Venga!	가자! 하자! 자! 서둘러!	☐
ventaja	f. 유리한 점, 장점	☐
veranear	여름을 보내다, 피서를 보내다	☐
verbal	말의, 언어에 의한, 구두의, 동사의	☐
vergüenza	f. 부끄러움, 창피, 수치	☐
verificar	확인하다, 검사하다, 입증하다	☐
vestidor	의류 방, 옷 방	☐
vestimenta	f. 의복, 의류	☐
veterinario	m.f. 수의사	☐
vía	f. 길, 도로, 노선, 수단, 관	☐
Vía Láctea	f. 은하수	☐
viaje de novios	m. 신혼 여행 (=f. luna de miel)	☐

viaje organizado	m. 패키지 여행	☐
viajero	m.f. 여행자 / 여행하는	☐
vídeo	m. 비디오, 영상 (중남미 m. video)	☐
vincular	걸다, 결부시키다	☐
virtual	가상의, 허상의	☐
visión	f. 시야, 시각, 시력, 관점, 환상	☐
vista	f. 시각, 풍경	☐
volador	날아가는	☐
volcán	m. 화산, 격발, 열정	☐
voluntad	f. 의지, 바람, 의사, 노력	☐
voluntariado	m. 자원봉사(단)	☐
voluntario	m.f. 지원자, 자원봉사자 / 자발적인	☐
voz	f. 목소리, 말	☐
vuelo	m. 비행, 항공 편명	☐
vulnerabilidad	f. 취약성	☐
ya fuese A o B	A든 B든	☐
ya sea	~이거나 ~이다	☐
yanqui	m.f. 미국인	☐
zorra	f. 암여우	☐
zurdo	m.f. 왼손잡이 / 왼손잡이의	☐

MEMO

Siempre se puede, cuando se quiere.
원하다면, 항상 가능하다.

- Jose Luis Sampedro -
호세 루이스 삼페드로, 스페인 작가

스페인어 능력시험 대비

한 권으로 끝내는

DELE

필수 어휘

B1

S 시원스쿨닷컴